# 中国物流股份有限公司

CHINA LOGISTICS CO.,LTD.

## 中国物流 畅流天下

中国物流股份有限公司（以下简称“中国物流”）是国务院国资委所属中国诚通集团的成员企业。诚通集团是国有资本运营试点企业，在资本运营、综合物流服务、林纸浆生产、黑色有色金属贸易等方面都有成功的商业模式和较高的市场份额，在国有企业结构调整中发挥着重要作用。中国物流作为集团发展现代物流代表企业，是汇聚公铁运输、多式联运、国际货代、仓储配送、生产销售、供应链金融、黑色有色金属贸易等服务于一体的物流产业集团。

中国物流成立于1988年，于2016年9月完成股份制改造工作。经过近30年的发展，在全国设有分支机构68家，在30余个枢纽城市建立了大型物流园区，员工3000余人、土地资源10000余亩、仓储面积约200万平方米。中国物流拥有10余个海关监管库和堆场，建有2座内河码头，整合各类社会运力资源，配备起重装卸设备500余台，铁路专用线31条，全长21927米。

为实现园区的产业聚集与价值叠加功能，提升其规范化管理，中国物流提出了“园区+”战略，即互联网思维+业务功能模块布局，为国内外广大客户提供一站式物流服务。

2011年至今，特别是党的十八大以来，中国物流坚持党的领导，紧抓国企改革新机遇，坚持创新发展理念，成为中国诚通集团混合所有制改革试点企业，建立现代企业治理机制，实施管理层持股，借助资本市场的力量，不断增强资本实力和经营能力。中国物流于2011年完成公司制改制，于2012年、2015年、2017年完成三轮增资扩股，2016年完成股份制改造工作，规模和体量实现跨越式发展。

## 互联网思维+业务功能模块布局

为国内外广大客户提供一站式物流服务

中国物流官方微信

www.c56.cn

电话：010-83673499/3706

地址：北京市丰台区南四环西路188号总部基地6区17号楼

# 晋云现代物流

JINYUN MODERN LOGISTICS

## 云聚万商　流通万家

山西晋云现代物流有限公司，是中国铁路太原局集团有限公司（以下简称“太原铁路局”）为深入贯彻落实中国铁路总公司推进现代物流转型发展重大战略部署，建立的适应市场机制的现代物流公司。

- **贯彻落实“创新、协调、绿色、开放、共享”的发展理念**
- **秉承“担当、责任、创新”的宗旨**
- **致力于“中鼎物流云平台”的研发推广**
- **融合社会物流资源，促进物流企业发展**
- **开创云聚万商、流通万家、创新发展、转型升级的新局面**

**多式联运物流生态体系：**

云平台实现的为用户提供公路运输、公铁联运、航空运输、中铁快运（高铁）中的优质派单方案，供用户选择。

## 集配货系统

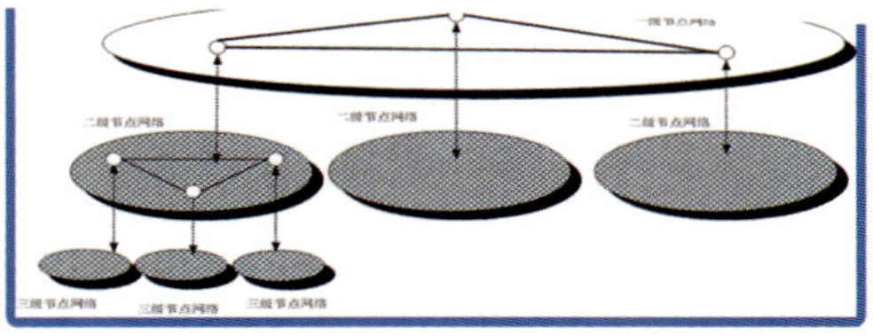


技术：百度云ABC（即人工智能、大数据、云计算）

核心：流通仓（云仓+实体仓）

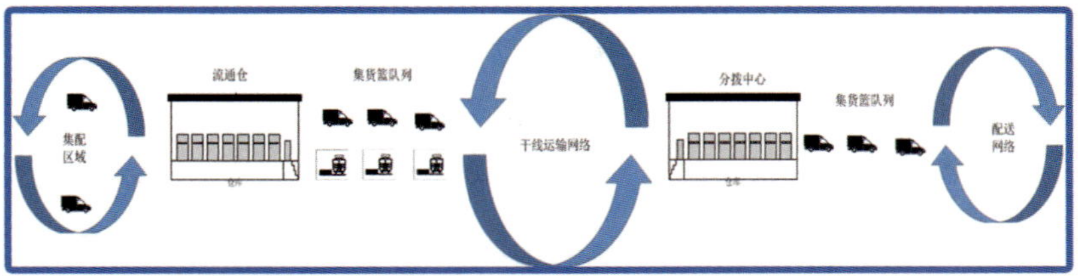


策略：客户订单→平台订单 匹配载具

优势：铁路路网干线　集货+干线+配送

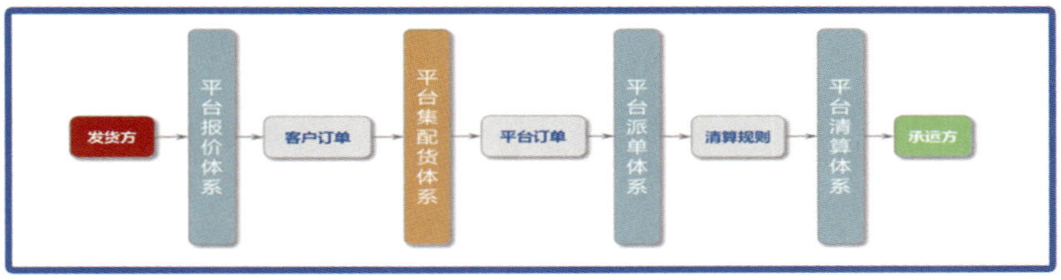


目标：降低物流成本

# 骨干物流信息平台

按照《“互联网+”高效物流实施意见》有关工作部署，国家发展改革委开展骨干物流信息平台评选。为实现“建立国家骨干物流信息网络，打通物流信息链，实现物流信息全程可追踪”等物流信息领域发展目标，太原铁路局通过与百度公司紧密合作，依托山西省地理区位、资源禀赋等优势，发挥太原铁路局在运输网络既有优势，开发构筑中鼎智慧物流云平台（网址：www.zdwlcloud.com），建成“云聚万商、流通万家”线上线下快捷交易的综合智慧型现代物流生态，实现“物流更快捷、配送更方便、成本更低廉”的现代物流发展目标。**国家发展改革委**于2017年12月《关于做好首批骨干物流信息平台试点工作的通知》（发改办经贸［2017］2184号）文件中确定我公司为首批骨干物流信息平台试点单位。

十大系统：一级功能**76**项　二级功能**240**项　三级功能**629**项

2017年广州局集团进行了公司制改革，所属一级非运输企业在全路率先建立新体制，公司法人治理结构基本形成，新体制机制有序运行。率先在海南建立“一省一公司”模式，推进合资公司混合所有制改革。2017年全面落实路企战略合作，与韶钢、华菱集团、海螺水泥等10家大型企业签订战略合作协议。与广州港、城陵矶港、惠州港等6大港口开展联合营销，推动“铁水联运”快速发展。大力组织白货快捷运输，打造“方便、快捷、准时、安全、优质”的白货快运品牌，构建了珠江三角洲至全国各主要城市的班列网络。大力拓展国际联运业务，开行中欧（亚）班列311列，可到达欧（亚）洲10个国家25个城市。

设有货运中心3个，货检站6个，货运营业办理站119个，接轨专用线、专用铁路238条；货场面积469万平方米，仓储面积25万平方米，自有及整合接取送达车辆500余辆，各类装卸机械600余台，是西北地区极具影响力的物流企业。现已具备国内干线直达、国际联运、铁水联运等能力，为客户提供站到站、站到门、门到站、门到门等铁路运输服务，仓储、装卸、包装、流通加工和信息等增值服务以及全包物流、特色物流、商贸物流、协议运输、点到点运输等解决方案。

兰州局集团认真贯彻落实党中央、国务院关于降低企业负担和社会物流成本、调整运输结构、打赢蓝天保卫战的决策部署，发挥铁路便捷高效、安全环保等比较优势，全面深化铁路供给侧结构性改革，坚持“扩大供给、融合发展、提升服务、理顺价格”，多措并举，综合施策，大力提高铁路货运量和市场份额，全方位降低社会综合物流成本，为实体经济发展提供有力支撑。

WWW.95306.CN

客服电话：0931–95306

國家能源集團
CHN ENERGY

**神华铁路货车运输有限责任公司**（以下简称“公司”）是中国神华能源股份有限公司全资子公司，作为国家能源集团八大业务板块的重要组成部分，承担着神华铁路自备货车运输组织、机车车辆维修保障、“非煤品”运输及装备“再制造”业务。总部设在北京。

公司下设15个职能部室和6家分公司，代管《神华路港》杂志社。6家分公司，分别是榆林车辆维修分公司、肃宁车辆维修分公司、包头车辆维修分公司、沧州机车车辆维修分公司、陕西分公司和内蒙古分公司，其中内蒙古分公司下辖17个办事处；公司驻外单位遍布全国7个省、自治区、直辖市铁路沿线。截至2017年年底，管理铁路自备货车49855辆，总资产218亿元，在册职工1985人，是具有国内先进水平的铁路自备车专业化管理公司。

# 砥砺奋进
# 领跑运输行业创新发展
## 打造世界一流自备车管理企业

公司多式联运以贯彻落实党的十九大精神，积极推进“创新、协调、绿色、开放、共享”的总体思路，努力推动多式联运发展、促进物流业降本增效。公司申报的“‘西北地区—京津冀’多功能车智慧公铁水联运项目”正式获批国家第二批多式联运示范工程，成为“一带一路”倡议向华北地区延伸的重要抓手。“西北地区—京津冀”多功能车智慧公铁联运项目以鄂尔多斯、沧州为一级转运节点形成轴辐式（Hub-and-spoke）布局，依托神华的西北出海铁路物流大通道，利用货车帮的大数据优势、货源优势狙击适合公铁联运的货源，利用集团铁路货车运输有限公司多功能联运车开展“钟摆式”运输组织。在多式联运布局下，将引领公司运输改革创新，建立以远距离、重载化、低能耗的铁路运输为骨干，以公路短途运输为汇集、配送端的运营网络。该项目在进一步打通连接东西部地区、延伸津京冀的“一带一路”重要通道基础上，也将全面带动通道沿线区域经济发展，增强西北地区尤其是内蒙古交通运输供给能力。公司于2018年6月开行的实验班列，初步搭建起智慧物流公铁联运平台，在集团“大物流”战略发展中起到积极的服务保障作用。

“神华重载铁路货车状态检修成套技术研究及装备研制”是集团2017年重点科技创新项目，批复研究经费29024万元。通过对神华重载铁路货车状态检修成套技术的研究，将建立全新的集团铁路货车状态检修制度与技术标准，在神华铁路范围内全面推广实施铁路货车状态检修，并在此基础上逐步形成一套完善的、具有全行业推广应用价值的铁路货运装备状态检修核心技术体系，积极推动国家能源集团乃至全国铁路行业科学技术水平实现创新发展，具有显著的社会效益和行业示范作用。

2017年，铁路货车公司以集团公司“全力打造具有全球竞争力的世界一流能源集团”宏伟目标为指引，上下一心，团结拼搏，生产经营取得了难能可贵的成绩，实现营业收入50亿元，利润总额15.3亿元。面对经济新常态以及供给侧结构性改革新情况，公司秉承“固本强基、转型升级”的发展思路，在践行“1244”的发展中，牢记习近平总书记“社会主义是干出来的”伟大号召，牢牢把握高质量发展根本要求和稳中求进工作基调，大力实施创新驱动战略，加快绿色低碳发展，大力推进安全生产、运输组织、机车车辆检修、智慧物流多式联运、装备再制造等工作，努力打造世界一流自备车管理企业，力争为国家能源集团以及中国铁路行业发展做出更大贡献。

蓝海物流

# 厚德载物 流畅天下

江西蓝海物流科技有限公司(以下简称“蓝海物流”)是江西新华发行集团有限公司全资子公司,是国家 AAAA 级物流企业,注册资金 10612 万元。是中国物流与采购联合会理事单位、中国交通运输协会装备委员会理事单位、江西省交通运输与物流协会副会长单位。

主要经营范围:普通货运,国内贸易,广告,物流媒体,物流技术咨询,货物装卸、搬运服务,货物仓储,供应链服务,运输代理服务,进出口贸易,陆路国际货运代理等。蓝海物流有江西新华物流有限公司、江西蓝海供应链管理有限公司两个直属的子公司和五个分公司:九江物流中心、抚州物流中心、上饶物流中心、景德镇物流中心、宜春物流中心。公司现有员工 200 人 管理人员占 15% 左右 大专以上学历占 50% 以上。2012 年荣获中国交通运输协会颁发的“2012 年全国先进物流企业”,2013 年荣获商务部颁发的“典型调查统计企业”,中国物流与采购联合会颁发的“企业信用评价 AAA 级信用企业”,江西省商务厅颁发的“江西省重点商贸物流企业”等称号。2016 年,荣获中华人民共和国人力资源和社会保障部、中国物流与采购联合会联合颁发的“全国物流行业先进集体”称号。2016 年被商务部评定为第一批智慧物流配送示范单位。2017 年,荣获江西省商业联合会颁发的“江西省商贸流通服务业诚信示范企业”称号,荣获国家新闻出版广电总局颁发的“秋季三科教材出版印制发行先进集体”称号。

蓝海物流以出版物流为基础,积极拓展第三方物流,得到了快速的发展,形成了城市配送、城际配送、供应链服务、专线配送等多业态、跨区域的发展布局。2012 年蓝海物流投入 67000 万元重点打造现代出版物流港项目,逐步构建全省乃至全国无盲点的网络和服务,全力打造现代化的物流企业集团。目前,九江、抚州、上饶、景德镇、宜春物流中心相续投入运营,运营情况良好。

由江西新华发行集团有限公司向国家新闻出版广电总局申请承担的《新闻出版领域物联网技术应用行业标准体系架构》标准已正式立项并签订合同,其中的物联网技术应用实验室落户蓝海物流,向国家新闻出版广电总局申请的“物联网出版融合实验室”于 2016 年 11 月 4 日正式获得国家新闻出版广电总局批准成立。另外,为了进一步提升公司的物流现代化水平,提升工作效率,蓝海物流还在积极推进仓库技术改造工作,全力打造一个现代化的物流企业。

江西蓝海物流科技有限公司

地址:江西省南昌市新建区望城新区新兴东大道 780 号
电话:0791-82298589 邮箱:89119210@qq.com

# 湖南现代物流职业技术学院

以人为本　崇技强能　质量立校　特色兴校

湖南现代物流职业技术学院创建于1965年，是一所以现代物流为主导专业的公办全日制普通高等院校，是湖南省人民政府和中国物流与采购联合会共建院校、湖南省示范性高等职业学院、教育部人才培养工作水平评估优秀院校、教育部指定的高职学徒制试点院校、国家物流职业教育人才培养基地，连续6年被评为“湖南省就业工作先进单位”。我校于2008年经省教育厅批准牵头成立了湖南现代物流职业教育集团，该集团于2011年被评为湖南省示范性职业教育集团，被教育部职成司誉为“助力行业，引领产业”典型集团化办学模式。我校科研工作在物流行业和物流职业教育界享有较高声誉，与国防科技大学共同承建的湖南省“物联网感知技术与应用”工程研究中心，是湖南省发改委成立的十个工程研究中心之一，也是一所工程研究中心建设的高职院校。我校与国防科技大学、湖南大学一起承担了湖南省重大科技专项——“超高频电子标签芯片研制与应用示范”，是湖南省重大科技专项研究的高职院校。

名专业：学校全方位对接物流产业打造现代物流大专业群。围绕现代物流开设专业，设有物流管理学院、物流工程学院、物流信息学院、物流商学院、物流人文艺术学院和国际合作与继续教育学院6个二级院，开设物流管理、物流工程技术、物流信息技术、物联网技术、电子商务、物流金融管理、商务英语、国际经济与贸易等27个专业。其中，物流管理是湖南省示范性特色专业；物流信息技术是湖南省特色专业和中央财政支持的重点建设专业；物流工程技术是中央财政支持的重点建设专业；会计是省级精品专业。

名师资：学校拥有一支实力雄厚的双师素质师资队伍。拥有现代物流专业群、物流工程技术专业、物流信息技术专业3个省级教学团队，有一批省级专业带头人、省级教学名师、省级青年骨干教师、湖南省物流业促进发展委员会专家委员和湖南省物流标准化委员会专家委员，参与了湖南省物流业振兴实施规划、湖南省“十二五”物流业发展规划、长株潭物流规划等产业发展规划的制定工作，承担了165项国家级、省级科研课题和一批企业项目的研发工作。

名学生：学生通过学校中央财政支持的实习实训基地、湖南省现代物流重点实习实训基地、湖南省物流管理专业教师专业教学技能水平认证培训基地，学校与企业联合创建的湖南省物流公共信息平台，湖南省智能物流实训中心、物流工程机械操作实训中心等20多个校内实训基地和230多家校外实习实训基地进行强化实训，通过在本校全国物流技能大赛标准化场地的得天独厚的训练与比赛，每年取得不菲的成绩，练就了过硬的本领。毕业生直接进入中远海运物流、中储股份、中铁五局、三一重工、德邦物流、安吉物流、一力物流和平安银行等200多家企业，待遇丰厚；大批名学生在金霞物流园就业创业示范基地和校内大学生创业园真实创业，事业蒸蒸日上。

中央财政支持建设物流实训基地

十佳优秀高职院校

联系电话：0731-84083978、84083169　QQ：800091922　地址：湖南省长沙市远大二路泉塘　邮编：410131

# 中国物流年鉴

2018（下册）

# CHINA LOGISTICS YEARBOOK 2018

CFLP

中国物流与采购联合会编

中国财富出版社
CHINA FORTUNE PRESS

**图书在版编目（CIP）数据**

中国物流年鉴.2018：全2册/中国物流与采购联合会编.—北京：中国财富出版社，2018.10
ISBN 978-7-5047-6777-6

Ⅰ.①中…　Ⅱ.①中…　Ⅲ.①物流—中国—2018—年鉴　Ⅳ.①F259.22-54

中国版本图书馆CIP数据核字（2018）第244834号

**策划编辑**　郑欣怡　　**责任编辑**　邢有涛　赵雅馨
**责任印制**　梁　凡　　**责任校对**　孙会香　卓闪闪　张营营　　**责任发行**　敬　东

---

**出版发行**　中国财富出版社
**社　　址**　北京市丰台区南四环西路188号5区20楼　　**邮政编码**　100070
**电　　话**　010-52227588转2048/2028（发行部）　　010-52227588转321（总编室）
　　　　　010-68589540（读者服务部）　　010-52227588转305（质检部）
**网　　址**　http://www.cfpress.com.cn
**经　　销**　新华书店
**印　　刷**　北京龙玺印刷有限公司
**书　　号**　ISBN 978-7-5047-6777-6/F·2954
**开　　本**　880mm×1230mm　1/16　　**版　　次**　2018年11月第1版
**印　　张**　43　**彩　页**　5　　**印　　次**　2018年11月第1次印刷
**字　　数**　1193千字　　**定　　价**　480.00元（全2册）

---

# 《中国物流年鉴》（2018）编委会

李国军　长沙金霞经济开发区党工委书记
李金平　广东林安物流集团董事长
杨伟军　中国铁路兰州局集团有限公司党委委员、书记，董事长
何明珂　北京物资学院副校长
汪　鸣　国家发展和改革委员会综合运输研究所所长、研究员
沈　冰　中国铁路太原局集团有限公司货运处处长兼山西晋云现代物流有限公司总经理
沈　康　云南宝象物流集团有限公司董事长
沈绍基　中国仓储与配送协会常务副会长
张玉庆　希杰荣庆物流供应链有限公司董事长
张建华　普洛斯投资（上海）有限公司中国区副总裁
张秋文　东风车城物流股份有限公司总经理
张海涛　中国铁路乌鲁木齐局集团有限公司党委书记、董事长
陈嘉良　联邦快递（中国）有限公司中国区总裁
陈镜治　香港物流协会会长
武　勇　中国铁路广州局集团有限公司党委书记、董事长
周宇浩　广西玉柴物流股份有限公司董事长
郑松兴　华南城控股有限公司联席主席兼执行董事
孟庆文　哈欧国际物流股份有限公司总经理
孟庆欣　国家统计局贸易外经统计司司长
赵红鹰　中铁物资集团有限公司党委书记、董事长
赵希和　江西新华发行集团有限公司副总经理、江西蓝海物流科技有限公司总经理
赵沪湘　中国国际货运代理协会会长
钟荣钦　台湾物流协会秘书长
施文进　惠龙易通国际物流股份有限公司董事长
姜超峰　中国物资储运协会名誉会长
贺晓东　青岛铁路经营集团有限公司董事长、总经理
徐胜明　四川安吉物流集团有限公司董事长
郭旭东　陕西煤业化工物资集团有限公司执行董事、总经理
黄有方　上海海事大学校长、教授、博导
黄远成　远成集团董事长兼总裁
曹勇伟　上海领鲜物流有限公司总经理

康凤伟　国家能源集团铁路货车运输有限责任公司党委书记、执行董事、总经理
盖守岭　山东聊城盖氏邦晔物流有限公司董事长
梁伟华　中国物流股份有限公司董事长、党委书记
韩　骏　中远海运物流有限公司董事长、总经理
韩东亚　合肥上海产业园党工委第一书记
景世民　北京普田物流有限公司党委书记、总经理
舒　谦　宝湾物流控股有限公司总经理
雷钧友　秀山华渝物流投资有限公司总经理
蔡买松　国药控股股份有限公司副总裁
裴　亮　中国连锁经营协会会长
谯智毓　重庆公运东盟国际物流有限公司总经理
薄世久　北京长久物流股份有限公司董事长

# 特别支持单位

中远海运物流有限公司

平安银行交通物流金融事业部

长沙金霞经济开发区
CHANGSHA JINXIA ECONOMIC DEVELOPMENT ZONE

毅德国际控股有限公司

陕西煤业化工物资集团有限公司

北京普田物流有限公司

希杰荣庆物流供应链有限公司

联邦快递（中国）有限公司

华南城控股有限公司

惠龙易通国际物流股份有限公司

# 《中国物流年鉴》（2018）


主　　　办　中国物流与采购联合会
承　　　办　《中国物流与采购》杂志社
主　　　编　何黎明
副　主　编　崔忠付　蔡　进　贺登才
编辑部主任　刘乃杰
编辑部副主任　徐小青
编　　　辑　崔　冬　朱贝特　杜　林　贾　丽
发　　　行　高　威
广告设计　阳光设计工作室



编　辑　部　010-63738995
邮　　　箱　xxq6429@163. com　gwrshk@126. com
发　　　行　010-63738995
传　　　真　010-63738995

# 《中国物流年鉴》（2018）供稿者

（按姓氏笔画排序）

王　涛　王文浩　王方春　王国文　王国清　王继祥　历方奎　文德华　田　征　白　甜　冯耕中
司　铖　刘长庆　刘汉才　刘伟华　刘丽微　刘昀浩　刘陶然　刘缨缨　闫　鸣　闫淑君　江　滢
安　琪　孙炀炀　汤筠伟　李　鹏　李红梅　李新波　励方奎　吴洋洋　张　洁　张晋姝　张晓东
陈忠涛　周　媛　查莉华　侯雪健　姜　旭　秦华侨　顾宁军　顾国祥　晏庆华　徐　勇　徐梦馨
曹　璐　崔　雄　韩兆轩　焦　飞　曾茹冰　谢文卿　谢雨蓉　谢宝贵　樊一江　穆宏志

国家发展改革委、国家发展改革委综合运输研究所、河南省发展改革委、湖南省发展改革委、江苏省经信委、山东省统计局、河南省统计局、山东省经信委、甘肃省工业和信息化委员会、青海省国资委、青海省经信委、山东省统计局、青海省招商局、沈阳市发展改革委、南京市统计局、青岛市交通运输委员会、扬州市统计局、扬州市经信委、临沂市经信委、临沂市统计局、武汉市物流局、宜昌市物流局、中国粮食行业协会、河北省现代物流协会、内蒙古物流协会、浙江省物流与采购协会、福建省物流协会、河南省物流与采购联合会、海南省物流与采购联合会、重庆市物流与供应链协会、四川省现代物流协会、宁夏现代物流协会、宁波市物流协会、厦门市物流办、中国仓储与配送协会、中国国际货运代理协会、中国物流信息中心、中物联汽车物流分会、中物联网络事业部、中物联行业事业部、中物联教育培训部、中物联标准委、中物联评估办、中国物流发展专项基金、“宝供物流奖”办公室、中国汽车技术研究中心、中商产业研究院、中国工程机械工业协会工业车辆分会、上海国际航运研究中心、快递物流咨询网、北京物资学院、上海海事大学、西安交通大学、天津大学、天津商业大学、北京交通大学、辽宁理工职业学院、《物流技术与应用》杂志社、《中国出版传媒商报》社、西安市商用信息系统分析及应用工程实验室、北京兰格电子商务有限公司、CSCMP 中国代表处

# 《中国物流年鉴》（2018）<br>广告提供单位

## 上册

平安银行股份有限公司
中国物流与采购联合会物流信息服务平台分会
我的法务网
宁波经济技术开发区现代国际物流园区
长沙金霞经济开发区管理委员会
陕西煤业化工物资集团有限公司
北京长久物流股份有限公司
江铃汽车销售有限公司
毅德控股集团
联邦快递（中国）有限公司
鞍钢汽车运输有限责任公司
秀山华渝物流投资有限公司
东风车城物流股份有限公司
希杰荣庆物流供应链有限公司
北京普田物流有限公司
四川安吉物流集团有限公司
华南城控股有限公司
宝湾物流控股有限公司
林安物流集团
广西西江现代国际物流集团有限公司
合肥上海产业园
中林时代控股有限公司
普洛斯投资（上海）有限公司
中铁物资集团有限公司
青海省物产集团有限公司
云南宝象物流集团有限公司
哈欧国际物流股份有限公司
国药集团医药物流有限公司
惠龙易通国际物流股份有限公司
信阳金牛物流产业集聚区
中国西部现代物流港
上海领鲜物流有限公司
福建八方物流股份有限公司
重庆公运东盟国际物流有限公司
天津物产集团有限公司
远成集团
宜昌三峡物流园有限公司
广西玉柴物流股份有限公司

## 下册

平安银行股份有限公司
中国财富出版社
中国物流股份有限公司
中国铁路太原局集团有限公司山西晋云现代物流有限公司
中国铁路广州局集团有限公司
中国铁路兰州局集团有限公司
神华铁路货车运输有限责任公司
中国铁路乌鲁木齐局集团有限公司
济南铁路经营集团有限公司
青岛铁路经营集团有限公司
河南中原铁道物流有限公司
玖隆钢铁物流有限公司
聊城盖氏邦晔物流有限公司
江西蓝海物流科技有限公司
湖南现代物流职业技术学院
《中国物流与采购》杂志
《中国储运》杂志
万联网
江铃汽车销售有限公司
中远海运物流有限公司
北京普田物流有限公司
宁波经济技术开发区现代国际物流园区
北京长久物流股份有限公司
山东盖世国际物流集团有限公司
广东秦粤物流有限公司

# 编 辑 说 明

一、《中国物流年鉴》（以下简称《年鉴》）是中国物流与采购联合会主办、《中国物流与采购》杂志社承办的大型文献性工具书。自2002年创办至今，已经出版发行十七年。十七年来《年鉴》的编纂质量不断提升，赢得了业界广泛好评。《年鉴》具有的权威性、可读性和资料性，使其成为业界人士查询、引用、论证、存档不可或缺的“工具”。

二、2017年我国物流业实现了稳中有进、稳中提质的发展目标，行业规模日益壮大，行业发展亮点纷呈。物流需求结构深化调整，高技术产业、装备制造业等物流需求增速明显快于高耗能物流和大宗商品物流；消费驱动特征明显，与消费相关的汽车、医药、冷链、电商、快递等物流业务持续高速增长。我国快递包裹量已进入日均亿件时代，连续三年保持世界第一。物流企业集中上市，企业间兼并重组、联盟合作、平台开放日益活跃，央企混改正式启动，企业群体发展壮大；全国A级物流企业已近5000家，一批综合实力强、引领行业发展的标杆型企业集中涌现；全国规模以上物流园区超过1200家，园区平台化、网络化、集群化、智慧化初步显现。交通基础设施与物流节点设施趋向融合，物流基础设施网络化发展；智慧物流热潮涌动，智能仓储、车货匹配、无人机、无人驾驶、无人码头、物流机器人等国际领先技术在物流行业推广应用；无车承运、甩挂运输、多式联运、绿色配送等创新模式在行业生根开花；现代供应链正在成为物流业发展的新增长点和新动能。

我国经济已由高速增长阶段转向高质量发展阶段，物流业作为支撑国民经济和社会发展的基础性、战略性产业也要转型升级，发展新物流，为经济发展提供优质高效的物流支撑。新物流是体现创新、协调、绿色、开放、共享新发展理念的物流，是质量和效益不断提升的物流，是能够满足人民日益增长的对美好生活需要的物流，是适应社会主义现代化强国建设需要的物流。毋庸置疑，发展新物流是行业同人义不容辞的责任。

三、2018版《年鉴》的组稿、编纂工作得到了国家发展改革委、商务部、交通运输部、国家统计局等有关部委和部分省市自治区政府部门、物流行业社团、相关行业协会、中国物流信息中心、全国物流标准化技术委员会等机构，以及中远海运物流有限公司、平安银行交通物流金融事业部、长沙金霞经济开发区、毅德控股有限公司、陕西煤业化工物资集团有限公司、北京普田物流有限公司、希杰荣庆物流供应链有限公司、联邦快递（中国）有限公司、华南城控股有限公司、惠龙易通国际物流股份有限公司等知名企业的大力支持，对此我们表示衷心的感谢。

四、对不符合《年鉴》编辑要求的来稿，编辑人员进行了谨慎删改。由于部分稿件未请作者核校，希予见谅。

五、因编辑部人员水平有限，如有不妥之处，恳请批评指正。

六、2019 版《年鉴》在框架结构和主体内容上将继续 2018 版的风格，力求真实地展示行业发展变化的全貌，继续加大数据和图表的内容，扩充地区物流的篇幅，使《年鉴》更具可读性、资料性，成为社会了解行业发展的窗口。

欢迎大家继续对 2019 版《年鉴》的组稿和编辑工作给予支持！

**《中国物流年鉴》编辑部**

**二〇一八年八月三十日**

# 前　言

2017 年，我国物流业全面贯彻落实党中央、国务院决策部署，坚持稳中求进工作总基调，贯彻新发展理念，以供给侧结构性改革为主线，推动结构优化、动力转换和质量提升，主要指标稳中向好、提质增效，实现了平稳健康发展。

一是总体运行平稳健康。全国社会物流总额为 252.8 万亿元，同比增长 6.7%，增速比上年同期提高 0.6 个百分点；社会物流总费用为 12.1 万亿元，同比增长 9.2%；全国货运量为 471 亿吨，同比增长 9.3%。全年物流业总收入达 8.8 万亿元，同比增长 11.5%；社会物流总费用与 GDP 的比率为 14.6%，比上年同期下降 0.3 个百分点。

二是结构调整趋于优化。消费成为物流需求增长的重要推动力。单位与居民物品物流总额同比增长 29.9%。消费物流中电商物流增势明显，中国电商物流指数中的总业务量指数全年均值为 143.4。电商物流带动快递业务加速扩张，12 月中国快递物流指数为 106.3%；全年快递业务量达 401 亿件，同比增长 28%。与消费相关的快速消费品、医药、汽车、服装等细分市场保持良好增势。工业制造业物流仍然是物流需求的主要来源。全年工业品物流总额 234.5 万亿元，同比增长 6.6%，占社会物流总额的 92.76%。工业品物流中的高技术产业、装备制造业等物流需求增长较快，高耗能产品、大宗商品物流需求延续回落走势。

三是资本和科技助推物流升级。多支物流产业基金上市，物流企业“扎堆”进入证券市场。全年有 8 家物流企业跻身国内主板，5 家在境外上市，45 家登陆“新三板”。我国已有超过 500 万辆载重货车安装了北斗定位装置，智能快件箱超过 19 万组，还有大量托盘、智能柜、货物接入互联网。交通运输部组织的首批 283 家无车承运人试点企业平均整合运力近 2000 辆，平均等货时间缩短，车月均行驶里程提高，司机收入增加，传统货运交易成本有效降低。全行业以设施互联、人员互联、信息互联带动物流互联，“互联网+”高效物流成效显著。“中国物流企业 50 强”主营业务收入达 8300 亿元，进入“门槛”提至 28.5 亿元，市场集中度进一步提高。按照国家标准评审认定的 A 级物流企业近 5000 家，一批综合实力强、引领行业发展的标杆型物流企业不断涌现。

四是新旧动能加快转换。海尔集团提出“人单合一”概念，推动内部“自组织、自驱动”小微创业。菜鸟网络推动“新物流”，提出大数据、智能和协同，服务新零售战略。京东物流提出“下一代物流”，将主要呈现短链、智慧和共生三大特征。无人仓、无人港、无人机、无人驾驶、物流机器人等一批国际领先技术在物流领域试验应用。行业企业强化供应链服务，向供应链转型；物流领域互联网与供应链深度融合，服务模式正在由“链主主导型”向平台服务型、智慧供应链“生态圈”转型发展。

五是综合运输体系加速成网。“五纵五横”综合运输大通道基本贯通。截至 2017 年年底，全国铁路营业里程达 12.7 万公里，其中高铁 2.5 万公里，占世界总量的 66.3%；公路总里程 477.15 万公里，其中高速公路 13.6 万公里，覆盖全国 97% 的 20 万以上人口城市及地级行政中心；港口万吨级以上泊位达 2317 个，通江达海、干支衔接的航道网络进一步完善；民航运输机场发展到 229 个，覆盖全国 88.5% 的地市。物流网络“节点”加快布局。我国各类物流园区超过 1200 家，园区平台化、网络化、智慧化初步显现。中欧班列连接“一带一路”沿线国家，已累计开行 6235 列，其中当年开行 3271 列。

六是政策环境持续改善。《国务院办公厅关于进一步推进物流降本增效促进实体经济发展的意见》（国办发〔2017〕73 号），提出 27 条具体政策措施。大件运输联网审批、年检和年审“两检合并”、规范公路执法、减费清税等政策正在落实。交通运输部牵头促进道路货运行业健康稳定发展，提出降本减负 10 件实事。车辆异地年审、驾驶员异地考核提上日程。国家发改委等 20 个部门签署对严重违法失信主体联合惩戒备忘录，首批 270 家“黑名单”公布。工业和信息化部开展服务型制造试点，提升工业物流发展水平。国家税务总局、交通运输部连续发文，破解道路运输企业“营改增”后遇到的问题。国家质检总局等 11 个部门出台《关于推动物流服务质量提升工作的指导意见》，扩大高质量物流服务供给等。随着“放管服”改革深入推进，制约行业发展的制度环境逐步好转。

总体来看，我国物流业许多指标已排在世界前列，论规模，我国已成为全球“物流大国”。然而，我国物流运行质量和效率不高、服务供给能力不强、基础设施联通不够、创新能力不足等问题依然存在，发展不平衡、不充分的矛盾比较突出，体制政策环境有待进一步改善。要实现“物流大国”向“物流强国”的转变，还需要全行业共同奋斗。

《中国物流年鉴》是中国物流与采购联合会主办、《中国物流与采购》杂志社承办的大型文献性工具书。十几年来，《中国物流年鉴》坚持用数据和事实反映物流业发展变化的轨迹、记录我国物流业发展的历程，赢得了业界好评。面对我国物流业不断发展变化的新形势，《中国物流年鉴》编委会将继续以求真务实、严谨负责的态度做好资料收录工作，同时，真诚地希望业界同人提出宝贵意见，使其越做越精、越做越好。

二〇一八年八月三十日

# 目　录

## 上　册

## 第一部分　物流政策法规

### 国务院办公厅发文



### 有关部委发文

## 第二部分 物流统计



## 第三部分 物流产业



## 第四部分 行业物流

# 下 册

## 第五部分 地区物流

## 第六部分　物流技术与装备



## 第七部分　物流教育、信息化、标准化



## 第八部分　部分优秀物流企业经典案例

# 第九部分 附 录

第五部分

# 地区物流

# 2017 年河北省物流业发展情况

2017 年是党的十九大胜利召开之年，也是深入实施“十三五”规划的重要一年。河北省经济呈现稳中有进、稳中向好的发展态势，产业结构持续优化，服务业比重不断提高，服务业增加值占比达 41.8%，物流增加值占服务业增加值的比重达到 18.9%。河北省物流业运行延续了良好发展态势，转型升级结构调整加快，物流需求增长基本平稳，需求结构持续优化，物流运行质量进一步提高，呈现出稳中向好的发展态势。

## 一、物流运行稳中有升

一是社会物流总额平稳增长。2017 年河北省社会物流总额为 96698.9 亿元，同比增长 7.2%，增速比上年同期提高 0.7 个百分点；工业品物流总额为 56316.7 亿元，同比增长 3.6%，工业品物流总额占社会物流总额的比重为 58.2%；消费带动相关物流需求保持较快增长，与消费相关的单位与居民物品物流总额为 137.2 亿元，同比增长 30.9%；省外流入物品物流总额为 33657.5 亿元，同比增长 13.1%；进口货物物流需求量增长显著，进口货物物流总额为 1219.4 亿元，同比增长 15%，增速比上年同期提高 2.3 个百分点。2017 年各季度河北省社会物流总额增长情况如表 1 所示，2014—2017 年河北省社会物流总额增长情况如表 2 所示。

**表 1　2017 年各季度河北省社会物流总额增长情况**　单位：亿元

| 时间<br>指标 | 1—3 月 | 1—6 月 | 1—9 月 | 1—12 月 |
|---|---|---|---|---|
| 社会货物物流总额 | 20366.5 | 44810.70 | 69736.4 | 96698.9 |
| 农产品物流总额 | 823.3 | 2125.03 | 3313.7 | 5178.1 |
| 工业品物流总额 | 12488.2 | 27701.84 | 41768.0 | 56316.7 |

续 表

| 时间<br>指标 | 1—3 月 | 1—6 月 | 1—9 月 | 1—12 月 |
|---|---|---|---|---|
| 进口货物物流总额 | 316. 2 | 629. 11 | 954. 9 | 1219. 4 |
| 省外流入物品物流总额 | 6668. 5 | 14216. 95 | 23465. 5 | 33657. 5 |

**表 2　　2014—2017 年河北省社会物流总额增长情况**

| 时间<br>指标 | 2014 年 | 2015 年 | 2016 年 | 2017 年 |
|---|---|---|---|---|
| 社会货物物流总额（亿元） | 85077. 0 | 83694. 5 | 89788. 6 | 96698. 9 |
| 同比增长（%） | 9. 5 | 6. 7 | 6. 5 | 7. 2 |

注：计算同比增长的数值时，扣除了通货膨胀率和利率的影响。

二是物流增加值增长明显。2017 年河北省实现物流增加值 2851. 07 亿元，同比增长 8. 14%，增速比上年同期提高 1. 74 个百分点。2017 年各季度河北省物流增加值增长情况如表 3 所示，2014—2017 年河北省物流增加值增长情况如表 4 所示。

**表 3　　2017 年各季度河北省物流增加值增长情况**

| 时间<br>指标 | 1—3 月 | 1—6 月 | 1—9 月 | 1—12 月 |
|---|---|---|---|---|
| 物流增加值（亿元） | 634. 86 | 1313. 89 | 2052. 00 | 2851. 07 |
| 同比增长（%） | 7. 27 | 7. 86 | 8. 02 | 8. 14 |

**表 4　　2014—2017 年河北省物流增加值增长情况**

| 时间<br>指标 | 2014 年 | 2015 年 | 2016 年 | 2017 年 |
|---|---|---|---|---|
| 物流增加值（亿元） | 2437. 8 | 2612. 9 | 2636. 2 | 2851. 07 |
| 同比增长（%） | 10. 9 | 6. 9 | 6. 4 | 8. 14 |

注：计算同比增长的数值时，扣除了通货膨胀率和利率的影响。

## 二、铁路货改加快推进

2017年河北省运输结构调整初见成效，与上年同期相比，全省铁路货运量增长由负转正，增长明显。其中，沧州市朔黄铁路公司完成运量3.04亿吨，创铁路运营17年来的历史新高。为服务铁路沿线地方经济发展，该公司在黄骅港车站和天津港神港车站，开辟装卸铁矿粉、钢坯、化肥等物资的反向运输业务，拓展非煤运输市场。全年完成铁矿粉运输2088列、851.01万吨，砂石料运输623列、243.82万吨，其他非煤货物运输110列、36.63万吨，减少了汽车运输带来的环境污染，有力支援了铁路沿线经济的发展。

## 三、港口实现新发展

2017年河北省港口吞吐量首次突破10亿吨大关，比上年增加1亿吨，同比增长10.5%。河北省初步形成以唐山港为龙头，秦皇岛港、黄骅港为两翼，煤炭、铁矿石等大型专业化码头为主，集装箱、杂货、液体化工为补充的综合性港口群。三大港口全部跻身2亿吨大港俱乐部，其中：秦皇岛港完成2.4亿吨、黄骅港完成2.6亿吨，唐山港完成5.5亿吨。

2017年河北省港口吞吐能力达到10.6亿吨，同比增长3.9%。港口吞吐量、吞吐能力双双跨越10亿吨，分别居全国第五位、第二位。

一是河北港口集团发展质量和运行效率不断提高。2017年河北港口集团开展智能化服务，大力推进“互联网+”与港口产业深度融合，提供系统化增值服务，改进配煤系统。推行效率化运行，压缩船舶卸货的等待时间。集团2017年吞吐量完成3.81亿吨，同比增长21.7%，创近年来新高。所属的秦皇岛港、曹妃甸港区、黄骅港区全部超额完成年度生产任务。

二是黄骅港整体水平不断提升。2017年作为“中国第一煤炭下水港口”的黄骅港不断加大软硬件投入，在全国煤炭港口中，实现了诸多第一：第一个实现了翻、堆、取作业环节的自动化；第一个实现了煤炭装卸全过程抑尘；第一个建立起了覆盖全港区的生态治理体系。神华黄骅港将“绿色发展”理念贯穿始终，不断探索推进生态港口建设，通过自主研发、综合治理，创新清洁生产工艺，成功实施了堆场防风网、压舱水回收、干雾除尘、翻车机洒水改造等环保项目，实现了对整个作业流程的全过程扬尘治理，有效解决了长期困扰煤港界的煤尘问题，港区环境面貌得到显著改善。

## 四、口岸通关建设加快

一是提高进口货物通关效率。2017年石家庄海关共监管进出境货物3.71亿吨，货值421.98亿美元。通过对通关流程“去繁就简”，使进口货物通关时间压缩一半以上，平均每单通关时间可控制在3小时之内，完成了压缩进出口货物通关时间1/3的目标。

二是4个码头获批进境粮食指定码头。2017年11月20日，河北省的唐山港口岸京唐港杂货码头（A，即水运散装）、秦皇岛口岸秦皇岛港杂货码头（A）和秦皇岛港新港湾集装箱码头（B，即水运集装箱）、黄骅港口岸河北冀海港务有限公司码头（A）共3个港口4个码头上榜国家质检总局2017年进境粮食指定口岸及查验点名单。此举有利于优化河北省口岸功能、丰富货物种类、整合并有效发挥口岸检验检疫资源优势，助力河北省现代物流业加快发展。

三是唐山港区整车进口口岸通过验收。12月19日，唐山港区整车进口口岸通过验收，成为河北省第一个汽车整车进口口岸。此举对进一步完善河北省港口功能，带动区域汽车进口贸易发展，提升港口集装箱业务规模和港口综合业务水平具有重要意义。

四是保税仓和出口监管仓加快建设。2017年河北省新设立保税仓库和出口监管仓库共8家，截至2017年年底，河北省正式运营保税仓库22家，出口监管仓库4家。保税仓库和出口监管仓库的税收政策有助于进出口企业减少资金占用压力，降低物流成本。

## 五、邮政快递业务快速增长

2017年，河北省邮政业务总量完成268.5亿元，居全国第11位，增幅36.4%，居全国第6位。其中：快递业务量完成12.8亿件，居全国第8位，增幅37%，居全国第8位；快递业务收入128.5亿元，居全国第9位，比上年进步1位，增幅36.3%，居全国第6位。快递收入占行业收入比重由2016年年末的65.4%提升到70%，行业结构得到明显优化。消费者申诉处理满意度达97.5%，服务能力和水平明显提升。邮政业在经济社会发展中的作用不断发挥，就业人数超过10万人，日均服务超890万人次，支撑网络零售额超过1500亿元，占社会消费品零售总额比重预计达到11%。邮政快递在服务生产生活、支撑电商发展、扩大就业渠道、助力经济社会发展等方面的作用日益凸显。

河北省邮政系统采取布放智能快件箱、建立快递超市、依托第三方等方式，持续推动“快递入区”“三进工程”“快递下乡”工程，提升末端服务能力，共布设智能快件箱（信包箱）3099组，格口达18.73万个，建设快递公共服务站点3753个。高等院校快递收投规范化率达100%。服务“三农”和精准扶贫能力明显增强。省邮政企业支撑农特产品进城累计配送量7407.9吨，交易额3283.7万元，带动1.6万农民增收779.6万元，争取地方政府电子商务项目资金共计1546.5万元。共培育沧州金丝小枣、衡水深州蜜桃、秦皇岛山海关大樱桃等快递服务现代农业项目25个，实现快递业务量2800万件，形成业务收入3.15亿元，带动农业总产值超10亿元。

## 六、进出口贸易稳步提升

2017年河北省外贸进出口总值3375.8亿元，比上年同期增长9.7%，结束了连续两年的下降态势，占全国进出口总值的1.2%，居全国进出口第十五位。其中，出口2126.2亿元，增长5.5%（同期全国增长10.8%），占全国出口总值的1.4%，居全国出口第十四位；进口1249.6亿元，增长17.5%（同期全国增长18.7%），占全国进口总值的1%，居全国进口第十五位。贸易顺差876.6亿元，收窄7.8%。石家庄进出口862.2亿元，增长12.3%。唐山进出口673.7亿元，下降4.7%。廊坊进出口362.2亿元，增长10.1%。保定进出口338.2亿元，增长16.7%。秦皇岛进出口337.2亿元，增长25.8%。

2017年，河北对欧盟（28国）进出口466亿元，增长9.2%。对美国进出口425.8亿元，增长18.4%。对“一带一路”沿线国家进出口985.6亿元，增长3.5%。2017年，世界经济温和复苏，国内经济稳中向好，河北省接连出台外贸稳增长促发展各项政策，优化营商环境，外贸实现了快速增长。

## 七、物流提质增效取得新进展

2017 年河北省物流需求进一步回升，物流实物量增长较快，社会物流总费用增速明显，全年实现社会物流总费用 6197.2 亿元，同比增长 7.92%，增速比上年同期提高 4.42 个百分点。2017 年各季度河北省实现物流总费用情况如表 5 所示，2014—2017 年河北省物流总费用情况如表 6 所示。

表 5　2017 年各季度河北省实现物流总费用情况

| 时间<br>指标 | 1—3 月 | 1—6 月 | 1—9 月 | 1—12 月 |
|---|---|---|---|---|
| 物流总费用（亿元） | 1293.7 | 2843.01 | 4428.9 | 6197.2 |
| 物流总费用占 GDP 比率（%） | 17.20 | 17.33 | 17.30 | 17.23 |

表 6　2014—2017 年河北省物流总费用情况

| 时间<br>指标 | 2014 年 | 2015 年 | 2016 年 | 2017 年 |
|---|---|---|---|---|
| 物流总费用（亿元） | 5629.6 | 5634.8 | 5742.2 | 6197.2 |
| 物流总费用占 GDP 比率（%） | 19.10 | 18.90 | 18.04 | 17.23 |

2017 年在多式联运、甩挂运输等相关举措推动下，河北省运输物流效率进一步提升，物流成本有所回落，社会物流总费用占 GDP 的比率为 17.23，比上年同期降低 0.81 个百分点，物流运行的效率与质量不断提升。

## 八、基础设施建设加快

2017 年河北省交通重点建设实现新突破，全省交通运输固定资产投资完成 781.7 亿元，超额完成年度计划任务。（天）津石（家庄）高速开工建设，延（庆）崇（礼）高速全面开工，（北）京秦（皇岛）高速京冀、冀津接线段主体建成。

2017 年河北省高速公路总里程达到 6531 公里，新增港口泊位 9 个、泊位总数达到 208 个，总吞吐能力达到 10.6 亿吨。渤海新区黄骅港 20 万吨级航道实现满载通航常态化，正式跨入 20 万吨级大港行列。太行山、燕山和黑龙港流域集中连片特困地区高速公路扶贫大通道建设加快推进，建设规模达到 920 公里，普通干线公路建设规模达到 1550 公里，完成新改建农村公路 3200 公里。完成公路安全生命防护工程 1987 公里，改造危桥 160 座，普通干线公路危桥改造率达到 100%。

2017 年河北省交通运输货运枢纽（物流园区）项目总投资达 21.9 亿元，完成投资 26.8 亿元，完成年计划的 122.1%，同比增长 6.8%。

## 九、物流信息化加快发展

2017 年河钢云商电商平台应用逐渐深入，全年创收 2510 万元。港口集团积极整合既有的现货交易、信息咨询和金融服务等电子商务系统，通过增加交易、物流、结算、支付、融资等基础服务功能，集成构建面向整个沿海市场的煤炭电子商务服务体系。

2017 年 7 月 29 日，河北省交通运输物流公共信息平台在完成与国家交通运输物流公共信息平台对接的基础上，在邢台好望角物流园区正式上线发布。该平台是河北省唯一的交通运输物流公共信息基础平台，也是国家交通运输物流公共信息平台“1+32+$nX$”建设框架的重要组成部分。10 月 26 日起，河北省正式启用“大件运输许可平台”，标志着河北省大件运输许可实现了网上一站式并联审批，一地办证、全国通行。加强了对物流领域科技研发项目，如唐山唐联电子商务有限公司“以城市为节点的物流大数据公共服务平台”等一批重大关键技术研发的支持，有力地推动了物流产业新型服务业态、服务平台、服务模式的发展。

2017 年河北省商务厅会同京津商务部门着手搭建京津冀商贸物流信息服务平台。目前，京津冀重点物流设施地图服务平台和物流京津冀信息服务平台已搭建完成，正在抓紧进行对接。

2017 年国家级示范项目唐山成联电子商务有限公司开发建设的全国标准化智慧物流服务平台——中国物流官网，已成功与包括河北、辽宁、山东、广东等多个省份在内的二十余个城市，实现了物流资源信息互联互通，实现线上车、货、托盘等各类物流资源的在线交易与支付交易。

## 十、京津项目转移加快实施

2017 年，随着《京津冀口岸深化合作框架协议》《京津冀地区快递服务发展“十三五”规划》《京津冀地区粮食流通监督检查联合执法协作协议书》以及《关于加强京津冀产业转移承接重点平台建设的意见》等的陆续出台，廊坊市永清临港经济保税商贸园区、香河万通商贸物流城等被列为京津冀产业转移承接服务业平台。继北京新发地落户高碑店之后，河北省承接非首都功能转移的又一个大型农产品批发市场：“北京新发地盐山县农副产品批发市场暨冷链物流园项目”落户沧州市盐山县。

河北省与京津建立了京津冀经（工）信部门项目对接机制，并建立了京津冀产业转移项目库。截至目前，入库项目达 625 个，总投资约 8499 亿元。在京津冀产业转移项目库中，已建成投产项目 126 个，总投资约 1397 亿元；在建项目 299 个，总投资约 4223 亿元；前期项目 200 个，总投资约 2879 亿元。

沧州渤海新区管委会、天津港集团、河北港口集团三方正式签署框架协议，共同加快推进黄骅港集装箱发展。沧州渤海新区累计承接天津产业转移项目 162 个，总投资 408 亿元，涉及商贸流通、汽车制造、精细化工、新材料、新能源、科技创新、生物医药等多个行业领域。天津滨海新区和沧州渤海新区围绕优化津冀港口布局和功能分工，共同在基础设施建设、公共服务、科技创新、现代物流、绿色港口等领域开展深度合作，构建了津冀港口布局规划“一张图”、统筹建设“一盘棋”的“点、线、面”合作新格局。

## 十一、物流标准化工作有序推进

河北省先后有石家庄、唐山、邯郸、承德被列为国家物流标准化试点城市，共谋划建设项目105个，总投资12.76亿元，获得中央财政支持资金2.6亿元。石家庄市确定项目30个，唐山市确定项目30个，均已全部竣工验收；邯郸市确定项目25个，已完成投资2.28亿元，占计划总投资的81.4%；承德市确定项目20个，已完成投资2.4亿元，占计划总投资的82.8%。

为解决冷链物流、商务诚信、外卖送餐、电商物流等方面无标可依的现状，2017年河北省新立项多个物流业地方标准项目，如《低温食品冷链物流履历追溯管理规范》等多个冷链标准已完成前期编写工作，正在按计划有序推进。京津冀联合制定的《畜禽肉冷链物流操作规程》等8项京津冀协同地方标准，已通过审核，发布条件已经成熟，发布实施正在进行中。

2017年河北省已建成物流标准化试点企业12家，6家物流业标准化示范项目已建成3个，这些项目的建成将对物流业起到提质增效、辐射带动和示范引领作用。

2017年河北省相关部门依据《物流企业分类与评估指标》和《通用仓库等级》等国家标准，积极组织开展了物流企业A级评估、仓储企业星级评定工作。全省新评和升级A级物流企业13家。截至2017年年底，河北省共有72家物流企业达到了国家A级物流企业标准，有10家仓储企业达到了国家星级仓储企业标准。通过推进物流标准化工作，企业管理和服务水平明显增强，品牌效益明显提升。

## 十二、行业实力不断增强

一是国企进一步做大做强。截至2017年年底，河北省国资委监管企业涉及物流业总资产达1819.4亿元，同比增长22%；净资产572.6亿元，同比增长23%；完成营业收入3288.1亿元，同比增长0.15%；利润23.1亿元，同比降低15.8%。

二是国际贸易取得新进展。开滦集团全年国际贸易收入实现163亿元人民币。河北国和集团在原有油品转口、木材进口和服装出口业务的基础上，积极拓展矿产品进口业务和平行进口车业务，完成了从加拿大进口芳烃等化工燃料的调研工作，并积极谋划玻璃及家用陶瓷的出口和启动短期期货交易。河北港口集团香港公司积极拓展物流业态，开拓进口铁矿石业务，与钢材贸易形成互补，积极开展有色金属进口业务，同时扎实做好转口煤炭贸易、碎石出口业务。全年完成贸易量60万吨，完成贸易额11.1亿元人民币，实现贸易总额2570万元人民币，贸易利润与上年同期相比增长17.94%。泰通国际运输有限公司运营的“保定—喀什—中亚/南亚多式联运国际班列”和“深圳—喀什—中亚/南亚多式联运国际（援疆）班列”开通运行。河北好望角物流发展公司哈萨克斯坦（阿拉木图）海外仓正式设立。

河北港口集团国际物流公司、秦皇岛中运国际货运公司、秦皇岛昌兴有限公司三方，共同组建的秦皇岛禾港有限责任公司，以农产品进出口为主，成功开通了河北省首条东南亚—秦皇岛港直航航线，依托此航线，从菲律宾、越南、柬埔寨进口高品质的热带新鲜水果，同时把秦皇岛、唐山周边的钢材、建材等出口到东南亚地区。目前每周进口水果量已经超过

100 标准箱冷藏集装箱。

三是一批综合实力强的标杆型企业引领行业发展。冀中能源国际物流集团有限公司荣获“2017 中国物流杰出企业”称号。冀中能源国际物流集团立足长远，整体布局，持续创新，多点突破，深入推进物流产业提质增效、转型升级，多次荣获 2017 中国物流企业 50 强第三名、全国物流行业先进集体等荣誉。冀中能源新铁钢铁园区荣获“2017 年度全国优秀物流园区”称号。该集团的综合实力、业界影响力和社会关注度继续增强，进一步彰显了企业在物流业界的带动引领作用。河北港口集团开展块煤集装箱化运输，申报了多式联运示范工程。河钢曹妃甸和黄骅港港口项目进展顺利，全年完成 1950 万吨，同比增长 14.4%；全年完成 7600 万元，同比增长 110%。开滦煤炭专业物流板块全年煤炭购销量 1080 万吨，实现收入 66 亿元。国和公司稳步扩大煤炭贸易规模，形成了以黄骅港为主体的煤炭交易平台，并同中国华电煤业集团、神华集团和广西北部湾港务集团等建立了合作关系，打通了南北煤炭大通道。邯郸国际陆港全力推进业务扩张和园区建设，年内累计从黄骅港输运矿石 120 余万吨，从邯郸发运钢材 10 余万吨，成功中标美的集团国内两条运输干线。

四是物流创新取得新成绩。石家庄润华国际物流股份有限公司与传化智联杭州众成供应链管理有限公司合资成立河北传化供应链管理有限公司，共同运营正定国际物流园项目。河钢集团物流服务平台完成了承德汽运平台功能开发，实现运输计划管理、车辆管理、在途跟踪、运费结算等功能全部上线；7 月在河钢承钢上线试运行；物流服务平台铁路部分也在积极建设之中。开滦集团唐山湾炼焦煤储配基地建设完成了 1#~4#堆场简易硬化工程、道路及汽车衡基础等堆场功能的完善工程，全年完成总投资 1860 万元，项目累计完成总投资 32069 万元。开滦集团曹妃甸数字化煤炭储配基地建设主煤流通道（采煤系统、储煤系统、配煤系统）及对接工程土建部分完成了 90%；其中，三个储煤仓及地下廊道土建工程已完工；转接塔钢结构已完成，采煤系统、配煤系统栈桥完成 80%。

河钢集团、中国五矿、曹妃甸港集团、首钢集团、中国远洋海运集团五方共同签署合作协议，将以增资扩股方式，共同参与由中国五矿在曹妃甸港牵头建设的涵盖保税、仓储、配矿、保值、融资、现货、期货交割库等功能的新型绿色环保、智能高效、功能齐全的亿吨级国际矿石交易中心项目。交易中心设计年混配量达 4100 万吨，年经营规模超亿吨。交易中心将针对矿石进港、混配、出港等环节建立大数据，精准开展运营管理，推动中国钢铁产业转型升级，为京津冀地区的环境保护做出重要贡献。

## 十三、物流业运行环境持续改善

2017 年，党中央、国务院和省委、省政府重视物流业发展，国务院、省及各部门先后出台了物流业降本增效、现代供应链创新应用、冷链物流健康发展等一系列重要文件，政策措施进一步得到落实。

一是财政金融支持力度加大。2017 年，河北省省级公共财政预算安排的战略性新兴产业发展专项资金中，现代物流业发展专项资金 9380 万元。安排了建设补助资金 2500 万元用于支持安国药都相关仓储物流商贸区建设等项目。建立商贸流通发展引导基金，主要投向河北省农村市场体系、农产品流通体系、商贸物流（含冷链物流）、电子商务（农村电子商务、社区电子商务）、再生资源回收、绿色商场创建等项目。

2017 年，河北省按照国务院关于降低实体经济企业成本的要求，引导金融机构加快金融创新，针对不同类型、不同发展阶段的物流企业的特点，不断开发特色产品，做好金融服务，确保对小微企业的信贷投放持续增长。截至第三季度末，河北省小微企业贷款余额 1.26 万亿元，同比增长 20.94%；融资产品创新进一步深化，前三季度发放无还本续贷贷款 288.42 亿元，中长期贷款 718.53 亿元，银税互动贷款余额 82.25 亿元。

二是诚信工作进展顺利。2017 年河北省工商局积极依托国家企业信用信息公示系统（河北）和河北省法人库，向有关部门推送企业登记备案、经营异常名录和严重违法失信企业名单等信息。河北省现代物流协会按照中国物流与采购联合会《物流企业信用信息管理办法》和《物流企业信用评级管理办法》，在行业内积极组织开展了物流企业信用评价工作，2017 年河北省物流诚信企业总数已达 11 家。

三是落实物流业降本增效取得新成绩。企业"多证合一"改革和个体工商户"两证整合"实施工作进展顺利，《河北省进一步放宽市场主体住所（经营场所）登记条件的规定》要求得到进一步落实，放宽了住所登记条件，实行住所信息申报制，积极推进企业登记电子化工作。截至 2017 年年底，河北省物流企业大宗商品仓储设施用地减免城镇土地使用税，共涉及 142 户企业享受该项政策，减免税款达 6878.57 万元。

四是物流产业用地得到保障。2017 年国家下达河北省新增建设用地计划指标 27.10 万亩，满足了包括物流产业在内的经济社会发展用地需求。各市、县优化园区用地布局，使物流园区用地同土地利用总体规划相衔接，保障了物流产业园区的发展空间。各地在编制国有建设用地供应计划过程中，结合京津冀协同发展，优化土地供应结构，重点保障了物流、仓储等产业发展用地。

五是试点示范工作取得新进展。经专家评审，万合物流股份有限公司等 10 家企业成为交通运输部无车承运人试点单位。截至 2017 年年底，入选 10 家企业已完成无车承运人信息平台建设并上线投入使用。同时建设了河北省无车承运人运行监测平台，现 10 家试点企业均已接入省监测平台，并与部平台完成联调联试，开始正常上传数据，并开始对试点企业上传的主要信息进行监测。

推进首批示范工程项目建设。唐山港集团多式联运项目的基础设施建设任务基本完成过半，成功入围国家第二批多式联运示范项目。河北省长久物流商品车公铁水联运示范工程成功入选国家第二批多式联运示范工程项目。

六是冷链物流建设进程加快。2017 年中央财政下拨 1 亿元专项资金支持河北省冷链物流建设，主要支持冷链物流发展中的薄弱环节和重点领域，包括冷链物流监控体系和必要的冷链物流标准化建设、人才培训等。河北省商务厅与河北省国有资产控股运营有限公司签署了《河北省 2017 年中央冷链物流发展财政专项资金委托管理协议》，并组织各地申报了中央财政支持冷链物流项目。其中，10 家企业按照相关要求，顺利完成审计评估工作，并分别出具各企业的审计报告、评估报告及投资方案建议。同北京、天津两市商委构建与区域协同发展相融合、与满足城乡居民鲜活农产品需求相配套的环首都 1 小时鲜活农产品流通圈，制定印发了《环首都 1 小时鲜活农产品流通圈规划》。

已有保定、唐山、承德、石家庄、张家口、秦皇岛、邯郸7个市建成鲜活农产品直销超市207个，发展直采基地352个，年销售额过亿元。平均以高出收购价10%左右的幅度收购、以低于市场价10%左右的幅度销售鲜活农产品。由龙头企业建设集冷藏、分拣、加工、检验、配送等功能于一体的配送中心，为农产品的运输储鲜提供了可靠保障。涿鹿县、石家庄城区、武安市、正定县、丰润区、滦南县等日用品网络都建起了鲜活农产品直采基地，在各自的网络终端销售直采的农产品。

七是重点物流企业名录库不断地得到完善。2017年，河北省重点物流企业有792家，比2016年增加98家。完成了各季度重点物流企业基础设施情况、从业人员状况及财务状况的数据调查统计工作，认真审核、查询上报数据，确保数据准确无误，从企业端反映河北省物流服务活动的规模、结构、水平、比例关系以及对国民经济的影响程度，为河北省制定和落实物流相关政策提供客观依据。

展望未来，河北省物流业将进入以质量和效益提升为核心的发展新阶段，将不断深化供给侧结构性改革，降低全产业链物流成本。紧紧抓住京津冀协同发展、雄安新区建设、“一带一路”、乡村振兴等国家发展战略重大机遇，推动物流企业发展质量变革、效率变革、动力变革，不断增强企业创新力和竞争力，实现更高质量、更有效率、更可持续的发展。

（河北省现代物流协会副秘书长　谢宝贵）

# 2017 年内蒙古自治区物流业发展情况

2017 年，全区认真学习贯彻党的十九大精神，贯彻落实新发展理念，坚持稳中求进工作总基调，深入推进供给侧结构性改革，全区物流业运行保持平稳。

## 一、社会物流总额稳中向好

2017 年，内蒙古自治区实现社会物流总额 33247.9 亿元，按可比价格计算，同比增长 3.2%。从社会物流总额构成占比来看：工业品物流总额占 45.1%，农产品物流总额占 8.5%，进口货物物流总额占 1.8%，单位与居民物品物流总额占 0.1%，其他货物物流总额占 44.5%（见图 1）。反映出消费、工业物流尤其是大宗货物价格对物流业的需求增长的拉动作用不断提高，网络购物、电子商务趋势愈发明显，单位与居民物品物流总额保持高速增长；内需外求的拉动作用有所增强，与 2016 年相比国际物流需求增速稳中有升。

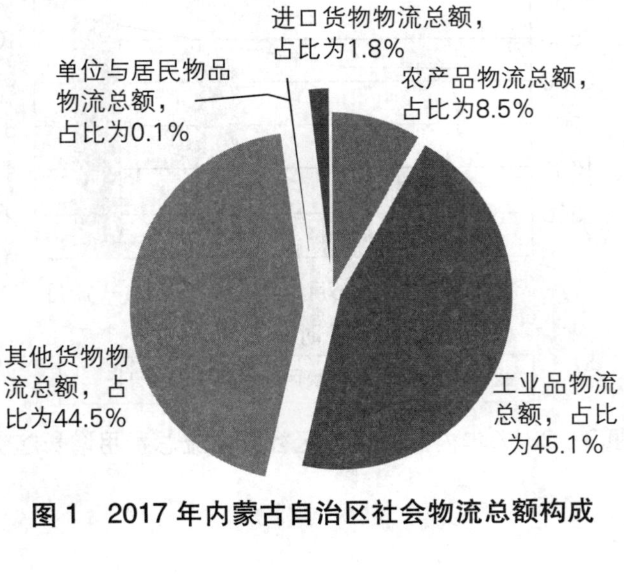


图 1　2017 年内蒙古自治区社会物流总额构成

## 二、社会物流总费用保持增长

2017 年，内蒙古自治区社会物流总费用完成 2801.6 亿元，比上年增长 10.9%。社会物流总费用与 GDP 的比率为 17.4%，高于全国 2.8 个百分点，全年呈平稳运行态势。反映出内蒙古自治区物流成本仍处于较高水平，未来仍有较大的进步空间。

从结构来看，运输费用完成 2088.1 亿元，比上年增长 11.5%，占社会物流总费用的 74.5%；保管费用完成 514.5 亿元，比上年增长 9.7%，占社会物流总费用的 18.4%；管理费用完成 199 亿元，比上年增长 8.2%，占社会物流总费用的 7.1%。2017 年内蒙古自治区社会物流总费用构成情况如图 2 所示，2017 年内蒙古自治区社会物流总费用增长趋势如图 3 所示。

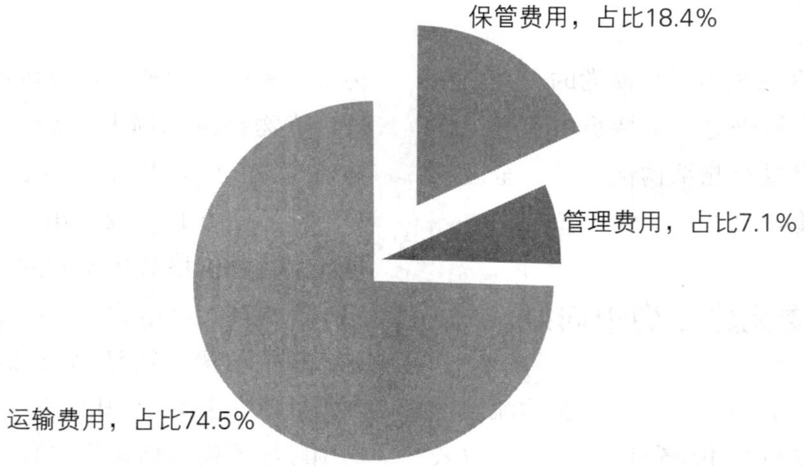


**图 2　2017 年内蒙古自治区社会物流总费用构成情况**

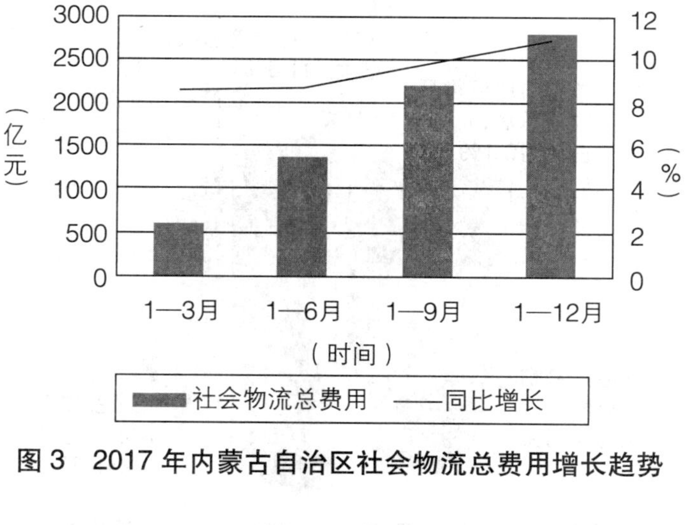


**图 3　2017 年内蒙古自治区社会物流总费用增长趋势**

## 三、物流专业化提升，市场规模持续扩大

2017年，内蒙古自治区实现物流业总收入2305.3亿元，比上年增长12.3%。从细分市场来看，与产业升级相关的物流细分行业增势良好，快递服务企业业务收入比上年增长21.6%，增速高于物流业平均水平。

## 四、交通运输业、仓储业、邮政业固定资产投资增速大幅下降

2017年，在内蒙古自治区物流相关行业固定资产投资中，交通运输业、仓储业、邮政业固定资产投资额1478亿元，比上年下降16.1%，具体情况如下表和图4所示。

**2017年全国和内蒙古自治区交通运输业、仓储业、邮政业固定资产投资额及服务业固定资产投资完成情况统计**

| 地区 | 交通运输业、仓储业、邮政业固定资产投资完成额（亿元） | 第三产业固定资产投资额（亿元） | 交通运输业、仓储业、邮政业固定资产投资额占服务业固定资产投资额比重（%） |
|---|---|---|---|
| 全国 | 61186 | 375040 | 16.3 |
| 内蒙古自治区 | 1478 | 7716.2 | 19.2 |

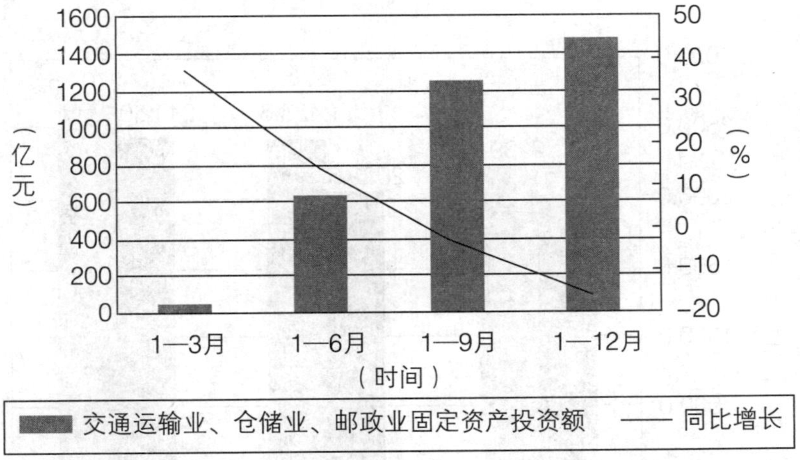


图4 2017年内蒙古自治区交通运输业、仓储业、邮政业固定资产投资额增长走势

## 五、货运量、货运周转量稳中有升

2017 年，内蒙古自治区完成货运量完成 227454.4 万吨，比上年增长 13.5%。完成货运周转量 5206.5 亿吨·公里，比上年增长 16.9%。其中：完成铁路货运量 79968.5 万吨，比上年增长 14.5%；完成铁路货运周转量 2442 亿吨·公里，比上年增长 20.3%。完成公路货运量 147483 万吨，比上年增长 12.9%；完成公路货运周转量 2764.5 亿吨·公里，比上年增长 14.1%。具体完成情况如图 5 和图 6 所示。此外，航空货运量完成 2.9 万吨，比上年增长 2.9%。

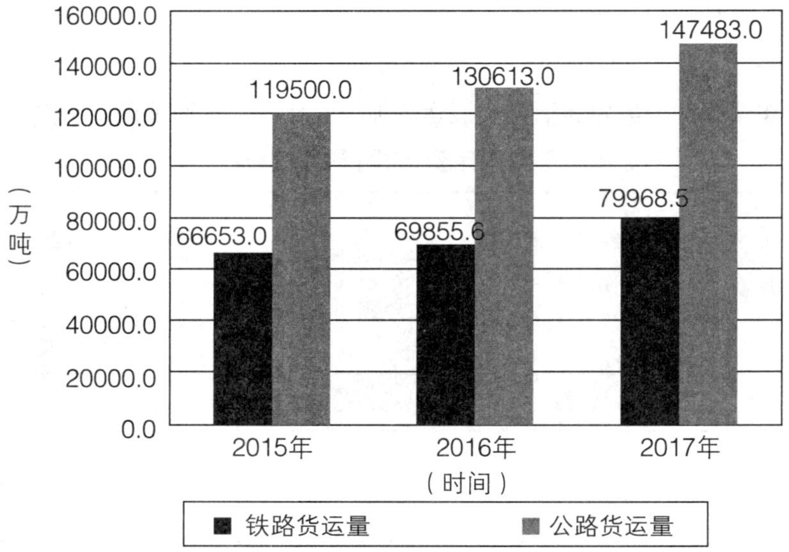


图 5　2015—2017 年内蒙古自治区货运量完成情况

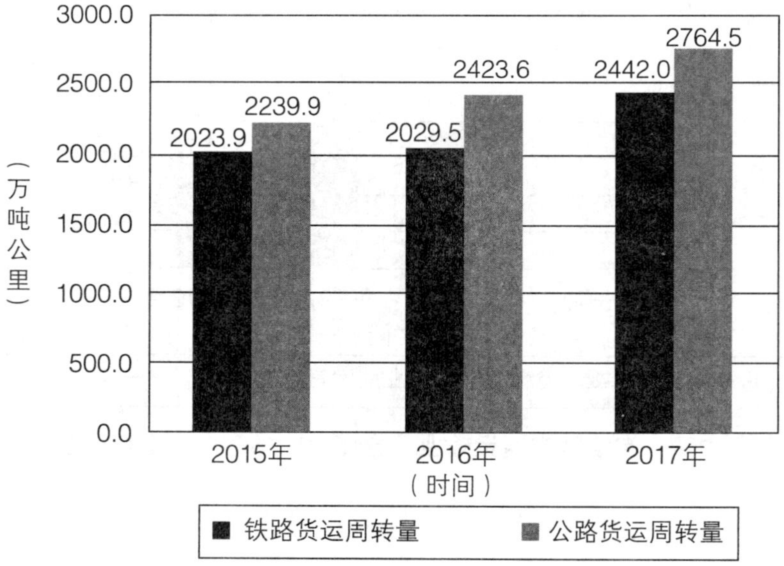


图 6　2015—2017 年内蒙古自治区货运周转量完成情况

## 六、快递业发展迅猛

2017 年，内蒙古自治区快递服务企业累计完成业务量 11035.31 万件，比上年增长 30.28%；累计完成业务收入 23.96 亿元，比上年增长 29.5%。其中：累计完成同城业务量 2691.01 万件，比上年增长 70.45%；累计完成异地业务量 8330.33 万亿件，比上年增长 21.09%；累计完成国际及港澳台业务量 13.97 万件，比上年增长 12.62%。2017 年内蒙古自治区快递业务收入构成如图 7 所示。

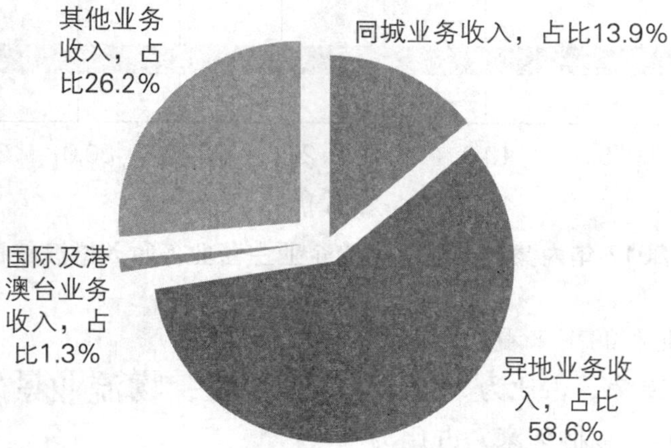


图 7　2017 年内蒙古自治区快递业务收入构成

## 七、物流企业经营状况

2017 年，内蒙古自治区对全区重点企业经营状况进行了调查，共收到 124 家企业的有效数据资料，其中：工业企业 32 家，占有效企业总数的 25.8%；批发和零售业企业 9 家，占有效企业总数的 7.3%；物流企业 83 家，占有效企业总数的 66.9%。调查结果显示，数量占比达 2/3 的物流企业经营状况呈现以下特点。

一是物流整体“微利”经营。2017 年，内蒙古自治区物流企业收入利润率为 4.3%，低于同期全国 1.8 个百分点。物流人员报酬占物流业务收入的比率由 2016 年的 6.5% 上升到 2017 年的 7.2%，较上年同期上升 0.7 个百分点，反映出物流人员成本不断提高。

二是三种类型的物流企业在数量上相差不大。从物流企业类型来看，综合型物流企业共计 28 家；运输型物流企业共计 30 家；仓储型企业共计 25 家。

三是物流企业盈利水平呈两头大、中间小的状态。从物流企业主营业务收入增速来看，增速在 10% 以上的企业 30 家，占比为 36.1%；增速在 5% ~ 10% 的企业 8 家，占比为 9.6%；增速在 1% ~ 5% 的企业 7 家，占比为 8.5%；增速在 1% 以下的企业 7 家，占比为 8.5%；亏损的企业 31 家，占比为 37.3%。2017 年内蒙古自治区物流企业主营业务收入增速统计情况如图 8 所示。

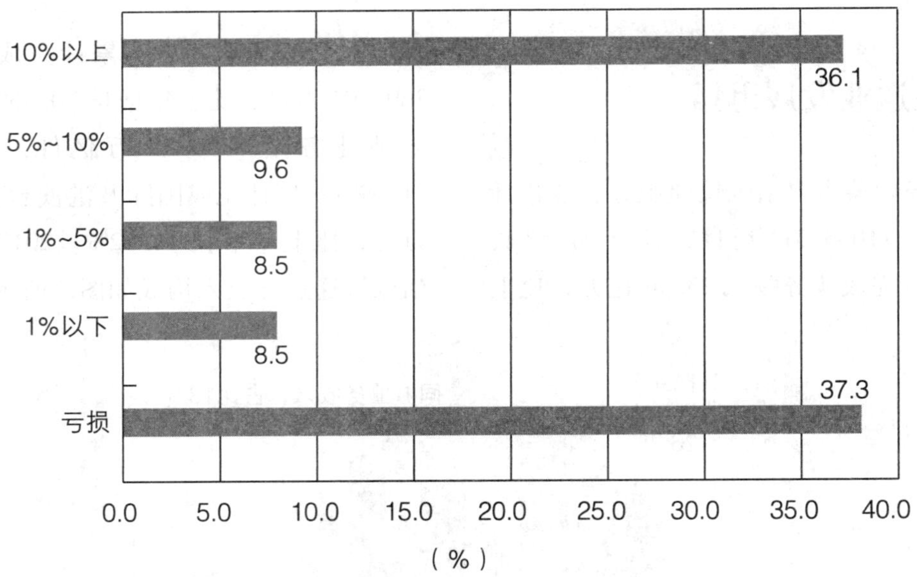


图 8　2017 年内蒙古自治区物流企业主营业务收入增速统计情况

四是从物流企业营业利润率来看，营业利润率在 10% 以上的企业 20 家，占比为 24. 1%；营业利润率在 5% ~ 10% 的企业 9 家，占比为 10. 8%；营业利润率在 1% ~ 5% 的企业 16 家，占比为 19. 3%；营业利润率在 1% 以下的企业 18 家，占比为 21. 7%；营业利润率亏损的企业 20 家，占比为 24. 1%。

## 八、物流业景气指数

2017 年，内蒙古自治区物流业景气指数平均值为 53%，虽低于全国平均物流业景气指数 2. 3 个百分点，但各月均高于 50% 的荣枯线，11 月回升至 55. 1%，表明全年各月内蒙古自治区物流业景气指数走势，如图 9 所示。

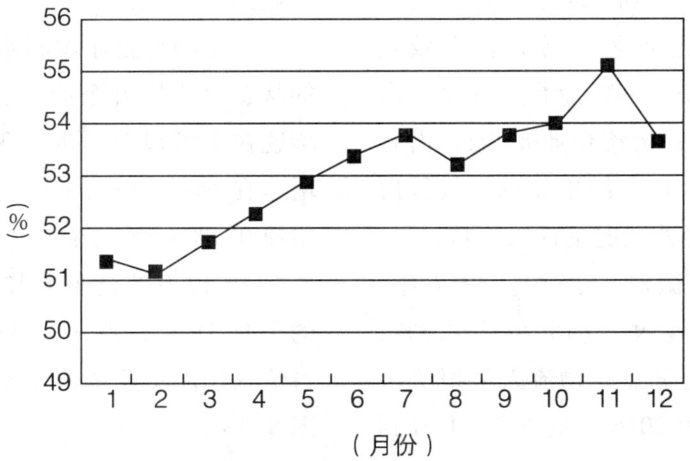


图 9　2017 年各月内蒙古自治区物流业景气指数走势

## 九、企业物流状况

2017年，内蒙古自治区企业物流对外物流成本比上年增长12.1%。企业物流外包业务呈走高趋势，工业、批发和零售业企业对外支付的物流成本占企业物流成本的40.9%，比上年提高13.2个百分点。运输物流外包比例逐步升高，工业、批发和零售业企业运输成本占物流成本的66.9%，比上年提高38个百分点。

## 十、A级物流企业情况。

截至2017年年底，内蒙古自治区共有A级物流企业46家。其中：5A级企业9家，4A级企业19家，3A级企业15家，2A级企业3家，物流企业质量不断提升。

（内蒙古物流协会　王方春　周媛）

# 2017 年江苏省物流业发展情况

## 一、物流业发展概况

2017 年，江苏省物流业运行总体呈稳中向好态势，社会物流规模持续扩大，社会物流效率稳步提升，企业经营效益明显改善。

（一）社会物流总额比上年增长。

2017 年，江苏省社会物流总额为 279563 亿元，同比增长 13.7%。其中：工业品物流总额为 226722.9 亿元，同比增长 13.2%，占社会物流总额的 81.1%；进口物流总额为 15121.5 亿元，同比增长 19.6%，占社会物流总额的 5.4%；农产品物流总额为 3009.3 亿元，同比增长 5.3%，占社会物流总额的 1.1%；外省市商品购进额为 33090.5 亿元，同比增长 14.9%，占社会物流总额的 11.8%。

（二）社会物流总费用比上年增长。

2017 年，江苏省社会物流总费用为 12136.2 亿元，同比增长 10.5%。其中：运输费用为 6201.6 亿元，同比增长 10.6%，占社会物流总费用的 51.1%，比重同比上升 0.1 个百分点；保管费用为 4669.3 亿元，同比增长 10.9%，占社会物流总费用的 38.5%，比重同比上升 0.1 个百分点；管理费用为 1265.3 亿元，同比增长 8.5%，占社会物流总费用的 10.4%，比重同比下降 0.2 个百分点。社会物流总费用与 GDP 的比率为 14.1%，比上年下降 0.3 个百分点。

（三）物流业增加值比上年增长。

2017 年，江苏省实现物流业增加值 5316.9 亿元，按可比价格计算同比增长 8.4%，占江苏省 GDP 的比重为 6.1%，占江苏省服务业增加值的比重为 12.3%。

（四）重点监测物流企业运营向好。

2017 年，江苏省 172 家省重点物流企业平均每单位物流业务收入、成本和利润分别比上年增长 19.9%、19.8% 和 19.2%，增幅均有所上升，利润率为 6.8%；利息支出、水电费、行政处罚支出等费用同比分别下降 4.0%、4.4%、16.3%，物流业务营业税金及附加占物流业务收入为 0.51%，同比下降 0.1 个百分点，表明全行业促进企业降本措施取得实效。

2017 年，江苏省物流业景气指数（LPI）平均值为 54.1%，略高于前两年的平均值，反映出江苏省物流业市场总体活跃，行业稳中向好态势明显。

## 二、物流业发展主要特点

2017年，江苏省物流业发展态势良好，呈现以下特点。

（一）市场需求结构优化。

2017年，受仪器仪表、专用设备、电子设备及医药等新型制造业的产销量高速增长拉动，江苏省工业品物流需求保持较高增速，全省工业品物流总额为226722.9亿元，同比增长13.2%，增幅比上年同期提高7.2个百分点，占社会物流总额的比重为81.1%；受国际市场回暖、江苏省大宗原材料需求量价齐升和国内供给侧结构性改革多重影响，大宗矿产、化工原料、机电等产品进口物流需求增速明显，进口货物物流总额同比增长19.6%；受居民消费升级及消费品类多样化发展带动，江苏省居民消费物流需求继续保持快速增长势头，单位与居民物品物流总额同比增长32.7%。2017年，江苏全省实现货运量23.4亿吨，同比增长8.5%；实现货运周转量9726.4亿吨·公里，同比增长17.3%，多种运输方式协同性有所增强。其中：受轻质、高货值货运需求成倍增长和“一带一路”沿线经贸往来密切带来的新增需求影响，铁路运输需求平稳增长；公路货运中质轻价高的货物运输需求激增，多式联运需求明显增加，干线运输平台撮合优势快速释放，民航和管道运输稳步增长，内河运输加快发展，运输结构持续调优。

（二）市场主体实力增强。

2017年，江苏省新增8家省重点物流基地（园区）、26家省重点物流企业、8家省认定物流企业技术中心和25家国家4A级以上物流企业，企业总数分别达到96家、311家、79家和215家，其中，国家4A级以上物流企业数量居全国第一。这些企业（基地）普遍具有较强的市场竞争力、较高的市场占有率和较好的市场诚信度，在江苏省物流业发展中具有较强的示范带动作用，带动了江苏省物流行业整体水平的提升。受监测的172家省重点物流企业运行数据显示，市场主体平均物流业务收入、成本、利润分别比上年增长19.9%、19.8%和19.2%，增幅均有所上升。物流景气指数显示，主营业务利润、主营业务成本和物流服务价格指数均值分别为52.0%、57.2%和49.2%，比上年分别增长2.9个、2.5个和0.3个百分点，且第四季度均值分别为53%、57.1%和50%，行业效益景气度稳步攀升。主营业务利润与服务价格指数的同步回升，表明行业服务水平提升已逐步得到市场认可，市场同质化竞争状态有所改善。其中：有125家企业物流业务收入实现同比增长；64家企业利润有所下降；14家企业出现亏损，亏损面为8.1%。物流企业经营收益继续呈现两极分化，越来越多的物流企业成为转型升级发展的受益者。

（三）市场经营趋于活跃。

2017年，江苏省物流业景气指数月度平均值为54.1%，略高于前两年的平均值，行业稳中向好态势明显，显示出江苏省物流业市场总体活跃，企业的经营信心渐趋增强。在物流业景气指数构成中，平均库存量指数、库存周转次数指数均值分别为50.3%、53.8%，比上年分别增长1.2个和1.5个百分点，且第四季度均值分别为50.5%和54.4%，高于前三季度均值，呈现出平均库存量适度增长、库存周转次数小幅增长、货物周转效率稳步增长的趋势。设备利用率指数、资金周转率指数、从业人员指数均值分别为53.9%、52.4%、48.8%，比上年分别增长1.0个、增长0.7个和下降3.3个百分点。数据表明，在物流业务需求增长的拉动下，江苏省物流装备与流动资金的利用效率有了明显改善；而从业人员规模逆势下降，表明随着物流智慧化水平的提升，行业对人工劳动的依赖性降低，单位人均产出呈上升趋势。业务活动预期指数、新订单指数均值分别为 55.9% 和 55.2%，比上年分别下降 0.8 个和增长 0.1 个百分点，表明物流企业对后市信心趋于理性，对业务规模仍保持较高期望。

（四）创新驱动高效发展。

党的十九大报告提出了加强“物流等基础设施网络建设”和在“现代供应链、人力资本服务等领域培育新增长点、形成新动能”的总体思路，进一步突出了物流业在国民经济中的重要地位和作用。2017 年，江苏省在多项综合政策措施中明确了物流业发展的目标与任务，对推进物流业与产业融合互动发展提供了政策保障，有力推动了物流行业降本增效、诚信建设、绿色物流等补短板、促发展的深化。积极推进无车承运人试点工作，利用互联网技术，将全社会碎片化的货运需求和运力进行了有效整合。推动中欧班列有序发展、扩量增效，强化对外向型经济的物流服务支撑。进一步深化智慧物流、“互联网+”高效物流、道路货运业和粮食物流等推进工作，多措并举，促进物流业创新发展。2017 年，江苏省物流资源加速整合，物流企业通过技术创新、管理创新、组织创新，加速向服务网络化和管理现代化的现代物流业转型，物流模式持续创新，呈现出“线上”与“线下”融合、供应链各环节紧密结合、专业化程度逐步提升等特点。

## 三、推进物流工作主要情况

2017 年，江苏省物流主管部门为推进全省物流业加快发展，重点抓了以下工作。

（一）优化物流发展政策环境。

一是加强顶层设计，在多项综合政策措施中明确了物流业发展的目标与任务，对推进物流业与产业融合互动发展提供了政策保障。2017 年，江苏省人民政府下发了《关于加快发展先进制造业振兴实体经济若干政策措施的意见》（苏政发〔2017〕25 号），明确了物流服务、供应链设计、物流业降本和重点项目推进等具体工作的目标及措施。省政府办公厅还印发了《关于推进农村一二三产业融合发展的实施意见》（苏政办发〔2017〕4 号）、《关于加快发展冷链物流保障食品安全促进消费升级的实施意见》（苏政办发〔2017〕109 号），转发了省发展改革委等部门《关于加快推进省级示范物流园区创新发展意见的通知》（苏政办发〔2017〕97 号），为构建现代化冷链物流体系、加快农产品冷链物流和电商物流体系建设及完善物流园区基础设施网络等提供了政策保障。二是根据省政府的要求，深入一线收集有关部门意见，进一步完善《关于加快推进“互联网+”高效物流行动的实施意见（初稿）》。完善智慧物流示范项目方案，在调查研究基础上明确了支持的重点领域、项目规模和示范性要求等内容，确保项目继续对重点物流领域、重大物流示范项目倾斜，充分发挥财政资金导向作用。三是制定下发了《关于开展全省物流行业重点基地（园区）重点企业和重大项目跟踪监测工作的通知》（苏经信交通〔2017〕340 号），布置开展区域物流发展及重大项目投入情况、物流基地集聚程度、物流企业经营效益与成本等情况的调查工作。进一步完善物流职教联盟体系建设，优化政策措施，组织人才培训，密切校企合作，共同推进物流技术技能型人才培养。

（二）协同推进区域物流联动发展。

一是支持办好“2017年中国（江苏）长三角物流发展与合作论坛”及“2017中国国际物流科技博览会”，发挥区域联动机制作用，打造具有较强影响力的物流展示交易平台。二是与江苏省交通运输厅、江苏省发展改革委联合组织申报第二批国家多式联运示范项目和第二批省级多式联运示范工程项目。协调有关市与上海铁路局对接，联合开拓铁路货运市场，不断优化交通运输结构。全力办好江苏省物流业与制造业融合发展现场推进会，推进物流产业结构优化，提升物流业智慧化、专业化、国际化水平，推动区域内物流服务企业与生产制造企业相互渗透、深度融合，助推江苏省智能制造高端发展、传统产业转型发展、新兴产业跨越发展及外向型经济提升发展。

（三）持续做好物流品牌培育工作。

一是扶持省级重点物流运作载体平台建设，培育规模骨干品牌物流企业，新认定省级重点物流基地8家、省级重点物流企业26家，物流企业技术中心8家。二是深入研究江苏智慧物流发展战略，挖掘“互联网+高效物流”典型运作模式，认定了17家智慧物流示范项目，并在江苏省进行宣传推广，为全省智慧物流建设起到良好的示范作用。三是联合高校开展“江苏省物流企业规模化和网络化发展对策研究”和“江苏智慧物流发展典型案例研究”2项课题，总结一批智慧物流发展的典型案例，探索研究物流企业做大做强可行性路径，在全省范围内予以推广。

（四）继续完善物流统计核算体系。

除按时完成2016年物流业运行情况通报和2017年季度运行情况分析等工作外，还完成了2016年度江苏物流业指数研究工作，探索建立市场监测分析体系，初步形成宏观指标核算与微观市场监测相结合的运行监测平台。在13个市普遍建立物流统计核算体系，推动省市联动，共同做好物流业监测分析工作。

（五）进一步加强部门合作共建。

依托江苏省统一的信用信息平台建立全省物流信用评价体系，完善物流企业和从业人员信用记录；联合江苏省教育厅和江苏省现代物流协会，共同举办了2017年江苏省物流技能大赛，搭建人才供需对接平台，促进物流技术技能型人才培养；联合江苏省现代物流协会共同举办了面向物流企业高管和政府物流管理部门管理人员的培训班，建立了全省物流学习教育网络平台；与江苏省经信委科技处联合下发了通知，组织开展第九批物流企业技术中心认定工作；与江苏省质监局联合确立了一批2017年度物流标准化项目和物流企业贯标项目，助推提升物流企业的标准化水平。

（江苏省经信委）

# 2017年浙江省物流业发展情况

2017年，浙江省物流需求规模稳步增长，需求结构不断优化，随着经济生产和贸易规模的不断扩大，全省对物流业的需求不断增加。同时，物流总费用占物流总额的比例呈现下降趋势，这表明随着物流技术的进步，物流单位成本费用在逐渐降低，物流行业的利润水平也有所提升。但物流总费用占GDP的比重相对于发达国家仍较高，未来浙江省物流行业的利润水平还有较大的提升空间。

## 一、总体运行情况

（一）社会物流总额不断增长，生活类物流迅速增长。

2017年，浙江省社会物流总额为15.38万亿元，按可比价格计算，比上年增长7.9%。2017年浙江省社会物流总额构成情况如图1所示。

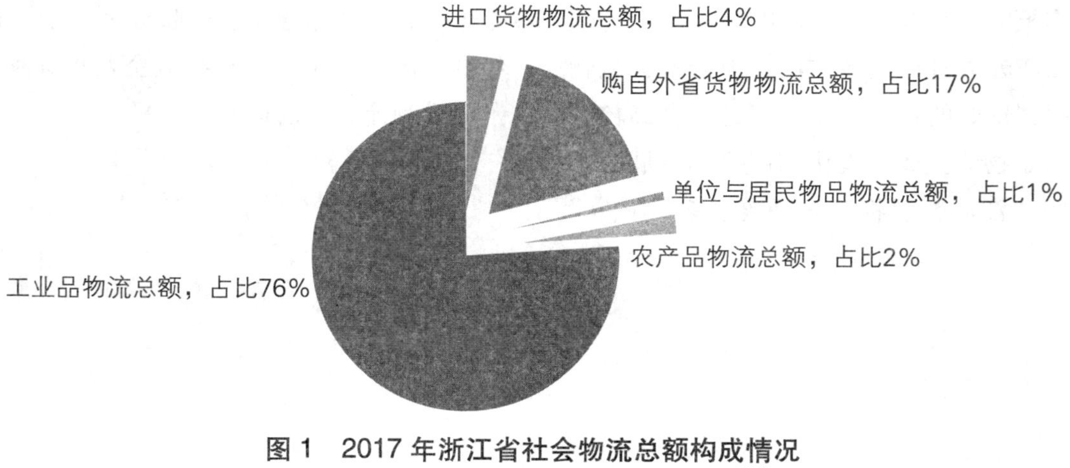


**图1 2017年浙江省社会物流总额构成情况**

从构成情况看，随着消费结构升级和消费模式创新，消费潜力进一步得到释放，居民生活类物流继续保持高速增长，2017年，浙江省单位与居民物品物流总额为0.19万亿元，可比增长52.7%；工业品物流总额为11.66万亿元，可比增长6.3%；进口货物物流总额为0.68万亿元，可比增长10.9%；购自外省货物物流总额为2.57万亿元，可比增长11.4%；农产品物流总额为0.28万亿元，可比增长20.2%。2017年浙江省社会物流总额构成及可比增长情况如图2所示。

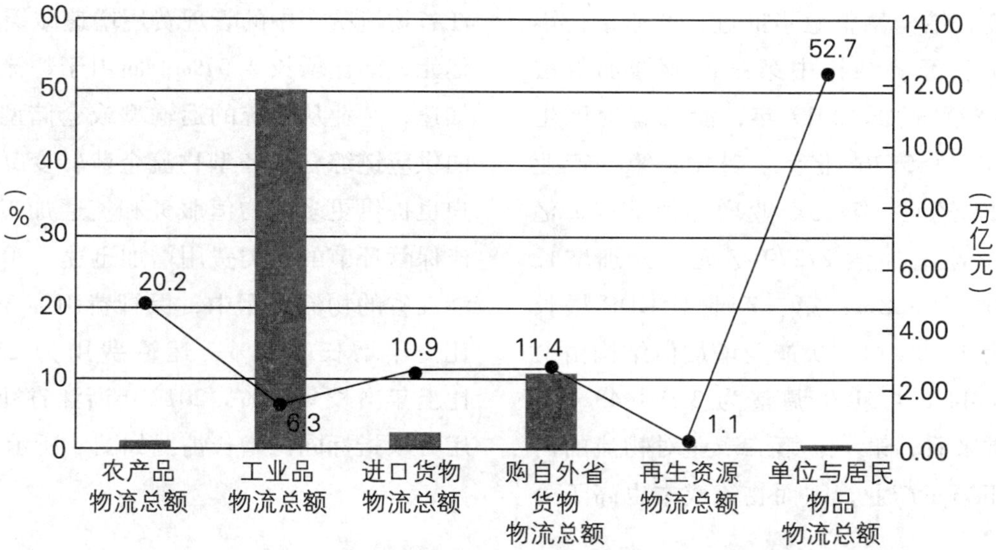


图2 2017年浙江省社会物流总额构成及可比增长情况

2017年，浙江省物流业增加值为5034亿元，可比增长8.92%，占全省GDP的比重为9.72%；占服务业的比重为18.45%，是经济发展的重要力量。

（二）社会物流总费用不断增长，运行效率逐步提高。

伴随社会物流总额的增加，浙江省社会物流总费用（包括运输费用、保管费用和管理费用）也保持增长趋势。2017年，浙江省社会物流总费用为7511亿元，同比增长10.78%，表明浙江省物流行业在需求旺盛的情况下，费用规模也随之不断扩大。2017年浙江省社会物流总费用构成情况如图3所示。

图3 2017年浙江省社会物流总费用构成情况

2017 年，浙江省社会物流总费用与 GDP 的比率为 14.5%，比上年下降 0.1 个百分点。社会物流总费用与 GDP 比率的下降得益于全省国民经济结构的不断优化。随着国民经济增长方式转变，结构调整稳步推进，产业结构不断优化，全省经济结构中第三产业增加值占 GDP 比重持续增加。2017 年，浙江省地区生产总值（GDP）51768 亿元。其中：第一产业增加值 2017 亿元，第二产业增加值 22472 亿元，第三产业增加值 27279 亿元，分别增长 2.8%、7.0%和 8.8%；第三产业对 GDP 增长的贡献率为 57.0%；三次产业增加值结构由上年的 4.2 : 44.8 : 51.0 调整为 3.9 : 43.4 : 52.7。通常来看，第一、第二产业对物流的需求规模大于第三产业，因而物流成本也高于第三产业。伴随着第三产业增加值占 GDP 比重的增加，物流成本与 GDP 的比率不断降低。

从构成看，随着简政放权、“只要跑一次”、信息化应用等的不断推进，2017 年，浙江省物流费用中的管理费用增速减缓，为 1534 亿元，同比增长 4.57%；而由于物流企业转型加速，企业从传统的运输型或仓储型企业不断向供应链综合服务型物流企业转变，企业为客户也提供更多的增值服务和流通加工服务，物流保管环节的各类费用增加迅速。2017 年，在浙江省的物流费用中，保管费用为 3431 亿元，比上年增长 15.1%；运输费用为 2546 亿元，比上年增长 9.22%。2017 年浙江省社会物流费用分项指标同比增长情况如图 4 所示。

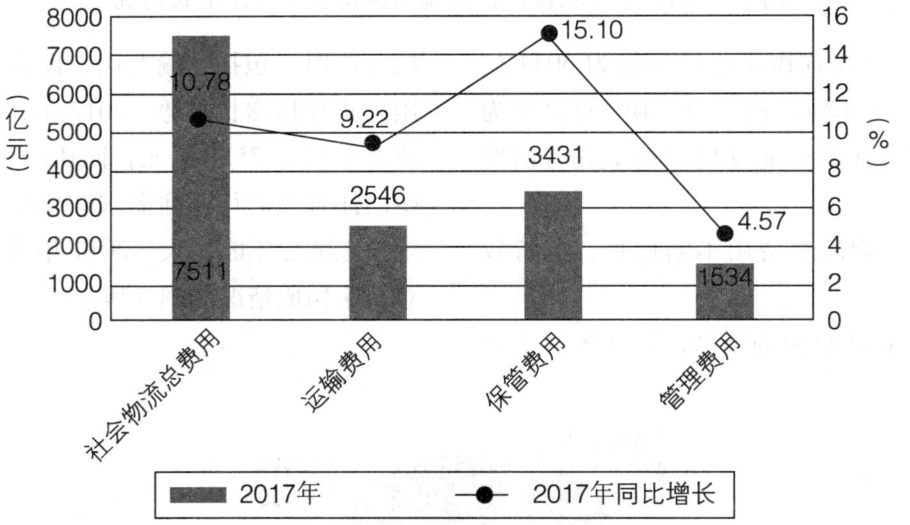


图 4　2017 年浙江省社会物流费用分项指标同比增长情况

## 二、A 级物流企业情况

截至目前，浙江省已有 A 级物流企业 619 家，占全国 5355 家 A 级物流企业总量的 11.6%，多年蝉联首位。浙江省共有 18 家 5A 级企业，占全国 293 家 5A 级企业的 6.1%。2015—2018 年上半年，浙江省与全国 A 级物流企业数量稳步上升，详情如图 5 所示。

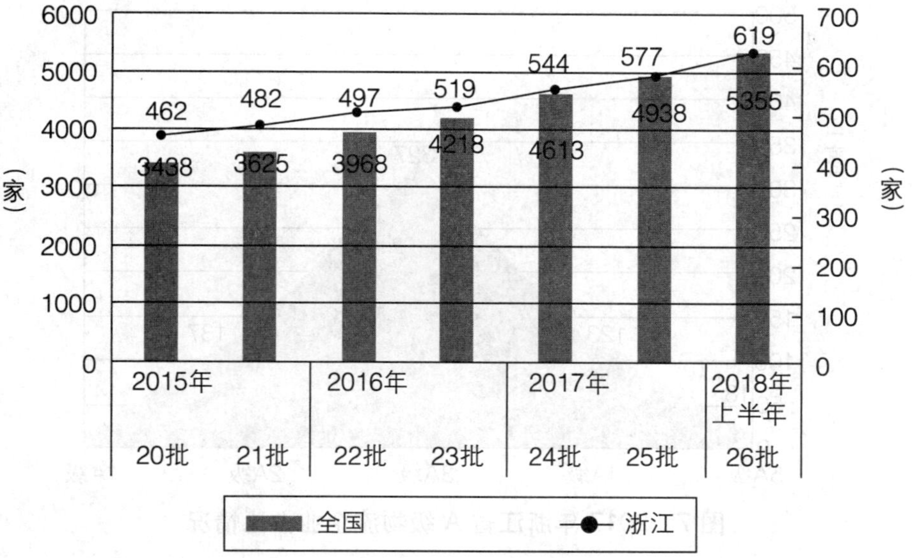


**图 5　2015—2018 年上半年浙江省与全国 A 级物流企业数量变化走势**

分类型看，在 619 家 A 级物流企业中有仓储型企业 56 家，占比 9.0%；运输型企业 107 家，占比 17.3%；综合型企业 456 家，占比 73.7%。总体来看，多环节、多业态、多方式的综合型物流企业在浙江省 A 级物流企业中占比较大，且与全国比例近似。具体情况如图 6 所示。

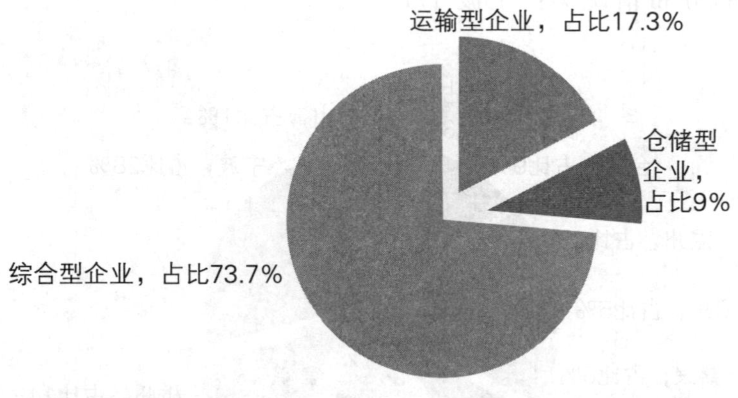


**图 6　浙江省 A 级物流企业（分类型）占比情况**

分等级看，在浙江省 619 家 A 级物流企业中，有 5A 级企业 18 家，占比 2.9%；4A 级企业 123 家，占比 19.9%；3A 级企业 327 家，占比 52.8%；2A 级企业 137 家，占比 22.1%；1A 级企业 14 家，占比 2.3%，整体呈“两头小，中间大”的纺锤体结构。具体情况如图 7 所示。

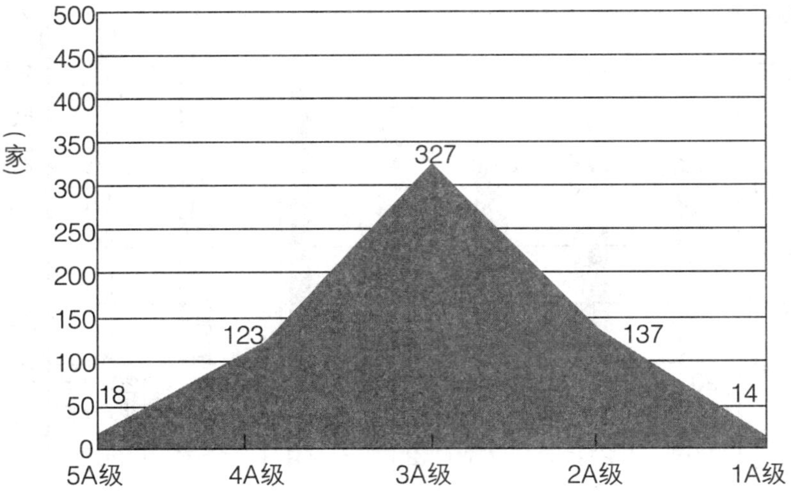


**图 7 2017 年浙江省 A 级物流企业占比情况**

浙江省区域特色经济发达，物流企业数量及特征也与这些地区的产业息息相关。在经济发达的地区，人口密度高，制造企业多，运输需求大，运力供给也大。物流需求方对物流企业资质要求更高，因此浙江省 A 级物流企业的分布与当地产业分布联系紧密。目前浙江省 A 级物流企业在各地的分布情况为：宁波 171 家，金华 103 家，杭州 85 家，台州 55 家，温州 53 家，湖州 41 家，嘉兴 40 家，绍兴 34 家，衢州 21 家，丽水 12 家，舟山 4 家。其中，宁波、杭州、金华三地 A 级物流企业占全省 A 级物流企业总数的 50% 以上。浙江省各地区 A 级物流企业占比情况如图 8 所示。

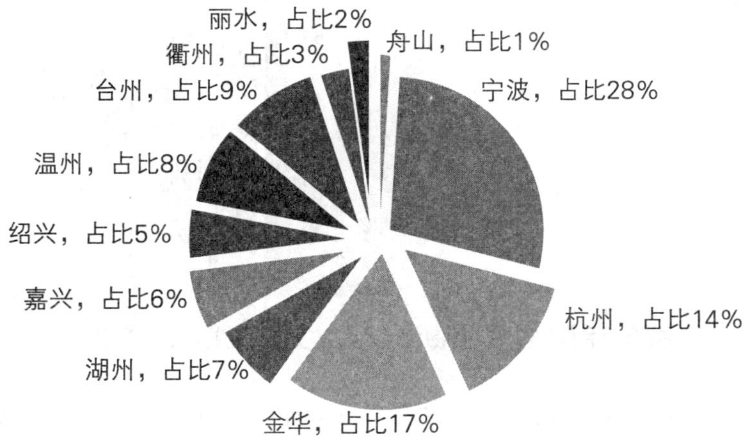


**图 8 浙江省各地区 A 级物流企业占比情况**

（浙江省物流与采购协会）

# 2017年福建省物流业发展情况

2017年，在福建省稳增长、促改革、调结构等各项政策措施的推动下，福建省物流产业保持稳定、活跃的运行走势。

2017年1—12月，福建省各月物流业景气指数（LPI）均处于54.5%以上，平均值为55.2%，高于上年同期（53.7%）1.5个百分点，物流市场持续处于较高景气区间。各月物流业景气指数（LPI）同均值水平的离散性处在0.6个百分点之内的窄幅区间，整体走势平稳，波动较小。2017年1—12月福建省物流业景气指数（LPI）走势如图1所示。

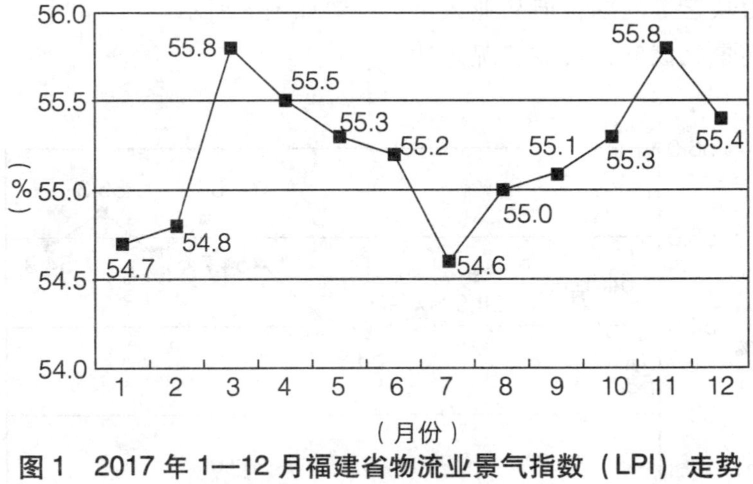


图1　2017年1—12月福建省物流业景气指数（LPI）走势

## 一、物流业务活动保持较高活跃度

2017年，福建省全年各月物流业景气指数中业务总量指数保持在53.5%以上高位运行，全年业务总量指数平均值为55.3%，比上年同期平均值高1.1个百分点，显示出物流业务活动保持了稳中有升的运行态势。从分月指数看：3月达到全年最高点56.5%，7月逐月回落至53.9%的全年最低点。2017年1—12月福建省物流业景气指数中业务总量指数走势如图 2 所示。

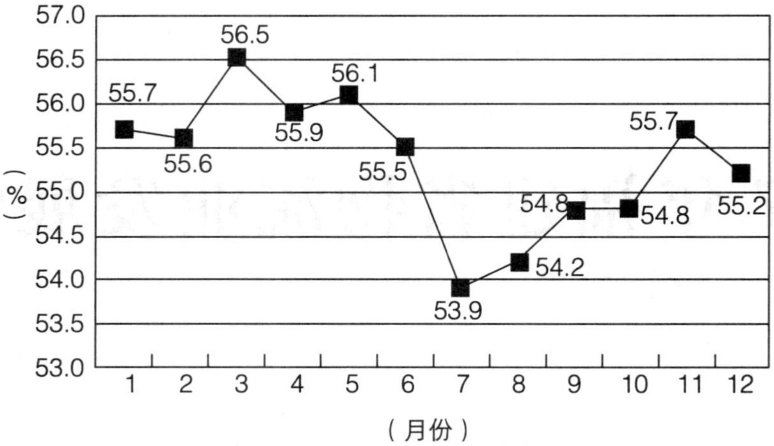


**图 2　2017 年 1—12 月福建省物流业景气指数中业务总量指数走势**

## 二、物流业就业状况稳定良好

2017 年，福建省物流业景气指数中全年从业人员指数平均值为 54. 5%，比上年同期平均值高 0. 9 个百分点，虽然企业反映存在人工成本上涨较快、劳动力缺乏等问题，但从业人员指数持续保持在较高景气区间，就业状况总体表现较好。从各月从业人员指数看，同均值水平的离散性在 1. 0 个百分点之间窄幅波动；全年从业人员指数最低点 1 月的 53. 5%，与全年最高点 11 月的 55. 3% 的差距仅 1. 8 个百分点，表明全年就业状况总体稳定。2017 年 1—12 月福建省物流业景气指数中物流从业人员指数走势如图 3 所示。

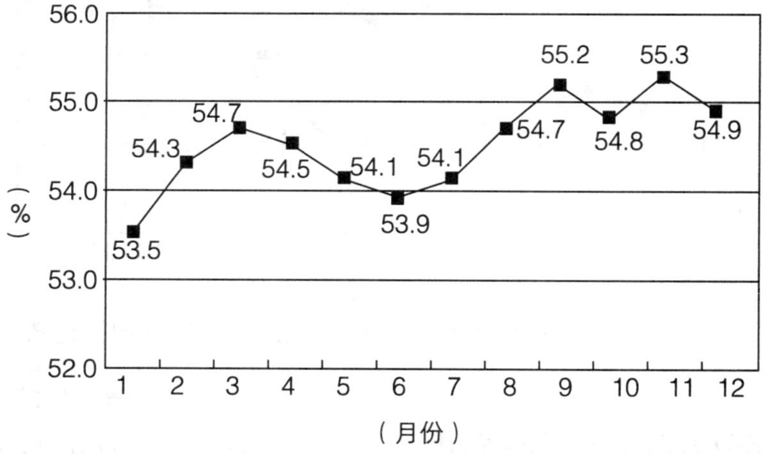


**图 3　2017 年 1—12 月福建省物流业景气指数中物流从业人员指数走势**

## 三、企业经营效益不佳持续存在

2017 年，福建省物流业景气指数中各月主营业务成本指数均处于 53.5% 以上高位区间，平均值为 54.3%；全年主营业务利润指数平均值为 48.4%，低于主营业务成本指数平均值 5.9 个百分点，企业经营效益不佳持续存在。从主营业务利润指数看，只有 3 月、6 月、9 月 3 个月处于 50% 荣枯线以上，其余 9 个月均处于 50% 荣枯线以下；主营业务成本指数与主营业务利润指数差距在 7.0 个百分点以上有 7 个月份，其中 2 月、8 月、10 月差距在 8.0 个百分点以上。2017 年 1—12 月福建省物流业景气指数中主营业务成本指数、主营业务利润指数走势如图 4 所示。

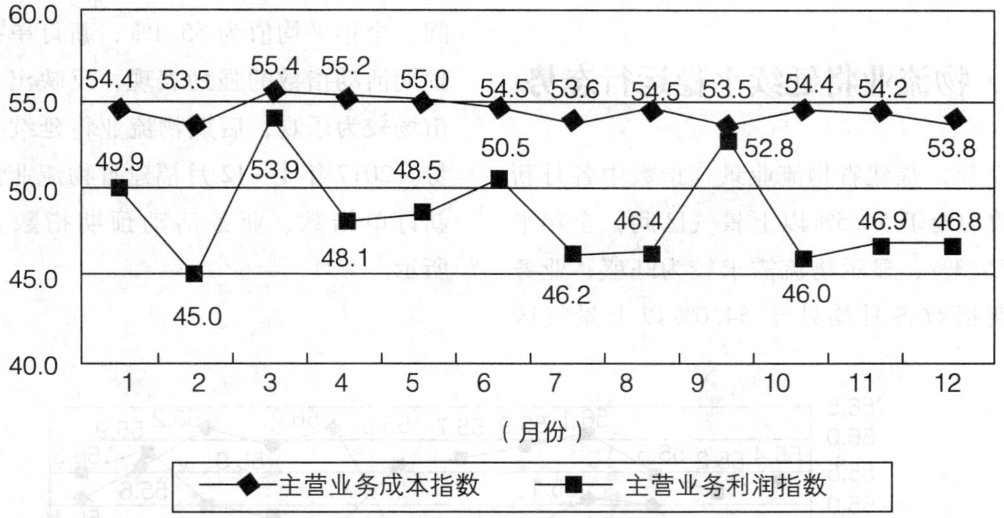


**图 4　2017 年 1—12 月福建省物流业景气指数中主营业务成本指数、主营业务利润指数走势**

## 四、资金环境稳步好转，企业回款加快

2017 年，福建省物流业景气指数中各月资金周转率指数均保持在 55.5% 以上高位运行，全年平均值为 57.0%，比上年同期平均值高 3.5 个百分点，表明福建省经济运行中的资金环境趋好，物流企业回款速度有所加快。从分月指数看，5 月回落至全年最低点 55.7%，从 6 月开始逐月回升至 9 月的全年最高点，达 58.3%。2017 年 1—12 月福建省物流业景气指数中资金周转率指数走势如图 5 所示。

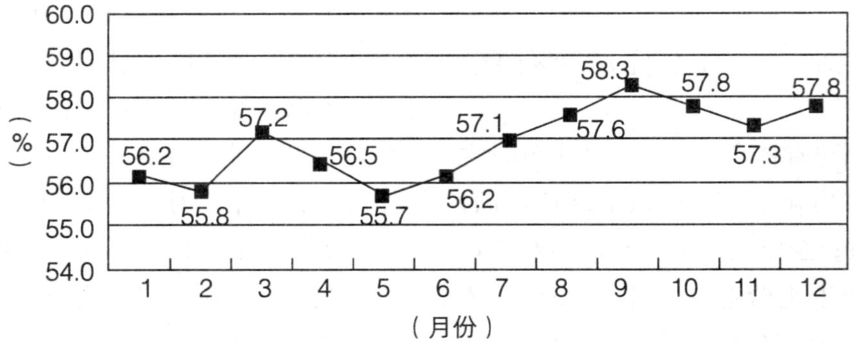


**图 5　2017 年 1—12 月福建省物流业景气指数中资金周转率指数走势**

## 五、物流业将延续平稳运行态势

2017 年，福建省物流业景气指数中各月新订单指数均处于 54. 5% 以上景气区间，全年平均值为 55. 3%，显示物流需求较为旺盛；业务活动预期指数各月均处于 54. 0% 以上景气区间，全年平均值为 55. 1%；新订单指数与业务预期活动指数的强劲表现，反映出企业对未来市场较为乐观，后期物流业将延续平稳运行走势。2017 年 1—12 月福建省物流业景气指数中新订单指数、业务活动预期指数走势如图 6 所示。

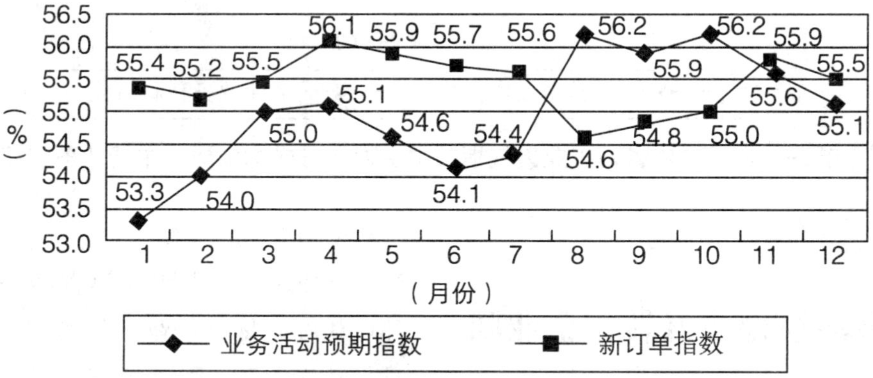


**图 6　2017 年 1—12 月福建省物流业景气指数中新订单指数、业务活动预期指数走势**

（福建省物流协会）

# 2017 年山东省物流业运行情况

2017 年，山东省实现生产总值（GDP）72678.2 亿元，同比增长 7.4%。与宏观经济走势相吻合，山东省物流业运行情况呈现提质增效、稳中向好态势，物流业转型升级、降本增效成果显著，物流业发展质量和效益稳步提升，社会物流总额稳中有升，社会物流总费用与 GDP 的比率持续下降，物流业投资增长较快。

## 一、社会物流需求稳中有升

2017 年，山东省实现物流总额 203565 亿元，同比增长 10.5%。其中：农产品物流总额为 7524.4 亿元，同比下降 2.4%，占比为 3.7%；工业品物流总额为 149550.9 亿元，同比增长 9.9%，占比为 73.4%；进口货物物流总额为 7858.5 亿元，同比增长 22.5%，占比为 3.9%；外地货物流入物流总额为 27499.8 亿元，同比增长 8.6%，占比为 13.5%；再生资源物流总额为 3273.8 亿元，同比增长 8%，占比为 1.6%；单位与居民物品物流总额为 7857.6 亿元，同比增长 30.3%，占比为 3.9%。具体情况如图 1 所示。

图 1　2017 年山东省社会物流总额构成情况

## 二、区域物流业发展总体向好

2017 年，从山东省各市的物流总额看，位居全省前三位的是青岛市、临沂市和济南市，分别为 30198.5 亿元、28038.4 亿元和 21794.4 亿元，占山东全省的比重分别为 12.1%、11.2%和 8.7%①。其中：物流总额超过 2 万亿元的市有烟台市（21686.7 亿元）、潍坊市（20381.2 亿元）；超过万亿元的市有淄博市（17566.9 亿元）、东营市（15959.3 亿元）、聊城市（13608.3 亿元）、德州市（13580.2 亿元）、菏泽市（11468.8 亿元）、滨州市（10684.3 亿元）、威海市（10673.4 亿元）和济宁市（10078.6 亿元）。2017 年山东省及各市物流总额完成情况如表 1 所示。

表 1　　2017 年山东省及各市物流总额完成情况

| 指标<br>省市名称 | 社会物流总额（亿元） | 同比增长（%） | 农产品物流总额（亿元） | 工业品物流总额（亿元） | 进口货物物流总额（亿元） | 外地货物流入物流总额（亿元） | 再生资源物流总额（亿元） | 单位与居民物品物流总额（亿元） |
|---|---|---|---|---|---|---|---|---|
| 山东省 | 203565.0 | 10.5 | 7524.4 | 149550.9 | 7858.5 | 27499.8 | 3273.8 | 7857.6 |
| 济南市 | 21794.4 | 13.0 | 443.6 | 6166.7 | 257.1 | 13590.0 | 43.2 | 1293.9 |
| 青岛市 | 30198.5 | 9.8 | 578.1 | 18136.5 | 2001.7 | 7792.0 | 241.0 | 1449.2 |
| 淄博市 | 17566.9 | 9.0 | 209.6 | 11559.3 | 305.4 | 5155.6 | 25.0 | 312.0 |
| 枣庄市 | 5461.6 | 8.4 | 269.4 | 3971.4 | 12.0 | 914.2 | 65.9 | 228.8 |
| 东营市 | 15959.3 | 18.9 | 216.1 | 12864.7 | 977.7 | 1793.3 | 17.8 | 89.8 |
| 烟台市 | 21686.7 | 10.4 | 728.9 | 15194.9 | 1337.1 | 3483.8 | 376.8 | 565.2 |
| 潍坊市 | 20381.2 | 9.0 | 869.3 | 12494.3 | 510.9 | 5261.0 | 556.6 | 689.2 |
| 济宁市 | 10078.6 | 9.3 | 864.9 | 6434.7 | 173.4 | 2168.0 | 46.0 | 391.6 |
| 泰安市 | 9975.6 | 10.4 | 407.2 | 5762.2 | 35.0 | 3471.0 | 31.1 | 269.1 |
| 威海市 | 10673.4 | 10.2 | 309.5 | 7407.3 | 549.2 | 2093.5 | 15.4 | 298.4 |
| 日照市 | 5215.5 | 11.1 | 241.1 | 2871.9 | 559.6 | 1338.0 | 38.3 | 166.7 |
| 莱芜市 | 3336.5 | 9.6 | 92.0 | 2143.6 | 36.8 | 673.1 | 334.0 | 57.0 |
| 临沂市 | 28038.4 | 7.7 | 586.4 | 11247.2 | 174.4 | 13855.5 | 1310.2 | 864.7 |
| 德州市 | 13580.2 | 11.8 | 524.8 | 11238.6 | 64.9 | 1298.8 | 153.8 | 299.3 |
| 聊城市 | 13608.3 | 5.9 | 500.4 | 8523.7 | 222.9 | 3962.7 | 40.1 | 358.5 |
| 滨州市 | 10684.3 | 10.3 | 428.3 | 8102.1 | 401.4 | 1529.2 | 26.2 | 197.1 |
| 菏泽市 | 11468.8 | 13.3 | 387.3 | 8664.7 | 239.1 | 1793.0 | 57.4 | 327.3 |

① 山东省各市的物流总额包含了各市之间的物流，而山东省的全省物流总额不包含这部分数据。

从增长速度上看，东营市、菏泽市和济南市分别以 18.9%、13.3%和 13%的增速居山东省前三位。具体情况如图 2 所示。

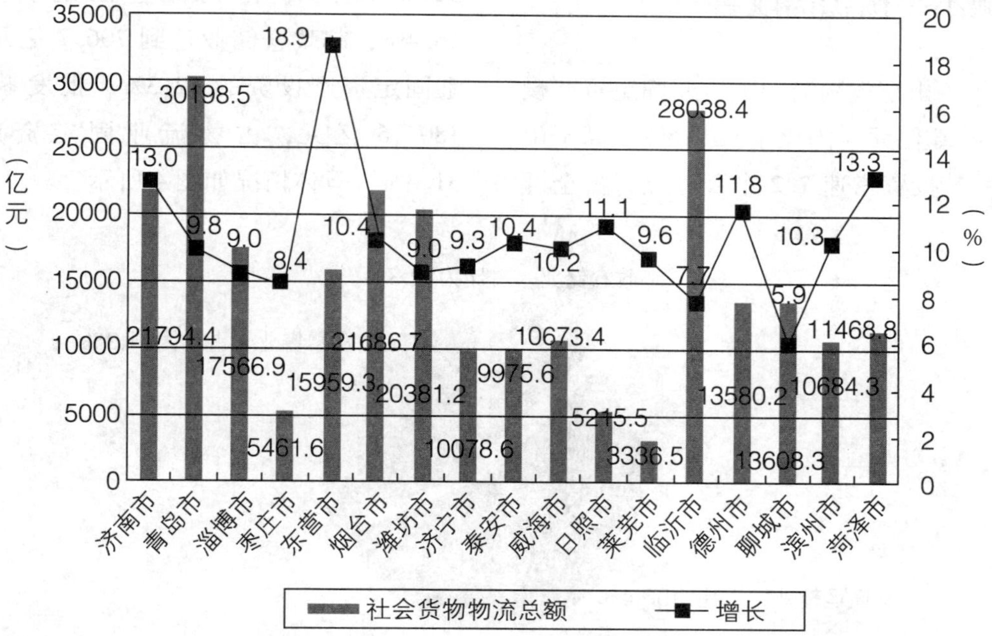

图 2　2017 年山东省各市物流总额对比情况

## 三、物流业运行效率持续提升

2017 年，山东省社会物流总费用为 10320.3 亿元，与 GDP 的比率为 14.2%，比全国低 0.4 个百分点。其中：运输费用为 4796.4 亿元，占社会物流总费用的比重为 46.5%；保管费用为 4081.1 亿元，占比为 39.5%；管理费用为 1442.7 亿元，占比为 14%。具体情况如图 3 所示。

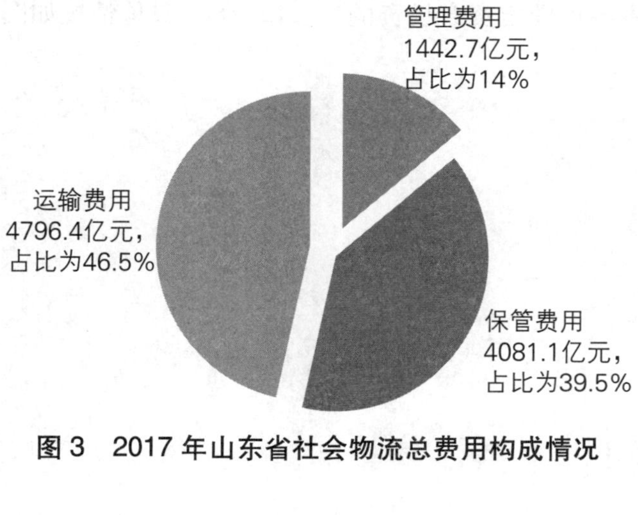

图 3　2017 年山东省社会物流总费用构成情况

## 四、物流业固定资产投资较快增长，区域不平衡仍需改善

2017 年，山东省物流相关行业固定资产投资完成 5759. 6 亿元，同比增长 9. 5%，高于山东省固定资产投资增速 2. 2 个百分点，占全部固定资产投资的比重为 10. 6%，比上年提高 0. 6 个百分点。其中：交通运输业投资达到 3248. 3 亿元，占物流业固定资产投资的 56. 4%；邮政仓储业达到 706. 7 亿元，占物流业固定资产投资的 12. 3%；批发零售业达到 1804. 6 亿元，占物流业固定资产投资的 31. 3%。具体情况如图 4 所示。

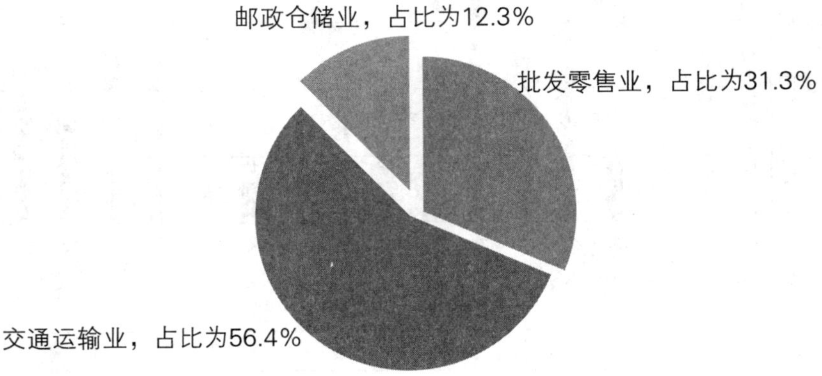


**图 4　2017 年山东省物流业相关投资构成情况**

在物流相关产业投资中位居全省前三位的市是青岛市、烟台市和济南市，分别完成投资 1094. 7 亿元、661. 8 亿元和 597. 1 亿元，占山东全省物流业固定资产投资的比重依次为 19%、11. 5% 和 10. 4%。物流业投资占当地固定资产投资比重中位居前三位的市是青岛市、东营市和济南市，分别占各市固定资产投资的 14. 1%、13. 9% 和 13. 7%。从发展速度看，淄博市、滨州市和青岛市物流业固定资产投资增速分别为 56. 2%、37. 8% 和 32. 2%，居山东省前三位。威海市、菏泽市、聊城市和济宁市的物流业固定资产投资比上年均有较大幅度下降，分别下降了 35. 8%、16. 3%、14. 3% 和 12. 9%。具体情况如图 5 和表 2 所示。

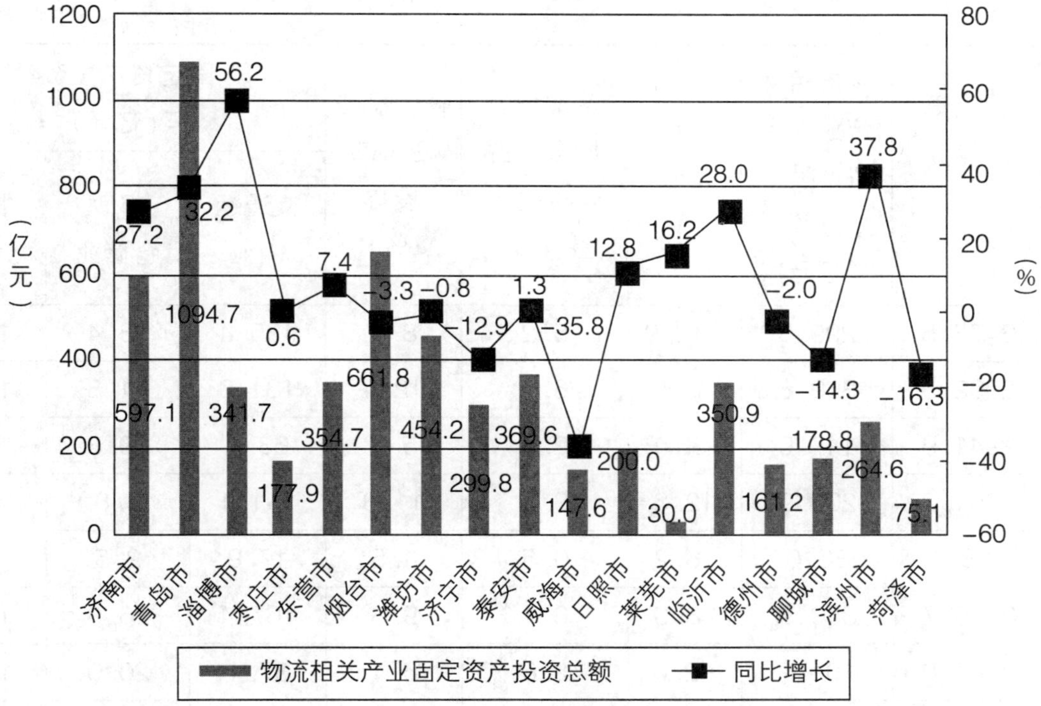


图 5　2017 年山东省各市物流业相关投资对比情况

**表 2　　2017 年山东省及各市物流相关行业固定资产投资情况**

| 省市名称 | 固定资产投资总额（亿元） | 物流相关产业固定资产投资总额（亿元） | 同比增长（%） | 各市物流投资额占全省的比重（%） | 物流投资占全部投资（%） | 固定资产投资额（亿元） | | |
|---|---|---|---|---|---|---|---|---|
| | | | | | | 交通运输业 | 邮政仓储业 | 批发零售业 |
| 山东省 | 54236. 0 | 5759. 6 | 9. 5 | 100. 0 | 10. 6 | 3248. 3 | 706. 7 | 1804. 6 |
| 济南市 | 4363. 6 | 597. 1 | 27. 2 | 10. 4 | 13. 7 | 485. 0 | 25. 0 | 87. 0 |
| 青岛市 | 7777. 1 | 1094. 7 | 32. 2 | 19. 0 | 14. 1 | 839. 4 | 97. 1 | 158. 1 |
| 淄博市 | 3135. 1 | 341. 7 | 56. 2 | 5. 9 | 10. 9 | 231. 0 | 34. 1 | 76. 6 |
| 枣庄市 | 1797. 5 | 177. 9 | 0. 6 | 3. 1 | 9. 9 | 51. 5 | 20. 9 | 105. 5 |
| 东营市 | 2557. 5 | 354. 7 | 7. 4 | 6. 2 | 13. 9 | 138. 0 | 65. 9 | 150. 8 |
| 烟台市 | 5594. 2 | 661. 8 | −3. 3 | 11. 5 | 11. 8 | 235. 2 | 162. 0 | 264. 5 |
| 潍坊市 | 4855. 5 | 454. 2 | −0. 8 | 7. 9 | 9. 4 | 254. 3 | 88. 6 | 111. 4 |

续 表

| 省市名称 | 固定资产投资总额（亿元） | 物流相关产业固定资产投资总额（亿元） | 同比增长（%） | 各市物流投资额占全省的比重（%） | 物流投资占全部投资（%） | 固定资产投资额（亿元） | | |
|---|---|---|---|---|---|---|---|---|
| | | | | | | 交通运输业 | 邮政仓储业 | 批发零售业 |
| 济宁市 | 3473.5 | 299.8 | −12.9 | 5.2 | 8.6 | 135.4 | 33.4 | 131.0 |
| 泰安市 | 2992.5 | 369.6 | 1.3 | 6.4 | 12.4 | 131.0 | 61.8 | 176.9 |
| 威海市 | 2941.9 | 147.6 | −35.8 | 2.6 | 5.0 | 63.1 | 19.3 | 65.2 |
| 日照市 | 1691.2 | 200.0 | 12.8 | 3.5 | 11.8 | 141.1 | 9.8 | 49.1 |
| 莱芜市 | 668.1 | 30.0 | 16.2 | 0.5 | 4.5 | 17.9 | 2.5 | 9.6 |
| 临沂市 | 3765.7 | 350.9 | 28.0 | 6.1 | 9.3 | 167.4 | 26.9 | 156.7 |
| 德州市 | 2641.0 | 161.2 | −2.0 | 2.8 | 6.1 | 37.1 | 20.0 | 104.1 |
| 聊城市 | 2470.1 | 178.8 | −14.3 | 3.1 | 7.2 | 109.8 | 10.3 | 58.7 |
| 滨州市 | 2187.9 | 264.6 | 37.8 | 4.6 | 12.1 | 178.9 | 17.9 | 67.8 |
| 菏泽市 | 1323.6 | 75.1 | −16.3 | 1.3 | 5.7 | 32.2 | 11.3 | 31.5 |

（山东省经济和信息化委员会　山东省统计局）

# 2017 年河南省物流业发展情况

2017 年，河南省深入贯彻落实省委省政府各项工作部署，坚持稳中求进的工作总基调，围绕供给侧结构性改革，加大物流业转型发展攻坚力度，完善物流业发展的创新体制机制，全省物流业呈现良好发展态势，国际多式联运、冷链物流、快递物流和电商物流等重点领域加快发展，物流业运行质量不断提升，降低成本成效显著，有力促进了国民经济平稳健康发展。

## 一、总体运行情况

### （一）物流运行质量提升，“降成本”取得实效。

2017 年，河南省大力推进物流业降本增效，物流领域“降成本”取得积极成效。全省实现社会物流总费用 7063.2 亿元，同比增长 7.24%，比全国平均增幅低 1.8 个百分点；社会物流总费用与 GDP 的比率为 15.7%，比上年降低 0.7 个百分点，单位 GDP 所消耗社会物流费用进入连续回落阶段。2012—2017 年河南省社会物流总费用与 GDP 的比率变化情况如图 1 所示。

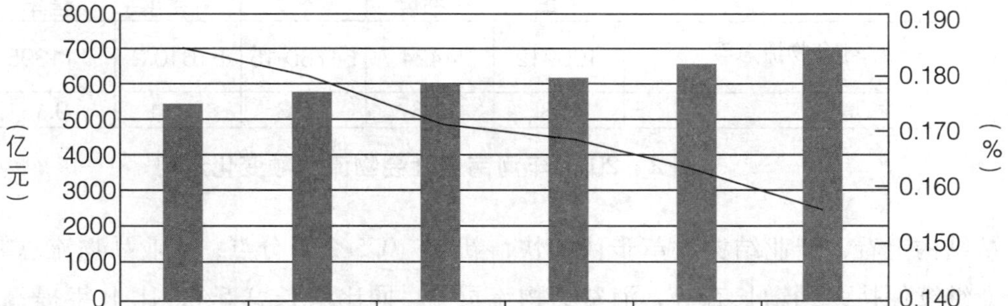


| | 2012年 | 2013年 | 2014年 | 2015年 | 2016年 | 2017年 |
|---|---|---|---|---|---|---|
| 物流总费用 | 5501.00 | 5794.00 | 5974.60 | 6255.00 | 6586.30 | 7063.20 |
| 与GDP的比率 | 0.185 | 0.180 | 0.171 | 0.169 | 0.164 | 0.157 |

图 1　2012—2017 年河南省社会物流总费用与 GDP 的比率变化情况

从物流各环节的费用情况看，运输费用和管理费用增幅较上年有所提升，保管费用增幅减缓。2017 年，河南省完成社会物流运输费用 4462.5 亿元，同比增长 7.4%，比上年上升 0.7 个百分点，约占河南省社会物流总费用的 63.2%；管理费用 673.3 亿元，同比增长 9.4%，比上年上升 1.8 个百分点；保管费用 1927.4 亿元，同比增长 7.2%，比上年下降 1.3 个百分点。具体情况如表 1 所示。

**表 1　2017 年河南省社会物流总费用构成及占比情况**

| 指标名称 | 总额（亿元） | 同比增长（%） | 占总费用比（%） |
|---|---|---|---|
| 社会物流总费用 | 7063.2 | 7.24 | 100.00 |
| 运输费用 | 4462.5 | 7.4 | 63.2 |
| 保管费用 | 1927.4 | 7.2 | 27.3 |
| 管理费用 | 673.3 | 9.4 | 9.5 |

（二）物流需求稳步提升，产业内部结构不断优化。

2017 年，河南省社会物流需求稳中有升，社会物流总额达到 111395 亿元，同比增长 9.1%，比上年提高 0.3 个百分点，高于全国增速 2.4 个百分点。2017 年河南省社会物流总额变化走势如图 2 所示。

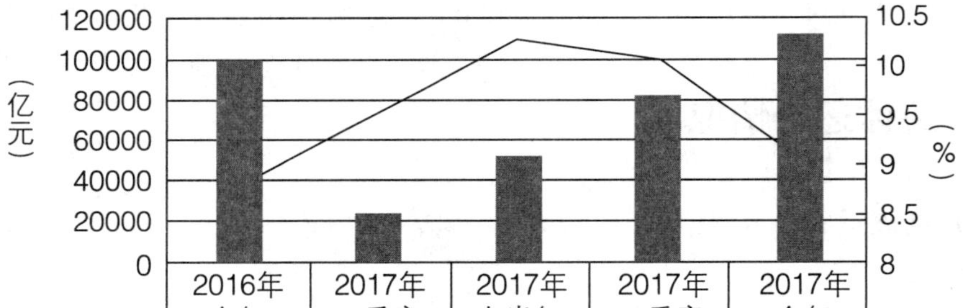


| | 2016年全年 | 2017年一季度 | 2017年上半年 | 2017年三季度 | 2017年全年 |
|---|---|---|---|---|---|
| 社会物流总额 | 100912 | 24424.7 | 51780.15 | 81610.2 | 111395 |
| 增速 | 8.8 | 9.6 | 10.3 | 10.1 | 9.1 |

**图 2　2017 年河南省社会物流总额变化走势**

从结构上看，产业结构改革步伐加快，新兴产业继续保持强劲增长态势，消费类物流贡献持续提升，工业生产类物流需求结构加快调整。单位与居民物品物流高速增长，物流总额达 333 亿元，同比增长 42.9%，比上年提高 0.5 个百分点；工业品物流总额达 91968 亿元，同比增长 9.5%，比上年提高 0.3 个百分点，汽车及零部件、智能手机、节能环保设备等高技术工业品物流需求增长较快；农产品物流总额和再生资源物流总额分别增长 4.6% 和

17.3%，同比分别提高0.2个和3.1个百分点；进口货物物流总额为2061亿元，增幅由2016年的负增长（-1.9%）转为正增长（6.7%）；外省流入物品总额达9949.08亿元，同比增长10.3%，比上年下降0.3个百分点。

（三）物流业规模不断壮大，产业支持作用不断增加。

2017年，河南省物流业增加值达到2352.8亿元，占GDP的比重为5.2%，占服务业增加值的比重为12.3%。从结构上看，交通运输业占比最大，达到59.4%，完成增加值1397.3亿元，同比增长8.6%；邮政快递业增长最快，同比增长29.8%，完成增加值213.5亿元；仓储业、贸易物流业分别完成增加值192.1亿元和549.9亿元，同比增长8.2%和14.1%。具体情况如表2所示。

**表2　2017年河南省物流业增加值及构成情况**

| 指标名称 | 数值（亿元） | 同比增长（%） | 占比（%） |
|---|---|---|---|
| 物流业增加值 | 2352.8 | 8.7 | 100 |
| 其中：交通运输业 | 1397.3 | 8.6 | 59.4 |
| 仓储业 | 192.1 | 8.2 | 8.1 |
| 贸易物流业 | 549.9 | 14.1 | 23.4 |
| 邮政快递业 | 213.5 | 29.8 | 9.1 |

（四）产业转型升级态势明显，专业化水平不断提升。

2017年，随着河南省物流业转型攻坚持续深入，物流细分行业增势良好，快递物流持续增长，跨境电商物流增速迅猛。当年全省快递服务企业完成业务量107377.6万件，同比增长28%，高于全国平均增速11.6个百分点；快递业务收入首次突破百亿元，达到115.9亿元，同比增长22.8%。其中：省会郑州市快递业务量49139.2万件，快递业务收入57.8亿元，分别居全国第18名和第15名，尤其是国际/港澳台业务量累计完成2562.4万件，同比增长231.2%。2017年河南省快递业务量和收入增长走势如图3所示。

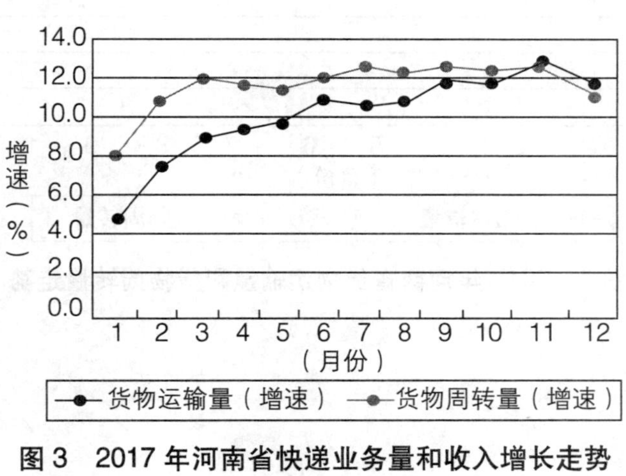


图3　2017年河南省快递业务量和收入增长走势

（五）物流基础设施不断完善，投资拉动作用持续增强。

2017 年，河南省物流相关固定资产投资保持较快增长，投资对于拉动物流业发展作用进一步增强。全年实现物流相关固定资产投资 2487.54 亿元，比上年增长 27.9%，占河南省固定资产投资的 5.7%，增速高于第三产业投资 12.2 个百分点，高于河南省固定资产投资 17.5 个百分点。其中：航空运输业固定资产投资增长迅猛，完成投资 44.84 亿元，同比增长 61.7%；道路运输业、仓储业分别完成投资 1470.29 亿元、731.26 亿元，同比分别增长 46.0% 和 6.8%，比上年分别上升 43.5 个和 5.1 个百分点。

（六）货运实物量保持回升势头，货运业务发展良好。

2017 年，河南省货物运输量累计增幅由 1 月的 4.8% 上升到 11 月的 12.8%，货物周转量增幅由 1 月的 8.0% 上升到 11 月的 12.8%（见图 4），呈现逐步回升态势。全年完成货物运输量 22.94 亿吨，货物周转量 8160.34 亿吨 · 公里，分别比上年增长 11.7% 和 11.2%，且均比上年提升 5.1 个百分点。一是航空货运继续保持较快增长。郑州机场货邮吞吐量首次突破 50 万吨，达到 50.51 万吨，比上年增长 10% 以上；开通了全货运航线 34 条，全货机通航站点 37 个，全货机航班量每周计划 110 班以上。二是铁路货运企稳回升。全年完成铁路货运量 9338 万吨，同比下降 2.3%，降幅比上年明显减缓；货物周转量 1731.27 亿吨 · 公里，同比增长 2.7%。2017 年中欧班列（郑州）完成本年度 500 班开行目标，实际开行 501 班，相当于前四年（2013—2016 年）开行班次总和。全年开行班列去程 266 班，回程 235 班；货值 27.36 亿美元，货重 26.20 万吨，居中欧班列全国开行城市前列。三是公路货运平稳增长。全年完成公路货运量 21.34 亿吨，同比增长 15.8%，比上年提高 8.9 个百分点；完成货物周转量 5380.18 亿吨 · 公里，同比增长 11.2%，比上年提高 4.7 个百分点。

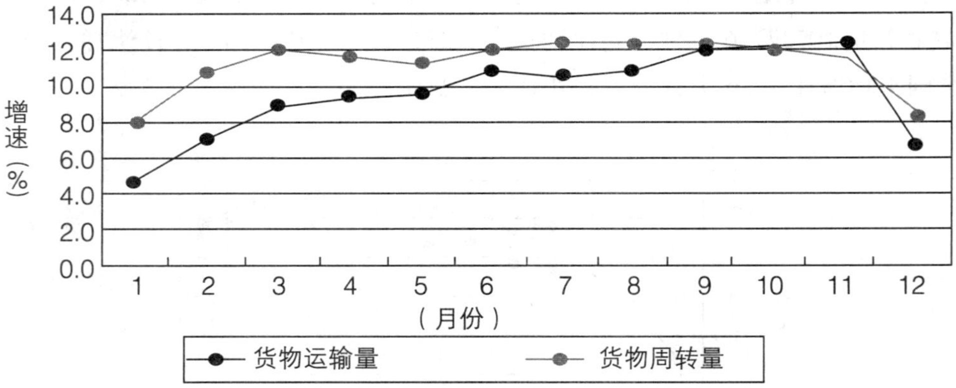


图 4　2017 年河南省货物运输量和货物周转量走势

## 二、物流业运行中的问题和障碍

2017年，河南省物流业总体发展态势良好，但受超限超载治理、要素成本上升、服务价格低迷、市场经济波动等因素影响，部分物流企业投资意愿下降、经营效益下滑等问题有所显现。一是物流“最后一公里”问题依然突出。随着城市化进程加快，城市周边仓库货场建、撤频繁，物流仓储设施、配送中心设施不断外迁，配送半径不断扩大，增加了物流运行成本。现行城市交通管理方式不适应快速发展的居民消费物流需求，城市配送路难行、车难停、货难卸等问题比较突出。二是部分物流企业业务收入回落。据重点物流企业调查，受市场大环境影响，企业平均营业收入下降3.1%。尽管通过开展降本增效专项行动，企业物流业务成本下降2.9%，但仓储、管理等成本仍有一定程度上涨，仓储成本上升6.9%，管理成本上升11.6%。三是物流市场秩序亟待完善。部分零担货运企业经营不规范问题依然突出，代收货款市场监管缺失，诚信体系亟待建立，物流相关行业操作标准不健全、监督不到位情况严重，部分冷链物流企业不按标准规范操作，运输和配送环节“断链”问题仍较为突出。

（河南省发展和改革委员会　河南省统计局　河南省物流与采购联合会）

# 2017年湖南省物流业发展情况

2017年，湖南省物流行业认真落实省委省政府的决策部署，坚持改革创新、转型升级、降本增效，实现了物流业的持续平稳健康发展。

## 一、社会物流总额稳步增长

2017年，湖南省社会物流总额达到98480亿元，按可比价格计算，同比增长10.2%。从构成看，工业品物流总额达到51125亿元，按可比价格计算，同比增长7%；进口货物物流总额达到868.8亿元，同比增长37.9%；农产品物流总额达到6269.5亿元，同比增长3.3%；再生资源物流总额达到158.1亿元，同比下降12.2%；单位与居民物品物流总额达到8138.6亿元，同比增长36.3%；外省流入物品物流总额达到31920亿元，同比增长10.8%。

## 二、社会物流效率持续提升

2017年，湖南省社会物流总费用为5298.5亿元，同比增长9.7%。其中：运输费用2591.7亿元，同比增长9%；保管费用1832.7亿元，同比增长10.9%；管理费用874.1亿元，同比增长9.5%。

2017年，湖南省社会物流总费用与GDP的比率为15.3%，同比下降0.2个百分点，呈逐年下降趋势，物流运行效率继续提升。

## 三、物流企业经营效益稳中向好

2017年，湖南省物流业总收入为3292.8亿元，比上年增长9.9%。物流企业盈利水平开始提升，发展活力进一步增强。

（湖南省发改委）

# 2017 年海南省物流业发展情况

党的十九大报告对我国物流提出了新要求：要加强水利、铁路、公路、水运、航空、管道、电网、信息、物流等基础设施网络建设，要在现代供应链领域培育新增长点、形成新动能。海南省政府按照十九大报告的精神，强化物流推进工作，使物流业各项工作取得新进展，物流业作为支撑全省“十三五”国民经济发展的战略性、基础性、先导性重点产业的地位和作用愈加凸显。从整体上看，2017 年海南省物流业处在供给侧结构性调整的重要时期，物流需求增长稳中有进，物流需求结构呈现出集群趋势；物流市场规模继续扩大；物流服务效率进一步提高，运行质量逐步提升；传统物流逐步向现代物流转型升级，物流业降本增效举措初显效果；物流运行环境改善，物流企业经营状况有所好转。

## 一、社会物流需求结构平稳调整

2017 年，海南省实现社会物流总额 6958 亿元，按可比价格计算，同比增加 2.46%，物流需求增长放缓，内部结构出现调整。其中：农产品物流总额 1522 亿元，同比增长 3.54%，占物流总额的 21.87%，同期占比增加 0.23%；工业品物流总额 2045 亿元，同比增长 2.51%，占物流总额的 29.40%，同期占比增加 0.02%；单位与居民物品物流（即邮政快递）总额 19 亿元，同比增长 12.5%，占物流总额的 0.27%，同期占比增加 0.02%，增长平稳，结构变化不大；外省流入物品物流总额 2965 亿元，同比增长 9.90%，占物流总额的 42.61%，同期占比增加 2.88%；进口货物物流总额 407 亿元，同比下降 33.39%，占物流总额的 5.85%，同期占比下降 3.15%。2016 年和 2017 年海南省社会物流总额对比情况如图 1。2017 年海南省物流总额构成情况如图 2 所示。

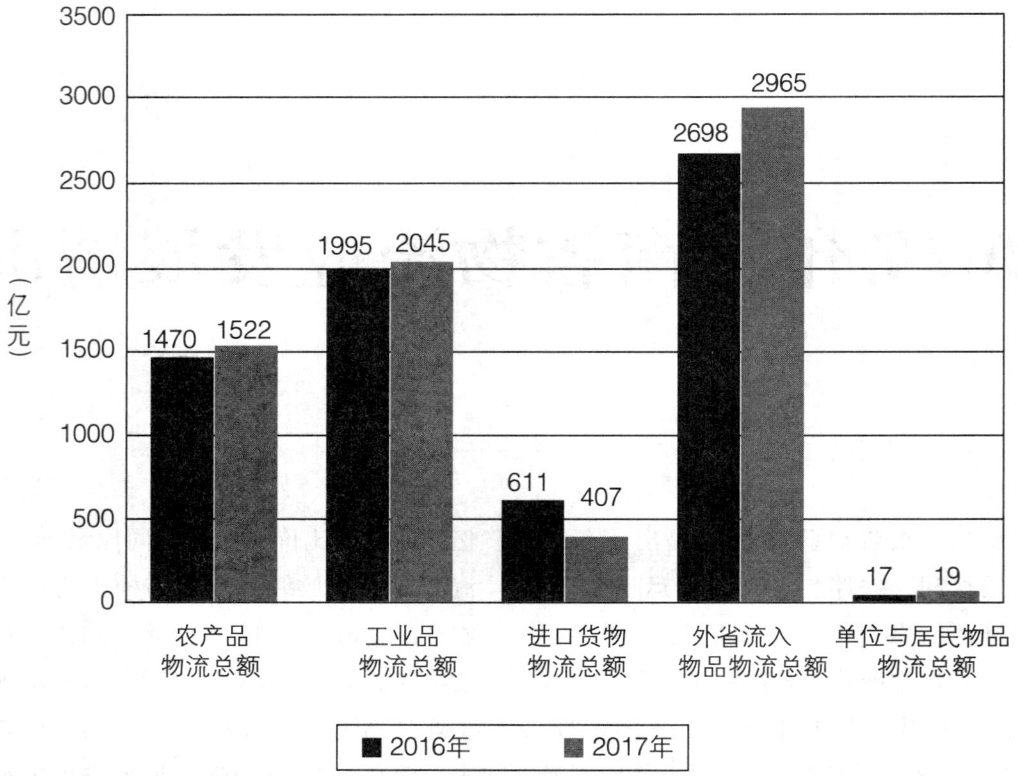


**图 1　2016 年与 2017 年海南省社会物流总额对比情况**

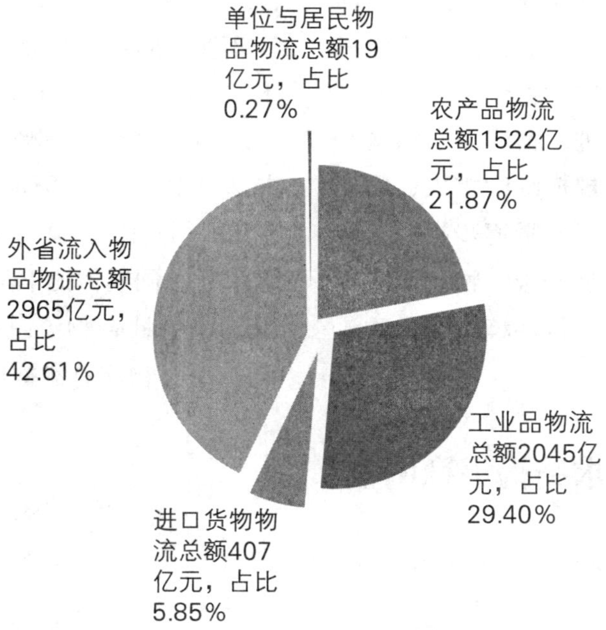


**图 2　2017 年海南省物流总额构成情况**

从总体上看，海南省物流需求稳步上升。2017年海南省单位GDP的物流需求系数为1.56，单位GDP产出对单位物流总额的需求下降了8.24%，但是商贸流通、冷链物流、农产品物流、航空物流、跨境物流等社会物流需求不断上升。反映出海南省供给侧结构性改革取得明显成效，旅游、金融、保险服务等服务业发展较快，经济运行呈现稳中有进、稳中向好、稳中提质的良好态势。

（一）农产品物流需求稳定增长。

2017年，海南省农产品物流出岛运输33万车次、691万吨，同比分别增长22.22%、10.21%。其中：香蕉151万吨，比上年同期下降17.74%；瓜菜38万吨，比上年同期增长31.03%；果类62万吨，比上年同期增长40.91%。运输鲜活农产品进岛220万吨，其中：蔬菜107万吨、水果59万吨。进岛瓜菜对于弥补海南省农产品市场供应不足，具有重大作用。

（二）工业品物流需求结构优化。

2017年，海南省医药工业继续保持良好的发展态势，全年增加值累计58.32亿元，同比增长15.1%，占工业品物流总额的2.85%；成品糖、软饮料、人造板、钢材、汽车、太阳能电池等工业产品需求减少，合成纤维聚合物（PET）、饲料、商品混凝土、罐头、医药工业等与民生工程有关的工业、新型工业发展保持良好态势，增速较大。其中：合成纤维聚合物（PET）同比增加19.7%，饲料同比增加11.9%，商品混凝土同比增加34.4%，罐头同比增加17.2%。

与此同时，2017年海南省石油、天然气及制品进出港累计为1935.51万吨，同比减少13.2%。其中：出港876.12万吨，同比减少11.9%；进港1059.39万吨，同比减少14.3%。

（三）外部流入货物结构调整较大。

1. 进口货物总额持续下滑

2017年，海南省实现进口货物物流总额407亿元，同比下降33.39%。其中进口总值按地区分：中东地区同比下降80.5%，欧盟下降46.1%，非洲下降92.7%，美国增长14.7%。在我国倡导“一带一路”建设以来，海南省与东盟地区的进口规模逐渐增大，2017年东盟地区进口总额同比增加了53.8%，已经成为海南省的第二大进口地区。表明海南省开通越南、印度尼西亚、泰国等东南航线推动了国际贸易的发展。

2017年，海南省港口外贸物流完成吞吐量2503.24万吨（不包含油气），同比增长13.1%。其中：外贸出港588.79万吨，同比增长9.9%；外贸进港14.1万吨，同比增长14.1%。

从跨境物流需求层面看，长期以来海南省经济开放度低，2017年对外经济依存度仅15.73%，低于全国17个百分点，跨境物流需求度增长乏力。

2. 外省流入货物较快增长

2017年，海南省外省流入货物总额达2965亿元，同比增长9.90%，占物流总额的42.61%，同期占比增加2.88%。2017年海南省国内经济依存度为66.45%（外省流入物品总额与GDP比例）。

（四）单位与居民物品物流总额持续增长。

2017年，海南省单位与居民物品物流（即邮政快递）总额为19亿元，同比增长12.5%，占物流总额的0.27%，同期占比增加0.02%。

2017年，海南省快递服务企业业务量累计完成5915.77万件，同比增长21.49%；业务收入累计完成12.7亿元，同比增长26.54%。其中：同城业务量累计完成1791.78万件，同比增长61.69%；异地业务量累计完成4118.18万件，同比增长9.66%；国际/港澳台业务量累计完成5.82万件，同比增长2.94%。

## 二、社会物流运行质量提高

2017年，海南省社会物流总费用690.80亿元，同比增长5.17%。社会物流总费用与社会物流总额比率为9.9%，比上年同期增长了0.1个百分点。社会物流总费用与GDP的比率为15.45%，同比下降0.51个百分点。2017年海南省物流费用构成情况如图3所示。

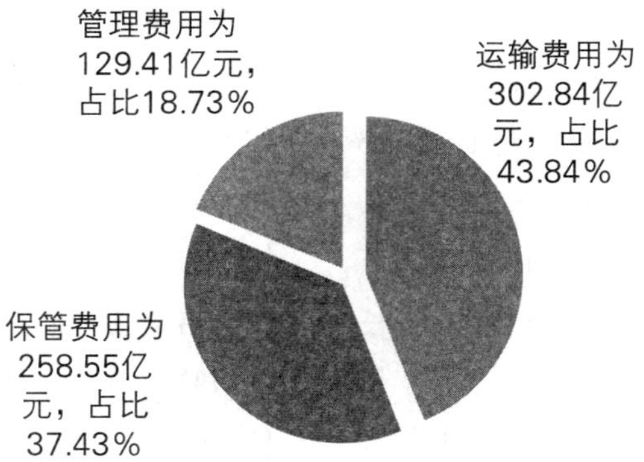


**图3　2017年海南省物流总费用构成情况**

2017年海南省物流总费用变化有以下特点。

（一）运输费用稳定增长。

2017年，海南省运输费用为302.84亿元，同比增长5.17%，占社会物流总费用的43.84%，同期占比增加0.58%。其中：铁路运输货物周转量178241万吨公里，同比增长22.2%；民航运输货物周转量127803万吨公里，同比增长24.0%，增长幅度较大；水路运输货物周转量8095786万吨公里，虽然同期下降16.7%，但下滑情况已有所收窄；公路运输货物周转量786060万吨，同比增长3.3%。全省运输费用占总费用比例低于全国9.65个百分点，表明海南省交通运输服务滞后，从海运和公路运输进出岛的船舶和车辆数据看，约80%船舶和95%运输车辆属非海南登记的运输工具，运输业务收入低于全国平均水平。

2017年，海南省港口货物吞吐量完成1.85亿吨。其中：外贸完成3358.56万吨，同比增长12.71%；集装箱完成209.47万标准箱，同比增长26.85%；滚装汽车轮渡运输完成459.37万标辆，同比增长18.52%；主要港口转口运输完成30.46万吨，同比下降10.2%；转口出港完成30.30万吨，同比下降10.6%；全省机场货物吞吐完成38.83万吨，同比增加7.5%。

（二）保管费用和管理费用结构性下调。

1. 保管费用

2017年，海南省保管费用为258.55亿元，同比增加2.98%，占物流总费用的37.43%，同期占比下降0.29%。从总体上看，海南省管理费比全国高3.68个百分点，其中：货主企业自我服务城乡物流配送达94亿元，占保管费的36.29%，这表明海南省物流发展社会化程度低，第三方物流服务滞后；贷款利息 66 亿元，占保管费的 25.53%。

2. 管理费用

2017 年，海南省管理费用为 129.41 亿元，同比增长 2.20%，占物流总费用的 18.73%，同期占比下降 0.29%，管理费占总费用的比例高出全国 4.77 个百分点。2016 年和 2017 年海南省物流总费用对比情况如图 4 所示。

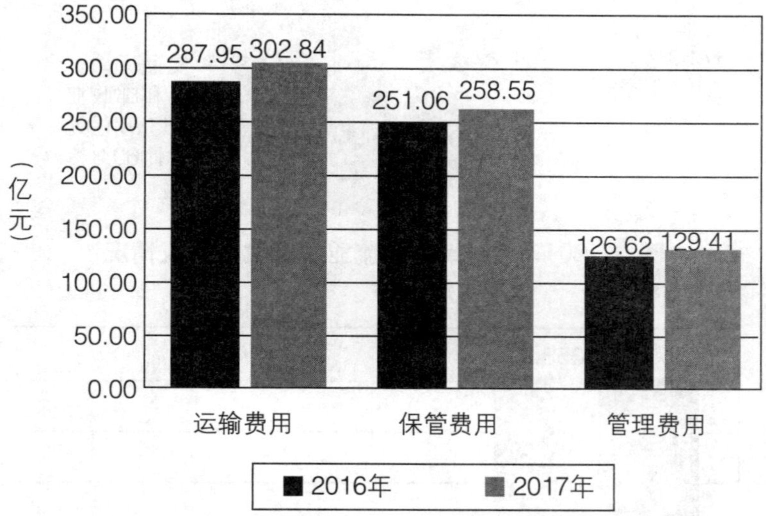


图 4　2016 年和 2017 年海南省物流总费用对比情况

## 三、物流市场规模稳步扩大

2017 年，海南省物流业务收入增长虽然有所减缓，但物流相关业务收入增速上升，表明海南省物流业内部结构在进行市场调整，城市配送以及高附加值物流业务量增长。2017 年，海南省物流业总收入达 511.05 亿元，同比增长 2.54%，增速提高 1.42%。其中：交通运输、仓储和邮政业 353.97 亿元，同比增长 0.13%，占总收入的 69.3%，同期占比减少 1.6%；工业内部物流 67.53 亿元，同比增长 14.15%，占总收入的 13.2%，同期占比增加 1.3%；批发零售业内部物流 89.55 亿元，同比增长 4.47%，占总收入的 17.5%，同期占比提高 0.5%。2017 年海南省物流业业务收入构成情况如图 5 所示。2016 年和 2017 年海南省物流业业务收入对比情况如图 6 所示。

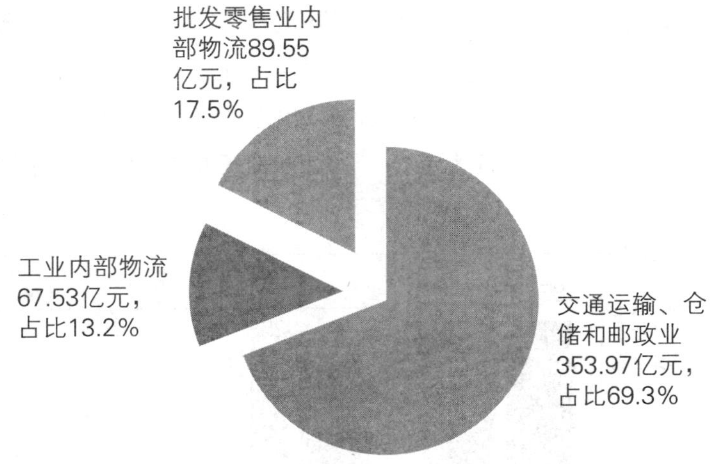


图5 2017年海南省物流业业务收入构成情况

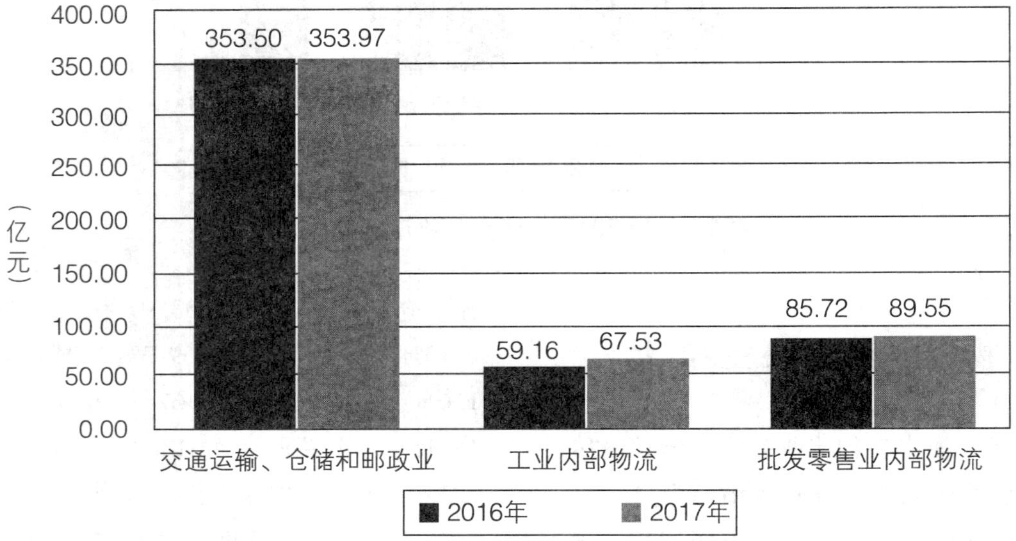


图6 2016年和2017年海南省物流业业务收入对比情况

## 四、专业物流发展快速增长

（一）港口物流增长较快。

2017年，海南省港口货物吞吐量完成1.85亿吨，同比增长12.71%。其中：外贸3358.56万吨，同比增长9.11%；集装箱完成209.47万标准箱，同比增长26.85%。从货种类别上看：煤炭及其制品完成623.69万吨，同比增长27.2%；金属矿石增长532.27万吨，同比增长56.0%；水泥完成135.17万吨，同比增长3.2倍；木材完成721.47万吨，同比增长29.5%；盐完成9.76万吨，同比增长33.7%；有色金属完成17.50万吨，同比增长44.6倍；农林牧渔业产品完成783.28万吨，同比增长43.3%；滚装汽车完成459.37万标辆，同比增长18.52%；货物吞吐量5221万吨，同比增长11.40%。

（二）商贸物流稳定增长。

2017 年，海南省实现社会消费品零售总额 1619 亿元，同比增长 11.4%。其中：化妆品类 43.01 亿元，同比增长 48.4%；烟酒类 10.2 亿元，同比增长 21.2%；中西药品类 6.23 亿元，同比增长 17.1%。2017 年海南省共接待国内外游客 6745.01 万人次，入境游客累计增长 53.7%。随着海南省国际旅游岛的建设发展和环境约束的内在需求的增加，流动人口不断增加，一定程度上扩大了海南省消费市场需求。

（三）电子商务快速发展。

据不完全统计，2017 年海南省网络交易额达 1600 亿元，同比增长 35%；农产品网络销售额约 170 亿元，年均增速高达 41%。海南省农产品电子商务物流潜力巨大。

## 五、物流业对社会经济拉动力增强

2017 年，海南省完成现代物流业增加值 151.28 亿元，同比增长 5.2%；占 GDP 的 3.39%，同比减少 0.06%；占服务业增加值的 6.09%，同比减少 0.28%。虽然占比有所减少，但是增速比 2016 年增长了 0.2%。物流业对 GDP 的贡献率达到 2.56%，对海南省经济拉动力为 0.18%。

## 六、物流设施进一步改善

2017 年，海南省物流设施建设步伐加快。一是仓储物流转型升级。继 2016 年京东（海南）物流中心正式投入运营以后，2017 年美兰机场国内新货站落成投入运营，物流设施建设已加快向马村地区布局和转移，逐步形成集群。二是冷链设施建设发展。海南省规模最大、占地为 320 亩的罗牛山冷链物流园 8 万容量吨冷库建成投产；三亚佳翔 2 万吨航空冷链仓储中心基本建成，冷链物流节点布局日趋完善。三是洋浦小铲滩国际港务正式运营，全年完成集装箱吞吐量 20 万标准箱，为打造航运枢纽迈开了重大步伐。四是航运航线逐步完善。2017 年海南省开通了海口至泰国、柬埔寨、菲律宾、印度尼西亚、越南等国际航运航线，同时开通了海口至黄埔港内外贸同船航线，海南省航运枢纽建设初具雏形。五是航空航线基本覆盖东南亚地区。2017 年海南省开通航空航线已达 368 条，国际航线基本覆盖东南亚国家，为电子商务航空与快件运输创造了良好条件。

## 七、物流环境明显改善

为了加快推进物流业的发展，经省政府同意，海南省政府办公厅转发了省发展改革委、省交通运输厅《海南省物流业降本增效专项行动实施方案（2017—2018 年）》《海南省加快推进物流降本增效促进实体经济发展实施方案的通知》和《海南省加快推动冷链物流发展保障食品流通安全实施方案的通知》，对全省物流业的发展进行了部署和安排，进一步推动海南省物流业的发展。

为了贯彻落实省政府“十三五”物流业发展规划，海南省商务厅下发了《关于落实省政府“十三五”商贸现代物流业发展计划指导意见的通知》，对全省商贸物流的发展做出全面部署和安排。海南省交通运输厅组织力量对全省农村物流设施网络节点的发展情况进行调查，初步提出农村物流设施体系建设意见和建设标准规范。

（海南省物流与采购联合会）

# 2017 年重庆市物流业发展情况

2017 年，重庆市经济保持平稳较快、稳中向好态势，全年实现地区生产总值 19500.27 亿元，比上年增长 9.3%，为重庆深度融入、服务国家战略奠定了坚实基础。近年来，重庆市认真贯彻落实国务院和国家部委关于物流业发展的部署，全力推动物流业降本增效，积极创建现代物流业创新发展城市试点，大力建设内陆国际物流枢纽，重庆水陆空综合交通条件持续改善，长江上游经济中心、长江经济带西部中心枢纽、西南地区综合交通枢纽、长江上游航运中心的地位进一步增强，区位优势更加明显。

## 一、物流规模平稳增长

（一）物流运行整体态势良好。

2017 年，重庆市社会物流总额为 32682.9 亿元，同比增长 9.2%。其中：农产品物流总额 1342.1 亿元，同比增长 3.7%；工业品物流总额 25935.4 亿元，同比增长 9.1%；流入货物物流总额 5122.9 亿元，同比增长 10.8%；再生资源物流总额 182.5 亿元，同比增长 15%；单位与居民物品物流总额 100 亿元，同比增长 26.2%。2017 年重庆市社会物流总额构成情况如表 1 所示。

表 1　　2017 年重庆市社会物流总额构成情况　　单位：亿元

| 指标名称 | 2016 年 | 2017 年 | 同比增长（%） |
|---|---|---|---|
| 社会物流总额 | 29916.3 | 32682.9 | 9.2 |
| 其中：农产品物流总额 | 1294.2 | 1342.1 | 3.7 |
| 工业品物流总额 | 23761.6 | 25935.4 | 9.1 |

续 表

| 指标名称 | 2016 年 | 2017 年 | 同比增长（%） |
|---|---|---|---|
| 流入货物物流总额 | 4622. 6 | 5122. 9 | 10. 8 |
| 再生资源物流总额 | 158. 7 | 182. 5 | 15 |
| 单位与居民物品物流总额 | 79. 2 | 100 | 26. 2 |

2017 年，重庆市社会物流总费用为 3085. 2 亿元，同比增长 8. 6%；占 GDP 比重为 15. 82%，同比下降 0. 37 个百分点。其中：运输费用 1803. 4 亿元，同比增长 7. 8%，占社会物流总费用的 58. 5%；保管费用 966. 8 亿元，同比增长 11. 1%，占社会物流总费用的 31. 3%；管理费用 285 亿元，同比增长 9. 2%，占社会物流总费用的 9. 2%。

（二）货运量持续增长。

2017 年，重庆市完成货运量 11. 54 亿吨。其中：公路货运量 95109 万吨，同比增长 6. 3%，占比 82. 4%；水路货运量 18505. 50 万吨，同比增长 11. 1%，占比 16%；铁路货运量 1808. 2 万吨，同比增长 1. 1%，占比 1. 6%；航空货运量 13. 26 万吨，同比减少 4%，占比 0. 01%。货物周转量 3370. 8 亿吨 · 公里，同比增长 13. 6%。中欧（重庆）货运班列稳步运行，全年开行 663 班，其中：去程 406 班，回程 257 班。

1. 公路运输

2017 年，重庆市拥有公路货物营运车辆 296363 辆，营运车辆总吨位 2195292 吨。其中：载货汽车 295208 辆，占比 99. 61%；其他载货机动车 75 辆，占比 0. 03%；轮胎式拖拉机 1080 辆，占比 0. 36%。

2017 年，重庆市完成公路货运量 95019 万吨，同比增长 6. 3%；公路货物周转量 10689601 万吨公里，同比增长 14. 3%。公路货运平均运距 112 公里。

2017 年，重庆市出渝货运车辆总数为 6707338 辆，车货总重为 167828567 吨；入渝货运车辆总数为 6719346 辆，车货总重为 173593380 吨。单车平均车货总重为 25 吨，考虑空载及载货不满，判断公路跨省干线车辆至少为 4 轴以上车辆。据调查，长途货运半径在 500 公里左右的以 4、5、6 轴车为主，半径在 600 公里以上挂车占比达到 80% 左右。社会闲散车辆月往返 3 趟，高效组织的车辆月往返 7 趟左右。

2017 年，全市公路运输主要以西向物流通道为主，主要经成渝、渝蓉、渝遂、渝泸等高速到成都、遂宁、泸州等地。其次是东向物流通道，经沪渝高速、沿江高速、渝宜高速到武汉、宜昌、湖州、芜湖、安庆以及江浙等地。东南向物流通道和东北向物流通道流量基本相同，西北向和西南向是最弱的两条物流通道，西南向的云南和广西与重庆经贸和物流往来好于西北省市。2017 年重庆市高速公路各货运物流通道运行情况如表 2 所示。

表 2　　2017 年重庆市高速公路各货运物流通道运行情况　　单位：%

| 序号 | 通道 | 出渝 | | 入渝 | |
|---|---|---|---|---|---|
| | | 车流量占比 | 总吨位占比 | 车流量占比 | 总吨位占比 |
| 1 | 东向物流通道 | 18.53 | 16.81 | 20.53 | 20.87 |
| 2 | 西向物流通道 | 39.55 | 41.95 | 36.52 | 33.81 |
| 3 | 东南向物流通道 | 13.11 | 14.33 | 14.74 | 17.36 |
| 4 | 西南向物流通道 | 10.13 | 10.55 | 8.76 | 7.82 |
| 5 | 西北向物流通道 | 5.47 | 4.49 | 5.41 | 3.97 |
| 6 | 东北向物流通道 | 13.21 | 11.87 | 14.05 | 16.16 |

2. 铁路运输

2017 年，重庆市铁路完成发货量 1808.2 万吨，同比增长 1.10%。其中：整车 1655.9 万吨，占比 91.58%；零担 10.9 万吨，占比 0.60%；集装箱 137 万吨，占比 7.58%；行包专列 4.4 万吨，占比 0.24%。

3. 水路运输

2017 年，重庆市拥有全社会货船 2289 艘，同比减少 4.2%，净载重量 6663196 吨，集装箱位达 93205 标准箱。

2017 年，重庆市完成水路货运量 1.85 亿吨，同比增长 11.1%；完成水路货运周转量 2126 亿吨·公里，同比增长 13.3%。其中：集装箱运量 94.9 万标准箱，同比增长 20.9%；载重滚装汽车运量 11.9 万辆，同比下降 9.7%；商品汽车运量 44.2 万辆，同比增长 3%。

2017 年，重庆市完成港口货物吞吐量 1.97 亿吨，同比增长 13.6%。其中：出口完成 0.78 亿吨，同比增长 7.8%；进口完成 1.19 万吨，同比增长 17.7%。完成外贸吞吐量 670 万吨，同比增长 21.6%；完成集装箱吞吐量 129 万标准箱，同比增长 12.2%；完成载重滚装汽车吞吐量 21.2 万辆，同比下降 12%；完成商品汽车吞吐量 73.3 万辆，同比增长 32.9%。

4. 航空运输

截至 2017 年年底，重庆机场共有 17 条全货机航线，通航城市共计 17 个，包括悉尼、阿姆斯特丹、法兰克福、吉隆坡、首尔、新加坡、芝加哥等。

2017 年，重庆江北机场完成货运吞吐量约 36.6 万吨，出港货物货运量 12.4 万吨，全市通过空运出港的货物主要是电子器材、高档服饰、生鲜产品和快件等高附加值以及对实效性要求高的商品。其中：电子器材货运量最大，达 66588 吨，占比 53.81%；快件货运量为 11628 吨，占比 9.40%；配件仪器货运量为 10456 吨，占比 8.45%；生鲜产品货运量为 8613 吨，占比 6.96%；高档服饰货运量为 5047 吨，占比 4.08%；其他产品货运量为 21408 吨，占比 17.30%。

（三）快递业务大幅增长。

2017 年，重庆市快递业务量大幅增长，表现在以下三个方面。

一是快递业务收入占比继续提升。全年完成快递业务量 3.3 亿件，同比增长 15.83%；快递业务收入完成 44.73 亿元，同比增长 14.81%。快递业务收入占行业总收入的比重为 50.8%，比上年年末上升 0.5 个百分点。

二是同城快递业务增速最快，异地快递业

务仍占主导地位。2017年重庆市快递业务中，完成同城快递业务量11836.10万件，同比增长19.93%；实现业务收入9.96亿元，同比增长22.59%。全年完成异地快递业务量20799.28万件，同比增长13.05%；实现业务收入20.75亿元，同比增长4.24%。全年完成国际及港澳台快递业务量114.92万件，同比下降17.01%；实现业务收入2.71亿元，同比上升16.24%。

三是民营快递企业市场份额扩大。2017年重庆市国有快递企业完成业务量4341.5万件，实现业务收入5.4亿元；民营快递企业完成业务量28467.4万件，实现业务收入37.4亿元；外资快递企业完成业务量66.0万件，实现业务收入1.9亿元。国有、民营、外资快递企业业务量所占市场份额分别为13.2%、86.6%和0.2%；业务收入所占市场份额分别为12.1%、83.6%和4.3%。

## 二、物流业发展情况

2017年，重庆市物流业发展亮点纷呈，具体表现在以下六点。

（一）物流交通基础设施日益完善。

2017年，重庆市逐步完善铁路干线网络，全市铁路营运里程达到2371公里，形成“一枢纽十干线”网络格局。除已开通的渝新欧国际集装箱货运班列和渝深快线外，2017年又新开通中新渝黔桂新铁海联运通道班列、渝满俄国际铁路联运班列，出口通道更加畅通。

2017年，重庆市全面提升公路支撑服务能力。全市高速公路通车里程达到3023公里，基本形成“三环十二射”高速公路网络，省际出口增至19个，全面实现“4小时重庆”的目标。

经过多年建设，重庆市长江上游航运中心初具雏形。截至2017年年底，全市航道总里程达到4472公里，形成“一干两支六脉”1400公里高等级航运网，以及“4+9”港口体系，船舶总运力达到666万载重吨，港口货运通过能力达1.80亿吨、集装箱450万标准箱，内河最大的铁公水多式联运枢纽港果园港建成投用。

基础设施的日益完善，为重庆市多式联运发展提供了动力。2017年，重庆市港口实现集装箱吞吐量129万标准箱，港口货物吞吐量1.97亿吨。机场布局和航线网络得到不断完善，空中通道基本覆盖全国和全球主要经济体，航线总数286条，通航城市179个，全货机航线17条。其中：国际（地区）全货机航线14条，通航城市13个，每周执行航班24班。2017年，重庆市江北机场旅客吞吐量突破3872万人次，货运吞吐量达到36.6万吨，跨入全国九大机场、世界70强机场行列。

（二）物流平台加快建设。

截至2017年年底，重庆市累计规划建设物流园区65个。其中：“3+12”物流园区规划面积182平方千米，总投资5200余亿元，2017年完成投资293亿元，累计完成投资1719亿元；新建成仓储建筑面积122万平方米，累计建成仓储建筑面积787万平方米，入驻园区企业达到2589家。建成城市共同配送点2745个、末端公共取送点556个、智能自提柜项目512个、农村电子商务公共服务中心23个、镇村电子商务服务站点6071个，乡镇快递覆盖率达到90%。西部现代物流产业园、江北航空物流园、果园港物流园3大物流枢纽基本建成，南彭贸易物流基地、秀山（武陵）现代物流园等一批市级节点型物流园区和物流分拨中心加快建设，初步形成“3+12+$N$”物流园区布局。

（三）多式联运加快发展。

2017年，重庆市积极推动集两种以上交通方式、口岸、保税等为一体的综合型物流枢纽建设，基本形成“3+4”多式联运枢纽体系，即西部现代物流产业园、重庆航空物流园、南彭贸易物流基地3个重要物流园区，果园、珞璜、新田、龙头4大铁公水联运港区。

2017年，果园港区完成铁水联运5.2万标准箱，同比增长61.3%；完成水水中转10万标准箱，同比增长95.1%。公铁、水铁、公水、公空等多式联运体系日趋完善，铁水联运量占港口货物吞吐量的6%。形成了渝新欧国际铁路联运、渝沪江海联运、渝甬铁海联运、渝深铁海联运、渝满俄国际铁路联运、渝黔桂新铁海联运、重庆—东盟国际公路联运等多种联运组织方式。渝新欧多式联运项目、果园港铁水联运项目被纳入国家多式联运示范工程。依托重庆郭家沱滚装码头，2013年起实施长江水陆甩挂运输工作，并被交通运输部列为试点工程。

（四）物流主体进一步壮大。

截至2017年年底，重庆市交通运输企业已达10.9万家，其中：个体工商户9.7万家。重点物流企业影响力增大，重庆长安民生物流、重庆港务物流集团、重庆交通运输集团等进入全国物流企业50强，市级重点物流企业达49家。A级物流企业保有量共44家，资产规模约414亿元，主营业务收入共计300亿元。马士基航运、美国联邦快递、中远、中外运、澳大利亚嘉民、新加坡普洛斯、美国安博等国内外知名物流企业入驻重庆。重庆交运集团智慧物流平台、重庆航运交易所航运交易平台、中交兴路等一批“互联网+物流”企业设立。

（五）推动通关通检便利化。

2017年，重庆市大力推动电子口岸建设，重庆国际贸易“单一窗口”成功上线运行，建设政务服务、物流协同、数据服务和特色应用4大板块、39项功能，实现联检单位的监管结果信息、口岸单位的作业信息、运输单位的物流信息汇集共享，报关报检覆盖率保持在50%左右。推进“三互”大通关建设，统一设置关检联合查验场地，大力推行“一站式作业”模式，在机场旅检现场、铁路B保跨境电商监管现场实施了X光机“一机两屏”，推动关检“一次申报、一次查验、一次放行”。开展集装箱进出口环节合规成本通关时间专项治理，使通关时间压缩1/3、合规成本下降5%以上。2017年，重庆口岸关区进口平均通关时间为11.28小时、出口1.05小时，较全国平均水平快4.59小时、0.06小时，实现重庆口岸7×24小时通关全覆盖。2017年10月，重庆被国家检验检疫局确定为全国唯一检验检疫综合改革试验区。

（六）积极推进物流开放合作。

2017年，重庆市依托自由贸易试验区、中新互联互通示范项目及一批保税区和口岸，形成了铁路、水运、航空三大口岸功能区和三大国际贸易物流通道，长江五定快班轮、中欧（重庆）国际铁路联运班列、中新互联互通南向通道、东盟国际货运班线均实现常态化运行。物流集聚辐射功能稳步拓展，构建形成重庆为枢纽，连接甘肃、贵州、广西、新加坡等的贸易物流合作机制，率先打通了铁路国际邮件运行通道，使国际集装箱量占全市集装箱量的比重达30%，外地在重庆中转的港口货物占比升至43%，通过中欧（重庆）国际铁路联运班列中转的货物占比为45%。

总体来看，重庆市物流业发展水平与建设内陆国际物流枢纽和发展物流现代化的要求相比，仍然存在不小的差距。比如物流发展规模化、信息化、智能化、标准化水平不高；物流末端集疏运体系和多式联运体系不完善，物流通道不畅；物流供应链集成度较低，物流成本偏高；物流企业竞争力不强，物流服务质量不高，物流集聚辐射能力不突出等。深化改革，降本增效的工作仍很艰巨。

## 三、物流相关统计分析

（一）重点物流企业调查统计。

2017 年，重庆相关部门对重庆市重点物流企业进行了调查，根据统计数据分析，对行业整体状况有了更明晰的了解。

1. 样本情况

本次统计样本以重点物流企业和骨干物流企业为主，涵盖了重庆物流行业大型企业。共收到 175 家样本物流企业报送的两年报表 333 份。其中：经认定的重点现代物流企业 32 家，占比 82.05%；A 级物流企业 36 家，占比 85.71%。样本企业中，综合服务型物流企业 82 家，占比 46.86%；运输服务型物流企业 68 家，占比 38.86%；仓储服务型物流企业 25 家，占比 14.28%。

2. 资产状况

2017 年，119 家样本物流企业资产总额为 692.01 亿元，同比增长 1.31%。2017 年，样本物流企业拥有仓储设施面积 1015.53 万平方米，其中：自有仓储面积总量为 808.09 万平方米，租用仓储面积总量为 207.44 万平方米；拥有货运车辆 17835 辆，其中：冷藏车 305 辆、集装箱车 1726 辆。拥有铁路专用线 53 条。

3. 物流经营

104 家样本物流企业 2017 年的货运量合计 152461702 吨，同比增长 5.99%，货运量呈现稳步上升趋势。124 家物流样本企业 2017 年收入合计 4753757.29 万元，同比增长 8.41%。主营业务收入 10 亿元以上的企业有 7 家，主营业务收入 1 亿元以上 10 亿元以下的企业有 34 家。

4. 经营效益

117 家样本物流企业 2017 年物流业务成本合计 4320233 万元，同比增长 10.17%。其中，77 家物流企业成本上升，成本上升速度大于收入增加速度。

98 家样本物流企业 2017 年利润总计 97492.32 万元，同比增长 34.51%。其中，68 家企业呈现盈利状态，11 家企业扭亏为盈，整体趋势向好。

5. 人员情况

2017 年，162 家样本物流企业的员工总数为 74593 人，物流从业人员为 50361 人，占比 67.5%。其中：有 1159 人拥有中、高级物流师资格，占比为 2.3%。2017 年，样本物流企业员工年平均收入为 51959 元，物流员工劳动报酬呈下降趋势，同比下降 13.37%。物流企业高级人才占比低以及劳动报酬下滑，将严重影响重庆物流持续发展。

（二）A 级物流企业分析。

截至 2018 年 2 月，重庆市 A 级物流企业保有量 44 家。其中：5A 级物流企业 5 家、4A 级物流企业 8 家、3A 级物流企业 24 家、2A 级物流 7 家。

1. 资产状况

根据重庆市 2017 年重点物流企业调查统计，38 家 A 级物流企业（不含民生物流、鸿华物流、港湾储运、铁建物流、城北物流、卡沃物流）年末从业人员共计 36663 人，其中：物流岗位从业人员 21466 人，占比 58.55%；约 4% 的物流岗位从业人员拥有中、高级物流师资格。拥有仓储设施面积 391.60 万平方米，其中自用仓储面积 274.46 万平方米，租用仓储面积117.14万平方米。拥有货运车辆8557辆，其中普通货车6088辆，冷藏车、集装箱专用车等专用货车2469辆。共计拥有铁路专用线38条。拥有ERP、GPS、GIS、CRM、TMS、WMS、EOS、EDI、CAPS、ECOM等物流信息系统，全部企业实现物流业务信息化管理、货物跟踪和电子单证管理。

2017年38家A级物流企业总资产规模达401.82亿元，同比增长5.05%。其中：流动资产合计166.95亿元，占比41.54%；资产负债合计220.66亿元，资产负债率54.91%。据经验数据推算，全市44家A级物流企业2017年总资产规模约414亿元，其中，资产大于100亿元的企业1家，占比2.27%；资产大于10亿元的企业4家，占比9.09%；资产在1亿~10亿元的企业19家，占比43.18%；资产在5000万元~1亿元的企业6家，占比13.64%；资产小于5000万元的企业14家，占比31.82%。

2. 经营情况

根据2017年重庆市重点物流企业调查统计，38家A级物流企业（不含民生物流、鸿华物流、港湾储运、铁建物流、城北物流、卡沃物流）主营业务收入合计283.41亿元，同比增长14.76%。据经验数据推算，全市44家A级物流企业2017年主营业务收入近300亿元。2017年重庆市A级物流企业平均营业收入为6.8亿元。其中：5A级物流企业主营业务收入为229.42亿元，占全市A级物流企业总收入的76.47%。

从构成情况看，运输收入占主营业务收入的56.6%，仓储收入占主营业务收入的3.3%，配送收入占主营业务收入的7.2%，货代收入占主营业务收入的12.9%，装卸、搬运、流通加工、包装、信息服务、物流一体化等其他业务收入占比20%。

（三）重点物流企业统计分析。

2007年10月，为了贯彻落实《重庆市人民政府关于加快现代物流业发展的意见》（渝府发〔2005〕70号），加快培育优势现代物流企业，引导重点现代物流项目建设，重庆市人民政府办公厅印发了《重庆市重点现代物流企业和重点现代物流项目认定办法的通知》。自2008年以来，按照有关要求，重庆市发展和改革委员会组织认定了13批重点现代物流企业和重点现代物流项目，共认定重点现代物流企业49家，重点现代物流项目154个。

据重庆市发展和改革委员会统计数据显示，28家重点现代物流企业（不含新合物流、扬子江物流、美联仓储、城北物流、中邮物流、泽胜船务、川江船务、新金航船务以及港务和交运下属分子公司）资产合计508.36亿元，同比增长5.42%，平均资产负债率为59.27%。28家重点现代物流企业员工总数47432人，其中，物流岗位从业人员36807人，占比77.6%；取得中、高级物流师资格人员533人。企业自有仓储面积243.63万平方米，租用仓储面积100.63万平方米。企业货运车辆8867辆，其中，普通货车6465辆，专用货车2402辆。5家企业拥有41条铁路专用线资源；各重点现代物流企业至少有一套物流信息管理系统，28家重点现代物流企业平均拥有2套物流信息系统。

2017年，28家重点现代物流企业共计完成货运量8629.15万吨，同比增长7.32%。实现主营业务收入290.29亿元，同比增长9.32%。28家重点现代物流企业主营业务成本260.18亿元，同比增长11.57%。企业主要业务利润额为84090.45

万元，同比增长29.93%。其中，盈利企业26家，占比92.86%；亏损企业2家，占比7.14%，比上年减少4家；利润下降企业9家，占比32.14%。28家重点物流企业利润率、资产收益率分别为3.10%和1.72%。

（重庆市物流与供应链协会）

# 2017 年四川省物流业发展情况

2017 年，面对艰巨繁重的改革发展任务和多重叠加的困难挑战，四川省委、省政府坚定以习近平新时代中国特色社会主义思想为指导，坚持稳中求进工作总基调，深入实施“三大发展战略”，深化供给侧结构性改革，着力推动高质量发展，全省经济持续健康稳定发展，主要经济指标运行在合理区间，经济活力和韧性持续增强，经济运行呈现总体平稳、稳中有进、稳中向好的发展态势。

## 一、国民经济保持稳定增长

2017 年四川省实现地区生产总值（GDP）36980.2 亿元，按可比价格计算，比上年增长 8.1%，增速比全国平均水平高 1.2 个百分点。其中：第一产业增加值 4282.8 亿元，增长 3.8%；第二产业增加值 14294.0 亿元，增长 7.5%；第三产业增加值 18403.4 亿元，增长 9.8%。

全年粮食和油料产量稳定，粮食产量 3498.4 万吨，比上年增长 0.4%；油料产量 323.5 万吨，比上年增长 3.9%。生猪出栏 6579.1 万头，比上年下降 5.0%；牛出栏 267.3 万头，比上年下降 0.5%；羊出栏 1780.4 万只，比上年增长 1.4%；家禽出栏 65259.8 万只，比上年下降 3.7%。全年规模以上工业增加值比上年增长 8.5%，增速比上年提高 0.6 个百分点，比全国平均水平高 1.9 个百分点。

全年工业分行业看，41 个行业大类中有 34 个行业增加值实现增长，行业增长面为 82.9%。其中：酒、饮料和精制茶制造业增加值比上年增长 13.7%，计算机、通信和其他电子设备制造业比上年增长 19.2%，汽车制造业比上年增长 12.1%，医药制造业比上年增长 13%，非金属矿物制品业比上年增长 6.1%，电力、热力生产和供应业比上年增长 10.2%，农副食品加工业比上年增长 7.8%，黑色金属冶炼和压延加工业比上年下降 10.9%，煤炭开采和洗选业比上年下降 20.5%。

全年第三产业增加值比上年增长 9.8%，增速比上年提高 0.6 个百分点，比全国平均水平高 1.8 个百分点。其中：批发和零售业增加值增长 6.7%，交通运输、仓储和邮政业增加值增长 7.1%；全年实现社会消费品零售总额 17480.5 亿元，比上年增长 12.0%，增速比上年提高 0.3 个百分点，比全国平均水平高 1.8 个百分点。全年实现外贸进出口总额 4605.9

亿元，比上年增长41.2%。其中：出口额2538.5亿元，增长37.4%；进口额2067.4亿元，增长46.2%。

总体来看，2017年四川省经济稳定增长，主要经济指标完成和超额完成预期目标，但经济稳定增长的基础还不牢固、稳定增长的难度依然较大、发展不平衡且不充分的情况仍比较突出。

## 二、物流业持续稳定增长，需求稳中向好

2017年，四川省社会物流总额增幅上升，社会物流总费用与GDP的比率持续下降，物流需求稳中向好，物流业保持平稳发展态势。

（一）社会物流总额增幅上升。

2017年，四川省完成社会物流总额63909.5亿元，按可比价格计算（下同），同比增长7.7%，增幅比上年提高0.6个百分点。从构成情况看，工业品物流总额为42510.9亿元，同比增长5.0%，增幅比上年回落0.6个百分点，占全省社会物流总额的比重为66.5%在社会物流总额的比重比上年降低2.9个百分点。农产品物流总额为6352.8亿元，同比增长2.2%，增幅比上年提高0.1个百分点，占全省社会物流总额的比重为9.9%，占社会物流总额中的比重比上年提高0.3个百分点。进口货物物流总额（包括外省流入）为12555.7亿元，同比增长16.7%，增幅比上年同期提高3.6个百分点，占全省社会物流总额的比重为19.6%，占社会物流总额的比重比上年提高1.9个百分点。再生资源物流总额为1799.8亿元，同比增长15.5%，增幅比上年提高1.5个百分点，占全省社会物流总额的比重为2.8%，占社会物流总额的比重比上年提高0.2个百分点。单位与居民物品物流总额为690.4亿元，同比增长21.0%，增幅比上年下降10个百分点，占全省社会物流总额的比重为1.0%，占社会物流总额的比重比上年提高0.1个百分点[①]。

（二）社会物流总费用与GDP的比率持续下降。

2017年，四川省社会物流总费用为6318.3亿元，同比增长7.8%，增幅比上年提高0.7个百分点。其中，运输费用3143.5亿元，同比增长0.9%，占社会物流总费用的49.8%，在社会物流总费用中的比重较上年下降3.4个百分点；保管费用为2607.6亿元，同比增长18.3%，增幅比上年降低1.3个百分点，占社会物流总费用的41.3%，占社会物流总费用的比重较上年提高3.7个百分点；管理费用为567.2亿元，同比增长5.0%，增幅比上年下降1.2个百分点，占社会物流总费用的8.9%，占社会物流总费用的比重较上年降低0.1个百分点。

2017年，四川省社会物流总费用与GDP的比率为17.1%，同比降低0.8个百分点，经济运行中的物流效率有所提升，但成本依然较高。

（三）物流业增加值增幅稳中有升。

2017年，四川省物流业实现增加值2344.9亿元，按可比价格计算，同比增长8.6%，增幅比上年提高0.1个百分点。物流业增加值占全省GDP的比重为6.3%，占全省服务业增加值比重为12.7%。

---

① 文中的数据存在四舍五入，不用调整。

（四）交通建设投资保持高位运行。

2017年，四川省交通建设完成投资1499.2亿元（不含养护），同比增长14.4%。高速公路完成投资648.4亿元，同比增长32.5%；国省干线公路完成投资445.4亿元，同比增长3.8%；农村公路完成投资268.5亿元，同比增长-7.9%；运输站场完成投资56.9亿元，同比增长19.3%；内河水运完成投资57.2亿元，同比增长3.2%；养护、智慧交通及其他专项完成投资107.3亿元，同比增长30.1%。

从上述统计数据看，2017年四川省公路水路交通建设投资完成情况总体好于上年同期，除农村公路外，高速公路等其他5项完成投资均较上年同期有所增长。

（五）公、水货运平稳发展。

2017年，四川省公路水路分别完成货运量158190万吨和7750万吨，同比分别增长8.3%和-4.7%。公路水路分别完成货物周转量1676.8亿吨·公里和255.6亿吨·公里，同比分别增长7.1%和14.8%。从上述统计数据看，公路货物运输继续保持稳定增长；水路货运量仍呈下降态势，但其货物周转量较上年有大幅度增长。

2017年，四川省规模以上港口完成货物吞吐量6426万吨、集装箱吞吐量93万标准箱，同比分别增长-1.6%和15.9%。从上述统计数据看，全省规模以上港口货物吞吐量呈下降趋势，集装箱吞吐量继续保持较快增长。

（六）邮政快递有降有升。

2017年，四川省邮政函件业务累计完成3264.72万件，同比下降13.06%；包裹业务累计完成94.59万件，同比下降7.87%；订销报纸累计完成102121.63万份，同比增长6.32%；订销杂志累计完成3661.12万份，同比下降11.32%；汇兑业务累计完成134.12万笔，同比下降29.67%。

2017年，四川省快递服务企业业务量累计完成11.08亿件，同比增长38.24%；业务收入累计完成127.48亿元，同比增长32.30%[①]。其中：同城业务量累计完成3.29亿件，同比增长25.44%；异地业务量累计完成7.75亿件，同比增长44.60%；国际/港澳台业务量累计完成0.05亿件，同比增长25.00%。

2017年，四川省快递服务企业业务量中，同城、异地、国际/港澳台快递业务量分别占全部快递业务量的29.67%、69.88%和0.45%；业务收入分别占全部快递收入的20.36%、57.98%和3.31%。与上年同期相比，同城快递业务量的比重下降3.03个百分点，异地快递业务量的比重上升3.07个百分点，国际/港澳台业务量的比重下降0.04个百分点。

（七）A级物流企业数量持续增加。

自2005年《物流企业分类与评估指标》正式实施以来，四川省物流行业每年新增国家A级物流企业10多家，2016年和2017年每年新增企业均达20多家、复核企业均达30多家。仅2017年上半年新增A级物流企业就达到16家，复核通过28家。截至2017年年底，四川省国家A级物流企业已达到222家，其中：5A级企业4家、4A级企业43家、3A级企业122家、2A级企业52家。A级物流企业的评估认定工作极大地推动了四川省物流企业的发展，加快了现代物流的发展进程。

（四川省现代物流协会会长　文德华）

① 该数据由四川省邮政局公布，原数据存在四舍五入，不用调整。

# 2017 年陕西省物流业发展情况

2017 年，随着陕西省深入推进供给侧改革和产业结构调整工作，全省物流业呈现出总供给继续扩大、物流相关行业投资加快、支撑稳中向好的积极因素增多、货运量和货运周转量增加、总费用上升、总体运行平稳增长的态势。

## 一、物流业主要经济指标完成情况

（一）社会物流总额完成情况。

2017 年，陕西省社会物流总额为 45315.34 亿元，同比增长 7.9%，比上年提高 4.7 个百分点。其中：农产品物流总额 1695.4 亿元，同比增长 5.0%，增幅比上年提高 3.1 个百分点，占全省社会物流总额的 3.74%；工业品物流总额 21887.63 亿元，同比增长 6.2%，增幅比上年提高 9.2 个百分点，占全省社会物流总额的 48.30%；外部流入（含进口）货物物流总额 21578.67 亿元，同比增长 12.5%，比上年增长 0.5 个百分点，占全省社会物流总额的 47.62%；再生资源物流总额 50.2 亿元，同比增长 8.1%，占全省社会物流总额的 0.11%；单位与居民物品物流总额 103.44 亿元，同比增长 33.3%，比上年增长 2.2 个百分点，占全省社会物流总额的 0.23%，如表 1 所示。

**表 1　2017 年陕西省社会物流总额构成及增长情况**

| 指标名称 | 2017 年 | 同比增长（%） | 比上年增长（%） | 占物流总额的比重（%） |
|---|---|---|---|---|
| 社会物流总额（亿元） | 45315.34 | 7.9 | 4.7 | 100 |
| 其中：农产品物流总额（亿元） | 1695.40 | 5.0 | 3.1 | 3.74 |
| 工业品物流总额（亿元） | 21887.63 | 6.2 | 9.2 | 48.30 |

续 表

| 指标名称 | 2017 年 | 同比增长（%） | 比上年增长（%） | 占物流总额的比重（%） |
|---|---|---|---|---|
| 外部流入（含进口）货物物流总额（亿元） | 21578.67 | 12.5 | 0.5 | 47.62 |
| 再生资源物流总额（亿元） | 50.2 | 8.1 | — | 0.11 |
| 单位与居民物品物流总额（亿元） | 103.44 | 33.3 | 2.2 | 0.23 |

（二）社会物流总费用完成情况。

2017 年，陕西省社会物流总费用为 3342.21 亿元，同比增长 6.7%，比上年提高 2.7 个百分点。其中：物流运输费用 2294.11 亿元，同比增长 4.2%，比上年增长 5.1%，占社会物流总费用的 68.6%；物流保管费用 778.6 亿元，同比增长 6%，比上年增长 9.6%，占社会物流总费用的 23.3%；物流管理费用 269.5 亿元，同比增长 4.8%，比上年增长 8.3%，占社会物流总费用的 8.1%，如表 2 所示。

**表 2　　2017 年陕西省社会物流总费用构成及占比情况**

| 指标名称 | 2017 年 | 同比增长（%） | 比上年增长（%） | 占物流总费用的比重（%） |
|---|---|---|---|---|
| 社会物流总费用（亿元） | 3342.21 | 6.7 | 2.7 | 100 |
| 其中：运输费用（亿元） | 2294.11 | 4.2 | 5.1 | 68.6 |
| 保管费用（亿元） | 778.6 | 6.0 | 9.6 | 23.3 |
| 管理费用（亿元） | 269.5 | 4.8 | 8.3 | 8.1 |

（三）社会对物流需求情况。

2017 年，在经济发展稳中有增的形势下，陕西省对物流的需求继续增加，当年全省物流需求系数为 2.33，同比增长 4.4%，表明 2017 年陕西省每产出 1 个单位的 GDP，需要 2.33 个单位的物流总额作为支撑。

（四）物流相关行业总收入。

2017 年，陕西省物流相关行业总收入为 1756.2 亿元，比上年增长 5.5%，比上年上升 1.3 个百分点。物流相关行业实现增加值 1321 亿元，比上年增长 3.6%（按现行价格计），比上年回落 2.1 个百分点。2017 年，陕西省物流相关行业增加值占全省第三产业增加值的比重为 16.1%，比上年下降 0.5 个百分点。

（五）物流相关行业固定资产投资情况。

2017 年，陕西省物流相关行业完成固定资产投资 2210.55 亿元，同比下降 13.6%，增速比上年回落 21.2 个百分点，增幅连续三年回落。其中：交通运输业完成固定资产投资1139.56亿元，同比下降11.3%，比上年回落20.5个百分点；仓储业完成固定资产投资376.87亿元，同比增长24.1%，增速比上年增长0.7%；邮政业完成固定资产投资10.28亿元，同比增加17.6%，增速比上年增长1.8%；批发和零售业完成固定资产投资683.84亿元，同比下降7.5%，增速比上年回落3.2个百分点，如表3所示。

表3　　2017年陕西省物流相关行业固定资产投资及增速情况

| 指标名称 | 2017年 | 同比增长（%） | 比上年增长（%） |
|---|---|---|---|
| 物流相关行业固定资产投资（亿元） | 2210.55 | -13.6 | -21.2 |
| 其中：交通运输业（亿元） | 1139.56 | -11.3 | -20.5 |
| 仓储业（亿元） | 376.87 | 24.1 | 0.7 |
| 邮政业（亿元） | 10.28 | 17.6 | 1.8 |
| 批发和零售业（亿元） | 683.84 | -7.5 | -3.2 |

## 二、物流业货物运输完成情况

2017年，陕西省煤炭、石油等行业的生产量和销售量大幅回升，促使全省物流货物运输量和货运周转量全面增加。

（一）货物运输量。

2017年，陕西省各类运输实现货运总量18.71亿吨，同比增长3.9%，比上年提高1.2个百分点。其中：铁路货运量3.7亿吨，同比增长6.8%，比上年提高14.5个百分点；公路货运量14.2亿吨，同比增长5.7%，比上年提高4.5个百分点；水路、航空和管道货运量共计8100万吨，同比分别增长2.8%、5.6%、8.6%，航空货运量、水路货运量和管道货运量分别比上年增加2.7个、1.4个和3.5个百分点，如表4所示。

表4　　2017年陕西省物流业货物运输情况

| 指标名称 | 2017年 | 同比增加（%） | 比上年增长（%） |
|---|---|---|---|
| 货物运输总量（亿吨） | 18.71 | 3.9 | 1.2 |
| 其中：铁路货运量（亿吨） | 3.7 | 6.8 | 14.5 |
| 公路货运量（亿吨） | 14.2 | 5.7 | 4.5 |

续 表

| 指标名称 | 2017 年 | 同比增加（%） | 比上年增长（%） |
|---|---|---|---|
| 水路货运量（万吨） | 8100 | 2.8 | 1.4 |
| 航空货运量（万吨） | | 5.6 | 2.7 |
| 管道货运量（万吨） | | 8.6 | 3.5 |

（二）货运周转量。

2017 年，陕西省各类运输完成货运周转总量 3727.2 亿吨·公里，同比增长 5.7%，比上年提高 7.1 个百分点，铁路和公路货运周转量占全省货运周转量的 99.97%。其中：铁路货运周转量 1560.3 亿吨·公里，同比增长 5.7%，比上年提高 16.2 个百分点；公路货运周转量 2165.8 亿吨·公里，同比增长 5.4%，比上年增加 4.1 个百分点；航空货运周转量为 1.1 亿吨·公里，比上年提高 10.1 个百分点，如表 5 所示。

2017 年，陕西省物流货运集装箱吞吐量 31.1 万标准箱，比上年增长 1.8%。

2017 年，陕西省各类运输方式的货物平均运送距离为 237 公里，比上年增加 10%。其中：铁路平均运送距离为 428 公里，公路平均运送距离为 168 公里，航空平均运送距离为 1455 公里，管道平均运送距离为 3000 公里。

**表 5　2017 年陕西省物流业货物运输周转情况**

| 指标名称 | 2017 年 | 同比增长（%） | 比上年增长（%） |
|---|---|---|---|
| 货物运输周转总量（亿吨·公里） | 3727.2 | 5.7 | 7.1 |
| 其中：铁路周转量（亿吨·公里） | 1560.3 | 5.7 | 16.2 |
| 公路周转量（亿吨·公里） | 2165.8 | 5.4 | 4.1 |
| 航空周转量（亿吨·公里） | 1.1 | — | 10.1 |

## 三、电子商务物流和快递物流运行情况

2017 年，陕西省电子商务和快递物流继续保持快速发展的态势。以电子商务为依托的新型物流企业，涵盖了配送、流通加工、包装、信息及相关服务、仓储、运输和装卸搬运等物流环节。消费需求市场对电子商务物流的个性化、分包分送等业务需求，带动了陕西全省中小快递及物流企业快速发展。

（一）电子商务运行情况。

2017 年，陕西省社会消费品零售总额达 8236.37 亿元，比上年增长 11.8%，比上年加快 0.8 个百分点。其中：限额以上企业（单位）消费品零售额 5239.94 亿元，比上年增长 12.3%，提高 2.4 个百分点；限额以上企业（单位）网上零售额 300.76 亿元，比上年增长

47.8%，继续保持两位数增长。

（二）快递业运行情况。

2017年，陕西省快递服务企业实现业务收入56.36亿元，同比增长23.47%；完成业务量4.58亿件，同比增长23.98%。其中：完成同城业务量17703.24万件，同比增长25.17%；完成异地业务量27805.4万件，同比增长23.19%；完成国际和港澳台业务量242.01万件，同比增长28.23%。

## 四、物流业基本情况

（一）从业人员收入比上年略有增加。

2017年，陕西省物流业从业人员约为49.2万，从业人员年名义平均收入38755元。从业人员中，货车司机和企业一线工作岗位员工的年收入比上年名义平均增长3.3%，管理和辅助工作岗位员工的年名义平均增长2.9%以上。企业上缴员工的“五险一金”约占员工工资的22%。

（二）运输企业数量比上年平稳增加。

2017年，陕西省公路运输企业28.61万个，同比增长0.2%，增幅比上年提高0.4个百分点。公路货运车辆为45.11万辆，其中：载货汽车42.2万辆，数量比2016年略有增加；机动三轮车和农用车约3.65万辆。

（三）A级物流企业数量有所增加。

2017年，陕西省国家A级物流企业共计68家，其中：5A级物流企业5家，4A级物流企业17家，3A级物流企业33家，2A级物流企业10家，1A级物流企业3家。在全省68家A级物流企业中，运输型企业有15家，仓储配送型企业有9家，综合服务型企业有42家。

## 五、物流布局和设施建设情况

（一）战略地位日益提升。

2017年，陕西省各节点城市和重点地区的大型综合物流园区（物流配送中心）均投入运营。西安为全国物流节点城市、全国综合交通枢纽和国家一级物流园区布局城市。宝鸡、榆林、咸阳为全国物流园区二级布局城市。西安咸阳机场为国内航空一类口岸。西安国际港务区的铁路站（点）为国内一类口岸。西安国际港务区的“西安港”成为陕西省主动融入国家“一带一路”倡议，与世界进行贸易往来的重要物流节点。西安铁路集装箱中心站、西安公路港、西安综合保税区的跨境贸易电子商务运营业务量呈持续增长的态势。

（二）公路干线网初具规模。

2017年，陕西省高速公路总里程为5181公里，位居全国第11位，高速公路连通全省97个县（市、区）。以西安市为中心的“2637”（两环、六辐射、三纵七横）高速公路干线网，基本连通了全省所有市县及工农业基地、商品集散地、高新开发区和物流园区。2017年，陕西省公路总里程为17.2万公里，省内公路货运物流实现当日往返，省内到省外周边中心城市公路货运物流实现当日到达。

（三）区域铁路网骨架网初步形成。

2017年，陕西省铁路总里程为5300公里，年货运量突破3.9亿吨，实现了与京津冀、珠三角、长三角的联通，基本形成了以陇海、包西为东西和南北主轴，以西安为中心的“两纵五横三枢纽”骨架网，以郑西、西宝、宝兰、大西、西成客专构成的向外辐射高速铁路网。未来3年，陕西省将加快实施“米”字形高速铁路网规划和“一核、双环、六辐射”的关中城际铁路网规划，完成“市市通高铁、关中通城际、快速通全国”的总体目标。

（四）中欧、中亚班列常态化开行。

2017年，西安国际港务区开行的“长安号”国际货运中欧、中亚班列总数接近1000列。中欧班列途经芬兰、俄罗斯、哈萨克斯坦和中国4个国家，全程9110公里，行程17天。该线路已经常态化开行，每周四从科沃拉开出，每周三从西安港开出，每周1列往返对开。

（五）区域航空物流效益显著。

陕西省西部机场集团航空物流有限公司整合陕西、宁夏、青海三地机场货运物流资源，运营管理陕、甘、宁、青四省区22个机场，包括3个省会机场、16个支线机场、3个通用机场，管理机场数量和航空业务量分别占民航西北辖区总量的70%和84%，已经成为全国第二大跨省区运营的大型机场管理集团。2017年，西安咸阳机场全货运航线达到9条，货运量增幅名列全国十大机场的前三名。2017年西安咸阳机场全年完成货邮吞吐量26万吨，比上年净增2.5万吨，同比增长11%。其中，国际货邮吞吐量增长80%以上，国际快件业务同比增长超过6倍，货邮中转量同比增长60%。

## 六、“十三五”期间物流业发展目标

陕西省物流业“十三五”规划要求，把提升物流业质量和效益作为指导行业发展工作的中心，加快推动枢纽经济、门户经济、流动经济发展，打造内陆改革开放新高地，从以下三方面着力构建交通商贸物流中心，促进全省物流业主动融入“一带一路”。

一是建设综合立体交通网络。以轨道交通和航空为引领，推动枢纽型交通和综合性交通网络建设，加快国家高速公路、国铁干线、“米”字形高铁网、关中城际铁路网、大西安城市轨道交通和西安咸阳机场三期工程建设，大力发展综合交通枢纽，形成承东启西、连接南北、高效便捷的立体大通道。着力布局“一带一路”沿线标志航点，加快构建面向中东欧的国际航空枢纽，形成基本覆盖全球重要战略伙伴国家和重点区域中心城市的航空网络。

二是建设现代商贸高地。高水平打造自贸试验区，强化制度创新，推进差异化改革，持续优化营商环境，精心培育创新案例，创造陕西特色经验。不断扩大进出口贸易规模，培育贸易新业态新模式，支持跨境电子商务发展，吸引资金、人才、技术、商品和信息等要素在陕西集散流动。

三是建设国际化物流枢纽。优化物流节点空间布局，全面提升物流通道能效，加快推进“三网三港”核心骨干物流体系建设。加强与沿线国家铁路、海关、检验检疫等领域合作，为中欧班列（西安）拓展线路创造有利条件。加强与沿海港口联动，打通海上丝绸之路通道。深入推进与海航战略合作，加速国际航线网络布局，加速本地航空公司设立，依托航空城实验区，大力发展临空经济，建设临空经济示范区，打造国际航空物流枢纽。深化与京东战略合作，加快物流基础设施建设，推进无人机等新业态发展和智慧物流体系建设。

（原陕西省物流与采购联合会　闫鸣）

# 2017年甘肃省物流业发展情况

2017年是甘肃省实施“十三五”规划的第二年，也是供给侧结构性改革的重要一年。甘肃省物流业作为生产性服务业的重要组成部分，转型升级和特色服务发展加快，对经济和社会发展的基础性、服务性作用进一步增强。但是，与此同时，甘肃省社会物流总额增幅有所减少，社会物流总费用和成本依然偏高，物流企业经营难度依然很大，运行质量和效益偏低现象没有明显改观。

## 一、社会物流总额增幅有所减缓

2017年，甘肃省社会物流总额完成13623.27亿元，同比增长0.3%，增幅比上年同期减少3个百分点。在社会物流总额增幅有所减少的同时，与民生相关的特色物流，如快递速运、城市配送、零担货运、电商物流、一体化物流等发展加快，特色物流服务成为甘肃省物流业发展的新增长点。

工业品物流仍占据主导地位。2017年，甘肃省工业品物流总额完成6691.2亿元，同比下降1.7%，占甘肃省社会物流总额的49.1%。

农产品物流有所增长。2017年，甘肃省农产品物流总额完成1865亿元，同比增长1.2%，占甘肃省社会物流总额的13.7%。

外省流入货物物流总额有所增长。2017年，甘肃省外省流入货物物流总额完成4804.93亿元，同比增长2.5%，占甘肃省社会物流总额的35.27%。

进口贸易呈增长趋势。2017年，甘肃省进口货物物流总额完成218亿元，同比增长8.7%。

再生资源物流总额有所下降。2017年，甘肃省再生资源物流总额完成17.40亿元，同比下降12%。

单位与居民物品物流快速增长。受电子商务市场繁荣及网络购物的推动，甘肃省单位与居民物品物流量保持快速增长态势，2017年，甘肃省单位与居民物品物流总额完成26.74亿元，同比增长18.8%。2017年甘肃省社会物流总额构成如图1所示。

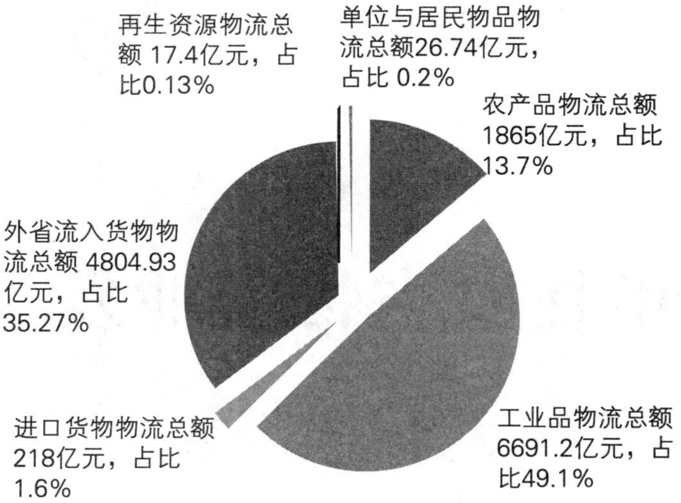


**图 1　2017 年甘肃省社会物流总额构成**

## 二、物流业增加值保持增长

2017 年，甘肃省物流相关行业实现增加值 680.4 亿元，同比增长 9.2%，占甘肃省 GDP 的 8.9%，占第三产业增加值的 16.8%。在物流业增加值构成中，交通运输业完成 513.4 亿元，比上年增长 11.6%；仓储业完成 22.4 亿元，比上年下降 5.9%；邮政业完成 16.2 亿元，比上年增长 20.5%；贸易业完成 128.4 亿元，比上年增长 0.3%。2017 年甘肃省物流相关行业增加值构成如图 2 所示。

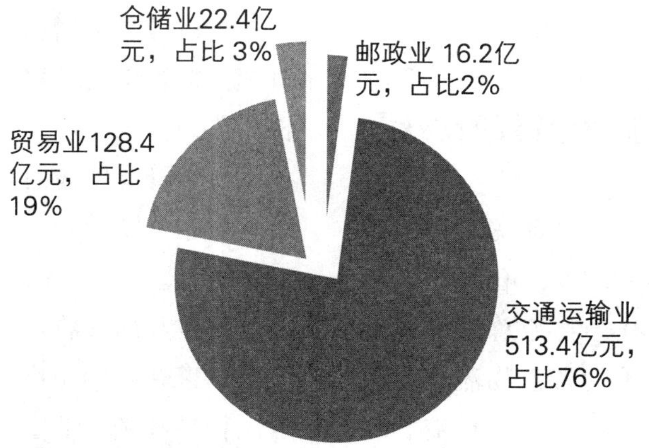


**图 2　2017 年甘肃省物流相关行业增加值构成**

## 三、货运及货运周转量保持增长

2017 年，甘肃省铁路、公路、管道共完成货运量 7.48 亿吨，比上年增长 8.88%。其中：铁路货运量完成 0.61 亿吨，比上年增长 3.27%；公路货运量完成 6.01 亿吨，比上年增长 9.78%；油气管道货运量完成 0.86 亿吨，比上年增长 9. 69%。2017 年甘肃省各种运输方式货运量增长情况如图 3 所示。

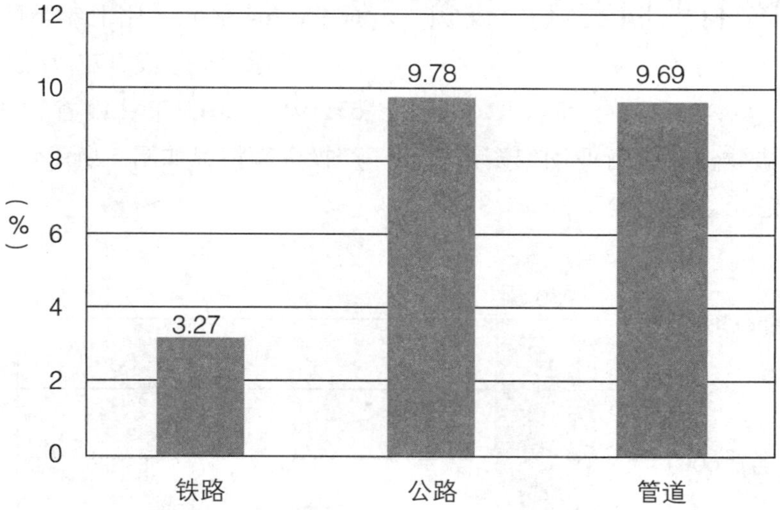


**图 3　2017 年甘肃省各种运输方式货运量增长情况**

2017 年，甘肃省各种运输方式完成货运周转量 3254. 13 亿吨·公里，比上年增长 12. 34%。其中：铁路货运周转量完成 1390. 72 亿吨，比上年增长 13. 96%；公路货运周转量完成 1048. 88 亿吨·公里，比上年增长 10. 45%；航空货运周转量完成 0. 19 亿吨·公里，比上年下降 6. 01%；管道货运周转量完成 814. 34 亿吨，比上年增长 12. 07%。2017 年甘肃省各种运输方式完成货运周转量增长情况如图 4 所示。

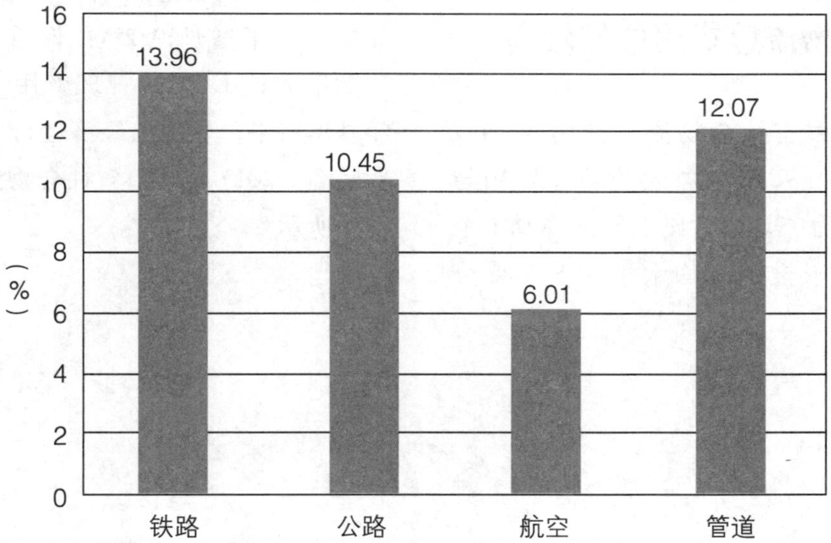


**图 4　2017 年甘肃省各种运输方式完成货运周转量增长情况**

## 四、物流相关行业固定资产投资同比下降

2017 年，甘肃省物流相关行业固定资产投资额完成 1133.74 亿元，比上年下降 28.31%。其中：交通运输业、仓储业、邮政业投资额完成 956.64 亿元，比上年下降 13.04%；批发零售业投资额完成 177.1 亿元，比上年下降 63.19%。2017 年甘肃省物流相关行业固定资产投资额情况如图 5 所示。

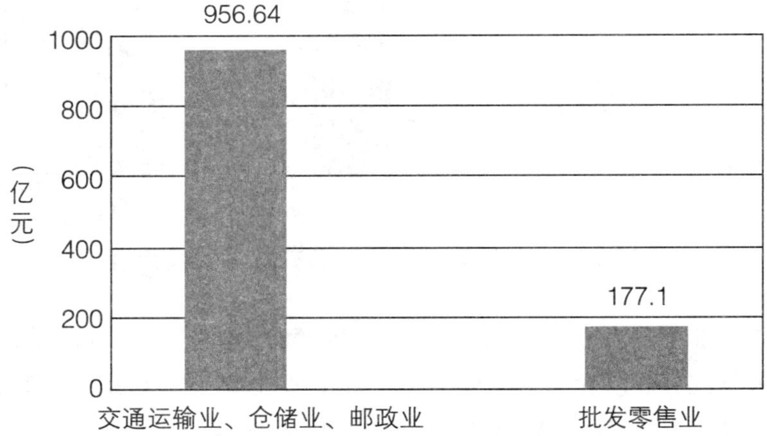


图 5　2017 年甘肃省物流相关行业固定资产投资额情况

## 五、社会物流总费用依然较高

2017 年，甘肃省社会物流总费用为 1477 亿元，比上年增长 7.1%。社会物流总费用与生产总值的比率为 19.2%，比上年下降 0.1 个百分点，但仍高于全国平均水平 4.6 个百分点。在社会物流总费用中，运输费用 1102 亿元，比上年增长 9.2%；保管费用 274 亿元，比上年增长 1.8%；管理费用 102 亿元，与上年基本持平，显示出经济运行中的物流成本依然较高。2017 年甘肃省社会物流总费用构成如图 6 所示①。

① 文中数据存在四舍五入，不用调整。

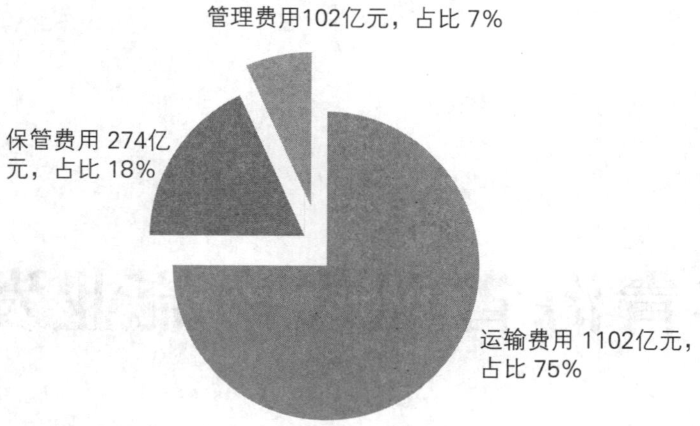


图 6　2017 年甘肃省社会物流总费用构成

## 六、物流业总收入较快增长

2017 年甘肃省物流业总收入 1188 亿元，比上年增长 8.09%。

（甘肃省工业和信息化委员会）

# 2017 年青海省现代物流业发展情况

2017 年，在青海省委、省政府的领导下，青海省物流行业坚持以供给侧结构性改革为主线，扎实推进物流行业降本增效，优化发展环境、提升服务保障能力等重点工作，现代物流业政策环境明显改善、各项重点任务有了新的进展、物流发展水平有了新的提升。

## 一、物流业发展环境不断优化

2017 年，青海省人民政府相继出台了《青海省推动落实“互联网+”高效物流专项行动方案》《青海省物流业降本增效专项行动实施方案》《关于开展规范提升物流行业服务水平专项行动的通知》等政策文件，为全省物流业发展提供了政策强力支撑。为优化运输环境，青海省相关部门严格落实交通运输物流行业“先照后证”制度，全面推行“交通一卡通”和货车 ETC 工程建设，实现了 ETC 系统与全国联网；全面实现了全国海关通关一体化，推进国际贸易“单一窗口”建设工作，实现了关区报关企业全覆盖；检验检疫开通 E-CIQ 业务主干系统，实现了“进口直通、出口直放”。

## 二、物流业扶持力度明显加大

2017 年，青海省财政累计下达资金 17068 万元，支持全省集散中心、仓储冷链等物流基础设施建设。落实中央预算内投资 3234 万元，重点支持青海省粮食现代物流综合信息平台项目建设；安排贷款贴息资金 1740 万元，推进重点物流项目建设；循化、都兰、刚察、贵南、河南、久治县和玉树市列入“2017 年国家电子商务进农村示范县”，争取中央财政专项资金 1.05 亿元，落实各类扶持资金 1.4 亿元，建设新农村现代流通服务网络工程（即新网工程）项目 146 个。严格执行“路色通道”政策，全省收费公路免收农（畜）产品运输车 109 万辆次，免收通行费 7366 万元；认真执行海西地区重点工业企业合法运输车辆公路通行费优惠政策，共减免车辆 15.95 万辆次，减免通行费 761.77 万元；对全省骨干快递企业的主线运输车辆给予免收道路通行费优惠政策，全年免收通行费 412 万元；全面取消政府还贷二级公路收费，共撤销 11 个收费站点。全年共为符合条件的 117 户物流企业累计预减免企业所得税 1872 万元。全省共有 19 户企业享受了关于物流企业大宗商品仓储设施用地减按 50%计征城镇土地使用税的优惠政策，减免税额 303 万元。全面开展各级土地利用总体规划调整完善工作，科学规划物流设施用地，明确用地性质，统筹安排物流业建设项目用地规模、结构、布局等，保障物流建设项目用地需求。将物流领域人才纳入“高端创新人才千人计划”和青海省优秀专家评选范畴。全年经国家级和省级继续教育基地培训的与物流业领域相关的交通运输专业技术人员 200 余人。

## 三、物流基础网络逐步完善

2017 年，青海省公路里程达到 8.09 万公里。其中：高速和一级公路里程为 3900 公里，二级公路里程为 7500 公里，三级及以下公路里程为 6.95 万公里。全省 8 个市州、29 个县级行政区通高速，46 个县级行政区全部通二级以上公路。全省干线公路直接连通产业基地 15 个。全省快递网点已覆盖乡镇数 151 个，快递网点乡镇覆盖率为 41.5%。全省共建成 303 个标准化网点，标准化率达到 69%。

## 四、物流园区建设加快推进

2017 年，青海省区投资 14.3 亿元，建设完成青海朝阳物流园区城市快速消费品仓储分拨中心、大华物流公路港、阳光绿色医疗产业配送及技术服务信息平台 3 个物流项目；西宁双寨国际物流城、曹家堡保税物流中心（B 型）、海东市海吉星交易中心等重点项目建设加快推进，曹家堡保税物流中心（B 型）已封关运营，全年通过保税物流中心报关货值共计 1170 万美元；西宁双寨国际物流城全年完成投资 4 亿元；当年全省快递企业新增作业场地 2 万平方米，青海省第一家快递物流园——贵强快递物流园正式运营。

## 五、市场主体持续壮大

截至 2017 年年底，青海省物流企业总数达 1478 户，同比增长 15.9%。2017 年青海全省累计完成货运量 17925.94 万吨，同比增长 6.2%。其中：铁路运量 3051.72 万吨，同比增长 7.7%；公路运量 14871.26 万吨，同比增长 5.9%；民航运量 2.96 万吨，同比增长 16.7%。全年青海省工业产品运量达到 15237.04 万吨，约占总运量的 85%。物流业的快速增长，有力支撑了青海省工业生产的平稳增长。

## 六、“两业”联动与多式联运工程加速建设

2017 年，青海省物流相关部门为推进物流业发展，做了大量具体工作。积极协调工业与物流企业业务信息对接，降低企业运输成本；推进青海物产集团“青藏高原‘路桥—南亚’公铁水多式联运示范工程”申报国家第二批多式联运示范工程项目。航空物流青海分公司与中铁快运合作，开通西宁至乌鲁木齐市“空铁”联动通道；印发了《青海省无车承运人试点工作实施方案》，全年认定 7 家试点企业。

## 七、铁路运输保障能力显著提升

建立以铁路为纽带、均衡稳定的大宗物资供运关系，争取铁路运价下浮及杂费减免等优惠政策，为企业减负。发挥集装箱运输优势，加强组织集装箱运输，引导企业对专用线实施

改造，扩大集装箱办理站点及装卸能力。2017年青海省集装箱完成8.2万标准箱，增幅达21.64%。制订35吨敞顶集装箱一体化全程运输组织方案，为散堆装货物提供环保、安全、便捷、准时、高效的敞顶集装箱全程运输服务。组织开行了2列格尔木至俄罗斯彼尔姆的中欧班列，为融入“一带一路”发展注入了新的动力。

## 八、航空物流提速升级

2017年青海省建立了《航空物流长效沟通工作机制》，在西宁生物科技产业园区召开专场对接会，有效搭建了航空物流与园区生产型企业、航空物流与冷链物流企业沟通的“桥梁”；航空物流青海分公司与东南航空货运代理公司等6家省外航空物流公司建立中转合作关系。海口、贵阳、昆明和西安冷线航班货量增幅分别为355.9%、242.9%、162.3%和53.1%；西宁至德令哈、格尔木、玉树航班出港货物分别增长601.6%、71.3%、85.3%。

## 九、冷链物流与商贸物流标准化逐步完善

2017年，青海省成立了迅达冷链、优力冷链等第三方专业冷链运输公司，78个冷链物流项目有序推进。全省全年新增冷库容量约8万吨，开通了省内州县及西宁—西安干线冷链线路，全国冷链物流监控体系数据直采系统、冷仓管理系统逐步上线试运行。西宁、海东、海西等蔬菜主产区规模化设施基地配套建设了11处蔬菜分拣、包装、保鲜储藏等商品化处理设施；制定印发了《青海省商贸物流标准化试点工作实施方案》，选定10家企业为省级商贸物流标准化试点实施企业，试点企业标准托盘使用率由10%提高到30%。

## 十、信息和数据统计分析工作稳步推动

2017年，青海省利用互联网、移动通信、GIS等技术，加快完善省级交通运输物流公共信息平台，通过线上线下结合的模式，逐步实现了公路运输资源可视化、运输链条订单化、订单信息闭环化等运输管理服务功能。开展物流数据统计分析工作，形成《2016年青海省现代物流业行业发展情况分析报告》。1—12月青海省物流景气指数均值为53.3%，全省物流业发展稳中有进。

## 十一、快递业服务水平明显提升

2017年，青海省组织开展了规范提升物流行业服务水平专项行动，各市（州）经信、交通、邮政部门制订细化方案，明确工作目标，强化舆论宣传，着力解决全省物流企业经营不规范、价格不透明、服务质量和水平不高等突出问题。截至2017年年底，全省新增快递网点60个，总数达445个；涌现出雷剑玉树物流公司、青海顺丰速运有限公司、唐古拉鸿雁天路等精品快递企业及服务线路。2017年青海省完成快递业务量1449.71万件，同比增长34.41%；完成业务收入3.88亿元，同比增长29.27%。“12305”专用电话、邮政业消费者申诉网站等受理申诉事项2961件，同比上升92.1%。在快递业务量和申诉量均有大幅上升的情况下，消费者对快递企业申诉处理的满意

度为97%，同比上升0.6个百分点；消费者对申诉处理中心调解工作的满意度为100%，同比上升1.9个百分点。基本实现了行业服务水平明显提升、诚信经营环境明显好转、消费投诉纠纷明显下降的行动目标，取得了网点建设规范、运价透明、品牌意识提高、群众满意度提升的扎实成效。

（青海省经济和信息化委员会　青海省政府国有资产监督管理委员会　青海省招商局）

# 2017 年宁夏回族自治区物流运行情况

2017 年，面对错综复杂的国内外经济形势和经济下行的压力，宁夏回族自治区党委、人民政府带领各族人民砥砺奋进，深入贯彻党中央、国务院各项重大决策部署和自治区第十二次党代会精神，坚持稳中求进工作总基调，坚持新发展理念，以推进供给侧结构性改革为主线，适度扩大总需求，经济社会保持平稳健康发展。同时，物流业继续保持提质增效、需求结构向好的态势。

## 一、社会物流需求增长较快

2017 年，宁夏回族自治区社会物流总额完成 6071.80 亿元，同比增长 23.7%，增速比上年同期回升 17.2 个百分点，从各季度来看，增速比第一季度回落 0.1 个百分点，比第二、第三季度分别回升 1.1 个和 1.8 个百分点。全区物流总额增长较快的原因有三点：一是上年同期基数低，处于低谷；二是受工业和批发业增速影响，拉动增长；三是受价格高因素影响，拉动增长。物流运行总体呈现稳中趋升的发展态势。2016—2017 年宁夏回族自治区社会物流总额及增长速度如图 1 所示，2017 年宁夏回族自治区社会物流总额构成如图 2 所示。

从 2017 年宁夏回族自治区社会物流总额的构成来看，有以下特点。

一是工业品物流保持较快增长。2017 年，全区工业品物流总额完成 4114.1 亿元，同比增长 22.4%，增幅比上年同期回升 15.7 个百分点，比第一、第二季度分别回落 1.4 个和 0.2 个百分点，比第三季度回升 0.5 个百分点。据统计部门数据显示，在工业物流需求结构中，各行业运行持续向好。首先，十大产业“九增一降”。即化工行业增加值同比增长 13.6%、电力行业同比增长 12.2%、冶金行业同比增长 9.7%、医药行业同比增长 9.0%、其他行业同比增长 8.0%、机械行业同比增长 7.3%、有色行业同比增长 6.7%、煤炭行业同比增长 2.8%、轻纺行业同比增长 0.4%，唯有建材行业同比下降 0.1%。其次，主要产品产量增多降少。增长较快的产品有：滚动轴承同比增长 116.2%，单晶硅同比增长 69.6%，钢材同比增长 65.2%，金属切削机床同比增长 35.5%，化学药品原药同比增长 34.9%，化学农药原药同比增长 25.0%，精甲醇同比增长 19.4%，发电量同比增长 18.0%，水泥同比增长11.8%，葡萄酒同比增长9.7%，碳化钙同比增长9.7%，合成氨同比增长9.6%，原铝同比增长9.4%，原煤同比增长8.1%，初级形态塑料同比增长8.0%，橡胶轮胎外胎同比增长7.4%。最后，工业品生产价格由降转升。全区工业品出厂价格（PPI）同比上涨12.1%，涨幅比全国高5.8个百分点；购进价格同比上涨12.9%，涨幅比全国高4.8个百分点。工业品物流占全社会物流总额的67.8%，比上年降低3.8个百分点，拉动社会总物流增长15.3个百分点。

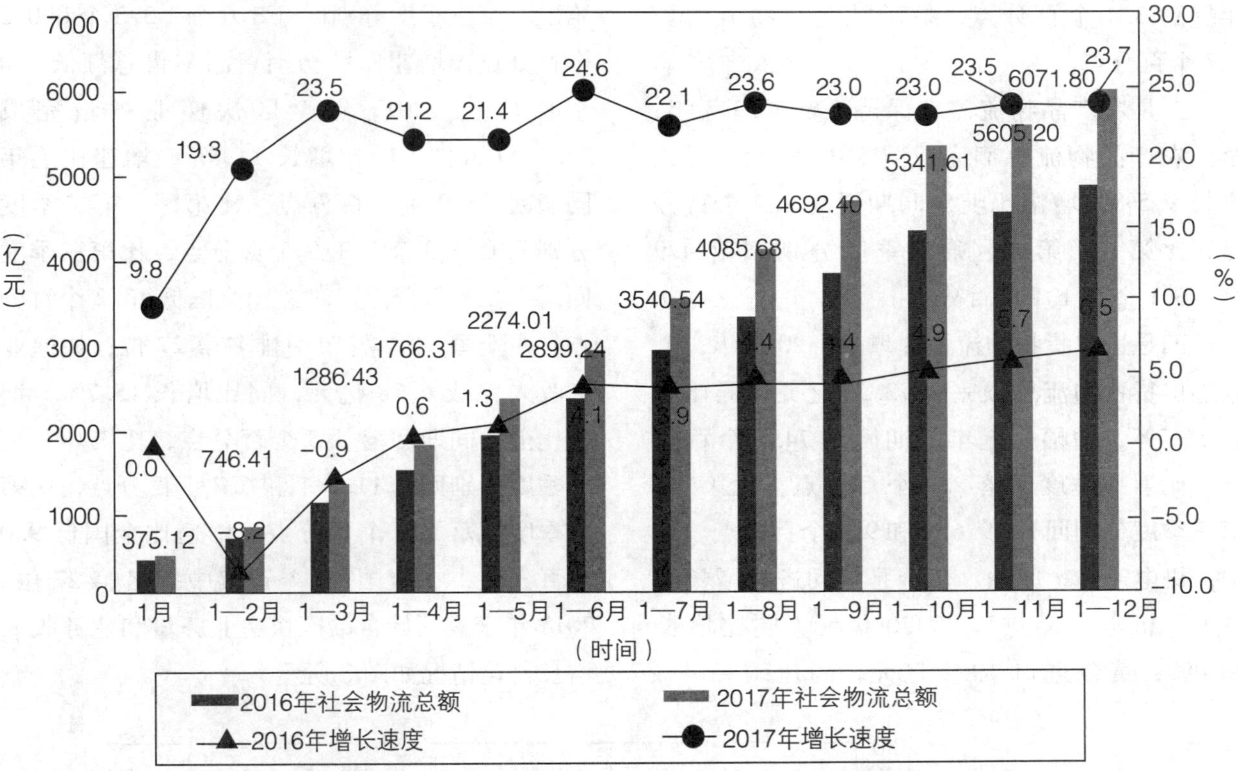


图1　2016—2017年宁夏回族自治区社会物流总额及增长速度

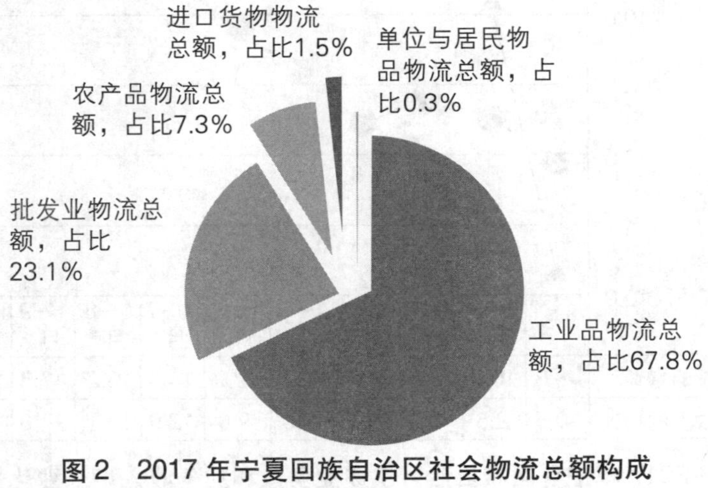


图2　2017年宁夏回族自治区社会物流总额构成

二是批发业物流平稳较快增长。2017 年，全区批发业物流总额完成 1402.6 亿元，同比增长 30.4%，增幅比上年同期回升 22.5 个百分点，比第一、第三季度分别回升 8.5 个和 1.9 个百分点，比第二季度回落 1.3 个百分点。批发业物流占全社会物流总额的 23.1%，比上年提高 3.4 个百分点，拉动社会总物流增长 6.7 个百分点。

三是农产品物流需求保持稳定。2017 年，全区农产品物流总额完成 445.21 亿元，同比增长 9.5%，增幅比上年同期提高 8.9 个百分点，比第一、第二、第三季度分别回落 4.9 个、6.1 个和 1.1 个百分点。

四是进口货物物流快速增长。2017 年，全区进口货物物流总额完成 93.59 亿元，同比增长 86.7%，增幅比上年同期回升 74.3 个百分点，比第一季度回落 2.9 个百分点，比第二、第三季度分别回升 29.6 个和 9.4 个百分点。其中，机电产品、原油、黄金是拉动进口增长的主力。机电产品进口 17.70 亿元，同比增长 90.4%；黄金进口 19.4 亿元，同比增长 4.8 倍；原油进口 15.9 亿元，同比增长 54.6%，这三种商品占全区进口货物量的 56.6%。

五是单位与居民物品物流总额稳中有升。2017 年，全区与民生相关的单位与居民物品物流总额完成 16.30 亿元，同比增长 7.5%，增幅比上年同期回落 4.91 个百分点，比第一、第二、第三季度分别回升 3.6 个、3.3 个和 0.2 个百分点。增速比社会消费品零售总额低 2.0 个百分点。2017 年全区快递业务量完成 3721.47 万件，同比增长 14.8%，增速比上年同期回落 30.4 个百分点，比第一、第二季度分别回升 0.9 个和 1.9 个百分点，比第三季度回落 2.8 个百分点。增速比全国低 13.2 个百分点，在全国 31 个省市中排名第 27 位；快递业务收入完成 6.78 亿元，同比增长 15.7%，增速比上年同期回落 5.5 个百分点，比第一、第二季度分别回升 11.5 个和 6.7 个百分点，比第三季度回落 1.3 个百分点。增速比全国低 9.0 个百分点，在全国 31 个省市中排名第 27 位。2017 年宁夏回族自治区快递业务量和业务收入增长变化情况如图 3 所示。

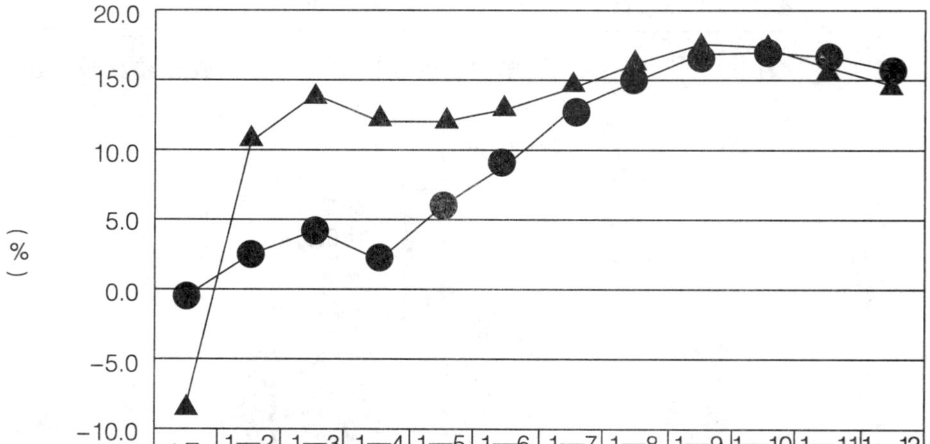


| | 1月 | 1—2月 | 1—3月 | 1—4月 | 1—5月 | 1—6月 | 1—7月 | 1—8月 | 1—9月 | 1—10月 | 1—11月 | 1—12月 |
|---|---|---|---|---|---|---|---|---|---|---|---|---|
| 快递业务量的增速 | −8.3 | 10.6 | 13.9 | 12.0 | 12.0 | 12.9 | 14.4 | 16.2 | 17.6 | 17.4 | 15.9 | 14.8 |
| 快递业务收入的增速 | −0.5 | 2.5 | 4.2 | 2.1 | 6.0 | 9.0 | 12.9 | 15.1 | 17.0 | 17.1 | 16.7 | 15.7 |

**图 3　2017 年宁夏回族自治区快递业务量和业务收入增长变化情况**

## 二、社会物流总费用稳中趋降

2017 年，随着供给侧结构性改革持续推进，宁夏回族自治区“三去一降一补”成效逐渐显现，全区实现社会物流总费用 651 亿元，同比下降 0.5%，增幅比上年同期提高 3.0 个百分点，比第一、第二、第三季度分别回落 6.8 个、6.5 个和 10.1 个百分点。社会物流总费用与 GDP 的比率为 18.8%，比上年同期下降 2.0 个百分点，比第一、第二、第三季度分别下降 1.4 个、1.4 个和 0.4 个百分点。

从结构看，运输费用增速同比下降 1.0%，增幅比上年同期降低 2.0 个百分点，比第一、第二、第三季度分别降低 8.0 个、7.6 个和 11.4 个百分点，占总费用的 79.0%；保管费用增速同比增长 1.1%，增幅比上年同期提高 21.3 个百分点，比第一、第二、第三季度分别降低 1.5 个、1.3 个和 5.8 个百分点，占总费用的 14.7%；管理费用增速同比增长 2.5%，增幅比上年同期提高 13.6 个百分点，比第一、第二、第三季度分别降低 5.2 个、4.5 个和 5.8 个百分点，占总费用的 6.3%。

## 三、物流业增加值增速平稳

2017 年，宁夏回族自治区实现物流业增加值 360.23 亿元，按可比价格计算，同比增长 3.1%，增速比上年同期回升 0.4 个百分点，比第一、第二、第三季度分别回落 2.5 个、1.8 个和 0.9 个百分点，比全区 GDP 增速低 4.7 个百分点，占全区 GDP 的 10.4%，比上年降低 0.7 个百分点。其中：交通运输业、仓储、邮政业实现增加值 199.31 亿元，同比下降 0.9%，增速比上年同期回落 2.2 个百分点；批发零售业实现增加值 160.92 亿元，同比增长 8.7%，增速比上年同期上升 4.0 个百分点，如图 4 所示。

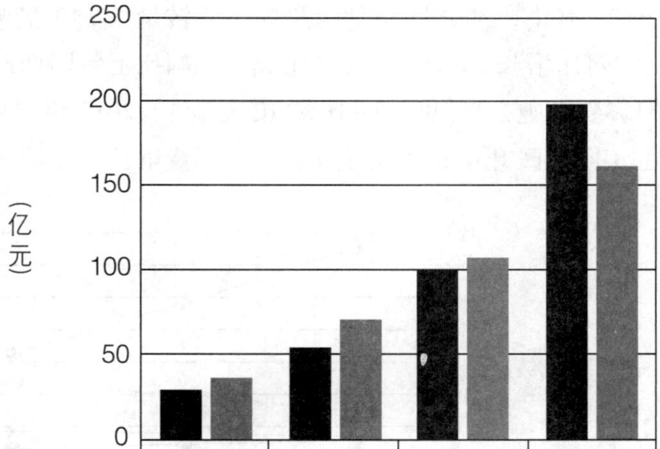


| | 1—3月 | 1—6月 | 1—9月 | 1—12月 |
|---|---|---|---|---|
| ■交通运输业、仓储业、邮政业 | 29.64 | 53.25 | 100.44 | 199.31 |
| ■批发零售业 | 36.44 | 70.14 | 106.83 | 160.92 |

图 4　2017 年宁夏回族自治区物流业增加值增长情况

## 四、货运和货运周转量增速继续走低

2017 年，宁夏回族自治区累计完成货运量 39290.26 万吨，同比下降 11.5%，增速比上年同期回落 12.9 个百分点，比第一、第二、第三季度分别回落 16.4 个、12.6 个和 8.7 个百分点；累计完成货运周转量 809.20 亿吨·公里，同比下降 7.2%，增速比上年同期回落 7.5 个百分点，比第一、第二、第三季度分别回落 13.5 个、6.7 个和 4.5 个百分点。

从货运量及货运周转量构成情况看，有以下特点。

一是铁路货运及货运周转量平稳增长。2017 年，全区铁路货运量完成 6529.11 万吨，同比增长 11.8%，增速比上年同期回升 8.1 个百分点，比第一、第二、第三季度分别回落 43.6 个、26.5 个和 10.9 个百分点；铁路货运量占全区货运总量的 16.6%，拉动全区货运量增长 1.6 个百分点。其中，地方铁路货运量完成 3785.11 万吨，同比增长 31.3%。铁路完成货运周转量 251.34 亿吨·公里，同比增长 4.6%，增速比上年同期回升 4.3 个百分点。

二是公路货运及货运周转量继续回落。2017 年，全区公路完成货运量 31659.00 万吨，同比下降 15.4%，增速比上年同期回落 16.6 个百分点，比第一、第二、第三季度分别回落 12.3 个、10.4 个和 8.8 个百分点；公路完成货运周转量 500.18 亿吨·公里，同比下降 13.4%，增速比上年同期回落 14.4 个百分点，比第一、第二、第三季度分别回落 14.6 个、7.1 个和 4.6 个百分点。

三是航空货运及周转量增长较快。2017 年，全区完成航空货运量 1.89 万吨，同比增长 26.5%，增幅比上年同期回升 9.3 个百分点，比第一、第二、第三季度分别回升 21.6 个、15.8 个和 13.4 个百分点。完成航空货运周转量 2857.37 万吨公里，同比增长 21.0%，增幅比上年同期回升 2.7 个百分点。

四是完成管道货运量 1100.26 万吨，同比下降 0.9%，增幅比上年同期回升 1.9 个百分点，比第一、第二、第三季度分别回升 2.8 个、0.8 个和 0.3 个百分点。管道完成货运周转量 57.40 亿吨·公里，同比增长 7.2%，增幅比上年同期回升 3.5 个百分点。

2017 年宁夏回族自治区四种运输方式货运量增长变化情况如图 5 所示。

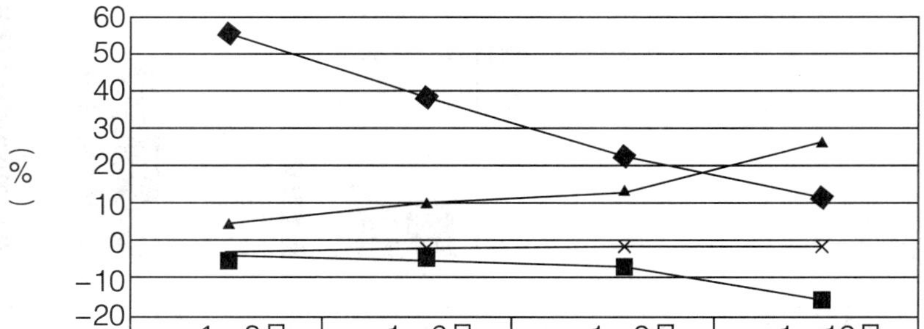


| | 1—3月 | 1—6月 | 1—9月 | 1—12月 |
|---|---|---|---|---|
| 铁路货运量增速 | 55.4 | 38.3 | 22.7 | 11.8 |
| 道路货运量增速 | −3.1 | −5 | −6.6 | −15.4 |
| 航空货运量增速 | 4.9 | 10.7 | 13.1 | 26.5 |
| 管道货运量增速 | −3.7 | −1.7 | −1.2 | −0.9 |

**图 5　2017 年宁夏回族自治区四种运输方式货运量增长变化情况**

## 五、物流业固定资产投资增速继续回落

2017年，宁夏回族自治区完成物流业固定资产投资457.12亿元，同比增长5.3%，增幅比上年同期回落41.8个百分点，比第一、第二、第三季度分别回落18.7个、25.1个和12.9个百分点，比同期全社会固定资产投资增幅高1.1个百分点。其中，交通运输业、仓储、邮政业投资额同比增长6.9%，增幅比上年同期回落40.6个百分点，比第一、第二、第三季度分别回落2.5个、17.9个和12.7个百分点；批发零售业投资额同比下降8.6%，增幅比上年同期回落52.1个百分点，比第一、第二、第三季度分别回落237.0个、109.5个和15.1个百分点。

## 六、重点物流企业效益继续向好

2017年，宁夏回族自治区物流业整体市场需求好于预期，物流企业总体收入水平增速良好，结构优化步伐不断加快，新业态、新商业模式推动物流创新服务收入增速加快，成为物流企业发展的亮点。2017年，全区重点调查的48户物流企业累计实现物流业务收入51.21亿元，同比增长24.4%，增幅比上年同期回升18.2个百分点，比第一、第二、第三季度分别回落91.8个、59.1个和200.8个百分点；物流业务成本47.48亿元，同比下降60.1%，增幅比上年同期下降67.2个百分点，比第一、第二、第三季度分别下降162.5个、133.4个和304.8个百分点；物流人员劳动报酬2.57亿元，同比增长20.2%；物流业务利润2.97亿元，同比增长157.2%。其中，盈利企业占重点调查企业的比重为68.9%。

## 七、重点企业物流运行质量不断提高

2017年，在宁夏回族自治区党委政府的坚强领导下，全区各地各部门深化供给侧结构性改革，坚定不移地推动创新驱动战略，积极落实自治区“降本增效30条”减税降费政策，紧盯全年目标任务，大力推进经济结构调整转型升级和行业提质增效，经济运行质量不断提高。全区重点调查的90户企业2017年实现销售总额1298.01亿元，同比增长14.0%，增幅比上年同期回升1.4个百分点，比第一、第二、第三季度分别降低20.1个、26.5个和16.4个百分点；企业购进总额767.20亿元，同比增长31.1%，增幅比上年同期回升50.2个百分点，比第一、第二、第三季度分别回落2.3个、18.0个和16.9个百分点；物流成本86.33亿元，同比增长10.7%，增幅比上年同期提高16.1个百分点，比第一、第二、第三季度分别回落42.7个、9.9个和33.4个百分点。据自治区统计资料显示，2017年，全区规模以上工业企业每百元资产实现主营业务收入45.0元，同比增加4.0元；人均主营业务收入136.6万元，同比增加27.4万元。12月末，全区规模以上工业企业产成品存货周转天数为28.0天，同比减少6.3天。

## 八、物流业活动指数处于景气区间

2017年12月，宁夏回族自治区物流业景

气指数为 51. 0%。从市场需求看，业务总量指数均位于 54. 7% 较高景气区间；物流业新订单指数为 51. 9%，连续 6 个月位于景气区间；物流业服务价格指数为 53. 8%，物流业活动指数处于景气区间。

（宁夏现代物流协会 刘汉才 顾宁军）

# 2017年沈阳市物流业发展情况

近年来，沈阳市委市政府认真贯彻落实《国务院物流业发展中长期规划》等文件精神，高度重视物流业发展工作，以科学发展观为引领，以创建国家现代物流创新发展试点城市为契机，开拓创新，锐意进取，使全市物流业保持了平稳的发展态势。

## 一、大力推动物流业发展

2017年沈阳市物流主管部门在市委市政府的支持下，全力推进物流业发展。

一是推进现代物流创新试点城市建设。坚持创新、协调、绿色、开放、共享的发展理念，积极推动以物流业和制造业联动为主导的多业联动发展，打造具有沈阳特色的“龙头企业+第三方物流企业”联动发展的物流模式。完成《沈阳市现代物流创新试点城市实施方案》编制工作，同时对阶段性工作成果进行总结并形成了《沈阳市现代物流创新试点城市阶段性工作总结》上报省发改委，沈阳市现代物流创新试点城市工作经验被国家发改委网站刊载。

二是打造东北亚物流枢纽中心城市。以国家实施振兴东北老工业基地、国家中心城市建设为契机，以建设东北亚国际物流枢纽中心城市为目标，推动沈阳物流向东北亚区域拓展，向现代物流和供应链的方向创新发展，沈阳市发改委启动编制了《沈阳东北亚国际物流枢纽中心城市战略规划》，全面促进沈阳物流业转型升级，提升物流枢纽城市综合竞争力。

三是推进沈阳港项目建设。充分利用招商局集团与省政府合作这一契机，积极吸引招商局集团参与沈阳港建设，打造集公铁海航多种货运方式于一体的东北亚国际物流多式联运枢纽中心，编制《沈阳港建设实施方案》，协调中铁沈阳局集团、辽宁机场管理集团、辽交投集团等单位参与组建合资公司，启动编制《东北亚国际物流枢纽中心（沈阳港）产业研究及空间布局规划》。

四是推动沈阳中欧班列运行。为全力提升沈阳市外向型经济发展，推动与周边国家地区经贸合作，加快沈阳市国际物流通道建设，2017年9月9日，首班中欧班列（沈阳—二连浩特—杜伊斯堡双向班列）在沈阳东站始发，标志着沈阳市在推进“一带一路”建设方面搭建起了又一座新的桥梁。截至2017年年底，沈阳市共发行中欧班列 11 列，发送集装箱 482 标准箱，货值约 3983 万美元。

五是加快推动物流产业协调发展。按照沈阳市政府的总体要求，沈阳市物流主管部门深入开展调查研究，围绕物流产业发展的整体链条，依据沈阳市产业发展的实际，编写完成了《沈阳市现代物流千亿产业链计划》，提出了沈阳市物流业发展思路、发展重点与招商方向、物流发展集聚区培育思路和发展目标以及路线图等。

六是推进物流企业降本增效。为进一步推进物流业发展，着力降低企业运行成本特别是制度性成本，不断提升物流企业现代化、科技化、信息化技术应用水平，不断提高物流企业整体运行效率，沈阳市政府先后出台了《沈阳市人民政府办公厅关于加快发展冷链物流保障食品安全促进消费升级的意见》和《沈阳市人民政府办公厅关于进一步推进物流降本增效促进实体经济发展的意见》，为物流业降本增效提供了政策指引。

七是加强物流工作组织领导。为加强对沈阳市物流业发展的统一领导，改变条块分割、各自为政的局面，经沈阳市委市政府批准，沈阳市在年初组织成立了由 27 个成员单位构成的沈阳市现代物流业发展工作领导小组，领导小组办公室设在市发展改革委，负责统筹协调推进全市现代物流业发展各项工作。

## 二、物流业发展基本情况

（一）物流业规模稳步扩大。

2017 年，沈阳市交通、运输、仓储和邮政业增加值实现 310.5 亿元，比上年增长 6.3%，占地区生产总值的比重为 5.3%，比上年增速下降 0.1 个百分点；占第三产业增加值的比重为 9.3%。

全年交通运输、仓储和邮政业实现固定资产投资额 158.4 亿元，比上年增长 9.2%，占沈阳市固定资产投资额的比重为 10.7%。

快递服务企业业务量累计完成 25365.04 万件，比上年增长 31.50%；业务收入累计完成 27.96 亿元，比上年增长 16.18%。其中：同城业务量累计完成 9649.41 万件，比上年增长 24.28%；异地业务量累计完成 15559.27 万件，比上年增长 36.66%；国际及港澳台业务量累计完成 156.36 万件，比上年增长 12.07%。

（二）货运总量平稳增长。

2017 年，沈阳市铁路、公路、民航三大运输方式共完成货运总量 22889.8 万吨，比上年增长 3.0%，完成货运周转量 5425761.8 万吨公里，比上年增长 3.7%。公路运输完成货运量 22364 万吨，比上年增长 4%，完成货运周转量 3853117.0 万吨公里，比上年增长 4.0%；铁路运输完成货运量 518.79 万吨，比上年下降 7.2%，完成货运周转量 1559697.0 万吨公里，比上年增长 21.7%；民航运输完成货运量 6.32 万吨，比上年下降 6.3%，完成货运周转量 12947.8 万吨公里，比上年下降 4.5%。

（三）物流基础设施日趋完善。

公路方面。2017 年沈阳共有各级公路 2653 条，总里程 12842 公里（含省管高速）。公路网密度 0.998 公里/平方公里，在东北排名第一。沈阳经济区 1 小时交通圈基本形成。截至目前，沈阳市高速公路网已形成“一环、两弦、七放射”的环射状高速公路网格局，与沈阳经济区各个城市间均已实现高速连接，市域内实现县县通高速。

铁路方面。沈阳是全国铁路运输枢纽之一，京哈、沈大等 6 条铁路干线汇集沈阳，并拥有全国第二大、东北第一大铁路编组站以及

15 个货运站，是东北地区最大的铁路枢纽，目前日开行快运班列 22 列，主要开往滨江、牡丹江、新香坊、哈尔滨南、辽宁、吉林、内蒙古等地区。沈阳铁路局营业里程达 9469 公里，占全国铁路营业里程的 14.8%。已开通运行中欧班列（沈阳—满洲里—汉堡、沈阳—二连浩特—杜伊斯堡）班线两条，截至 2017 年年底，“沈满欧”班列 2017 年共计发运 114 列，发送集装箱 10350 标准箱，出口货物总值 49849 万美元；“沈连欧”共发行班列 11 列，发送集装箱 482 标准箱，货值约 3983 万美元。

航空方面。桃仙国际机场被国家列为全国区域性航空枢纽机场，是国家民用二类一级机场，也是国内八大区域性枢纽机场之一。目前，桃仙机场执行国内外航线共 172 条，其中，国内航线 136 条、国际及港澳台地区航线 36 条。桃仙国际机场在东北地区排名第一并连续十年增幅最大。沈阳桃仙国际机场已获批进境冰鲜水产品指定口岸、进境肉类指定口岸、进境食用水生动物指定口岸、进境水果指定口岸并建设完成进境肉类指定查验场。

物流设备设施方面。截至 2017 年年底，沈阳市围绕产业和交通枢纽逐步形成了 7 个物流集中发展区，15 个物流中心，26 个公路物流场站，86 个商贸物流配送中心和 47359 个配送网点。全市有载货车辆 17.3 万台，其中冷藏配送车辆 2581 台；仓储面积近 600 万平方米，冷链仓储面积 130 万平方米，冷库储藏能力 127 万吨，人均仓储面积与人均冷库面积均略高于全国平均水平。

（四）第三方物流企业不断发展壮大。

近年来，沈阳市有针对性地引进与培育关键性第三方物流企业，并围绕关键性第三方物流企业进行资源配置与系统整合，形成以“龙头企业+第三方物流企业”联动发展的物流模式，制定促进企业发展的配套政策，吸引国内外优质物流企业和信息化服务平台相继落户沈阳。目前，入驻沈阳市，各类物流企业（交通运输、仓储和邮政业的法人单位）已达 2784 余户，其中骨干物流企业 336 户、仓储骨干企业 43 户、国外物流企业 34 户，包括日本邮船、德国 TDS 等世界百强物流企业 8 户；中海、中远、中外运、顺丰等国内 50 强物流企业 17 户。

（五）专业化物流支撑体系建设加快。

沈阳市利用自身区位优势和集聚效应，重点引进与培育具有区域辐射力、带动力、控制力、竞争力的重点物流企业，东北地区物流一级分拨库均设置在沈阳境内。专业化物流体系建设取得显著成效。农产品、钢铁、冷链、医药等领域加速构建专业化、现代化物流体系。以冷链物流领域为例，海吉星、润恒等冷链物流企业已在沈建设逾 100 万平方米的专业化冷库设施。“电子商务+物流”“区域总部+物流”等新型商业模式不断涌现。京东商城、苏宁易购等知名电子商务企业相继落户沈阳市，加快建设区域物流中心；邮政 EMS、顺丰等快递企业，与电商平台开展合作，组建专业化、规模化配送点，提供全天候包裹收寄服务，提高物流“最后一公里”送达效率。沈飞、新松等已成为国内物流装备制造业领先企业。以沈飞的自动化仓库设备和新松机器人的 AGV 物流自动实验装置为代表的品牌产品已达到全国领先水平。国家公布的首批无车承运试点企业中，沈阳市共有辽宁诚通、跃达物流等 5 户企业成功申报，与各试点企业平台合作承运企业达 200 户以上，整合协议运输车辆达 5000 台。

（沈阳市发改委　汤筠伟　安琪）

# 2017 年南京市物流业发展情况

2017 年，南京市积极推动供给侧结构性改革，大力实施创新驱动战略，全市物流业坚持创新发展理念，物流业运行质量和效益稳步提升，成为支撑南京市经济稳定向好发展的重要力量。

## 一、物流业运行情况

（一）社会物流需求实现“V 形反转”。

2017 年，南京市社会物流总额为 32756.14 亿元，按可比价格计算，同比增长 12.5%，增幅比上年同期提升 7.5 个百分点，表明社会物流总规模呈现不断增长的态势，物流需求增速实现了“V 形反转”（见图 1）。从 2017 年南京市物流市场的情况看，表现出以下三大特点。

一是工业品物流市场发展明显好转。受仪器仪表、专用设备、电子设备及医药等新型制造业的产销量高速增长拉动，工业品物流需求保持较高增速。2017 年，南京市工业品物流总额为 17351.53 亿元，同比增长 9.8%，增幅比上年同期提升 8.5 个百分点，总量占社会物流总额的 53.0%。

二是进出口物流发展蹄疾步稳。2017 年，受国际市场回暖、大宗原材料需求量价齐升和国内供给侧结构性改革多重影响，大宗矿产、化工原料、机电等产品进口物流需求增速明显，南京市进口货物物流总额增长明显，达 1776.35 亿元，同比增长 29.7%，增幅比上年同期提升 24.9 个百分点，总量占社会物流总额的 5.4%，占比比上年同期提升 0.5 个百分点。外省市商品购进额为 13201.98 亿元，同比增长 14.0%，增幅比上年同期提升 3.5 个百分点，总量占社会物流总额的 40.3%，占比比上年同期提升 0.6 个百分点。

三是农产品物流发展稳中趋缓。农产品物流发展在市场需求中保持相对稳定的需求。2017 年，南京市农产品物流总额为 225.87 亿元，同比增长 4.3%，增幅比上年同期回落 4.3 个百分点，总量占社会物流总额的 0.7%，占比与上年同期持平。

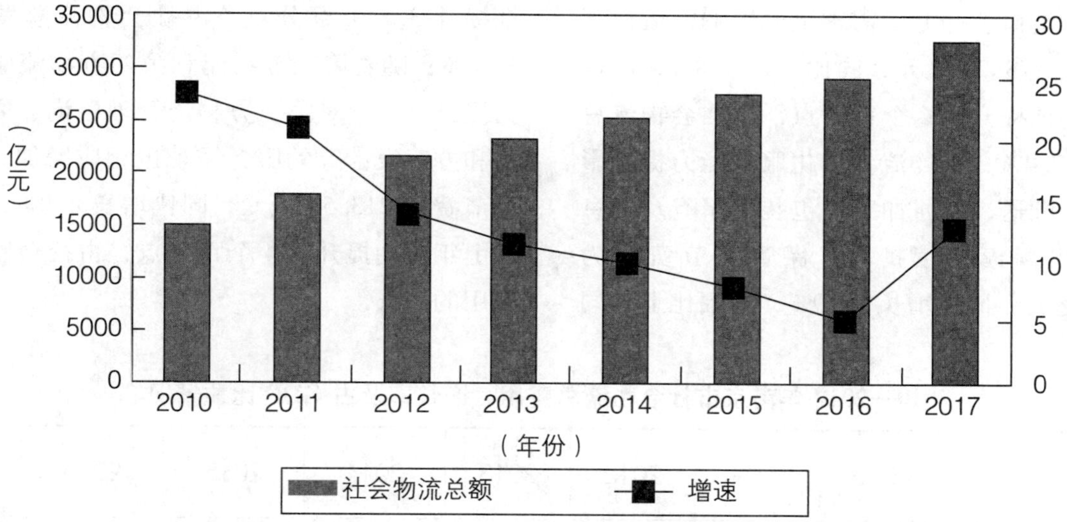


图 1　2010—2017 年南京市社会物流总额及增速变化走势

（二）物流增加值逐年上升。

2017 年，南京市物流业增加值为 758.74 亿元，总量保持逐年增加的趋势，按可比价格计算增长 7.9%，物流业增加值占南京市服务业增加值的比重为 10.9%，占南京市 GDP 的 6.5%。2010—2017 年南京市物流业增加值走势如图 2 所示。

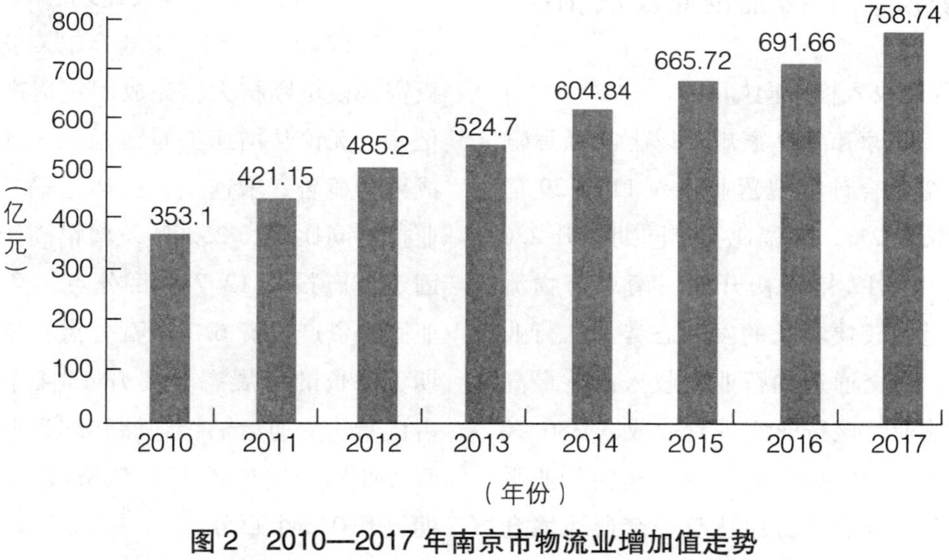


图 2　2010—2017 年南京市物流业增加值走势

（三）物流成本进一步降低。

2017 年，南京市社会物流总费用为 1632.61 亿元，同比增长 10.1%，增幅低于南京市社会物流总额 2.4 个百分点。社会物流总费用占 GDP 的比重为 13.9%，比上年下降 0.2 个百分点（见下表），表明南京市物流成本进一步降低，效率和效益不断提升。

在物流总费用的构成中：受公路运输、水

上运输和港口装卸搬运需求上升影响，运输环节费用为773.20亿元，同比增长9.8%，增幅比上年同期提升9.6个百分点，占社会物流总费用的47.4%；受物流一体化服务能力提升影响，城乡配送、流通加工、包装、保险及信息服务支出规模持续扩大，保管环节费用为645.88亿元，同比增长10.9%，增幅比上年同期提升3.7个百分点，占社会物流总费用的39.6%；随着第三方物流和第四方物流服务能力提升，社会对第三方物流管理咨询、委外管理和方案设计等的服务需求也相应增加，管理环节费用213.53亿元，同比增长8.8%，增幅比上年同期提升3.4个百分点，占社会物流总费用的13%。

**2010—2017年南京市社会物流总费用、增长率及占GDP比重情况**

| 年份 | 2010 | 2011 | 2012 | 2013 | 2014 | 2015 | 2016 | 2017 |
|---|---|---|---|---|---|---|---|---|
| 社会物流总费用（亿元） | 788.43 | 965.09 | 1126.2 | 1219.8 | 1331.88 | 1433.03 | 1483.94 | 1632.61 |
| 增长率（%） | 16.9 | 19.47 | 13.2 | 10.2 | 9.2 | 7.6 | 3.6 | 10.1 |
| 占GDP比重（%） | 15.7 | 15.7 | 15.6 | 15.2 | 15.1 | 14.7 | 14.1 | 13.9 |

## 二、规模以上物流企业发展情况

（一）营业收入稳中向好。

2017年，南京市439家规模以上交通运输仓储邮政业企业合计实现营业收入1137.29亿元，同比增长9.2%，增幅比上年同期提升2.6个百分点。自2017年年初开始，南京市物流业营收增速呈现较快增长的发展态势。从行业内部构成看，在交通运输行业中收入占比最高的是道路运输业，该行业实现营业收入380.70亿元，同比增长10.6%，高于交通运输行业平均增速1.4个百分点，占比达整个交通运输仓储邮政业的1/3，道路运输业继续拉动并支撑着交通运输行业的发展。仓储业收入增速达到28.0%，发展迅猛，增速在整个交通运输仓储邮政业处于遥遥领先的地位。邮政业收入同比增长21.9%，保持较快增长，增幅位居整个交通运输仓储邮政业第二位。

（二）投资规模成效显现。

2017年，南京市交通运输、仓储和邮政业投资规模不断扩大，完成固定资产投资432.30亿元，无论从增速上看还是从占比上看，发展成果均显著。增速上，交通运输、仓储和邮政业投资同比增长25.0%，增幅高于同期全社会固定资产投资12.7个百分点，高于同期服务业固定资产投资6.3个百分点，增幅比上年同期负增长的发展态势提升43.4个百分点；从占比看，交通运输、仓储和邮政业投资规模占服务业固定资产投资的9.8%，比重比上年同期提升0.5个百分点。

（三）税费收入风生水起。

2017年，南京市交通运输业实现税收25.19亿元，同比增长21%，增幅保持着20%以上的发展速度，高于上年同期19.3个百分点，高于服务业各项税费收入13个百分点，高于整个税收收入13.8个百分点，发展势头良好。交通运输业税收占服务业的比重达2.0%，比上年同期提升0.2个百分点。

## 三、物流业运行的特点

（一）货运稳健上行，形成有效支撑。

2017年，南京市贯彻着力补齐航道等交通基础设施短板，大力推进航空业发展，加强港口业整合力度，加快构建现代综合交通运输体系，在交通基础设施建设、运输产业发展和运输服务提升等方面都取得了新进展。

一是货运周转量大幅提升。2017年，南京市完成货物运输总量35462.05万吨，同比增长12.4%，增幅不断提升，比上年提升6.9个百分点；完成货运周转量3331.53亿吨·公里，同比增长34.1%，增幅比上年提升49.6个百分点。

二是多种运输方式协同性有所增强。其中受轻质、高货值货运需求成倍增长和“一带一路”沿线经贸往来密切带来的新增需求影响，铁路运输需求平稳增长，铁路实现货运量1393.15万吨，同比增长7.2%；实现货运周转量71.08亿吨·公里，同比增长3.2%。公路货运中质轻价高的货物运输需求激增，多式联运需求明显增加，干线运输平台撮合优势快速释放，公路实现货运量14974万吨，同比增长12.2%；实现货运周转量219.79亿吨·公里，同比增长14.7%。水运在大宗物资运输中的比较优势进一步增强，内河集装箱运输加快发展，全年实现水路货运量14840万吨，同比增长7.4%；实现水路货运周转量3001.82亿吨·公里，同比增长37.4%。空中“一带一路”取得较快发展，航空货运量8.19万吨，同比增长7.6%；实现货运周转量1.17亿吨·公里，同比增长7.0%。管道运输保持着不断攀升的势头，管道实现货运量4246.71万吨，同比增长36.9%；实现货运周转量37.67亿吨·公里，同比增长3.6%。五种运输方式全部呈现正增长的发展态势。

（二）公路货运强势发力，运输量持续升温。

2017年以来，南京市道路货运业以及现代物流业不断发展，国际、国内大型的物流企业转变发展方向，加大运力结构调整力度，建立了以信息化为支撑的物流配送体系，不断加强基础设施建设，积极开展物流配送业务，努力探索新的发展方向。2016—2017年，南京市公路货运指标回暖态势明显，南京市完成公路货物运输量1.50亿吨，同比增长12.2%，增幅始终处于一路走高的发展态势，增幅比上年同期提升8.5个百分点（见图3）；完成货运周转量219.79亿吨·公里，同比增长14.7%，增幅比上年同期提升13.0个百分点。

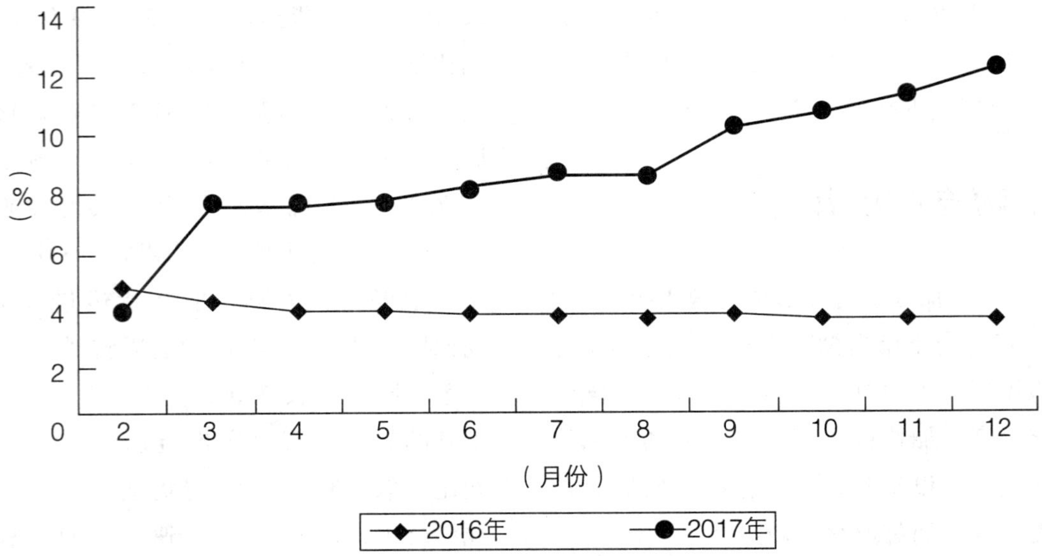


图 3　2016—2017 年南京市公路货运量增幅走势

（三）水路运输有效发展，货运周转量逆势上扬。

2017 年以来，南京市不断加强水路运输基础设施建设，水路运输在竞争中不断寻求突破，谋求发展，水路运输成效凸显。1—12 月，南京市水运运输完成货运量 14840 万亿吨，同比增长 7.4%，增幅比上年同期提升 3.7 个百分点（见图 4）；完成货运周转量 3001.82 亿吨·公里，同比增长 37.4%，增幅比上年同期提升 54.8 个百分点。

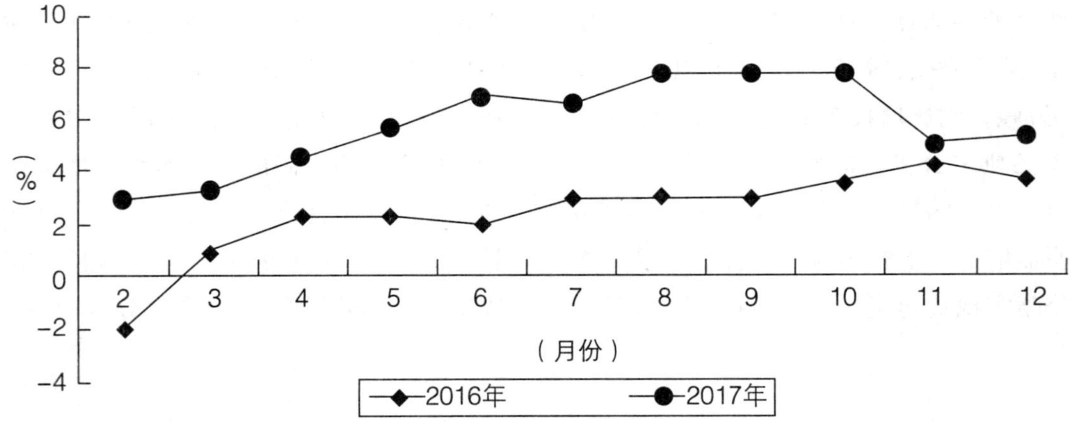


图 4　2016—2017 年南京市水路货运量增幅走势

（四）空港枢纽持续升温，货邮吞吐量不断发力。

2017 年，南京市航空货运市场持续升温，民航完成货邮运输量 8.19 万吨，同比增长 7.6%；完成货邮周转量 1.17 亿吨·公里，同比增长 7.0%；完成货邮吞吐量 37.42 万吨，同比增长 9.7%，增幅比上年同期提升 5.0 个百分点（见图 5）。2017 年全年，南京航空发展势头喜人，禄口机场新开通了南京至米兰、吉隆坡、札幌、冲绳、暹粒、芽庄等国际航线，南京至普吉、曼谷航线增幅均超过100%。

2017年9月，南京空港大通关项目正式开工，该项目是国内第一家由地方政府投资平台、大型国有机场集团企业及市场化投资机构三方组建的空港经济运营平台，通过强强联合，实现“港、产、城”一体化发展。该举措旨在打造航空货运“一站式”通关运营体系，以高效、便捷、安全的航空货运服务为核心驱动引擎，带动以机场为核心的综合交通枢纽以及航空产业功能与生态体系的完善。

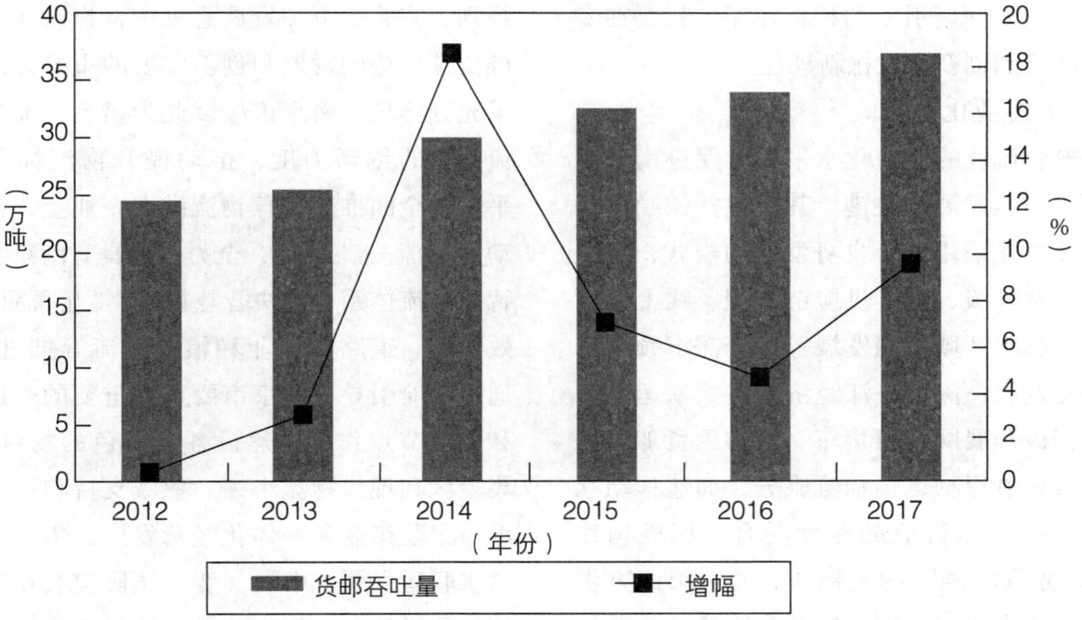


图5 2012—2017年南京市航空货邮吞吐量发展情况

（五）南京港向江海型主枢纽港迈进。

南京港是亚洲较大的内河港口之一，具有独特的区位优势，以原材料、能源等大宗散货和集装箱运输为主，大力发展临港工业和物流业，向现代化、多功能的江海型主枢纽港发展。2017年以来，随着南京港机重工制造基地码头等一批新建及改造项目竣工投产，南京港延续良好的发展态势，全年港口完成货物吞吐量2.42亿吨，同比增长6.4%，增幅比上年提升3.9个百分点。

从货种情况看，南京港货运量排在前七位的货物分别是煤炭及制品、金属矿石、油气制品、集装箱、矿建材料、化工原料及制品和钢铁。受国内基建项目投资热带来的钢材消费增长和制造业回温影响，以及国家供给侧结构性改革力度加大，加速淘汰落后产能的影响，南钢、梅钢等大型钢企产量全面超计划，金属矿石及钢铁进出量持续增加，发展势头良好。

从集装箱发展看，2017年南京港新开通了南京—宿迁、皖江航线，加密了南京—日本、营口航线班次，恢复了“南京—厦门”航线周班运行，全年集装箱货运量保持平稳增长，集装箱定班航线数达每周150余班，大力拓展了集装箱铁水联运，实现了中亚中欧国际班列月均6~8列稳定运行。2017年全年，南京港口完成集装箱吞吐量317万标准箱，同比增长 2.7%。

## 四、南京物流业进一步发展的三个要点

面对经济发展新常态下的转型压力，物流行业要在挖掘新的经济增长点、推动经济运行动能转换中发挥新引擎的积极作用，就要在专业化、政策和创新上发掘新动能。

（一）专业化发展。

提升物流业的专业化水平，是促进南京市物流业进一步发展的关键。其中包括鼓励部分优势物流企业采用适合自身发展的模式，在服务居民消费升级、生产供应链管理、线上线下互动发展和跨区域协同发展等细分需求领域实现差异化发展；深化长江经济带多式联运平台业务，积极开展网约租货车、网约租货船、无运输工具从事货物运输物流服务，加速移动互联网与道路运输行业的深度融合；积极构建“智能商务供应链”物流模式，通过第四方供应链平台的搭建，提供包括综合物流、采购执行、分销执行、区域代理、国内贸易、国际贸易及信息系统支持等诸多环节在内的一体化供应链管理服务；鼓励通过实名认证、保证金制度、会员信用评级等多手段保证交易安全，通过 ISO 体系认证提升自身管理水平，通过提高平台保护等级、完善平台客户端种类提升服务质量，货运量和运单量继续高速增长。通过多种措施提升专业化物流服务水平，实现降低物流成本、提高盈利能力的双赢。

（二）综合政策措施。

南京市物流业发展起步晚，近几年，南京市物流业取得的成绩离不开各级政府的政策推动。要使南京市物流业实现跨越式发展，还需要不断加大政策指引力度，出台紧扣南京实际的推动政策。比如，在降低企业成本上必须出重拳，在税收政策方面必须下功夫，在诚信体系建设方面必须花大力气，在绿色物流方面必须高度重视全力支持。

（三）创新发展。

2017 年，江苏省“1+3”重点功能区战略从点题到破题，速度不断加快，在相关的布局规划、实施政策和发展意见中，物流业作为基础支撑、协同发展和创新发展的重要方式得到了充分体现。南京市应以此为借鉴，加大对物流行业的创新力度，推动提升物流标准化水平。在全面推广智慧物流试点企业上，积极推动“物流+互联网”，全力打造具有南京特色的智慧物流体系，加快智慧物流、“互联网+”高效物流、道路货运业和粮食物流等推进工作。通过政府引导，南京市要发挥重要的交通枢纽和物流节点作用，建设各具特色的物流基地、集聚区和现代物流小镇。积极支持和推进沿江港口集装箱业务一体化经营发展、集装箱业务铁水联运发展、中欧（亚）国际集装箱铁路班列扩量增效和内河集装箱运输加快发展。积极促进物流与相关行业融合发展，通过物流业与现代农业融合，加快建设农产品冷链物流设施；鼓励物流企业面向制造业转型升级，拓宽综合服务能力；推动交通物流的融合，加强综合交通枢纽和物流枢纽布局的衔接，建设一批重点交通物流枢纽工程；推动商贸业与物流业融合发展，积极推动商贸流通创新转型发展，加强大数据、云计算等技术应用，探索“商贸+互联网+物流”融合创新模式。通过多种措施并举，促进物流业创新发展，进一步激发物流企业内生动力，提升整体实力。

（南京市统计局　顾国祥　查莉华　江滢）

# 2017 年扬州市物流业发展情况

2017 年，扬州市物流需求平稳增长，总体运行态势良好，为扬州市社会经济较快发展提供了重要保障。

## 一、社会物流总额

2017 年，扬州市社会物流总额达到 14404.16 亿元，同比增长 9.39%。其中：工业品物流总额达到 10784.42 亿元，同比增长 7.14%，占社会物流总额的 74.87%；进口货物物流总额达到 181.58 亿元，同比增长 10.64%，占社会物流总额的 1.26%；农产品物流总额达到 272.30 亿元，同比增长 3.59%，占社会物流总额的 1.89%；外省市商品购进额达到 2587.90 亿元，同比增长 18.61%，占社会物流总额的 17.97%；其他物流总额达到 577.96 亿元，同比增长 17.26%，占社会物流总额的 4.01%。

## 二、社会物流总费用

2017 年，扬州市社会物流总费用达到 748.81 亿元，同比增长 13.30%，社会物流总费用与 GDP 的比率为 14.78%。其中：运输费用 432.87 亿元，同比增长 15.73%；保管费用 238.88 亿元，同比增长 9.42%；管理费用 77.06 亿元，同比增长 12.33%。

## 三、物流业增加值

2017 年，扬州市物流业增加值为 329.89 亿元，按可比价计算，同比增长 11.76%。

（扬州市经济和信息化委员会　扬州市统计局）

# 2017 年宁波市物流业发展情况

2017 年，宁波市在国内经济下行压力加大、内外需求总体疲软等因素影响下，物流业景气指数均值为 53.3%，处在景气区间。从物流业景气指数的变化走势看，全年全市社会物流需求增速有所回落，物流服务价格有所改善，企业成本压力不断加大，经营效益整体偏弱，物流行业整体运行呈现“稳中有升”的发展态势。

## 一、物流总体态势稳中有升

2017 年宁波市物流业景气指数综合指标与浙江省水平趋同（见图 1）。从变化趋势看，下半年的物流指数振幅减小，表明全市的物流业发展呈现稳中有升的态势。

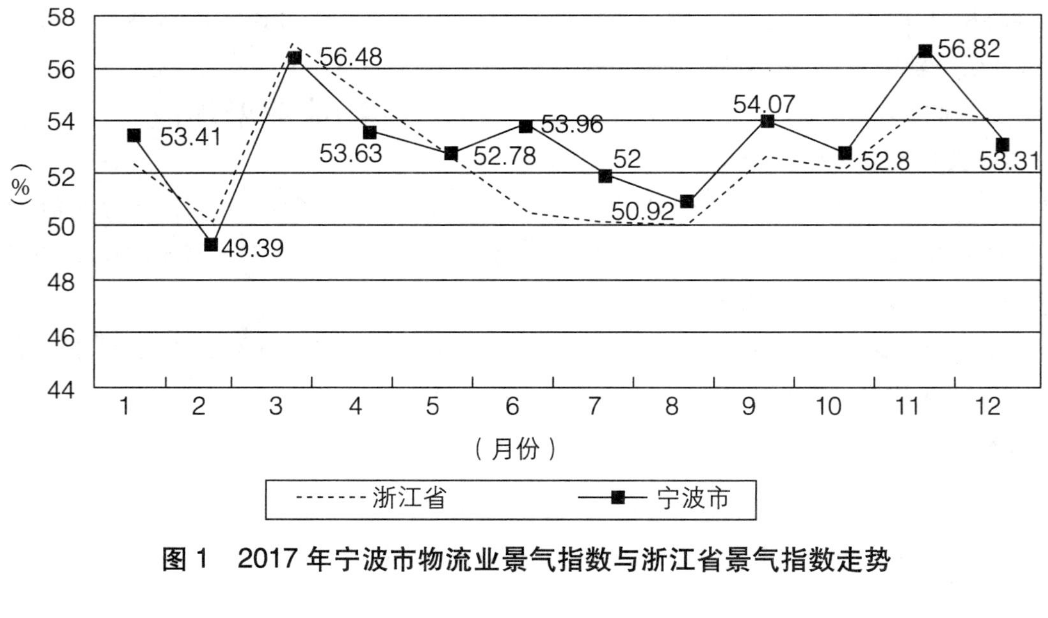


**图 1　2017 年宁波市物流业景气指数与浙江省景气指数走势**

2017年1—12月，宁波市各月物流业景气指数（LPI）平均值为53.3%，显示全市物流市场持续处于景气区间。从发展趋势看，全市四个季度变化大体上呈现稳中有升的态势，其中，第四季度平均值为54.31%，为全年最高，分别高于第一季度平均值53.09%、第二季度平均值53.46%和第三季度平均值52.33%的水平，如图2所示。

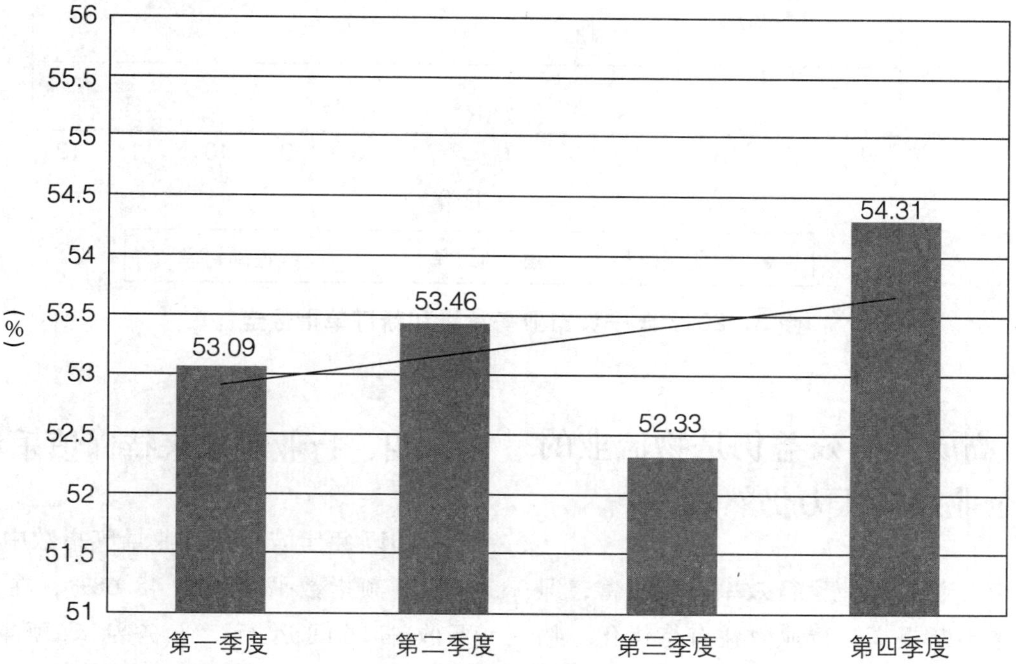


图2　2017年各季度宁波市物流业景气指数变化情况

## 二、物流业务活动稳步发展

2017年宁波市物流业景气指数中新订单量和业务总量指标双双显示，全市物流业务活动稳步发展。1—12月业务总量指数平均值为56.91%，总体表现较为活跃。1月业务总量指数为62.5%，3月业务总量指数达到年度最高，为63.64%。1—12月，新订单指数与业务总量指数发展趋势类似，但全年走势总体稍弱，年度平均值为53.12%，全年除2月位于荣枯线以下区间运行，其他月份均处于荣枯线以上区间运行（见图3），表明2017年宁波市物流业务活动整体保持平稳发展的运行态势。

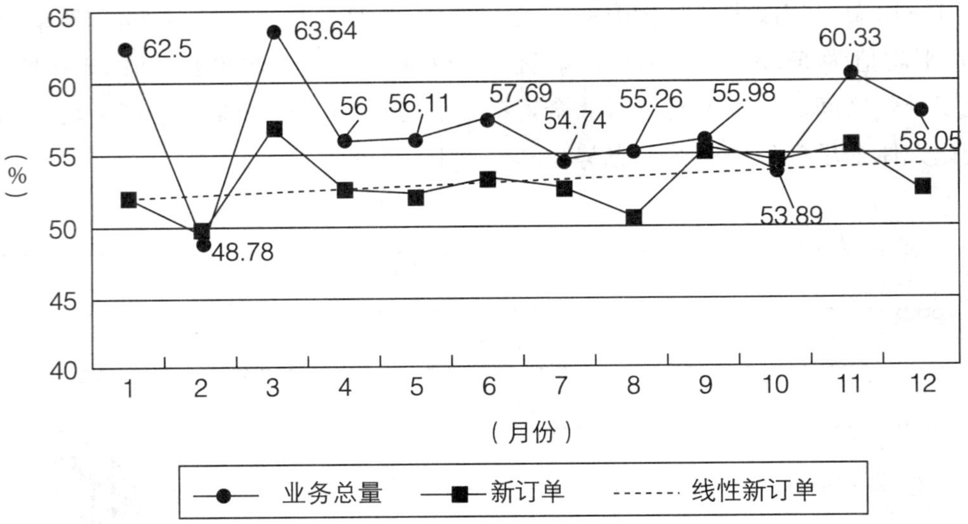


**图3 2017年宁波市业务总量和新订单指数走势**

## 三、高成本低效益仍是物流业的常态，企业经营压力仍然较大

2017年宁波市物流运行效率有所改善，但物流业成本不断提高，行业效益有待优化。物流成本居高不下，远远高于50%以上的扩张区间，全年物流成本指数平均值为57.99%，位于荣枯线以上区间高位运行，物流服务价格指数平均值仅为50.58%，物流服务利润指数为50.34%，二者均在荣枯线附近徘徊，如图4所示。数据表明企业之间的价格竞争仍然激烈，不少企业低效低质的服务惯性以及恶性的价格竞争仍然存在，导致价格走高仍有诸多不确定性因素，物流业“高成本、低效益”的状况仍然持续存在。

## 四、行业对未来持谨慎乐观态度

2017年宁波市物流业景气指数中，固定资产投资额指数平均值为48.68%，在荣枯线以下收缩区间运行；业务活动预期指数为55.07%，在荣枯线以上扩张区间高位运行，如图5所示。1—12月，宁波市全年固定资产投资额指数大部分低于50%以下的收缩区间，在荣枯线以下区间运行，走势较弱，表明企业布局行业的态度较为谨慎。但业务活动预期指数全年处于高位运行状态，全年仅1月由于季节性影响位于荣枯线以下区间运行之外，其他月份均在高位或较高位运行，表明随着促物流发展政策的出台和一系列稳增长政策效应的逐步发挥，行业企业对未来的发展保持乐观。

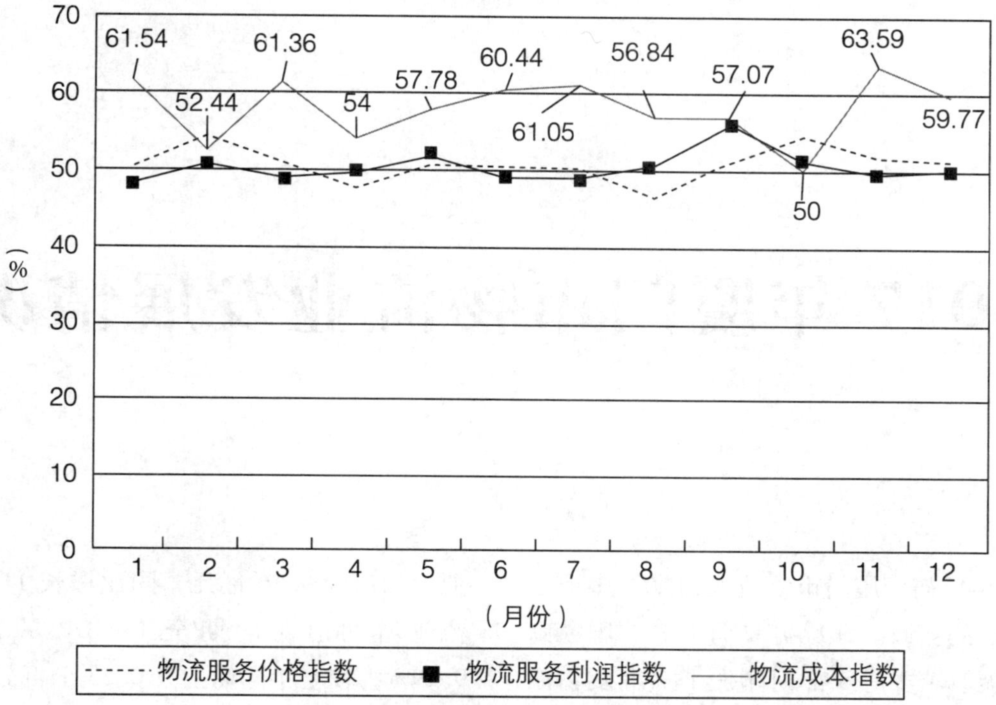


图 4　2017 年宁波市物流企业经营相关指数走势

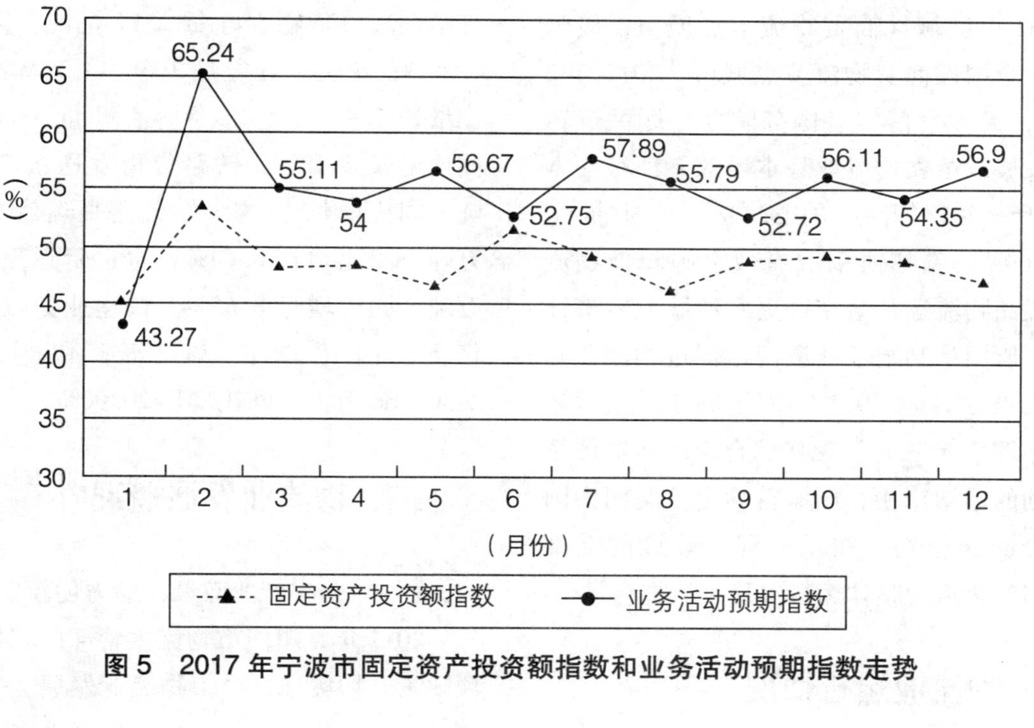


图 5　2017 年宁波市固定资产投资额指数和业务活动预期指数走势

（宁波市物流协会）

# 2017 年厦门市物流业发展情况

2017 年年初，厦门市物流业迎来了多项推动行业发展的新政。2017 年 2 月 8 日，国家商务部、发展改革委等 5 部门印发了《商贸物流发展“十三五”规划》，提出将构建多层次物流网络，并列出了 39 个全国性商贸物流节点城市和 64 个区域性商贸物流节点城市，厦门市被列入全国性商贸物流节点城市。2017 年 2 月 21 日，为贯彻落实《国务院办公厅关于转发国家发展改革委物流业降本增效专项行动方案（2016—2018 年）的通知》（国办发〔2016〕69 号），切实采取有效措施降低物流成本，提高物流运行效率，更好地服务经济社会发展，厦门市制定了《厦门市促进物流业降本增效实施方案》。2017 年 2 月 28 日，《国务院关于印发“十三五”现代综合交通运输体系发展规划的通知》中，国家首次定位厦门为国际性综合交通枢纽。在系列利好政策的助推下，厦门市物流业整体运行平稳、稳中有进。

## 一、物流业运行情况

2017 年，厦门市物流产业实现总收入 1098.87 亿元，同比增长 8.79%；实现物流产业增加值 399.86 亿元，同比增长 11.52%，物流业增加值对同期全市 GDP 的贡献率为 9.19%，较上年同期上升 0.23 个百分点。厦门市物流产业运行总体平稳，稳中有进。

2017 年，厦门市交通运输保持较快增长，其中：港口货物吞吐量 2.11 亿吨，同比增长 0.98%；集装箱吞吐量 1038.14 万标准箱，同比增长 7.99%；空港货邮吞吐量 33.87 万吨，同比增长 3.12%。铁路货物发送量 791.09 万吨，同比增长 14.42%；公路货运量 20650.29 万吨，同比增长 8.64%；水运货运量 8801.11 万吨，同比增长 8.65%。快递业务收入 34.85 亿元，同比增长 13.36%；快递业务量 24364.66 万件，同比增长 20.00%。

## 二、物流业发展概况

（一）落实产业政策，助力创新发展。

2017 年，厦门市物流主管部门积极落实各项政策，切实推进全市物流业发展。一是推进实施《厦门市现代物流创新发展城市试点工作实施方案》和 31 项分解任务。二是落实交通运输部“十三五”货运枢纽（物流园区）项目建设。三是申报国家多式联运示范工程试点——厦门国际航运中心多式联运项目建设。四是申报省级示范物流园区——港务保税物流园区、海投临港国际物流中心。五是推进现代服务业综合试点项目建设进度（18个在建试点项目总投资32.93亿元，扶持资金1.74亿元）。六是落实物流标准化试点。七是协调落实厦门市物流产业扶持政策，如按规定落实全市集装箱车辆和市重点物流企业专业货运车辆减征通行年费措施；组织开展新一批的市级重点物流企业和重点物流项目认定；落实有关项目建设、企业培育、总部经济、通道打造、腹地拓展、信息化建设、节能减排政策等。

（二）中欧（厦门）班列运行持续推进。

2017年，厦门市物流相关部门全力推进中欧（厦门）班列运行工作。4月21日，开通厦门—莫斯科班列；8月，建发集团开行厦门—莫斯科班列，并以此推进供应链服务，带动与俄罗斯间的经济合作；8月，厦门—汉堡班列直通线搭载着来自越南的货物开往欧洲，首次通过国际海铁联运将此国家物流新通道延伸到东盟国家。

据运行数据显示，2017年厦门累计开行中欧班列124列、8740标准箱，货值22亿元。其中：厦门—欧洲出口49列、3458标准箱；厦门—莫斯科出口27列、1814标准箱，进口17列，1306标准箱；厦门—阿拉木图出口30列、进口1列，折合2162标准箱。

（三）物流产业招商工作初见成效。

按照厦门市人民政府推进第三产业招商工作的要求，相关机构组织成立了厦门市物流产业招商工作小组，制定了《物流产业招商工作的实施意见》，使厦门市物流产业招商工作扎实推进。目前，物流产业招商重点项目共计51个，其中：策划项目3个、在谈项目7个、前期项目6个、新开工项目2个、在建转续建项目22个，新投产项目11个。引进项目总投资达250.48亿元。

（四）重点项目建设扎实有序。

厦门市现有物流产业项目库在建项目48个、总投资164亿元，2017年已有7个项目实现投产。同时，前场铁路大型铁路货场作业区一期业务增量和物流功能区开发工作稳步推进，海铁联运和公路港分片区开发方案已完成审核，启动公路港片区（约364亩）、海铁联运片区块（约355亩）规划图编制工作正式启动，进入土管会批准实施项目用地挂牌进程。

（五）落实物流标准化试点，构建城市共同配送物流体系。

一是在2016年实施《厦门食品冷链物流系列（九项）标准》基础上，落实物流标准化试点，推动城市共同配送单元标准化，重点在商贸领域开展物流标准化试点。以项目为抓手推进试点，加强托盘信息化建设，推动托盘租赁企业、第三方物流企业与信息化平台企业强强联合，着力建立社会化托盘共用体系。截至2017年12月，已纳入试点项目15个，项目总投资19731.5万元，安排试点项目扶持资金5996.97万元，累计完成投资23567.23万元，已向5家企业拨付预拨款共计1004.65万元。积极探讨建立区域性物流标准化联盟，一方面，建立了全国九城冷链物流标准化联盟；另一方面，与三明市建立了物流标准化联盟。在福建省质量技术监督局公布的2017年第一批44项福建省地方标准制修订计划项目中，厦门食品冷链物流系列标准中的“食品冷链物流储存、运输、销售温度控制要求”和“食品冷链物流多温共配技术与管理规范”2项标准入选。二是着力解决“最后一公里”问题，推进快递物流创新发展。加强末端网点建设，引导连锁商业机构、社区服务组织参与建设快递末端投递综合服务点，推动“网订店取”、智能快件箱等电商物流配送经营模式创新，全市智能快件箱覆盖社区500多处，设置1700多组、总格口数83000多个；编制实施社区综合商业服务网点规划，把末端配送节点建设列入政府鼓励的流通设施目录。

（六）拓展物流市场空间。

一是启动三明、吉安陆地港二期建设，赣州陆地港即将落地。同时，大力拓展中西部海铁联运业务，2017年厦门市海铁联运集装箱累计发送18796标准箱，同比减少1.84%；散货累计发送626.85万吨，同比增长15.48%。赣州陆地港建设用地正在准备投资主体、投资协议等挂牌前工作。二是推进厦台海运快件通道建设，积极发展跨境电子商务物流。2016年4月起，通过整合台湾—厦门间既有海运直航航运资源，着力打造海运快件物流通道和对台跨境电商物流枢纽，实现每周至少六天六班点对点海运快件航班（以普通货运船舶运载快邮件）常态化运作，并推动两岸创新口岸监管模式，加强海运快件平台与邮政、快递企业的合作。2017年共完成624标准箱，同比增长220%。

（七）协调落实产业扶持政策。

委托第三方审核机构完成现代服务业试点扶持资金和现代物流产业发展资金审核、项目评审，并按照审批程序办理资金拨付2934.3万元。按规定落实2017年度运输车辆减征通行年费措施：2017年免征交通运输部门“绿色通道”农业产业化龙头企业运输车辆94车次，减征通行费达9.97万元；共为5016辆物流货车（含邮政快递车辆）和4215辆集装箱车辆办理路桥通行年费减半征收手续，免征金额分别为776.15万元、1478.52万元。

（厦门市物流办）

# 2017 年青岛市物流业发展情况

2017 年，青岛市物流业牢牢树立大物流行业新发展理念，紧紧围绕行业企业运行、新旧动能转换、多式联运等集中发力，深入推进供给侧结构性改革，有效服务保障“一带一路”建设和全市新旧动能转换核心区建设，物流业降本增效、转型升级持续深化，物流各项主要指标稳中有进，行业实现了平稳健康发展。

## 一、物流业发展情况

（一）行业总体运行良好。

1. 物流市场保持平稳发展态势

2017 年，青岛市实现物流业增加值 987. 1 亿元，同比增长 8. 9%，较 GDP 增速高 1. 4 个百分点，占 GDP 比重为 8. 9%，占服务业增加值比重为 16. 2%。

2. 物流需求持续增长，基础设施条件明显改善

2017 年，青岛市实现社会物流总额 30198. 5 亿元，同比增长 9. 8%；完成物流产业固定资产投资额 1094. 7 亿元，同比增长 32. 4%。

3. 物流运行质量稳步提升

2017 年，青岛市实现社会物流总费用 1529. 46 亿元，占全市 GDP 比重为 13. 9%，较上年同期下降 0. 3 个百分点，优于全国平均水平 0. 7 个百分点。12 月青岛市物流业景气指数为 53. 5%，四个季度均值为 53. 4%，始终保持在 50% 以上的景气区间，行业市场活动保持活跃。

（二）结构调整趋于优化。

1. 生产和消费物流结构趋于优化

2017 年，青岛市实现工业品物流总额 18136. 5 亿元，同比增长 6. 1%，比上年同期上升了 1 个百分点，占全社会物流总额的比重为 60. 1%。不难看出，工业制造业物流仍然是青岛市物流需求的主要来源，生产和制造企业从产业链上游释放物流需求，推动物流企业适应生产方式变革，开发供应链物流专业技术，深化两业联动融合。

2. 消费物流成为物流需求的重要推动力

2017 年，青岛市单位与居民物品物流总额同比增长 23. 7%，高于社会物流总额增幅 13. 9 个百分点，远高于其他物流需求增长速度。随着网购规模不断攀升，电商物流增势明显，带

动快递业务加速扩张。全市快递业务量累计完成3.1亿件，同比增长24.7%，高于厦门、大连等市，在副省级城市中排名第9位。

3. 运输结构调整初见成效

2017年，青岛市以开展“一带一路”跨境集装箱海铁公多式联运示范工程为抓手，围绕海铁“双轮驱动”模式，打造“港站一体化”运输组织架构，推动多式联运发展。一是青岛市多式联运班列已达到37条，全年完成海铁联运箱量77.6万标准箱，同比增长55%，保持全国沿海港口首位，物品以汽车零部件、轮胎、棕榈油、干果等为主。二是胶州铁路集装箱中心站完成到发量42.2万标准箱，同比增长18.7%，位居全国18个中心站第5名。三是中韩陆海联运青岛通道成为精密仪器、大型高精尖设备进出口的首选物流运输方式，全年出入通道车辆216车次、货量520.56吨、货值3780万美元。

4. “公转铁”潜力较大

青岛市铁路货运主要以矿石、石油、煤炭等大宗原材料港口火车站发送为主，与公路货运流向大体一致，具有发展“公转铁”的优势和潜力。截至2017年年底，青岛区域共有货运铁路5条，在建货运铁路2条，铁路专用线46条，接轨站8个，中航油、中石化、国家粮储、中储物流、青岛港等18个企业和园区实现货物铁路运输直接发送到达。全年累计完成铁路货运量6021.21万吨，同比增长8.11%；货运周转量183.04亿吨·公里，同比增长8.12%。

（三）新旧动能转换加快。

1. 立足新技术、新业态、新模式，力促物流业新旧动能转换和结构优化升级

胶州传化公路港全面推广“物流+互联网”的“易货嘀”App，智能匹配派单，全面改变传统配货模式，入驻物流企业300余家。即将试运营的宝湾国际物流园打造物流综合服务平台，为客户量身制订方案，提供金融等服务。日日顺物流“车小微”平台应用“互联网+”模式破解“最后一公里”大件物流服务难题。

2. 人工智能为物流赋能，打造物流新格局

中创物流自主设计建设国内首个AGV海运集拼智能库，效率提升60%以上。苏宁物流研发小件送货无人机，主城区可实现上午下单、下午送货到买家手中，无人机应用成效初显。位于前湾港区的青岛港全自动化集装箱码头是世界一流、亚洲首个真正意义上的全自动化码头，该码头的生产效率比传统码头高出30%，该码头的投人使用标志着青岛港进入集装箱装卸作业的全新时代。

3. 大力推动无车承运试点工作，降低货运交易成本

青岛市物流主管部门积极推广“一带一路·第四方物流”青岛做法，大力推动无车承运试点工作向纵深发展。一是建立青岛市无车承运平台，汇聚在线车辆3000多辆，配套开发“比对宝”“雷区宝”手机App安全监管软件。二是启动“青岛市无车承运服务中心”，开展运费垫付服务试运行，编制完成《青岛市无车承运平台数据交换及共享接口技术规范》，有效降低传统货运交易成本。三是推动全市危货运输车辆加装4G视频监控，实现对危货运输行驶过程的可视化监管。

4. 推进供应链服务与应用，完善物流生态体系

贯彻落实《国务院办公厅关于积极推进供应链创新与应用的指导意见》，海尔、利群、交运、九州通公司等企业强化供应链服务和转型。围绕健全供应链体系，以提高标准化、信息化、现代化和专业化水平为切入点，制定

《青岛市商务领域供应链体系建设试点工作方案》，建设“智慧商圈”、供应链追溯体系、供应链平台，打通上中下游供应链。

（四）综合运输体系日益完善。

1. 夯实综合交通枢纽城市地位

近年来，青岛市积极建设以海港和空港为辐射中心、以铁路和公路为延伸骨干、以多式联运为鲜明特点的交通融合发展体系，全国性综合交通枢纽城市地位进一步巩固。截至2017年年底，青岛市公路通车总里程为16151公里，其中：高速公路818.4公里。境内现有铁路8条，总里程403公里；港口万吨级泊位89个，通过能力3.39亿吨；海上航线达到175条，集装箱航线约160条，通航国家和地区达180余个；空中航线达到186条，国际和地区航线达27条，通航城市达106个，尤其是洲际直达航线，两年内连续开通8条，实现了零的突破。

2. 物流网络“节点”加快布局

2017年，青岛市在已有5大物流园、6大物流中心基础上，加快推进胶州、董家口、即墨铁路物流园及宝湾物流中心、山高西海岸智慧物流园等重点园区项目建设，实现港口、铁路和物流的深度融合。国家级示范物流园区建设有序推进，胶州湾国际物流园荣获全国“2017年度优秀物流园区”称号，全年完成吞吐量12500万吨。传化物流平台已入驻物流企业300余家。青岛京东电子商务产业园投入使用，可实现青岛地区内2小时送货到门。开通“中欧”（青岛—俄罗斯）、“仁川—胶州—凭祥”海铁联运国际班列，中亚班列运转质量稳步提升，开行密度由初期的每周1列逐步增加到每周3列。

（五）产业发展环境进一步优化。

2017年，青岛市物流主管部门按照国务院和相关部门的文件要求，稳步做好物流各项工作，使全市物流产业发展环境进一步优化。

1. 主动适应，开拓思路谋划“一业一策”

编写完成装卸搬运和运输代理业、仓储业2个行业的发展报告及行动计划。在梳理现行扶持政策基础上，借鉴外地经验，研究提出了支持多式联运发展、支持智能仓储、无人分拣以及A级物流企业培育等多项新支持政策。

2. 敢于创新，率先发布“青岛物流景气指数”

将全市50家代表性物流企业、规模以上前100家企业及部分统计规模以上抽样企业纳入调查范围，月度发布总指数及物流价格指数等12个分项指数，完善了现有物流统计体系，实现对全市物流业发展和运行情况的动态监测、预测，为研究决策提供了科学依据。此做法为全国领先、全省首创。

3. 夯实统计基础，提升统计水平

在季度出具全市物流业统计分析报告基础上，增加对各区市物流运行情况的分析通报，与季度物流业发展情况报告一并下发；确定了全市488家规模以上物流企业名单和50家具有代表性企业名单，进一步夯实了统计基础，使物流统计工作更扎实、更细化、更有说服力。

4. 成立“青岛多式联运发展联盟”

发起成立了由协会、企业、院校、政府部门等44家单位组成的“青岛多式联运发展联盟”，搭建了促进交流沟通、鼓励创新发展、实现资源共享的平台。联盟是全国首家促进多式联运发展的地方性组织，是青岛市政府相关部门促进多种交通运输方式深度融合、推动物流“降本增效”的重要抓手。

5. 培育市场主体，提升发展实力

加大A级物流企业宣传力度，做好评审基础工作，帮助企业做好评审申报工作。截至

2017 年年底，青岛市国家 A 级物流企业数量已达 71 家。经积极争取，全国第 24 批国家 A 级物流授牌会在青岛即墨召开。

6. 贯彻意见，优化环境，夯实产业发展基础

认真贯彻国家相关部门以及山东省下发的有关文件，印发了《青岛市推进物流大通道建设行动计划（2016—2020）》《促进物流业降本增效工作实施方案》，起草了《进一步推进青岛市物流降本增效促进实体经济发展的实施意见》，为推动青岛市物流业发展提供了政策支持。

## 二、推进物流业发展的重要工作

近几年，青岛市物流业发展取得了很大的进步，但仍有一些问题制约了物流业的发展。一是产业规模及运行效率仍需进一步提升。从产值看，青岛市实现物流业增加值 987.1 亿元，占全市生产总值的 8.9%，继续保持着产业重要支柱地位。在同类城市中，青岛低于深圳、广州、武汉。其中，深圳 2276.39 亿元，占 GDP 的比重为 10.2%；广州 1836.5 亿元，占 GDP 的比重为 8.5%；武汉 1209.0 亿元，占 GDP 的比重为 9.0%；大连 784.3 亿元，占 GDP 的比重为 10.65%。从社会物流效率看，社会物流总费用占全市 GDP 比重为 13.9%，高于全国平均水平，与同类城市相比，高于深圳（12.7%），低于武汉（14.1%）、广州（14.4%）、大连（14.9%）。主要由于经济结构调整，物流成本快速回落，较上年同期下降 0.3 个百分点。但从整体来看，物流成本高、效率低的局面尚未得到根本改善，与国内物流领军城市和国外发达国家相比仍然偏高，物流降本增效仍有较大空间。而且随着经济结构调整到位，降低物流成本仍然要通过利用科技和信息化手段，提高行业自身运行效率，提升发展质量，进一步推进供给侧结构性改革。

二是物流企业大多规模小盈利能力较弱。青岛市有国家 A 级物流企业 71 家，而宁波市有 A 级物流企业 163 家、武汉市有 145 家，均为青岛市的 2 倍多。青岛市规模以上物流企业仅占全市物流企业总数的 4%，企业从业人员方面，有超过 91.7% 的物流企业人数少于 50 人；物流企业自有经营性资产较少，仅有 8% 的企业有自有仓储设施，而仓储面积小于 500 平方米的企业占 37.9%；仅有 14% 的企业有自有货运车辆，而拥有 10 辆以下车辆的企业约占 66%。2017 年，青岛市样本物流企业主营业务利润同比增长 4.4%，利润率为 4.6%，12 月物流业景气指数中主营业务利润为 51.5%，较 11 月降低 0.4 个百分点，总体来看，物流企业依然获利能力弱，经营效益偏低。

青岛市物流业发展还有许多工作要做，目前重点要做好以下几点。

一是扶持企业做大做强。精准落实"一业一策"行动计划，扶持壮大企业，支持市场主体做大做强。加大骨干物流企业和物流服务品牌培育力度，重点在多式联运经营人、共同配送、冷链物流等专业物流领域鼓励企业做大做强。鼓励企业创建国家 A 级物流企业，新增国家 A 级物流企业 5 家，总数达到 76 家。

二是鼓励行业模式创新。鼓励企业推广以互联网为平台、以 App 为交易端、以标准化车辆和无人机等新技术设备为载体的物流服务新模式，降低物流成本。支持无人仓储、快件全自动分拣技术。在道路普货运输行业全面应用青岛市无车承运系统平台，在道路危货运输行业推广电子运单。

三是提升分析研究水平。结合青岛物流实

际，进一步优化完善青岛市物流业景气指数。加强对规上企业、代表性企业的统计分析，确保上规企业及时纳统。开展仓储指数研究，争取发布“一带一路”集装箱指数，探索对供应链物流等专业物流调研分析，为企业研判市场、政府决策提供科学依据。

四是深化多式联运建设。发挥多式联运发展联盟作用，深化多式联运示范工程建设，提升中亚、中欧等国际多式联运竞争力，力争青岛中心站全年完成到发量 45 万标准箱，青岛港海铁联运箱量增长 30% 以上。加快推进胶州、即墨、董家口铁路物流园等项目建设，实现港口、园区有效对接。

五是科学开展招商引资。发挥交通及现代物流业定向招商专业组作用，梳理现有存量企业，摸清全省、全国、全球知名物流企业、研究机构情况，为区市招商提供信息线索。继续开展走访企业活动，及时与区市对接，定期调度，加快推进项目落户，力争年内完成 1.89 亿美元、50 亿元人民币招商任务。

（青岛市交通运输委员会）

# 2017 年临沂市物流业发展情况

2017 年，临沂市实现 GDP4345.39 亿元，较上年增长 7.9%，其中第三产业增加值 2098.43 亿元，较上年增长 10.5%。总体来看，临沂市经济发展形势与宏观经济发展趋势基本吻合，提质增效、稳中向好的态势日趋明显。在此基础上，临沂市物流业继续稳步发展，物流运行总体平稳，物流相关产业固定资产投资保持较快增长。

## 一、社会物流总额稳步增长

2017 年，临沂市实现物流总额 28038.4 亿元，居山东省第二位，同比增长 7.7%，占山东省物流总额的 11.2%。物流总额在山东省内仅次于青岛市的 30198.5 亿元，领先于济南市的 21794.4 亿元。

其中：农产品物流总额为 586.4 亿元，占全市物流总额的 2.09%；工业品物流总额为 11247.2 亿元，占全市物流总额的 40.11%；进出口物流总额为 174.4 亿元，占全市物流总额的 0.62%；外地货物流入总额为 13855.5 亿元，占全市物流总额的 49.43%；再生资源物流总额为 1310.2 亿元，占全市物流总额的 4.67%；单位与居民物品物流总额为 864.7 亿元，占全市物流总额的 3.08%。工业品物流和外地货物流入依然是临沂市物流总额的两个重要组成部分。

## 二、物流相关产业固定资产投资情况良好

2017 年，临沂市实现固定资产投资总额 3765.7 亿元，居山东省第五位；实现物流相关产业固定资产投资总额 350.9 亿元，比上年同期增长 28.0%，占山东省物流投资比重的 6.1%，占临沂市全部固定资产投资比重的 9.3%，与上年相比均略有提高。其中：交通运输业固定资产投资为 167.4 亿元，邮政仓储业固定资产投资为 26.9 亿元，批发零售业固定资产投资为 156.7 亿元。具体情况如下图所示。

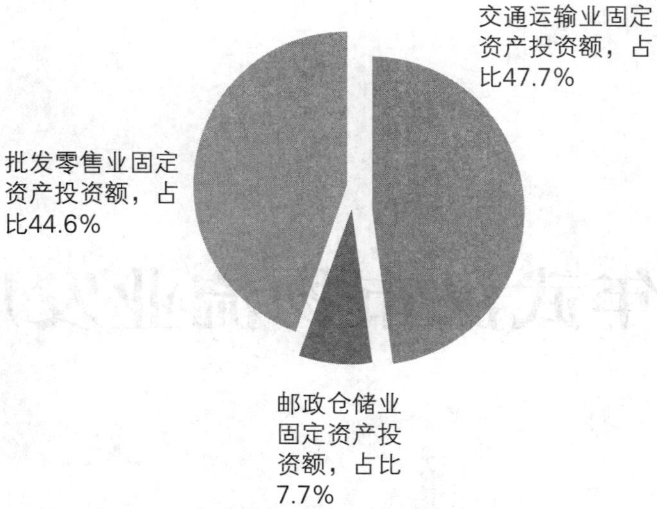


**2017 年临沂市物流相关产业固定资产投资占比情况**

## 三、物流业运行情况

2017 年，临沂市物流行业运行仍呈稳步增长态势。物流总额增幅与上年的 8.2% 相比略有下降，和临沂市 7.9% 的 GDP 增幅基本持平，略高于全国 6.7% 的水平，但与山东省 10.5%的增幅相比有一定差距。

通过以上数据可以看出，临沂市物流业近年来增速逐渐放缓，体现出日趋稳定的发展趋势，对临沂市经济起到的支柱作用更加明显。总体来看，2017 年临沂市物流业发展呈现三个特点：一是作为中坚力量的商贸物流继续蓬勃发展，在“一带一路”倡议的带动下，2017 年临沂商城实现交易额 4550.8 亿元，同比增长 20.3%，较快的增长速度带动了商贸物流的繁荣及物流业整体发展。二是工业生产平稳增长，主导产业支撑作用凸显，新型及高端产业也较快增长，2017 年临沂市规模以上工业增加值增长 6.2%，给物流业发展打下了坚实的基础。三是固定资产投资增势稳定，2017 年临沂市物流相关产业固定资产投资比上年增长了近 30%，稳中增长明显。传宝物流园、鲁南铁路物流园等项目正在建设，智慧云仓、电商快递产业园等一批新型物流产业项目被列入全市新旧动能转换的重点项目。这些举措给物流业发展注入了强劲的动力。

（临沂市经济和信息化委员会　临沂市统计局）

# 2017 年武汉市物流业发展情况

2017 年，武汉市物流业运行总体平稳向好，为武汉市经济发展发挥了积极作用。

## 一、物流业主要运行指标

（一）社会物流总额。

2017 年，武汉市社会物流总额为 33225.31 亿元，同比增长 10.6%。其中：农产品物流总额 667.66 亿元，同比增长 5.8%；工业品物流总额 15891.88 亿元，同比增长 12.0%；进口货物物流总额 773.68 亿元，同比增长 15.8%；再生资源物品物流总额 43.19 亿元，同比增长 2.7%；单位与居民物品物流总额 86.17 亿元，同比增长 33.2%；市外购进物品物流总额 15762.73 亿元，同比增长 9.0%。2017 年武汉市社会物流总额构成如图 1 所示。

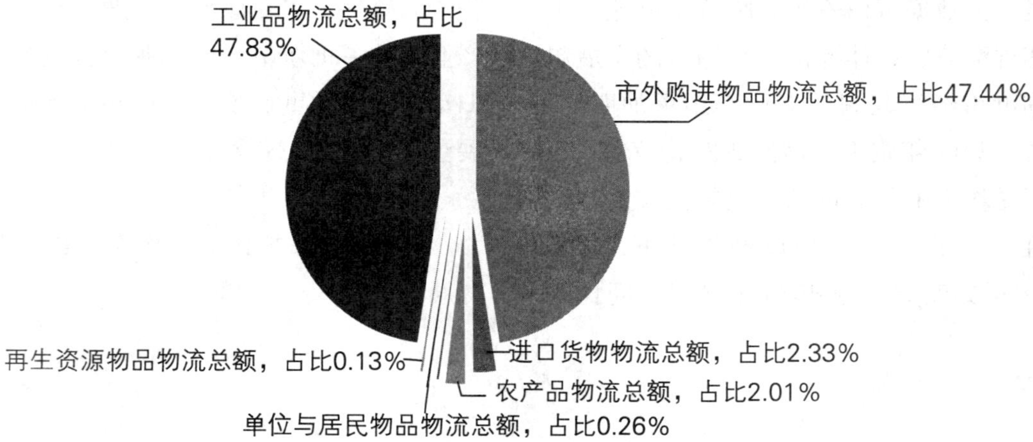


**图 1　2017 年武汉市社会物流总额构成**

其中：农产品物流总额增幅比上年同期回落 3.3 个百分点；工业品物流总额增幅比上年同期回落 0.1 个百分点；进口货物物流总额增幅由 2016 年的同比下降转为 2017 年的同比增

长，增幅上升 32.7 个百分点；再生资源物品物流总额增幅比上年同期回落 12.8 个百分点；单位与居民物品物流总额增幅比上年同期回落 2.1 个百分点，市外购进物品物流总额增幅比上年同期上升 4.9 个百分点。2016 年和 2017 年武汉市社会物流总额同比变化情况如表 1 和图 2 所示。

**表 1　2016 年和 2017 年武汉市社会物流总额同比变化情况**　单位：亿元

| 指标名称 | 2016 年 | 2017 年 | 同比增长（%） |
| --- | --- | --- | --- |
| 社会物流总额 | 30050.32 | 33225.31 | 10.6 |
| 其中：农产品物流总额 | 630.86 | 667.66 | 5.8 |
| 工业品物流总额 | 14186.31 | 15891.88 | 12.0 |
| 进口货物物流总额 | 668.05 | 773.68 | 15.8 |
| 再生资源物品物流总额 | 42.07 | 43.19 | 2.7 |
| 单位与居民物品物流总额 | 64.69 | 86.17 | 33.2 |
| 市外购进物品物流总额 | 14458.34 | 15762.73 | 9.0 |

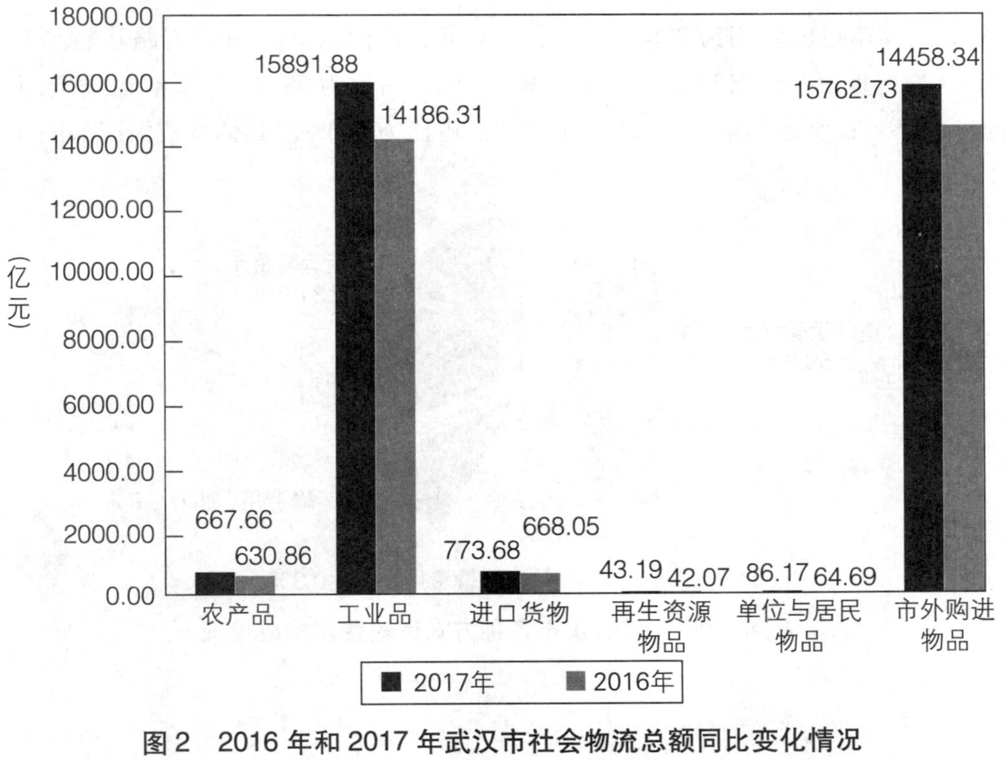


图 2　2016 年和 2017 年武汉市社会物流总额同比变化情况

（二）社会物流总费用。

2017 年，武汉市社会物流总费用为 1891.73 亿元，同比增长 12.3%。其中：运输费用 798.66 亿元，同比增长 14.0%，占比为 42.22%；保管费用 789.71 亿元，同比增长 11.4%，占比为 41.74%；管理费用 303.36 亿元，同比增长 10.6%，占比为 16.04%。具体构成情况如图 3 所示。

2017 年，武汉市社会物流总费用与 GDP 的比值为 14.11%，同比下降 0.02 个百分点。

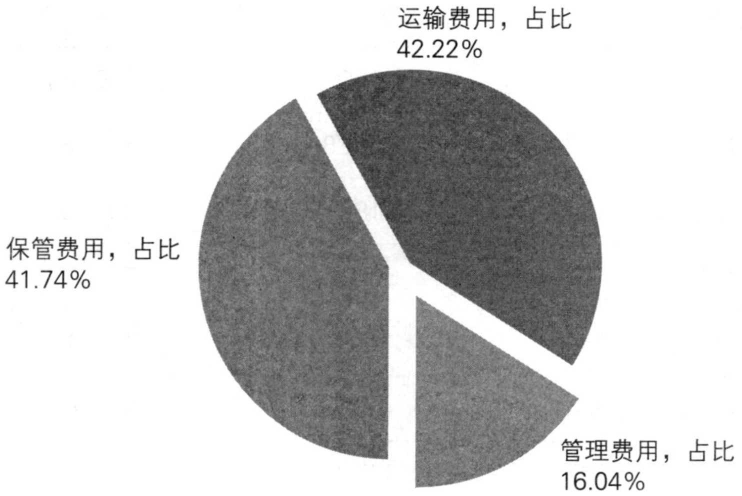


**图 3　2017 年武汉市社会物流总费用构成情况**

2017 年，武汉市运输费用为 798.66 亿元，同比增长 10.6%。其中：铁路运输费用 79.29 亿元，占比为 9.9%；水运运输费用 251.24 亿元，占比为 31.5%；道路运输费用 465.53 亿元，占比为 58.3%；航空运输费用 2.60 亿元，占比为 0.3%。具体构成情况如图 4 所示。

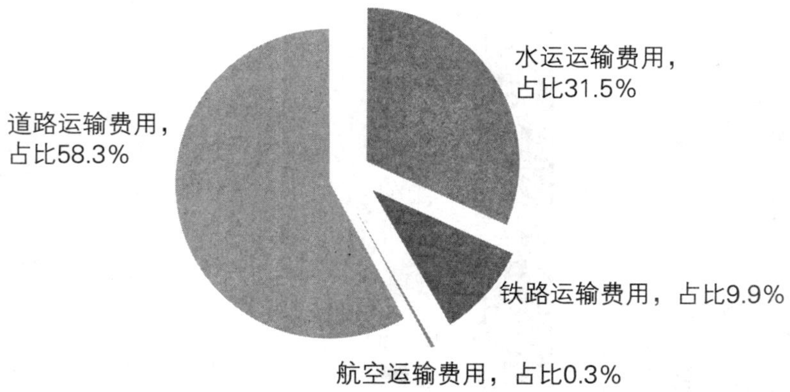


**图 4　2017 年武汉市各种方式运输费用构成情况**

（三）物流业增加值。

2017 年，武汉市实现物流业增加值 1208.96 亿元，同比增长 9.7%（按不变价计算增长 9.1%）。全市物流业增加值占 GDP 的比重为 9.02%，同比下降 0.24 个百分点。物流业增加值占第三产业增加值比重为 16.93%。

（四）主要货运指标。

1. 货运量

2017 年，武汉市完成社会货运总量 57271.17 万吨，同比增长 14.6%。其中：铁路货运量累计完成 6980.90 万吨，同比增长 3.5%；水运货运量完成 15292.25 万吨，同比增长 6.7%；公路货运量完成 34981.98 万吨，同比增长 21.1%；航空货运量完成 16.04 万吨，同比增长 16.0%。2015—2017 年武汉市社会货运量构成情况如表 2 所示，2017 年武汉市社会货运量构成情况如图 5 所示。2016 年和 2017 年武汉市社会货运量分方式同比变化情况如图 6 所示。

**表 2　　2015—2017 年武汉市社会货运量构成情况**　　单位：万吨

| 指标 \ 时间 | 2015 年 | 2016 年 | 2017 年 |
|---|---|---|---|
| 社会货运量合计 | 48185.19 | 49981.81 | 57271.17 |
| 其中：铁路 | 6579.00 | 6744.20 | 6980.90 |
| 水运 | 13099.71 | 14331.86 | 15292.25 |
| 公路 | 28495.59 | 28891.92 | 34981.98 |
| 航空 | 10.89 | 13.83 | 16.04 |

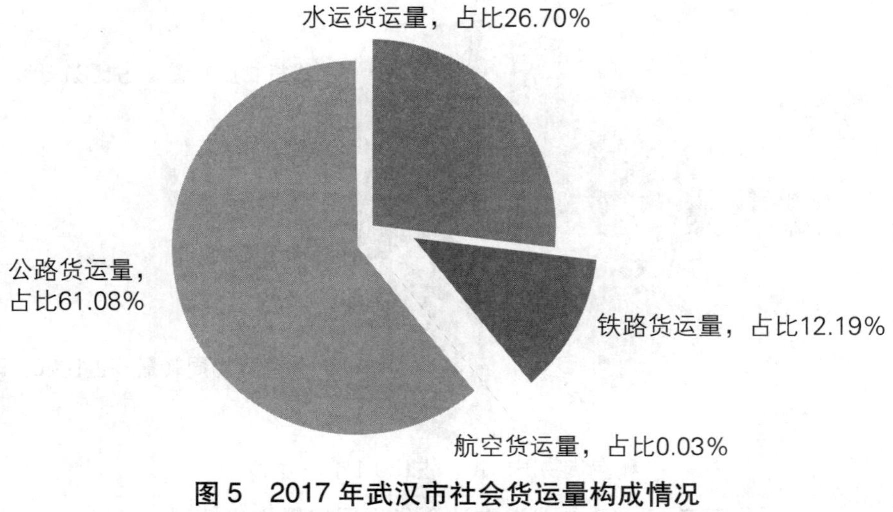


**图 5　2017 年武汉市社会货运量构成情况**

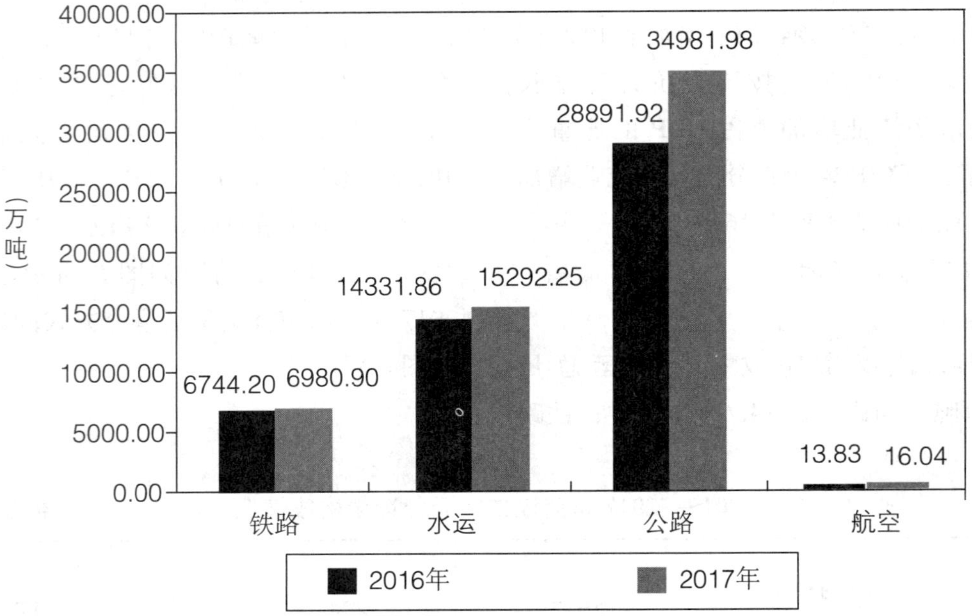


图 6 2016 年和 2017 年武汉市社会货运量分方式同比变化情况

2. 货物周转量

2017 年，武汉市货物周转量累计完成 3360.19 亿吨·公里，同比增长 9.0%。其中：铁路货物周转量累计完成 1057.70 亿吨·公里，同比增长 8.9%；水运货物周转量累计完成 1603.22 亿吨·公里，同比增长 8.9%；公路货物周转量累计完成 696.31 亿吨·公里，同比增长 9.4%；航空货物周转量累计完成 2.97 亿吨·公里，同比增长 18.3%。2017 年武汉市社会货物周转量构成情况如图 7 所示，2015—2017 年武汉市社会货物周转量构成统计情况如表 3 所示，2016 年和 2017 年武汉市各种运输方式货物周转量同比变化情况如图 8 所示。

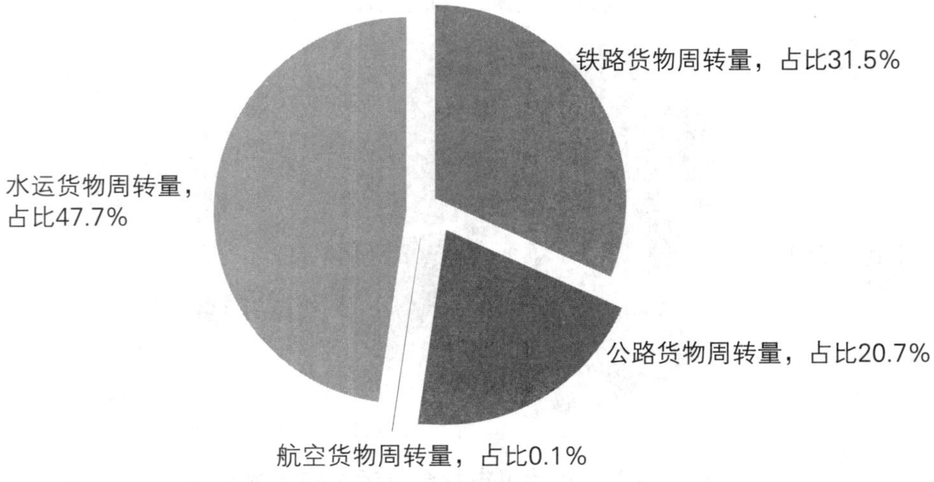


图 7 2017 年武汉市社会货物周转量构成情况

表 3　　2015—2017 年武汉市社会货物周转量构成统计情况　　单位：亿吨·公里

| 指标＼时间 | 2015 年 | 2016 年 | 2017 年 |
|---|---|---|---|
| 社会货物周转量合计 | 2951.92 | 3082.35 | 3360.19 |
| 其中：铁路货物周转量 | 995.70 | 971.50 | 1057.70 |
| 水运货物周转量 | 1357.68 | 1471.73 | 1603.22 |
| 公路货物周转量 | 596.87 | 636.61 | 696.31 |
| 航空货物周转量 | 1.67 | 2.51 | 2.97 |

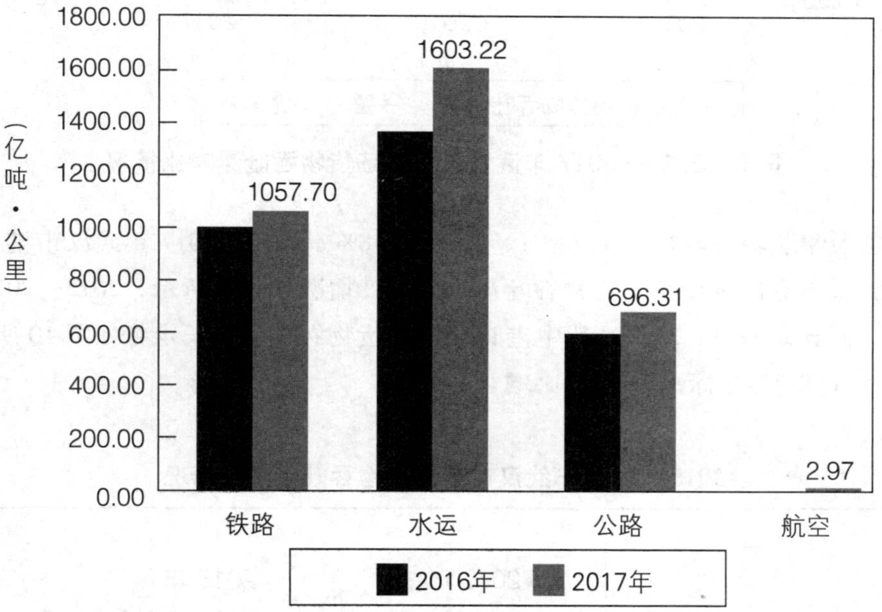


图 8　2016 年和 2017 年武汉市各种运输方式货物周转量同比变化情况

3. 机场货物吞吐量

2017 年，武汉天河机场累计完成货物吞吐量 18.50 万吨，同比增长 5.53%。2015—2017 年武汉天河机场货物吞吐量增长变化情况如表 4 和图 9 所示。

表 4　　2015—2017 年武汉天河机场货物吞吐量统计情况

| 指标＼时间 | 2015 年 | 2016 年 | 2017 年 |
|---|---|---|---|
| 机场货物吞吐量（万吨） | 15.47 | 17.53 | 18.50 |
| 同比增长（%） | 8.13 | 13.32 | 5.53 |

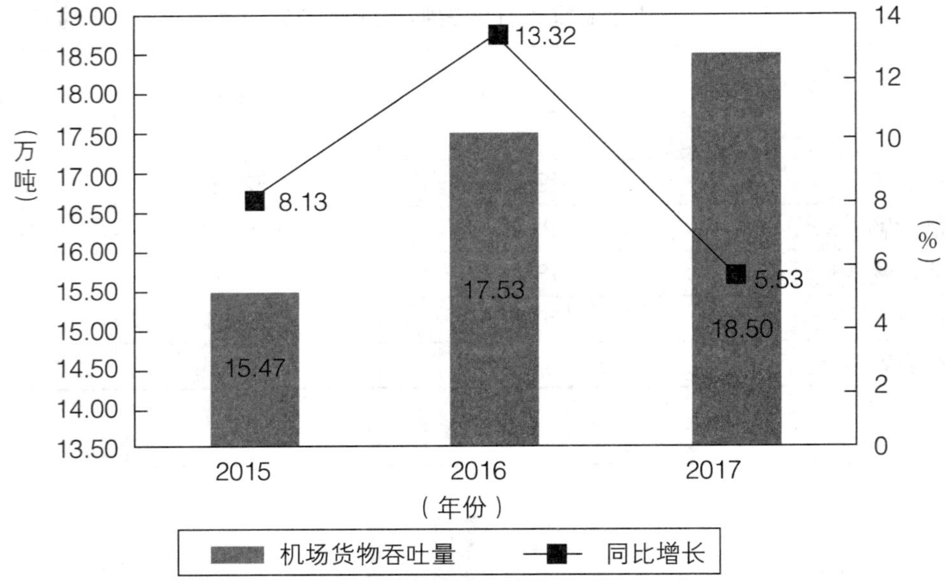


**图 9　2015—2017 年武汉天河机场货物吞吐量对比情况**

4. 港口货物及集装箱吞吐量

2017 年，武汉市港口累计完成货物吞吐量 10017.97 万吨，同比增长 11.31%。其中港口集装箱吞吐量为 135.70 万标准箱，同比增长 19.8%。2015—2017 年武汉市港口货物吞吐量统计情况如表 5 所示，2015—2017 年武汉市港口货物吞吐量增长走势如图 10 所示。

**表 5　2015—2017 年武汉市港口货物吞吐量统计情况**

| 时间<br>指标 | 2015 年 | 2016 年 | 2017 年 |
|---|---|---|---|
| 港口货物吞吐量（万吨） | 8455 | 9000 | 10017.97 |
| 同比增长（%） | 3.74 | 6.45 | 11.31 |

2017 年，武汉市港口集装箱吞吐量增幅与上年同期相比上升了 13.08 个百分点，如表 6 所示。2015—2017 年武汉市港口集装箱吞吐量增长走势如图 11 所示。

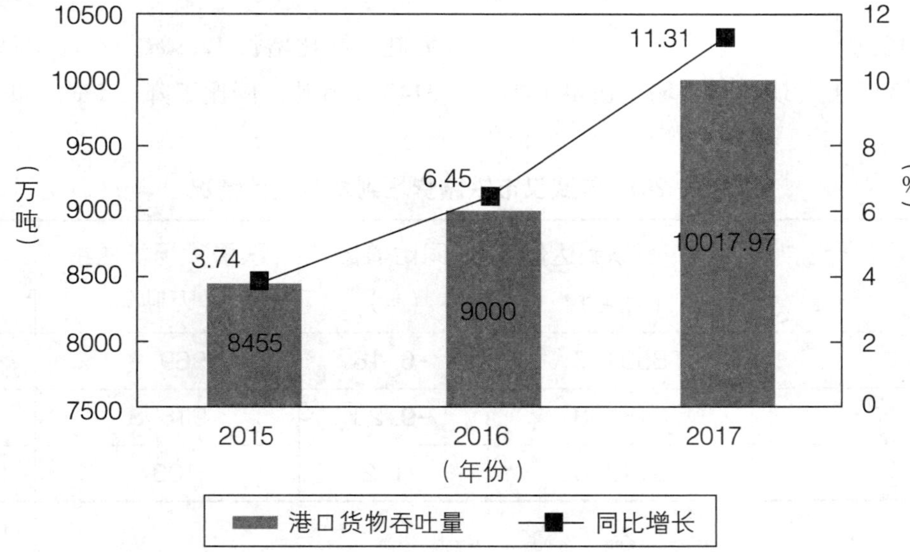


图 10　2015—2017 年武汉市港口货物吞吐量增长走势

表 6　2015—2017 年武汉市集装箱吞吐量统计情况

| 时间<br>指标 | 2015 年 | 2016 年 | 2017 年 |
|---|---|---|---|
| 集装箱吞吐量（万标准箱） | 106. 2 | 113. 3 | 135. 7 |
| 同比增长（%） | 5. 67 | 6. 69 | 19. 77 |

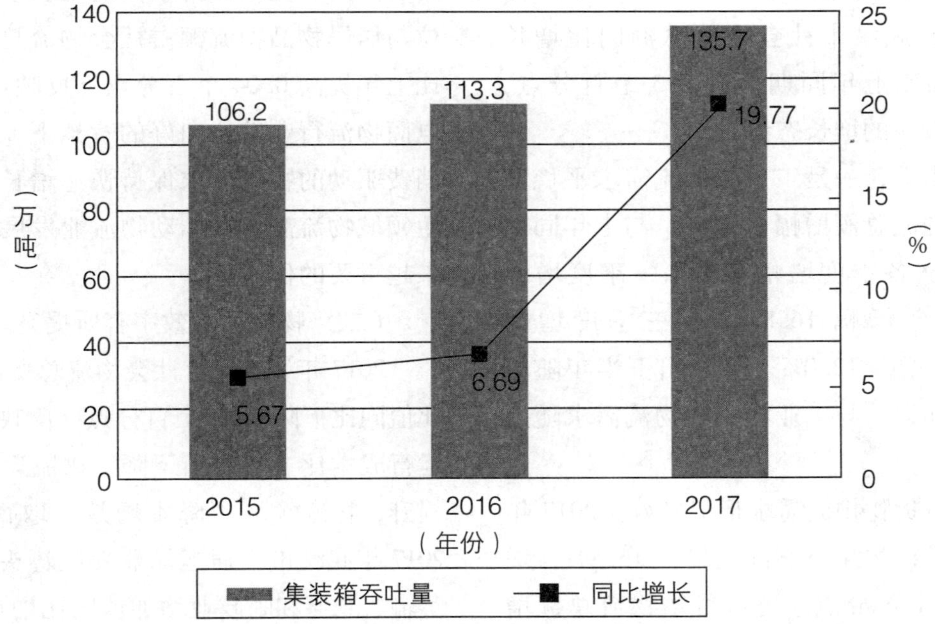


图 11　2015—2017 年武汉市港口集装箱吞吐量增长走势

5. 铁路货场到发量

2017 年，武汉市实现铁路货场发送量 1037 万吨，同比增长 12.9%；实现铁路货场到达量 3143.3 万吨，同比下降 1.2%，如表 7 所示。

表 7　　2015—2017 年武汉市铁路货场到发量统计情况

| 时间＼指标 | 铁路货场到达量（万吨） | 同比增长（%） | 铁路货场发送量（万吨） | 同比增长（%） |
|---|---|---|---|---|
| 2015 年 | 3504.7 | -6.16 | 969.9 | -13.95 |
| 2016 年 | 3181.3 | -9.23 | 918.8 | -5.27 |
| 2017 年 | 3143.3 | -1.2 | 1037 | 12.9 |

## 二、物流运行情况

2017 年，武汉市物流业运行总体稳中向好，物流需求稳中有升，物流运行效率有所提高，物流运行环境持续改善，物流业发展质量和效益稳步提升，产业向高质量发展阶段稳步推进。

（一）物流需求稳中有升。

2017 年，武汉市社会物流总额同比增长 10.6%，增幅比上年同期上升 3.3 个百分点，保持着平稳较快的增长态势。

从结构来看，一是工业品物流需求平稳增长。工业品物流总额增幅为 12%，与上年同期基本持平。从各季度增幅来看，一季度增幅 9.7%，上半年增幅 16.8%，前三季度增幅 11.3%，全年增幅 12.0%。反映出下半年随着生产活动的加强，与工业相关的物流需求随之增速加快。

二是进口货物物流需求形势转好。2017 年武汉市进口货物物流总额同比增长 15.8%，增幅上升 32.7 个百分点。进口货物物流总额增幅由 2016 年的回落到 2017 年的上升，突出反映出全市进口货物物流需求形势转好，全年进口货物物流需求增长明显。

从 2017 年各季度的情况来看，一季度进口货物物流总额同比增长 108.5%，上半年同比增长 28.0%，前三季度同比增长 24.3%。

三是消费与民生领域物流需求是物流需求增长重要驱动力。2017 年，武汉市单位与居民物品物流需求保持快速增长，增幅较上年同期略有回落，但仍保持较高的增长水平。全市单位与居民物品物流额占社会物流总额的百分比比上年提高 0.04 个百分点，反映出 2017 年在电商物流行业整体向好的背景下，武汉市网络消费驱动的物流需求保持快速增长，消费与民生领域物流需求在推动物流业发展中发挥着越来越重要的作用。

（二）物流运行效率有所提升。

2017 年，武汉市社会物流总费用与 GDP 的比值同比下降 0.02 个百分点，反映出全市物流运行成本比上年有所下降，物流运行效率有所提升，物流领域“降本增效”取得一定进展。2017 年武汉市交通运输业发展势头较好，交通运输、仓储和邮政业增加值同比增长 9.5%，增幅高于同期 GDP1.5 个百分点。交通运输业的快速发展推动了物流业运行效率的提升。

从社会物流总费用结构来看，运输费用占比由 2016 年同期的 41. 6% 提高至 2017 年的 42. 2%，上升 0. 6 个百分点。保管费用占比由 2016 年同期的 42. 1% 下降至 2017 年的 41. 7%，回落 0. 4 个百分点。管理费用占比由 2016 年同期的 16. 3% 下降至 2017 年的 16. 0%，回落 0. 3 个百分点。运输费用占比增加反映出全市物流流通速度加快，库存量回落，库存周转速度和资金周转速度加快，物流运行效率有所提高。

2017 年，武汉市货运周转量同比增长 9. 0%，增幅比上年同期提高 4. 6 个百分点，其中铁路货运周转量增幅比上年同期提高 11. 3 个百分点，在各运输方式中增幅提升最快。这反映出 2017 年武汉市长距离货物运输量增长较多，其中铁路运输方式周转量增长较大，推动了全市物流成本下降。而航空运输货运周转量同比增长 18. 3%，在各运输方式中同比增幅最高，反映出全市对时效性强、附加值高的货物物流需求保持较快增长。

2017 年，武汉市物流总费用中的保管费用增幅较上一年提升了 2. 0 个百分点，但保管费用在社会物流总费用中的占比下降了 0. 4 个百分点，这也反映出全市物流行业在推进供给侧结构性改革、降低企业物流成本方面取得了一定的成效，满足等量物流需求所需的物流成本有所下降。

（三）物流运行环境持续改善。

1. 政策环境持续改善

2017 年，国务院办公厅发布《国务院办公厅关于进一步推进物流降本增效促进实体经济发展的意见》和《国务院办公厅关于积极推进供应链创新与应用的指导意见》等，国家税务总局、交通运输部等也连续发文，破解道路运输企业“营改增”后税负增加问题。湖北省人民政府办公厅出台了《关于进一步降低企业成本振兴实体经济的意见》，明确提出要通过支持多式联运发展、清理不合理物流收费、降低公路运输成本、降低铁路运输成本、降低农村物流成本等方式来降低企业物流成本。武汉市人民政府出台了《关于进一步降低企业成本振兴实体经济的意见》，提出了要通过降低企业制度性成本、优化运输组织方式、推广应用节能运输设备和技术等方式降低企业物流成本。国家层面和省市出台的相关政策，为企业降低物流成本，提高物流效率提供了抓手和依据。

2. 基础设施持续改善

2017 年，武汉市完成物流建设投资 110. 75 亿元，同比增长 2. 03%。其中：园区基础设施建设投资 17. 82 亿元，同比增长 12. 78%；项目建设投资 92. 93 亿元，同比增长 0. 2%。武汉市物流基础设施进一步完善，园区及项目建设投资均较上年有所增长。

## 三、物流企业经营情况

2017 年 12 月，武汉市相关部门共收到 165 家样本物流企业提交的有效调查表，其中：运输企业 86 家（含 8 家运输代理企业），占比为 52. 1%；综合企业 52 家，占比为 31. 5%；仓储企业 19 家，占比为 11. 5%；快递企业 8 家，占比为 4. 8%。

根据对抽样调查数据表进行汇总分析得出，2017 年 1—12 月武汉市物流企业经营情况总体平稳向好，企业主营业务量增幅稳中有升，主营业务收入稳定增长，主营业务成本增幅趋于平稳，主营业务利润率基本稳定。

（一）主营业务量增幅稳中有升。

根据调查企业统计数据，2017 年武汉市样本物流企业主营业务量同比增长 9.2%，增幅比上年同期提升 1.4 个百分点。反映出全年武汉市样本物流企业经营情况平稳向好，主营业务量增幅与上年同期相比稳中有升，但进入 12 月后受天气转寒及岁末年终务工人员返乡等因素的影响，主营业务量增幅较 1—11 月有所回落。在全部样本企业中，主营业务量增幅高于平均增幅的企业有 92 家，约占样本物流企业总量的 55.8%。

（二）主营业务收入稳定增长。

根据调查企业统计数据，2017 年武汉市样本物流企业主营业务收入同比增长 8.1%，增幅比上年同期提高 1.5 个百分点，比 1—11 月回落 1.2 个百分点。反映出全年武汉市样本物流企业经营状况稳定，主营业务收入增幅同比有所提升。在全部样本企业中，主营业务收入增幅高于平均增幅的企业有 84 家，约占样本物流企业总量的 50.9%。

（三）主营业务成本增幅趋于平稳。

根据调查企业统计数据，2017 年武汉市样本物流企业主营业务成本同比增长 10.2%，反映出全年样本物流企业主营业务成本增长较快；增幅比上年同期回落 0.3 个百分点，说明企业经营压力大。全部样本企业中，主营业务成本增幅高于平均增幅的企业有 88 家，约占样本物流企业的 53.3%。

（四）主营业务利润率基本稳定。

根据调查企业统计数据，2017 年武汉市物流企业主营业务收入利润率为 5.2%。与上年同期相比，回落 0.1 个百分点。反映出由于物流业务成本显著提高而同期物流业务收入增幅低于物流业务成本增幅，直接影响了企业的利润，但总体来看主营业务利润率基本稳定。

## 四、物流业景气指数

2017 年，武汉市物流业景气指数均处于 50% 以上的景气区间（见图 12），反映出武汉市物流业运行情况总体良好，从整体走势来看，2017 年武汉市物流业景气指数与全国物流业景气指数走势基本一致，说明武汉市物流业运行的总体趋势与全国物流业基本相同。

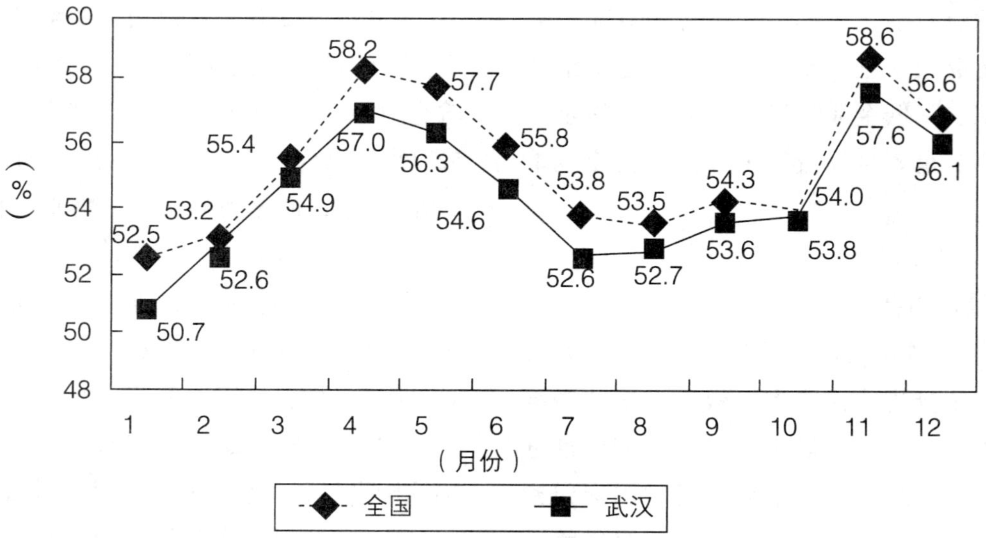


图 12　2017 年 1—12 月全国与武汉市物流业景气指数走势

表 8 是 2017 年 1—12 月武汉市物流业景气指数分项情况，从各分项指数看，2017 年武汉市物流业发展具有以下特点。

表 8　　2017 年 1—12 月武汉市物流业景气指数分项情况　　单位:%

| 指标 | 调查值 | 同比增长 | 指标 | 调查值 | 同比增长 |
|---|---|---|---|---|---|
| 业务总量指数 | 57.3 | 1.7 | 物流服务价格指数 | 51.2 | −0.1 |
| 新订单指数 | 55.2 | 1.0 | 企业主营业务利润指数 | 50.1 | 2.2 |
| 平均库存量指数 | 50.9 | 0.1 | 企业主营业务成本指数 | 59.4 | 2.5 |
| 库存周转次数指数 | 53.1 | 1.1 | 固定资产投资完成额指数 | 52.8 | 2.8 |
| 资金周转率指数 | 51.8 | 1.6 | 从业人员指数 | 51.9 | 1.2 |
| 设备利用率指数 | 53.5 | 1.7 | 业务活动预期指数 | 54.8 | 2.0 |

物流需求稳中趋升。2017 年，武汉市业务总量指数均值为 57.3%，同比增长 1.7 个百分点。其中有 7 个月的指数高于平均值。新订单指数均值为 55.2%，高于上年均值 1.0 个百分点，其中有 6 个月的指数高于平均值。反映出 2017 年武汉市物流需求稳中趋升，企业主营业务量及新订单数量较上年度均有所增长。

2017 年，武汉市库存周转次数指数的平均值为 53.1%，高于上年均值 1.1 个百分点，其中有 7 个月的指数高于平均值。设备利用率指数的平均值为 53.5%，高于上年均值 1.7 个百分点，其中有 7 个月的指数高于平均值。反映出 2017 年企业经营活动较为活跃，库存周转效率及利用率均高于上年度。

企业经营情况平稳向好。2017 年武汉市企业主营业务利润指数平均值为 50.1%，高于上年同期均值 2.2 个百分点，位于 50% 的景气区间以上。全年共有 8 个月的指数位于 50% 的景气区间以上。反映出物流企业经营情况较上年度有所好转，盈利能力增强，利润增长。

企业主营业务成本指数平均值为 59.4%，高于上年同期均值 2.5 个百分点，其中有 8 个月的指数高于平均值。反映出物流企业主营业务成本与上年相比有所增长，企业面临的经营压力较大。

物流业务预期平稳向好。2017 年，武汉市从业人员指数的平均值为 51.9%，高于上年同期均值 1.2 个百分点，其中有 8 个月的指数高于全年平均值，反映出物流企业从业人员队伍总体保持稳定。武汉市业务活动预期指数平均值为 54.8%，高于上年同期均值 2.0 个百分点，其中有 6 个月的指数高于全年平均值，反映出行业内对物流业的预期较为乐观，企业对行业的信心较上年有所增强。

（武汉市物流局）

# 2017 年宜昌市物流业发展情况

2017 年，宜昌市社会物流运行总体保持平稳发展，社会物流需求规模保持稳定增长，物流运行质量有所提升，延续了稳中向好的态势。

## 一、社会物流总额持续增长，社会物流需求结构不断优化

2017 年，宜昌市政府坚持稳中求进工作总基调，化压力为动力，开创了“绿色、转型、跨越、小康”新局面，全市实现社会物流总额 7493.61 亿元，同比增长 5.25%。

2017 年，宜昌市社会物流总额保持平稳增长，显示出全市物流需求规模稳步提升。其中：农产品物流总额为 731.43 亿元，同比上升 4.4%；工业品物流总额为 3846.73 亿元，同比下降 1.9%；外部流入货物物流总额为 2897.02 亿元，同比上升 15.92%；再生资源物品物流总额为 3.08 亿元，同比下降 0.4%；单位与居民物品物流总额为 15.35 亿元，同比上升 41.34%。2017 年宜昌市社会物流总额增长情况如表 1 所示[①]。

**表 1　　2017 年宜昌市社会物流总额增长情况**　　单位：亿元

| 物流指标 | 2017 年 | 同比增长（%） |
|---|---|---|
| 社会物流总额 | 7493.61 | 5.25 |
| 农产品物流总额 | 731.43 | 4.4 |
| 工业品物流总额 | 3846.73 | −1.9 |
| 外部流入货物物流总额 | 2897.02 | 15.92 |
| 再生资源物品物流总额 | 3.08 | −0.4 |
| 单位与居民物品物流总额 | 15.35 | 41.34 |

① 文中原数据存在四舍五入，不用调整。

（一）产业结构稳步调整。

2017年，宜昌市政府为加快化工产业转型升级，引导企业向精细化、高端化、绿色化、方向发展，出台了《关于化工产业专项整治及转型升级的意见》，有序推进沿江134家化工企业“关、转、搬”取得成效，实现传统化工占化工产值比重下降1.2个百分点、精细化工占比提高到20.3%；压减磷矿产量70万吨，压减煤炭产能75万吨；宜都、夷陵两个县市区整体退出煤炭生产行业，淘汰落后产能企业24家。2017年宜昌市实现工业品物流总额3846.73亿元，同比下降1.9%。截至2017年11月，宜昌市41个工业大类行业中有12个行业增加值保持增长，新材料、生物医药、电子信息、先进装备制造业加快发展，四大产业产值占工业总产值比重达到40%。其中：精细化工产值609.04亿元，同比增长12.2%；新材料产值355.68亿元，同比增长1.9%；生物医药产值246.52亿元，同比增长13.8%。

（二）外贸物流持续回暖。

2017年，宜昌市进出口总值达到184.2亿元，同比增长4.8%。其中：出口159.4亿元，同比增长4.1%；进口24.8亿元，同比增长10%，宜昌市进出口总量排江西省第三位。在国家外贸从“大进大出”转向“优进优出”的背景下，宜昌市国际物流需求结构不断优化。

2017年宜昌市加工贸易业表现强劲，进出口额达5.73亿美元，比上年激增59.18%，为宜昌市外贸回暖提供了有力支持。其中：出口4.21亿美元，比上年增长67.36%；进口1.52亿美元，比上年增长40.24%。2017年，宜昌市中外合资企业进出口总值达4.91亿美元，同比增长52.04%。其中出口3.93亿美元，进口0.98亿美元。2017年，受益于取消部分化肥出口关税政策，宜昌市化肥出口达8.03亿美元，比上年增长12%。

（三）消费类物流需求增长加快。

2017年，宜昌市消费与民生领域高速增长对物流需求的贡献率持续提高，在消费需求的带动下，全市单位与居民物品物流总额达15.35亿元，同比增长41.34%，成为物流需求增长的重要驱动力。近年来，宜昌市扩大内需和增加消费对经济增长的拉动作用突出，2017年全市社会消费品零售总额达1330.33亿元，同比增长7.3%。其中：批发业销售额为639.96亿元，同比增长6.8%；零售业销售额为388.48亿元，同比增长2.5%；住宿业营业额为18.31亿元，同比增长11.3%。

受近年来蓬勃发展的电商产业带动影响，2017年宜昌市消费驱动的物流需求延续上年高速增长的态势继续增长。截至2017年10月，除邮政EMS外，宜昌市已有申通、圆通、顺丰、百世、韵达、天天等快递品牌达28个，有快递许可证企业达99家，快递网点达826家。其中，宜昌城区（不含夷陵区）快递网点270家，县城快递网点291家，乡镇快递网点265家，实现了城乡快递服务网络全覆盖。由于民营快递企业服务费用一般低于EMS，致使民营快递企业近几年发展迅速，基本占据了快递市场2/3的份额。2017年，宜昌市邮政业业务总量累计达到12.65亿元，同比增长28.89%，排在江西省第五位。宜昌市快递业务量累计完成4326.58万件，同比增长21.42%；业务收入累计达到5.92亿元，同比增长21.93%。其中：同城业务量累计完成929.92万件，同比增长24.59%；异地业务量累计完成3364.58万件，同比增长20.4%；国际及港澳台业务量累计完成32.08万件，同比增长43.12%。2017年宜昌市邮政及快递业务完成情况如表 2 所示。

表 2　　2017 年宜昌市邮政及快递业务完成情况

| 业务指标 | 完成量 | 同比增长（%） |
|---|---|---|
| 邮政业务总量（亿元） | 12.65 | 28.89 |
| 快递业务量（万件） | 4326.58 | 21.42 |
| 其中：同城（万件） | 929.92 | 24.59 |
| 异地（万件） | 3364.58 | 20.40 |
| 国际及港澳台（万件） | 32.08 | 43.12 |
| 快递业务收入（亿元） | 5.92 | 21.93 |

（四）物流实物量结构调整加速。

2017 年，宜昌市货运量达到 1.62 亿吨，同比增长 12.81%。其中：铁路货运量 331.91 万吨，同比增长 8.16%；公路货运量 10552.23 万吨，同比增长 20.41%；水路货运量 5291.40 万吨，同比增长 0.43%；航空货运吞吐量 13473.8 吨，同比增长 22.62%。铁路货运量占宜昌市货运量比重为 2.05%。铁路和航空货运量的持续提高，表明铁路、航空与公路、水路等运输方式互联互通取得较大进展，各运输方式之间的配合日益紧密。2017 年宜昌市各种运输方式货运量变化情况如表 3 所示。

表 3　　2017 年宜昌市各种运输方式货运量变化情况

| 货运方式 | 1 季度（万吨） | 同比增长（%） | 1—2 季度（万吨） | 同比增长（%） | 1—3 季度（万吨） | 同比增长（%） | 1—4 季度（万吨） | 同比增长（%） |
|---|---|---|---|---|---|---|---|---|
| 铁路 | 102.4 | 40.22 | 162.54 | 33.79 | 231.31 | 34.12 | 331.91 | 8.16 |
| 公路 | 1920 | 6.44 | 4594.5 | 15.57 | 7412.3 | 19.91 | 10552.23 | 20.41 |
| 水路 | 1152 | -0.27 | 2518.3 | 2.90 | 3901 | 5.74 | 5291.4 | 0.43 |
| 航空 | 0.34 | 29.38 | 0.65 | 27.12 | 1.02 | 25.07 | 1.35 | 22.62 |

## 二、社会物流总费用占 GDP 比重下降，物流效率加速提升

2017 年，宜昌市实现社会物流总费用 508 亿元，同比增长 6.27%。其中：运输费用 316 亿元，同比增长 6.75%；保管费用 145 亿元，同比增长 5.07%；管理费用 47 亿元，同比增长 6.81%。2016—2017 年宜昌市社会物流总费用情况如表 4 所示。

**表 4　　2016—2017 年宜昌市社会物流总费用情况**

| 指标名称 | 2016 年（亿元） | 2017 年（亿元） | 同比增长（%） | 占 GDP 比重（%） |
|---|---|---|---|---|
| 社会物流总费用 | 478 | 508 | 6.27 | 13.17 |
| 其中：运输费用 | 296 | 316 | 6.75 | 8.19 |
| 保管费用 | 138 | 145 | 5.07 | 3.76 |
| 管理费用 | 44 | 47 | 6.81 | 1.22 |

从结构来看，运输费用占社会物流总费用的比重为 62.2%；保管费用占社会物流总费用的比重为 28.5%；管理费用占社会物流总费用的比重为 9.3%；物流总费用占 GDP 的比重为 13.17%。表明宜昌市物流运行质量和效率有所提升。究其原因，主要是受三个方面的影响。一是产业结构调整稳步推进。2017 年，宜昌市国民经济生产总值为 3857.17 亿元，同比增长 2.4%，其中：第一产业增加值为 426.72 亿元，同比增长 3.7%，占 GDP 比重为 11.1%；第二产业增加值为 2077.58 亿元，同比下降 1.5%，占 GDP 比重为 53.9%；第三产业增加值为 1352.87 亿元，同比增长 9.5%，占 GDP 比重为 35%。第三产业增加值占 GDP 比重比 2016 年提高了 3.07 个百分点，比 2015 年提高了 4.67 个百分点。2017 年，宜昌市社会物流总费用占 GDP 的比率比 2016 年下降约 2.25 个百分点，约节省费用 89 亿元。二是行业提质增效成效显著。在国民经济增速放缓，企业经营效益走低的背景下，各行业纷纷重视物流效率的提升，努力实现转型和提升发展，物流费用增速明显放缓。2017 年 12 月，宜昌市物流企业平均库存量指数为 55.43%，库存周转指数为 56.52%，反映出企业存货的库存量有所下降，企业的存货及货物的流动性水平有所提高。三是新技术、新运营管理模式的运用。近年来，随着政府越来越重视物流产业发展，各物流企业相继运用新技术、新运营管理模式，使得企业的物流效率得到提升。

## 三、社会物流总收入平稳增长，物流市场规模逐步扩大

2017 年，伴随着宜昌市现代物流业的快速发展和物流社会化、专业化发展加快，宜昌市物流市场规模进一步扩大，全市社会物流总收入达 471 亿元，同比增长 6.32%。根据对宜昌市重点物流企业调查得知，全市 48 家重点企

业全年收入为 55.34 亿元，同比增长 11.35%。营业收入过亿元的企业达到 13 家，10 家重点园区实现交易额 460 亿元，同比增长 14.14%。三峡物流园年交易总额达到 366 亿元。重点企业营收和园区交易额增速相比上年同期有所下降，市场规模进入平稳增长期。2016—2017 年宜昌市社会物流总收入及重点企业营收情况如表 5 所示。

**表 5　　2016—2017 年宜昌市社会物流总收入及重点企业营收情况**　　单位：亿元

| 营收项目 | 2016 年 | 同比增长（%） | 2017 年 | 同比增长（%） |
|---|---|---|---|---|
| 社会物流总收入 | 443 | — | 471 | 6.32 |
| 48 家重点企业全年营业收入 | 49.92 | 26.12 | 55.34 | 11.35 |
| 10 家重点园区交易额 | 403.6 | 64.34 | 460 | 14.14 |

## 四、物流业景气指数高位趋缓

2017 年，宜昌市物流局开展了全市物流业景气指数统计，上半年每季度统计一次，从 8 月开始，改为每月一次，全年共计开展了 7 次统计，分别为 3 月、6 月、8 月、9 月、10 月、11 月和 12 月。2017 年宜昌市物流景气指数统计情况如表 6 所示。

**表 6　　2017 年宜昌市物流景气指数统计情况**

| 统计时间 | 3 月 | 6 月 | 8 月 | 9 月 | 10 月 | 11 月 | 12 月 |
|---|---|---|---|---|---|---|---|
| 物流景气指数 | 61.1 | 57.51 | 57.83 | 58.96 | 56.75 | 59.5 | 58.90 |

从整体来看，2017 年宜昌市物流业景气指数平均数为 58.65，高于国家平均水平 3.35 个百分点，全年基本处于 55 以上的高位区间，全年物流业发展情况最好的是 11 月，12 月虽有所回落，但仍处于高位。显示出宜昌市物流业景气状况良好，企业经营状况有较大改善，物流整体需求仍然旺盛，实体经济保持稳定增长，物流业整体呈现活跃态势。

（宜昌市物流局）

# 第六部分

# 物流技术与装备

# 2017 年中国物流装备业

## 一、物流装备业发展宏观环境

（一）宏观经济环境情况。

2017 年我国国民经济发展稳中向好、好于预期，经济活力、动力和潜力不断释放，稳定性、协调性和可持续性明显增强。全年实现国内生产总值 827122 亿元，比上年增长 6.9%。与物流技术装备行业密切相关的制造业增加值增长了 7.2%，高技术产业增加值增长了 13.4%，装备制造业增加值增长了 11.3%，全年社会消费品零售总额比上年增长了 10.2%，全国网上零售额比上年增长了 32.2%，增速均超过了国民经济平均增长水平。

随着我国供给侧结构性改革深入推进，转型升级取得新成效，“三去一降一补”扎实推进，钢铁、煤炭年度去产能任务圆满完成。全国工业产能利用率为 77.0%，创 5 年新高。在新旧动能转换方面，2017 年工业战略性新兴产业增加值比上年增长 11.0%，增速比规模以上工业快 4.4 个百分点；工业机器人产量比上年增长 68.1%，新能源汽车比上年增长 51.1%，经济结构继续优化。

总体来看，2017 年我国宏观经济环境为物流业技术装备业发展创造了一个非常好的发展环境。

2017 年，国家相关部门陆续出台了一系列推动物流发展的宏观政策。特别是在党的十九大报告中把现代物流业纳入国家优先发展的基础设施范畴，把现代供应链作为培育新增长点形成新动能的领域。多项政策密集出台，对物流技术装备行业的发展是正面的，有利于我国物流技术装备业的快速发展。

（二）行业发展环境情况。

2017 年，我国社会物流总额为 252.8 万亿元，全国实现货运量 479 亿吨、快递业务量突破 400 亿件，均处于世界第一位，我国已经成为名副其实的世界物流大国。

2017 年，我国工业品物流总额为 235 万亿元，占社会物流总额的 93%，制造业仍然是我国物流技术装备需求的主要来源。随着我国消费增长，消费物流成为物流需求的重要推动力，2017 年我国单位和居民物品物流总额同比增长 29.9%，远高于其他物流需求增长速度，生产和消费物流结构趋于优化。

2017 年，我国人工智能技术在无人驾驶、无人仓储、无人配送、物流机器人等物流前沿领域的应用获得了快速发展。高新技术产业与智能制造是物流技术装备业市场需求热点。随着我国工业领域高新技术产业与智能制造的快速发展，消费领域更加关注物流时效和服务体验。随着物流技术与装备快速发展，智慧物流加快起步。智慧物流通过协同共享创新模式和人工智能先进技术，为物流技术创新提供了新的空间。通过智慧物流赋能，可实现智能配置物流资源、优化物流环节、减少资源浪费、大幅提升物流运作效率。

## 二、物流技术装备市场需求情况

物流业是对物流技术装备影响最大的行业。综合来看，近年来，我国电商、医药、服装、汽车、家电、新能源、食品、家居建材、烟草、军事等众多行业领域对物流技术装备的需求因特点各异各有不同。服装行业的商业模式变革倒逼服装企业加速改善流通领域的物流系统；汽车企业积极探索智能制造，供应链上下游物流升级；医药商业物流中心重视引入“货到人”系统，制药行业关注物流自动化、智能化升级；家电行业在加速进行工厂智能物流系统建设；家居卖场、家具制造企业加快向物流自动化、信息化、智能化升级；烟草行业新一轮大规模物流系统建设提上日程；电商物流全面进军智慧物流。

总体来看，2017 年我国物流装备市场呈现三个特点。

一是电商物流是物流技术装备需求热点。2017 年我国电商高速发展，掀起了电商物流技术与装备的大发展热潮。电商物流技术与装备有两大发展路径：一个是以大数据、云计算、物联网为基础支撑的物流大脑智慧体系快速形成；另一个是大力进行物流设施建设，加速物流自动化、智能化升级，实现从入库、存储、包装到分拣的全流程无人化的技术发展。

根据相关资料统计分析得出，2017 年我国电子商务对物流技术装备市场需求已经超越了传统的医药、烟草、服装、汽车、家电等产业领域，在市场占比和市场增速两个方面均排名第一。2017 年我国电子商务物流对物流技术装备的市场需求增长速度在 35% 以上。

二是制造业仍是物流技术装备的需求主体。随着“中国制造 2025”的全面推进，智能制造已成为我国制造业发展的方向。市场数据显示，2017 年我国制造业对物流技术装备的市场需求增长在 18% 以上。综合来看，智能物流系统作为智能工厂的核心组成部分近两年呈现出四大发展特点：第一，全流程数字化；第二，网络化，各种设备通过物联网和互联网技术连接在一起；第三，高柔性的自动化，包括物流作业流程、硬件以及系统布局上的柔性化；第四，智能化，通过各种设备将生产环节相连，使其具有自主决策能力。近年来，制造企业的原材料物流、成品物流、生产物流亟待全面升级，尤其是物流自动化系统建设不断升温，其中，新能源汽车等领域是市场需求热点。传统的医药领域、烟草领域、汽车制造、智能家电、智能家居产品等制造领域也继续呈现需求旺盛的趋势。

三是消费升级推动冷链物流技术装备需求持续上升。有专家预测，2017 年我国冷链物流市场规模约为 4300 亿元，并以每年 17% 的速度增长。食品制造、零售、批发商三类客户目前占据冷链物流需求的三位，生鲜电商、便利店、餐饮企业具有较大的增长潜力。冷链物流能力建设呈现一张天网（信息平台）和四张地网（仓储中心、干线运输、城市短驳、B2C 宅配）同步推进的局面。

2017 年是我国新零售元年。我国电子商务向新零售发展，催生了零售新形态，新物种大量孵化出来。其中，生鲜冷链是新零售物流创新的主战场。新零售重构了人、货、场，要求物流服务快速、准确，作为基础支撑的物流系统加速向自动化、智能化方向转变。目前新零售对物流技术装备的需求虽处于起步爆发阶段，但增长基数还很小，而且呈现模块化、柔性化、小型化的特点。

## 三、物流装备业发展情况

考察全球物流技术与装备的演进历程，大致可以分为机械化时期、自动化时期、高柔性自动化时期和智慧物流发展时期。现阶段我国物流装备市场需求差异非常大，需求层次非常多，各种物流装备长期并存，因而目前我国物流装备业处在自动化为主流、智慧化为趋势的发展阶段，智能装备创新、企业跨界发展、物流标准化推进、资本整合加剧、企业联合共生等新变化与新趋势是行业转型升级的新动能。综合来看，2017 年我国物流装备市场发展亮点纷呈。

（一）系统集成。

智慧物流推动了物流系统集成市场快速发展，集成商都在围绕智慧物流进行探索和布局。随着客户对物流效率的要求不断提升，物流中心从局部自动化向全面自动化甚至无人化方向发展，托盘式自动仓库、输送系统、分拣系统等自动化物流系统的市场需求进一步加大，穿梭车系统、AGV、机器人等更加柔性化的自动化物流系统也得到越来越多的应用。在智能软件方面，集成商更加重视 WMS、WCS 系统软件能力的提升，采用云计算技术，使其具有支持超大物流系统运行的能力，覆盖在线生产物流系统与物流配送中心运营管理。“一体化解决方案”“一站式服务”是系统集成商服务客户的核心理念。

根据调查分析，2017 年我国物流系统集成商的重点企业市场规模快速扩张，增长速度都在 30% ~40%，综合分析我们认为 2017 年我国物流系统集成领域市场销售额增长率在 30% 左右，截至 2017 年 12 月，我国自动化立体库保有量超过 4300 多座，年立体库建设超过 700 座以上。

（二）物流机器人。

近年来，我国物流机器人行业发展非常迅速，移动机器人、拆码垛机器人、分拣机器人等仓储机器人已在各个行业应用并日渐普及。

顶层：开发基于仓库业务流程及各种设备特征的仓储机器人统一综合调度管理平台。中层：增加机器人的种类。例如，自动拣选机器人、皮带输送搬运机器人、重载型机器人。底层：伴随机器人视觉、环境感知、传感器、芯片、通信等技术发展，打造新型的机器人操作平台。例如，使机器人不仅能和服务器通信，还能实现机器人之间、机器人与其他设备等之间的通信，并朝着更加自动化、低功耗等方向发展。

根据中国电子学会发布的《2017 中国机器人产业发展报告》，2017 年我国机器人出货量超过 12 万台。根据不完全调查统计，2017 年我国各类物流机器人销售量在 1.2 万台以上。

（三）叉车。

2017 年我国叉车行业发展出现了超预期的高速增长，国内和出口市场双双创历史新高，叉车全系列车型普遍增长，全年整体销量 496738 台，比 2016 年同期增长 34.23%；国内市场销售达 371013 台，相比 2016 年同期增长

38.51%；出口达到125725台，比2016年全年增长23%。

2017年我国叉车行业呈现出以下特点：一是我国生产制造的叉车在世界范围内占比进一步提升，占比接近40%（含外资在华企业）；二是电动、仓储、新能源、智能化叉车得到广泛关注，市场机遇期已经到来；三是行业集中度进一步提高，领军企业在技术、成本、渠道、服务等关键竞争力方面优势明显；四是人工、原材料成本增加，市场竞争进一步加剧，利润出现下滑；五是叉车后市场、围绕叉车全价值链提供服务，备受叉车企业关注。

在产品类型方面，仓储叉车继续保持较高增长，部分常用小吨位内燃平衡重叉车将由电动、新能源叉车替代，叉车类AGV及牵引车在未来技术突破、成本降低后市场需求会进一步释放。以往经济型叉车为主的市场，随着客户需求的提高，中端类型的叉车份额会进一步增加。

（四）货架。

2017年我国货架市场需求旺盛，很多货架工厂均处于产能饱和状态。不少货架企业尝试扩展仓储自动化、物流系统集成等新业务领域，货架产品已形成标准化、系列化。从产品类型来看，普通的横梁式、隔板式、阁楼式货架都有相当大的市场需求，尤其是电商高速发展带来阁楼式货架系统越做越大。

从货架需求量看，2017年电子商务物流、服装物流、医药物流、快消品物流、高端制造等领域是高端货架需求的主要行业，市场需求增长较快。机械、汽车、电子等行业增长货架市场需求增长平稳，全年货架产销量将超过129亿元，同比增长29%。

（五）输送分拣。

2017年，我国输送分拣设备更加强调模块化，以实现高效生产和快速安装调试，同时通过标准化达到低成本、低维修的目的。例如，德马第五代基于物联网应用的模块化智能输送机平台i-G5，具有智、柔、美、捷、绿五大特点，高速的输送性能、高效的运行效率、快速的交货周期、便捷的安装调试；英特诺模块化平台简化了各个部件的组装过程，实现即插即用，能够确保迅捷、可靠交货，便于规划和实施物料输送解决方案。华南新海推出的模块化模组带物流分拣系统也得到了物流行业的广泛关注。

根据监测，2017年我国输送分拣设备行业市场需求会呈现高速增长态势，年增长约在35%以上，市场规模超过70亿元。

（六）单元化产品。

在商务部大力推进商贸物流标准化行动计划带动下，物流单元化、标准化成为发展趋势。作为单元化物流的基础器具，托盘、周转箱等产品得到广泛应用，市场需求大幅上升。随着自动化、智能化物流系统建设加快，对单元化产品的规格、尺寸、材料、样式、可追踪和应用模式等都提出了更高要求。

托盘是最重要的单元化产品，2017年以来，我国托盘行业增长速度稳定回升，根据对行业企业的调研分析，我们认为2017年我国托盘生产增长速度同比增长率在8%左右，考虑到托盘更新因素，目前我国托盘保有量预计接近12亿片。

根据相关数据调查测算，在“中国商贸物流标准化行动计划”的推动下，2017年我国托盘产销量中标准托盘产销增长继续保持快速增长，其增长速度远远高于托盘增长速度。预计增长速度在15%以上，标准托盘产销量占比超过37%。

（王继祥）

# 2017 年中国载货车业

## 一、载货车业发展环境

（一）宏观经济环境。

2017 年在复杂的国内外形势下，我国持续推进供给侧结构改革，释放新的增长动能，宏观经济持续回暖向好，GDP 增速为 6.9%，比 2016 年提高 0.2 个百分点。在国家一系列组合政策的作用下，影响我国载货车市场发展的各项指标大幅改善（详见表 1），带动载货车市场需求增加。

表 1　　2016—2017 年影响我国载货车市场需求的关键指标变化情况

| 指标 | 2016 年 | 2017 年 | 说明 |
| --- | --- | --- | --- |
| 公路货物周转量（亿吨公里） | 61210.98 | 66712.51 | 同比增加 9%，大幅高于 2016 年增速（5.6%） |
| 公路物流运价指数 | 103.4 | 106.6 | 创近年新高，公路物流运输景气度好 |
| 粗钢产量（万吨） | 80837 | 83173 | 同比增加 2.9%，比 2016 年增速（1.2%）大幅提高 |
| 原煤产量（万吨） | 336398.6 | 344545.6 | 同比增长 2.4%，2016 年同期为−9.4% |
| 邮政快递量（亿件） | 313 | 401 | 快递业保持高景气度，继续大幅增长 28% |
| 规模以上港口货物吞吐量（万吨） | 808137 | 862534 | 同比增长 6.7%，比 2016 年增幅大幅提高 |
| 房地产投资（亿元） | 102581 | 109798.53 | 同比增长 7% |

数据来源：国家统计局。

（二）载货车行业发展的相关政策环境。2017 年，众多影响载货车行业发展的政策法规陆续落地，对行业和企业发展产生了较大影响，相关情况如表 2 所示。

表 2 2017 年影响载货车行业发展的主要政策

| 序号 | 类别 | 主要内容 |
|---|---|---|
| 1 | 环保 | 2017 年 7 月 1 日起，所有进口及新生产的重型柴油车须符合国五排放标准 |
| 2 | 环保 | 2017 年年底，基本淘汰所有黄标车 |
| 3 | 油品 | 2017 年 1 月 1 日起，全国供应符合国五标准的汽柴油 |
| 4 | 治超 | 双排车辆运输车禁止上路，整治不合规车辆运输车 |
| 5 | 车辆类型管理 | 2017 年 1 月 1 日起，在《道路机动车辆生产企业及产品公告》管理中取消低速货车产品类别，相关企业应停止生产、销售低速货车产品 |
| 6 | 安全 | 《商用车辆和挂车制动系统技术要求及试验方法》规定，2016 年 7 月 1 日起出厂的卡车和客车强制安装 ABS 制动防抱死装置 |
| 7 | 安全 | 《机动车运行安全技术条件》（GB 7258—2017）实施，危险品运输车速不得超过 80 千米/小时 |
| 8 | 物流 | 《国务院办公厅关于进一步推进物流降本增效促进实体经济发展的意见》和交通运输部等十四个部门发布的《促进道路货运行业健康稳定发展行动计划（2017—2020 年）》，提出物流业降本增效，提高全社会物流效率，对货运方式进行创新 |
| 9 | 货车限行 | 北京、郑州、山东、深圳等地分别出台针对柴油载货车辆的路权限制政策，利好天然气货车以及纯电动货车产业发展 |

## 二、载货车行业整体情况

2017 年我国共销售载货车 363.3 万辆，同比大幅增长 16.9%，创近五年来的新高。2013—2017 年我国载货车分车型销售情况如表 3 所示。

表 3 2013—2017 年我国载货车分车型销售情况 单位：辆

| 车型 | 2013 年 | 2014 年 | 2015 年 | 2016 年 | 2017 年 |
|---|---|---|---|---|---|
| 重型载货车 | 774104 | 743991 | 550716 | 732919 | 1116851 |

续 表

| 车型 | 2013 年 | 2014 年 | 2015 年 | 2016 年 | 2017 年 |
|---|---|---|---|---|---|
| 中型载货车 | 286839 | 247839 | 200414 | 229063 | 229113 |
| 轻型载货车 | 1908328 | 1662634 | 1558543 | 1539820 | 1718943 |
| 微型载货车 | 527019 | 529942 | 546208 | 606058 | 568444 |
| 合计 | 3496290 | 3184406 | 2855881 | 3107860 | 3633351 |

数据来源：中国汽车工业协会。

2013—2017 年我国载货车细分市场构成也发生了变化，具体情况见表 4。三类细分市场中，半挂牵引车销量与份额增长较好，市场份额从 2013 年的 8% 提升至 2017 年的 16%；牵引车是高效物流运输的主要工具，未来仍有进一步增长空间；普通载货车市场份额较稳定，货车非完整车辆份额呈下滑态势。

表 4　2013—2017 年我国载货车、非完整车辆及牵引车销量　单位：辆

| 细分车型 | 2013 年 | 2014 年 | 2015 年 | 2016 年 | 2017 年 |
|---|---|---|---|---|---|
| 载货车 | 2725895 | 2436493 | 2256496 | 2373847 | 2592185 |
| 货车非完整 | 507012 | 468923 | 349205 | 346033 | 457862 |
| 半挂牵引车 | 263383 | 278990 | 250180 | 387980 | 583304 |

数据来源：中国汽车工业协会。

## 三、重型载货车行业发展情况

2017 年，我国 27 家重型货车生产企业共销售重型载货车 111.68 万辆，同比增长 52.38%，创出新高。2016—2017 年我国重型货车生产企业销量大于 500 辆的企业排名详见表 5。中国第一汽车集团公司、东风汽车公司、中国重型汽车集团有限公司、陕西汽车集团有限责任公司和北汽福田汽车股份有限公司五家企业产品集中度达 83.7%，未来有望进一步提高。

表 5　2016—2017 年我国重型货车生产企业销量大于 500 辆的企业排名

| 排名 | 企业名称 | 2017 年销量（辆） | 2016 年销量（辆） | 同比增长（%） |
|---|---|---|---|---|
| 1 | 中国第一汽车集团公司 | 240782 | 148034 | 62.65 |
| 2 | 东风汽车公司 | 216085 | 142640 | 51.49 |
| 3 | 中国重型汽车集团有限公司 | 190273 | 122850 | 54.88 |

续 表

| 排名 | 企业名称 | 2017 年销量（辆） | 2016 年销量（辆） | 同比增长（%） |
|---|---|---|---|---|
| 4 | 陕西汽车集团有限责任公司 | 173093 | 108060 | 60. 18 |
| 5 | 北汽福田汽车股份有限公司 | 114278 | 78475 | 45. 62 |
| 6 | 安徽江淮汽车集团股份有限公司 | 51097 | 42878 | 19. 17 |
| 7 | 上汽依维柯红岩商用车有限公司 | 40017 | 15517 | 157. 89 |
| 8 | 成都大运汽车集团有限公司 | 29723 | 23592 | 25. 99 |
| 9 | 安徽华菱汽车有限公司 | 18700 | 14529 | 28. 71 |
| 10 | 北奔重型汽车集团有限公司 | 13959 | 10018 | 39. 34 |
| 11 | 南京徐工汽车制造有限公司 | 12871 | 9181 | 40. 19 |
| 12 | 湖北三环专用汽车有限公司 | 5186 | 3561 | 45. 63 |
| 13 | 广汽日野汽车有限公司 | 2601 | 1801 | 44. 42 |
| 14 | 四川现代汽车有限公司 | 2092 | 2050 | 2. 05 |
| 15 | 庆铃汽车（集团）有限公司 | 1925 | 1918 | 0. 36 |
| 16 | 浙江飞碟汽车制造有限公司 | 1692 | 792 | 113. 64 |
| 17 | 山东唐骏欧铃汽车制造有限公司 | 767 | 662 | 15. 86 |
| 18 | 江铃控股有限公司 | 636 | 52 | 1123. 08 |
| 19 | 湖北三江航天万山特种车辆有限公司 | 524 | 368 | 42. 39 |
| 重型载货车合计 | | 1116851 | 732919 | 52. 38 |

数据来源：中国汽车工业协会。

根据 2001 年以来重型货车销量数据分析得知，我国重型货车销售多年来呈区间波动发展态势，即每 6~7 年一个波动周期（重型货车更新期一般为 6 年）。2004 年和 2010 年分别达到阶段销量高点。2016 年由于运输企业经济效益差，更新需求的意愿被压制。到 2016 年年底，得益于运价指数提升、运输企业效益改善，运输企业被压抑的更新意愿得到释放，重型货车更新需求增加，导致 2017 年我国重型货车销量创下新高。2001—2017 年我国重型货车行业需求量周期波动变化走势如下图所示。

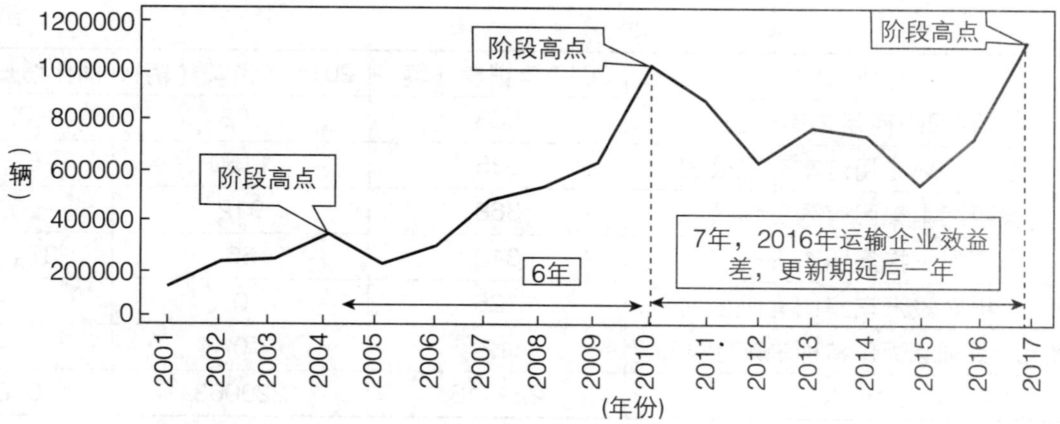


**2001—2017 年我国重型货车行业需求量周期波动变化走势**

## 四、中型货车行业

2017 年，我国 20 家中型货车生产企业共销售中型货车 22.9 万辆，同比增长 0.02%。分企业来看，排名前三位的重庆力帆汽车有限公司、东风汽车公司和中国第一汽车集团公司的销量均比上年减少，行业企业销量集中度不高。我国中型货车市场规模小，企业重视程度不高，加之中型货车的运输效率低，不利于集约化、大规模运输，因此从长期来看，中型货车的市场规模仍有萎缩的趋势。2016—2017 年我国中型货车企业销量排名如表 6 所示。

**表 6　　2016—2017 年我国中型货车企业销量排名**

| 排名 | 企业名称 | 2017 年销量（辆） | 2016 年销量（辆） | 同比增长（%） |
|---|---|---|---|---|
| 1 | 重庆力帆汽车有限公司 | 57831 | 69664 | −16.99 |
| 2 | 东风汽车公司 | 41373 | 56503 | −26.78 |
| 3 | 中国第一汽车集团公司 | 24096 | 37187 | −35.20 |
| 4 | 安徽江淮汽车集团股份有限公司 | 23530 | 14916 | 57.75 |
| 5 | 成都大运汽车集团有限公司 | 18272 | 11175 | 63.51 |
| 6 | 庆铃汽车（集团）有限公司 | 17217 | 13164 | 30.79 |
| 7 | 北汽福田汽车股份有限公司 | 14507 | 5553 | 161.25 |
| 8 | 中国重型汽车集团有限公司 | 12789 | 7791 | 64.15 |
| 9 | 山东唐骏欧铃汽车制造有限公司 | 9476 | 2813 | 236.86 |
| 10 | 浙江飞碟汽车制造有限公司 | 3758 | 2332 | 61.15 |
| 11 | 四川现代汽车有限公司 | 2728 | 4489 | −39.23 |
| 12 | 山东凯马汽车制造有限公司 | 1618 | 733 | 120.74 |

续 表

| 排名 | 企业名称 | 2017 年销量（辆） | 2016 年销量（辆） | 同比增长（%） |
| --- | --- | --- | --- | --- |
| 13 | 吉利四川商用车有限公司 | 563 | 608 | -7.40 |
| 14 | 湖北三环专用汽车有限公司 | 535 | 1150 | -53.48 |
| 15 | 陕西汽车集团有限责任公司 | 368 | 912 | -59.65 |
| 16 | 中国一拖集团有限公司 | 313 | 66 | 374.24 |
| 17 | 四川南骏汽车集团有限公司 | 126 | 0 | — |
| 18 | 湖北三江航天万山特种车辆有限公司 | 12 | 0 | — |
| 合计 | | 229113 | 229063 | 0.02 |

数据来源：中国汽车工业协会。

## 五、轻型货车

2017 年，我国轻型货车生产企业共销售轻型货车 171.9 万辆，同比增长 11.63%。伴随《机动车运行安全技术条件》(GB 7258—2017）将皮卡定义为多功能货车，各地将逐步放开对皮卡的限行，企业将加大对皮卡的产品研发，未来皮卡市场将有一定的发展空间。2016—2017 年我国轻型货车生产企业销量排名如表 7 所示。

表 7　　2016—2017 年我国轻型货车生产企业销量排名

| 排名 | 企业名称 | 2017 年销量（辆） | 2016 年销量（辆） | 同比增长（%） |
| --- | --- | --- | --- | --- |
| 1 | 北汽福田汽车股份有限公司 | 303838 | 269531 | 12.73 |
| 2 | 安徽江淮汽车集团股份有限公司 | 182364 | 184862 | -1.35 |
| 3 | 江铃控股有限公司 | 180764 | 166142 | 8.80 |
| 4 | 东风汽车公司 | 156096 | 127472 | 22.46 |
| 5 | 长城汽车股份有限公司 | 119846 | 105621 | 13.47 |
| 6 | 重庆长安汽车股份有限公司 | 101818 | 65158 | 56.26 |
| 7 | 中国重型汽车集团有限公司 | 94592 | 70061 | 35.01 |
| 8 | 重庆力帆汽车有限公司 | 56582 | 74891 | -24.45 |
| 9 | 庆铃汽车（集团）有限公司 | 52338 | 53742 | -2.61 |
| 10 | 中国第一汽车集团公司 | 42338 | 34797 | 21.67 |
| 11 | 河北中兴汽车制造有限公司 | 40627 | 33380 | 21.71 |
| 12 | 南京依维柯汽车有限公司 | 39007 | 38715 | 0.75 |

续 表

| 排名 | 企业名称 | 2017 年销量（辆） | 2016 年销量（辆） | 同比增长（%） |
| --- | --- | --- | --- | --- |
| 13 | 浙江飞碟汽车制造有限公司 | 36848 | 20411 | 80.53 |
| 14 | 保定长安客车制造有限公司 | 35418 | 31397 | 12.81 |
| 15 | 金杯汽车股份有限公司 | 34851 | 56317 | -38.12 |
| 16 | 山东唐骏欧铃汽车制造有限公司 | 33964 | 37996 | -10.61 |
| 17 | 山东凯马汽车制造有限公司 | 31423 | 35917 | -12.51 |
| 18 | 成都大运汽车集团有限公司 | 30098 | 24542 | 22.64 |
| 19 | 江西五十铃汽车有限公司 | 27430 | 16201 | 69.31 |
| 20 | 丹东黄海汽车有限责任公司 | 25515 | 21349 | 19.51 |
| 合计 | | 1718943 | 1539820 | 11.63 |

数据来源：中国汽车工业协会。

## 六、微型货车行业

2017 年，我国微型货车生产企业共销售微型货车 56.8 万辆，同比下降 6.21%。上汽通用五菱汽车股份有限公司、重庆长安汽车股份有限公司和东风汽车公司三家企业市场份额达 75%，且销量均实现同比正增长，北汽福田汽车同比降幅高达 35%。微型货车产品电动化趋势明显，微型电动物流车有较大发展空间。2016—2017 年我国微型货车生产企业销量排名如表 8 所示。

表 8　2016—2017 年我国微型货车生产企业销量排名

| 排名 | 企业名称 | 2017 年销量（辆） | 2016 年销量（辆） | 同比增长（%） |
| --- | --- | --- | --- | --- |
| 1 | 上汽通用五菱汽车股份有限公司 | 255237 | 251981 | 1.29 |
| 2 | 重庆长安汽车股份有限公司 | 87061 | 85003 | 2.42 |
| 3 | 东风汽车公司 | 84257 | 71073 | 18.55 |
| 4 | 北汽福田汽车股份有限公司 | 52824 | 81782 | -35.41 |
| 5 | 山东凯马汽车制造有限公司 | 20300 | 15561 | 30.45 |
| 6 | 重庆力帆汽车有限公司 | 18928 | 26947 | -29.76 |
| 7 | 金杯汽车股份有限公司 | 17332 | 15623 | 10.94 |
| 8 | 四川现代汽车有限公司 | 12262 | 25438 | -51.8 |
| 9 | 奇瑞汽车股份有限公司 | 9915 | 17754 | -44.15 |

续 表

| 排名 | 企业名称 | 2017 年销量（辆） | 2016 年销量（辆） | 同比增长（%） |
|---|---|---|---|---|
| 10 | 山东唐骏欧铃汽车制造有限公司 | 5700 | 5605 | 1.69 |
| 11 | 中国第一汽车集团公司 | 4428 | 7975 | -44.48 |
| 12 | 北汽银翔汽车有限公司 | 120 | 678 | -82.3 |
| 13 | 四川南骏汽车集团有限公司 | 80 | 0 | — |
| 14 | 广州汽车集团乘用车（杭州）有限公司 | 0 | 638 | — |
| 合计 | | 568444 | 606058 | -6.21 |

数据来源：中国汽车工业协会。

## 七、燃料类型的货车发展

2017 年，伴随天然气重新具有比价优势，燃料型货车销量大幅上涨，保有量大增。虽然货车用天然气的优先权低于公交车和出租车，更低于居民用气，但天然气季节性供应短缺的问题不能忽视。2017 年，我国货车电动化发展较快，且以轻型和微型货车为主。得益于大型城市限行以及环保升级，货车电动化有了加快发展的机会。部分企业在燃料电池货车领域进行了研发和技术积累，一旦技术短板被突破，在货车领域的应用前景更大。2016—2017 年我国燃料型货车销量情况如表 9 所示。

表 9　　2016—2017 年我国燃料型货车销量情况

| 车型 | | 2017 年销量（辆） | 2016 年销量（辆） | 同比增长（%） | 车型 | | 2017 年销量（辆） | 2016 年销量（辆） | 同比增长（%） |
|---|---|---|---|---|---|---|---|---|---|
| 重型 | 柴油汽车 | 1057950 | 725127 | 45.90 | 微型 | 柴油汽车 | 1375034 | 1285414 | 6.97 |
| | 汽油汽车 | 6 | 0 | — | | 汽油汽车 | 193591 | 233028 | 25.99 |
| | 普通混合动力 | 0 | 0 | — | | 普通混合动力 | 152 | 4 | 3700.00 |
| | 插电式混合动力 | 0 | 0 | — | | 插电式混合动力 | 0 | 0 | — |
| | 纯电动 | 246 | 8 | 2975.00 | | 纯电动 | 49391 | 19066 | 159.05 |
| | 燃料电池 | 0 | 0 | — | | 燃料电池 | 651 | 0 | — |
| | 天然气 | 58649 | 7784 | 653.46 | | 天然气 | 124 | 2308 | -94.36 |
| | 其他替代燃料 | 0 | 0 | — | | 其他替代燃料 | 0 | 0 | — |

续 表

| 车型 | | 2017年销量（辆） | 2016年销量（辆） | 同比增长（%） | 车型 | | 2017年销量（辆） | 2016年销量（辆） | 同比增长（%） |
|---|---|---|---|---|---|---|---|---|---|
| 中型 | 柴油汽车 | 227508 | 221867 | 2.54 | 轻型 | 柴油汽车 | 59640 | 83164 | -28.29 |
| | 汽油汽车 | 5 | 0 | — | | 汽油汽车 | 501739 | 516603 | -2.88 |
| | 普通混合动力 | 0 | 0 | — | | 普通混合动力 | 0 | 0 | — |
| | 插电式混合动力 | 0 | 0 | — | | 插电式混合动力 | 0 | 0 | — |
| | 纯电动 | 1431 | 7094 | -79.83 | | 纯电动 | 7065 | 6291 | 12.30 |
| | 燃料电池 | 0 | 0 | — | | 燃料电池 | 0 | 0 | — |
| | 天然气 | 169 | 102 | 65.69 | | 天然气 | 0 | 0 | — |
| | 其他替代燃料 | 0 | 0 | — | | 其他替代燃料 | 0 | 0 | — |

数据来源：中国汽车工业协会。

## 八、载货车出口情况

2017年，我国出口载货车23.1万辆，比2016年增加2.3万辆，增幅11%。分出口区域来看，全年共向东南亚国家出口载货车88788辆，占比超过38%，东南亚国家仍是我国最主要的载货车出口区域。值得一提的是，我国新能源货车开始小批量出口欧洲国家，2017年共出口4113辆。2014—2017年我国载货车出口情况如表10所示。

表10　　2014—2017年我国载货车出口情况

| 时间 | 2014年 | 2015年 | 2016年 | 2017年 |
|---|---|---|---|---|
| 出口载货车数量（万辆） | 33.0 | 25.2 | 20.8 | 23.1 |

数据来源：国家海关。

（中国汽车技术研究中心　李新波）

# 2017 年中国货运机动车辆行业①

据数据统计，2017 年我国货运机动车辆出口数量为 210029 辆，与上年同期相比增加 9.79%；客运机动车辆出口金额为 34.1 亿美元，同比增长 20.45%。2017 年我国货运机动车辆进口呈量价齐增态势。2017 年全年我国进口货运机动车辆 9676 辆，同比增长 25.3%；全年进口金额达 570087.7 千美元，同比增长 27.7%。2017 年我国货运机动车辆进出口情况如下。

## 一、货运机动车辆出口情况

2017 年我国货运机动车辆出口数量为 210029 辆，与上年同期相比增加 9.79%；货运机动车辆出口金额为 34.1 亿美元，同比增长 20.45%。总体来看，2015—2017 年我国货运机动车辆出口呈现先下滑再上升的走势。据中商产业研究院预计，到 2018 年我国货运机动车辆出口量将达 194738 辆，出口金额约达 30.4 亿美元，具体情况如图 1 所示。

从各省市的情况来看，2017 年我国出口货运机动车辆数量前十省市分别是山东省、安徽省、河北省、江西省、重庆市、湖南省、北京市、云南省、江苏省和湖北省。其中，山东省的出口量位居榜首，全年出口货运机动车数量为 65993 辆，出口金额为 13.1 亿美元。具体情况详见表 1。

① 本文资料和分析来源于中商产业研究院发布的《2018—2023 年中国货运机动车行业市场前景及投资机会分析报告》。

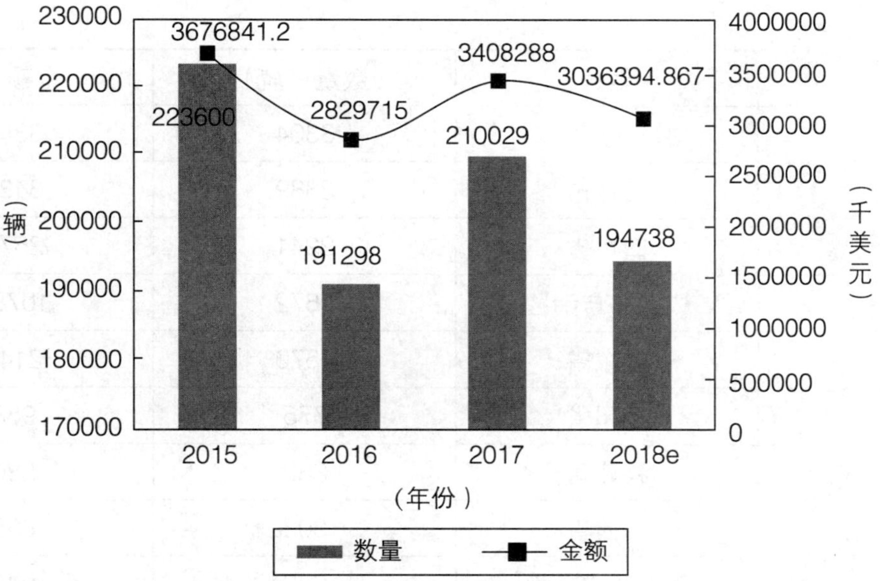


图1　2015—2018年我国货运机动车辆出口及预测情况

数据来源：中商产业研究院整理。

表1　　2017年我国部分省、自治区、直辖市出口货运机动车辆数量排行榜

| 排名 | 地区 | 数量（辆） | 金额（美元） |
|---|---|---|---|
| | 全国 | 210029 | 3408288003 |
| 1 | 山东省 | 65993 | 1311030735 |
| 2 | 安徽省 | 16761 | 212276292 |
| 3 | 河北省 | 16291 | 126997322 |
| 4 | 江西省 | 13977 | 93928476 |
| 5 | 重庆市 | 12408 | 79319370 |
| 6 | 湖南省 | 11377 | 115919346 |
| 7 | 北京市 | 10784 | 213754259 |
| 8 | 云南省 | 10343 | 106362079 |
| 9 | 江苏省 | 9096 | 226119362 |
| 10 | 湖北省 | 7946 | 156312461 |
| 11 | 陕西省 | 6200 | 260736734 |
| 12 | 河南省 | 6131 | 63052450 |
| 13 | 吉林省 | 5277 | 44136259 |
| 14 | 广西壮族自治区 | 3352 | 85131190 |

续 表

| 排名 | 地区 | 数量（辆） | 金额（美元） |
|---|---|---|---|
| 15 | 辽宁省 | 3304 | 33442735 |
| 16 | 天津市 | 2889 | 64366426 |
| 17 | 四川省 | 2241 | 25701114 |
| 18 | 内蒙古自治区 | 1672 | 107828996 |
| 19 | 广东省 | 1570 | 21471731 |
| 20 | 贵州省 | 775 | 9889804 |
| 21 | 福建省 | 380 | 5365552 |
| 22 | 山西省 | 308 | 8354348 |
| 23 | 新疆维吾尔自治区 | 282 | 9421060 |
| 24 | 上海市 | 275 | 15316817 |
| 25 | 黑龙江省 | 208 | 6208921 |
| 26 | 浙江省 | 165 | 4816297 |
| 27 | 甘肃省 | 12 | 583467 |
| 28 | 宁夏回族自治区 | 8 | 271200 |
| 29 | 青海省 | 4 | 173200 |

数据来源：中商产业研究院整理。

## 二、货运机动车辆进口情况

2017 年我国货运机动车辆进口情况呈现量价齐增的态势。全年共进口货运机动车 9676 辆，同比增长 25.3%；全年进口金额为 489604.3 千美元，同比增长 27.9%。总体来看，2015—2017 年，我国货运机动车辆进口量和进口额持续增长，其中 2017 年进口量和进口金额为最高值，预计到 2018 年我国货运机动车辆进口量将达 12176 辆，具体情况如图 2 所示。

从各省市来看，2017 年我国进口货运机动车辆数量前十省市分别是天津市、湖南省、福建省、上海市、江苏省、北京市、山东省、辽宁省、广东省和重庆市。进口量排名首位的是天津市，2017 年天津市货运机动车辆进口量达到 4578 辆，进口额为 1.9 亿美元。2017 年我国各省市进口货运机动车辆数量排序情况详见表 2。

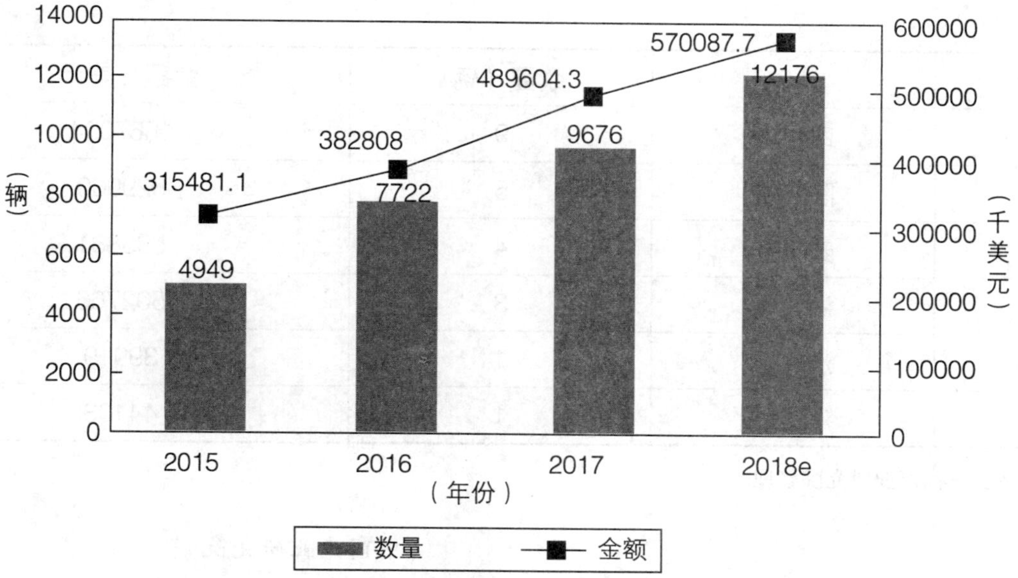


**图 2　2015—2018 年我国货运机动车辆进口及预测情况**

数据来源：中商产业研究院整理。

**表 2　　2017 年我国部分省、自治区、直辖市进口货运机动车辆数量排序情况**

| 排名 | 地区 | 数量（辆） | 金额（美元） |
|---|---|---|---|
| | 全国 | 9676 | 489604305 |
| 1 | 天津市 | 4578 | 190189533 |
| 2 | 湖南省 | 1218 | 105926683 |
| 3 | 福建省 | 1053 | 34934642 |
| 4 | 上海市 | 893 | 33063107 |
| 5 | 江苏省 | 548 | 32380532 |
| 6 | 北京市 | 540 | 40575186 |
| 7 | 山东省 | 338 | 15459569 |
| 8 | 辽宁省 | 282 | 18164075 |
| 9 | 广东省 | 119 | 9274054 |
| 10 | 重庆市 | 32 | 1482485 |
| 11 | 云南省 | 22 | 2723684 |
| 12 | 浙江省 | 19 | 1197885 |
| 13 | 黑龙江省 | 11 | 554107 |

续 表

| 排名 | 地区 | 数量（辆） | 金额（美元） |
|---|---|---|---|
| 14 | 四川省 | 9 | 1667094 |
| 15 | 陕西省 | 5 | 829000 |
| 16 | 安徽省 | 4 | 595881 |
| 17 | 湖北省 | 3 | 502766 |
| 18 | 河北省 | 1 | 39919 |
| 19 | 江西省 | 1 | 44103 |

数据来源：中商产业研究院整理。

（中商产业研究院）

# 2017 年中国工业车辆行业

2017 年是中国工业车辆行业发展历程中的一个重要时刻，行业经历了超预期的高速增长，国内、出口双双创历史新高，机动工业车辆全系列车型普遍增长。机动工业车辆各车型中，平衡重类叉车（包括电动平衡重叉车和内燃平衡重叉车）同比增长 28.86%；仓储类叉车（包括电动乘驾式仓储叉车和电动步行式仓储叉车）继续保持较高增长幅度，同比增长 48.42%。

根据中国工程机械工业协会工业车辆分会 2017 年采录汇总报告销售量数据显示：2017 年机动工业车辆销售总量达到 496738 台，与上年同期的 370067 台相比，上升了 34.23%；非机动工业车辆销售量为 1599322 台，与上年同期的 1445054 台相比，上升了 10.68%。2017 年我国机动工业车辆各月销售情况如表 1 所示。

表 1　2017 年我国机动工业车辆各月销售情况

| 类别名称 | Ⅰ类 | Ⅱ类 | Ⅲ类 | Ⅳ类+Ⅴ类 | Ⅰ～Ⅲ类电动叉车（台） | Ⅰ+Ⅳ+Ⅴ类平衡重式叉车（台） | Ⅰ～Ⅴ类工业车辆（台） |
|---|---|---|---|---|---|---|---|
| | 电动平衡重乘驾式叉车（台） | 电动乘驾式仓储叉车（台） | 电动步行式仓储叉车（台） | 内燃平衡重式叉车（实心、充气轮胎）（台） | | | |
| 1 | 2792 | 552 | 8388 | 15946 | 11732 | 18738 | 27678 |
| 2 | 3303 | 620 | 8699 | 23615 | 12622 | 26918 | 36237 |
| 3 | 4703 | 914 | 12846 | 36601 | 18463 | 41304 | 55064 |
| 4 | 4234 | 713 | 12365 | 25658 | 17312 | 29892 | 42970 |
| 5 | 4607 | 825 | 9762 | 25420 | 15194 | 30027 | 40614 |

续 表

| 类别名称 | Ⅰ类 | Ⅱ类 | Ⅲ类 | Ⅳ类+Ⅴ类 | Ⅰ~Ⅲ类电动叉车（台） | Ⅰ+Ⅳ+Ⅴ类平衡重式叉车（台） | Ⅰ~Ⅴ类工业车辆（台） |
|---|---|---|---|---|---|---|---|
| | 电动平衡重乘驾式叉车（台） | 电动乘驾式仓储叉车（台） | 电动步行式仓储叉车（台） | 内燃平衡重式叉车（实心、充气轮胎）（台） | | | |
| 6 | 4545 | 898 | 11071 | 23830 | 16514 | 28375 | 40344 |
| 7 | 4050 | 885 | 11423 | 21785 | 16358 | 25835 | 38143 |
| 8 | 4780 | 935 | 11759 | 24576 | 17474 | 29356 | 42050 |
| 9 | 5081 | 898 | 13590 | 26074 | 19569 | 31155 | 45643 |
| 10 | 4643 | 829 | 13083 | 22472 | 18555 | 27115 | 41027 |
| 11 | 5040 | 973 | 13991 | 26003 | 20004 | 31043 | 46007 |
| 12 | 5168 | 1205 | 13481 | 21107 | 19854 | 26275 | 40961 |
| 合计 | 52946 | 10247 | 140458 | 293087 | 203651 | 346033 | 496738 |

## 一、国内市场

根据世界工业车辆统计协会数据，2017 年中国叉车市场全年共销售机动工业车辆 371617 台，与 2016 年的 268567 台相比，上升了 38.37%。中国市场的销售量占亚洲叉车市场销售量 555663 台的 66.88%，比 2016 年上升了 5.87 个百分点，仍列亚洲第一位；占世界叉车市场总销售量 1333790 台的 27.86%，比 2016 年上升了 4.56 个百分点，继续位列世界第一大销售市场。2017 年各月我国国内市场叉车销售量变化情况见下页图。

## 二、出口情况

2017 年我国工业车辆出口量再创历史新高，根据海关总署 2017 年的统计数字，2017 年我国机动工业车辆出口量为 223060 台，与 2016 年的 166789 台相比，上升了 33.74%。其中：出口电动叉车（含巷道堆垛机）138843 台，与 2016 年的出口量 99193 台相比，上升了 39.97%；出口内燃叉车（含集装箱叉车）84217 台，与 2016 年的出口量 67596 台相比，上升了 24.59%。

从出口车型情况来看，电动叉车继续保持较快增长。电动叉车出口量为 138843 台，占叉车出口总量的 62.24%；内燃叉车出口量为 84217 台，占叉车出口总量的 37.76%。电动叉车出口占比比上年提高了 2.77 个百分点（见下图）。2010—2017 年我国机动工业车辆出口数量、金额变化情况如表 2 所示。

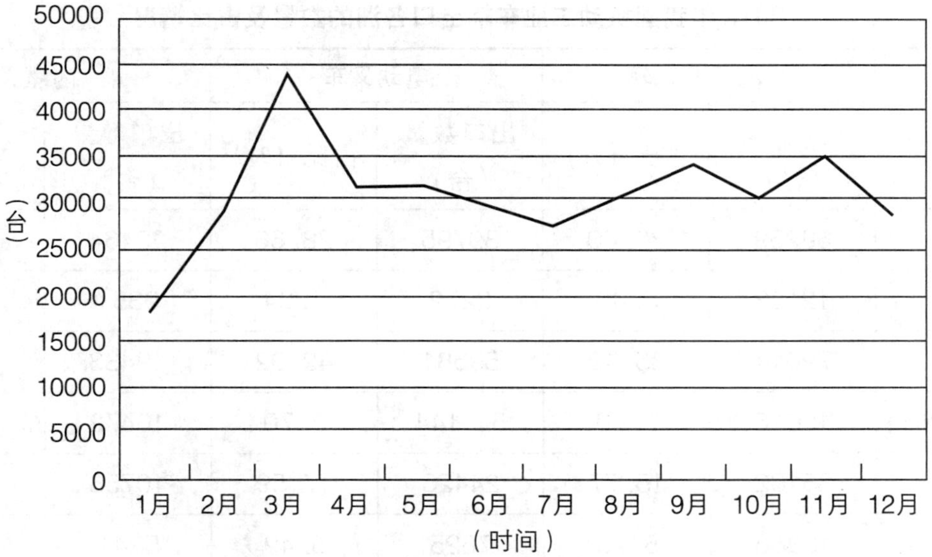


**2017 年各月我国国内市场叉车销售量变化情况**

表 2　　2010—2017 年我国机动工业车辆出口数量、金额变化情况

| 年度 | 出口数量（台） | 同比增长（%） | 出口金额（美元） | 同比增长（%） |
|---|---|---|---|---|
| 2010 | 47143 | 71. 07 | 517832892 | 67. 36 |
| 2011 | 84249 | 78. 71 | 1014556246 | 95. 92 |
| 2012 | 97786 | 16. 07 | 1251750489 | 23. 38 |
| 2013 | 112703 | 15. 25 | 1369437533 | 9. 40 |
| 2014 | 133208 | 18. 19 | 1624387978 | 18. 62 |
| 2015 | 134395 | 0. 89 | 1574109829 | −3. 10 |
| 2016 | 166789 | 24. 10 | 1660531102 | 5. 49 |
| 2017 | 223060 | 33. 74 | 1938546374 | 16. 74 |

2017 年在我国出口的机动工业车辆中，欧洲占比 35. 42%、亚洲占比 30. 60%、美洲占比 22. 77%、大洋洲占比 5. 78%、非洲占比 5. 43%；在出口的电动叉车（含巷道堆垛机）中，欧洲占比 42. 92%、亚洲占比 28. 66%、美洲占比 21. 29%、大洋洲占比 5. 49%、非洲占比 1. 64%；在出口的内燃叉车（含集装箱叉车）中，亚洲占比 33. 80%、美洲占比 25. 20%、欧洲占比 23. 07%、非洲占比 11. 70%、大洋洲占比 6. 23%。2017 年我国机动工业车辆出口各洲的数量及占比情况如表 3 所示。

表 3　　2017 年我国机动工业车辆出口各洲的数量及占比情况

| 大洲名 | 机动工业车辆 | | 电动叉车 | | 内燃叉车 | |
|---|---|---|---|---|---|---|
| | 出口数量（台） | 占比（%） | 出口数量（台） | 占比（%） | 出口数量（台） | 占比（%） |
| 亚洲 | 68259 | 30. 60 | 39795 | 28. 66 | 28464 | 33. 80 |
| 非洲 | 12123 | 5. 43 | 2272 | 1. 64 | 9851 | 11. 70 |
| 欧洲 | 79014 | 35. 42 | 59581 | 42. 92 | 19433 | 23. 07 |
| 拉丁美洲 | 15616 | 7. 00 | 5，144 | 3. 70 | 10472 | 12. 43 |
| 北美洲 | 35182 | 15. 77 | 24426 | 17. 59 | 10756 | 12. 77 |
| 大洋洲 | 12866 | 5. 78 | 7625 | 5. 49 | 5241 | 6. 23 |
| 合计 | 223060 | 100. 00 | 138843 | 100. 00 | 84217 | 100. 00 |

2017 年我国出口非机动工业车辆（轻小型搬运车辆）1737718 台，与上年同期的 1561250 台相比，上升了 11. 30%。2017 年我国非机动工业车辆（轻小型搬运车辆）出口各洲情况如表 4 所示。

表 4　　2017 年我国非机动工业车辆（轻小型搬运车辆）出口各洲情况

| 大洲名 | 数量（台） | 占比（%） |
|---|---|---|
| 亚洲 | 483318 | 27. 81 |
| 非洲 | 59672 | 3. 43 |
| 欧洲 | 460447 | 26. 50 |
| 拉丁美洲 | 145835 | 8. 39 |
| 北美洲 | 549668 | 31. 63 |
| 大洋洲 | 38778 | 2. 24 |
| 合计 | 1737718 | 100. 00 |

## 三、进口情况

2017 年我国进口叉车及装有升降或搬运装置的工业车辆共计 14769 台，与 2016 年的进口量 11645 台相比，上升了 26. 83%；进口金额为 255675740 美元，与 2016 年的进口金额 217770224 美元相比，上升了 17. 41%。其中：

电动叉车（含巷道堆垛机）为11375台，与2016年的进口量8263台相比，上升了37.66%；内燃叉车（含集装箱叉车）为1088台（其中集装箱叉车15台），与2016年的进口量839台相比，上升了29.68%；未列名叉车2306台，与2016年的进口量2543台相比，下降了9.32%。2017年是我国少有的工业车辆进口数量高增长年份。2010—2017年我国进口工业车辆进口情况如表5所示。

表5　2010—2017年我国进口工业车辆进口情况

| 年度 | 进口数量（台） | 同比增长（%） | 进口金额（美元） | 同比增长（%） |
|---|---|---|---|---|
| 2010 | 14644 | 51.72 | 389169560 | 32.54 |
| 2011 | 15632 | 6.75 | 368447853 | −5.32 |
| 2012 | 12970 | −17.03 | 321267736 | −12.81 |
| 2013 | 12063 | −6.99 | 301439716 | −6.17 |
| 2014 | 12572 | 4.22 | 291695891 | −3.23 |
| 2015 | 12632 | 0.48 | 283928995 | −2.66 |
| 2016 | 11645 | −7.81 | 217770224 | −23.30 |
| 2017 | 14769 | 26.83 | 255675740 | 17.41 |

2017年我国进口的工业车辆共计来自31个国家和地区。在12463台进口的机动工业车辆中，欧洲占比50.10%、亚洲占比37.67%、美洲占比12.18%、大洋洲占比0.05%；在11375台进口的电动叉车（含巷道堆垛机）中，欧洲占比53.38%、美洲占比9.71%、亚洲占比36.91%；在1088台进口的内燃叉车（含集装箱叉车15台）中，欧洲占比15.81%、美洲占比37.96%、亚洲占比45.68%、大洋洲占比0.55%。

（中国工程机械工业协会工业车辆分会 秘书长　张洁）

# 2017 年中国货架物流业

2017 年，我国国民经济稳中有进、持续向好，伴随经济发展的稳定性、协调性和可持续性明显增强，我国物流业运行总体向好，社会物流总额增长稳中有升，社会物流总费用与 GDP 的比率有所回落，在智能制造、新零售快速发展的带动下，以物流机器人、货架、载货车为代表的物流装备行业也进入了快速发展期。

## 一、货架市场总体情况

2017 年我国货架市场供需呈爆炸式增长，相关货架厂商全年订单饱满，基本在满负荷生产。与 2016 年电商货架一枝独秀的情况相比，2017 年国内多数行业的货架市场需求都有了大幅度增长，同时海外市场进一步拓展，新项目不断上马。从发展方向上来看，货架系统向智能化发展是大势所趋。总体来看，整个货架行业保持了很好的发展态势，市场总体增幅在 30% 以上。

2016 年货架市场大打价格战“竞争”惨烈，这一情况一直延续到 2017 年上半年。但是从下半年开始，情况得到了部分扭转，主要是市场需求旺盛，货架生产企业手中订单爆满，无须采用低价竞争方式打开产品销路。因为大家都专注开足马力加大生产力度，提高企业的峰值生产能力，尽快消化短期内涌现的大量订单，自然无必要也无精力打价格战。当然，在关键项目、大项目的竞争中，价格仍然是最需要考虑的因素。

2017 年，越来越多的货架企业继续沿着既定的发展方向拓展市场，更坚定地走多元化发展的道路，有的企业涉足自动化设备的研发与制造，还有部分企业直接进入系统集成领域加快发展。总之，都是在主动适应市场变化，适时调整策略，不断寻找企业生存发展的方向。

## 二、货架市场需求类型情况

自动化高层立体仓库货架仍然是市场的主流，是自动化与智能化的代表之一，展现出强大的竞争力，因其适应性强、土地利用率高、存取效率出色，成为存储型仓库的最佳选择之一，也是各大工业企业新建仓库的首选。电商类货架延续了 2016 年的强劲势头，以京东及阿里系为首的电商公司对仓储货架的需求极为旺盛，其所需要的横梁、搁板及阁楼式货架项目大量出现，在一定时期内几乎消耗了市场上所有公司的产能，占据了很大的市场份额。与其他货架类型爆发增长相比，穿梭板式货架在2017年保持了较平稳增长，并向更智能、更自动化的方向发展，高层四向穿梭车项目、多层穿梭车项目等也越来越多。

此外，传统的横梁式货架是各大企业采用自动化的首选方案，具备结构简单、成本低廉、维护方便等优点，只是进入门槛较低，价格竞争十分激烈。至于其他类型的货架，如压入式、驶入式、重力式等已经比较少见了。

## 三、货架市场的行业分布情况

2017年货架市场在行业上的分布与往年基本一致，只是次序上略有变化，商业物流、医药化工、第三方物流、食品饮料位列前四，与民生相关的行业仍然是最热门的。此外，新能源及汽车相关的行业也保持了较好的发展，占有不低的市场份额。

## 四、货架市场地域分布情况

2017年货架市场在地域上的分布与往年基本一致，长三角、环渤海及珠三角作为中国经济最发达的地区，同样是货架需求最旺盛的三个区域，华东地区已经连续多年蝉联第一，华北及华南地区在二、三位之间不断交换位置，体现出货架需求与经济发达程度的高度相关性。海外市场情况良好，以印度尼西亚、泰国及马来西亚等为代表的东南亚地区具有较强的货架需求，项目较多且以大项目为主。

## 五、货架行业新技术新产品应用亮点

2017年货架行业的亮点继续延续2016年的惯性——智能化，只是智能化的研发愈加深入。高层的穿梭板式货架越来越多，并逐渐演化为两个清晰的发展方向：以托盘穿梭板式为代表的存储向货架系统和以料箱穿梭板式为代表的拣选向货架系统。

此外，“库架合一”项目大面积涌现，其优势得到了越来越多企业的青睐，但碍于消防法规的限制，目前“库架合一”项目虽多，但在国内建成的很少，更多的项目都是在海外实施。但无论如何，“库架合一”在未来都会是货架的一个重要的发展方向。

（上海精星仓储设备工程有限公司总经理 崔雄）

# 第七部分

# 物流教育、信息化、标准化

# 2017 年中国物流教育与培训

2017 年是实施“十三五”规划的重要一年，也是供给侧改革的深化之年，在“互联网+”的时代背景下，技术创新推动物流企业在管理、运营和人员组织方式等方面持续变革。新时代的物流业需要一大批具有创新意识、供应链理念、互联网思维、国际化视野脚踏实地解决实际问题能力的，同时又有锲而不舍的敬业精神和全心全意为客户服务理念的新人才。行业物流人才培养工作迎来重要的战略机遇与发展转型期。

## 一、行业人才供需情况分析

（一）从业人员基本状况。

据中国物流与采购联合会（以下简称“中物联”）统计调查测算，截至 2016 年年末，我国物流从业人员达 5012 万人，比上年增长 0.6%，占全国就业人员总量的 6.5%，是服务业中从业人员占比最大的行业之一，每年新增岗位 135 万个，对国民经济的贡献进一步增大。

据对 154 家 A 级物流企业管理技术岗位的调查显示，企业在岗员工的学历构成具体为：博士学历，占比 5.8%；硕士学历，占比 13.8%；本科学历，占比 22.8%；高职学历，占比 22.6%；中职及以下学历，占比 35%。可见，物流企业的人员素质明显提升。

从调查结果看，企业在选人用人时越来越看注重个人的综合素质，在聘用人员时优先考虑的是能力素质，主要包括沟通能力、职业道德和团队能力；其次为专业知识、实践能力和学历背景。

（二）院校人才培养情况。

截至 2017 年年底，我国共有 610 所本科院校开设了物流类专业，在校生 16.1 万人；共有 965 所高职院校开设了物流类专业，专业布点数 1310 个，在校生 25 万人；近 800 所中职学校开设了物流类专业，在校生约 10 万人。

（三）行业人才培训情况。

中物联在全国范围内开展物流/采购与供应链管理从业人员的职业培训和认证工作，十余年来累计为社会培训物流、采购与供应链管理方面的人员近 60 余万人。此外，中物联还受政府部门委托，组织国内外物流专家为政府相关机构及行业开展一系列专项培训，为行业的发展培养了大量高端物流人才。

## 二、行业推动物流人才发展的重要举措

2017年，在党的十九大精神和习近平新时代中国特色社会主义思想的指引下，在相关政府部门的指导和支持下，依托广大企业、院校和培训机构，中物联培训部在标准制定、渠道建设、产品更新升级、认证产品国际化互认、开拓企业服务、推动培训与教育互融等方面进行了一系列积极探索和大胆实践。

（一）稳步推进标准建设工作，不断完善行业人才培养体系。

一是在现有职业标准的基础上，着力组织企业和院校合作开发能力单元，2017年已完成第三方物流、商贸物流和生产物流三个领域能力单元的开发工作。未来将加强相关职业标准、能力单元和课程资源等行业人才培养体系建设成果的应用，加大推广力度，实现企业用人需求与职业培训认证和院校人才培养有效衔接，全面提升行业人才培养的质量。

二是配合主管部门制定物流行业领域的国家人才标准，推动物流、采购人才培养的行业标准、协会标准和团体标准建设。借鉴发达国家先进经验，提升和完善我国物流、采购人才标准体系，在完善通用人才标准的基础上，向细分领域人才标准延伸，为行业物流人才培养奠定了坚实基础。

（二）提高培训认证工作的专业性、权威性。

一是着手新版培训教材的开发和编写。教材是教学的内容源泉，是培训认证工作的基础，教材质量的高低决定着培训认证的质量和品牌。截至2017年年末，中物联的物流/采购行业培训认证教材已经改版三次，已从当初的知识性内容传授转变为实战型模块化培训教材，是国内物流行业领域最具权威性的培训认证教材。目前，教材正在按新的行业标准进行第四次改版。新版教材编写采用教材+云端资源开发思路，从不同角度、不同层面广泛征集了一线培训市场反馈和企业管理者意见，基于行业人才培养标准，重新定义职业人才能力结构，在原有模块基础上更加强调人的核心素养，同时融入电商物流、智慧物流等反映当前物流行业发展前沿的内容，为未来在线教育与培训打下基础。另外，编写工作还注重借鉴国外培训教材好的形式和内容，取长补短，逐步与国际化人才培养工作接轨。

二是启动物流培训网络平台建设和资源建设工作。2017年，中物联启动了以中央财政支持为背景的培训网络平台建设和物流培训网络资源建设。“互联网+”时代物流教育学习与培训模式正在发生重大变化，模块化、碎片化、资源化、在线化的学习逐渐成为主流，为此在中央财政支持下中物联主动与国内一流的网络公司合作，积极探索将先进的技术和方法引入到教育培训领域，为从业人员提供终身学习的服务。未来将向学员提供更多的线上资源，搭建教学辅助平台，提升培训教学服务质量。

三是与国际专业机构开展证书互认。自2016年开始，凡考取中物联物流/采购从业人员职业能力等级认证证书的学员，可同时获得国际采购与供应管理联盟（IFPSM）颁发的国际证书。截至目前，已有1007人申请并获得由IFPSM颁发的物流/采购国际证书。证书互认不仅提高了证书的含金量，也为今后行业认证工作与国际接轨、在国际上得到更广泛的承认搭建了交流桥梁。

四是参与研究和制定了亚太经济合作组织（APEC）职业标准。自2014年以来，由澳大

利亚政府牵头，APEC 成员共同参与研究和制定了 APEC 职业标准，目前已经完成了物流、旅游两个行业职业标准的编制工作。中物联代表中国参加了 APCE 物流行业职业标准的编制工作，下一步将继续加强与 APEC 成员之间的沟通联系，推进标准互认互通，为“一带一路”建设和物流发展提供更多专业人才。

（三）搭建面向全领域、多层次的物流人才培养平台。

一是召开培训认证工作会议。为做好新形势下物流、采购人才的培养工作，2017 年 3 月中物联组织召开了培训认证工作会议，会议就政府简政放权、推进职业资格工作改革的新形势下，如何发挥行业在水平评价类职业能力培训认证工作中的主导作用进行了分析与解读，同时就培训市场需求、产品开发、服务营销和活动推广等问题展开了深入研讨，为下一步行业培训认证工作深入发展奠定了基础。

二是走访机构开展市场调研工作。为了解市场需求、提高服务质量，2017 年中物联共走访 20 多家培训中心及 50 多家物流院校开展调研工作，加强与优秀培训中心、院校的交流合作，积极探索将培训领域先进的技术、方法引入到院校教育领域，为从业人员提供终身学习的服务寻求新的市场机会。通过共同努力，2017 年物流/采购从业人员职业能力等级认证、物流员及联合国国际贸易中心（ITC）培训考试人数基本保持稳定。

三是组织系列人才培训。2017 年中物联承担了人社部委托的物流专业技术人员知识更新工程培训项目，以“供给侧结构改革框架下的物流业变革”为主题开展了专业培训，共有 70 多名企业代表参加；分别以“电商物流”“跨境电商”“智慧物流”“采购与供应链管理”为主题组织了 7 次教师高级研修班，共培训院校教师 460 余人。此外，还开展了面向企业高级管理人才和技术人才的高端培训，通过多种渠道和方式，搭建面向全领域、多层次的物流人才培养平台。

（四）提升服务，扩大品牌宣传力度。

一是配合培训中心进行市场推广。积极配合培训中心开展市场推广工作，把握市场定位，加大中物联人才培养体系宣传力度，未来将积极发挥学分银行优势，促进行业人才培训认证与企业、院校人才培养工作有序衔接。

二是探索推进学习型企业建设。为培养更多符合企业发展需求的专业化、复合型、创新型人才，越来越多的企业通过深度校企融合和建立学习型组织来实现人才定制化培养，提升培养质量。一方面，积极探索学习型企业建设。与全国培训中心、各行业协会合作，积极推动培训工作以证书为导向向以资源服务为导向转变，建立新课程体系，更改教材、开发在线资源，紧扣产业发展及企业实际需求对接企业培训，使物流、采购从人员培训向供应链一体化人才培养方向发展。另一方面，创新与企业的合作模式。以现代学徒制为抓手，与京东、顺丰、德邦、宜美佳、九州医药等企业就校企合作人才培养工作进行深入对接，推进企业商学院/大学建设，营造行业企业共同参与物流人才培养的大环境。与此同时，根据市场需求灵活设计开发专项培训，促进证书多样性，加强优质资源共享，实现效益最大化。

（五）开展调查研究，指导院校物流教育工作。

一是物流教指委和行指委分别组织编写了《2016 年中国物流高等教育年度报告》和《2016 年中国物流职业教育发展报告》。报告分为物流行业从业人员概况、全国高等（职业）发展概况、产业发展与专业建设、部分地区物流高等（职业）教育介绍等内容，对引领高校物流教育发展具有重要意义。

二是承担教育部高职专业标准制（修）订及中职专业目录调整工作。按照教育部工作要求，物流行指委成立项目工作组落实相关工作。在充分调研、广泛参与的基础上全力推进项目进度，目前两个项目均已顺利进入收尾阶段。其中在本次高职专业标准制订工作过程中，为满足行业专业领域的人才需求，行指委还邀请了冷链委、装备委等部门共同参与，将行业标准、相关培训课程与专业教学标准进行深度融合，为推动未来院校人才培养工作与行业培训认证工作对接打下了良好基础。

三是筹备组建物流教指委物流管理专业等5个工作组。为进一步加强物流教指委自身组织建设，物流教指委成立了物流管理专业、物流工程专业、采购管理专业、青年教师和冷链物流专业5个工作组，共吸收195名高校教师加入。工作组对做好物流学科体系建设、教学科研和教师培养工作，提升行业人才培养质量发挥积极作用。

四是完成了2017年度物流教改教研课题的结题验收工作及2018年课题立项工作。2017年共有121个课题完成结题，其中优秀获奖课题79个，2018年共立项课题111个。评审工作重点考察项目的前沿性、创新性和可推广性，对引领指导院校教学改革、课程建设、双创教育和人才培养模式创新具有重要意义。

（六）搭建交流平台，让行业企业、院校了解物流联人才培养工作的新变化。

一是举办了2017年全国职业院校技能大赛高职组现代物流作业方案设计与实施比赛。由中物联组织的全国职业院校技能大赛，是广大物流院校和企业学习交流、合作和展示技能的平台，也是对我国物流高职院校高技能物流人才培养成果的一次大检阅。2017年共有来自全国30个省市自治区的59所院校、236名参赛选手参加了大赛，展示了物流职业技能人才培养的新成果，为物流职业技能人才培养提供了鲜活的经验。

二是组织召开了第十六届全国高校物流专业教学研讨会和第九届全国职业院校物流专业教学研讨会。2017年7月和8月两个会议分别在合肥召开，来自全国各地的高校（职业院校）、企业、教育培训机构、大众媒体代表等400余人参加。参会代表在会上交流教学经验和创新成果，共商合作发展计划，会议内容丰富、亮点纷呈，成为物流教育领域一年一度的品牌活动。

三是积极推广现代学徒制。中国物流与采购联合会和全国物流职业教育教学指导委员会已在全国11个省市举办了物流现代学徒制研讨和推广活动，目前有8个试点项目正在开展。其中，广州市商贸职业学校与广州天图物流有限公司、广西职业技术学院与广西德邦物流有限公司等试点项目已经完成，项目得到了企业的充分认可，为推广工作积累了成功经验。

四是推进国际交流合作。继续深化和国际供应链与运营管理协会（APICS）在教育培训领域的交流与合作，开展职业标准体系的比较研究、供应链领域人才培养等工作，共同推动中美物流与供应链行业的创新。

新人才的培养，是院校、企业、社会的共同责任，是行业教育培训工作的主要任务，更是推进行业物流教育培训、优化人才培养结构的系统工程。中物联将充分发挥物流教指委和行指委的作用，切实推动物流教学改革，引领院校物流人才培养。以国家开放大学物流学院为平台，探索开展中职、高职、本科学历继续教育和非学历继续教育，配合教育主管部门，积极推动中职、高职和本科教育教学立体衔接，向国际化物流人才培养目标迈进。

（中国物流与采购联合会培训部）

# 2017年中国物流信息化

现代物流业和现代供应链是现代化经济体系的重要组成部分，是新时代中国特色社会主义建设的重要支撑。2017年，党的十九大开启了新时代中国特色社会主义建设的新征程。国家有关部门和各级地方政府相继出台支持和促进物流业发展的政策措施，物流业由此步入了快速发展的新阶段。在物联网、人工智能、大数据和区块链等新技术的支撑下，我国物流信息化发展水平快速提升。

## 一、物流信息化发展的政策环境进一步优化

我国政府对物流信息化工作高度重视，国务院和国家多个部门陆续出台支持和促进物流业发展的政策措施，如《关于进一步推进物流降本增效促进实体经济发展的意见》《关于积极推进供应链创新与应用的指导意见》《关于做好无车承运试点运行监测工作的通知》《促进道路货运行业健康稳定发展行动计划（2017—2020年）》《工业电子商务发展三年行动计划》《商贸物流发展“十三五”规划》《关于推动物流服务质量提升工作的指导意见》《关于加快推进邮政业供给侧结构性改革的意见》等，从不同的角度明确提出，鼓励支持“互联网+”新业态发展，促进物流业“降本增效”；推广应用高效便捷物流新模式，依托互联网、大数据、云计算等先进信息技术，大力发展“互联网+”车货匹配、“互联网+”运力优化、“互联网+”运输协同、“互联网+”仓储交易等新业态、新模式；加快推进物流仓储信息化标准化智能化，提高运行效率；发展“互联网+”高效物流新模式，建设集约化、网络化、协同化、智慧化的物流骨干网；深入实施“互联网+”高效物流行动，构建多层次物流信息服务平台，发展经营范围广、辐射能力强的综合信息平台，公共数据平台和信息交易平台，我国物流信息化发展的政策环境进一步优化。

## 二、物流信息化的情况

2017年6月，中国物流与采购联合会在行业领域进行了一次物流业互联网化转型趋势调研，并根据调研资料编写了《物流业互联网化转型趋势调查报告》，该报告对我国物流业信

息化建设和互联网化转型的情况进行了总结分析。

（一）物流业互联网化转型的情况。

1. 物流互联网化转型的动因

本次调查反映的物流业务形态特征，与互联网模式具有一定契合度，成为物流互联网化的动因。具体有以下几点。

一是业务跨地区且往返运量不匹配。调查数据显示，被调查企业中有 58% 的企业有跨地区物流业务（见图 1），而且往返运量不匹配，在长途干线运输中仅有单程运输业务的企业占比达 59%；有往返运输业务的企业占比仅为 13%。因此，大量物流企业开始利用互联网匹配运力供需的刚性需求，从而助推了近年来物流信息平台的兴起。

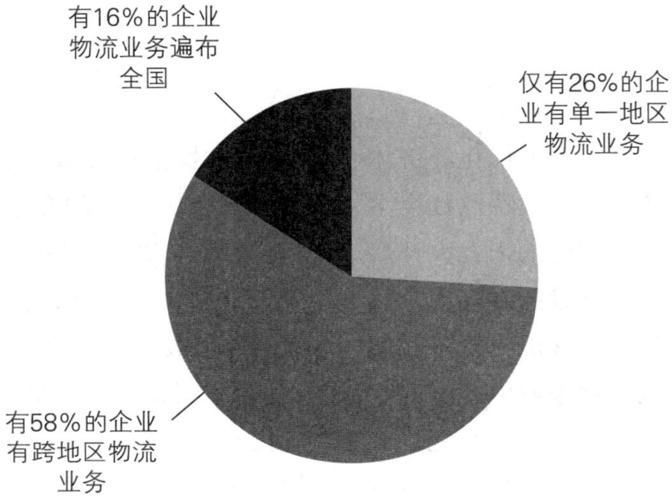


**图 1　被调查企业物流业务跨地区占比情况**

二是非自有运力承运方式占较大比重。调查数据显示，被调查企业中自有运输能力超过 50% 的企业占比 68%，其中年运输总额超过 10 亿元的企业占比 13%。另外，企业 43% 的社会临时运力来自互联网平台。调查结果表明，承运商合同方式是企业运力的主要来源，有近三成的企业需要社会临时运力补充自身运力不足，其中近一半的企业社会临时运力来自互联网（见图 2）。由此可见，自有运输能力较高的企业并不是运输规模较大的企业，而是小规模的企业；多数企业需要承运商的运力保障和社会临时动力补充；社会动力补充的来源已经渐趋依赖于互联网。

三是需求波动产生运力缺口。调查数据显示：有 21% 的企业会因生产销售不均衡或外部运力供给不充分而产生运力缺口；有 27% 的企业会采用临时询价的模式补充运力；有 59% 的业务返程需要配货。也就是说，企业自有运力对本企业物流服务产能过剩与运力缺口并存，信息不对称的情况仍然存在，通过互联网解决运力缺口的优势明显。

2. 物流互联网化转型的方向

调查显示，企业物流信息化为互联网化转型奠定了良好的基础；物流平台的兴起与企业的应用尝试，确定了物流互联化转型的方向。

一是物流信息化为互联网化转型奠定了基

础。调查显示，被调查企业中仅有 6% 的企业尚未使用物流信息系统或平台服务，绝大多数企业都有自建信息系统或使用互联网平台（见图 3）。

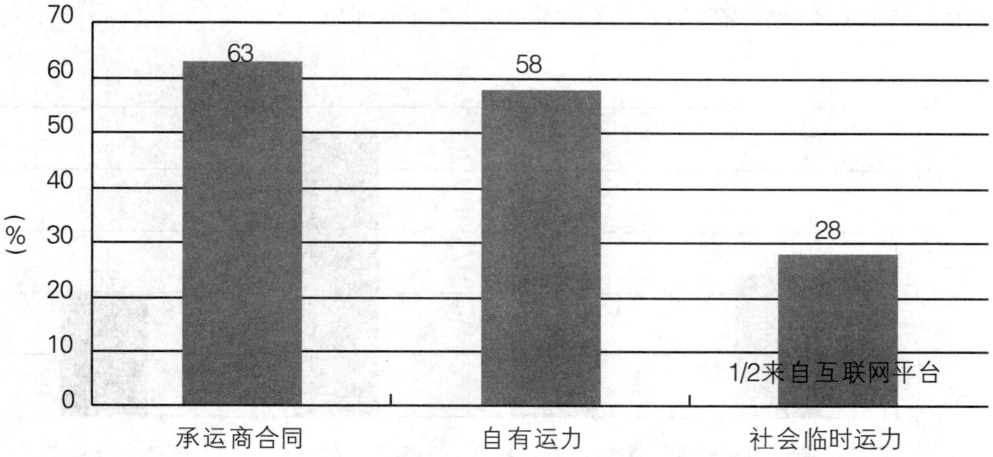


图 2　被调查企业运力来源

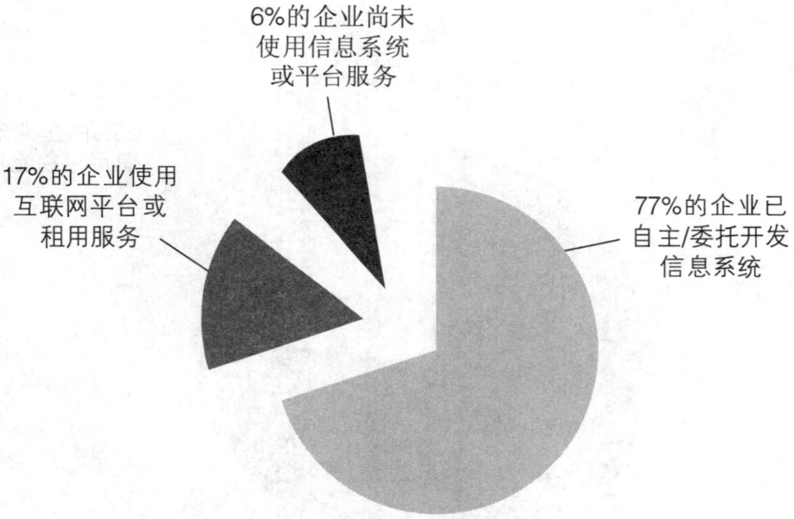


图 3　被调查企业使用信息系统情况

调查显示，随着信息技术的发展，物流信息化已经渗透进物流作业的各个环节，为物流互联网化转型奠定了基础。被调查企业中已使用信息系统或者物流平台的企业，信息化覆盖仓储、运输、追踪、车辆和司机管理的覆盖度均超过 70%（见图 4）。

二是物流平台应用重构物流生态。调查显示，被调查企业中有高达 77% 的企业使用过物流平台（见图 5）。尚未尝试使用物流平台的企业大多仍习惯传统采购模式，对物流平台诚信度和服务保障存在顾虑（见图 6）。在已经使用过物流平台的企业中，有多于 50% 的企业表示需要到多个物流平台找车；有多于 40% 的企业反映，在使用物流平台时存在诚信、效率、履约赔付等问题。

调查显示，被调查企业中有超过一半的企业没有自建物流平台的规划（见图 7），已自建平台的企业中有超过 50% 的平台因为运力资源匮乏、不能吸引货源、生态重构较难等原因运行不理想。

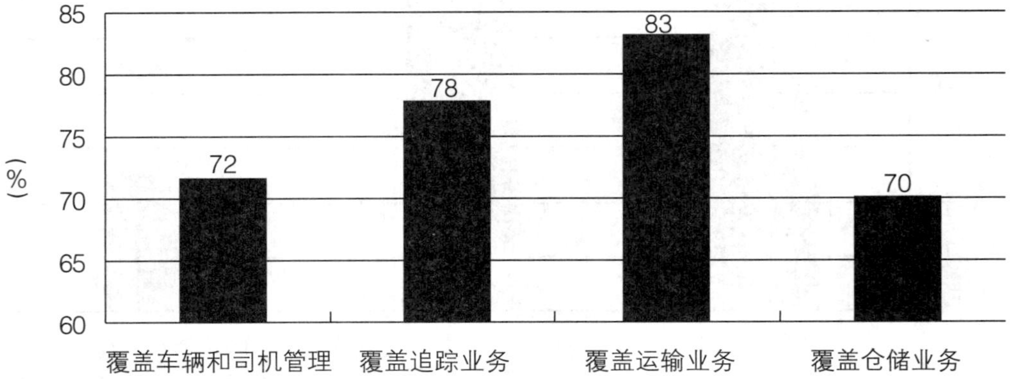


**图 4 被调查企业信息化覆盖的业务类型占比**

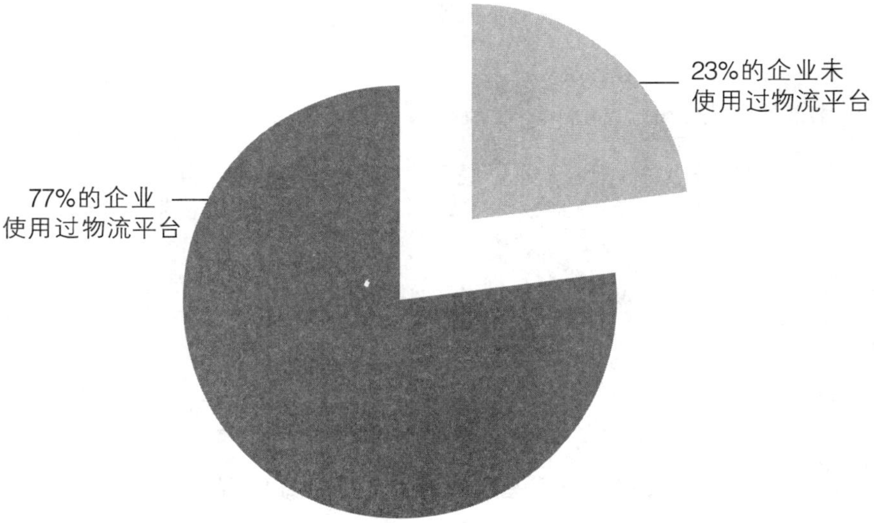


**图 5 被调查企业使用物流平台的占比情况**

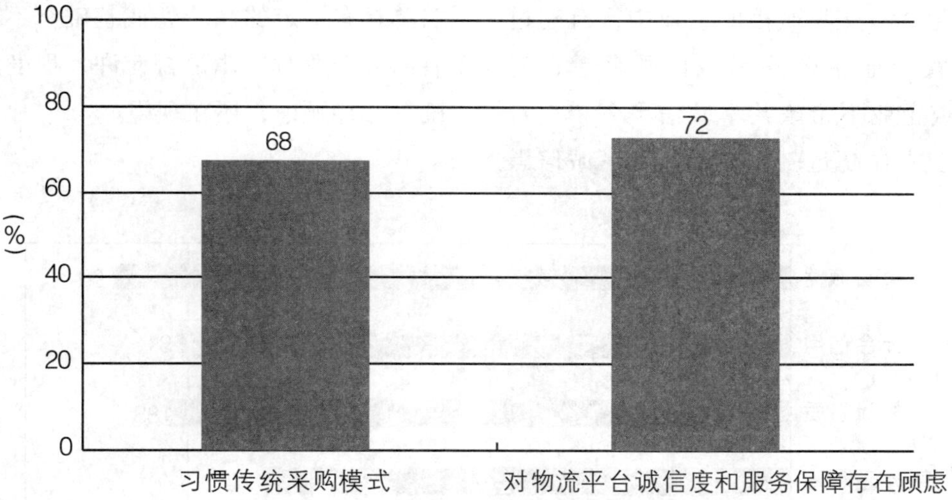


**图 6　被调查企业尚未使用物流平台的原因**

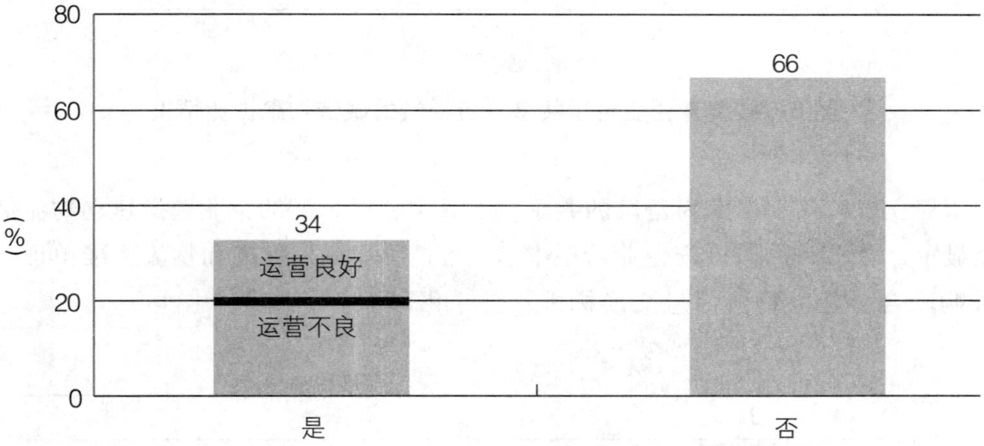


**图 7　被调查企业是否规划自建物流平台的占比情况**

综上情况可以认为，资源平台化、运力社会化是自建平台的发展方向。因为资源平台化依托于企业内联网和供应链内联网；运力社会化，借助社会物流平台走向互联网大分工、大协作。由于自建平台与各式物流公共平台能够聚合形成大数据新生产力要素，因此走向产业平台化、重构物流生态是发展方向。

3. 物流互联网化转型的基础

调查显示，被调查企业普遍关心互联网模式下物流交易诚信的问题。交易诚信信息共享及全行业联合惩戒机制的建立，已成为产业平台化和重构物流生态的重要基础。

一是期望中国物流与采购联合会提供诚信信息共享平台。调查显示，被调查企业普遍期待中国物流与采购联合会提供诚信信息共享平台，提供相关诚信信息。其中，有六项信息被 65% 以上的企业列入共享需求，如图 8 所示。

二是希望建立行业诚信联合惩戒机制。调

查显示，希望共享交易诚信的企业中，有超过63% 的被调查企业希望共享诚信黑名单；有37% 的被调查企业不希望共享诚信黑名单。希望共享的企业占比超过一半，说明共享诚信黑名单具有一定的联合惩戒基础。不可否认，仍有部分企业对法律是否允许、程度定义是否准确等心存顾虑，还在观望。

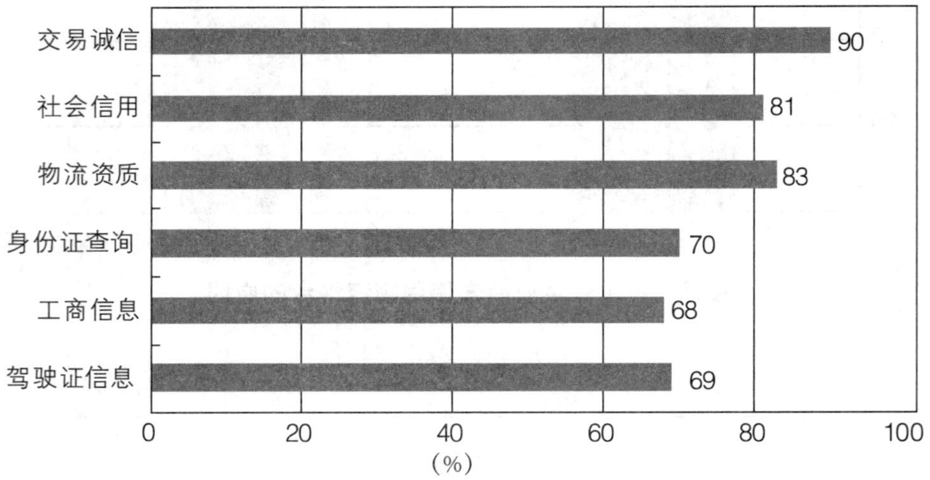


**图 8　被调查企业希望共享平台提供的诚信信息占比情况**

三是期望建立以诚信、标准为基础的共享服务。调查显示，有 95% 的被调查企业希望中国物流与采购联合会建立物流信息交换标准，其中超过 50% 的企业选择建立物流信息交换标准、物流诚信标准和物流标准单证，具体情况如图 9 所示。

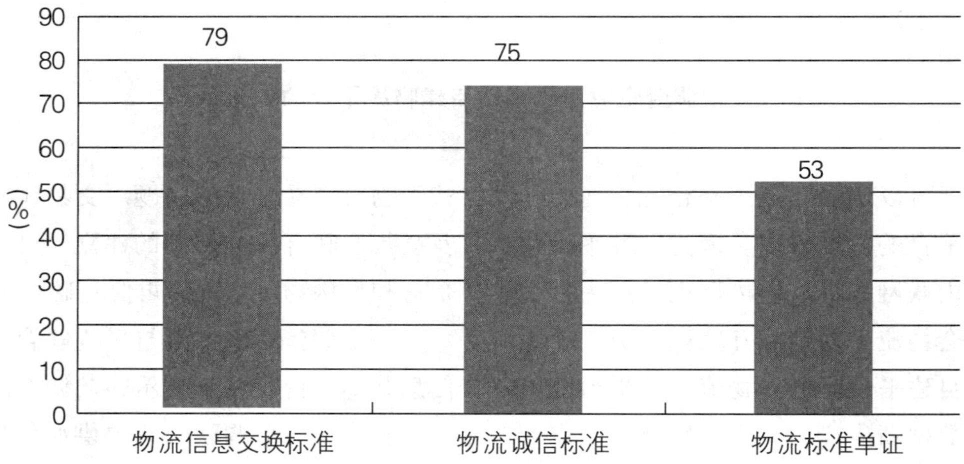


**图 9　被调查企业最希望建立的物流标准占比情况**

调查显示，被调查企业期望通过共享诚信服务找到自己所需的信息，排在前三位的分别是找物流平台、找物流公司和找运输车辆（见图 10）；希望共享平台能够提供多种服务，其中定位追踪、物流管理工具服务、物流招标和物流在线交易几种服务被企业看好，如图 11 所示。

平台建立以物流诚信、标准为基础的互联网共享服务，具有一定的市场需求。

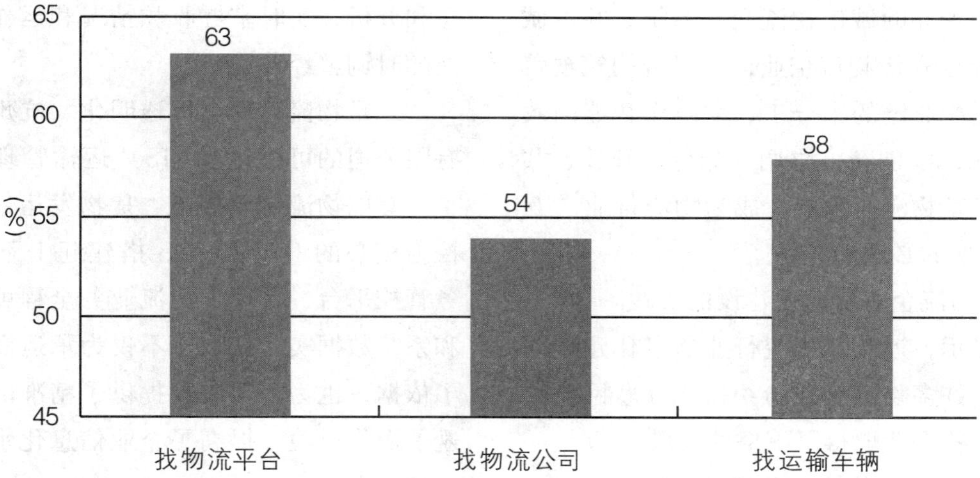


**图 10　被调查企业希望在共享平台找到的信息占比情况**

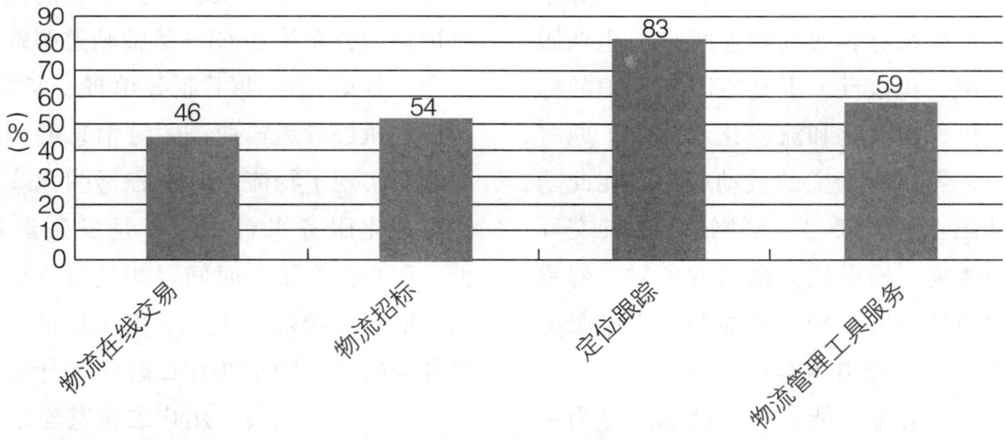


**图 11　被调查企业希望共享平台提供的服务占比情况**

从以上调查分析可以看出：互联网经济新基础设施对物流业产生了巨大的影响，物流业务形态特征与互联网模式具有一定契合度，成为物流互联网化的动因。

企业内部信息化与企业供应链内联网，成为物流业互联网化的基础；物流平台的兴起与应用，为降低企业内部物流协作成本开辟了新通道，物流互联网化成为降成本的重要途径，大规模的物流协作成为主流方向。

调查表明，目前大量物流平台的兴起与应用，以交易口碑评价为基础的诚信信息等潜在的大数据价值尚未被有效挖掘。物流交易诚信是产业互联网化的重要前提，建立互联网模式下交易诚信信息共享及联合惩戒机制成为必然；利用云、网、端互联网新基础设施建立的更大范围的物流平台与物流平台间的共享，迫切需要互联网模式下的物流标准化。

综上所述，建立互联网模式下的行业协会团体标准为主导的诚信物流交易系统，并由诚信物流平台与A级物流企业运力联合构筑覆盖全国的、全产业链的大分工、大协作智能高效物流供给侧，以创新、协调、绿色、开放、共享的理念推动物流业发展，成为物流行业“互联网+”转型的必然趋势。

（二）物流企业信息化建设的实践。

调查显示，近几年物流行业信息化建设向深度推进，许多物流企业纷纷试水互联网化转型，其中一些企业取得了不俗的成果。

1. 平台化助力物流企业提质增效

一是提升物流服务水平。长久物流利用移动互联技术开发了长久微信端综合客户服务系统，提高了长久原有客服的作业规范、主动服务客户的意识、积极性，提高了服务意识的标准化、规范化、国际化和流程化。改造了原有客户服务以语音接听为主的被动服务，在此功能完善的基础上，引入“互联网+”的社交环境下的集中体现，借助长久微信服务号，驾乘微信端强大的社交能力和传播能力，集中服务长久上下游主机厂经销店客户、承运商等，满足360度全方位的服务能力，变被动服务为主动服务，全面提升长久物流服务质量。在行业物流的服务竞争中，拥有极具竞争力的优势，为以后开辟国际市场的服务及更广阔的服务市场，打下了坚实的基础。

远成物流开发的远成快运掌上营业及运营平台通过移动App及其后台管理可实现三个功能。其一，运营人员可以实时监测运营数据。其二，客户通过移动App可以直接查询最近的远成快运取派员和远成快运直营门店以及加盟门店，并下订单要求上门取货；可以根据GPS定位导航到最近的门店发货。其三，通过移动App及其后台管理，运营人员可以随时对代收点、远成取派员和客户下单等运营数据进行汇总和分析，实时掌握收款情况和运作数据，以便随时调整经营策略。

二是物流管理全程透明化。杭州奥软科技有限公司的可视化（VTS）运输管理系统构建了一套以物流订单接收、货物发运、供应商管控为核心的OMS系统，搭建起上下游物流业务管控平台，实现了物流业务全程可视化管理和系统数据实时获取，不仅为承运商考核提供了依据，也为公司决策提供了精准的分析，规避了操作风险，提高了企业信息化水平，增强了核心竞争力。

外运发展的物流运输可视化服务平台完全摒弃了业务信息分项、单独管理的模式，通过将运输业务系统和GPS运输轨迹跟踪系统有效整合，很好地解决了业务单证、货物、车辆、司机、轨迹等运输业务关键信息的绑定和联动问题，实现了物流管理全程透明化。在物流运输可视化服务平台中，一旦发生运输状态预警，用户会在第一时间得知是哪一票业务、货主是谁、货物是什么、收货人是谁、哪一位司机驾驶的哪一辆车在什么时间和什么地点发生了什么情况，免去了用户二次甚至是多次查询才能获得完整相关信息所消耗的时间成本，使用户可以立即着手对运输异常情况进行有针对性的处置，减少甚至避免可能发生的业务风险。

三是提升物流效率。广州增信信息科技有限公司的志鸿物流TMS系统，根据志鸿的业务情况，建立了完善的智能调度流程，可对自有车辆优先派单，对社会车辆进行竞单、抢单，实现资源最高配置，提高运输效率。通过系统内的订单报表，对司机进行 KPI 考核，形成了良性的生态链；通过系统内的运营明细报表，可对成本、利润、线路、出货量等进行全方位分析，为未来市场战略方向提供决策支持。

上海三快科技有限公司开发的美团外卖智能调度平台是一种实时配送分布式仿真平台。开发团队将数据分析和配送问题特征相结合，对配送过程进行准确机理建模，其中，提出的订单产生和骑手配送行为的概率密度估计模型、骑手/商户/用户的行为模型以及配送区域个性化的仿真参数自适应机制，能够支持对实际配送过程进行准确的“快进式”模拟，准确重现和预估配送过程，大幅提升配送物流的效率。该分布式仿真平台在配送过程中的关键 KPI 指标（平均配送时长、准时率、单均行驶距离）上和实际配送指标的偏差很小，达到了物流仿真领域的先进水平。

2. 通过搭建智慧供应链平台，实现全流程分工协同

一是构建全流程透明化管控。中捷公司为合作伙伴广东电信构建供应链全程可视化平台（SCV），通过引入客户、供应商、物流商等多节点的线下数据，实现了供应链全程的数据化展示及平台交互，并运用大数据分析模型进行数据挖掘与分析，力求为客户的供应保障业务提供个性化的日常运营及决策支撑：通过开发中捷可视化运输监控管理系统标准化接口与上游客户系统，实时交互订单信息，再通过接口将订单信息流转到仓库管理系统进行库内作业。

利群集团通过实施生鲜加工配送系统，实现生鲜产品储存、领料、加工全过程可视化跟踪管理，提升了管理精度；同时，通过系统将各作业节点实绩与计划对比，大大提高了异常追溯效率，缩短了异常处理时间，为生鲜原料及时按计划送达加工库、满足采购实际需求提供了高效保障，提升了公司整体服务水准，赢得了客户长久信赖。

北京云鸟科技有限公司的云鸟鸟眼系统提供了一套标准化、规范化运行模式。它将配送信息实时传递给物流配送环节上的发货人、收货人、调度、仓管等人员，他们之间可以进行高效协同，整个配送过程具有很强的管理性，可实现整个作业流程的规范化和高透明度，为智慧物流的发展提供可靠保证。百灵引擎系统结合海量数据，让智慧运力成为可能。其百灵引擎可以为货主、司机做精准画像、智能定价、优选匹配，客户通过“百灵引擎”，可设定对配送任务的要求，“百灵引擎”会根据车型、配送公里数、配送预计时长、附加服务等自动计算运力价格并匹配最符合要求的司机，司机接到任务后会按照客户的要求提供高质量的服务。订单封装以云鸟科技“鸟眼系统”为基础，充分连接发货、收货、调度、仓管等环节，为供应链末端订单交付提供了一站式整合解决方案，从预约下单、订单导入、API 对接、线路规划、车辆安排到在途状况、配送结果全程可视，将复杂的城配需求转化为精准的服务产品，为客户提供全程可视、可管、可控的供应链交付服务系统。

二是实现全流程精细化管控。上海乘风企业管理咨询有限公司开发的 L6 冷链物流管理系统以运输业务流程为中心，支持多种复杂业态，提供灵活性业务流程建模工具；全过程支持条码技术和 RFID 技术，能够高效、快捷地处理提货、派送、签收等业务，避免人为输入错误；同时，极大地提高了执行效率、降低了人力成本；提供开放的接口，实现与财务、ERP、OMS 等外部系统的连接。管理整个供应链网络上提供细粒度的货物控制，提升客户服

务水平。在业务上，使冷链物流能够更准确、更快捷、更优质地响应客户即时变动的需求；在管理上，使冷链运输更具可见性和自我调整性；在信息传递上，为客户提供更准确、更实时、更具深度的信息，最大限度地便利冷链运输上下游实现跨企业运作。通过运输系统帮助物流企业实现对货物流转全过程、各冷链运输环节的信息无缝监控、跟踪、查询及资源调度工作。协助冷链物流企业进行物流供应链的 IT 系统规划及管控设计、业务流程重组、需求分析、行业解决方案设计、信息化应用咨询、信息化招投标等，提升冷链物流企业的竞争力和标准化操作水平。

招商物流的供应链管理系统，在原有信息系统应用的基础上提升了系统应用、整合了周边系统，在国内物联网应用技术方面处于领先地位。该系统使招商物流的供应链管理实现了精细化、标准化的飞跃，整体运作质量明显提升。该系统的推广实施将有效推动国内第三方物流公司真正实现完整的端到端信息系统解决方案的发展，为市场拓展、运作支持、财务结算、业务创新等赢得先机。根据物流业务深入研发的各物流子系统的陆续应用，将推进产业互联网、企业移动应用和物联网产业的发展，提升前海地区经济发展的物流配套服务水平，进一步改善物流产业发展环境，有助于促进第三方物流业的优化升级。

3. 物流信息平台向一站式、智慧化方向发展

宏坤供应链通过打造绿道一站式跨境供应链服务平台，优化和完善跨境电商企业的网上作业流程，帮助企业实现“操作前规范、操作中跟踪、操作后分析改善”，一方面，解决中小企业的专业通关知识盲点；另一方面，加强企业的合规自律，通过平台的整体合规管控，配合政府的监管，搭建诚信体系。通过商务运作，进一步规范作业体系，助推企业的良性发展。

辽宁金舵手大运贸国际物流有限公司开发的船舶业一站式服务平台，将交易、金融、信息、人才等有机结合为一个整体。依托电子商务技术与银行结算系统、物流管理系统相衔接，为客户提供统一管理、统一标识、统一服务内容、统一服务标准的优质服务。利用互联网快速便利的通信手段，在跨时间、空间的范围内实现了商品流通、信息咨询交换及商业交易。平台的产生将大大简化商品流通环节，提高交易效率，降低交易成本，实现真正实际意义上的“电子化贸易”。

上海造集互联网科技有限公司开发的一站式综合物流平台，是充分利用大数据、云计算、数据挖掘等技术构建的智能化运力服务系统平台。通过信息技术可实现货源、车源和司机等信息高效聚集、对接和供求撮合。该平台将逐步开发和应用智能运价指导、智能运价跟踪、精准车货定位、智能诚信认证、智能回程车/货、智能线路优化等服务系统；重点开发建设智能配载系统，将订单货品、同线路订单货品、同线路在库货品，通过严谨科学的算法，按照最优配载方式，在系统中自动生成最优配载车型，并按照车型推荐车辆生成装车明细。平台建设物流大数据预测系统，通过智慧分析与智能预测两大功能板块，对发货人、承运人、线路及库存四大主题进行会员数据、线路情况、承运业务的分析与预测，为会员提供即时、精准的战略物流决策。

4. 依托新技术、新模式为物流行业降本增效

一是有效整合社会资源。I-wl 联物流平台是由中国物流与采购联合会的下属公司——中

物慧通（北京）网络科技有限公司倾力打造的全产业链智慧物流平台。通过该物流平台连接多家社会运力资源平台，最大限度地实现外部资源互联，在充分询比价的过程中持续优化资源，促进优质资源的引入，最终降低物流成本。同时，帮助企业在新增业务线路和物流峰值期快速整合资源，为建立敏捷供应链、柔性制造奠定基础。

成都积微物联电子商务有限公司的积微运网无车承运人服务平台，以积微运网整合区域运输资源，加强与本地区钢铁制造企业、建材经销商等的业务合作；整合钢铁产业链前后端配送资源，聚集区域零散车辆资源，培养规模化、系统化的物流能力；同时，以青白江区域土地资源和铁路资源为核心，组织陆路港和公路港互相支撑的铁公联营，发展多式联运，实现西南地区运输资源的有效整合。

二是为传统物流企业搭建业务支撑平台。由合肥维天运通信息科技股份有限公司自主开发、建设并运营的路歌“无车承运人”平台，是集物流服务交易、物流过程管理和协作流程对接为一体的、支撑传统物流企业发展“无车承运”业务的“互联网+物流”平台，在探索“无车承运人”业务模式的道路上，一直处于领先地位。招商局物流利用路歌平台的互联网技术和资源支撑平台，实现了社会车辆的整合优化、定位追踪、证件核查、金融支付、网络车场等功能，有效提升了招商局物流整体运营效益。

西安货达网络科技有限公司开发的基于北斗系统的大宗商品无车承运项目，一方面，依托互联网大数据平台，为货主提供一站式承运服务，逐步实现运输全流程在线化、数据化管理，实现货源、合同、运单、定位、支付、税票等服务模块的统一与贯通，有效解决了税源流失问题；另一方面，提升人、车、货的集约化、组织化水平，帮助企业降本增效，对榆林经济的转型升级发挥了积极作用。该公司主要通过技术手段对接厂矿企业及货运车辆，为上下游提供物流一站式承运服务，通过整合零散的个体司机，将原来碎片化和割裂的煤炭供应链打通，在煤矿、贸易商、中转地、司机、下游用户等供应链环节上实现信息流、资金流、票据流的统一，提升供应链上资金和货物的周转效率。

泉州市闽运兴物流有限责任公司开发的无车承运人管理系统致力于为全社会实现“减能增效”的目标，与福州大学数学与计算机科学学院达成校企合作共同打造龙易配平台大数据分析协议，实现全国车源、货源提前配货，智能匹配。最新上线的“预配货”功能致力于为司机和货主打通沟通障碍，通过大数据分析帮助司机减少空放率，更便捷地找到合适的货源，最终为货主降低物流成本。

5. 应用新兴技术，促进智慧物流的发展

东方驿站智能挂车项目是国内首创的甩挂运输装备智能管理系统平台，旨在通过物联网技术的应用、半挂车辆大数据的收集，在资产可视化管理、智能调度与配载、企业画像、运力分层、数据征信、需求供应预测等方面的分析应用，实现装备管理透明化高效智能化。东方驿站通过信息系统研发和高端设备投入，建立了甩挂运输运力及装备资源大数据库，利用大数据进行数理统计与数据挖掘，如用户画像、数据征信、供应链需求预测等，不仅能为行业提供甩挂运输核心数据支持，还能为客户提供定制化甩挂运输解决方案。

青岛科捷物流科技有限公司打造的唯品会华东自动化配送中心，紧跟行业转型和变革的需求，用智能技术全面打造分拣系统，摆脱了传统的人工分拣作业，提升了整个配送中心的信息化水平，实现了精确管理、节约人力和有效分配员工资源。配送中心以自动化物流系统作为订单量暴增的服务支撑，通过软硬件系统和大数据让配送中心更加智慧化。相较于同行业传统的配送中心，智慧化的华东自动化配送中心配送流程更优化，运营效率更高，在激烈的市场竞争中脱颖而出。

（中国物流与采购联合会网络部　晏庆华）

# 2017 年中国物流标准化

2017 年是我国标准化发展具有里程碑意义的一年。这一年《中华人民共和国标准化法》修订并颁布，党中央、国务院对标准化工作的重视达到了历史新高度，“瞄准国际标准提高水平”“建设质量强国”等质量发展目标首次列入党的工作报告，适应新时代发展需要的标准化制度、新型标准体系、全领域标准化的新格局，以及政府引导、市场参与、社会协同推进的标准化工作氛围基本形成，标准正在从专业技术为主向专业技术与国家治理相融合转变，从政府单一供给为主向政府和市场多元供给转变，标准化正在从传统领域为主向全面建设转变，国际上从“跟跑”向“领跑”转变，全社会积极参与标准制定、参与标准的实施已初见成效。

可以看到，2017 年物流标准化的政策环境越来越好，行业主管部门、协会、企业共同推动物流标准化的发展已成趋势，用标准规范行业发展、解决物流短板、提高社会物流效率，用标准共同推进物流与其他产业协同、物流区域协同、供应链全链条协同的理念已初步形成。

## 一、2017 年度物流相关标准发布情况

截至 2017 年年底，新发布物流国家标准 32 项（详见表 1）；新发布物流行业标准 31 项，其中：国家发展和改革委员会发布 5 项、交通运输部发布 6 项、商务部发布 8 项、工业和信息化部发布 3 项、国家铁路局发布 3 项、国家邮政局发布 6 项（详见表 2）；北京市、广西壮族自治区、内蒙古自治区、辽宁省、吉林省、天津市、广东省、山西省、重庆市、云南省、河北省、浙江省、福建省发布了物流地方标准，在国家标准委备案的物流地方标准共计 59 项。

2017 年已发布的国家、行业和地方标准中，内容涉及道路运输及运输车辆、内陆流通用集装箱、托盘循环共用、港口安全防护、多式联运、物流园区等通用类物流标准，以及冷链物流、电子商务、粮食物流、生鲜农产品、医药物流、快递、非危液态化工产品、废蓄电池回收等专业类物流标准。

**表 1　　2017 年发布的物流国家标准目录**

| 序号 | 标准号 | 标准名称 | 实施日期 |
|---|---|---|---|
| 1 | GB/T 34316—2017 | 港口安全防范系统技术要求 | 2018-4-1 |
| 2 | GB/T 16563—2017 | 系列 1 集装箱 技术要求和试验方法<br>液体、气体及加压干散货罐式集装箱 | 2018-4-1 |
| 3 | GB/T 21334—2017 | 物流园区分类与规划基本要求 | 2018-4-1 |
| 4 | GB/T 4857. 15—2017 | 包装 运输包装件基本试验<br>第 15 部分：可控水平冲击试验方法 | 2018/5/1 |
| 5 | GB/T 6420—2017 | 货运挂车系列型谱 | 2018-5-1 |
| 6 | GB/T 10478—2017 | 液化气体铁路罐车 | 2018-5-1 |
| 7 | GB/T 24818. 4—2017 | 起重机 通道及安全防护设施<br>第 4 部分：臂架起重机 | 2018-5-1 |
| 8 | GB/T 34343—2017 | 农产品物流包装容器通用技术要求 | 2018-5-1 |
| 9 | GB/T 34344—2017 | 农产品物流包装材料通用技术要求 | 2018-5-1 |
| 10 | GB/T 34393—2017 | 汽车整车出口物流标识规范 | 2018-5-1 |
| 11 | GB/T 34394—2017 | 平托盘最大工作载荷 | 2018-5-1 |
| 12 | GB/T 34396—2017 | 托盘共用系统木质平托盘维修规范 | 2018-5-1 |
| 13 | GB/T 34397—2017 | 托盘共用系统管理规范 | 2018-5-1 |
| 14 | GB/T 34399—2017 | 医药产品冷链物流温控设施<br>设备验证 性能确认技术规范 | 2018-5-1 |
| 15 | GB/T 34403—2017 | 非危液态化工产品物流突发事件处理 | 2018-5-1 |
| 16 | GB/T 34404—2017 | 非危液态化工产品逆向物流通用服务规范 | 2018-5-1 |
| 17 | GB/T 34587—2017 | 钢质冷藏集装箱修理技术要求 | 2018-5-1 |
| 18 | GB/T 34594—2017 | 射频识别在供应链中的应用 集装箱 | 2018-5-1 |
| 19 | GB/T 34767—2017 | 水产品销售与配送良好操作规范 | 2018-5-1 |
| 20 | GB/T 1836—2017 | 集装箱 代码、识别和标记 | 2018-7-1 |
| 21 | GB/T 35145—2017 | 冷链温度记录仪 | 2018-7-1 |
| 22 | GB/T 35201—2017 | 系列 2 集装箱 分类、尺寸和额定质量 | 2018-7-1 |
| 23 | GB/T 35412—2017 | 托盘共用系统电子标签（RFID）应用规范 | 2018-7-1 |

续 表

| 序号 | 标准号 | 标准名称 | 实施日期 |
|---|---|---|---|
| 24 | GB/T 35434—2017 | 商贸物流企业信用评价指标 | 2018-4-1 |
| 25 | GB/T 35486—2017 | 物流仓储配送中心螺旋箱式输送机技术规范 | 2018-7-1 |
| 26 | GB/T 35549—2017 | 无压干散货集装箱散货运输技术规范 | 2018-7-1 |
| 27 | GB/T 35551—2017 | 港口集装箱箱区安全作业规程 | 2018-7-1 |
| 28 | GB/T 35738—2017 | 物流仓储配送中心输送、分拣及辅助设备分类和术语 | 2018-7-1 |
| 29 | GB/T 35739—2017 | 物流仓储配送中心成件物品连续垂直输送机 | 2018-7-1 |
| 30 | GB/T 35774—2017 | 运输包装件性能测试规范 | 2018-4-1 |
| 31 | GB/T 35781—2017 | 托盘共用系统塑料平托盘 | 2018-7-1 |
| 32 | GB/T 35782—2017 | 道路甩挂运输车辆技术条件 | 2018-7-1 |

**表 2　　2017 年发布的物流行业标准目录**

| 序号 | 标准编号 | 标准名称 | 实施日期 | 标准主管部门 |
|---|---|---|---|---|
| 1 | WB/T 1059—2016 | 肉与肉制品冷链物流作业规范 | 2017-1-1 | 国家发展改革委 |
| 2 | WB/T 1060—2016 | 道路运输 食品冷藏车功能选用技术规范 | 2017-1-1 | 国家发展改革委 |
| 3 | WB/T 1061—2016 | 废蓄电池回收管理规范 | 2017-1-1 | 国家发展改革委 |
| 4 | WB/T 1062—2016 | 药品阴凉箱的技术要求和试验方法 | 2017-1-1 | 国家发展改革委 |
| 5 | WB/T 1064—2016 | 石油化工产品物流服务规范 | 2017-1-1 | 国家发展改革委 |
| 6 | SB/T 11152—2016 | 托盘租赁企业服务规范 | 2017-5-1 | 商务部 |
| 7 | SB/T 11153—2016 | 托盘共用系统运营管理规范 | 2017-5-1 | 商务部 |
| 8 | SB/T 11154—2016 | 共用系统托盘质量验收规范 | 2017-5-1 | 商务部 |
| 9 | SB/T 11155—2016 | 电子商务物流服务信息系统成熟度等级规范 | 2017-5-1 | 商务部 |

续 表

| 序号 | 标准编号 | 标准名称 | 实施日期 | 标准主管部门 |
|---|---|---|---|---|
| 10 | SB/T 11163—2016 | 配送自助提货柜服务规范 | 2017-5-1 | 商务部 |
| 11 | SB/T 11164—2016 | 绿色仓库要求与评价 | 2017-5-1 | 商务部 |
| 12 | SB/T 11181—2016 | 国际物流信息系统数据接口规范 | 2017-5-1 | 商务部 |
| 13 | SB/T 11198—2017 | 商贸物流园区建设与运营服务规范 | 2018-6-1 | 商务部 |
| 14 | JT/T 1092—2016 | 货物多式联运术语 | 2017-4-1 | 交通运输部 |
| 15 | JT/T 1093—2016 | 多式联运运载单元标识 | 2017-4-1 | 交通运输部 |
| 16 | JT/T 402—2016 | 公路货运站站级标准及建设要求 | 2017-4-1 | 交通运输部 |
| 17 | JT/T 631—2017 | 道路货物运输企业等级 | 2018-2-1 | 交通运输部 |
| 18 | JT/T 1110—2017 | 多式联运货物分类与代码 | 2017-8-1 | 交通运输部 |
| 19 | JT/T 1111—2017 | 综合货运枢纽分类与基本要求 | 2017-8-1 | 交通运输部 |
| 20 | JB/T 12908—2016 | 冷链物流用蓄冷超导箱式转运设备 技术条件 | 2017-4-1 | 工业和信息化部/国家能源局 |
| 21 | JB/T 5323—2017 | 立体仓库焊接式钢结构货架 技术条件 | 2017-7-1 | 工业和信息化部/国家能源局 |
| 22 | JB/T 7016—2017 | 巷道堆垛起重机 | 2017-7-1 | 工业和信息化部/国家能源局 |
| 23 | YZ/T 0154—2016 | 快件寄递状态分类与代码 | 2017-4-1 | 国家邮政局 |
| 24 | YZ/T 0155—2016 | 快件集装容器 第 1 部分：集装笼 | 2017-4-1 | 国家邮政局 |
| 25 | YZ/T 0156—2016 | 快递营业场所基础数据元 | 2017-4-1 | 国家邮政局 |
| 26 | YZ/T 0157—2016 | 快递车辆基础数据元 | 2017-4-1 | 国家邮政局 |
| 27 | YZ/T 0158—2017 | 快件航空运输信息交换规范 | 2017-8-1 | 国家邮政局 |
| 28 | YZ/T 0159—2017 | 快递服务制造业信息交换规范 第 1 部分：仓配一体化 | 2017-8-1 | 国家邮政局 |

续 表

| 序号 | 标准编号 | 标准名称 | 实施日期 | 标准主管部门 |
| --- | --- | --- | --- | --- |
| 29 | TB/T 3079.1—2016 | 铁路货物装载加固材料和装置 第1部分：货物转向架 | 2017-2-16 | 国家铁路局 |
| 30 | TB/T 3079.6—2016 | 铁路货物装载加固材料和装置 第6部分：废钢铁网 | 2017-2-16 | 国家铁路局 |
| 31 | TB/T 3079.7—2016 | 铁路货物装载加固材料和装置 第7部分：焦炭网 | 2017-2-16 | 国家铁路局 |

## 二、物流标准提升社会治理效能，是政府监管的重要支撑

《汽车、挂车及汽车列车外廓尺寸、轴荷及质量限值》（GB 1589—2016）强制性国家标准发布后，政府将标准与实际的监管相配套，2017年交通运输部、公安部等部门在全国范围继续开展超限超载车辆的联合整治专项行动，工业和信息化部加强车辆生产强制性国家标准的实施，多部门协同推进形成联动效应。通过监管，一是从生产源头清理了近万个不符合标准的车型，二是从车辆改装源头遏制货车非法改装改型，三是从使用方开展整顿治理，如汽车物流企业杜绝了车辆运输车的“双排车”现象。通过监管普通干线运输中，普通公路平均超限超载率同比下降42%，高速公路6轴货车超限超载率同比降幅高达77.6%，全国公路路网通行效率和安全保护水平明显提升。

## 三、物流标准得到了各级政府积极推广

商务部以标准化信息化建设为抓手，推动降低物流成本，促进流通降本增效。2017年，商务部在全国范围内新增17个物流标准化试点城市，推动供应链各环节设施设备和信息数据的高效对接，继续开展1200毫米×1000毫米尺寸标准托盘专项试点工作，试点企业标准托盘占比达80%～100%，装卸货效率提升3倍以上，车辆周转效率提升1倍以上，货损率降低20%～70%，综合物流成本平均降低10%。

## 四、物流标准有效服务于行业发展

物流行业协会依据物流标准积极开展企业培训、试点、达标等工作，开展物流设施与装备的认证、检测等工作，将认证通过的良好的

冷藏车辆信息公布在平台上，为车辆使用者提供选择。一些政府部门也相继出台政策积极推动企业评估等工作，如物流企业冷链评估。2017 年，山东省、福建省、江西省等地方政府专门针对星级冷链物流企业提出了相应的扶持政策，鼓励冷链物流企业做精做强，标准有力支撑了物流行业的健康发展。

## 五、政府类物流标准全文公开有序推进

为了促进标准的实施应用，落实国务院《深化标准化工作改革方案》（以下简称《改革方案》）中“免费向社会公开强制性国家标准文本”“推动免费向社会公开公益类推荐性标准文本”等要求，2017 年 3 月 16 日国家标准化管理委员会的“国家标准全文公开系统”正式上线运行，国家强制性标准可全文浏览，国家推荐性标准在尊重知识版权的基础上部分全文公开，经过近一年系统的完善得到了各方面的认可，全国物流标准化技术委员会在 2017 年也实现了与国标委系统的链接，实现了物流国家标准的全文查阅，下一步国家标准委将积极推动行业标准和地方标准的公开，全国物流标准化技术委员会也将在中国物流与采购联合会官网上实现物流行业标准的全文公开查阅。

## 六、物流重要标准研制融入发展理念

2017 年 4 月，国务院办公厅印发的《关于加快发展冷链物流保障食品安全促进消费升级的意见》中，明确提出要“依据食品安全法、农产品质量安全法和标准化法，率先研究制定对鲜肉、水产品、乳及乳制品、冷冻食品等易腐食品温度控制的强制性标准并尽快实施”。为此，国家卫计委在中国物流与采购联合会冷链物流专业委员会多次调研汇报的基础上，将《食品冷链卫生规范》强制性国家标准列入国家卫计委《2017 年度食品安全国家标准立项计划》，并委托中国物流与采购联合会冷链物流专业委员会等几家单位共同研制，这也是目前我国食品冷链物流领域的第一项强制性国家标准，该标准将于 2018 年完成，旨在对冷链物流全流程的温度控制提出要求，标准的发布将为国家相关领域的监管提供技术支撑。

国务院发布的《物流业发展中长期规划（2014—2020 年）》将物流园区列为 12 项重点工程之一，由全国物流标准化技术委员会归口，中国物流与采购联合会、北京交通大学以及多个物流园区共同制定的《物流园区绩效指标体系》国家标准规定物流园区绩效指标体系构成、指标内涵和计算方法。2015 年，国家发改委、国土资源部、住房和城乡建设部开始开展物流园区示范工作，标准为近三年的示范园区评定和遴选提供了依据。

绿色发展的理念是我国“十三五”规划提出的五大发展理念之一，已列入《物流业发展中长期规划（2014—2020 年）》中明确的 12 项重点工程之一，国家邮政局着力完善快递业绿色包装系列标准，完成了《快递封装用品》等系列标准的研制，从源头积极推动快递包装的绿色化、减量化、可循环。由全国物流标准化技术委员会归口，中国物流与采购联合会、北京交通大学等多家单位制定的《绿色物流指标构成与核算方法》规定了企业绿色物流指标体系构成与指标核算方法，适用于从事物流活动的企业的评价与管理，标准为政府推动和评估绿色物流提供了依据，也为企业建设绿色物流体系，合理利用物流资源、优化物流装备与

物流服务方式、减少物流活动对环境影响、提升企业的可持续发展提供了参考依据。

建设统一开放综合的运输市场体系是交通运输部“十三五”发展规划中的重点工作任务，2017 年适用于内陆流通的《系列 2 集装箱 分类、尺寸和额定质量》（GB/T 35201—2017）发布，《货物多式联运术语》《多式联运运载单元标识》两项多式联运行业标准发布，多项涉及多式联运的运单、标识、不同运输方式的交接、配载单元等行业标准制定并完成，以及适用于多式联运的运载交换箱体产品标准的研制，为提升综合运输通道服务效能、提高综合运输枢纽服务品质、建设集约高效的货运物流体系，全力打造综合运输服务升级版提供了技术支撑。

## 七、物流标准的实施评价进一步加强

建立标准实施信息反馈和评估机制是《中华人民共和国标准化法》中规定的重要内容，也是标准化工作改革的一项重要措施，国家标准化管理委员会制定发布了相关的评价规范，要求对重要标准的实施情况及实施效果定期监测及评估。为此，全国物流标准化技术委员会选取了近几年行业内广受关注的托盘标准，对《联运通用平托盘 主要尺寸及公差》（GB/T 2934—2007）国家标准在物流 9 个专业领域的使用情况开展了调研，调研的范围包括托盘生产企业，物流各专业领域的生产企业、分销企业、物流企业、物流服务平台企业，货运、冷藏车辆等物流装备生产企业，机场场站、港口、铁路以及相关的管理部门、标准化技术委员会、协会等。调研的内容包括：目前标准托盘的市场保有量、销售占比情况，目前我国主要的专业领域标准托盘的使用，不同运输方式（公、铁、水、航空）使用托盘的情况，托盘在不同物流运输装备上的匹配度、利用率情况以及 ISO（国际标准化）与各国托盘标准情况等。通过调研不仅了解了我国托盘的总体情况，对标准的有效性做出科学的分析评价，也为今后标准修订提供了数据支撑。

## 八、团体标准在协同方面发挥着积极作用

截至 2017 年年末，在国家标准委“国家团体标准信息平台”上注册的与物流相关的社会团体有 13 家，其中国家级社会团体 2 家。有 9 家社会团体发布了团体标准，共计 38 项。经过两年的培育，市场主体的活力进一步激发，一些团体标准在企业间、联盟间、区域间发挥着积极作用。

（中国物流与采购联合会标准委）

JMC
江铃汽车
凯运强劲版
强悍登场
JMC
JMC
凯运强劲版
凯运
强劲版
强劲装载2.3m大货箱，21m³超大货箱装载量
强劲品质福特标准+江铃品质工艺，省油耐用
强劲动力腾豹3.0发动机，最大功率95kw，澎湃高效
JMC
千里江铃一日还

# 中远海运物流有限公司
COSCO SHIPPING Logistics Co., LTD

中远海运物流有限公司隶属于中国远洋海运集团有限公司，由中国远洋物流有限公司、中海集团物流有限公司和中海船务代理有限公司重组整合而成，于2016年12月21日正式挂牌运营。2017年9月18日，中国外轮理货总公司整合并入中远海运物流有限公司。

中远海运物流是居中国市场领先地位的国际化物流企业，在项目物流、工程物流、综合货运、仓储物流、船舶代理、供应链管理、理货检验等业务领域为国内外客户提供全程物流解决方案。

中远海运物流在中国境内30个省、自治区、直辖市及海外17个国家和地区设立了分支机构，在全球范围内拥有500多个销售和服务网点，形成了遍及中国、辐射全球的服务网络系统。

地址：北京市朝阳区八里庄北里220号中远海运物流大厦　　邮编：100025　　电话：010-51568000　　传真：010-64673118

# EXCELLENT
LOGISTICS ENTERPRISE

# 北京普田物流有限公司
## ——专业的智慧物流一体化服务引领者

北京普田物流有限公司（以下简称“公司”）是一家跨地区、以汽车物流为主的多产业运营一体化服务商，自2002年独立运营至今，注册资本8000万元，员工2800余人，年营业额17亿元。公司以北京为管理中心，分别在北京、山东、湖南、广东等地拥有7个分公司，并设立20余个市场部，运营网络遍布全国。

公司成立以来，始终坚持以业务创新为动力、以信息化为手段，走科技创新、智慧物流之路，形成了整车物流、生产物流、零部件物流三大核心业务，紧密服务于中国商用车第一品牌福田汽车集团业务，拓展宝沃汽车、比亚迪、华晨宝马、东风日产等行业优质客户，已成为中国汽车物流产业的重要力量。

公司作为国家AAAAA级综合服务型物流企业，先后通过了国际质量管理体系ISO 9001、职业健康安全体系OHSAS 18001、环境管理体系ISO 14001认证，并先后被评为“中国汽车物流行业十大影响力品牌”，连续7年蝉联“全国先进物流企业”“中国物流百强企业”，被行业授予“中国物流文化建设示范基地”“汽车物流行业特别突出贡献企业”“中国物流社会责任贡献奖”“汽车物流行业创新奖”“汽车整车物流KPI标杆企业”“汽车零部件入厂物流KPI标杆企业”等荣誉称号80余项。

高效联通，成就价值。公司以“专业、睿智、真诚、可信赖”的品牌个性，实现“智领科技、信赖服务、卓越效益”的品牌价值，通过管理与技术的持续创新，到2020年，公司经营规模将实现突破，成为品质卓越的智慧型物流领导企业。

客服电话：4008865156
公司地址：北京市海淀区丰秀中路1号
联系电话：010-58710733

# 宁波经济技术开发区
# 现代国际物流园区

Ningbo Economic & Technological Development Zone,Modern International Logistics Park

宁波经济技术开发区现代国际物流园区，作为宁波市委、市政府在"十一五"期间出台的《宁波市现代物流发展规划》"一主六副"中的主物流园区，总规划面积3.5平方公里，由核心物流园区（1.89平方公里）、原工业小区、原精细化工区组成。现有实地经营企业约280家，引进普洛斯、中外运、万维VX物流园等国内外知名大型物流企业落户，集聚天翔货柜、东南物流、铃与物流等中小型物流仓储企业120多家，集聚德马格、力劲、毅文机械等大型工业企业15家，中小型精细化工业企业130余家。

在省、市、区各级政府的关心下，在口岸部门的支持下，经过几年开发建设，园区已建成高标准物流仓库46万平方米，冷链仓库15万立方米，规模为国内领先，并先后获得"浙江省示范物流园区""港口物流特色知名品牌示范园区""全国第二批示范物流园区""优秀物流园区"等荣誉。

2017年，园区全面开启二次发展，核心区块税收1.9亿元，增长5.5%，完成目标的126%。进出口贸易额由2013年的10亿美元增长到2017年的64.2亿美元，增长5.42倍，累计突破200亿美元，对全市贸易增长贡献明显，积极发挥园区对宁波市落实国家"一带一路"倡议、长江经济带战略的重要载体和物流战略支点作用。2017年9月中国—中东欧国家贸易便利化试验区（北仑核心区）在园区落户，为特殊区域贸易便利化发展开创先河。完成太古冷链综合保税仓验收，推进百川港通进口食品公共查验平台建设。引入上海交大教育集团，协同推进中东欧国际物流学院落地，开创产智融合新局面。举办中东欧国际物流学院实践基地授牌仪式暨中东欧全额硕士奖学金名额全球招生发布，提升园区国际化品质和水平。依托园区现有东南、铃与、兴港等优质港股线下企业，延伸线上港区资源综合服务平台建设，推进宁波港港口物流全产业链整合提升，加快兴港冷链与中铁集团的海铁联运合作等项目开发。2018年4月，宁波海关批准全市出口配送型海关出口监管仓库落户园区，大力促进跨境电商业务发展，吸引国际采购业务落户。

地址：浙江省宁波市北仑区万泉河路3号（宁波开发区现代国际物流园区）
电话：0574-86787511
招商电话：0574-86787525
0574-86787197

# 北京长久物流股份有限公司

股票代码：603569

北京长久物流股份有限公司（以下简称“长久物流”）是长久集团的核心产业，在同行中位居前列，成立二十余年来致力于为中国汽车行业提供全方位、全产业链物流服务，努力帮助客户创造价值。

**整车物流** 长久物流深植汽车物流领域26年，在全国形成7大区域物流基地的循环资源网络布局，整车市场占有率12%，服务品牌占全国汽车销售品牌的88%。

**零部件物流** 长久物流为汽车行业客户提供全供应链零部件物流服务，业务涵盖集货、运输、VMI、生产物流、备件物流、KD作业、分装作业以及物流规划、包装设计、包装制作等。

**多式联运** 长久物流多式联运业务分为滚装及集装箱多式联运，已与铁路、港口码头等企业深度合作，为客户提供全程多式联运服务及定制化的首末端配送服务。

**国际物流** 长久物流践行“一带一路”，于2015年至2017年，分别开通哈欧、哈俄、哈比铁路专列。铁路：实现沃尔沃整车进出口业务的常态化运作。航空：开通郑州－莱比锡的货运包机航线。

**仓储物流** 长久物流打造了辐射全国的汽车仓储体系，并着力搭建完善的全产业链物流共享仓平台。截至2018年年底，将搭建48个社会化共享仓，覆盖所有省会城市和重要沿江、沿海节点城市。

**供应链金融** 助力整车新渠道，提升承运新生态，打造行业新平台。提供资金、仓储、物流、结算、集采、渠道管理等一站式服务。改善合作伙伴生存环境，提升行业竞争力。当日放款，灵活计息，手续简便，额度不设上限。

www.changjiulogistics.com

地址：北京市朝阳区东三环北路霞光里18号佳程广场B座7层
电话：010-57355999 传真：010-57355800
官方客服热线：4008185959

# 第八部分

# 部分优秀物流企业经典案例

# “数字化仓储管理（云仓）”助力中国外运仓储管理升级

## 一、中国外运简介

中国外运股份有限公司（以下简称“中国外运”）是中国外运长航集团控股的 H 股公司，是中国具有领先地位的大型综合物流服务供应商。主营业务包括货运代理、专业物流、仓储和码头服务、物流设备租赁和其他以船舶承运、汽车运输和快递服务为主的服务。业务经营涵盖我国沿海地区和战略性地区，拥有广泛、全面的国内服务网络和海外网络。中国外运凭借强大的品牌、资金、人才优势，凭借完善的服务网络、综合的物流服务模式及专业能力，在市场竞争中居于领先地位，成为客户的专业物流合作伙伴。我国仓库、仓储市场的转型升级和电商业爆发式发展，为中国外运提供了前所未有的资源整合及创新发展的机会，同时也为中国外运增强自身实力、提升服务品质提供了契机。

## 二、项目背景及简介

一直以来，中国外运的各业务公司同时使用几种不同的仓储系统，各个仓库的基础信息不能有效、及时上报汇总至总公司，导致中国外运出现仓储业务资源分散、参与企业众多、业务流程及规模差异大、信息系统不统一、数据口径不标准等生产管理和经营管理方面的诸多问题。比如：无法准确了解资源全貌（多少、使用率）的问题、无法有效支撑和开展资源共享的问题、无法有效为资源布局及规划提供决策依据的问题。

为解决上述问题，中国外运决定建设“数字化仓储管理（云仓）平台项目”（以下简称“数字平台”），用科技的力量提高管理水平，实现仓储资源运营可视化、数字化管理。即通过项目建设把收集上报的仓库基础数据和对接同步 WMS 业务数据统一汇总在“数字平台”上，这样在平台上结合 GIS（地理信息系统）技术可以及时便捷准确地查询仓储和土地资源信息、业务订单数据和所需的运营统计信息；

通过把异地的或者不同公司的闲置仓储资源组建成一个虚拟的仓库，完成一个需要这种服务的项目需求，以实现仓储资源统一管理和协同操作；通过结合 GIS 技术，直观地在地图上查看一段时间内云仓的发货流向图示，根据仓库出入库数据流向了解仓库间货物流向、流量、品类，为仓库布局提供依据。

中国外运建设"数字平台"意在通过仓储资源整合，支撑各地综合物流业务的开展，提供中国外运仓库资源的登记管理，为总部运营管理部门提供信息分析支持。同时，探索区域虚拟仓库及各子公司仓储业务上互相协作的业务应用。"数字平台"通过制定规则和统一要求整合中国外运内部的仓储业务和仓库资源，依托 IT 手段和可视化管理等方式，达到业务数据的可量化管控和指标管理的目标，为各地综合物流业务的开展和提高管理水准提供数字化抓手。

## 三、"数字平台"推进实施中的问题

中国外运"数字平台"整体规划功能模块如下图所示。

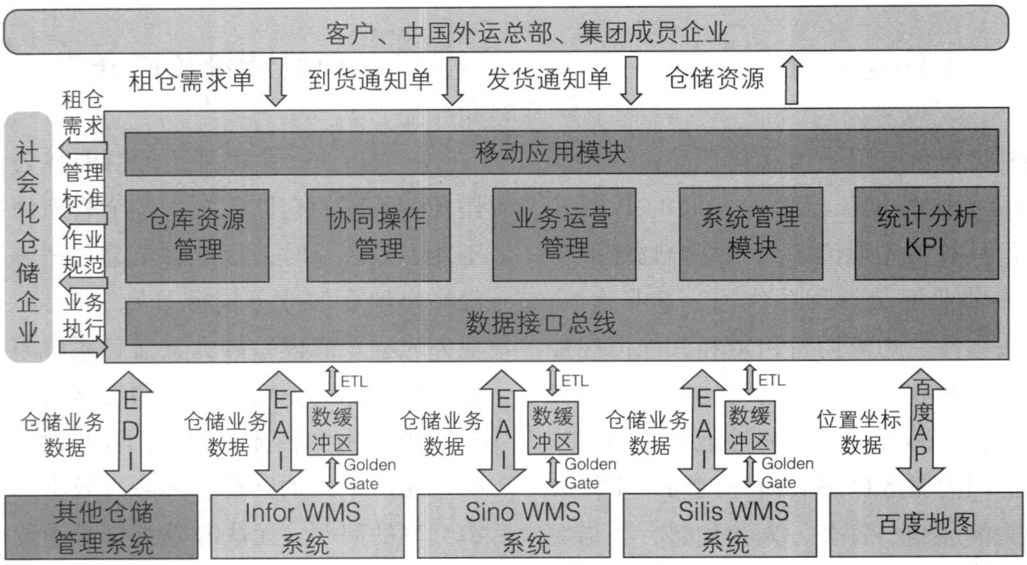

中国外运"数字平台"整体规划功能模块

2017 年 4 月，中国外运正式启动"数字平台"一期建设，计划于 2017 年 12 月完成预定的功能。一期建设内容主要集中在仓库基础信息的收集上报、与业务公司的 WMS 业务数据对接同步、信息数据的图表统计及可视化和虚拟仓库的业务协同操作等功能模块。

在"数字平台"建设过程中，由于中国外运仓储业务资源分散、参与企业众多、业务流程及规模差异大、信息系统不统一、数据接口标准不一致等实际情况，导致在"数字平台"建设中出现了以下问题。

一是规则标准难以制定。建设"数字平台"，搭建资源整合的平台统一业务标准、数据标准、数据质量标准是最为重要的。由于中国外运综合物流业务丰富、业务类型复杂，使得制定标准变得非常困难，既要统筹兼顾又要不遗漏特殊的重要业务。为此，经过多部门反复商讨研究最终确定了“数字平台”2017年度标准，并且明确随着管理精细化程度提升，要逐步细化相关数据标准。

二是系统对接困难。“数字平台”在与多个外部系统做接口对接时，发现不同系统的采购与运维皆由不同的供应商提供，而且每个供应商的技术方案和数据标准都大相径庭，导致相关接口功能开发难度加大，开发进度一度延后。

三是需求范围困难。“数字平台”属于管理创新型项目，很多平台功能需求在建设初期尚未明确，而是在“数字平台”建设过程中逐步探索确定的。因此，在“数字平台”建设期间有些已实现的功能需要多次修改和阶段性进度延后。

四是实施推广困难。在“数字平台”实施过程中，特别是收集上报仓储基础数据时，存在业务单位提交数据不标准不规范、前后不一致和组织单位有调整合并的情况。所以，需要反复对已上报数据进行多次清洗和沟通，规范补充数据。

## 四、项目实施的成果和效益分析

2017年12月，中国外运“数字平台”一期建设完成，取得了预期的效果：实现了下属全部分子公司仓库基础信息的上报、统计、GIS地图分布和定位，仓库业务数据的同步对接和统计分析图表，云仓下的业务协同操作等功能。

截至2017年年底，“数字平台”已陆续接入中国外运在国内28个行政区、共计681万平方米的库区，涵盖中国外运99%的境内仓库。实现了优化和利用信息技术手段全力打通物流信息链、重塑业务流程、创新企业资源组织方式的初衷，使得各级业务管理者均能从各自的角度和层面对业务及资源进行管理。具体表现在以下几个方面。

一是整合内部外部仓库资源。“数字平台”提供了统一的系统，可以进行仓库资产登记注册管理，可以及时、便捷、准确地查询那些已经陆续接入了全国28个行政区的165个公司的451个仓库，共1200个仓间674.3万平方米的库区，占中国外运全部仓库资源99%的仓储和土地资源信息、业务订单数据和所需的运营统计信息。

二是实现了仓储资源统一管理、协同操作。“数字平台”实现了仓储资源统一管理和协同操作，便于把闲置和分散的仓储资源整合为一个具体项目用的云仓。

三是为优化仓库资源布局提供了数据支撑。“数字平台”的实施累计同步抓取了168154条入库单的645146条业务数据，671979条出库单的1679559条业务数据。中国外运可通过仓库出入库数据流向了解仓库间货物流向、流量、品类，为仓库布局提供依据。

四是实现了仓储管理移动化。“数字平台”具有移动平台的功能，为相关人员实时了解仓库运营数据、掌握仓库运营情况提供了便利，提高了管理人员及时发现问题、解决问题的效率，同时提高了中国外运的服务质量。

## 五、“数字平台”实施过程中的主要体会、经验与教训

建设“数字平台”是中国外运数字化转型的一次成功实践。通过建立“数字平台”将中

国外运的业务标准与信息技术有效融合，大幅提升了中国外运业务资源数字化管理的水平。由于在“数字平台”建设的过程中，相关团队着眼于逐步建立仓储资源信息化管理的行业标准，始终强调标准与统一的管理原则，并致力于不断完善与推动，为中国外运仓库资源的规范管理奠定了坚实基础。通过对中国外运仓储业务的数据整合，带动了业务数据采集与挖掘工作的上下联动，数据的及时性与准确性大幅度提升；通过仓储资源数据的互联与共享，“数字平台”可以对全局业务数据进行深入分析，以推进中国外运仓库布局的智能优化，全面提升作业效率；“数字平台”汇集分析的库存数据与历史记录将以最优库存的建议与方案服务于客户与项目的物流需求，使中国外运的管理和服务从定性向定量迈进，物流数据商业化的服务能力得到显著提升。中国外运在“数字平台”实施中积累了一些经验和教训，具体有如下几点。

第一，信息化实施必须符合企业发展战略。企业发展战略既是企业的发展方向，也是企业信息化工作的指路明灯。建设“数字平台”中国外运实施数字化、可视化战略的代表项目，和企业发展息息相关，因此获得了中国外运各管理层面的大力支持，这是“数字平台”建设能够取得初步成果的前提。

第二，标准化是信息化的基石。建设“数字平台”和其他信息化项目对信息的处理一样，需要采集业务的节点信息、物流资源等大量信息，并对信息进行加工处理、分析。所以，数据的规范性是不可轻视的基础保障工作。为此在“数字平台”建设过程中，需要针对每一类物流资源、每种业务类型进行梳理，要制定相关标准确保数据的真实可靠，体现平台的价值。

第三，价值输出是实施推广的动力源泉。与平常的业务操作系统不同，“数字平台”依托业务操作系统，通过处理来自不同渠道的信息产生新的业务价值。因此，在“数字平台”实施中采取价值导向的策略，操作系统给平台提供数据，平台会给业务带来更多的服务，比如货物跟踪、业务预警、操作协同等。

第四，可视化倒逼数据的完整性和规范性。中国外运的经营公司分散在不同的区域，受业务量和经营管理方式的影响，各公司的数据质量和完整性各不相同。为促进数据质量的提高，除了强化管理要求外，“数字平台”通过晒数据的方式将各家数据在平台统一展示，利用软方式，形成内部紧迫感。

（中国物流与采购联合会网络部）

# 德邻陆港以智能物流开创运营新格局

## 一、项目企业简介

德邻陆港（鞍山）有限责任公司（以下简称“德邻陆港”）是由鞍山钢铁集团控股，国内大型海运、港口、政府实体共同参股的一家现代物流企业，位于辽宁省鞍山市经济开发区，注册资金 15366 万元，总资产 2.6 亿元，净资产 1.48 亿元。

德邻陆港在鞍山市经济开发区达道湾工业园拥有 2 个现代化物流园区（36 万平方米）和各种大型工程机械 50 余台。其无车承运平台现已整合鞍山、天津、营口、朝阳等地共计 157 家社会物流公司，全国加盟仓储库 30 家，货运车辆 3232 台，货运司机 3637 名，开辟运输专线 40 余条，年钢材配送量达 800 余万吨。运输线路以沈阳、天津、青岛、郑州等地为主，基本覆盖了国内主要大中型城市；发运货物以钢材为主，包括冷轧、热轧、盒板、线材等 18 个品种。

德邻陆港以供应链为框架实践“互联网+物流”的理念，彻底改变当前“无车承运人”物流模式中的不足，凭借信息平台基础、精细化物流增值服务，按供应链视角以智能物流开创无车承运人增值服务运营新格局，实现了为企业及其供应链伙伴与股东创造经济效益的同时，取得良好社会效益的目标。

## 二、项目建设背景

德邻陆港构建智能物流信息系统的目的是，以线上线下增值服务开创无车承运人运营新格局、实现多元化盈利模式，即以“基础服务”和“增值服务”实现无车承运人盈利模式的“再升级”。一方面，德邻陆港凭借先进的物流发展理念、丰富的管理经验、集知识技术于一体的服务体系，为货主企业提供物流整体解决方案和精细化运输组织，以高质量的服务提高货主企业对其终端客户的服务质量，提高货主企业的市场竞争力；货主企业可以利用德邻陆港无车承运人拥有的发达的信息化网络、庞大的货源信息，了解相关区域的运力结构和产品结构，从而能增加其研究设计、产品开发、市场拓展等投资能力，实现货主企业的网络化和规模化运营，提高运作效率。另一方面，德邻陆港在提供增值服务的同时，也实现了自身商业模式从单纯的基础服务收入向为客户创造新价值的转型，进而获得良好的效益。

## 三、项目建设过程和主要内容

（一）项目建设思路。

德邻陆港建设智能物流信息系统的思路是：以先进的物流信息技术为支撑，提升客户体验和数字化智能增值服务水平，创新无车承运人增值服务运营模式。

（二）项目建设重点。

一是风控体系建设。规避风险，保障交易安全，是无车承运人发展的基础和前提。除了政府层面监测监管政策和平台运行的支持之外，德邻陆港积极探索和实践，在无车承运人平台设立了三道监控体系。第一道监控体系是事前监控。平台建立起严格的资质审核机制和身份认证机制，确保平台推广的同时保证所有车、货信息的真实可靠。每笔业务货主和承运人均需提前支付保证金，待交易完成之后解冻，同时签订电子运输合同（货主版和承运人版）。第二道监控体系是在途监控。作为无车承运人，德邻陆港负责整个运输过程的流程管理、呼叫、调度、运输过程跟踪监控、风险把控与承担、大额运费的融资协调与结算。第三道监控体系是事后监控。德邻陆港与保险公司紧密合作，创建保险机制，为货主承诺运输过程的货物安全与意外赔偿，一旦发生骗货事件，货主则可通过保险机制，获得相应赔偿，免去货主的后顾之忧。

二是“四力”提升。德邻陆港的无车承运人“四力”包括：组织能力，即基于其所辖和加盟的物流园区天然的物流资源集聚优势，充分发展园区内三方物流企业及庞大的个体司机资源；信息化能力，即大力发展园区通、甩挂系统、优卡系统、运输管理系统（TMS）、运营监控系统、BI 系统等各类业务系统，加强对定位系统（GPS）、在线支付系统、会员管理系统、大数据分析等基础信息系统的建设；经营能力，包括信用能力、运营能力、园区资源能力和线下管理能力；赔付能力，包括从源头降低风险、降低运营风险、加强物流业务各责任险的有效植入。

（三）项目线上增值服务功能介绍。

德邻陆港平台现有以下八大服务产品。

一是德邻畅途：互联网+高效运输。德邻畅途以无车承运作为货源入口和业务管理，积极推进当地专线加盟与线下管理，可充分发挥互联网在客户体验、服务管理、资源整合方面的优势。德邻畅途旗下的“德邻管家”“德邻伴旅”，为货主和司机提供全方位定制服务，追溯整个订单的运行轨迹，第一时间接收订单发货量、成交量等信息，实时监控货物在途运输情况，并为货主与司机间打通高效沟通渠道，实现移动化办公。

德邻畅途通过提高车辆实载率、降低货物破损率、减少货损货差等服务水平实现降本增效。例如，结合系统资源，德邻畅途构建远超两点之间运输的物流服务网络，形成货运物流的“实网”，一定程度上减少车辆返空的现象，达到“重去重回”，降低单位运输成本。

二是德邻云仓：互联网+智能仓储。德邻云仓运行以来，手机微信端收发货物、智能盘点、信息在线查询、远程智能监控可随时为客户传递货物信息，客户可以足不出户时时了解货物的物流动态，让物流变得更加可视透明。

其中，“微信理货”功能体现在通过手机微信端理货员可以快速扫码完成入库、出库、库存盘点等业务。

三是德邻智园：互联网+智慧园区。德邻陆港智慧园区依靠在仓储管理行业积累的丰富经验，以“园区+互联网”为理念，融入社交、移动、大数据、云计算，运用现代计算机信息技术，结合智能硬件设备和物联网设备，对传统仓库进行全面信息化改造，集合了智能化现场管理、自动配单、仓容管理、在线预约、快速货位变更等业务和管理功能。具有可实时上传仓储数据，实现24小时远程监控，对货物的流转进行全过程跟踪的特征。经数字化、信息化、智能化改造后的智慧园区可使仓库管理更加标准化、精细化、透明化、智慧化。系统实现的功能有监控集成、智能到厂预约、智慧停车、智能闸口、综合服务大厅等全新功能。

四是德邻云嘉：互联网+钢材全自动剪切加工。德邻云嘉剪切加工流水线定位于服务钢铁产业链上的加工用钢终端用户群，为用户提供加工及制品交易服务和用材技术支持等一站式钢材加工服务。本着以质量求发展、以技术求生存的原则，结合每位用户实际需求，利用先进的生产工艺为客户提供专业化的优质服务。

五是德邻e宝：互联网+供应链金融服务。德邻e宝是以德邻陆港为实体支撑，采用互联网手段探索产业链金融发展道路的产业链金融平台。同时，为上下游客户提供在线支付、融资服务等多项业务。

六是德邻云采：“互联网+网上产品销售”。包括汽车销售、机动车配件批发兼零售、轮胎经销、房屋设备出租、工程机械修理（起重设备修理除外）、车辆维修、汽车装饰用品、日杂用品、电瓶、车载通信设备、音像制品、电子产品、通信产品、数码产品、皮具箱包、户外用品、家用电器、二手车（除报废汽车外）零售、洗车美容、汽车救援服务、餐饮、住宿；润滑油、防冻液销售，成品油零售（仅限分公司经营），易燃液体批发（无储存），煤焦油、粗苯、洗油、煤焦沥青等功能。

七是德邻大数据：互联网+物流大数据挖掘、分析。德邻大数据对产业链上丰富的生产数据、交易数据、库存数据、物流数据、用户数据、资金数据进行采集、加工和分析，进一步提升数据的价值。对于上游钢厂，以产业大数据指导，帮助传统企业从规模化、大批量的生产制造理念转化为小批量、定制化和专项化的服务，进而“两化融合”为物联网形态，最终实现生产服务化。对于下游经销商和终端客户，提供对价格、运输、库存等趋势的预判，为下游用户的生产经营提供数据支撑。

八是德邻钢铁：互联网+钢材交易。德邻钢铁致力于帮助钢厂以客户为中心创新营销服务模式，提升营销服务能力与水平，帮助下游终端客户方便快捷地获得钢厂直供的优质货源，充分发挥互联网互联互通的优势，整合优良的商品、客户、仓储、物流、加工和金融服务等资源，为客户提供一站式钢材交易服务。

（四）项目线下增值服务功能介绍。

一是物流整体解决方案设计及实施服务。德邻陆港通过开辟陆海、公铁等多式联运方式，为客户提供物流整体解决方案设计及实施服务。配送区域已覆盖华北、山东、东北等地，较好地满足了全国各地钢贸客户的需求，目前已具备以鞍山为中心300千米半径内24小时“门对门”送达能力。同时通过拓展此项业务，增强了整合社会资源的能力，为钢铁企业的销售物流提效降本发挥重要作用。

二是汽车后市场服务业务。针对家用轿车

已经走进千家万户，汽车后市场发展潜力巨大的商机，德邻陆港通过对市场的研判，果断采取行动，利用对炉厂区闲置资源，建设了鞍钢广达汽车服务产业园，并与壳牌、米其林、龙膜、博世、中国人保等国际知名企业合作，全力打造鞍山区域内专业、优质、高效的一站式汽车后市场服务基地。

三是整车及配件销售业务。有效利用与中国重汽、中国一汽等大型汽车制造厂家多年建立的深厚关系，提供汽贸销售代理服务业务，依靠自身在维修技术和诚信经营方面所具有的优势，短短几年时间，便在辽南地区打开市场，目前整车及配件销售业务已实现稳步运营。

四是盘活闲置资源提供体育产业服务业务。德邻陆港结合园区闲置厂房场地的实际情况，通过与鞍山市体育局、体育协会开展合作，实现商业化运营，相继开发建设了篮球馆、羽毛球馆、排球馆、乒乓球馆和室外小型足球场，承办多项鞍钢和地方的体育赛事。

## 四、项目效益

（一）信息化实施前后的效益指标对比、分析。

德邻陆港无车承运人智能信息系统上线运行以来，各项管理数据得到了提升（见下表）。

**德邻陆港无车承运人智能信息系统上线运行前后各项管理数据对比** 单位:%

| | 使用系统前 | 使用系统后 |
|---|---|---|
| 异常反馈准确率 | 70 | 99 |
| 准时到货率 | 85 | 99 |
| 订单处理及时率 | ≥91.2 | ≥99.9 |
| 收货及时率 | ≥85 | ≥95 |
| 库存准确率 | ≥98.5 | ≥99.9 |
| 库存货损率 | ≤0.2 | ≤0.2 |
| 包装准确率 | ≥92.3 | ≥99.8 |
| 客户满意度 | 88 | 95 |

（二）信息化实施对企业业务流程改造与创新模式的影响。

德邻陆港在信息化实施方面，以“互联网+”模式探索一种全新的无车承运人增值服务商业模式，依托互联网、物联网、大数据、移动互联等全新技术手段，打造了集无车承运业务、仓储、加工配送、金融服务、大数据、资讯、技术、钢材销售、非钢销售与产业特色服务等功能为一体的、共赢互利的、生态型钢铁服务生态圈。经过前期的快速发展，现已成为辽宁省无车承运人的领军企业。其智能信息系统有效提升了管理的精度，保证了货物在每一个环节都能实时透明；有效提升了供应链信息共享度，使其更快捷、更准确。

（三）信息化实施对提高企业竞争力的作用。

尽管无车承运人模式的发展与“互联网+”并无因果关系，但从实际结果看，移动互联网、大数据、人工智能技术的应用为德邻陆港无车承运人业务的快速崛起提供了强大技术支撑。融入互联网基因和技术后，德邻陆港无车承运人在组织车源、货源、强化风险控制等方面的能力更为强大。德邻陆港拥有多项自主创新技术，包括电子商务交易系统、OA系统、BI系统、云计算等，这些技术真正利用“物流大数据”实现企业级应用。为了提高用户体验，增强用户黏性，德邻陆港还推出了多环节预警推送功能、物流透明管理推送、信用体系服务、远程数字监控、承运商自动评价等增值服务，使货主可获得快速安全、最低价格的运力，承运人则可充分根据自己的业务需要与线路偏好提前规划发车计划与行程，减少中间环节配送场站的停留时间与迂回运输，节省司机的燃油消耗与生活住宿等额外成本费用。

## 五、项目实施过程中的主要体会和推广意义

（一）轻资产运营是“无车承运人”首选的运营模式。

轻资产运营是指在资源有限的条件下以杠杆原理充分利用各种外界资源，减少自身投入，集中自身资源实现价值最大化的战略管理。从德邻陆港“无车承运人”实践看，其运营模式恰恰是轻资产运营的最好体现，首先它本身不拥有车辆却能从事货物运输；其次它通过对外部资源的有效整合以及多样化业务形式开展创新运作，以达到多方利益共赢的目的。相比于有车承运人来说，由于无车承运人无须购买运输车辆，使其具有轻资产运营的特点，一方面降低了企业规模扩张的成本；另一方面企业可以将有限的资金高效用于信息资源的获取环节，扩大无车承运业务的辐射范围，增强企业的核心竞争力，所以无车承运人模式的资产规模也会较小，资产投入会更少。

（二）凭借智能信息系统和技术支撑能够对市场进行快速反应。

德邻陆港“无车承运人”凭借智能信息系统和技术支撑拥有了敏捷快速的市场反应能力，可以根据市场供需变化实时调整发展策略。一方面，德邻陆港主要利用互联网掌握庞大的货源信息，通过对实体资源的有机整合，减少中间环节，降低了货主的发货成本，极大地提高了卡车与货物的匹配效率；另一方面，由于轻资产运营，德邻陆港无车承运人对设备的投入资金大量减少，能够集中精力发展核心竞争力，对市场进行快速反应以提高道路运输效率。

（三）运用结构完善的信息化网络平台可有效整合社会物流资源。

现今社会物流成本居高不下，德邻陆港实行“无车承运人”模式可以通过降低资本投入、扩大业务的承运范围，来增强企业核心竞争力。同时在“互联网+”的基础上，运用结构完善的信息化网络平台，建立线上线下虚实网络，实时掌握货物信息，通过对实体资源的有效整合，来提高道路运输的整体效率。

（中国物流与采购联合会网络部）

# 国际强港战略的重要“引擎”
## ——宁波经开区物流园区

宁波经济技术开发区现代国际物流园区（以下简称“园区”）是宁波市港口经济发展的核心区域，成立于2009年5月，是“十二五”及“十三五”规划建设的重要综合物流园区之一。园区位于浙江对外开放时间最早、程度最高、开放功能区最为集中的区域——北仑区。自运营以来，园区积极顺应宁波港从“物流大港”向“贸易大港”转变的潮流，通过高起点规划、特色化运营、品牌化建设、标准化支撑与开放创新，努力实现并成为浙江省海洋经济发展以及宁波市国际强港实施战略中的重要“引擎”。

### 一、坚持高起点规划，全力建设国内一流物流节点

园区作为宁波市“一主六副”七大物流园区的主物流园区，积极配合并推动北仑港口产业集群发展，区委、区政府、开发区管委会将园区建设作为一把手工程，全力把园区建设成为北仑港口产业集群发展的新的里程碑。

园区从2007年开始规划，旨在建设成为华东地区乃至全国有影响力的现代国际物流中心，发挥港口区位和临港产业集群优势，建设集运输服务、生产服务、国际贸易服务于一体的综合型物流园区，提供包括货物仓储、运输、包装、流通加工、分拨、配送、货运代理在内的现代物流服务。

园区坚持高标准规划建设，基础设施不断完善。园区规划占地面积350万平方米，大型物流项目区块分两期开发，一期已建成投用，二期正在招商引资。园区计划投资15亿元，实际完成投资28.3亿元，目前，已完成开发面积250万平方米，建成高标准物流仓库46万平方米，冷链仓库15万立方米（占全市冷库资源的50%）。其中，太古冷链建设面积达3.8万平方米，集聚天翔货柜、东南物流、铃与物流等以运输、仓储、集装箱场站为主要形式的120多家中小型物流仓储企业。园区拥有装卸搬运设备570套，装卸起重能力达到605吨，单件机械最大起重能力为45吨，年度公路装卸能力达到2430万吨。园区持续加强同海关、税务、外贸等部门深度合作，不断提高和完善为园区内企业提供一站式服务的质量。

## 二、坚持特色化运营，强化园区建设发展内生动力

一是园区拥有强有力的组织保障和经验丰富的管理团队，还聘请了知名物流企业的企业家和相关物流咨询专家团队、专业机构在规划布局、园区管理等方面给予专业指导。

二是园区制定了《宁波经济技术开发区现代国际物流园区建设用地项目准入管理规定（暂行）》《宁波经济技术开发区现代国际物流园区建设项目准入管理规定》《宁波经济技术开发区现代国际物流园区配套工程建设管理规定（暂行）》《物流园区质量安全隐患排查和专项联合整治工作实施方案》《物流园区工作和服务规范标准化试点活动实施方案》以及各部门管理职责。

三是宁波经济技术开发区根据《关于印发现代国际物流园区开发建设管理委员会财政体制试行办法的通知》（宁开政办〔2009〕6号），从2009年1月1日开始园区实行封闭运作的财政体制。凡霞浦区块的纳税，区属留成部分作为园区管委会的财政收入，用于园区日常运行经费和霞浦街道经济社会各项支撑，新出地块的土地出让金等收入专项用于园区内新发生的征地、拆迁以及新批准配套设施建设支持。财政体制的改革不仅为园区建设提供了坚实的资金保障，而且有力促进了当地经济的发展。

## 三、注重品牌建设，全面提升园区核心竞争力

品牌是园区的无形资产，是构成园区核心竞争力的重要内容，更是物流园区竞争力和生命力的集中体现。2013年8月，园区被国家质量监督检验检疫总局列为“全国港口物流服务产业知名品牌创建示范区”；2015年，园区成功创建为国家级“全国港口贸易服务产业知名品牌创建示范区”；2018年，园区被国家发展改革委国土资源部、住房城乡建设部联合评定为“全国示范物流园区”，并荣获“2018年优秀物流园区”荣誉称号。

一是完善园区品牌建设理念。园区通过培育企业共同价值观，塑造园区品牌文化引领发展。开展与宣传组织整个园区品牌相关的一系列活动，通过多种宣传形式扩大园区文化影响力，使品牌文化根植于园区发展的进程中，促进园区又好又快发展。

二是加大品牌培育政策保护力度。积极研究出台品牌培育保护政策——《品牌培育质量提升工程的指导意见》，印发《园区品牌危机应急处理机制》，培育一批具有较强市场竞争力和影响力的品牌产品，形成政府——企业联动的品牌培育质量提升工作新格局。

三是强化园区企业入驻标准。持续坚持园区的企业准入标准，提高园区门槛，打好园区的品质基础。持续完善品牌培育的政策导向，鼓励和支持园区推行新技术、新业态、新模式的企业积极进行名牌及质量奖申报，提高品牌对经济转型升级的促进作用。相继引入普洛斯、中外运、万维物流园、东南物流、兴港冷链、太古冷链等知名品牌物流仓储企业49家。

## 四、注重标准化支撑，积极打造智慧物流发展引擎

园区以宁波市创建全国智慧物流标准化示范城市为引领，围绕仓储、运输、贸易等重点领域，努力提高物流管理与服务标准化水平。

一是加快物流标准化建设。以运输服务企业信息系统、仓储服务企业信息系统、贸易服务企业质量诚信评价等5大标准体系为基础，逐步建立了标准的现代化科学管理体系。同时加强园区基础设施的标准化创新，在冷链物流、物流装置、包装标准、物流器械与设施、仓库技术标准、场站技术标准等国家标准空白领域开展标准创新，积极参与制（修）订国际标准、国家标准和行业标准。

二是加大智慧化技术应用力度。鼓励企业推广运用RFID、GPS等技术，通过GPS提升仓储、运输过程的可视可控性，实现透明管理，提高物流效率与信息化水平。通过条码管理，快速响应客户需求，加快库存周转，提高库存管理效率。

三是积极打造信息合作平台。集成天翔物流仓管系统、“1+2+5”贸易类企业质量监管体系、铃与物流双重甩挂系统、“箱单”交易中心、恒顺物流、四方物流合作平台等信息系统的功能，加大园区内物流企业与宁波港EDI系统、集装箱职能闸口系统、集装箱场站管理系统（CFS）、集卡车队管理系统等之间的耦合度。

四是加快完善监管平台建设。园区深入推进“一站式”信息化监管平台，基本实现货物信息溯源、卡口管理、前置监管以及快速通关、运营和统计服务等功能。同时，进一步规范对海关监管仓库查验区设置、监控系统安装、标识标牌悬挂等的标准化管理。

## 五、深化开放创新，着力打造临港产业集群

园区充分发挥区域港口、区位、政策优势，不断加大开放创新力度，积极探索国际贸易便利化新途径。加快宁波外贸转型升级步伐，着力便利区域贸易、提升质量、聚集产业。

一是建设宁波进出口商品采购贸易改革示范区公共服务平台。园区依托全市独有的港口、物流叠加优势，以园区为平台，通过有效整合区位、资源和政策优势，吸引市内外优质外贸企业入驻园区，培育具有品牌优势的外贸企业集群，着力推动北仑区由“外贸大区”向“外贸强区”转变。

二是采用“一体化”快速通检模式，推动企业供应链物流提速。园区加强与市场监督管理局、海关等部门深度合作，驻园区现场办公，成立进出口商品采购贸易改革示范区，采用一体化监管、一站式通关查验模式，将监管嵌入到物流环节。对近八成的诚信等级A级企业实行信用放行模式，对进口业务实行24小时预约查验通关。加快物流环节提速增效，将供应链管理中“多地、多次、多批”改为“一地、一次、一批”，每个货柜平均减少综合物流成本2000元左右，每一批货物出口平均通关时间缩短1.5日以上，累计已缩短企业通关时间12.5万个小时。为加快服务领域提速，在工业品出口基础上，启动非食用动植物产品、化妆品出口试点，同时减免企业所有的检验、检测费用，以高质量、快速度、零成本的服务，确保通关速度。

三是建立质量协作监管体系，实现产品质量提升。从检验检疫单兵作战向检政协作质量共管转变，有效提高了企业的违法失信成本。从仅负责生产企业向同时负责供应链上游外贸采购组货企业转变，外贸物流成本不断降低，加速效率提升。从产品微观质量检验向宏观质量管理转变，促进了检验检疫执法提质增效。质量协作监管体系的建立对企业质量提升效果

显著，产品档次和质量自控能力相对较好，近10%采购商品为自有品牌产品。

四是加快园区功能规划布局，促进临港产业集聚。园区周边区域集聚了台塑台化、宁波钢铁、宝新不锈钢等龙头企业，基本形成石化、钢铁、汽车及配件、造纸、能源、装备制造为主体的临港产业集群，世界500强已有35家在区域落户，投资兴办企业46个。园区引进马士基、地中海、长荣、达飞、中远、东方海外、普洛斯、中外运等为代表的航运物流企业和第三方物流企业，为其配套仓储、运输、分拨、包装加工等物流基础设施，实现港口、产业、贸易融合发展。

目前，园区的入驻企业中，年进出口额超过1亿美元的企业有25家，宁波市外贸百强企业入驻率达34%。

五是创新引领发展，开发新模式新业态。立足消费需求，坚持创新驱动发展，培育壮大新模式和新业态，积极发展“甩挂运输”“双重运输”等港口物流新业态，拓展冷链物流、跨境电商等特色物流业态，推进冷链贸易特色产业发展。

以“建设与世界一流港口相匹配的现代化国际港口桥头堡物流园区”为目标，力争“十三五”时期实现园区二次创业第一阶段的四个愿景：功能提升、空间拓展、环境改善、管理有序。再经过数年努力，实现园区第二阶段的四个愿景：功能引领、业态高端、环境和谐、优势凸显。积极顺应宁波港从“物流大港”向“贸易大港”转变潮流，努力实现并成为浙江省海洋经济发展以及宁波市国际强港实施战略中的重要“引擎”。

（宁波经济技术开发区现代国际物流园区）

# 林安构建物流生态圈

随着新时期、新经济、新形势、新模式的到来，线下的传统物流园区已不能适应新形势的发展。客流在减少、车辆在减少、货物在减少、商户在减少，区内实体商业利润日渐变少、成本日渐增高，园区愈加不景气。传统的物流园无法融入新业态，往日的兴旺日渐冷清，新建的物流园大多沦为空城。为破解现实问题，线上平台悄然出现。然而新兴的单一线上平台却因诚信缺失问题、行业恶性竞争导致市场价格不一、秩序混乱，线上平台投入大、收益低、地推成本高和应用场景弱，平台缺少实体支撑、服务相对单一等不能得到有效解决。这些问题已经成为阻碍物流业创新发展的绊脚石。在传统物流业发展模式无法解决新时期新问题的时候，越来越多的物流企业开始探索构建物流新生态圈，并把它作为物流企业转型升级的必经之路。

林安物流集团（以下简称“林安”）就是众多探索企业中的一员，经过几年的实践，林安已经构建了适合自身发展的新物流生态圈。

## 一、林安创新“互联网+”模式

林安勇于探索，创新“互联网+物流+产业+金融”的运营模式，构建物流供应链上中下游一站式的O2O服务体系，打造智慧物流、电商物流、金融物流、产业物流、绿色物流的标杆和名片。林安模式得到了国家、省、市等各级政府和行业的认可和推崇。

“互联网+物流具”备物流生态化、国际化、一体化、通道化、枢纽化、智能化、信息化、集约化、规模化的新生态优势，实现互联互通、协同发展。通过O2O运营模式，避免纯线上平台地推成本高、保障能力弱的问题，还能有效整合多式联运、优化物流运输方式、有力促进降本增效。

## 二、林安的物流生态圈

林安物流生态圈包含七大产品、三大平台、一张网。七大产品为：林安班车、林安货的、林安支付、林安征信、林安公证、林安保险以及林安指数。三大平台为：信息化交易平台、连锁园区平台以及物流金融平台。一张网为：形成了一张全国智慧物流骨干网。

通过网络、信用、服务、系统、金融五大板块的布局，以及物流结算、银行金融保理、物流 App、人才交流、物流招投标中心、物流保险、省际运输、省内运输、市内配送、卡配商城等服务内容，构建林安物流供应链一站式 O2O 生态圈，实现商家、厂家、物流企业和司机的信息共享，有效整合资源，打造“物流、商流、信息流、资金流、技术流”的“五流合一”的林安物流生态圈。

平台依托林安物流耕耘于现代供应链的强大优势，构建全链条物流服务体系，汇集 300 万会员，提供从货的、班车、速运、分拨转运到金融、保险、支付、诚信的全链条物流服务，有效降低 20% ~ 40% 的物流成本，解决了物流行业成本居高不下、信息不对称、诚信缺失三大难题。

## 三、推进百园联动，共建全国物流骨干网络体系

林安物流积极参与全国物流园区互联互通，搭建中国物流与采购联合会发起的“百驿网”物流园区互联互通服务平台，构建全国物流骨干网络体系。百园联动可突破园区“点式经营”“信息孤岛”的困境，形成园区互联、规则共建、信息互通、资源共享、信用互认、生态共赢的合作机制，为园区物流企业搭建现代供应链通道和服务平台，打造“线上互联、线下互通”的物流新生态。

通过园区的聚合，推动物流园区的创新驱动、转型升级，实现现代物流供应链的创新发展；推动产业资源聚合联动，带动区域经济发展。

## 四、全国专线一张网——中安卡联

为了积极响应国家“一带一路”、绿色物流、降本增效的发展政策，林安物流园联合全国各省大联盟专线物流公司，共同组建全国专线大联盟——广东中安卡联供应链有限公司（以下简称“中安卡联”），以达到降本增效，共享、共赢的目的。

中安卡联是一家集干线运输、快运零担、整车业务、线上结算、物流金融、仓储配送于一体的多元化业务的综合性物流服务供应商，围绕降本增效、绿色物流，全力构建一张覆盖全国城镇的绿色物流共享平台联盟网，让物流变得更简单、更便捷、更高效。中安卡联以强大的信息化系统为纽带串联联盟内部成员，致力于解决物流行业各类难题，统一标准化流程管理，从而提高服务能力和竞争优势，致力于打造一个合力、共享、共赢的新物流服务体系。

## 五、林安智慧物流特色小镇

林安物流以“互联网+流通”为内核，引入“互联网+物流+金融+产业+电商”的创新模式进行业态整合和功能优化，使产业发展和城市发展实现有机融合，通过建设物流信息交易中心、物流金融中心、物联网应用中心、第三方物流总部经济中心、产业展贸中心和电商网购中心，有效整合物流、金融、产业、电商等各要素资源，引导建立与城市功能相适应的现代物流服务业集群产业体系，与周边地区差异发展、错位竞争，增强辐射效应，突出区域优势和特色，打造产城融合的新亮点，实现宜

商宜居的新功能。

## 六、推动新旧动能转换，促进产业转型升级

林安的物流生态圈对推动企业新旧动能转换、促进产业转型升级产生了积极的作用：利用互联网和信息技术，推动传统物流行业的专业技术、运营模式和业务内容转型升级；通过物流业态革新带动产业转型升级，带来新技术、新产业、新业态和新模式，实现创新发展、持续发展、领先发展；通过打造智慧产业新型小镇，构建物流新生态圈，实现新兴产业的跨界融合。

林安的物流生态圈以诚信为基础、以信息化为抓手、以金融为支撑、以产业为龙头，促进现代物流转型升级，推进新旧动能转换；以供应链促进产业链，以产业链提升价值链，为物流业美好明天持续努力。

（广东林安物流集团执行董事、总裁 余栋梁）

# 盛丰物流的接送货系统整合

## 一、企业概况

盛丰物流集团有限公司（以下简称“盛丰物流”）是一家专注于国内干线运输、货物仓储、市区配送、物流解决方案策划与设计的国家5A级综合物流企业，2001年创建于福州福兴经济开发区。盛丰物流自成立以来，先后获得中国物流百强企业、中国民营物流企业十强、全国制造业与物流业联动发展示范企业、国家甩挂运输试点单位、全国公路货运行业金运奖、福建省示范重点物流企业等多项荣誉称号。

盛丰物流以福州为总部，拥有230家分公司，自有货车1100多辆，长期加盟的社会车辆达10000辆。

盛丰物流始终奉行“珍惜所托，一如亲送”的服务宗旨，为2000多家大中型生产制造企业和商贸企业提供优质高效的物流服务，是海尔、联想、冠捷、华映科技、微鲸、施耐德、大通机电、暴风、友达光电、三星、福耀玻璃、神州数码、康奈集团、盼盼食品、蒙牛、LG电子等国内外知名企业的主要物流合作伙伴。

## 二、企业应用信息化之前的突出问题

2015年以来，随着盛丰物流业务的进一步开展，针对合同客户的接送货业务出现较大幅度的增长，同时客户对服务质量也提出了更高的要求。然而盛丰物流的接送货系统在支撑运营管理的过程中各类问题层出不穷，导致接送货不及时的投诉事件时有发生，严重影响了客户体验。显然，盛丰物流原有的TMS物流管理系统中基础订单管理模块和配送管理模块已无法对现行接送货业务提供有效的支持。

具体的问题如下。

一是原有接货系统与TMS各自独立，数据没有互通，形成信息孤岛。派单接货都是通过邮件、电话形式将客户发货信息通知业务人员或客服，业务人员或客服将提货信息录入系统后，再反馈给调度人员；由调度处在接货系统中安排司机车辆前往客户仓库处进行接货；司机接货完成后，返回场站再进行货物与纸质单据交接；最后由录单人员将客户托运信息手工录入系统，完成接货业务。该接货系统存在以下三个明显弊端。

（1）形成信息孤岛：接货系统未与 TMS 进行对接，货物信息未能第一时间进入 TMS，存在重复录单且录单延迟情况。

（2）费用线下化，不利于管控：接货系统没有结算模块，接货成本均为手工台账记录，存在运营管控风险。

（3）流程管控不到位：接货系统只有相应的下单、调度功能，对订单接货全流程缺乏移动端的支持，无法对客户订单接货过程中的到达客户、开始装车、装车完成、接货离开、车辆在途等关键节点进行全程管控，无法对货物全流程时效进行统计分析。

二是现有的配送业务流程为终端场站工作人员对配送货物进行预约、配载、发运、签收。表面上所有流程功能都完整，实际上管控力度严重不足，既不利于开展配送业务，也不利于提高客服终端配送服务质量。具体表现如下。

（1）流程管控缺失：配送预约不规范，对客服的预约要求不明确；配载存在随意性，未与预约安排保持一致；库管与司机之间的货物交接无可靠记录。

（2）流程操作粗放：商超配送业务的客户对配送预约的要求比其他配送业务的更高，而现有系统不能有效地进行数据操作记录及相应的数据报表分析，因此系统对配送业务服务的支撑乏力。

（3）配送出库管控不足：配送出库未进行线上化，一旦出现少货、多货等出库异常无法有效进行管控，且无法将配送出库装卸量进行线上统计。

（4）费用管控不到位：配送运费系人工定价，由调度人员通过个人经验与简单的合同报价确定，随意性较大，导致成本的管控存在较大风险。

对此，盛丰物流高层决定，将接送货业务系统进行整合，实现 TMS 的优化升级。

## 三、信息化实施步骤

一是可行性分析。先由信息部对盛丰物流的接送货业务运作情况进行调研，再结合盛丰 TMS 应用现状，会同盛丰物流各职能部门、各分公司一线管理人员及操作人员进行论证和可行性分析，最后向盛丰物流高层申请立项，在立项得到批准后成立系统开发小组，进入实施阶段。

二是调研论证、方案制订。接货系统广泛应用于盛丰物流在全国各地的分公司，因此信息部组织相关人员深入现场进行调研，选取了位于北京、广州、福州三个规模最大的分公司进行测试，并听取用户意见，参考国内外运输行业的先进经验，结合盛丰物流实际情况提出系统设计方案和各部分实际需求任务书及技术方案。

三是管理系统软件设计。由于系统建设时间紧、任务重，接送货业务又需要在全国进行推广，同时考虑盛丰物流接送货业务存在地域差异、运作模式不统一且缺乏标准化等实际情形，项目组采用了敏捷开发（AGILE）的项目管理模式。具体思路是：软件系统开发的整体结构采用目前最为成熟的 B/S 体系架构，系统设计保证数据的完整性、准确性和安全性。

总体来看，采用 SOA 设计理念建立的新信息系统体系，完全满足现有要求及将来发展所需技术性基础，通过与相关系统的全面对接，进一步提升了接送货系统的应用水平。TMS 和 OMS 的对接实现了业务一票到底的模式；通过核心 BMS（合同管理系统）子系统完成业务执行并实现业务财务一体化；通过和 GPS/GIS 的整合实现业务的过程跟踪；通过配套移动互联网技术，完善了物流运输各环节业务流程。

四是系统上线实施。盛丰物流的系统上线分四步走。

第一步，2017 年 4 月完成接送货系统整合上线。通过 OMS 与 TMS 对接，实现了统一运营管理模式，支持业务财务一体化，支持接货成本线上化，支持订单数据一票到底模式。订单接货流程 2.0 如下图所示。

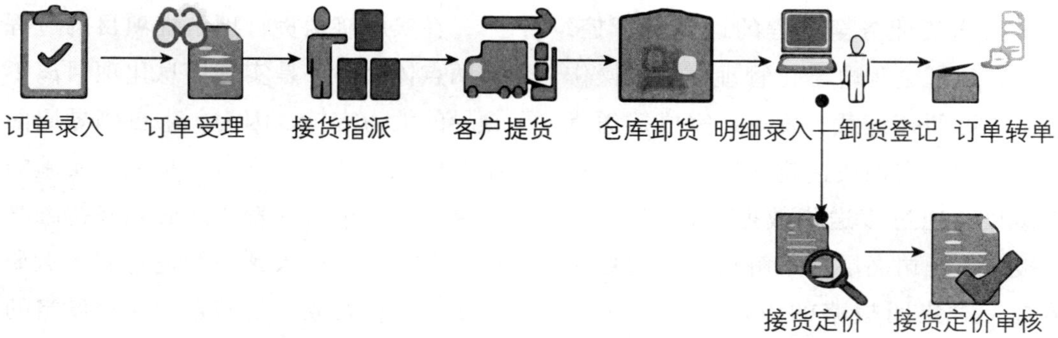


**订单接货流程 2.0**

第二步，2017 年 7 月完成接送货系统优化升级。支持返程、多点卸货等业务场景；福州、广州、北京分公司试点推行手机 App+便携打印标签功能应用在接货环节，探索物流“最后一公里”服务解决方案。

第三步，2017 年 10 月完成接送货系统全国推进落实。支持车辆运费自动定价、订单全程监控报表优化。

第四步，2018 年 3 月完成配送系统优化上线。更新标准城市体系规则，新增标准地址库，优化车辆运费自动定价；实现配送、接货标准化作业。

## 四、信息化主要效益分析与评估

（一）信息化实施前后的效益对比、分析。

实施接送货系统、配送系统信息化后，盛丰物流的作业效率明显提升。

一是订单录入自动化。OMS 通过 EDI 接口平台与客户进行数据对接，自动导单，减少人为干预，提升订单准确率的同时降低人工录单量；原有对接客服每天 2 小时的录单时间，全部因实现了自动化而取消。

二是减少了工作误差。提货环节引入手机 App+便携标签打印，实现了提货环节自动监控，提升了货物标签打印效率，明显降低了场站接货卸车时的卸货误差。

三是提升了管控能力。接送货环节线上化的实现，通过 TMS 中的核心 BMS 子进行业务运作执行，实现了业务财务一体化，降低了运营管控风险。

四是提升了基础管理。城市接送货标准体系与标准收货地址库功能模块的上线，提升了物流运作成本自动定价的精细化水平，减少了人工调整，提高了成本管控的力度。

（二）信息化实施对盛丰物流的影响。

盛丰物流 TMS 与接送货管理系统的整合，实现了接送货业务线上化，盛丰物流在物流运作全程信息化管理上又迈上了一个台阶。信息化的实施，对盛丰物流建立和优化作业流程及风险管控，逐步完善公司的规范操作、标准作业打下坚实的基础；对提高运作效率与成本管控、降低运作成本提供了保障。实施信息化对盛丰物流的业务流程改造与竞争模式产生了积极的影响。

在业务流程方面：接送货业务线上化后，系统完善了接送货业务全流程的运作与管控，接送货业务实现了全程电子化管理。基层操作人员通过系统可便捷配载、发车，完成接送货业务的系统操作。实现快速响应客户需求，提升客户满意度。通过接送货数据的采集分析，形成经营报表，公司高层可了解接送货业务整体运作情况，对集团战略的发展方向提供有效、可靠的数据支持。

在竞争模式方面：接送货业务线上化后，基本解决了货物运输环节中接送货存在的信息黑洞问题；通过互联网移动端的应用，降低在提货环节发生的货物异常的概率；接送货管理系统的应用，在货物运作环节，为客户提供优质高效的服务保障。

（三）信息化实施提高了企业的竞争力。

通过实施信息化，盛丰物流强化了全国客户接送货网络的布局及统一管理，订单响应效率和配送时效保证得到很大的提高，作为第三方物流公司的客户满意度和公司形象也得到了很大的提升。接送货物流体系的形成，不仅有效促进了盛丰物流运作效率的提高，更成为盛丰物流对电商、商超等特定客户提供响应迅速、高效准确接送服务的保障，在同城接送货解决方案中有了更加丰富的经验。

## 五、主要体会

在实施接送货管理系统项目的过程中我们有两点体会。一是实施信息化项目离不开上级领导的大力支持。因为，来自领导层面的对系统开发工作的鼎力支持，是项目实施的最大推动力。二是项目开发团队必须坚持踏踏实实的科学态度，要深入到一线进行实地调研，获得一手资料；要敢于打破常规，对设定的目标集中力量、集中时间进行突破。

通过接送货管理系统项目的实施运行，盛丰物流实现了系统整合、优化资源、精简高效的管理；通过人员、运作流程和系统紧密配合，盛丰物流形成了信息流、资金流和物流运作的实时统一。接送货管理系统项目有效解决了盛丰物流从订单接货到托单发运，再到客户签收全程跟踪管理的分析管控要求。为盛丰物流的物流信息体系整合、一体化运作、打造面向高端客户的企业核心竞争力提供了支持。毋庸置疑，盛丰物流的接送货管理系统具有广阔的推广前景。

（中国物流与采购联合会网络部）

# 准时达：由数字化驱动的端到端智慧供应链协同

## 一、准时达介绍

准时达国际供应链管理有限公司（以下简称“准时达”），既是富士康科技集团唯一授权的供应链管理企业，也是全球专业的供应链管理平台服务企业，致力于为客户提供互联网时代下从原材料端到消费者端的供应链实时协同平台管理服务。准时达具备国家 AAAAA 级综合型物流企业资质，AEO（经认证经营者）企业高级认证、世界货运联盟等多项主要企业资质。

准时达是工业互联网下新供应链形态的最佳实践者，具有面向工业制造型企业及 3C 制造商的端到端精益供应链管理服务实力和核心竞争优势，能协助 B2B 企业完成供应链升级转型及商业模式再造。在领先的制造业供应链管理基础上，准时达凭借增值和创新的供应链产品服务及平台化的运营模式，有效整合供应链生态圈资源，创新不同区域特色的产业集群服务体系，构建工业 4.0 科技时代下以 DT（数据技术）大数据运营为基础的智慧供应链实时协同平台。准时达自主研发的信息系统平台，能为客户提供可视化、可共享、可集成、可监控的全网综合信息分析与处理，全面支持内部和外部客户的供应链管理和运营服务，实现端到端的全智能化系统平台协同运作。

## 二、项目介绍

C 客户是 IT 和网络行业的全球领导者，是全球领先的网络解决方案供应商，致力于帮助不同规模的公司转变人与人联系、沟通和协作的方式，员工覆盖全球，超过 10 万名。中国是 C 客户最为重要的市场之一，C 客户公司全球产品总量的 25% 以上由中国的合作伙伴生产，已在中国建立了非常稳固而长远的合作伙伴网络。自 1994 年进入中国以来，C 客户不仅将先进的网络技术、产品和领先理念带入中国，也通过大量投资直接和间接推动了中国创新产业的发展，成为十余年信息化历程的活跃参与者和重要见证者。

C 客户凭借自身在网络应用方面积累的丰富经验和优势，能够很好地整合全球供应链，并且绝大部分交易都通过在线完成，包括从查询产品价格、下订单、确认仓库存货数量、通知制造商生产、付款到交货的所有过程。

准时达是C客户在中国的主要供应链服务提供商，针对C客户近年来确定的数字化和绿色物流战略方向，全力从数字化驱动及绿色环保的角度为C客户打造并优化整体供应链解决方案。集采购、生产、交付于一体的，贯通工业链和分销链的、数字化驱动的端到端智慧供应链协同解决方案（以下简称“端到端智慧供应链方案”）就是其中的代表案例。

## 三、项目关键要求与难点

准时达为C客户量身制定的端到端智慧供应链方案，是根据C客户“不仅要实现高效、稳定、安全、可视的全程供应链服务，同时也要驱动C客户全球供应链的规模化发展和精益优化的关键要求”设计的。

该方案在设计时有6个难点：一是C客户的原材料厂商遍布全球各地，供应商超过400多家，要实现多地交货有很大挑战；二是对供应链管理的时效要求高；三是生产弹性大，需要生产线和供应商随时随地及时做调整；四是对系统要求高，需要可视化程度高的实时智能监测系统，让客户实时了解货物状况及进度，以便生产线即时做好相关调配；五是对客服要求高，不仅需具备多语言服务能力，还需要专业的7×24×365的全年不间断的全天候服务，以对常规及异常问题进行系统识别并提供对应解决方案及跟进问题处理进度；六是对精益管理和库存管理能力要求高，要求服务提供商的系统能根据制造商对各种物料的历史需求情况以及客户每周更新的未来需求预测情况，即时计算制造商安全库存水平，便于原材料供应商实时补充库存或者控制出货减少呆滞库存，以达到精益生产和零库存的目的。

## 四、项目解决方案

准时达在设计方案时既严格按照C客户提出的关键要求，又充分考虑6个难点和C客户庞大的体量和覆盖全球的市场渠道特性，最终提出了创新的可行的解决方案——端到端智慧供应链方案。这个方案有很多创新点。

（一）供应链协同仓。

准时达的供应链协同仓适用于供应商数量多、供货频次高，且生产规模大的制造商，如C客户的制造商。各地供应商按照生产预测将物料提前运送至准时达的供应链协同仓，由供应商自己管理库存，当制造商需要生产用料时，供应链协同仓会依照生产要求把零配件按成品需求比例配置好，进行JIT产前集拼出货。上线前进行物权交割，实现真正意义上的JIT（准时制）供料模式。

传统模式是供应商A、B、C等分别从各自仓库将零部件供应给工厂，然后工厂再进行生产。这种模式时效性较差，而且会造成库存积压。对于制造企业尤其是千亿级制造企业来说，货物在仓库多停留一天，就有可能造成生产成本上升，哪怕是0.1%的库存成本，对企业也是多余的浪费。同时，由于大型制造企业需在各地建厂，供应商如果追随其在各地建仓，也将带来较大的成本压力。

依托准时达在全国和全球的网络，根据客户供应商分布，准时达建设了全球供应商交付网络，让供应商就近交货，统一集拼。这一通过规模效应节约整体供应链成本的做法，大幅提升了供应链效率。

根据C客户保税工厂的特性，准时达将供

应链协同仓设置在公共保税区域，并申请了“分送集报、先出后报”的申报模式，此举在确保贸易合规的前提下，同样实现了JIT交付，降低了库存，提高了供应链效率。

由需求驱动的“供应链协同仓+JIT”模式，让C客户真正实现了“要货有货，不要货零库存”，即供应方和采购方的双赢。

对于供应方来说：其一，依客户预测准确生产，产销平衡，JIT快速交货，客户满意；其二，产品上线前质量检验，是产品最后一个环节的质量保障，客户满意；其三，批量补货，减少零担急料出货，降低了企业物流成本；其四，共享料可快速转拨满足市场，企业产品更具弹性和市场竞争力。

对于采购方来说：其一，IQC（来料质量控制）买前先验，上线前确保产品质量，有效减少因品质及缺货造成的停线损失；其二，减少库存占用资金，提高资金投资回报率；其三，JIT交货，减少仓库资源重复投入；其四，账和物由第三方管理，安全可靠，让企业更专注于产品研发和质量提升。

准时达的供应链协同仓既承担库存管理的角色，又是信息集成、数据分析的核心节点。它打通了供应商、承运商、生产制造商和C客户的系统壁垒，将所有数据集成并协同，无缝衔接所有操作环节，同时各方人员通过网络平台、Auto Mai（一种自动邮件软件）、移动终端等能即时获取信息，并实现可视化，助力智能商业决策。

准时达供应链实时协同平台还可以通过Web Services（一种使应用程序成为Web应用程序的软件）的实时方式，实现客户ERP与实时协同平台的同步，解决信息不畅问题。由此可以打通供应链上下游复杂的各个环节，减少人力重复沟通工作，提升各环节信息透明度，提高工作效率，避免隐性成本，让供应链成为企业的核心竞争力。

（二）库存管控。

库存管控是准时达供应链协同仓的核心优势之一。库存水平太低，容易造成供给不足，导致生产断线；库存水平太高，则增加仓储成本，影响作业效率。通过准时达的安全库存优化工具，不但能实现库存的可视、可管，更主要的是可以实现库存的可控，让整个渠道的库存处于最为优化的状态。

传统的库存水平数据是人工计算的一成不变，准确性差，效果也不好。准时达的供应链协同仓依靠工业大数据，提前13周采集客户的预测信息，并定期结合每周消耗量与频率、交货周期、最大出货量、市场需求、生产计划、运输资源、天气、路况、节日影响等因素采集数据，动态优化库存。同样，优化结果会自动上传至库存管理系统，由系统驱动管理，自动发送需求、确认和预警，同时产生自动化报表和分析数据，为客户的商业决策提供实时依据。

（三）自动化作业管理。

纷繁复杂的电子料件仓储管理，光靠人工很难实现预期效率和准确率。准时达不断通过精益管理的方法来精简优化流程，同时，也集成了一系列自动化仓储管理工具，让数字驱动供应链协同仓内的作业流程，最大限度地实现实时可视，避免人为干预和人为判断。

通过供应商上传的提前到货通知，送货车辆可完成在线预约，到达准时达供应链协同仓之后，会有大屏幕引导排队、卸货的位置和顺序。传统仓库车辆排队拥堵的情况不复存在，极大地便利了送货车辆管理，提高了运作效率。

地准时达将每一件货品都赋予注册容器编

码（License Plate Number，LPN）条码标签，并关联所有相关货品信息，包括料号、批次号、生产日期、参考号码等，并通过 LPN 这个唯一的身份认证标签，辅以掌上电脑设备（Persional Digital Assistant，PDA）和射频识别（Radio Frequency Identification，RFID，又称电子标签），实现库内数字化精准管理。

操作区域的看板将运营情况可视化，所有实时运营数据一目了然，同时通过数据分析和系统驱动，实现预判、预警，使得管理者能迅速响应，极大地提升现场管理效率和质量。

（四）分销链——全球成品交付平台。

1. 深港直通平台

针对 C 客户销往世界各地的成品，准时达结合陆港大湾区的整体规划理念，打造了“深港直通+港仓”交付平台。借由香港机场丰富的航空运力资源，将客户产品准时、准确地送往各个终端客户。

C 客户在中国的供应链涉及多个代工厂、集拼仓、承运商等，过去成品交付由各自分头负责，网络十分复杂。为此，准时达依靠在深港大湾区成熟的网络资源和成熟的平台化运营模式，向 C 客户推荐了直通平台，引导客户将分散的货物和数据统一集成、协同管理。

在深圳段，实现代工厂货物集拼运输，将散货通过准时达集中中转分拨；在香港段，将不同代工厂成本整合进准时达香港仓库，并统一安排出口运输，降低港仓运作成本。

借由数字化驱动的规模效应，该项目为 C 客户供应链带来多方效益：其一，优化供应商 60%不必要的装卸操作和 50%的运作成本；其二，规避多家承运商不必要的交接风险，提高管理效率；其三，使用既有网络，减少项目启动成本；其四，提升深港车辆利用率，降低 40%运输成本；其五，减少 31.4%的碳排放，实现绿色环保。

2. 前置运力规划

运输行业淡旺季分布明显，不可控因素很多，经常出现运力资源冗余或不足等不平衡现象。传统的运输计划和运力资源调配往往是在明确需求之后，因此经常发生资源不足的情况，导致交付延迟。

准时达利用掌握的生产制造业和物流行业的丰富数据，对行业市场、运输市场进行充分预测，并根据客户的预期提前规划并锁定运力资源，提前保障交付需求、服务时效和服务质量。

准时达的控制塔+智能运筹中心就承担了这一角色。在监控全网信息的同时，充分提炼并应用供应链实时协同平台所采集的全方位数据信息，让供应链服务逐步向智能化推进。

3. 智能调度+运输管理

当客户发货指令下达仓库，系统便通过自动计算，明确用车时间和车型需求，同时，车辆调度中心的运输跟踪系统（TTS）会结合同一时间的订单，自动完成车辆配载和线路规划。

准时达的智能调度+运输管理系统平台，开放式地引入了市场上先进的供应链规划和系统工具，并对其进行充分的数据集成。通过 PC 和 Mobile（移动）客户端，为客户提供便捷的可视化查询工具。

准时达的系统平台首先实现配送车辆和库内作业无缝衔接，减少等候时间；其次，借助系统平台的规划、优化模块，极大提高了运输车辆利用率，降低了物流成本。所有这一切也减少了不必要的能源损耗，体现了绿色供应链的理念。

在整个运输过程中，准时达通过 GPS 的位置实时监控、路径偏离报警、电子围栏报警等功能，实时跟踪车辆位置；通过高清视频摄像、远程实时监控、云端智能储存等手段，实现司机的驾驶行为和货品安全的可视化管理；通过智能门磁报警、电子锁报警、热红外报警、微波雷达报警等，实现货物的实时安全。

对以C客户为代表的电子制造企业，准时达TAPA-A级别的高价值货物运输方案最大限度规避了运输风险，保障了货物安全。

## 五、项目主要效益分析与评估

准时达供应链协同方案的实施，为C客户降低了全链条的供应链成本。例如，利用跨境运输和本土运输相结合的方式，平均一个月卡车运输1810趟；充分利用回头车的使用，在7个月内（2017年9月—2018年3月）完成11000趟的运输，其中6093趟的运输为利用回头车资源操作完成，充分节省了运力成本，减少碳排放量148285克，节约汽油使用量55339升，准点率达到100%，货运破损率为0，同时消除了库存不平衡，增强了供应链对终端需求的响应。

从准时达的精益供应链管理实践可以看出，供应链管理的本质是把为企业、为顾客、为自己创造价值的各种业务活动集成在一起，从而形成一条价值增值链。企业之间的关系已经突破企业本身的边界，在供应链协同的模式下，上下游的企业能够以更高效、更低成本、更高质量的方式共享信息、交换资源和优化上下游的生产调度，消除了传统供应链物流交割伴随的生产波动、时效低、资源不匹配等一系列问题。

（中国物流与采购联合会网络部）

# 国药物流的智慧仓储发展

由于我国居民健康意识加强、人口老龄化趋势明显以及医药科技领域的创新和发展，未来几年我国医药行业有望保持持续增长的态势。据有关统计数据显示，到2023年，我国医药市场规模将超过45000亿元。而伴随着医药市场规模的不断壮大，我国医药物流行业的规模以及质量也在稳步提升。

国药集团医药物流有限公司（以下简称“国药物流”）自2004年注册成立以来，已经在全国建设了北京、上海等5个全国枢纽以及41家省级物流中心，自有运输车辆超2000辆。国药物流的全国药网、最后一公里配送体系，以及与战略合作伙伴共建的中国温控干线运输体系，获得全国药品多仓第三方物流服务资质，实现了全国城乡医药物流全覆盖。一直以来，国药物流都是我国医药物流行业的标杆企业。

2017年，国药物流二期物流中心的建成与投用成为我国新一代医药物流的标志性项目。而在2018年，国药物流华东（苏州）枢纽的落成与运行，进一步丰富了国药物流的多仓布局，并能与国药物流位于上海自贸区的保税库、非保税库进行联动，该枢纽成为国药物流的第五大全国枢纽。与此同时，国药物流上海外高桥库区依旧维持着高水准的运作状态，并取得了不俗的成绩。在管理技术上，国药物流自主研发的赛飞云供应链管理平台是国药物流不可复制的竞争力。

## 一、国药物流二期——先进的设备配置

（一）二期库区的设施介绍。

国药物流二期仓库采用条码技术、电子标签、自动分拣系统、堆垛机、自动化立体仓库（AS/RS）、货到人拣选（OSR）、托盘提升机、螺旋输送机、立体货架等大量先进的自动化设备。其中康宁路2号库的OSR系统在国药物流是首次应用，也是货到人拣选系统在国内医药物流领域的首次应用。

（二）货到人拣选（OSR）系统。

拆零业务的服务对象主要是医院和社区卫生服务机构，该环节采用先进的货到人拣选（OSR）系统。该系统设有OSR存储区、OSR拣选区、OSR倒箱区三个区域。OSR存储区即零拣A、B类商品，共5个巷道、双深位，共

11 层，总计 12188 个可用 OSR 料箱位。由于 OSR 必须预留至少 5% 空箱位，故最多可使用 11578 个储位（包括空箱、满箱）。按医院配送拣选特点，实际预计 OSR 实现效率为每小时 500 订单行。OSR 拣选效率是传统 RF 拣选的 10 倍。

## 二、国药物流华东（苏州）枢纽——新晋落成的全国第五大枢纽

（一）华东（苏州）枢纽的介绍。

国药物流华东（苏州）枢纽（以下简称"苏州枢纽"）位于苏州工业园区多功能贸易加工区普洛斯物流园内。苏州枢纽于 2018 年 3 月开始试运行，总面积为 3.66 万平方米，分立体库、高架库及自动分拣区。苏州枢纽一期总仓储能力约 40 万箱，二期完成总仓储能力预计可达 60 万～70 万箱。

苏州枢纽新仓囊括了国药控股苏州有限公司的自有业务以及美国礼来 CDC（中央配送中心）项目、中国大冢、日本久光制药、卫材制药、沈阳三生、亿腾等多个国内外知名企业的多种业态，涵盖保税与非保税业务。其中，与美国礼来等国际知名公司更是自 2008 年以来就开始合作物流项目，业务水平和质量理念得到了客户的广泛认可。

（二）AS/RS 系统。

苏州枢纽全面应用现代化物流技术，将 AS/RS 系统应用于整托盘的入库、出库、存储、补货，整箱的出库和补货，跨楼层的整托盘、整箱搬运以及配合快速分拣机进行整箱的分类发货。先进系统的应用不仅大幅度提高了物流中心的药品存储量和运作效率，同时也减少了内部搬运环节和成本。

## 三、上海外高桥德堡路库优化业务的实践

（一）ASP（高级灭菌产品）洗液自动化项目。

2018 年 3 月，外高桥德堡路库启动强生 ASP 洗液自动化项目的主要目的是：减少员工搬运动作，提升速度和产量。预计该项目每年可节约贴标作业员 4 人、搬运作业员 2.5 人。自动化项目实施后节约了作业空间、提升了强生 ASP 洗液产能、减少了员工 EHS 安全风险，在为客户创造出更大利益的同时，提升了国药物流在贴标业务领域的品牌知名度。

（二）泰维康贴标项目。

2018 年 4—5 月的泰维康贴标项目是国药物流运用信息技术精细优化物流流程的实践。由于国外供货量不足，导致泰维康需增加 100% 的加急贴标量，否则无法满足客户销售要求，应国内客户销售量需求，德堡路库通过重新梳理泰维康贴标流程及规划操作台布局优化、标准动作节拍等精益优化，使泰维康贴标效率提升了 20%，圆满完成了供货任务。按客户预计，完成加急工作需增加 5 人作业，但德堡路库经过精益优化流程在原有人员不变的情况下顺利完成了工作，得到客户高度评价。

## 四、赛飞云供应链管理平台——国药物流核心竞争力

国药物流自主研发的赛飞云供应链管理平台，以先进的信息技术、物联网技术和自动化设施设备为基础，以 WMS、TMS 为支撑，以供应链管理云平台为核心。整合现有全国物流资源，借助信息系统、标准体系、质量体系以

及可视化与远程监控等手段，建设全网互通、联动运营的仓配一体化运营网络。

平台可以对国药物流全网的库存、数量、时间、地点信息进行精准查询，实现可视化质量安全管理。同时可以实现供应链上下游计划与执行协同、多仓运营、全网库存的合理分布和调配、全网干线运输和本地配送的协同调度一体化管理、供应链需求预测与计划、全国物流仓储资源和运输资源的统一调配等功能，从而迅速响应存储及销售等每一环节的需求，并使执行更加安全可靠。

（国药物流总经理办公室　黄肇忠）

# 远成物流的白酒行业物流供应链服务模式及解决方案

## 一、企业简介

远成物流集团（以下简称“远成物流”）成立于1988年，是我国5A级大型现代化综合物流企业集团，专注为生产制造和商贸流通行业客户提供物流供应链服务，具有覆盖全国的服务网络及专业深厚的运营经验，业务涵盖合同物流、快运快递、冷链物流、供应链金融、物流园区等领域，形成了集物流、商流、资金流、信息流服务功能于一体的综合物流服务生态体系。远成物流通过搭建综合物流服务体系，整合社会资源，推动行业协同发展；通过打造共享共赢的物流生态圈，提升社会物流运行效率，降低社会物流总成本。

远成物流秉承“以心传递，畅达天下”的服务理念，深深扎根物流产业，不断变革创新，成为国内最优秀的物流企业之一。目前，远成物流的服务网络已全面覆盖全国一、二、三级城市，并逐步扩展至县乡镇级。远成物流凭借1500余家自有网点、3000余家加盟网点、200多个转运分拨中心、6000多台自有车辆、20000余台可控车辆和近200万平方米自建及租赁仓库面积，在全国布局建成了完整的运输网、仓储网和配送网。

当前，我国经济步入“新常态”，稳增长、调结构、高质量发展成为“新常态”下的发展目标。同时，新制造、新技术、新零售使我国消费市场处在急速发展的变革时期。因此，行业客户对物流及供应链服务提出了新的需求，远成物流和众多物流企业一样积极探寻“转型”之路。

## 二、服务白酒行业的背景

我国是酒类消费大国，随着民众消费群体消费需求的提升，白酒消费也呈现出个性化、多元化的发展趋势。白酒行业的新变化、新趋势对生产企业和销售商扩大产品的覆盖区域、提升渠道网点的效率提出了新要求，对物流及供应链也带来了新挑战和新需求。远成物流结合以往积累的经验，积极变革创新，针对白酒行业客户的需求，优化调整白酒行业物流供应链服务模式和整体解决方案，从单一、割裂的服务方式向供应链一体化转变，为白酒行业客户定制化搭建柔性的物流及供应链服务平台，协助客户进行物流供应链的优化及创新，助力客户降本增效、提升市场竞争力。

白酒生产企业的物流及供应链主要分为采购、生产、销售三段，物流及供应链运作过程中存在的痛点和难点影响了企业规模和效益的增长，成为白酒生产企业发展的瓶颈。痛点和难点包括：原材料产地分布广，导致运输距离长，原料采购端资金占用量大，物流供应链中的运输、库存及管理成本高；物流供应链多段式管理，服务标准化程度低，仓、运、配服务链条呈分割状态，集成化程度低，良莠不齐，难以实现全链条资源有效整合，导致供应链运营成本高、破损大、效率低下；由于反馈传导时间长，末端库存及总库存均偏高，营销渠道层级多，营销末端配送网络不能支撑渠道的发展；链路可视化程度低、数据分散、链路中模块重复，难以有效支持智能化的生产、采购、销售；运输过程管控缺乏有效手段，串货、丢货、换货等现象难以杜绝，产品溯源技术手段不足，假货问题比较突出。

远成物流针对客户的痛点及难点，为客户提供基于供应链全环节的从 First-Mile（第一英里）到 Last-Mile（最后一英里）服务模式和个性化的整体解决方案，以仓干配一体化、集采及分销服务、物联网技术为核心服务链条，引领整合企业自身及产业社会资源，协助客户打造柔性的精益物流及供应链平台。

## 三、整体解决方案

远成物流针对客户的痛点及难点所制订的个性化的整体解决方案主要有以下内容。

（一）集采供应链服务。

针对企业采购端资金占用量大、库存占用及管理成本高、原材料供应同生产不匹配等问题，远成物流通过流程再造和优化原有的购销渠道，根据企业采购订单需求，依托远成物流资源整合能力，提供面向上游供应商的贯穿于整个采购及采购执行环节的商务操作、物流运作、资金配套/结算及信息处理服务。

通过掌握白酒原材料主产区市场动态，对主产区实地信息与原材料质量进行采集与跟踪，为战略合作伙伴原材料采购提供第一手产地信息，供其参考与选择。最终通过整合战略合作伙伴（白酒企业）原材料采购订单掌握产区议价权，通过签订集中采购协议，对原材料的运输、装卸、储存等一体化全程实施监控与管理。

（二）多式联运服务。

白酒原材料（高粱、玉米、小麦、糯米、大米等粮食）主要是通过公路汽车运输方式完成全国原材料与货物调配，少部分通过铁路、水路运输。远成物流通过提供高质量的定制化解决方案，整合自有资源和外部资源，为客户提供公路运输、铁路运输和公铁、公水等多式联运模式，致力于为客户整合与之匹配的经济型干线解决方案。

远成物流打造的多式联运“全程责任、一票到底”物流服务模式，通过多式联运的开展，建立了门（工厂）→仓库/港→门（仓库）/工厂→最终客户的全程物流服务，利用远成物流全国的仓储、中转中心、物流园区资源作为联运中转枢纽，遍布全国的网点打通了联运的“最初一公里”及“最后一公里”的收发货功能，利用全程可视化信息系统进行实时监控，通过标准化管理简化了交接流程。

远成物流的多式联运服务帮助客户保障了运输资源的可控性，规避了运价波动的风险，提高了各节点的运作效率，通过规模效应有效降低了客户的运输成本。

（三）仓干配一体化服务。

市场消费升级，客户需求多变，新零售/无界零售开始冲击传统渠道，如何利用物流企业全国网络优势，实现跨区域市场拓展，打破区域保护壁垒，避免区域同质化竞争和价格竞争，减少经销商多层级分销模式成了白酒生产企业的新课题。

分销供应链涉及的环节较多，包括渠道的管理、物流网络的搭建、运输、仓储、配送、订单流转等，而且每一个环节都不是孤立存在的。特别是目前消费领域线上线下融合、多渠道管理的复杂要求，需要专业的物流及供应链服务商帮助企业集成管理及优化分销供应链。远成物流依托自有的全国物流网络，从白酒产业的特点及客户需求入手，为客户提供仓储管理、干线运输、末端配送一体化的分销供应链整体解决方案，高效集约社会物流资源、优化客户订单流，帮助客户和经销商变革流通渠道，帮助客户建设全程可视化的产品流通和追溯系统，共同构建管理分销渠道等来支持客户降低分销物流成本，提高响应速度，增加分销供应链柔性，从而增强生产企业供应链的竞争力。

从产品流通链条的角度来看，未来产品的仓储、运输、配送等环节之间紧密协作与功能整合是必然的趋势，打破“分段”运行，实现交付仓到仓一体化，减少沟通环节，明确责任归属。远成物流仓干配一体化分销供应链服务和整体解决方案实现了两方面的价值：对客户而言，客户不需要面对全流程中的每一个环节，管理成本下降，协调效率提升；对厂商而言，产品流通链条有巨大的优化空间，可创造整合服务价值。

远成物流通过为白酒生产企业客户提供仓干配一体化分销供应链服务和整体解决方案，实现了对社会物流资源的高度集约与整合，提高了运作效率、降低了物流及管理成本，缩短了订单响应时间，有利于企业减少中间环节，节约物流成本，提高响应时效，支撑渠道深耕，确保物流供应链对市场开发和销售端的有力支撑。

（四）信息化及物联网技术。

远成物流利用物联网技术建立的可视化信息平台，能帮助客户企业实现从订单管理、库存管理、物流现场管理、运输、仓储、配送、门店到客户签收物流全流程的可追踪和可监控，满足客户在订单传输、车辆预约调度、货物装载、运输、交接等方面全程监控的需要。

远成物流为客户企业搭建的可视化信息平台包括以下五大模块。

模块1：物流跟踪系统。追踪货物的实际运输过程，能够更及时、准确、随时知道货物所处位置。通过GPS、App等形式实现车辆的跟踪定位、预警等管理功能，提升企业管理效率及水平。

模块2：预约叫号系统。帮助用户规划工厂及仓库的收发货预约、备货、车辆调度、装卸作业等业务流程，解决仓储作业混乱、沟通不畅、效率低下、安全事故频发、绩效管理无法落地等问题。预约叫号系统是远成物流专为大中型客户量身定制的管理系统，充分运用移动互联网、物联网等信息技术，支持PC（个人电脑）、一体机、手机、LED（发光二极管）大屏、专用PAD（掌上电脑）设备，使用简单方便。能有效地帮助大中型企业用户提升工厂及仓储物流管理水平，增强客户服务能力，提升客户服务水平。

模块3：电子回单系统。该系统的主要功能是把签收的回单拍照上传，并分别归集到相关的订单，从而满足日常监控的需要，对于接受电子签单的客户，该电子签单还可用于运费结算。

模块4：客户服务系统。集中处理客户服务相关的问题，能够一站式查询客户比较关注的信息，比如：客户对关键信息及时获取的需求、客户对服务进行点评、协助做好客户服务工作、与客户对账、业务单据的传递。提高客户服务的效率与质量，提升客户满意度。

模块5：内外部接口系统。通过接口平台统一管理系统间的接口，降低系统及模块间的耦合度，提高系统的稳定性与可扩展性。该系统主要包括以下功能：统一规范系统间的接口方式、统一发布系统接口与管理接口调用、监控系统接口调用性能与异常事件。

## 四、实施效果

远成物流可视化信息平台的开发是基于企业客户与远成物流业务合作中产生的现实而迫切的需求，通过这些系统可以有效提升远成物流服务客户的能力，同时优化企业物流供应链的流程、提高效率、降低成本。

目前，远成物流已为茅台、五粮液、汾酒、郎酒、劲酒等国内诸多知名白酒生产企业提供物流与供应链一体化综合服务，远成物流的服务模式和整体解决方案得到了广大客户的认可。从服务的集成性来说，通过整合资源集成服务，利用同一个服务主体的优势，缩减了中间运作环节，提升了运作效率，降低了客户的综合物流成本；同时，在“互联网+”的时代背景下，基于行业发展趋势及特点，远成对物流供应链网络的打造着重于“快速”“灵敏”“个性”。并以物流为基础，积极拓展上下游服务功能，推进物流、商流、资金流、信息流功能的相互融通，形成物流与制造、商贸、金融协同发展的远成综合服务优势和特色。

（远成物流集团　尚璟）

# 太原局集团打造生态“云平台”，构建物流集配货体系

2016年，太原局集团公司按照铁路局推进现代物流发展、建立适应市场机制的现代物流组织架构的总体规划要求，成立了山西晋云现代物流有限公司（以下简称“晋云公司”），晋云公司的主要职责是按照太原局集团公司创新驱动发展要求，组织实施现代物流“1+3+13+300+$N$”的总体规划，实现全方位物流、全过程社会物流服务和增值服务。不仅打造了“中鼎物流云平台”，还在该平台上提出并构建集配货体系，以实现较好的经济和社会效益。

## 一、中鼎物流云平台

中鼎物流云平台（以下简称“云平台”）是由晋云公司与百度公司共同研发打造的、用“互联网+”思维构建的物流平台，按功能分为物流电商、物流调度、支付结算、综合服务、云仓储、商品物资交易、生态O2O、金融服务、数据交互、应用开发部署十大系统；同时构建了以“三个层级、七种模式”（三个层级：信息服务、交易服务、资源整合；七种模式：手机配货、捎脚运输、仓储租赁、竞价撮合、智能派单、协议运输、择优撮合）为主要内容的物流业务体系。依托统一的物流大数据框架，通过数据交互，为目标客户提供差异化服务，提升云平台商业价值。

云平台具有以下几个特点。一是多式联运平台。云平台依托铁路路网优势，构建国内首家“四位一体”的多式联运物流平台。铁路作为国家运输的骨干，联合相应的航空、公路、水运的干线企业，在干线运输上首先实现互联互通，打通数据链。通过灵活、高效的仓储功能，进行匹配快捷、多样的终端配送，构建了高效的多式联运体系。同时依托线上成熟的大数据构建物流数据链，保证在整个生态链下所有参与的企业能够及时获取信息和发布信息，形成上下互动的数据链条。最后依托云端的人工智能系统和大数据技术构建调度算法，合理调动资源。通过平台的良性运转和大量数据积累，就可有效地利用机器学习技术优化平台的算法。

二是物流生态平台。构建O2O物流生态平

台，首先从技术上实现数据交互，使不同的客户和企业汇聚在云平台上，云平台将数据进行资产化处理，反过来调动线下各类资源。云平台以 O2O 服务为指导思想构建线上线下体系，紧密连接线下服务承载实体，实现繁荣的 O2O 线上平台，让数据多样化，为云平台的大数据处理和多维分析打下良好的基础。云平台秉承着“洞察客户的客户，提供服务者所需的服务”理念，按照客户的需求，提供更进一步的服务，为园区的入驻企业提供配套的生活服务，为大宗的物流过程进一步提供交易系统，使客户能够在平台上实现完整的流通业务。

三是供应链服务平台。云平台在大数据的基础上，为整个供应链的各个环节资源配置提供分析，帮助客户提高库存优化的响应速度，进而提升整个供应链的活力。同时，供应链活力增强后促进了平台大数据的积累和完善，这将更好地服务于供应链。对于平台的非会员企业，平台还将提供嵌入式服务，帮助企业完善自身的供应链服务。

## 二、云平台集配货体系

云平台集配货体系是集生态化和系统化为一体的物流运营平台。平台需要平衡服务网络中各种生产要素，进而实现平台服务整体效率的提升。

（一）集配货体系建设目标。

一是提升网络运营效率。集配货体系建设着眼于网络体系建设，依托线下的集配货分拨网络，根据网络各个物流节点的仓储能力、运力能力及其分布来定制平台的集配货策略，以仓储为蓄水池完成货物的集配，实现货物在物流网络中高效流动。同时，线下的网络节点建设又可以根据平台实际的运营情况进行调整，通过线上虚拟网络和线下实体网络互动，提升网络整体运营效率。

二是提升集配货和物流业务体系的整体效率。线下集配网络节点建设以流通仓为核心，提升流通加工能力，线上围绕一单制，打通物流全程信息通道，确保信息的无障碍流动，实现集配货体系乃至物流业务体系的整体效率提升。

三是实现货物和运力资源的高效匹配。集配货体系主要平衡网络中各个物流节点的仓储和运力能力，通过节点集和节点配，实现货物和运力资源的高效匹配。其网络构建原理类似铁路系统多级的编组站体系，通过多级集配中心的构建，实现货物在运输网络中的集与配，在保证时效性的前提下，最大限度地发挥运力能力，规范运输组织和调度。

四是实现合理的平台集配货网络。平台可以建立二级或多级的集配货物流节点，作为集货中心和分拨中心，再以不同级别的集货中心和分拨中心为枢纽，建立不同层级的物流网络及其集配货和调度策略。平台的集配货体系以仓库为核心节点构成网络，根据各节点所拥有的运力和仓储能力确定集配货的品类和容量。通过深入的市场调研，根据市场需求、运力分布、仓储分布等进行网络的合理布局。

（二）集配货体系技术要求。

从技术实现的角度来看，平台集配货体系的建立依赖于平台线下流通仓库及集配网络的建立。核心就是通过集配业务整合云平台的天网和线下“1+3+13+300+$N$”的地网。线下集配货网络本身就是地网的一部分，其特点是每个集配网络节点都包含支持高频出入库并具备流通加工能力的流通仓库，流通仓库的货品、库存、出入库、集配分拨及附属运力数据是云平台所要控制的物流节点的主要数据资产。

一是干线集配。干线的集配是集配货业务的重点，通过干线的节点集、节点配实现干线集约效应。平台根据仓库的仓容及出入库情况，整体计划核心仓库货物的归集和出库安排，在客户要求的时效内完成干线运输，将货物运送至目的地的配送分拨中心仓库，然后再安排终端运力配送给客户。

二是节点集配。集配节点的布局对整个集配效率的影响至关重要，两端的接取、配送网络主要是通过该服务区域范围内的平台接取或配送订单来保证货物在干线节点的集货和配送效率。

（三）集配货体系建设方案。

集配货体系建设分四个阶段进行。

第一阶段：点到点线路方向集配。根据平台运力和货源方向，定义若干集配货线路以及可以集配的货品品类和集配规则，实现点到点的集配货。

第二阶段：多点对多点的区域网络集配。在第一阶段的基础上，建立区域集配货分拨网络，集配货体系将实现区域集配。干线运输网络形成多点对多点的线路网络，干线线路设计上可能会经停多个集配节点，每个集配中心都有一个区域配送网络支持区域内集货和配送分拨。此时，对应不同的区域集配分拨中心，连接两个区域的干线有多个，干线两端的集货和配送是区域集配。

第三阶段：多级区域网络集配。在第二阶段的基础上，构建多级区域集配网络。例如，构建一个覆盖山西的二级集配网络。首先设置若干个一级山西集配中心，它们面对山西省，然后再设二级晋北、晋中、晋南区域集配中心。出山西的货物，先通过二级区域集配中心集货，再汇集到山西集配中心运出山西。反之，进山西的货物首先进一级山西集配中心，再分拨到二级区域集配中心，最后通过区域配送至客户。山西省内的货物，直接通过二级区域集配中心进行集货和配送分拨。

第四阶段：全网络集配。在第三阶段的基础上，构建包含多个多级集配网的大型物流网络。比如“山西集配网络+北京集配网络+河北集配网络”形成覆盖华北的大型区域网络。以二级区域网络互联为例，物流线路将分为一级区域间干线、一级区域内干线、二级区域内接取送达网络。

## 三、集配货体系建设实践效应

集配货体系的建设不仅为太原局集团公司挖掘出了新的经济和产业增长点，还有效提升了太原局集团公司发展云计算、大数据等新型产业的能力。同时，为智慧物流产业、大数据产业、高端人才的培育和发展、增加就业等方面做出了贡献。对推动本地和区域社会经济发展、产业转型、城市化深化和可持续发展等，产生了明显的经济效益和社会效益。

首先，云平台成为国内首家提出并践行集配货体系的“互联网+AI+物流”平台，提升了行业影响力和引领作用。通过建设云平台大大提高了太原局集团公司和区域物流智能化、信息化的发展水平。借助“互联网+高效物流”的信息技术手段，太原局集团公司将实现物流管理和业务运作信息化、客户服务信息化、流程管理信息化、供应链管理信息化、实时查询便捷化，推动本地物流产业提档升级，提升综合物流服务水平，解决信息孤岛问题。

其次，提出物流自治域核心理念，基于一单制打通跨域物流解决方案，实现物流全网规划和统筹调度相结合的一体化物流战略。通过集配货全网运营规划系统的建设，可有效整合区域物流资源；通过云平台综合利用和调配，可提高社会物流资源的综合利用效率，有效降低社会综合物流成本；同时，利用平台整合的物流资源发展多式联运业务，通过一单制、一体化管理方式，能简化作业环节、提高衔接效率，满足客户快捷、及时、高效、低成本的综合物流服务。

最后，集配货体系的建设对本地和区域跨境电商以及国际物流业务的发展也能起到一定的支持作用，能够支持解决信息化建设不足、综合物流成本较高、操作环节复杂等一系列跨境电商发展的瓶颈问题，提供高效便捷的一体化服务，提升地区对外开放水平，支持国家“一带一路”建设的倡议。

（中国铁路太原局集团有限公司货运处处长兼山西晋云现代物流有限公司总经理　沈冰）

# 宝湾物流智慧园区管理系统

## 一、企业简介

宝湾物流控股有限公司（以下简称“宝湾物流”）是深圳赤湾石油基地股份有限公司与中国南山开发（集团）股份有限公司共同投资成立的高端物流投资平台，注册资本25亿元，账面资产价值81亿元。2003年我国第一家现代化物流中心——上海宝湾国际物流中心正式成立，在公共物流后勤服务领域开启“宝湾物流”的品牌历程。目前，宝湾物流已在北京、天津、廊坊、上海、南京、昆山、无锡、南通、镇江、江阴、常州、嘉兴、绍兴、宁波、余姚、湖州、合肥、青岛、漳州、淮安、武汉、鄂州、长沙、郑州、成都、重庆、西安、咸阳、昆明、广州、深圳、佛山32个经济热点城市拥有并管理着52个高端化、现代化的物流园区，累计开发物流园区面积超过12000亩，已运营高端物流仓储设施达204万平方米，在建仓储设施面积为255万平方米，规划中的仓储设施面积达140万平方米，形成了一个覆盖主要物流枢纽的高效物流网络，在园区网络布局及园区运营管理等方面处于行业领先地位。

## 二、智慧园区管理系统建设背景

近年来，随着我国经济建设的快速发展，国内物流行业正迎来一场快速、爆发式的裂变，引领这场变革的要素不仅仅有资本和模式，更有信息系统、云计算、人工智能等新兴技术在物流业务场景中的应用和渗透。现代物流行业是信息技术的代表，随着物联传感技术、AI（人工智能）技术的发展，智能化的物流园区管理势在必行。

物流园区运营管理的核心需求，毫无疑问是安全。在快进快出的物流体系中，无论是温度、湿度的变化，还是电力系统、水利系统的偶然问题，或者是火种丢弃等意外情况，都会给整个园区带来难以估计的损失。同时，提升园区入驻客户的服务体验，快速响应客户需求及突发事件，对增强客户黏性亦十分重要。另外，宝湾物流园区规模庞大，传统的管理模式人工效率低下，且成本难以有效控制，亟须改善。

宝湾物流通过自行研发智慧园区管理平台，将园区内的设备设施通过传感器、通信接口进行连接，形成覆盖整个园区的物联网。物联网系统采集园区日常运行数据，通过人工智能分析、自动识别并自动预警和派单处理，实现园区管理智能化，用数据保障园区安全、提升服务质量、控制运营成本。

## 三、智慧园区管理平台

（一）基础设施物联网平台。

依靠完备的物流硬件基础设施，宝湾物流打造了完整统一的物联网平台，实现园区的全方位监控，主要涵盖以下四个方面。

一是安全管理。建立宝湾物流园区监控中心，实行远程视频监控、园区周界防护系统监控，对重要区域进行不定时无人机巡查，实时查看防区内入侵报警信息。当有入侵行为发生时，由于攀爬、踩踏、触碰、摇晃、挤压等方式使得光缆发生微小振动时，系统自动报警，准确定位报警位置并在监控中心弹出显示。

二是消防管理。实时监控消防报警系统，包括对主机、水泵房、机房环境温度、湿度及溢水等的实时监测，通过手机App（应用程序）或微信客户端实时推送至相关责任人，并及时跟踪处理。

三是设施设备维护。支持设施设备主数据管理，通过在系统中创建标准化的维修方案和日常维保计划，指导园区工作人员有序完成设施设备维护工作，并及时更新维保状态。

四是园区服务。支持移动端/平台端报事报修、水电数据自动读取、车辆及人员出入管理、次序维护及清洁环境卫生管理等。

（二）智能园区管理。

基于上述完整的物联网络，系统各个子模块将数据汇集到数据服务平台，由平台进行数据分析、处理，从而提供更高级的应用服务，实现宝湾物流园区由传统管理模式到智能化管理模式的根本性变化，实现“服务升级”，主要体现在以下几个方面。

一是能源管理。通过能源分析工具分析日常能耗数据，提供降低园区能耗及能源成本的最优方案，同时提供具体能耗模式与趋势信息，不断改善能源控制及管理效率。

二是物联网平台。对园区设备进行自动巡检，直观地显示所有设备当前的运行状态，同时完成设备信息的收集与分析，主动识别故障，高效地完成检修维护工作。

三是设施设备管理。具备增强系统设备功能，能够不断改进设施运营效率，提供标准的维护操作和预防性的维护措施，加速维护并解决相关问题，缩短设备故障导致的停滞时间。

四是自动派工平台。由系统识别任务并自动派工，实现园区精细化管理，提升客户满意度，提高管理人员的工作效率，转变原有的园区物业服务模式。

（三）运营数据智慧分析。

物联网平台的搭建，帮助园区完成了各项运营数据的实时采集。宝湾物流众多园区日积月累的运营数据足够庞大，借助当前广泛应用的大数据处理与分析技术，可充分挖掘出对园区运营管理有价值的信息，从而科学合理地进行管理决策。

例如，分析园区车辆数据和进出库数据，可得出客户作业的整体业务规模、高低峰时段等情况，了解客户的潜在需求，为其提供更加精准的资源和服务；分析园区故障及维修数据，通过故障类型、频次以及发生的原因，相应地制订预防性计划，还可以发现仓库自身设计及细节的不足，做出针对性的优化方案，提升园区标准。

（四）物流信息支持与服务。

通过各项基础服务，宝湾物流园区将达到

线上和线下交互融合。线下物流服务如配送服务、仓储操作、运输服务通过线上的智慧物流服务云如大数据分析、共享 SaaS（软件即服务）服务、宝湾云仓等进行指导，使得线下的操作更有效、更精准。此外，这些服务都是开放共享的，不仅在宝湾物流园区之间开放，也对园区的客户开放，最终实现宝湾物流内外的互联互通。

## 四、智慧园区管理系统应用案例

经历前期需求调研、系统功能研讨、平台端开发、园区硬件改造等环节，宝湾物流智慧园区管理系统已初步应用于天津、廊坊、南通、南京、镇江、武汉、成都、广州等十几个园区，成功实现了综合管理、物联网应用、设备设施管理、客户服务等功能模块，实现公司对各园区标准化的综合管理。

宝湾物流智慧园区管理系统利用智慧网络技术和物联网、二维码及 NFC（近距离无线通信技术）等科技手段，实现园区运营管理工作流程的信息化、无纸化、智能化。该系统轻松解决了数据与信息储存量大、无法及时查找信息、业主报修问题跟踪处理、设备设施维保监测、物料出入库管理等问题；减少了不必要的人力资源浪费，提高园区一线工作人员的作业效率；便于园区经理了解一线人员工作情况，提高了物流园区整体管理效率；提高了服务质量，为维护客户的财产安全提供了保障，增强了与客户之间多层次的沟通。

## 五、结语

宝湾物流智慧园区管理系统项目以创新的技术及模式将传统的物流园信息化服务进行升级与改造，将宝湾物流园区的管理模块与物联网应用模块进行数据共享，使得宝湾的管理更加精细化、智能化。在物流园区竞争日趋激烈的今天，智慧园区管理系统帮助宝湾为客户提供更及时、更优质的服务，是宝湾物流在众多园区中脱颖而出、独树一帜的利器，更是形成企业核心竞争力及实现未来管理输出大目标的强有力支撑。宝湾也将继续推进智慧园区管理系统的研发与应用，为社会提供服务，为智慧物流的发展添砖加瓦。

（宝湾物流控股有限公司）

# 希杰荣庆物流点燃物流业转型升级“新引擎”

## 一、公司简介

希杰荣庆物流供应链有限公司（以下简称“希杰荣庆物流”）是一家集冷链、普运、化工为核心业务的国家“AAAAA”级综合物流企业，为巴斯夫、国药、立邦、博世等众多大型客户提供集全国公路运输、配送、仓储于一体的供应链服务。是交通部甩挂运输试点企业、中国食品冷链物流、中国药品冷链物流国家标准示范企业。先后被授予“中国物流百强企业”“中国冷链物流百强企业第一名”“中国冷链十佳综合物流服务商”等荣誉称号，并通过了 ISO－9001 ： 2015 国际质量认证。

希杰荣庆物流拥有 120 家分支机构及 27 个物流基地，其中包含在上海、北京、临沂、青岛等地的自有仓库，在全国 15 个地区共拥有 70 万平方米的普通、低温、化工仓库；拥有用于各产业群的专用自有车辆 1500 台，通过网络可调动 10000 台货车；物流技术方面，自主探索先进的 IT 物流技术实力，从实时分拣技术及位置/温度实时追踪管理技术等；并自有驾校、加油站等健全的配套基础设施。

## 二、公司目标

面对行业对物流服务越来越专业的需求，物流企业需要从多方面提升服务的品质和效率，并有效降低企业的物流成本。

需求推动了智能物流的快速发展，而希杰荣庆物流更是积极投身智能物流行业，首先提出智慧合同物流，在行业内率先提供智能仓干配物流服务、最佳物流诊断和解决方案致力于成为提供中国全球一站式服务、以跨国/本地为中心的典型第四方物流企业，以及可开发/提供专门/差别化物流新服务企业。

为实现此目标，希杰荣庆物流巩固中国智慧合同物流领导者地位，促使企业成为可提供差别化服务、业务结构多元化的独特的一流合同物流企业。

增强仓干配核心实力，夯实事业基础。一方面，凭借先进的 TES 技术，打造中国智能仓干配主导实力；另一方面，以实现干线为主的业务量增长，发展壮大化工物流，扩大冷卓越运营，建立中国 B2B 共配体系，打造新盈利模式。

随着科技的高速发展，希杰荣庆物流点燃物流业转型升级的“新引擎”。

## 三、TES 创新研发中心

希杰荣庆物流 TES 创新研发中心位于上海总部，占地 480 平方米。TES 创新研发中心为二层结构，一楼主要是迷你型智能仓库，设有基于机器人技术、物联网（IOT）技术、传感技术、射频识别等在内的高端设备，可向客户演示含分拣、包装、验货、按目的地分类等最佳物流流程；二楼设有全球定位系统监控中心，可对运输车辆的位置、行速、温度及仓库内货物的出库频率、温度等进行追踪监控。同时设有 TES 办公室与培训室，培养专业物流人才，推动物流技术的发展。此外还拥有 VR 体验专区，以便模拟物流流程、验测物流效率。

TES 是英文首字母的缩写。其中 T 是 Technology，指现代化物流技术；E 是 Engineering，指物流业中的工程，即通过科学的分析技巧与系统的方法论设计最佳运营模式；S 为 System & Solution，借助与 IT 的融合，实现数据化，系统化物流、引领物流技术未来发展方向。

一楼的迷你智能仓库引进使用了多种先进的物流技术与设备，其中很多都是基于 IOT 技术及传感技术研发而成的。

（一）多功能分拣系统（Multi Purpose System，MPS）。

MPS 是希杰荣庆物流自主研发的分拣技术。作为以 RFID/USN 为基础的数码分配系统，此技术专门适用于多品种少量商品的拣货。投入的箱子通过射频自动识别，并与订单自动绑定。通过指示灯标注商品的位置与数量，工作人员可依照 iPad（苹果平板电脑）指示界面进行直观的拣货。通过各区域依次作业，可处理大量 SKU，且分拨墙可实现货物堆放与拣货同时进行，提高了空间利用率并节省了时间。此外，其商品还可应用于退货当中。

（二）智能拣货仪（W/Navigator）。

智能拣货仪适用于多品种少量拣货，是希杰荣庆物流独自开发的订单拣货设备。智能拣货仪由识别要拣商品的存储位置、通过扫描识别商品条码信息的扫描枪、显示作业信息的智能装置和 LED 指示器以及近距离传感器组成。处理订单时根据订单明细自动规划最优拣货路线并用语音提示准确的拣货库位，到达相应库位，扫描产品条码后 LED 指示灯自动亮起提示投放位置，当把货物放入库位后灯光自动熄灭并提示下一个拣货库位。

（三）智能扫描仪（Intelligent Scanner）。

智能传输系统利用传感与光学技术，可同时测量产品的体积重量，并识别产品条码，是种综合性很高的验货仪。该设备可识别高速移动的产品（150 米/分），同时测量显示产品的长宽高信息，大大提高了验货效率。重量体积与订单不符的货物将自动流转到错误槽中以便二次验货。

（四）无人机射频盘点（Radio Frequency Identification）。

无人机射频盘点是把非接触性自动识别技术与自动飞行功能结合在一起，无人机飞行的同时射频技术读写器识别标签，并通过互联网技术把识别到的信息实时传送至 3D 可视化系统中，并直观地显示结果。目前正在进一步研发无人机与射频更好地进行衔接的技术。

## 四、TES 创新研发中心技术实施成果

多功能分拣系统、智能拣货仪、智能传输系统、射频识别盘点等均是经测试后引进至 TES 创新研发中心中的技术。多功能分拣系统支持补货与拣货同时进行，可提高 48% 的效率；设备既可进行出库的分拣，也可进行退货入库的分拣，使用率很高；设备灵活易设，同等空间处理量增加了 30%。希杰荣庆物流昆山仓库中已将多功能分拣系统应用至史泰博客户中。昆山公司史泰博客户日均出库单量 2000 单，日均出库 SKU 种类数维持在 4000 左右，日均出库总数量高至 20 万，借助开发测试的多功能分拣系统可轻松应对这些货量。不仅操作简便，还提高了工作效率。

智能拣货仪可自动优化拣货路线与拣货顺序，效率提升 20%；通过 LED 灯提示拣货位置与数量，准确率提高 40%；将货物放入拣货盒子时，红外线传感器自动识别是否完成拣货，简化手工操作。此种提示拣货导航器也经改变应用至昆山史泰博项目中，提高了拣货速度与准确率。

智能传输系统可识别高速移动的产品（15 米/分），使效率提高 40%；因能同时识别条码，节约验货时间 35%。此种设备已应用至韩国快递行业，提升了验货效率与准确率。

射频识别盘点是无人机与射频识别技术融合，主要盘点不易操作的高位货架及危险品仓库，无人机装置射频读写器，飞行过程中识别标签，读取信息实时反馈至 3D 可视化提高盘点效率。

## 五、TES 研发中心技术成果的意义

TES 创新研发中心通过互联网和物联网实现智能物流设备与操控系统之间的完美结合，使用单个操控系统控制所有智能物流设备，从而达到信息化、标准化的管理。

研究、模拟出来的技术、工程、系统与解决方案应用在合同物流、快递、港口装卸与运输、货运代理与国际快递、项目物流等方面。不仅提高了企业的运营效率、降低了运营成本，还为客户提供了及时、准确的定制化服务方案。

未来希杰荣庆物流将着力于实现以机器人替代人力的无人技术，以数据与算法为基础的智能型运营技术、设备物流标准化的优化策略，通过传感技术和识别技术获得数据提高工程效率的技术，为客户提供更加优质、高效、贴心的服务，促进智慧物流行业的快速发展。

（希杰荣庆物流供应链有限公司总裁办总监 张玉光

希杰荣庆物流供应链有限公司总裁办副总监 陈彬

希杰荣庆物流供应链有限公司总裁办品牌总编 耿祥伟）

# 第九部分

# 附录

# 2017年中国物流企业50强名单

| 排名 | 企业名称 | 物流业务收入（万元） |
|---|---|---|
| 1 | 中国远洋海运集团有限公司 | 14084015.4 |
| 2 | 中国外运长航集团有限公司 | 7643274.0 |
| 3 | 冀中能源国际物流集团有限公司 | 7290000.0 |
| 4 | 厦门象屿股份有限公司 | 7144011.4 |
| 5 | 顺丰控股股份有限公司 | 5748269.8 |
| 6 | 河北省物流产业集团有限公司 | 2860090.8 |
| 7 | 天津港（集团）有限公司 | 2802000.0 |
| 8 | 山东物流集团有限公司 | 2745895.1 |
| 9 | 中铁物资集团有限公司 | 2374896.1 |
| 10 | 安吉汽车物流有限公司 | 1857100.0 |
| 11 | 德邦物流股份有限公司 | 1700000.0 |
| 12 | 中国物资储运总公司 | 1633150.6 |
| 13 | 高港港口综合物流园区 | 1546110.0 |
| 14 | 招商局集团有限公司 | 1319112.0 |
| 15 | 锦程国际物流集团股份有限公司 | 1200984.2 |
| 16 | 开滦集团国际物流有限责任公司 | 1141351.8 |
| 17 | 连云港港口集团有限公司 | 1030479.0 |

续 表

| 排名 | 企业名称 | 物流业务收入（万元） |
|---|---|---|
| 18 | 福建省交通运输集团有限责任公司 | 1030004.0 |
| 19 | 国药控股湖北有限公司 | 1027935.0 |
| 20 | 河北港口集团有限公司 | 1017616.4 |
| 21 | 厦门港务发展股份有限公司 | 899194.7 |
| 22 | 广州铁路（集团）公司 | 891000.0 |
| 23 | 中国石油化工股份有限公司管道储运分公司 | 846881.0 |
| 24 | 石家庄内陆港有限公司 | 813086.0 |
| 25 | 嘉里物流（中国）投资有限公司 | 811567.0 |
| 26 | 全球国际货运代理（中国）有限公司 | 768755.0 |
| 27 | 一汽物流有限公司 | 736841.0 |
| 28 | 江苏省如皋港现代物流基地 | 710984.6 |
| 29 | 重庆长安民生物流股份有限公司 | 683827.6 |
| 30 | 武汉商贸国有控股集团有限公司 | 678293.0 |
| 31 | 重庆港务物流集团有限公司 | 675508.0 |
| 32 | 中铁铁龙集装箱物流股份有限公司 | 610934.0 |
| 33 | 日照港（集团）有限公司 | 519161.0 |
| 34 | 云南能投物流有限公司 | 506100.0 |
| 35 | 日通国际物流（中国）有限公司 | 448884.0 |
| 36 | 北京长久物流股份有限公司 | 429620.0 |
| 37 | 广东省航运集团有限公司 | 399334.0 |
| 38 | 中都物流有限公司 | 392964.0 |
| 39 | 泉州安通物流有限公司 | 379237.4 |
| 40 | 江苏宝通物流发展有限公司 | 367391.0 |
| 41 | 上药控投江苏股份有限公司 | 366248.1 |
| 42 | 湖南星沙物流投资有限公司 | 363717.9 |
| 43 | 青岛日日顺物流有限公司 | 333505.0 |
| 44 | 云商智慧物流有限公司 | 332600.0 |

续 表

| 排名 | 企业名称 | 物流业务收入（万元） |
|---|---|---|
| 45 | 江苏苏宁物流有限公司 | 320999.5 |
| 46 | 南京长江油运公司 | 310668.0 |
| 47 | 南京港（集团）有限公司 | 309184.0 |
| 48 | 唐山港集团股份有限公司 | 303084.2 |
| 49 | 广州发展能源物流集团有限公司 | 301193.0 |
| 50 | 九州通医药集团股份有限公司 | 285439.0 |

（中国物流与采购联合会）

# 2017年全国通用仓储企业排名

| 排名 | 企业名称 | 仓库面积（万平方米） |
| --- | --- | --- |
| 1 | 江苏苏宁物流有限公司 | 1343 |
| 2 | 中国外运长航集团有限公司 | 700 |
| 3 | 青岛日日顺物流有限公司 | 600 |
| 4 | 安得智联科技股份有限公司 | 585 |
| 5 | 厦门象屿股份有限公司 | 449 |
| 6 | 百世物流科技（中国）有限公司 | 420 |
| 7 | 深圳越海全球供应链有限公司 | 301. 1 |
| 8 | 中储发展股份有限公司 | 300 |
| 9 | 顺丰速运集团 | 280 |
| 10 | 招商局物流集团有限公司 | 240 |
| 11 | 中国物流股份有限公司 | 200 |
| 12 | 远成物流股份有限公司 | 199 |
| 13 | 安迅物流有限公司 | 195 |
| 14 | 心怡科技股份有限公司 | 176. 4 |
| 15 | 嘉里大通物流有限公司 | 150 |
| 15 | 山东盖世国际物流集团有限公司 | 150 |
| 17 | 上海郑明现代物流有限公司 | 125 |

续 表

| 排名 | 企业名称 | 仓库面积（万平方米） |
|---|---|---|
| 18 | 中远海运物流有限公司 | 112.8 |
| 19 | 河北宝信物流有限公司 | 102.1 |
| 20 | 北京昌达物流集团有限公司 | 97 |
| 21 | 上海现代物流投资发展有限公司 | 88 |
| 22 | 陕西商储物流有限公司 | 84.2 |
| 23 | 宝供物流企业集团有限公司 | 82 |
| 23 | 准时达国际供应链管理有限公司 | 82 |
| 25 | 深圳市兆航物流有限公司 | 70 |
| 26 | 天津大田集团有限公司 | 69 |
| 27 | 江苏飞力达国际物流股份有限公司 | 57.5 |
| 28 | 湖南湾田实业有限公司 | 56 |
| 29 | 速必达希杰物流有限公司 | 50 |
| 30 | 伊藤忠物流（中国）有限公司 | 48 |
| 31 | 济南零点物流港有限公司 | 46.2 |
| 32 | 广西容桂物流集团有限公司 | 42 |
| 33 | 北京科捷物流有限公司 | 41 |
| 34 | 广州市广百物流有限公司 | 40 |
| 34 | 湖北国储物流股份有限公司 | 40 |
| 36 | 深圳市铭可达物流有限公司 | 38 |
| 37 | 上海商业储运有限公司 | 36 |
| 38 | 深圳市凯东源现代物流股份有限公司 | 35 |
| 38 | 浙江义乌港有限公司 | 35 |
| 40 | 浙江网仓科技有限公司 | 33.5 |
| 41 | 徐州北盟物流有限公司 | 32 |
| 42 | 广东天图物流股份有限公司 | 31.6 |
| 42 | 建发物流集团有限公司 | 31.6 |
| 44 | 综合信兴物流有限公司 | 30 |

续　表

| 排名 | 企业名称 | 仓库面积（万平方米） |
|---|---|---|
| 45 | 上海有常物流有限公司（唯捷城配） | 29.4 |
| 46 | 上海联明晨通物流有限公司 | 29 |
| 47 | 杭州龙田供应链管理有限公司 | 28 |
| 47 | 青岛华骏投资集团有限公司 | 28 |
| 49 | 贵州恩煜祥物流有限责任公司 | 26.6 |
| 50 | 广东怀远物流实业有限公司 | 22.3 |
| 51 | 振华物流集团 | 22 |
| 52 | 江苏超达物流有限公司 | 21.1 |
| 53 | 新杰物流集团股份有限公司 | 21 |
| 54 | 云南腾俊国际物流有限公司 | 20.1 |
| 55 | 沈阳储运集团有限公司 | 18.7 |
| 56 | 盛辉物流集团有限公司 | 17 |
| 57 | 三菱仓库（中国）上海菱华仓储服务有限公司 | 13.7 |
| 58 | 齐齐哈尔商业储运有限公司 | 13 |
| 59 | 杭州富港供应链有限公司 | 12.4 |
| 60 | 北京佳之兴商业有限公司 | 12.2 |

（中国仓储与配送协会）

# 2017 年全国冷链仓储企业排名

| 排名 | 企业名称 | 仓库容积（万立方米） |
|---|---|---|
| 1 | 上海郑明现代物流有限公司 | 538 |
| 2 | 河南鲜易供应链有限公司 | 431 |
| 3 | 江苏润恒物流发展有限公司 | 210 |
| 4 | 太古冷链物流（上海）有限公司 | 158 |
| 5 | 中外运普菲斯冷链物流有限公司 | 138 |
| 6 | 山东中凯国际水产冷链物流园 | 130 |
| 7 | 苏州天环冷链物流有限公司 | 120 |
| 8 | 招商美冷（香港）控股有限公司 | 106.7 |
| 9 | 成都银犁冷藏物流股份有限公司 | 90 |
| 10 | 沈阳副食集团有限公司 | 85 |
| 11 | 湖南红星冷冻食品有限公司 | 75 |
| 12 | 河南中原四季水产物流港股份有限公司 | 72 |
| 13 | 漯河双汇物流投资有限公司 | 66 |
| 14 | 大连港毅都冷链有限公司 | 52.8 |
| 15 | 青岛鲁海丰食品集团有限公司 | 50 |
| 16 | 中国食品集团公司 | 48.5 |
| 17 | 贵州瀑布冷链食品投资有限公司 | 44 |

续 表

| 排名 | 企业名称 | 仓库容积（万平方米） |
| --- | --- | --- |
| 18 | 北京中冷物流股份有限公司 | 42.9 |
| 19 | 德州飞马冷链物流有限公司 | 38.9 |
| 20 | 维尔康冷藏公司 | 36 |
| 21 | 安徽和合冷链食品股份有限公司 | 33 |
| 21 | 大连獐子岛中央冷藏物流有限公司 | 33 |
| 21 | 甘肃食品瑞鑫冷链物流股份有限公司 | 33 |
| 21 | 天津蓝玺冷链物流有限公司 | 33 |
| 21 | 重庆凯尔国际冷链物流发展有限公司 | 33 |
| 26 | 海航冷链控股股份有限公司 | 32 |
| 27 | 江苏汇鸿冷链物流有限公司 | 30 |
| 27 | 佛山市南海区大沥桂江冷库储存配送有限公司 | 30 |
| 29 | 武汉山绿冷链物流有限公司 | 29 |
| 29 | 重庆明品福物流有限责任公司 | 29 |
| 31 | 佛山市粤泰冷库物业投资有限公司 | 26.4 |
| 32 | 河北双鸽食品股份有限公司 | 26 |
| 33 | 上海广德物流有限公司 | 24 |
| 34 | 广西南宁国际综合物流园有限公司 | 22 |
| 35 | 无锡天鹏菜篮子工程有限公司 | 21 |
| 36 | 蓬莱京鲁渔业有限公司 | 19.8 |
| 37 | 三明市名成冷冻物流有限公司 | 17.5 |
| 38 | 泊头东方果品有限公司 | 17 |
| 39 | 江苏天缘物流集团 | 15 |
| 40 | 内蒙古润创冷链物流有限责任公司 | 13.2 |

（中国仓储与配送协会）

# 2017年全国仓储地产企业排名

| 排名 | 企业名称 | 仓库容积（万立方米） |
| --- | --- | --- |
| 1 | 普洛斯投资（上海）有限公司 | 3300 |
| 2 | 万科物流发展有限公司 | 646 |
| 3 | 上海宇培（集团）有限公司 | 400 |
| 4 | 安博（中国）房地产咨询有限公司 | 360 |
| 5 | 宝湾物流控股有限公司 | 204 |
| 6 | 新地物流发展有限公司 | 130 |
| 7 | 第一创建仓储服务（深圳）有限公司 | 65 |
| 8 | 北京京通易购电子商务有限公司 | 62 |
| 9 | 广州富力国际空港综合物流园有限公司 | 50 |
| 10 | 复星国药（香港）物流仓储发展有限公司 | 40 |

（中国仓储与配送协会）

# 2017年度中国货代物流企业百强榜

| 排名 | 企业名称 | 总营业额（万元） |
|---|---|---|
| 1 | 中国外运股份有限公司 | 7571978.00 |
| 2 | 中远海运国际货运有限公司 | 4663340.00 |
| 3 | 厦门象屿速传供应链发展股份有限公司 | 3818542.81 |
| 4 | 中国物资储运集团有限公司 | 2579898.00 |
| 5 | 锦程国际物流集团股份有限公司 | 1441103.00 |
| 6 | 敦豪全球货运（中国）有限公司 | 1327926.00 |
| 7 | 港中旅华贸国际物流股份有限公司 | 871535.00 |
| 8 | 中集现代物流发展有限公司 | 816723.54 |
| 9 | 德迅（中国）货运代理有限公司 | 810428.00 |
| 10 | 中铁国际多式联运有限公司 | 688862.00 |
| 11 | 嘉里大通物流有限公司 | 616032.70 |
| 12 | 中亚宝丰国际物流有限公司 | 567702.00 |
| 13 | 深圳市九立供应链股份有限公司 | 545690.61 |
| 14 | 全球捷运物流有限公司 | 521726.00 |
| 15 | 深圳市华运国际物流有限公司 | 506943.00 |
| 16 | 深圳市递四方速递有限公司 | 478681.00 |
| 17 | 日通国际物流（中国）有限公司 | 467383.02 |

续 表

| 排名 | 企业名称 | 总营业额（万元） |
|---|---|---|
| 18 | 上海亚东国际货运有限公司 | 413806.42 |
| 19 | 振华物流集团有限公司 | 412535.27 |
| 20 | 爱派克斯国际物流（中国）有限公司 | 378574.48 |
| 21 | 天津大田集团有限公司 | 346289.00 |
| 22 | 日邮物流（中国）有限公司 | 330000.00 |
| 23 | 东方国际物流（集团）有限公司 | 327573.81 |
| 24 | 嘉宏国际运输代理有限公司 | 326487.40 |
| 25 | 嘉友国际物流股份有限公司 | 324424.93 |
| 26 | 中成国际运输有限公司 | 322415.00 |
| 27 | 近铁国际物流（中国）有限公司 | 309866.35 |
| 28 | 江苏飞力达国际物流股份有限公司 | 306518.72 |
| 29 | 海程邦达国际物流有限公司 | 300119.00 |
| 30 | 江苏众诚国际物流有限公司 | 294536.00 |
| 31 | 宁波雅戈尔国际贸易运输有限公司 | 286338.00 |
| 32 | 上海青旅国际货运有限公司 | 277181.00 |
| 33 | 天津克运集运集团股份有限公司 | 267280.00 |
| 34 | 硕达（上海）国际货运有限公司 | 255219.00 |
| 35 | 民生国际货物运输代理有限公司 | 236359.00 |
| 36 | 上海环世物流（集团）有限公司 | 227010.00 |
| 37 | 中远海运航空货运代理有限公司 | 207208.00 |
| 38 | 唯凯国际物流股份有限公司 | 203150.37 |
| 39 | 宁波港东南物流集团有限公司 | 202789.00 |
| 40 | 新时代国际运输服务有限公司 | 202490.50 |
| 41 | 连云港东大国际货运有限公司 | 197740.00 |
| 42 | 上海美设国际货运有限公司 | 188228.81 |
| 43 | 新疆天业（集团）有限公司 | 187772.00 |
| 44 | 广州欧华国际货运代理有限公司 | 162804.05 |

续 表

| 排名 | 企业名称 | 总营业额（万元） |
|---|---|---|
| 45 | 利通物流有限公司 | 157427.72 |
| 46 | 北京泽坤国际货运代理有限公司 | 156391.92 |
| 47 | 江苏恒隆物流有限公司 | 145754.00 |
| 48 | 浙江简达物流股份有限公司 | 145239.00 |
| 49 | 民航快递有限责任公司 | 143501.00 |
| 50 | 大连中铁外服国际货运代理有限公司 | 137000.00 |
| 51 | 大连忠进国际货运有限公司 | 135973.00 |
| 52 | 天津天保国际物流集团有限公司 | 130278.27 |
| 53 | 宁波泛洋国际货运代理有限公司 | 129850.00 |
| 54 | 密尔克卫化工供应链服务股份有限公司 | 128486.09 |
| 55 | 青岛远洋大亚物流有限公司 | 128075.00 |
| 56 | 深圳市长帆国际物流股份有限公司 | 125528.00 |
| 57 | 深圳市柏威国际货运代理有限公司 | 120785.70 |
| 58 | 达升物流股份有限公司 | 117820.00 |
| 59 | 江苏远洋新世纪货运代理有限公司 | 109149.30 |
| 60 | 深圳市华展国际物流有限公司 | 104464.77 |
| 61 | 环发讯通（天津）国际货运代理有限公司 | 102595.80 |
| 62 | 日立物流（中国）有限公司 | 100241.00 |
| 63 | 天津丰田物流有限公司 | 95419.00 |
| 64 | 深圳市海光国际物流有限公司 | 94507.00 |
| 65 | 深圳市鸿安货运代理有限公司 | 92735.60 |
| 66 | 北京百福东方国际物流有限责任公司 | 90000.00 |
| 67 | 深圳市安达顺国际物流有限公司 | 89341.00 |
| 68 | 中艺储运江苏有限责任公司 | 89287.00 |
| 69 | 中菲行国际货运代理（上海）有限公司 | 88266.00 |
| 70 | 中设国际商务运输代理有限责任公司 | 78787.00 |
| 71 | 重庆太平洋国际物流有限公司 | 74684.00 |

续 表

| 排名 | 企业名称 | 总营业额（万元） |
| --- | --- | --- |
| 72 | 宁波港铃与物流有限公司 | 73844.50 |
| 73 | 江苏恒联国际物流有限公司 | 72425.00 |
| 74 | 海盟控股集团有限公司 | 69540.10 |
| 75 | 中经得美国际快运代理有限公司 | 67724.00 |
| 76 | 北京盛伦国际物流有限公司 | 67043.00 |
| 77 | 辽宁富德国际货运有限公司 | 60880.00 |
| 78 | 深圳天翼通国际货运代理有限公司 | 60614.47 |
| 79 | 航都（厦门）国际货运代理有限公司 | 59049.00 |
| 80 | 上海东浩兰生国际物流有限公司 | 57715.00 |
| 81 | 山东朗越国际运输服务有限公司 | 57667.00 |
| 82 | 辽宁港捷国际物流有限公司 | 57510.00 |
| 83 | 深圳市世倡货运有限公司 | 57145.00 |
| 84 | 上海畅顺达国际物流有限公司 | 55159.70 |
| 85 | 江苏佳利达国际物流股份有限公司 | 54517.37 |
| 86 | 青岛启德物流有限公司 | 48693.00 |
| 87 | 深圳市涵文国际货运代理有限公司 | 46980.05 |
| 88 | 中铁资源国际物流（北京）有限公司 | 46966.00 |
| 89 | 上海华加国际货运代理有限公司 | 45143.00 |
| 90 | 环集供应链管理股份有限公司 | 42177.00 |
| 91 | 中外运-日新国际货运有限公司 | 41744.00 |
| 92 | 上海格林福德国际货物运输代理有限公司 | 40880.40 |
| 93 | 万全现代物流股份有限公司 | 40604.25 |
| 94 | 新景程国际物流有限公司 | 40132.00 |
| 95 | 江苏海航供应链管理服务有限公司 | 39929.00 |
| 96 | 上海高信国际物流有限公司 | 38632.00 |
| 97 | 北方万邦物流有限公司 | 37004.00 |
| 98 | 浙江胜马国际货运代理有限公司 | 35320.00 |

续　表

| 排名 | 企业名称 | 总营业额（万元） |
|---|---|---|
| 99 | 北京腾昌国际物流有限公司 | 33335.00 |
| 100 | 山东泛亚国际货运有限公司 | 32378.00 |

（中国国际货运代理协会）

# 2017 年度中国货代物流企业海运 50 强

| 排名 | 企业名称 | 总营业额（万元） |
| --- | --- | --- |
| 1 | 中国外运股份有限公司 | 4552545.00 |
| 2 | 中远海运国际货运有限公司 | 4462943.00 |
| 3 | 锦程国际物流集团股份有限公司 | 990010.00 |
| 4 | 中集现代物流发展有限公司 | 514765.42 |
| 5 | 德迅（中国）货运代理有限公司 | 406791.00 |
| 6 | 深圳市华运国际物流有限公司 | 405926.00 |
| 7 | 全球捷运物流有限公司 | 393740.00 |
| 8 | 振华物流集团有限公司 | 348504.49 |
| 9 | 中成国际运输有限公司 | 318330.00 |
| 10 | 港中旅华贸国际物流股份有限公司 | 305444.00 |
| 11 | 敦豪全球货运（中国）有限公司 | 293916.00 |
| 12 | 江苏众诚国际物流有限公司 | 258615.00 |
| 13 | 东方国际物流（集团）有限公司 | 240873.81 |
| 14 | 上海亚东国际货运有限公司 | 218058.13 |
| 15 | 日邮物流（中国）有限公司 | 215000.00 |
| 16 | 厦门象屿速传供应链发展股份有限公司 | 210318.28 |

续 表

| 排名 | 企业名称 | 总营业额（万元） |
|---|---|---|
| 17 | 上海环世物流（集团）有限公司 | 204368.00 |
| 18 | 宁波港东南物流集团有限公司 | 202789.00 |
| 19 | 天津克运集运集团股份有限公司 | 201778.00 |
| 20 | 连云港东大国际货运有限公司 | 197740.00 |
| 21 | 上海美设国际货运有限公司 | 174112.68 |
| 22 | 嘉宏国际运输代理有限公司 | 172043.00 |
| 23 | 民生国际货物运输代理有限公司 | 161718.00 |
| 24 | 嘉里大通物流有限公司 | 150069.82 |
| 25 | 江苏恒隆物流有限公司 | 143842.00 |
| 26 | 宁波泛洋国际货运代理有限公司 | 128594.00 |
| 27 | 大连忠进国际货运有限公司 | 124921.00 |
| 28 | 深圳市长帆国际物流股份有限公司 | 123747.00 |
| 29 | 浙江简达物流股份有限公司 | 123531.00 |
| 30 | 青岛远洋大亚物流有限公司 | 121736.00 |
| 31 | 新疆天业（集团）有限公司 | 111758.00 |
| 32 | 日通国际物流（中国）有限公司 | 109792.69 |
| 33 | 天津天保国际物流集团有限公司 | 109404.87 |
| 34 | 海程邦达国际物流有限公司 | 107440.00 |
| 35 | 江苏远洋新世纪货运代理有限公司 | 106443.70 |
| 36 | 硕达（上海）国际货运有限公司 | 99818.00 |
| 37 | 环发讯通（天津）国际货运代理有限公司 | 94728.00 |
| 38 | 深圳市海光国际物流有限公司 | 94507.00 |
| 39 | 深圳市华展国际物流有限公司 | 91383.28 |
| 40 | 达升物流股份有限公司 | 89700.00 |
| 41 | 中艺储运江苏有限责任公司 | 89172.00 |
| 42 | 深圳市鸿安货运代理有限公司 | 87762.48 |
| 43 | 利通物流有限公司 | 87087.12 |

续　表

| 排名 | 企业名称 | 总营业额（万元） |
| --- | --- | --- |
| 44 | 中设国际商务运输代理有限责任公司 | 77428.00 |
| 45 | 近铁国际物流（中国）有限公司 | 60426.12 |
| 46 | 江苏飞力达国际物流股份有限公司 | 59321.45 |
| 47 | 宁波港铃与物流有限公司 | 57651.90 |
| 48 | 深圳市世倡货运有限公司 | 57145.00 |
| 49 | 密尔克卫化工供应链服务股份有限公司 | 52094.72 |
| 50 | 辽宁富德国际货运有限公司 | 48832.00 |

（中国国际货运代理协会）

# 2017 年度中国货代物流企业空运 50 强

| 排名 | 企业名称 | 总营业额（万元） |
|---|---|---|
| 1 | 敦豪全球货运（中国）有限公司 | 736175.00 |
| 2 | 中国外运股份有限公司 | 516282.00 |
| 3 | 爱派克斯国际物流（中国）有限公司 | 355473.88 |
| 4 | 港中旅华贸国际物流股份有限公司 | 340809.00 |
| 5 | 德迅（中国）货运代理有限公司 | 335088.00 |
| 6 | 上海青旅国际货运有限公司 | 267969.00 |
| 7 | 唯凯国际物流股份有限公司 | 203121.20 |
| 8 | 新时代国际运输服务有限公司 | 202490.50 |
| 9 | 日通国际物流（中国）有限公司 | 177703.20 |
| 10 | 中远海运航空货运代理有限公司 | 174986.00 |
| 11 | 近铁国际物流（中国）有限公司 | 168064.21 |
| 12 | 锦程国际物流集团股份有限公司 | 156030.00 |
| 13 | 北京泽坤国际货运代理有限公司 | 147722.51 |
| 14 | 嘉宏国际运输代理有限公司 | 141184.40 |
| 15 | 嘉里大通物流有限公司 | 129966.76 |
| 16 | 硕达（上海）国际货运有限公司 | 126701.00 |
| 17 | 广州欧华国际货运代理有限公司 | 119334.98 |

续 表

| 排名 | 企业名称 | 总营业额（万元） |
| --- | --- | --- |
| 18 | 深圳市柏威国际货运代理有限公司 | 108568.40 |
| 19 | 民航快递有限责任公司 | 84430.00 |
| 20 | 深圳市安达顺国际物流有限公司 | 80699.00 |
| 21 | 深圳市九立供应链股份有限公司 | 80142.64 |
| 22 | 日邮物流（中国）有限公司 | 80000.00 |
| 23 | 海程邦达国际物流有限公司 | 79978.00 |
| 24 | 中亚宝丰国际物流有限公司 | 75576.00 |
| 25 | 利通物流有限公司 | 63724.24 |
| 26 | 深圳天翼通国际货运代理有限公司 | 59828.25 |
| 27 | 天津大田集团有限公司 | 58505.00 |
| 28 | 中经得美国际快运代理有限公司 | 55436.00 |
| 29 | 深圳市华运国际物流有限公司 | 55281.00 |
| 30 | 上海畅顺达国际物流有限公司 | 55149.05 |
| 31 | 深圳市涵文国际货运代理有限公司 | 46980.05 |
| 32 | 上海亚东国际货运有限公司 | 46801.52 |
| 33 | 东方国际物流（集团）有限公司 | 44369.09 |
| 34 | 北京百福东方国际物流有限责任公司 | 39300.00 |
| 35 | 山东朗越国际运输服务有限公司 | 36124.00 |
| 36 | 北京腾昌国际物流有限公司 | 33335.00 |
| 37 | 中菲行国际货运代理（上海）有限公司 | 31669.00 |
| 38 | 江苏飞力达国际物流股份有限公司 | 31566.78 |
| 39 | 达升物流股份有限公司 | 26600.00 |
| 40 | 航都（厦门）国际货运代理有限公司 | 21907.00 |
| 41 | 浙江简达物流股份有限公司 | 21704.00 |
| 42 | 日立物流（中国）有限公司 | 19908.00 |
| 43 | 上海环世物流（集团）有限公司 | 19570.00 |
| 44 | 江苏恒联国际物流有限公司 | 18675.00 |

续　表

| 排名 | 企业名称 | 总营业额（万元） |
| --- | --- | --- |
| 45 | 上海东浩兰生国际物流有限公司 | 18535.00 |
| 46 | 大连德力国际运输有限公司 | 18442.01 |
| 47 | 上海华加国际货运代理有限公司 | 16873.00 |
| 48 | 上海高信国际物流有限公司 | 15032.00 |
| 49 | 中外运-日新国际货运有限公司 | 14615.00 |
| 50 | 大连京大国际货运代理有限公司 | 13618.00 |

（中国国际货运代理协会）

# 2017年度中国货代物流企业民营50强

| 排名 | 企业名称 | 总营业额（万元） |
| --- | --- | --- |
| 1 | 锦程国际物流集团股份有限公司 | 1441103.00 |
| 2 | 深圳市九立供应链股份有限公司 | 545690.61 |
| 3 | 全球捷运物流有限公司 | 521726.00 |
| 4 | 深圳市华运国际物流有限公司 | 506943.00 |
| 5 | 深圳市递四方速递有限公司 | 478681.00 |
| 6 | 上海亚东国际货运有限公司 | 413806.42 |
| 7 | 天津大田集团有限公司 | 346289.00 |
| 8 | 嘉友国际物流股份有限公司 | 324424.93 |
| 9 | 江苏飞力达国际物流股份有限公司 | 306518.72 |
| 10 | 海程邦达国际物流有限公司 | 300119.00 |
| 11 | 江苏众诚国际物流有限公司 | 294536.00 |
| 12 | 宁波雅戈尔国际贸易运输有限公司 | 286338.00 |
| 13 | 天津克运集运集团股份有限公司 | 267280.00 |
| 14 | 上海环世物流（集团）有限公司 | 227010.00 |
| 15 | 唯凯国际物流股份有限公司 | 203150.37 |
| 16 | 宁波港东南物流集团有限公司 | 202789.00 |

续 表

| 排名 | 企业名称 | 总营业额（万元） |
|---|---|---|
| 17 | 连云港东大国际货运有限公司 | 197740.00 |
| 18 | 上海美设国际货运有限公司 | 188228.81 |
| 19 | 广州欧华国际货运代理有限公司 | 162804.05 |
| 20 | 北京泽坤国际货运代理有限公司 | 156391.92 |
| 21 | 江苏恒隆物流有限公司 | 145754.00 |
| 22 | 浙江简达物流股份有限公司 | 145239.00 |
| 23 | 大连忠进国际货运有限公司 | 135973.00 |
| 24 | 密尔克卫化工供应链服务股份有限公司 | 128486.09 |
| 25 | 深圳市长帆国际物流股份有限公司 | 125528.00 |
| 26 | 深圳市柏威国际货运代理有限公司 | 120785.70 |
| 27 | 达升物流股份有限公司 | 117820.00 |
| 28 | 深圳市华展国际物流有限公司 | 104464.77 |
| 29 | 深圳市海光国际物流有限公司 | 94507.00 |
| 30 | 北京百福东方国际物流有限责任公司 | 90000.00 |
| 31 | 深圳市安达顺国际物流有限公司 | 89341.00 |
| 32 | 中艺储运江苏有限责任公司 | 89287.00 |
| 33 | 江苏恒联国际物流有限公司 | 72425.00 |
| 34 | 海盟控股集团有限公司 | 69540.10 |
| 35 | 北京盛伦国际物流有限公司 | 67043.00 |
| 36 | 辽宁富德国际货运有限公司 | 60880.00 |
| 37 | 深圳天翼通国际货运代理有限公司 | 60614.47 |
| 38 | 山东朗越国际运输服务有限公司 | 57667.00 |
| 39 | 深圳市世倡货运有限公司 | 57145.00 |
| 40 | 上海畅顺达国际物流有限公司 | 55159.70 |
| 41 | 江苏佳利达国际物流股份有限公司 | 54517.37 |
| 42 | 青岛启德物流有限公司 | 48693.00 |
| 43 | 深圳市涵文国际货运代理有限公司 | 46980.05 |

续 表

| 排名 | 企业名称 | 总营业额（万元） |
| --- | --- | --- |
| 44 | 环集供应链管理股份有限公司 | 42177.00 |
| 45 | 上海格林福德国际货物运输代理有限公司 | 40880.40 |
| 46 | 万全现代物流股份有限公司 | 40604.25 |
| 47 | 新景程国际物流有限公司 | 40132.00 |
| 48 | 江苏海航供应链管理服务有限公司 | 39929.00 |
| 49 | 浙江胜马国际货运代理有限公司 | 35320.00 |
| 50 | 山东泛亚国际货运有限公司 | 32378.00 |

（中国国际货运代理协会）

# 物流企业综合评估全国第二十三批、第二十四批 A 级物流企业名单

## 全国第二十三批 A 级物流企业名单（各项排名不分先后，共 287 家）

**5A 级物流企业（8 家）：**

中国外运股份有限公司
江苏金驹物流投资有限公司
天天快递有限公司
厦门象屿速传供应链发展股份有限公司（4A 升 5A）
湖北安卅物流有限公司
广州华新集团有限公司
四川安吉物流集团有限公司（4A 升 5A）
云南能投物流有限责任公司

**4A 级物流企业（100 家）：**

北京托普旺物流有限公司
天津丰田物流有限公司
远孚物流集团有限公司
上海顺城物流有限公司
上海南北公铁物流有限公司（3A 升 4A）
上海利丰国际物流有限公司
上海际华物流有限公司
石家庄市栾城区润丰物流有限公司
唐山联丰仓储服务有限公司（3A 升 4A）
沧州市佳兴仓储物流有限公司
河北宝信物流有限公司（3A 升 4A）
山西汽运集团晋龙捷泰运输贸易有限公司
山西新华现代出版物连锁有限责任公司
山西汽运集团运城汽车运输有限公司
洋浦鹏翱船务有限公司
辽宁中成物流有限公司
长春市鸿程物流有限公司
吉林市吉友物流有限公司
吉林省国华物流集团有限公司
长春丰泰物流有限公司
吉林省建达贸易有限公司
吉林省长久物流有限公司
南通联通联运有限公司
林森物流集团南通林野物流有限公司
南京浩宇物流有限公司
江阴兴澄储运有限公司（3A 升 4A）
徐州东方运销实业集团有限公司
江苏天一物流有限公司
江苏欢乐买商贸股份有限公司

连云港海通物流有限公司

泰州益嘉物流有限公司

江苏百盟投资有限公司

徐州市长兴运输有限公司

义乌市征帆供应链管理有限公司

浙江长兴田川物流有限公司（3A 升 4A）

浙江中都物流有限公司（3A 升 4A）

浙江运兴运输有限公司（3A 升 4A）

中国邮政速递物流股份有限公司温州市分公司

义乌市泊远国际货运代理有限公司

浙江省义乌市毕盛国际货运代理有限公司

义乌市华晔国际货运代理有限公司（3A 升 4A）

浙江巴米供应链服务有限公司

合肥恒路物流有限公司

合肥德邦货运代理有限公司（3A 升 4A）

安徽城坤物流有限公司

黄山恒峰物流有限公司

黄山市速通物流有限公司（2A 升 4A）

铜陵和友运输有限公司（3A 升 4A）

泉州晋江陆地港港务有限公司

江西国磊供应链集团有限公司（3A 升 4A）

江西省高安汽运集团鸿弘汽运有限公司

景德镇市远航物流有限公司（2A 升 4A）

江西昌荣物流有限公司

新余市鸿祥汽车运输有限公司

江西玉丰实业有限公司

江西四顺物流集团有限公司

江西红土地物流有限公司（3A 升 4A）

寿光乘达运输有限公司

山东传宝物流园有限公司

济南明达快运有限公司

山东宇佳物流有限公司

山东云鸟物流供应链管理有限公司

潍柴动力（潍坊）集约配送有限公司（3A 升 4A）

沂水天元物流有限公司

青岛市鹏程物流有限公司

湖北物联致合联盟国际物流有限公司

襄阳市真美达物流有限公司（3A 升 4A）

黄冈市卫尔康医药有限公司（3A 升 4A）

金鹰重工襄阳物流有限公司

武汉汉欧国际物流有限公司

襄阳市骏鹏物流有限公司

荆门东盟投资有限公司

湖北良品铺子食品工业有限公司

湖北信通通信有限公司（3A 升 4A）

武汉新世纪商汇金属材料市场股份有限公司（3A 升 4A）

武汉商汇钢贸城有限公司（3A 升 4A）

武汉和润物流有限公司

浏阳市鼎顺物流集团有限公司

湖南福泰物流有限公司

株洲中车物流有限公司

湖南星都物流有限责任公司（3A 升 4A）

湖南省星沙物流储运有限公司

长沙好运来运输服务有限公司（3A 升 4A）

湖南九鼎物流有限公司（3A 升 4A）

长沙市大宇货运服务有限公司（3A 升 4A）

湖南三湘和达现代物流有限公司

深圳市宝恒通实业有限公司

深圳棋洋国际物流有限公司（3A 升 4A）

深圳市拓威百顺达国际货运代理有限公司

深圳捷递国际物流有限公司（2A 升 4A）

深圳市柏威国际货运代理有限公司

深圳市有信达供应链集团股份有限公司

广州港物流有限公司
四川安仕吉供应链管理有限公司
四川中移通信技术工程有限公司
四川世纪吉祥物流有限公司
四川文传物流有限公司
贵州丰茂运输有限公司
云南农垦物流有限公司
新疆众和现代物流有限责任公司

**3A 级物流企业（152 家）：**

上海泓明供应链有限公司（2A 升 3A）
上海星亚国际货运有限公司
重庆苏宁物流有限公司
大连中铁联合国际集装箱有限公司
华扬国际物流（大连）有限公司
大连国际集装箱服务有限公司
长春际华投资建设有限公司
白山市天天物流有限公司
吉林省亿鑫物流有限公司
长春市勇合物流有限公司
长春市鑫永昌物流有限公司
吉林省恒远物流有限公司
长春市宏升储运有限公司
长春市胜森物流有限公司
前郭县六正物流有限公司
常熟市龙昊货运有限公司
无锡汇海永丰物流有限公司
南通双红快递有限公司
徐州超越运输有限公司
徐州市五星大件运输有限公司
张家港万达物流有限公司
张家港市金盾保安服务有限公司
南通汉君供应链管理有限公司
江苏贯虹物流有限公司
徐州丰义物流有限公司
邳州市汽车运输公司
徐州捷捷运输有限公司
江苏宝通物流发展有限公司
江苏润特航运有限公司
江苏金路达物流有限公司
淮安市第二航运公司
浙江泰和塑料有限公司
温州市大唐物流有限公司
台州市宇航物流有限公司
永康市婷婷物流有限公司
浙江义乌升中国际货运代理有限公司
杭州东裕祥物流有限公司
湖州国际物流有限公司（2A 升 3A）
长兴兴杰物流有限公司
浙江义信货物运输有限公司
台州宝利经贸有限公司
浙江美顺达石化有限公司
台州兴旺水产有限公司
浙江定生物流有限公司
浙江定远国际货运代理有限公司
浙江广迅物流有限公司
义乌市荣庆国际货运代理有限公司
浙江欧科国际货运代理有限公司
义乌宝通国际货运代理有限公司
义乌越达国际货运代理有限公司
宁海鼎盛物流有限公司
安徽军工物流有限责任公司
马鞍山钢晨实业有限公司
铜陵智盛物流有限公司
漳州开发区鸿泰运输有限公司
福建快通物流有限公司（2A 升 3A）
福建省诚丰胜通物流有限公司
福州博通太平物流有限公司
福建川捷物流服务有限公司
招商局物流集团福建有限公司

泉州外轮代理有限公司
石狮嘉通物流有限公司
福建省羊程冷链物流有限公司（2A 升 3A）
泉州福飞物流有限公司
泉州市鑫辉物流有限公司
石狮市恒星汽车运输有限公司
石狮联兴物流有限公司
石狮市宏达物流快运有限公司
漳州裕恒物流有限公司
福建省三明市烟草物流有限责任公司（2A 升 3A）
三明盛辉物流有限公司
厦门兆冠物流有限公司
厦门宏象物流科技有限公司
江西中瑞物流有限公司
江西宏盛物流有限公司
贵溪市泗丰物流有限公司
国营南昌肉类联合加工厂
江西九州医药有限公司
峡江县车友汽车贸易有限公司
江西国光商业连锁有限责任公司
赣州顺丰速运有限公司
赣州市友好物流有限公司（2A 升 3A）
赣州市南康区新京九物流有限公司
赣州市南康区华中物流有限公司
赣州市南康区邦大华宇物流有限公司
赣州市南康区永丰利达物流有限公司
赣州力佳物流有限公司
济南统江物流有限公司
山东佳怡城市配送有限公司
山东诚惠快运有限公司
淄博齐晋铁路仓储有限公司
山东安金科国际贸易股份有限公司
青岛海东润医药物流配送有限公司
青岛西元庄国际物流有限公司
烟台顺泰植保科技有限公司
栖霞市宏达运输有限公司
国药控股烟台有限公司
湖北金四方物流有限公司
武汉通利达物流有限公司
武汉大康物流有限责任公司
襄阳鑫宇粮油食品有限公司
襄阳丰盛杰粮油有限公司
湖北京和米业有限公司
襄阳丰骊物流有限公司
赤壁路路特物流有限公司（2A 升 3A）
湖北荆沙物流有限公司
金瑞物流产业园有限公司
怀化市安丽物流有限责任公司
湘潭绿丰保鲜蔬菜配送有限公司
衡阳市安泰汽车运输有限公司
衡阳市西园农副产品批发大市场有限公司
郴州市联航物流服务有限公司
深圳嘉里盐田港物流有限公司
深圳市亚风快运股份有限公司
深圳市飞腾顺达物流有限公司
深圳市志诚达物流有限公司
深圳市长顺通货物运输有限公司
深圳市升蓝物流有限公司
深圳市驰鹏物流有限公司
深圳市世恒达物流有限公司
深圳市鹏辰运输有限公司
深圳市中柱物流有限公司
广州市达特贸易有限公司
广东利通物流有限公司
柳州市桂通货运有限公司
四川乐送物流股份有限公司
成都平捷物流有限公司
成都翼祥物流有限公司

成都福港物流有限公司
成都世飞物流有限公司
成都愉越物流有限公司
成都市路遥物流有限公司
成都新旷物流有限公司
成都中道物流有限公司
成都恒讯物流有限公司
成都同运昌物流有限公司
成都志钢物流有限公司
成都长运朗勃集装箱运输有限公司
四川远鹏投资管理有限公司
成都华药物流有限公司
成都博浩物流有限公司
四川吉祥富饶物流责任有限公司
贵州道坦坦科技股份有限公司（2A升3A）
大理凤庄铁路货场有限公司
云南广大铁路物资储运有限公司
云南陆航物流服务有限公司
玉溪市鹏程运输有限公司
西安市新龙药业有限公司
陕西安邦物流有限责任公司
陕西鲲鹏物流有限公司
陕西辉煌物流有限公司
格尔木昆仑物流运业有限公司

**2A级物流企业（27家）：**

大连时利和物流有限公司
营口港润物流有限公司
安图县富丽达物流有限公司
湖州圣远物流有限公司
嘉兴市朝阳油品运输有限公司
嘉兴市海滨运输有限公司
绍兴上虞远程物流有限公司
温岭市海通集装箱运输有限公司
浙江大麦屿港务有限公司
浙江京博汇通物流有限公司
宁波北仑东华集装箱服务有限公司
福建保达物流有限公司
信丰县双佳汽车运输服务有限公司
石城县易达物流有限公司
赣州市永耀物流有限公司
天门市天丰惠农农业发展有限公司
天门市龙晟农资物流配送有限责任公司
天门供销华西农商城有限公司
湖北东吴物流有限公司
湖北汇宁物流有限公司
深圳市龙迅国际物流有限公司
广安锦诚物流有限责任公司（1A升2A）
成都博达物流有限公司
贵州嘉配达物流有限公司
云南中盛物流有限公司
延安市捷安货物运输有限公司
宁夏金丝路供应链有限责任公司

## 2016年下半年通过复核的A级物流企业名单（共347家）

**5A级物流企业（11家）：**

上海铁路局
国药控股股份有限公司
大连北方国际粮食物流股份有限公司
辽渔集团有限公司
长春市亚奇物流有限公司
建华物流有限公司
张家港港务集团有限公司
正本物流有限公司
东莞市南方物流集团有限公司
广东省航运集团有限公司

陕西煤业化工物资集团有限公司

**4A 级物流企业（75 家）：**

利丰供应链管理（中国）有限公司
上海虹迪物流科技有限公司
上海志甄物流有限公司
上海康展物流有限公司
上海茂金物流有限公司
重庆中集汽车物流股份有限公司
重庆川维物流有限公司
中国邮政速递物流股份有限公司河北省物流分公司
河北之江物流有限公司
河北尚锋物流有限公司
承德天运物流有限公司
安平县聚成国际物流有限公司
山西大唐盛世物流有限公司
大连福佳·大化石油化工码头有限公司
大连宝信国际物流有限公司
营口港务股份有限公司粮食分公司
营口港务股份有限公司集装箱码头分公司
营口新世纪集装箱码头有限公司
中储粮营口储运有限责任公司
江苏大明金属制品有限公司
江苏河海运输股份有限公司
苏州得尔达国际物流有限公司
江苏澳洋医药物流有限公司
江苏九州通医药有限公司
昆山市海联仓储运输有限公司
江苏海晨物流股份有限公司
江苏太运集团有限公司
江苏新宁现代物流股份有限公司
中国外运长江有限公司张家港分公司
南通汇晟物流有限公司
江苏中运物流有限公司
江苏燕进石化有限公司
江苏景瑞农业科技发展有限公司
太仓阳鸿石化有限公司
江苏大地物流有限责任公司
昆山综合保税区物流中心有限公司
广深物流有限公司
宁波港集装箱运输有限公司
中国邮政速递物流股份有限公司宁波市分公司
合肥市宝元物流有限公司
安徽飞腾国际物流股份有限公司
江西三志物流有限公司
江西安智物流股份有限公司
高安市豪顺物流有限公司
江西省高安汽运集团翔运汽运有限公司
江西保捷实业集团有限公司
济南永昌物流有限公司
青岛春明物流有限公司
青岛成龙国际仓储物流有限公司
山东东方海洋科技股份有限公司
大新华轮船（烟台）有限公司
湖北大通互联物流股份有限公司
武汉钢铁集团物流有限公司
湖北丰庆源粮油集团有限公司
湖北襄阳安达运输有限责任公司
当阳市长坂坡物流有限公司
华润湖北医药有限公司
湖南龙骧神驰运输集团有限责任公司
三旺实业有限公司
浩通国际货运代理有限公司
深圳市赤湾东方物流有限公司
深圳神彩物流有限公司
广东远翔物流实业有限公司
广州市万发物流有限公司
广州市博涛物流有限公司

广东天图物流股份有限公司
广州市洋航物流有限公司
广东鑫昌物流有限公司
四川华峰物流有限公司
云南宏星物流股份有限公司
云南建投物流有限公司
甘肃省物产集团有限责任公司
宁夏港通国际物流有限公司
新疆蓝天石油化学物流有限责任公司
新疆大动脉物流有限公司

**3A 级物流企业（211 家）：**

中国北京外轮代理有限公司
北京中远劳捷斯物资有限公司
中国远洋天津物流有限公司
上海化学工业区物流有限公司
上海百联配送实业有限公司
上海康芸物流发展有限公司
上海外高桥国际物流有限公司
中远化工物流有限公司
中联运通控股集团有限公司
上海全胜物流股份有限公司
上海外轮代理浦东有限公司
上海泓明国际货运有限公司
上海精准德邦物流有限公司
云丰国际物流（上海）有限公司
上海易浦物流有限公司
重庆市江津利华贸易有限公司
重庆钢铁集团运输有限责任公司
中国唐山外轮代理有限公司
兴隆县汇丰物流配送有限公司
中国邮政速递物流股份有限公司廊坊市物流分公司
山西碧锦纳川贸易有限公司医药分公司
内蒙古老哈河粮油工业有限责任公司
通辽大华物流有限责任公司
通辽市国强物流有限公司
通辽四方物流有限公司
中国大连外轮代理有限公司
大连长兴岛港口有限公司
大连集益物流有限公司
大连港毅都冷链有限公司
沈阳全程德邦物流有限公司
无锡高新物流中心有限公司
江苏省沿江物流有限公司
中国连云港外轮代理有限公司
连云港中远物流有限公司
南京中远物流有限公司
中国太仓外轮代理有限公司
扬州外轮代理有限公司
镇江中远物流有限公司
常熟中远物流有限公司
昆山市港航物流有限公司
南通大江物流有限公司
常熟日新中外运运输有限公司
太仓万方国际码头有限公司
南通双和食品有限公司
江苏嘉安食品有限公司
张家港驰乐汽车配件有限公司
扬州远安物流有限公司
昆山中汇物流有限公司
江阴中远物流有限公司
无锡中外运物流有限公司
江苏门对门网络科技股份有限公司
南通宸宇物流有限公司
南通龙越物流有限公司
物联致和供应链管理无锡有限公司
苏州隆力奇东源物流股份有限公司
南通荣程物流有限公司
淮安新运程物流有限公司

无锡通联物流有限公司
苏州环盛国际货运代理有限公司
扬州华伦物流运输有限公司
江苏达利园物流科技集团有限公司
南京合纵连横供应链管理股份有限公司
苏州中远物流有限公司
浙江五星物流有限公司
浙江兴一物流有限公司
长兴顺达汽运有限公司
浙江玉柴九隆物流有限公司
浙江八达仓前物流有限公司
桐庐大运物流有限公司
浙江海悦国际货运代理有限公司
浙江恒逸物流有限公司
杭州日通物流有限公司
杭州萧邦物流有限公司
浙江舟山中集国际集装箱货运有限公司
浙江中外运有限公司金华分公司
宁波海联物流有限公司
宁波恒胜物流有限公司
宁波龙星物流有限公司
宁波宏达货柜储运有限公司
宁波芦城国际物流有限公司
宁波市环北物流有限公司
宁波英特药业有限公司
浙江万信物流有限公司
浙江兴港国际货运代理有限公司
余姚市姚江物流有限公司
宁波市宇达物流有限公司
宁波安迅达国际物流有限公司
宁波市镇海新世纪运输有限公司
浙江合运物流有限公司
宁波海晖国际物流有限公司
宁波宁电海运有限公司
宁波凯裕物流有限公司
福建八方迅通物流有限公司
福建金胜物流有限公司
福建嘉丽物流有限公司
石狮市顺裕物流有限公司
万全仓储（福州）有限公司
漳州市鸿发物流有限公司
片仔癀（漳州）医药有限公司
福建施乐农业生产资料有限公司
福州星光德邦物流有限公司
福建金运国际物流有限公司
石狮市富星电子商务物流园开发有限公司
泉州陆达物流有限公司
冠辉物流（中国）有限公司
福建金海湾供应链管理有限公司
福州中外运大裕保税仓储有限公司
福建兴顺物流有限公司
福州新港国际集装箱码头有限公司
福建江阴国际集装箱码头有限公司
福建龙岩天和盛物流有限公司
晋江市万安运输服务有限公司
晋江市金海运输有限公司
福建泉州市联鑫货运有限公司
泉州四海物流有限公司
泉州集韵物流有限公司
福建福祥物流有限公司
厦门中远物流有限公司
中国厦门外轮代理有限公司
厦门象屿太平综合物流有限公司
厦门宏高货运有限公司
厦门港务物流保税有限公司
厦门正旸物流有限公司
厦门全程德邦物流有限公司
福建省晶华盐业物流有限公司
厦门特运物流有限公司
江西大龙物流有限公司

赣州市南康区小松兴轩物流有限公司
景德镇市安捷物流有限公司
景德镇市信联物流有限公司
日照中远物流有限公司
潍坊联运有限责任公司
青岛联合国际船舶代理有限公司
青岛德邦物流有限公司
烟台连峰商贸有限公司
中国供销石油烟台有限公司
山东省烟台市果品总公司
中海石油（龙口）基地物流有限公司
烟台交运集团龙口运输有限公司
烟台金利达物流有限公司
蓬莱安邦油港有限公司
烟台川大物流有限公司
五峰国通物流有限公司
湖北盛丰物流有限公司
恩施自治州好又多华硒物流有限责任公司
湖北顺泰商贸有限公司
湖北天海益达物流有限公司
湖北捷阳物流有限公司
湖北省绿亿园农产品有限公司
湖北寰城投资有限公司
武汉石化交通运输有限公司
武汉中远物流有限公司
武汉船发国际货运有限公司
武汉竹叶山中环商贸城有限公司
武汉金通捷物流有限公司
武汉友谊副食品商业有限责任公司
招商局物流集团湖北有限公司
株洲千金物流有限公司
长沙巴运物流有限公司
湖南中电物流有限公司
湖南长盛科技开发有限公司
岳阳城陵矶新港有限公司
湖南中庆物流有限公司
郴州市宏顺物流有限公司
郴州东汇宏力混凝土有限公司
衡阳盛泰物流有限公司
衡阳市璐辉物流有限公司
深圳市鸿益达供应链股份有限公司
深圳中远物流有限公司
深圳市捷安国际运输有限公司
深圳市泛亚物流有限公司
深圳市东方佳源实业有限公司
广州广裕仓码有限公司
中国汕头外轮代理有限公司
中国湛江外轮代理有限公司
湛江中远物流有限公司
广州智德物流有限公司
中国防城外轮代理有限公司
广西桂网物流有限责任公司
广西物资集团桂林储运总公司
四川君安物流集团有限公司
泸州市天润实业有限责任公司
泸州三友物流运输集团有限公司
四川南方凯路物流有限责任公司
四川峨眉山峨胜物流发展有限公司
泸州唐氏运业有限公司
成都蚂蚁物流有限公司
贵州鑫镪物流有限公司
贵阳博众物流运输有限公司
贵州七冶物流有限责任公司
贵州黔和物流有限公司
昆明中远物流有限公司
云南云辉货运有限公司
云南新为物流有限公司
云南丰驰物流运输有限公司
云南大理中运汽车贸易有限公司
曲靖福牌实业有限公司

西安市诚信三和快运有限公司
西安市华中快运有限公司
咸阳兴源汽车运输有限公司
西安市鑫盛能源物资有限公司
陕西恒仁物流有限公司
西安志成德邦物流有限公司
甘肃省木材总公司（西北物资市场）
甘肃陇运现代物流有限责任公司
青海世豪物流有限公司
银川新华百货东桥电器有限公司
新疆金属材料有限责任公司
新疆顺通物流有限公司
新疆诚通国际物流有限公司
新疆顺丰速运有限公司

**2A 级物流企业（43 家）：**

重庆卡沃物流有限公司
无锡中远物流有限公司
中国南京外轮代理有限公司
中国江阴外轮代理有限公司
常熟外轮代理有限公司
泰州外轮代理有限公司
常州外轮代理有限公司
义乌市倍力货物运输有限公司
中国台州外轮代理有限公司
绍兴市联诚物流有限公司
浙江景宁畲乡物流有限公司
浙江嘉宝物流股份有限公司
嘉兴市乍浦恒泰联运运输有限公司
绍兴市飞马货运有限公司
绍兴市王氏物流有限公司
宁波保税区港龙仓储有限公司
宁波鲁甬佳物流有限公司
宁波新盟国际船务有限公司
宁波国杰物流有限公司
安徽中远物流有限公司
安徽省水利物资股份有限公司
福建紫金顺安物流有限公司
莆田烟草物流有限公司
中国日照外轮代理有限公司
烟台裕顺货运服务有限公司
湖北国宝桥米有限公司
京山泰昌米业有限公司
湖北庄品健实业（集团）有限公司
神农架林区华阳物流有限责任公司
湖北省龙感湖帝龙高科技农贸有限公司
武汉日昱物流有限公司
广西西江物流有限公司
成都诚信达物流有限公司
四川回春堂药业连锁有限公司
四川遂宁市全泰堂药业有限公司
雅安市名山区运发物流有限公司
四川省雅洲府物流有限公司
四川吉星物流有限公司
曲靖金富运输有限公司
汉中群峰工贸有限责任公司
甘肃省物产集团河口物流园有限公司
新疆亚中物流商务网络有限责任公司广汇美居物流园
哈密顺顺通物流有限公司

**1A 级物流企业（7 家）：**

中国丹东外轮代理有限公司
镇江远港物流有限公司
靖江外轮代理有限公司
新昌陆海国际物流服务有限公司
宁波保税区金铭国际贸易有限公司
宁波中兴兴通供应链有限公司
武汉远洋大型汽车运输有限公司

**放弃复核的企业（61家）：**

中铁物资集团兰州有限公司、沈阳铁道金属物资有限公司、吉林龙谷物流有限公司、中床国际物流吉林有限公司、厦门兴荣国际物流有限公司、甘肃省邮政速递物流有限公司、新疆九洲恒昌物流有限公司、中铁物资集团新疆有限公司、中国天津外轮代理有限公司、上海亚太国际集装箱储运有限公司、上海中远物流配送有限公司、锦州隆承泰物流有限公司、南京万通物流有限公司、连云港外代国际货运代理有限公司、江苏达海物流有限公司、昆山市金山运输有限公司、苏州市佳盛实业有限公司、太仓超大物流有限公司、浙江诚信物流有限公司、义乌市长航国际物流有限公司、嘉兴市第二运输装卸有限责任公司、浙江汇隆物流有限公司、浙江绍广物流有限公司、浙江鼎盛国际货运代理有限公司、慈溪市联众家电物流有限公司、福建鹭燕中宏医药有限公司、赣州雁达货运有限公司、青岛长运集团有限公司、青岛保税物流园区怡港国际物流有限公司、武汉新动力燃料有限责任公司、长沙沂蒙货物运输有限公司、长沙万里物流有限公司、汕头中远物流有限公司、茂名中远物流有限公司、桂林骏达运输股份有限公司、定安宏通物流有限公司、成都汇福物流有限公司、青海省物产民爆器材专卖有限公司、新疆天域安驰物流有限公司、上海南华国际物流有限公司、昆山吉平货运有限公司、昆山市海鸿货运有限公司、昆山市神州物流服务有限公司、昆山市京津冀联运有限公司、昆山市兴安岭仓储物流有限公司、昆山市真安货运有限公司、昆山市佳鸿货运有限公司、苏州国际快件中心有限公司、南通远通货柜储运有限公司、中国镇江外轮代理有限公司、浙江德瑞物流有限公司、浙江陆港物流发展有限公司、嘉兴中远物流有限公司、浙江立展物流有限公司、福建省莆田盛丰物流有限公司、青岛港湾国际物流有限公司、武汉市润华物流有限责任公司、湖北军安达物流有限公司、陕西新武物流有限公司、西安秦皖物流有限公司、西安秦浙物流有限公司（因物流业务调整、并购重组、经营模式改变、企业被注销等原因，不再保留A级企业资质。）

注：名单中未包括我国港、澳、台地区。

## 全国第二十四批A级物流企业名单（共495家）

**5A级物流企业（19家）：**

五矿发展股份有限公司

上海天地汇供应链管理有限公司（4A升5A）

圆通速递有限公司

中通快递股份有限公司

河北宝信物流有限公司（4A升5A）

中央储备粮大连直属库

徐州东方运销实业集团有限公司（4A升5A）

中国厦门外轮代理有限公司（3A升5A）

山东顺丰速运有限公司（4A升5A）

济南零点物流港有限公司（4A升5A）

济南维尔康实业集团有限公司（4A升5A）

国药控股鲁南有限公司（4A升5A）

恒通物流股份有限公司（4A升5A）

武汉钢铁集团物流有限公司（4A升5A）

湖南湾田实业有限公司（4A升5A）

珠海港控股集团有限公司

顺丰航空有限公司（4A 升 5A）
成都市准时达供应链管理有限公司
云南建投物流有限公司（4A 升 5A）

**4A 级物流企业（172 家）：**

北京国商物流有限公司（3A 升 4A）
世盟物流控股股份有限公司
北京百利威仓储物流有限公司（3A 升 4A）
北京九六零物流有限公司
北京苏宁物流有限公司
辉源（上海）供应链管理有限公司
上海象屿速传供应链有限公司
上海远成物流发展有限公司（3A 升 4A）
上海苏宁物流有限公司
上海卡行天下供应链管理有限公司
上海诺尔国际物流有限公司
上海广德物流有限公司
上海纺织集团国际物流有限公司（3A 升 4A）
上海钢联物流股份有限公司（3A 升 4A）
上海普朗物流有限公司
上海亚申物流有限公司
上海新易泰物流有限公司（3A 升 4A）
上海远征物流有限公司
宇培供应链管理有限公司
上海昕联路德物流有限公司
河北正时达运输有限公司
石家庄德邦物流有限公司（3A 升 4A）
石家庄远成物流有限公司（3A 升 4A）
河北润成仓储有限公司（3A 升 4A）
石家庄中铁物流有限公司
河北正诚物流有限公司
石家庄洛杉奇食品有限公司
河北泰通物流有限公司
保定天德物流有限公司
秦皇岛港通物流有限公司（3A 升 4A）
山西三毛物流有限公司（3A 升 4A）
山西穗华物流园有限公司（3A 升 4A）
内蒙古九州通医药有限公司（3A 升 4A）
大连天宝绿色食品股份有限公司
大连通达货运有限公司
辽宁路为物流有限公司（3A 升 4A）
营口新兴达物流有限公司（3A 升 4A）
吉林省顺丰速递有限公司（3A 升 4A）
黑龙江省龙运（集团）股份有限公司
南京福佑在线电子商务有限公司
南京德邦物流有限公司（3A 升 4A）
中储南京智慧物流科技有限公司
江苏润华物流有限公司
常熟金狮物流有限公司（3A 升 4A）
常熟市通运物流有限公司（3A 升 4A）
常熟市天境物流有限公司（3A 升 4A）
江苏台达物流有限公司（3A 升 4A）
江苏达泰物流有限公司
扬州恒基达鑫国际化工仓储有限公司
顺丰运输（常州）有限公司
江苏正天物流有限公司
江苏志宏物流有限公司
杭州大恩物联科技有限公司（2A 升 4A）
杭州长安民生物流有限公司
浙江卓航物流发展股份有限公司
杭州佳成国际物流股份有限公司
浙江川贵国际物流有限公司
浙江凯鸿物流股份有限公司（3A 升 4A）
浙江方元物流有限公司（3A 升 4A）
浙江腾洋国际货运代理有限公司
义乌市民用航空客货运输有限公司
义乌市伊曼物流有限公司
义乌欣辉国际货运代理有限公司（3A 升

4A）

浙江德源国际货运代理有限公司（3A 升 4A）

义乌市鸿瑞国际货运代理有限公司

浙江简达物流股份有限公司

合肥宝湾国际物流中心有限公司

合肥中外运物流发展有限公司

芜湖市恒兴明瑞物流有限责任公司

芜湖顺驰物流有限公司（3A 升 4A）

中世国际物流有限公司（3A 升 4A）

芜湖美安物流有限公司

马鞍山钢晨钢铁物流园有限公司

宿州市皖发物流有限责任公司（3A 升 4A）

安徽鸿越物流有限公司（3A 升 4A）

莆田港务集团有限公司

泉州顺丰运输有限公司（3A 升 4A）

泉州市闽运兴物流有限责任公司（3A 升 4A）

福建省嵘瀚物流股份有限公司

福建鑫展旺物流有限公司（3A 升 4A）

厦门海投供应链运营有限公司

厦门国际货柜码头有限公司

江西安泰物流有限公司

南城县麻姑汽车运输有限公司

宜春润佳物流运输服务有限公司

江西瑞州汽运集团新荷物流有限公司

高安市隆景运输有限责任公司

江西瑞州汽运集团豪瑞汽运有限公司

江西瑞州汽运集团瑞通物流有限公司

江西瑞州汽运集团宏景汽运有限公司

江西瑞州汽运集团欣禧物流有限公司

江西祥和物流有限公司

峡江县鑫胜物流有限公司

江西五洲医药营销有限公司

赣州市南康区洪鑫物流有限公司（3A 升 4A）

山东喜地实业有限公司

山东高速标准箱物流有限公司

山东佳怡国际汽车物流有限公司（3A 升 4A）

淄博恒兴物流股份有限公司（3A 升 4A）

山东海纳宏洲运输股份有限公司（3A 升 4A）

潍坊申易物流有限公司

山东龙阳物流有限公司

烟农临沂配送有限公司（3A 升 4A）

临沂鲁疆物流集团有限公司（3A 升 4A）

山东德利再生资源置业有限公司

临沂市宇顺物流有限公司（3A 升 4A）

青岛启德物流有限公司（3A 升 4A）

青岛仁义物流有限公司（3A 升 4A）

安吉汽车物流（山东）有限公司

烟台华海物流园有限公司

山东朗越国际运输服务有限公司（3A 升 4A）

龙口市恒泰运输有限公司

郑州德邦物流有限公司（3A 升 4A）

河南豫德隆物流有限公司（3A 升 4A）

河南省达发物流有限公司

河南中锦供应链有限公司

湖北顺丰运输有限公司（3A 升 4A）

襄阳捷源物流有限公司

襄阳顺科农业综合开发有限公司

湖北联海食品集团有限公司（3A 升 4A）

广水市麒麟物资有限责任公司

襄阳佳兴物流有限公司

湖北汇丰公铁联运物流有限公司

湖北茂乾商贸有限公司（3A 升 4A）

孝感通晟物流有限公司

荆门荆铁佳洲石油化工股份有限公司
十堰林安商贸物流发展有限公司
湖北省十堰亨运集团物流有限公司（3A升4A）
十堰市利通物流有限公司（3A升4A）
荆门市弘业物流有限公司（3A升4A）
武汉航科物流有限公司
武汉联创方圆物流有限公司（3A升4A）
武汉仟吉冷链物流仓储管理有限公司
安吉汽车物流（湖北）有限公司
圣泽捷通供应链有限公司
湖南南方物流科技有限公司
宁乡县阳光联运服务有限公司
郴州市宏顺物流有限公司（3A升4A）
郴州市义捷现代物流有限公司（3A升4A）
资兴市达达农产品冷链物流有限公司（3A升4A）
娄底市金惠物流有限公司（3A升4A）
湖南省兆星物流有限公司
深圳市飞力士现代物流有限公司
深圳市涵文国际货运代理有限公司（3A升4A）
深圳德坤供应链有限公司
深圳永利八达通物流有限公司
深圳市瑞源冷链服务有限公司
深圳市海天信诚货物运输有限公司
深圳市恒通程物流有限公司
深圳市快运通物流有限公司（3A升4A）
深圳市汇通天下物流有限公司
广东国顺物流控股有限公司
广州佳仕达物流有限公司
广东省南方传媒发行物流有限公司（3A升4A）
广州市力进物流有限公司
广西南天物流有限公司
广西圣天物流有限公司
广西兴桂物流有限公司
广西顺丰速运有限公司
柳州市华厦物流有限公司
成都诚至诚商务物流有限责任公司（3A升4A）
成都积微物联集团股份有限公司
四川省旺平物流有限公司（3A升4A）
成都全程德邦物流有限公司（3A升4A）
成都中锦供应链管理有限公司
成都道臣物流集团有限公司（3A升4A）
南充传化公路港物流有限公司
大理沧龙物流有限公司（3A升4A）
云南大理中运汽车贸易有限公司（3A升4A）
云南瑞和锦程实业有限公司
陕西三原华阳工贸有限公司
新疆生产建设兵团棉麻公司

**3A级物流企业（245家）：**

中国移动通信集团终端有限公司
北京环亚兴达物流有限公司
夏晖物流（北京）有限公司
上海嘉勇物流有限公司
上海泓海国际物流有限公司
赛宇国际物流（上海）有限公司
宏通太禾国际物流（上海）有限公司
上海优誉物流有限公司
上海飞升国际物流有限公司
重庆恒聚物流股份有限公司
重庆惠凌实业股份有限公司
重庆风平物流有限公司
河北华迅物流有限公司
新乐市富达运输有限公司

秦皇岛运通物流有限公司
山西中鲁物流有限公司
莫力达瓦达斡尔族自治旗鑫鹏博运输有限公司
大连鑫畅顺运输有限公司
辽宁捷畅物流有限公司
世丰国际货运代理（大连）有限公司
大连山九国际物流有限公司
大连獐子岛中央冷藏物流有限公司（2A升3A）
营口亿成物流有限公司
双辽市同圆顺物流有限公司公主岭市大岭分公司
吉林省博瑞祥物流有限公司
牡丹江市好运运输有限责任公司
江苏福佑卡车现代物流有限公司
江苏亿翔供应链管理有限公司
江苏恒利祥物流有限公司
无锡市嘉晟物流有限公司
江苏鑫博亚国际物流有限公司
昆山华裕供应链管理有限公司
昆山唯凯物流有限公司
常熟市顺德物流有限公司
苏州坤达货运有限公司
昆山山汉物流有限公司
江苏西点物流有限公司
昆山源丰国际货运代理有限公司
张家港保税区长江国际扬州石化仓储有限公司
扬州新伟仓储有限公司
扬州海信运输有限公司
盐城市东风物流有限公司
徐州苏宁云商物流有限公司
徐州群星大件运输有限公司
江苏兴骏物流有限公司
徐州市龙腾运输处
江苏润澄航运有限公司
淮安市恒泰运输服务有限公司
江苏今茂源物流有限公司
常州市申通物流有限公司
中集苏航（常州）物流有限公司
常州正广通供应链管理有限公司
江苏凯富物流有限公司
浙江苏宁物流有限公司
浙江泰易达物流科技有限公司
浙江汇丰物流有限公司（2A升3A）
温州市飞翔航空货运代理有限公司
杭州冠津物流有限公司
湖州久运物流有限公司（2A升3A）
长兴长顺物流有限公司
长兴荣威物流有限公司
桐乡市振东物流园区有限公司
绍兴益盛航运有限公司（2A升3A）
绍兴市联诚物流有限公司（2A升3A）
绍兴市盛达物流有限公司（2A升3A）
绍兴市佳顺特种货物运输有限公司
中宇远洋海运有限公司
浙江银轮物流有限公司
温州市春城货运有限公司
温州市洞头信达物流有限公司
温州市沈海物流有限公司
温州市新恒联物流有限公司
温州正时达城市配送有限责任公司
温州市浙通物流有限公司
浙江旺通物流有限公司（2A升3A）
浙江晨添大有供应链管理有限公司
浙江恺颉物流有限公司
宁波苏宁物流有限公司
宁波新世洋国际物流有限公司
宁波商之桥供应链管理有限公司

招商局物流集团宁波有限公司
宁波雷扬物流有限公司（1A 升 3A）
宁波亚细亚集装箱货运有限公司
滁州华塑物流有限公司
芜湖同泰智能物流园有限公司
芜湖惠众物流服务有限公司
安徽海元物流有限公司
芜湖县恒越汽车运输有限公司
阜阳红楼国通快递有限公司
安徽远宏物流有限公司
阜阳市鑫吉物流有限公司
阜阳鑫森物流有限公司
黄山市永驰物流有限公司（2A 升 3A）
铜陵市北冰洋物流有限责任公司
铜陵市华宏物流有限公司
建湖第一航运有限公司铜陵分公司
中邮恒泰药业有限公司
福州盛辉物流有限公司
福建庆丰物流有限公司
宁德白水洋物流有限公司
福鼎市通联物流有限公司（2A 升 3A）
莆田秀屿港口有公司
福建八方港口发展有限公司
福建康达物流有限公司
福建泰达物流有限公司
泉州中宏物流有限公司
福建隆顺物流有限公司
沙县长顺汽车运输有限公司
三明市永达物流有限公司
南平市通达汽车运输有限公司
厦门郎运物流集团有限公司
厦门宏仁医药有限公司
厦门新霸达物流有限公司
厦门万翔物流管理有限公司（1A 升 3A）
南城瑞顺物流有限公司
南城县冠海物流有限公司
吉水县广顺物流有限公司
江西结财物流有限公司
赣州市广渠物流有限公司
赣州三福物流有限公司
南昌德邦物流有限公司
江西奇佳肥业股份有限公司
九江市新雪域置业有限公司（2A 升 3A）
景德镇市驰骋物流有限公司
江西九星铁运物流有限公司
赣州安盛达货物装卸运输有限公司
赣州沅霖物流有限公司
山东先飞物流有限公司
济南任氏物流有限公司
济南金荣物流有限公司
济南兴三友物流有限公司
济南冠辉物流有限公司
淄博炎邦物流有限公司
淄博华迅物流有限公司
寿光市信德物流股份有限公司
潍坊正捷物流有限公司（2A 升 3A）
潍坊瑞亨缘运输有限公司
临沂源尚物流有限公司
临沂正德物流有限公司
临沂兴华物流服务有限公司
山东经信国际物流有限公司
即墨市新悦物流有限公司
青岛即东物流有限公司
青岛众和通达物流有限公司
青岛上升天地物流有限公司
山东联合众生医药有限公司
烟台裕顺货运服务有限公司（2A 升 3A）
烟台国际机场集团货运销售有限公司
烟台集卫物流有限公司（2A 升 3A）
烟台市八达物流有限公司

招远市金百物流有限公司
郑州苏宁物流有限公司
河南阿拉丁物流有限公司
河南东阳物流服务有限公司
河南诚信物流运输有限公司
武汉高承启物流有限公司
襄阳恒远内燃机车配件厂
老河口市顺义达物流有限公司
黄石中外运国际货运代理有限公司
湖北凯鑫供应链管理股份有限公司
湖北超捷物流有限公司
湖北腾驾安达物流有限公司
老口市广盛物流有限公司
襄阳丽晶斌机械有限公司
国药控股荆州有限公司
国药控股宜昌有限公司
宜都市装卸运输总公司
宜昌金路物流有限公司
房县天龙石墨碳业有限公司（2A 升 3A）
十堰供销华西国际农商城有限公司
湖北大随通物流园有限公司
荆门市屈家岭张湾仓储有限公司
兴山鑫晟运输有限公司
武汉恒阳化工储运有限公司
增益冷链（武汉）有限公司
武汉普罗格集成科技有限公司
武汉肉联食品有限公司
武汉东丰物流有限公司
武汉市金点子国际货运代理有限公司
醴陵市平安物流有限公司
湖南猴急送物流有限责任公司
深圳市恒路物流股份有限公司长沙分公司
长沙市金庆隆物流有限公司
湖南天旭实业有限公司
长沙诚德运输服务有限公司
郴州俊涛贸易有限公司（2A 升 3A）
郴州红星物流有限责任公司（2A 升 3A）
娄底市恒达物流有限公司
娄底市湘中鸿通物流有限公司
广东炬申物流股份有限公司
广东德力智慧物流股份有限公司
苏宁物流（深圳）有限公司
深圳市中海通供应链管理有限公司
深圳市民意运输有限公司
深圳市立航货运股份有限公司
深圳市宗永物流有限公司
深圳市楚深嘉华货运服务有限公司
深圳市阿雷货运有限公司（2A 升 3A）
深圳市都市物流有限公司
深圳市百腾物流有限公司
深圳市联中实业发展有限公司
深圳市大运国际货运有限公司
深圳市中侨货运有限公司
深圳市海港龙物流有限公司
深圳市亚洲顺物流有限公司
深圳市南方车友物流有限公司
广州朴道物流服务有限公司
广西晟宇通物流有限公司
广西盛鑫物流有限公司
广西北投星联国际供应链管理有限公司
柳州市菱鑫汽车运输有限责任公司
洋浦东源物流股份有限公司
洋浦冠陆物流有限公司
四川省德盛物流有限公司
成都通贯物流有限公司
四川省承天运物流有限责任公司
四川省雄峰物流有限公司
四川德成国际货运代理有限公司
达州达运公路物流港有限公司
叙永县建强储运有限责任公司

宜宾新成储物流有限公司

内江苏宁物流有限公司

成都锦龙物流有限公司

四川圆方物流有限公司

成都顺盛物流有限公司

成都泰利物流有限公司

成都鑫军塑物流有限公司

四川柒鑫物流有限公司

成都速平达物流有限公司

成都安川物流有限公司

成都升峰物流有限公司

成都川宁苏宁物流有限公司

贵阳苏宁物流有限公司

大理市泉源商贸有限责任公司

中国航空工业供销西北有限公司

陕西省通信服务有限公司

西安苏宁物流有限公司

兰州铁邦物流有限公司

宁夏回族自治区通信产业服务有限公司物流分公司（2A 升 3A）

宁夏新华物流股份有限公司（2A 升 3A）

新疆维吾尔自治区通信产业服务有限公司物流贸易分公司（2A 升 3A）

乌鲁木齐市众志天宇物流有限公司

新疆生产建设兵团奎屯储运有限公司

新疆生产建设兵团棉麻公司驻阿克苏储运经销站

新疆中新建现代物流股份有限公司

**2A 级物流企业（57 家）：**

上海明华物流有限公司

大连仕康果品专业合作社

瓦房店禄隆果蔬专业合作社

江苏蒙哥马利物流有限公司

徐州森海铁路物资有限公司

嘉兴华清物流有限公司

嘉善新创业集装箱运输有限公司

嘉兴越江物流有限公司

绍兴市上虞天凌物流有限公司

松阳县鹏飞物流有限公司

宁波中宁讯威国际货运代理有限公司金华分公司

宁波联合埃希物流有限公司

萧县长通物流有限公司

灵璧县飞马运输有限公司

福建浩嘉冷链物流股份有限公司

福建省建瓯市恒运物流有限公司

南昌华泓冷链物流有限公司

石城县永星物流有限公司

赣州市森浩物流有限公司

山东德扬物流有限公司

青岛超越运输有限公司

青岛长久物流有限公司

河南紫云云计算股份有限公司

河南省永利东方国际货运代理有限公司

新蔡县新通物流有限公司

赤壁市联合运输总公司

赤壁华顺城乡物流配送有限公司

湖北嘉安控股集团有限公司

京港物流湖北有限公司

咸宁宏兴物流有限公司

房县鄂西北物流中心

房县皇朝肉食品有限公司

湖北源丰物流有限公司

湖北天门市富合农产品开发有限公司

天门市新农春甜玉米专业合作社

天门市盛祥商贸有限责任公司

武汉红日子食品有限公司

天门市惠安达物流有限公司

武汉智通恒大供应链科技股份有限公司

武汉市黄蚂蚁搬家有限公司
郴州俊腾仓储物流有限公司
江门市骏安物流有限公司
河源市宏鼎货物运输有限公司
深圳市骏盈快递有限公司
深圳市友利亨通物流有限公司
深圳市双捷物流有限公司
深圳市天之健物流有限公司
深圳里路通达运输有限公司
深圳市科伦特物流有限公司
宜宾县吉安物流有限责任公司
雅安市欣睿物流有限责任公司
雅安誉祥货运有限公司
祥云县林发物流有限责任公司
青海朝阳物流园区开发建设有限公司
青海报业发行物流有限公司
石河子天银物流有限公司
新疆生产建设兵团棉麻公司驻库尔勒储运经销站

**1A 级物流企业（2 家）：**

浙江恒盛商贸城开发有限公司
瑞金市明盛物流服务有限公司

## 2017 年上半年通过复核的 A 级物流企业名单（共 506 家）

**5A 级物流企业（30 家）：**

中铁物资集团有限公司
中国物流股份有限公司
北京京铁实业开发总公司
上海佳吉快运有限公司
安吉汽车物流股份有限公司
德邦物流股份有限公司
东方海外物流（中国）有限公司
重庆港务物流集团有限公司
内蒙古安快物流发展有限责任公司
内蒙古久通物流有限公司
吉化集团公司物流中心
江苏顺丰速运有限公司
中国供销集团南通供销产业发展有限公司
华瑞物流股份有限公司
盛辉物流集团有限公司
江西京九物流有限责任公司
济南铁路经营集团有限公司
山东新星集团有限公司
山东晟绮疏港国际物流有限公司
临沂天源国际物流有限公司
中国外运山东有限公司
郑州交通运输集团有限责任公司
河南能源化工集团国龙物流有限公司
武汉捷利物流有限公司
湖南湘通物流有限公司
顺丰速运有限公司
广东南方物流集团有限公司
风神物流有限公司
中铁物资集团西北有限公司
陕西省商业储运总公司

**4A 级物流企业（171 家）：**

北京科捷物流有限公司
捷达国际运输有限公司
万达杰诚国际物流（北京）有限公司
上海北芳储运集团有限公司
上海畅联国际物流股份有限公司
上海金山石化物流股份有限公司
上海新金桥国际物流有限公司
上海海通国际汽车物流有限公司
上海安吉通汇汽车物流有限公司

上海宝钢物流有限公司
上海青旅国际货运有限公司
顺丰速运集团（上海）速运有限公司
上海立伟物流有限公司
上海贝业新兄弟供应链管理有限公司
上海德邦物流有限公司
上海则一货运有限公司
上海春风物流股份有限公司
上海顺意丰速运有限公司
中国外运重庆有限公司
沧州运输集团股份公司
河北熙平物流股份有限公司
唐山北方物流有限公司
河北快运集团有限公司
秦皇岛动力设备物流有限责任公司
邯郸市明道物流股份有限公司
晋城运盛物流有限公司
中央储备粮通辽甘旗卡直属库
大连集发环渤海集装箱运输有限公司
大连因泰集团有限公司
大连瑞桥金德物流集团有限公司
锦州盛通物流有限公司
舟山沪航船务有限公司
沈阳铁道长春春铁集团有限公司
长春市华阳储运有限公司
长春市大众物流装配有限责任公司
吉林省旷骅医药物流股份有限公司
哈尔滨动力设备物流有限责任公司
张家港保税区金港物流中心有限公司
亚欧大陆桥国际商运股份有限公司
张家港震宇物流仓储有限公司
江苏江阴港港口集团股份有限公司
江苏中博通信有限公司
吴江市邦达物流有限公司
苏州盛丰物流有限公司
江苏大众医药物流有限公司
南通吉华物流有限公司
江苏铭源物流有限公司
扬州三笑物流有限公司
丹阳飓风物流股份有限公司
江苏德邦物流有限公司
南通顺丰速递有限公司
南通远航运输有限公司
海安正元物流有限公司
南通联荣集团有限公司
海安农副产品批发市场有限责任公司
江苏超达物流有限公司
浙江巨化物流有限公司
杭州交通物流有限公司
振石集团浙江宇石国际物流有限公司
温州市东风运输有限公司
浙江心怡科技供应链管理有限公司
浙江世锋物流有限公司
浙江商翔物流有限公司
浙江任氏物流有限公司
浙江义联物流股份有限公司
浙江新颜物流有限公司
泰利物流集团有限公司
浙江永达国际货运代理有限公司
慈溪市交通物流发展有限公司
宁波顺丰速运有限公司
宁波外运国际集装箱货运有限公司
安徽省徽商金属物流有限公司
芜湖远方物流有限公司
合肥朝阳物流有限公司
安徽江汽物流有限公司
马鞍山港口（集团）有限责任公司
马鞍山长运控股集团有限公司
安徽长城物流有限责任公司
安徽顺安物流有限公司

福建鸿达运输有限公司
福建德志物流有限公司
厦门市嘉晟对外贸易有限公司
厦门市海骏达物流有限公司
集韵物流集团有限公司
江西九州通药业有限公司
上饶市大顺实业有限公司
江西新华物流有限公司
南昌盛达物流有限公司
江西省高安汽运集团高鹏汽运有限公司
江西省鸿吉实业有限公司
江西省高安汽运集团鸿盛汽运有限公司
江西万佶物流有限公司
临沂亿金物资有限责任公司
山东凯达物流有限公司
山东鲁中煤炭储备物流有限公司
山东浩阳物资有限公司
荣成市鑫汇水产有限公司
山东浩宇物流有限公司
青州中储物流有限公司
青岛思锐国际物流股份有限公司
交运集团公司
青岛金世纪实业有限公司
青岛物流分拨交易中心有限公司
青岛华骏仓储有限公司
青岛陆海国际物流有限公司
龙口港集团有限公司
龙口滨港液体化工码头有限公司
万里运业股份有限公司
河南腾达物流有限公司
许昌众荣冷链物流有限公司
河南万庄化肥交易市场有限公司
郑州市新兴物流有限公司
河南省安阳安运交通运输有限公司
洛阳交通运输集团有限公司
武汉振宏物流集团有限公司
中国邮政速递物流股份有限公司湖北省分公司
宜昌远东明亮汽车销售服务有限公司
枣阳市方氏物流有限公司
湖北天元物流发展有限公司
湖北达江物流有限公司
宜昌物资集团有限公司
湖北银丰仓储物流有限责任公司
襄阳东盛宏宇实业发展有限公司
襄阳本昌物流有限公司
十堰市新合作超市有限公司
湖北大有投资有限公司
沙洋凯达实业有限公司
武汉中原发展汽车物流股份有限公司
湖北汽车运输有限公司
武汉世通物流股份有限公司
达基物流（中国）有限公司
湖北东方物流服务有限公司
湖南电力物流服务有限责任公司
湖南湘钢洪盛物流有限公司
湖南省宏发物流有限公司
湖南江南棉花交易市场有限公司
湖南宏岳科技股份有限公司
岳阳城陵矶港务有限责任公司
佛山市佛航物流集团股份有限公司
广东何氏水产有限公司
深圳市恒路物流股份有限公司
华鹏飞股份有限公司
深圳市飞力士物流有限公司
深圳市凯通物流有限公司
深圳市凯通物流有限公司广州分公司
华通行物流有限公司
广州城市之星运输有限公司
广州市宏峰物流有限公司

广州中博实业物流有限公司
广东怀远物流实业有限公司
广州顺丰速运有限公司
广东华正道集团有限公司
广州大驿站物流有限公司
广东原尚物流股份有限公司
广州广汽商贸物流有限公司
广州日昱物流有限公司
广州南华物流有限公司
柳州桂中海迅物流股份有限公司
四川东方物流有限公司
四川长虹民生物流股份有限公司
攀枝花钢城集团汉风物流有限公司
四川航天天盛物流有限责任公司
四川远成物流发展有限公司
招商局物流集团成都有限公司
四川顺丰速运有限公司
盘江运通物流股份有限公司
云南浩宏物流有限公司
宣威市大力商贸有限公司
陕西通汇汽车物流有限公司
青海省通达物流有限责任公司
中冶美利物流有限公司

**3A 级物流企业（237 家）：**

北京首发物流枢纽有限公司
北京嘉和嘉事医药物流有限公司
北京泛太物流有限公司
北京春溢通物流有限公司
上海精裕捷星物流有限公司
上海新发展国际物流有限公司
上海大中物流有限公司
上海吴泾冷藏有限公司
上海麒麟物流有限公司
上海盛辉物流有限公司
上海鑫益物流有限公司
上海宏通物流有限公司
重庆港湾储运有限公司
河北昌裕物流有限公司
河北保成物流有限公司
山西汽运集团物流有限公司
中国邮政速递物流股份有限公司山西省电商物流业务分公司
大连乾瀚国际物流有限公司
大连京大国际货运代理有限公司
辽宁富德国际货运有限公司
鞍钢矿山汽车运输有限公司
中国外运辽宁有限公司营口分公司
营口宏通物流有限公司
五矿物流（营口）有限公司
营口永祥物流有限公司
营口振岐物流有限公司
吉林省吉尊物流有限公司
黑龙江省成运储运有限公司
黑龙江海安现代物流股份有限公司
南京大件起重运输集团有限公司
靖江市万事鑫联运服务有限公司
昆山宝湾国际物流有限公司
昆山市钧隆物流有限公司
江苏天成华达物流有限公司
常熟市常安特种守押保安服务有限公司
南通通强物流有限公司
南通九洲大件起重运输有限公司
无锡储运有限公司
无锡华邦世捷供应链管理有限公司
常熟市巨邦仓储投资有限公司
江苏天合国际物流有限公司
江苏金力鸿供应链管理股份有限公司
昆山市豪顺物流有限公司
昆山新宁物流有限公司

昆山市北方货物运输有限公司
南通银鑫食品有限公司
海安亚太亿发物流有限公司
扬州市龙腾物流服务有限公司
无锡市中卡物流有限公司
昆山无水港国际物流发展有限公司
江苏巨邦国际物流股份有限公司
昆山市天运国际货运有限公司
南通科检综合物流有限公司
扬州前进船务运贸有限公司
淮安市好运达运输有限公司
杭州近江物流有限公司
浙江富阳口岸国际物流有限公司
义乌国联物流有限公司
浙江鸿汇医药物流有限公司
浙江海盟国际货运代理有限公司
杭州信实物流有限公司
长兴天顺物流有限公司
湖州广和物流有限公司
浙江金瑞国际货运代理有限公司
义乌市金隆国际货运代理有限公司
浙江鲲鹏国际货运代理有限公司
浙江台州湾港务有限公司
浙江锦鸿国际货运代理有限公司
义乌市顺远国际货运代理有限公司
浙江鲁氏物流有限公司
顺丰速运（湖州）有限公司
浙江驰骋物流有限公司
华东医药供应链管理（杭州）有限公司
杭州新方向物流有限公司
中国邮政速递物流有限公司湖州市分公司
绍兴万邦国际货运代理有限公司
浙江吉纳物流有限公司
浙江浙中物流有限公司
绍兴申圆物流有限公司
安吉上港国际港务有限公司
长兴必达物流有限公司
嘉兴市伟盛国际货运代理有限公司
绍兴市交通运输有限责任公司
浙江捷达物流有限公司
温州市闽赢物流有限公司
平阳县长通物流有限公司
温州通豪物流服务有限公司
温州中权汽车运输有限公司
温州宏泰物流有限公司
温州市统益物流有限公司
温州市联谊物流有限公司
宁波市舜发国际物流有限公司
宁波保税区高新货柜有限公司
宁波大港（新世纪）货柜有限公司
浙江定邦全球供应链有限公司
慈溪市附海镇枢纽货运站
浙江旭日国际货运代理有限公司
浙江麦斯康莱医药有限公司
宁波金洋化工物流有限公司
宁波兴合货柜有限公司
宁波人丰运输有限公司
宁波汉陆物流有限责任公司
宁波恒海航运有限公司
宁波恒逸物流有限公司
宁波金星港通物流有限公司
浙江永升医药物流有限公司
宁波市江北宏发运输有限公司
安徽通华物流有限公司
安徽华运物流（集团）有限责任公司
阜阳市翔达物流有限公司
合肥安运物流有限公司
马鞍山嘉恒储运实业有限公司
福州商业储运有限公司
福州大榕树物流有限公司

福州烟草物流有限公司
泉州烟草物流有限公司
福建蓝海物流有限公司
福建飞远城市配送有限责任公司
福建星胜丰物流有限公司
宁德市烟草物流有限公司
福鼎市振威物流有限公司
福建省福鼎市大顺物流有限公司
聚善堂（福建）医药集团有限公司
龙岩市闽盛物流有限公司
龙岩烟草物流有限公司
福建东迅储运有限公司
福鼎市盛达物流有限公司
福建宏春物流有限公司
福建龙跃物流有限公司
福建华泰物流有限公司
晋江盛辉物流有限公司
福建省南安市顺丰运输有限公司
泉州市泉港兴通船务有限公司
漳州新南丰商业连锁有限公司
漳州市陆通物流有限公司
龙岩市交通运输有限公司
邵武市和顺汽车运输有限公司
厦门福慧达果蔬股份有限公司
厦门捷递物流有限公司
厦门市捷利顺国际货运代理有限公司
厦门象屿物流配送中心有限公司
厦门中集海投集装箱服务有限公司
正新（厦门）物流有限公司
厦门市烟草物流有限公司
江西长兴物流有限公司
泰和县鑫龙汽车运输有限公司
泰和县鹏辉货物运输有限公司
赣州灵通物流有限责任公司
华润青岛医药有限公司
烟台联民集团有限公司
烟台交运集团莱阳运输有限公司
龙口市港恒仓储有限公司
龙口市第二汽车运输公司
烟台宏润物流有限公司
平顶山市大路物流有限责任公司
漯河市四方物流有限责任公司
河南天纵供应链管理有限公司
焦作市豫通物流有限公司
漯河市龙和汽车运输有限公司
宜昌市宏泰运输有限公司
武汉市金潮物流有限公司
湖北元大粮油科技有限公司
襄阳同顺物流有限公司
湖北新赛农产品物流有限公司
十堰市畅翔物流有限公司
十堰市远华物流有限公司
十堰黄海宏志工贸有限公司
黄石鑫泰物流有限公司
宜昌市超凡物流有限公司
华润十堰医药有限公司
武汉中江实业有限责任公司
武汉市江天金属材料有限公司
湖北安欣物流有限责任公司
武汉市圣达物流有限责任公司
武汉市芳华物流有限公司
武汉蓝焰物流基地股份有限公司
武汉天地龙翔货物运输有限公司
武汉市创捷平安达物流有限公司
武汉雅元肉类食品股份有限公司
武汉良中行供应链管理有限公司
武汉至和天下供应链管理股份有限公司
武汉景海龙翔物流有限公司
湖南国联捷物流有限公司
永州市邦联医药物流有限责任公司

宁乡县辰龙物流有限公司
湖南长株潭国际物流有限公司
湖南江南物流有限公司
临湘市湘北水陆物流有限公司
长沙晨辉物流有限公司
湛江锦程物流有限公司
深圳市瀚安物流发展有限公司
广东盛丰物流有限公司
深圳市诚安通物流配送有限公司
深圳市新杰飞豹货运服务有限公司
深圳市兴华兄弟货运有限公司
广州特兰富力运输有限公司
广州市权智物流有限公司
广州吉盛储运物流有限公司
广西壮族自治区通信产业服务有限公司物流分公司
广西江舟物流有限公司
洋浦天雨物贸有限公司
眉山市姜氏物流有限公司
凉山州金叶运输有限责任公司
泸州迎瑞物流有限公司
四川铁通公铁物流股份有限公司
南充恒生仓储物流有限公司
泸州华储物流有限公司
四川汇维物流有限公司
成都正大和协物流有限公司
成都新成储物流有限公司
贵州金叶物流运输有限公司
贵州永托速达国际物流有限责任公司
贵州诚智物流有限责任公司
贵州大龙宝鼎物流市场有限公司
贵州铜仁黔东物流股份有限公司
贵阳全程德邦物流有限公司
云南昆明交通运输集团有限公司
云南恒捷物流有限公司
陕西永丰仓储有限公司
陕西东岭现代物流有限公司
陕西润海物流有限公司
陕西速必达冷链物流有限责任公司
西安胜途汽车服务有限公司
甘肃省万达实业总公司
甘肃省通信产业服务有限公司物流营销分公司
兰州天奇物流集团有限公司
甘肃黄羊河集团物流有限责任公司
青海朝阳物流有限公司
宁夏众一物流有限公司
宁夏瑞鑫茂物流有限公司
新疆亚中机电销售租赁股份有限公司
自治区棉麻公司大河沿二级站
新疆维吾尔自治区棉麻南疆公司
新疆维吾尔自治区棉麻公司阿克苏棉麻站
新疆维吾尔自治区棉麻公司巴楚棉麻站
新疆宝新恒源物流有限公司
库尔勒银星物流有限责任公司

**2A 级物流企业（60 家）：**

北京二商东方食品集团有限公司
上海缔华物流有限公司
重庆永南物流有限公司
中铁物资重庆有限公司
张家口通泰物流中心有限公司
獐子岛锦达（大连）冷链物流有限公司
营口中联理货有限公司
营口港蓬船务工程有限公司
营口中理外轮理货有限责任公司
营口永吉物流有限公司
营口市鲅鱼圈区国丰实业有限公司
昆山市环球货运发展有限公司
南通新轮国际储运有限公司

江苏金贸世纪国际物流有限公司
湖州大地物流有限公司
杭州中能物流有限公司
杭州众用汽车运输有限公司
浙江汇鑫海运有限公司
浙江金宇物流股份有限公司
安吉鑫诚物流有限公司
嘉兴市凯港化工储运有限公司
嘉兴市港区四海运输服务有限公司
嘉兴市安荣物流有限责任公司
海宁八方物流有限公司
湖州铭啸货物运输有限公司
宁波港东南物流货柜有限公司
宁波保税区广盛物流有限公司
宁波出口加工区物流中心有限公司
宁波大徐塑料工贸有限公司
浙江胜速物流股份有限公司
宁波梅山保税港区中通物流有限公司
莆田市达宇物流有限公司
福建兴业能源有限公司
莆田市云晓实业有限公司
福建天清冷链物流有限公司
瑞金市瑞泰物流有限公司
会昌县锦程物流有限公司
赣州利友食品有限公司
中国烟台外轮代理有限公司
十堰鹏程达物流有限公司
孝昌县管氏茶业有限责任公司
十堰顺科物流有限公司
湖北火烧坪高山蔬菜集团物流有限公司
黄冈市宏骏物流有限公司
武汉市盛博物流有限公司
武汉市鑫锋物流有限责任公司
武汉市硚口区汉正街客运中心
武汉市捷安达物流有限责任公司
武汉市双剑物流有限公司
广西物资集团贵港储运贸易总公司
四川路威特物流有限公司
四川省同盛物流有限责任公司
四川申力物流有限公司
雅安腾运物流有限公司
云南即时送物流有限公司
云南国储物流有限公司
甘肃省物产集团皋兰物流园有限公司
青海省汽车运输集团凯达货物运输有限公司
宁夏盐池县永生物流服务有限公司
宁夏吉顺恒通物流有限公司

**1A 级物流企业（8 家）：**

营口海博国际船舶代理有限公司
宁波航港物流有限公司
宁波丰盛食品有限公司
慈溪太平鸟物流有限公司
宁波神化国际物流有限公司
厦门裕龙储运有限公司
江西裕民药业有限公司
武汉市济阳鸿通国际物流有限公司

**放弃复核的企业（52 家）：**

锦州宏基物流有限责任公司、吉林市内陆港货运有限公司、浙江中捷环洲供应链集团股份有限公司、浙江恒晖海运有限公司、福建兴泰物流有限公司、中港物流（厦门）有限公司、南昌中运物流发展有限公司、山东泰华食品股份有限公司、山东怡之航集装箱物流有限公司、湖南龙畅物流有限公司、广州中信信通物流有限公司、中海（海南）海盛船务股份有限公司、海口港集装箱码头有限公司、北京海丰宝物流有限公司、北京佳方物流有限公司、金华市经纬货运有限公司、浙江天虹物流有限公司、浙江天啸物流中心有限公司、名捷物流集团有限公司、浙江和亨进出口有限公司、杭州翔化物流有限公司、上虞市舜江船务有限公司、浙江松茂船务有限公司、义乌天虎快递有限公司、温岭市康洋物流中心、泉州市泉港区爱德利运输有限公司、福建省大东石油化工有限公司、福建福达物流有限公司、南安市源兴汽车运输有限公司、江西赣西物流有限公司、武汉华超运贸有限公司、武汉市中运通物流有限责任公司、湖南泰和物流有限公司、长沙县长湘物流有限公司、广州市圣通运输服务有限公司、广州市望达物流有限公司、佛山市鼎昊物流有限公司、甘肃酒钢物流有限公司兰州宏顺分公司、杭州宁捷物流有限公司、缙云县武业物流有限公司、台州新时空货运代理有限公司、瑞金市贵隆物流有限公司、青岛天人物流集团有限公司、武汉市天天达货物运输有限责任公司、武汉市汉渝物流有限公司、武汉顺胜佳运物流有限公司、武汉恒鑫达物流有限公司、湖南虹光通达物流有限公司、广东红东物流股份有限公司、佛山市百安国际货运代理有限公司、广州市弘森商贸有限公司、龙南县天祥果品有限公司（因物流业务调整、并购重组、经营模式改变、企业被注销等原因，不再保留 A 级企业资质。）

注：名单中未包括我国港、澳、台地区。

# 物流企业信用评价 A 级信用企业第二十批、第二十一批名单

## 第二十批物流企业信用评价 A 级信用企业名单（各项排名不分先后，共 35 家）

**AAA 级信用企业（28 家）：**

恩施自治州易事通汽车运输有限责任公司
龙岩市交通运输有限公司
联邦快递（中国）有限公司
吉化集团公司物流中心
赤壁路路特物流有限公司
佛山市佛航物流集团股份有限公司
成都道臣物流集团有限公司
宁波外运国际集装箱货运有限公司
冀中能源国际物流集团有限公司
河北保定交通运输集团有限公司
河北新武安钢铁集团物流有限公司
河北快运集团有限公司
宁波富邦物流股份有限公司
铜陵有色金属集团铜冠物流有限公司
大冶有色物流有限公司
河北冀铁集团公司
四川东方物流有限公司
中物华商集团股份有限公司
宁波恒胜物流有限公司
葛洲坝集团物流有限公司
江苏燕进石化有限公司
青岛日日顺物流有限公司
新疆众和现代物流有限责任公司
临沂天源国际物流有限公司
中铁物资集团有限公司
合肥朝阳物流有限公司
安徽徽运物流有限公司
杭州大恩物联科技有限公司

**AA 级信用企业（7 家）：**

盐城市东风物流有限公司
湖北金四方物流有限公司
南京中车浦镇工业物流有限公司
湖南福泰物流有限公司
宁波亚细亚集装箱货运有限公司
上海易浦物流有限公司
江苏莘纳吉物流有限公司

## 第二十一批物流企业信用评价A级信用企业名单（各项排名不分先后，共25家）

**AAA级信用企业（14家）：**

广州市皖阜徉物流有限公司
湖北经纬国际货运有限公司
南通江东物流有限公司
广州市广百物流有限公司
恩施鹏程物流有限公司
淄博山河石油化工储运公司
浙江速搜物流股份有限公司
龙岩市港通汽车运输有限公司
甘肃西部物流有限责任公司
建华物流有限公司
山西太铁联合物流有限公司
芜湖皖南货畅天下物流有限公司
心怡科技股份有限公司
中创物流股份有限公司

**AA级信用企业（11家）：**

湖北金叶储运有限公司
武汉四方交通物流有限责任公司
通辽瑞丰物流有限责任公司
通辽市美林家具有限公司
湖北天黎金星物流有限公司
沈阳顶通物流有限公司
通辽内陆港物流有限公司
山西穗华物流园有限公司
安徽玖隆弘毅物流有限公司
内蒙古安捷物流有限公司
中疆物流有限责任公司

（中国物流与采购联合会行业事务部）

# 2017年“中国物流示范基地”“中国物流实验基地”名单

**“中国物流示范基地”4家**

正本物流有限公司

临沂天源国际物流有限公司

广州市广百物流有限公司

湖南湘江新区现代商贸物流产业园

**“中国物流实验基地”7家**

安徽徽运物流有限公司

湖北天黎金星物流有限公司

荆门市弘业物流有限公司

内蒙古通辽经济技术开发区综合物流园区

沈阳顶通物流有限公司

上合组织（连云港）国际物流园

长春京铁物流有限公司

（中国物流与采购联合会行业事务部）

# 2017年度中国物流与采购联合会科学技术奖获奖项目主要完成单位及完成人名单

| 序号 | 项目编码 | 奖种 | 获奖等级 | 项目名称 | 主要完成单位 | 主要完成人 |
|---|---|---|---|---|---|---|
| 1 | A0169 | 科技发明奖 | 二等奖 | 自动分拣机器人在智慧物流行业中的应用 | 浙江立镖机器人有限公司 | 朱建强、徐珏晶、马鸣、陈建波、周庆华 |
| 2 | A0143 | | | 整车运输专用轮挡器 | 北京福田智科物流有限公司 | 刘德臣、李峰、任庆生、沈骏峰、王敬 |
| 1 | A0175 | | 三等奖 | 华睿快手 | 浙江华睿科技有限公司 | 张兴明、李铭、吴天桂、张博、周璐、徐景硕、黄银春 |
| 2 | A0037 | | | 数控钢筋弯箍机 | 建科机械（天津）股份有限公司 | 陈振东、张新、范瑞雪、宋爱丽、张红兵 |
| 3 | A0051 | | | 具有三温区的车载冷藏车厢 | 郑州凯雪冷链股份有限公司 | 袁荣轶、冯仁君、冯志学 |
| 4 | A0035 | | | 一种无线嵌入式温度检测装置 | 北京华海隆科技有限公司 | 刘雨顺、李刚、陈焕超、王德刚、武德圣 |

续 表

| 序号 | 项目编码 | 奖种 | 获奖等级 | 项目名称 | 主要完成单位 | 主要完成人 |
|---|---|---|---|---|---|---|
| 1 | A0137 | 科技进步奖 | 一等奖 | 智慧物流供应链全局优化平台 | 浙江菜鸟供应链管理有限公司 | 王文彬、许俊、王兵、胡浩源、王崇安、董凡、吴黎霞、李廷东、赵尉淋、裘民民、王子豪 |
| 2 | A0179 | | | 京东无人仓智慧物流解决方案 | 北京京东尚科信息技术有限公司 | 于宗靖、汤敬仁、秦恒乐、刘淑情、李莉 |
| 3 | A0074 | | | 基于多层高速穿梭车的新型储分一体及高分拣速度的卷烟物流配送中心应用 | 昆明昆船物流信息产业有限公司 | 丁兴、李永衡、李全梁、周炳兰、刘海萍、朱世华、许华、郑明、陈海军、徐亮、刘秀清 |
| 4 | A0064 | | | 轮胎分装生产线智能化制造项目 | 重庆长安民生物流股份有限公司 | 谢世康、石井岗、黄明、黄斌、王兴彪、张劬、李想、陈绍强、蒋怀、赵明 |
| 5 | A0161 | | | 京东智慧零售平台 | 北京京东世纪贸易有限公司 | 刘刚、韩雪明、张宇鹏、霍虹、李亚曼、刘虹玉、崔乐乐、高君梅、贾宁、李常玲、姚古斌 |
| 6 | A0131 | | | 运满满全国公路干线物流智能调度系统 | 江苏满运软件科技有限公司、阿里云计算有限公司 | 张晖、徐强、孔庆峰、王东、张奇、罗竞佳、曹思培 |
| 7 | A0125 | | | 面向海量物流轨迹数据智能存储分析系统的设计与实现 | 临沂大学、武汉理工大学、山东荣庆物流供应链有限公司、山东金兰现代物流发展有限公司 | 张明、陈伟、李同兴、曹云鹏、高希龙、何淑庆、李晓东、张龙翔、赵德玉、刘海涛、高文文 |
| 8 | A0023 | | | Ecode 国家物联网标识管理与公共服务平台 | 中国物品编码中心、河南省标准化研究院、浙江省物品编码中心 | 罗秋科、张旭、李素彩、田娟、王姝、刘巍、期治博、李凯迪、郭卫华、廖权虹、丁炜 |

续 表

| 序号 | 项目编码 | 奖种 | 获奖等级 | 项目名称 | 主要完成单位 | 主要完成人 |
|---|---|---|---|---|---|---|
| 9 | A0105 | 科技进步奖 | 一等奖 | 东方驿站运输装备租售智能电商平台 | 东方驿站物流科技（武汉）有限公司、深圳市赤湾东方物流有限公司、电讯盈科有限公司、深圳市易流科技股份有限公司 | 苏猛、余欢、杨双科、南昌富 |
| 10 | A0092 | | | 派天下——全国智慧物流公共服务共享平台 | 北京天成恒通信息科技有限公司 | 杨立、赵志波、李中华、刘蛟、刘晓楠、杨建、梁洋、李旭、朱海燕、张萍、赵阳 |
| 11 | A0114 | | | 徐州雨润农产品全球采购有限公司物流信息服务平台构建 | 徐州工程学院、徐州雨润农产品全球采购有限公司 | 张兵、杨军、吴云、张彦芳、祝龙彬、姚鑫、张琳琳、王倩、王世曌、祝蒙膏 |
| 12 | A0025 | | | 港口物流调度优化方法与决策分析技术应用 | 大连海事大学 | 曾庆成、杨忠振、陈燕、屈莉莉、李桃迎、张金松、张笑菊、曲晨蕊、孙赫迎 |
| 13 | A0019 | | | 广日物流货物整体供应链溯源管理系统 | 广州广日物流有限公司 | 成铨、张世良、张凌、曾伟雄 |
| 14 | B0060 | | | 大数据环境下的电网企业招标采购多维数据结构化与集成化应用体系建设 | 国网江苏招标有限公司 | 张军、顾萍、程剑筠、韩小山、陆野、丁漫江、汪亦星、许春阳、董小文、李民圣、符俊杰 |
| 15 | A0121 | | | 农产品物流系统构建关键技术研究 | 北京物资学院、华蒙通物流控股集团有限公司、北京伍强科技发展有限公司 | 王成林、宝音、尹军琪、孙秀荣、刘崇、贾美慧、周敏、张经善、王小亮、张涛 |

续 表

| 序号 | 项目编码 | 奖种 | 获奖等级 | 项目名称 | 主要完成单位 | 主要完成人 |
|---|---|---|---|---|---|---|
| 16 | B0055 | 科技进步奖 | 一等奖 | 产教融合生产性公共物流实训系统的构建与应用 | 北京国商物流有限公司、河北省技师学院 | 荀卫、齐凤、薛贵明、赵近宏、吴培均、曹小竹、吴兴立、陈英杰、郭秀惠、曹兰娟、黄维平 |
| 17 | A0043 | | | 一汽解放发动机连杆生产自动化物流线 | 北京奇步自动化控制设备有限公司、一汽解放汽车有限公司发动机分公司 | 李奇、郑淑玲、肖海斌、马英龙、肖海波、彭洁旻、刘晓燕、樊庆辉、李培松、张洪禹、王超 |
| 18 | B0031 | | | 基于供应商大数据的电网企业产业链模式创新研究与应用 | 国网能源研究院 | 柴高峰、张勇、常燕、马云高、储海东、石书德、买亚宗、孙艺新、熊有坚、何琬、刘进 |
| 19 | A0144 | | | 基于双频 RFID 分布式加密的高安全性 B2B 资金流转提速方法研究及应用实践探索 | 中国移动通信集团河南有限公司、北京电旗连江科技发展有限公司 | 曾磊、辛朝、许可、杨建军、白涛、黄宇、贺延敏、李杰、张志勇、王东、张大伟 |
| 20 | B0041 | | | 我国发展多挂汽车列车的法规、制度与政策研究 | 交通运输部规划研究院、长安大学 | 张弛、谭小平、李弢、李云汉、杜江涛、魏永存、林坦、张洋、甘家华、赵轩、阎相宇 |
| 21 | A0007 | | | 基于承运商运力和多式联运的商品车供应链模式 | 北京长久物流股份有限公司 | 薄世久、陈钢、张振鹏、丁红伟、代鑫、李大勇、支大庆、王永强 |
| 22 | A0040 | | | 大数据支撑通信行业智慧供应链管理 | 中国移动通信集团浙江有限公司、上海博科资讯股份有限公司 | 王顶、祝瑾华、张征久、项捷、何照东、孟瑜、黄玮、胡坚钧、宋赛、王珊、程敏勇 |
| 23 | A0072 | | | 智慧物流大数据系统 | 中储南京智慧物流科技有限公司、南京大学工程管理学院、南京络捷思铭物流科技有限公司 | 李敬泉、刘云飞、高子涵、陈烨、赵燕、王丹华、张国威 |

续 表

| 序号 | 项目编码 | 奖种 | 获奖等级 | 项目名称 | 主要完成单位 | 主要完成人 |
|---|---|---|---|---|---|---|
| 24 | A0140 | 科技进步奖 | 一等奖 | 儿童用品物流服务保障系统建设与实施 | 好孩子儿童用品有限公司、上海先烁信息科技有限公司 | 刘庆涛、刘志强、丁峰、骆唐杰、李华、钱幸幸、张俊杰、胡世业、郭峰、张子龙、孟玮 |
| 1 | A0062 | | 二等奖 | 基于“互联网+”的汽车物流多式联运无缝连接能力研究 | 重庆长安民生物流股份有限公司 | 王开利、黄斌、龚隆有、李想、曲江磊、黄梦如、陈春霞、郭金雨、夏刚 |
| 2 | A0086 | | | 全自动扁平邮件摞整理、出盒、塑封及塑膜总包信息处理系统 | 中邮科技有限责任公司 | 代铁山、张建亮、商国良、董海龙、李志锋、李志强、王寒苏 |
| 3 | A0157 | | | 厦门港国际集装箱运输协作平台(V.2) | 中国厦门外轮代理有限公司 | 林振兴、胡煜斌、林春景、程鹏、宋峥嵘、曾艺晖、林萍、唐萍、郑建欣 |
| 4 | A0061 | | | 智慧物流车载视频感知优化与融合 | 徐州工程学院、中国矿业大学 | 姜代红、黄忠东、邵晓根、王朋、鲍蓉、韩成春、戴磊、程红林、张三友 |
| 5 | A0162 | | | 美团外卖 O2O 实时物流配送智能调度系统 | 上海三快科技有限公司 | 郝井华、孙致钊、吕楠、郑伟、何仁清、徐杜鹃、张斌、邢轲、郑跃强 |
| 6 | A0026 | | | “两客一危”车辆交通安全动态监管系统 | 厦门卫星定位应用股份有限公司 | 赖增伟、江培舟、苏敏咸、罗明生、许尚能、许金财、吴伟、李志扬、陈俊秀 |
| 7 | B0061 | | | 物流环节线缆自动化复绕分切加工技术与一体化工艺系统研究与应用 | 国网江苏省电力公司南京供电公司、国网江苏省电力公司电力经济技术研究院、江苏莘纳吉物流有限公司 | 周旸、吴峻、王金虎、高正平、沈祝园、陆野、梁艳、曹雯、常宏 |

续　表

| 序号 | 项目编码 | 奖种 | 获奖等级 | 项目名称 | 主要完成单位 | 主要完成人 |
|---|---|---|---|---|---|---|
| 8 | B0015 | 科技进步奖 | 二等奖 | 快递代收货款服务规范研究 | 中国标准化研究院 | 曾毅、李涵、曹俐莉、侯非、杨朔、万福军、张雨辰 |
| 9 | B0070 | 科技进步奖 | 二等奖 | 铁路冷链网络布局研究 | 中铁第四勘察设计院集团有限公司、中国物流与采购联合会冷链物流专业委员会物流规划研究所、中铁特货运输有限责任公司 | 彭京平、孙逊、刘斌、秦玉鸣、葛金华、吴超平、兰建华、孙西敬、陈芸芸 |
| 10 | A0122 | 科技进步奖 | 二等奖 | 驾驶员主动安全防御系统 | 径卫视觉科技(上海)有限公司 | 王波、孙冲、胡小军、文东国、陈胜洪 |
| 11 | A0199 | 科技进步奖 | 二等奖 | 基于“两集中、两统筹”战略的标准化通用产品库研究与应用 | 中国移动通信集团四川有限公司、深圳市兆航物流有限公司 | 谭平、张坚、高代贵、刘秀章、黄涛、王静、刁溯 |
| 12 | A0042 | 科技进步奖 | 二等奖 | 利用全印刷技术制造非硅基芯片RFID电子标签用于商品包装检验和物流分拣 | 睿芯(大连)股份有限公司、大连大富塑料彩印有限公司、北京全聚德仿膳食品有限公司、北京爱慕、中国邮政大连管理局 | 陈韦宁、任文强、伍宁、刘昊、刘艳秋、孙耀双、张向群、张仕博、赵龙 |
| 13 | B0025 | 科技进步奖 | 二等奖 | 信息化战争军事物流指挥控制研究 | 后勤工程学院、后勤学院 | 王丰、蒋宁、肖骅、赵新光、万平、刘波、吴洁、王妙春、甘明 |
| 14 | A0133 | 科技进步奖 | 二等奖 | 危险品物流安全标准化管理ES云平台 | 湖南润安危物联科技发展有限公司、湖南科技大学 | 戴飞鸿、凌妍安、胡伟、陈昌主、施式亮、伍爱友、何伟斌、柳维定、杨庆 |

续 表

| 序号 | 项目编码 | 奖种 | 获奖等级 | 项目名称 | 主要完成单位 | 主要完成人 |
|---|---|---|---|---|---|---|
| 15 | A0171 | 科技进步奖 | 二等奖 | 京东无人仓智能决策系统 | 京东物流 X 事业部无人仓研发部数据智能组 | 秦恒乐、万昭良、韦于思、范超、胡泊、吕永乐、杨磊 |
| 16 | A0174 | | | 基于3D的危化品全过程安全管控系统 | 招商局物流集团南京有限公司、北京航天长峰科技工业集团有限公司 | 刘波、蔡卫凯、丁沈娟、韦峰、章生纯、张正东 |
| 17 | A0128 | | | 面向物流大数据复杂应用的绿色数据中心节能控制系统 | 临沂大学、济南大学、山东大学 | 王海峰、隋本军、王海宁、刘海涛、赵德玉、陈兆良、夏洪雷、姚晓玲、陈珊 |
| 18 | A0009 | | | 西本新干线采购经理人智能交易服务系统研究及应用 | 西本新干线股份有限公司 | 虞钢、段谦忠、王京、刘敏、翟卫星、孙焰、余华、毛毅炯、王兵阳 |
| 19 | A0182 | | | 基于仓储管理系统控制的智能设备在汽车零部件物流领域应用的实践 | 长春一汽国际物流有限公司 | 张萌、高跃峰、贾科、邓博文、崔凤英、刘佳、杜建明、张义、李明 |
| 20 | B0051 | | | 创新创业教育视角下跨学科合作的航运人才培养模式研究与实践 | 上海海事大学、中泰证券股份有限公司 | 瞿群臻、劳知雷、张芳芳、王学锋、唐梦雪、魏忠、姚荻琳 |
| 21 | A0160 | | | 传化货嘀智能派单系统 | 杭州传化货嘀科技有限公司 | 金彪、蒋楠、陈建祥、斯炘、刘伟 |
| 22 | A0022 | | | 逆向物流+绿色全生命周期供应链管理系统及应用 | 逆维供应链管理（上海）有限公司、上海大学、上海第二工业大学智经供应链管理研究院、上海三允信息科技有限公司 | 郝皓、镇璐、王治国、李团生、林慧丹、张骞、蒋佳玮、刘飞、朱建云 |

续 表

| 序号 | 项目编码 | 奖种 | 获奖等级 | 项目名称 | 主要完成单位 | 主要完成人 |
|---|---|---|---|---|---|---|
| 23 | A0050 | 科技进步奖 | 二等奖 | 新型托盘箱的研发与应用 | 大连中集物流装备有限公司 | 苏继军、倪建生、孙士国、刘春良、李维佳、丛晓明、宋世安、邓超、李波 |
| 24 | A0173 | | | 浙江东明不锈钢"互联网+制造业"供应链项目 | 北京普罗格科技股份有限公司、浙江东明不锈钢制品股份有限公司 | 周志刚、卢阳、刘慧芳、蒋文磊、姚远、庄翠芳、张俊、肖云丽、王增玉 |
| 25 | A0018 | | | 快递物流末端24小时自助智能存取系统 | 中科富创(北京)科技有限公司 | 宋召卫、张琦、郑磊、孙晓波 |
| 26 | A0138 | | | 单元物料分拣订单自动化缓存系统 | 云南财经大学、昆明腾威机电有限公司 | 冉文学、宋志兰、徐帮辉、王佳鹏、刘森、刘丽、张哲、卜腾、余丽艳 |
| 27 | A0130 | | | 宝供一站物流运作资源交易平台项目 | 广东一站网络科技有限公司、宝供物流企业集团有限公司 | 孙崴、彭鑫、顾小昱、李盈、刘兰桂、袁伟再、淳田、叶健毅、陈超 |
| 28 | A0139 | | | 不规则物品高速分拣堆叠包装装置研发 | 广西壮族自治区烟草公司柳州市公司、中国烟草总公司职工进修学院 | 胡红春、庞党青、陶世成、刘毅、蒙建军、谢奕思、施娟、陈丽超、韦王波 |
| 29 | A0080 | | | 异丁醛化工储罐低损耗安全环保储存技术 | 江苏海企化工仓储股份有限公司 | 史先召、黄福光、李岩、奚吉林、丁红军、丁亚军、陈凯剑、陈颖、拜巍 |
| 30 | A0094 | | | 基于物联网的内河港多式联运大数据平台技术方案项目 | 徐州工程学院 | 张中强、宋效红、张晶、何旭东、孙颖、魏洁云、周仕通、李思伟 |

续 表

| 序号 | 项目编码 | 奖种 | 获奖等级 | 项目名称 | 主要完成单位 | 主要完成人 |
|---|---|---|---|---|---|---|
| 31 | B0066 | 科技进步奖 | 二等奖 | 中国企业创新转型的探索与实践 | 冀中能源国际物流集团有限公司 | 李建忠、张宏斌、孙晋响、李德库、何树芳、李静华、杜长飞、牛苏娅、李贵英 |
| 32 | B0069 | | | 车辆运输车通用技术条件标准研究与应用 | 交通运输部公路科学研究所、中国物流与采购联合会汽车物流分会、中国重汽集团技术发展中心 | 张红卫、马增荣、张学礼、张浩、董金松、区传金、宗成强、左新宇、周刚 |
| 33 | A0107 | | | 在运货物智慧化监控管理系统 | 湖北物资流通技术研究所 | 晏芳、薛明、吴迅、张泽建、余建群、杨亚能、王晓东 |
| 34 | A0109 | | | 基于大数据的 PROFINET 工业以太网智能故障诊断系统 | 中国科技大学、中国烟草总公司职工进修学院、中科院先进制造技术研究所、河南国之云电子科技公司 | 王玉、王德吉、孟瑾、孟霞、徐敏、汪翠兰、金姝彬、杨立、王德玉 |
| 35 | A0127 | | | 基于大数据的公路交通运输综合服务平台设计 | 华北水利水电大学、信息工程大学 | 王志国、朱玛、童玉娟 |
| 36 | A0063 | | | 好运兴物流管理云平台 | 重庆博欧科技有限公司 | 马学峰 |
| 37 | A0003 | | | 危险化学品道路运输风险评价、预警与应急技术研究 | 南京科技职业学院、南京经管学院、南京安德福运输公司、南京羿龙物流咨询公司 | 卜苏华、黄浩、卜全民、晏自翔 |
| 38 | A0027 | | | “互联网+同城货运”解决方案 | 广州依时货拉拉科技有限公司 | 向伟昌、张燕梅、尹志平、刘丹、文军权 |
| 39 | A0077 | | | 机场后勤车辆多媒体调度系统研发及UI(用户界面)设计 | 华北水利水电大学 | 葛轩辕、宋连公、童玉娟 |

续 表

| 序号 | 项目编码 | 奖种 | 获奖等级 | 项目名称 | 主要完成单位 | 主要完成人 |
|---|---|---|---|---|---|---|
| 40 | A0116 | 科技进步奖 | 二等奖 | 安通物流智能管理平台 | 泉州安通物流有限公司 | 郭东圣、洪建荣、彭文生 |
| 41 | A0111 | | | 基于互联网的生产线智能缓存系统 | 中国烟草总公司职工进修学院、河南国之云电子科技有限公司、河南中烟有限责任公司 | 王德吉、王亚军、孟瑾、李爱振、孟霞、徐波、王栋梁、康涵昌、吕新磊 |
| 42 | A0166 | | | 基于协同办公平台的危化品运输管理系统 | 辽宁同益物流股份有限公司 | 王滨、王红枫、王培辉、王永林、谷函、唐成伟 |
| 43 | B0044 | | | 推进物流大通道发展多式联运思路及方案研究 | 交通运输部规划研究院、交通运输部水运科学研究院 | 魏永存、杜江涛、李伟、谭小平、李鹏林、李彦林、刘凌、孙鹏、林坦 |
| 44 | A0149 | | | 基于卷烟破损率可靠性约束成都烟草物流系统优化与应用 | 西南科技大学 | 宋红文、尹健康、蔡勇、胡晓峰、贺红梅、李茂波、张卫东、杨咸宗、寸文龙 |
| 45 | A0165 | | | 高密集货到人的智能电商仓储系统 | 深圳市鲸仓科技有限公司 | 李林子、张俊、陈粤、王中生、张宇轩、潘天生、高欢、吴峰成 |
| 46 | B0057 | | | 省级电网企业智能化招评标管理信息系统研究与应用 | 国网福建省电力有限公司、国网福建招标有限公司 | 周刚、林志和、陈金玉、曲海涛、陈金玲、林向明、陈晓冉、龚陈雄 |
| 47 | A0071 | | | 维运网 | 厦门维运创智网络科技有限公司 | 许景宁、王佳、陈津津、黄顺利、张虎 |

续　表

| 序号 | 项目编码 | 奖种 | 获奖等级 | 项目名称 | 主要完成单位 | 主要完成人 |
|---|---|---|---|---|---|---|
| 48 | A0087 | 科技进步奖 | 二等奖 | 一种物联网锁的关键技术研发及应用 | 武汉东本储运有限公司、宁波迪璞物联科技有限公司、武汉昱谷信息技术有限公司 | 蒋晖、王琳、刘玲、王庆尧、蒋小伟、夏冬、张喆、管畅、艾松 |
| 49 | B0045 | | | 基于 5S 的重庆移动智慧采购管理体系研究及其系统化实现 | 中国移动通信集团重庆有限公司 | 薛君、刘庆华、文学、宋渝、付霖、余寰、高春、袁南西、阳光 |
| 50 | B0047 | | | 新时期物流企业嵌入全球价值链高端的商业模式选择与实现路径研究 | 临沂大学、东北财经大学、南京农业大学 | 邓妍娑、刁玉柱、卢中华、邱国栋、孙朋杰、高佳、肖丽丽、徐丙臣、管辛浩 |
| 51 | A0005 | | | 美的安得大物流系统 | 厦门锐特信息技术有限公司 | 朱剑川、林勤、王真、卢永富 |
| 52 | A0145 | | | 易配标准托盘循环共用服务平台 | 湖南省行行行仓储经营管理有限公司 | 阳晓湖、王奇、肖英杰、何海彪、李阳波、刘中南 |
| 53 | B0013 | | | 武汉新港港口物流系统运营一体化分析与仿真 | 武汉理工大学 | 杨家其、赵光辉、刘清、汪传高、尹靓、陈玲玲、胡飞孔、詹斌、周红梅 |
| 54 | A0017 | | | 两级除尘系统关键技术研究 | 河南工程学院 | 刘建英、刘军、方月、邵凤祥、杨书召 |
| 55 | A0041 | | | “互联网+”高效电商物流服务平台 | 北京九州通医药有限公司 | 高智勇、罗祥、郑刚、江建 |

续 表

| 序号 | 项目编码 | 奖种 | 获奖等级 | 项目名称 | 主要完成单位 | 主要完成人 |
|---|---|---|---|---|---|---|
| 56 | A0151 | 科技进步奖 | 二等奖 | 仓库地坪的超耐磨洁净强化处理及低成本高效翻新 | 深圳市固尔地坪科技开发有限公司 | 李建平、阮东方、曾健、杜凤凯、欧阳梓贤、巫杰龙、李晓英、颜小苗、李楠 |
| 57 | B0064 | | | 基于“TOPSIS+灰色关联度”分类分级模型的供应商差异化管理体系建设与推广应用 | 国网江苏省电力公司物资公司 | 张军、薛祥、袁黎、王新年、徐冶秋、殷玮珺、卞华星、杨店飞、梁辰 |
| 58 | A0120 | | | 堆垛机健康管理系统研发与实施 | 北京物资学院、北京顺鑫农业股份有限公司牛栏山酒厂 | 王成林、魏金旺、刘斌、徐燕、赵东杰、郗松楠、宋燕星、陈华婷、孙卫华 |
| 59 | A0053 | | | 基于多点对多点的复杂AGV任务调度仿真技术应用——某主机厂售后备件物流自动化规划项目 | 风神物流有限公司 | 罗春龙、苏水清、盖雪莹、黄奥博、冯华田、李明洲、刘波、陈超、林东生 |
| 60 | A0098 | | | 原烟包自动卸车系统 | 昆明昆船物流信息产业有限公司、云南昆船第二机械有限公司、云南昆船设计研究院、云南烟叶复烤有限责任公司麒麟复烤厂 | 黄伟、陈兴侯、柳智磊、张志成、张光武、宋昆斌、史柒生、陈丽彬、周文红 |
| 61 | B0023 | | | 复杂应急物流网络可靠性诊断与优化研究 | 河海大学、四川大学、交通运输部应急管理办、江苏省水利防汛物资储备中心、日本名古屋大学 | 王伟、黄莉、王敏功、江志刚、蔡大鹏、刘江、张雪松、季婕、王娟 |

续 表

| 序号 | 项目编码 | 奖种 | 获奖等级 | 项目名称 | 主要完成单位 | 主要完成人 |
|---|---|---|---|---|---|---|
| 62 | A0132 | 科技进步奖 | 二等奖 | 易威德智能柜台机 | 山东易威德信息服务有限公司 | 黄睿 |
| 63 | A0079 | | | 基于物联网技术开展仓库的自助式管理 | 国网上海市电力公司物资公司 | 洪芳华、朱利军、顾逸峰、施鸣达、袁思吟、周晓斌、钱浓林、肖锋、刘斌 |
| 64 | B0058 | | | 基于大数据分析与三维仿真技术的精益化仓储管理体系建设 | 国网江苏省电力公司盐城供电公司、南京杰谱企业管理咨询有限公司 | 胡举纲、仇爱军、卞振华、翟文跃、蔡传玉、张有志、朱静、季明星 |
| 65 | B0034 | | | 基于大数据的物流产业基金的募集与绩效研究 | 苏州大学、浙江禹邑股权投资基金管理有限公司、超致半导体(上海)有限公司、上海大学 | 禹久泓、罗正英、李智、吴凤鸣、张秀全、施蕴心、徐磊、任留涛、王梦飞 |
| 66 | B0065 | | | 基于BOM(物料清单)的电信运营商采购需求预测模型 | 中国移动广东有限公司、北京汇智信达科技发展有限公司 | 杨天剑、雒晶慧、伍娟、罗必鹏、宋景秀 |
| 67 | B0063 | | | 国际采购大豆供应链优化的研究 | 河南工程学院 | 高詹、王晓文、周青、高磊磊、李家斌、孙津、曹珊、包涵文、赵又仪 |
| 68 | A0060 | | | 龙易配智慧物流平台 | 泉州市闽运兴物流有限责任公司、福建龙易配信息科技有限公司 | 李德苗、李昭文 |
| 69 | A0084 | | | 智能物流园区功能分区布局优化设计 | 华北水利水电大学 | 徐秋实 |

续 表

| 序号 | 项目编码 | 奖种 | 获奖等级 | 项目名称 | 主要完成单位 | 主要完成人 |
|---|---|---|---|---|---|---|
| 70 | B0067 | 科技进步奖 | 二等奖 | 公路甩挂运输关键技术 | 交通运输部公路科学研究院、交通运输部规划研究院、中集车辆(集团)有限公司、一汽解放汽车有限公司 | 易振国、张红卫、宗成强、张浩、耿蕤、区传金、周刚、魏永存、姜山 |
| 71 | A0101 | 科技进步奖 | 二等奖 | 陆路科技 LUTMS 运输管理系统 | 陆路联合科技(天津)有限公司 | 王世海、王振明、韩飞燕、张志强 |
| 72 | A0203 | 科技进步奖 | 二等奖 | 航材库存控制研究 | 中国人民解放军空军勤务学院 | 刘信斌、辛安、李昊、徐启丰、高辉、魏士童、王梦玉、罗广旭 |
| 73 | A0201 | 科技进步奖 | 二等奖 | 供应链管理 | 西安职业技术学院 | 吴会杰、李菁、马伯君、樊凯盈、季新竹 |
| 1 | B0029 | 科技进步奖 | 三等奖 | 非常规突发事件应急血液保障理论与方法 | 西南交通大学 | 马祖军、代颖、王恪铭 |
| 2 | A0100 | 科技进步奖 | 三等奖 | 新华联合物流中心项目 | 中国中元国际工程有限公司、新华联合发行有限公司 | 赵京成、王治、赵莹莹、刘妍、沈利华、郝猷猷、白雪 |
| 3 | A0090 | 科技进步奖 | 三等奖 | 基于北斗的无车承运人平台 | 湖南湘北斗互联科技有限公司 | 郭铖、易辉 |
| 4 | A0095 | 科技进步奖 | 三等奖 | 冷链马甲物流信息平台的创新与实践 | 郑州金色马甲电子商务有限公司 | 朱献福 |
| 5 | A0082 | 科技进步奖 | 三等奖 | 基于 RFID 技术的物流分拣系统研发 | 无锡品冠物联科技有限公司 | 蒋宗清、薛国赟、田瑞清、沈德林、张春平、韩满 |
| 6 | A0088 | 科技进步奖 | 三等奖 | 基于电子看板均衡及自动化分割技术的汽车零部件入厂配送优化研究和应用 | 成都一汽国际物流有限公司 | 朱传万、向先文、隋艳辉、田丰、谢孟汐、陈云鹏 |

续 表

| 序号 | 项目编码 | 奖种 | 获奖等级 | 项目名称 | 主要完成单位 | 主要完成人 |
|---|---|---|---|---|---|---|
| 7 | A0115 | 科技进步奖 | 三等奖 | 江苏广度医药有限公司托盘及相关设施设备标准化改造提升项目 | 徐州工程学院、江苏广度医药有限公司 | 耿波、刘建、杨金云、胡利松、王莉、韦玲、薛亮 |
| 8 | A0163 | | | 危险品运输电子监管系统 | 杭州金毅科技有限公司 | 侯殿旗、时小伟、黄飞、桂长吉、黄超杰、伍雪峰 |
| 9 | A0118 | | | 区域中心城市智慧物流信息平台的研究与建设 | 临沂大学、上海理工大学、南开大学 | 高希龙、李信利、陈新疆、齐春宇、张龙翔、袁堂梅、孙云奋 |
| 10 | A0049 | | | 基于同期生产的发动机成品物流集配供给模式优化 | 郑州风神物流有限公司、东风日产乘用车公司 | 李林、丁少杰、李文明、赵梨雪、彭坤、王永 |
| 11 | A0134 | | | 红外成像测温技术在港口危化企业的应用 | 大连集发南岸国际物流有限公司、中光红外科技(大连)有限公司 | 章冬岩、孙光辉、吕广海、庞德群、王艺豪、王东、王健 |
| 12 | A0046 | | | 基于东风日产乘用车汽车轮胎智能化组装及同步配送的研究应用 | 郑州风神物流有限公司 | 任波、丁少杰、尹少飞、王雷、刘志刚、孔德超 |
| 13 | B0040 | | | 邮政智能快件箱运营研究 | 中邮科技有限责任公司 | 方宇惟、李秀梅、刘诗洋 |
| 14 | A0081 | | | 基于二维码技术的烟草物流设备精益运维管理信息系统 | 河南省烟草公司信阳市公司、河南省烟草公司 | 张国华、万文彬、李平、陈楠 |
| 15 | A0159 | | | 一种冰柜的智能控制方法在组合冷冻展示柜上的研发与应用 | 青岛海容商用冷链股份有限公司 | 殷善民、胡修振、相修华、张永军、袁鹏、王统治、徐润凯 |

续 表

| 序号 | 项目编码 | 奖种 | 获奖等级 | 项目名称 | 主要完成单位 | 主要完成人 |
|---|---|---|---|---|---|---|
| 16 | A0148 | 科技进步奖 | 三等奖 | 组合式保温周转单元——创新城市生鲜冷链运输包装解决方案 | 上海安鲜达物流科技有限公司 | 邵伟、鲁建、牟屹东、茆正华 |
| 17 | A0102 | | | “互联网+”进出口电动汽车物流仓储智能平台设计与实现 | 广东出入境检验检疫局检验检疫技术中心、广东工业大学、广州出入境检验检疫局 | 张震坤、高向东、张南峰、陈展鹏、张艳喜、游德勇、陈龙凤 |
| 18 | A0150 | | | 天津市物流公共信息监控平台 | 炎黄盛海（天津）科技发展有限责任公司 | 闫美云、杜学森、白洁、翟玲、刘蓓、鲁艳萍、李怀湘 |
| 19 | B0042 | | | 电网企业生产运营辅助物资采购模式创新研究与应用 | 国网能源研究院 | 张勇、马云高、买亚宗、李欣、常燕、石书德、鲁强 |
| 20 | A0158 | | | 纯电动城市物流配送车产业链关键技术研究及运营示范 | 成都雅骏新能源汽车科技股份有限公司、电子科技大学 | 李红朋、朱长明、戴润义、魏光国、盛旺、林亮、黄龙 |
| 21 | A0152 | | | 货运物流与财务管理平台建设 | 浩通国际货运代理有限公司、浩通国际物流（湖南）有限公司 | 郑璧双、马明、刘岚、谭海燕 |
| 22 | A0004 | | | 基于可变码控制技术的防伪源系统 | 励云科技（北京）有限公司 | 谢利锦、宗振、杜浩、张辉、杨凌 |
| 23 | A0205 | | | 军事运输装备智能卡物联网系统 | 中国人民解放军空军勤务学院航材管理系 | 李昊、崔崇立、杜加刚、刘信斌、郭军、辛安、乔丽 |
| 24 | A0002 | | | 大赢家国际物流信息平台 | 宁波大赢家物流技术有限公司 | 贺舟舰、张鼎荣 |
| 25 | A0180 | | | 冷链运输在途信息监控平台 | 绝味食品股份有限公司 | 刘全胜、樊红超、陈华福 |

续 表

| 序号 | 项目编码 | 奖种 | 获奖等级 | 项目名称 | 主要完成单位 | 主要完成人 |
|---|---|---|---|---|---|---|
| 26 | A0103 | 科技进步奖 | 三等奖 | 智能集装箱铅封发送系统 | 中创物流股份有限公司、青岛安正网络科技有限公司 | 李承涛、王向阳、王正 |
| 27 | B0059 | | | 物联网与移动互联网技术在电网企业智能仓储建设中的创新应用 | 国网江苏省电力公司泰州供电公司、国网江苏省电力公司南京供电公司 | 胡亚山、冯卫东、王志祥、张明生、常宏、刘京华、周旸 |
| 28 | B0035 | | | 3P-WS 在汽车零部件入厂物流中的应用 | 长春一汽国际物流有限公司 | 郑茜滢、王欢、郑莹、修俊文、张鸿飞 |
| 29 | B0027 | | | 电动变轨提升系统 | 科尼起重机设备（上海）有限公司、中广核工程有限公司 | 刘后建、刘现全 |
| 30 | A0030 | | | 在线叶片包装箱拆扎带机 | 中国烟草总公司职工进修学院（中国烟草总公司郑州中等专业学校）、河南中烟工业有限责任公司 | 倪克平、李广才、王有利、王涛、王鸿旻、王德吉、李同泉 |
| 31 | A0085 | | | 摩擦驱动双层交叉带分拣机 | 中邮科技有限责任公司 | 李京欣、王志明、刘磊、李存禹、李辉、林胜、代铁山 |
| 32 | A0028 | | | 叭叭速配智慧物流调度系统云平台 | 深圳市龙游云技术有限公司 | 饶小波、周彬、刘应祥、姜石河 |
| 33 | B0021 | | | 基于专业镇的电商创新模式的研究 | 广东交通职业技术学院 | 吴思健、陈玲、朱强、刘喻、高月勤、刘婷、钟海生 |

续 表

| 序号 | 项目编码 | 奖种 | 获奖等级 | 项目名称 | 主要完成单位 | 主要完成人 |
|---|---|---|---|---|---|---|
| 34 | A0001 | 科技进步奖 | 三等奖 | 基于 MTM 方法汽车零配件物流工时定额管理系统开发 | 成都一汽国际物流有限公司 | 冯亮、宋大伟、钱强、李野、杜科、杨勇、刘庆 |
| 35 | A0010 | | | 医学检测样本物联网平台及便携终端的研发与应用 | 广州金域达物流有限公司 | 刘为敏、杨健锋、李玲玲、屈科伟、陈旭青 |
| 36 | B0050 | | | 国际物流人才开发论 | 上海海事大学 | 瞿群臻 |
| 37 | B0048 | | | 科技创新驱动下山东省西部隆起带物流产业跨越式发展的战略研究 | 临沂大学、南京农业大学、东北财经大学 | 高振强、张明、卢中华、孙朋杰、孙洪春、周厚春、潘桂荣 |
| 38 | B0046 | | | 道路运输安全与应急救援教材与应用 | 交通运输部公路科学研究所、江苏中汽高科股份有限公司 | 周炜、张国胜、李文亮、唐歌腾、任春晓、董轩、郎玉勤 |
| 39 | B0018 | | | 青岛市“十三五”物流业发展规划研究 | 交通运输部科学研究院、青岛市物流协会、青岛市公路规划设计院有限公司 | 刘凌、杨勇、王娟、孙东泉、黄翔、杨德志、于冰心 |
| 40 | A0197 | | | 军事物流信息系统集成与应用研究 | 中国人民解放军空军勤务学院航材管理系 | 崔崇立、辛安、何定养、罗广旭、王晨光、倪彬、谢福哲 |
| 41 | A0198 | | | 航材物流决策基础数据及模型建设研究 | 中国人民解放军空军勤务学院航材管理系 | 杜加刚、乔丽、徐常凯、崔崇立、郭军、沐爱勤、郑金忠 |

续 表

| 序号 | 项目编码 | 奖种 | 获奖等级 | 项目名称 | 主要完成单位 | 主要完成人 |
|---|---|---|---|---|---|---|
| 42 | A0110 | 科技进步奖 | 三等奖 | 烟草缓释肥料技术的研究 | 中国烟草总公司职工进修学院、河南国之云电子科技有限公司 | 王玉民、康涵昌、王栋梁、李爱振、徐波、吕鑫磊、王德吉 |
| 43 | B0038 | | | 基于国家战略背景的宁波港航服务业发展对策研究 | 宁波大学 | 孙建红、刘桂云、兰庚泽、王思玉、张云婷 |
| 44 | A0147 | | | 基于 B2B2C 模式下的生鲜冷链裸配系统解决方案 | 上海安鲜达物流科技有限公司 | 邢福喜、杨端祯、钱佳敏、刁文凯、张子超、康晓杰、袁林 |
| 45 | A0016 | | | HFC1037 系列车型多用途货车产品开发 | 安徽江淮汽车集团股份有限公司 | 李戈航、陈健、张奇奇、杨波、祝慧、张荣侠、霍长宏 |
| 46 | B0030 | | | 郑州航空港实验区航空物流业发展战略研究 | 郑州轻工业学院 | 仝新顺、王淑湘、李勇强、韩珂、金琳、王飞、郭万伟 |
| 47 | B0002 | | | 面向网购的低碳供应链协同运作的激励机制研究 | 南京工程学院 | 吴义生、白少布、卢冰原、王志亮、窦亚琴、朱振涛、田仲林 |
| 48 | A0108 | | | 基于工业互联网的设备健康管理创新及研究 | 中国科技大学、中国烟草总公司职工进修学院、河南国之云电子科技有限公司 | 汪翠兰、陈静、王德吉、王亚军、王栋梁、王天元、王德玉 |
| 49 | A0155 | | | 快发车智慧物流平台 | 吉林省馥雨科技有限公司 | 李自强、王旭、任晓雷、王风芹、井妍 |

续　表

| 序号 | 项目编码 | 奖种 | 获奖等级 | 项目名称 | 主要完成单位 | 主要完成人 |
|---|---|---|---|---|---|---|
| 50 | B0012 | 科技进步奖 | 三等奖 | 《道路运输管理实务(第2版)》教材 | 辽宁省交通高等专科学校 | 彭秀兰、章良、刘丽坤 |
| 51 | B0019 | | | 宏观物流管理研究 | 安庆师范大学 | 李亦亮、徐俊杰、黄先军、张敏、姜凌、汪凌 |
| 52 | A0106 | | | 双拱桥式烟草采收植保机研发 | 中国烟草总公司职工进修学院、河南国之云电子科技有限公司 | 王德玉、王亚军、王栋梁、康涵昌、金姝彬、孟瑾、吕鑫磊 |
| 53 | B0001 | | | 湖南省高等职业院校物联网技术应用专业考试标准及学生技能抽查题库项目 | 湖南现代物流职业技术学院、北京新大陆时代教育科技有限公司、湖南省教育厅 | 谢金龙、邹梓秀、武献宇、邹志贤、王宏宇、李阳、马勇赞 |
| 54 | A0164 | | | 普罗格菠菜云开发设计平台 | 北京普罗格科技股份有限公司 | 蔡波、周志刚、李俊伟、朱昭阳、戴英成、陈聪、范文杰 |
| 55 | A0181 | | | 三藏平台——一站式云供应链综合服务平台 | 上海至精供应链管理股份有限公司 | 丁强、石祥伟、王哲、王兢、李乾波、朱雯、朱冯博 |
| 56 | A0031 | | | 智慧环卫监控平台系统开发与应用 | 徐州工程学院、江苏国骏信息科技有限公司 | 陈丰照、马忠民、杨金云、陈文文、高景峰、吴剑平、王晓斌 |
| 57 | B0039 | | | 汽车物流岗位劳动评价项目 | 长春一汽国际物流有限公司 | 吴杨、李胜金、李玉龙、李帅、修俊文、范英、王欢 |
| 58 | A0104 | | | 基于物联网和云计算架构的物流供应链管理平台研究 | 湖北物资流通技术研究所 | 张泽建、晏芳、王晓东、余建群、薛明、吴迅、张斐 |

续　表

| 序号 | 项目编码 | 奖种 | 获奖等级 | 项目名称 | 主要完成单位 | 主要完成人 |
|---|---|---|---|---|---|---|
| 59 | B0033 | 科技进步奖 | 三等奖 | 汽车维修零部件追溯系统方案研究 | 风神物流有限公司 | 方彦兵、罗春龙、苏水清、盖雪莹、章信开、孔朝、林东生 |
| 60 | A0156 | | | “货大大”煤炭物流平台 | 西安货达网络科技有限公司 | 折大伟 |
| 61 | B0068 | | | 基于 MOODLE(魔灯)系统的高职物流管理人才培养模式创新实践研究 | 盐城工业职业技术学院、上海百蝶计算机信息有限公司 | 施建华、周荣虎、陈天文、罗治得、曹林峰、刘璐、陈燕 |
| 62 | A0154 | | | 智能停车场甩挂管理系统 | 四川安仕吉供应链管理有限公司 | 王思俊、邹佳位、胥洪勇、卓霞、许虹、王婷、刘张平 |
| 63 | A0142 | | | 预防物流车辆自燃管理系统研发与产业化示范 | 希杰荣庆物流供应链有限公司 | 郑全军、李晓东、崔曙光、杨延峰、宋金秋、何宁慧、曹松荣 |
| 64 | A0136 | | | 冰柜铰链在美式冷藏展示柜上的应用 | 青岛海容商用冷链股份有限公司 | 高龙、宋鲜霞、李政芳、万鹏、薛敬敬、任飞 |
| 65 | B0011 | | | 配送管理实务 | 长春工业大学人文信息学院、长春大学 | 宋殿辉、温良 |
| 66 | A0012 | | | 供应链智慧能源回收系统研究与应用 | 河南中烟工业有限责任公司黄金叶生产制造中心、中国烟草总公司职工进修学院 | 卓永冰、李秀芳、毛爱龙、朱子玉、王德吉、王建伟、张振华 |
| 67 | B0014 | | | 基于产业集群的第三方汽车物流运作模式研究 | 辽宁省交通高等专科学校、辽宁省交通厅运输管理局(协作单位) | 孔月红、仪玉莉、章良、姜源、王凌艳、黄艳玲、关艳萍 |
| 68 | A0097 | | | 军民两用网架式免充气空心轮胎 | 江苏江昕轮胎有限公司 | 王明江、周朝霞、王晓辉、王峰、万波、卢猛、陆向宁 |

续 表

| 序号 | 项目编码 | 奖种 | 获奖等级 | 项目名称 | 主要完成单位 | 主要完成人 |
|---|---|---|---|---|---|---|
| 69 | A0020 | 科技进步奖 | 三等奖 | 江淮 HFC4251P1K 系列重型牵引车开发 | 安徽江淮汽车集团股份有限公司 | 项兴初、王五春、刘鸿志、欧勇、何山、于建蕾、柯何俊 |
| 70 | A0029 | | | 卷烟包装机新型内衬纸剔除机构 | 中国烟草总公司职工进修学院(中国烟草总公司郑州中等专业学校)、浙江中烟工业有限责任公司宁波卷烟厂 | 倪克平、连飞、王德吉、庞志敏、徐敏、王娜、甄焕菊 |
| 71 | A0119 | | | 农业生产全程机械化配置研究 | 河南省烟草专局(公司)烟草科学研究所、中国烟草总公司职工进修学院、河南省烟草公司许昌市公司 | 范艺宽、王德吉、谢俊明、何雷、程功 |
| 72 | A0167 | | | 无车承运背景下的物流无纸化签约创新应用 | 江苏买卖网电子商务有限公司 | 曹晖、张程、汪斌 |
| 73 | A0117 | | | 智能物流平台 SLP(服务定位协议) | 南京中车浦镇工业物流有限公司、中车南京浦镇车辆有限公司、南京金航特物流有限公司 | 陶春松、卢艳华、李彪、左鑫龙、汤军、庄思越 |
| 74 | A0091 | | | 中创南港站 AGV 智能仓库 | 中创物流股份有限公司 | 李承涛、王向阳 |
| 75 | A0032 | | | 一种在狭窄空间内可升降原地转向自行驶的搬运就位设备 | 四川东方物流有限公司 | 唐晓兵、邓继明、魏荣华、郑声桂、余建彬 |
| 76 | B0026 | | | 物联网物品编码技术及质检领域应用研究 | 中国物品编码中心、山东省标准化研究院、中国计量学院 | 罗秋科、张旭、李素彩、王姝、田娟、赵莹、洪涛 |

续 表

| 序号 | 项目编码 | 奖种 | 获奖等级 | 项目名称 | 主要完成单位 | 主要完成人 |
|---|---|---|---|---|---|---|
| 77 | A0047 | 科技进步奖 | 三等奖 | 国际多式联运智能物流外载式汽车运输架 | 大连中集物流装备有限公司 | 代海岩、宋兆春、徐磊、刘文浩、纪宇博、万里新、张晓军 |
| 78 | B0079 | | | 物联网应用技术人才培养研究 | 西安职业技术学院 | 吴会杰、李菁、魏红刚、田耕、许双梅 |
| 79 | A0093 | | | 全渠道城市物流配送供应链管理平台系统 | 青岛现代物流供应链管理研究发展中心、青岛中青电子科技有限公司、青岛顺丰速递有限公司 | 段沛佑、黄靖轶、李俊、王瑞龙、周昕、刘策超、李碧菡 |

（中国物流与采购联合会科技奖励工作办公室）

# 2017年中国物流十大年度人物

（按姓氏笔画排序）

王　卫　顺丰控股股份有限公司董事长兼总裁

王振辉　京东物流首席执行官（CEO）

李军社　山西汽运集团晋城汽车运输有限公司董事长

吴学明　中国外运股份有限公司执行董事、副总裁

陈振雄　国本（上海）国际物流有限公司总经理

周韶宁　百世物流科技（中国）有限公司董事长兼首席执行官

郑松兴　华南城控股有限公司董事局主席

郑富贵　上海郑明现代物流有限公司副总裁

孟庆文　哈欧国际物流股份有限公司总经理

赵春雷　大秦铁路股份有限公司董事长

（《中国物流与采购》杂志社）

# 2017年中国物流行业十件大事

一、党的十九大报告提出，加强“物流等基础设施网络建设”；在“现代供应链等领域培育新增长点、形成新动能。”

二、国务院办公厅先后发出《关于加快发展冷链物流保障食品安全促进消费升级的意见》(国办发〔2017〕29号)、《关于进一步推进物流降本增效促进实体经济发展的意见》(国办发〔2017〕73号)、《关于积极推进供应链创新与应用的指导意见》(国办发〔2017〕84号)。

三、国家发展改革委、工业和信息化部、财政部、国土资源部、住房和城乡建设部、交通运输部、商务部、海关总署、国家税务总局、国家工商行政管理总局、国家质量监督检验检疫总局、国家统计局、国家铁路局、中国民用航空局、国家邮政局等有关部门密集出台支持、促进、引导和规范物流业发展的政策文件。

四、由中国铁路总公司倡议发起的议事协调组织——中欧班列运输协调委员会成立；中欧班列已累计开行6235列，其中2017年开行数量达3271列。

五、全球制造业采购经理指数（CFLP-GPMI）由中国物流与采购联合会首次发布。

六、全球最大的自动化码头——上海洋山港四期开港试运营。

七、全球第四、亚洲第一，以顺丰航空公司作为主运营公司的航空物流枢纽——湖北国际物流核心枢纽项目开工建设。

八、物流类企业加快进入证券市场，年内有8家企业跻身国内主板，5家在境外证券交易所上市，45家登陆国内“新三板”。

九、经中国物流与采购联合会组织评审，国家发展改革委、商务部发文确认，由京东、苏宁、顺丰、九州通、长春一汽、日日顺、菜鸟网络、招商物流、怡亚通和荣庆冷链10家物流企业报送的仓储物流基地入选首批“国家智能化仓储物流示范基地”名单。

十、根据《国务院关于建立完善守信联合激励和失信联合惩戒制度加快推进社会诚信建设的指导意见》，在国家发展改革委指导下，首批270家涉运输物流领域企业违法失信名单在“信用中国”网站公布。

（中国物流与采购联合会）

# 2017年度“宝供物流奖”及“宝供物流奖奖学金”获奖名单

## 一、“宝供物流奖”获奖名单

| 获奖等级 | 获奖项目 | 获奖者 | 工作单位 |
|---|---|---|---|
| 一等奖 | 西藏自治区物流大通道规划与设计 | 赵川、何明珂、杨浩雄、张浩、张京敏 | 北京工商大学、北京物资学院 |
| | 路歌“互联网+物流”平台 | — | 合肥维天运通信息科技股份有限公司 |
| | 智慧三千物流信息服务平台 | 葛建军 | 江苏零浩网络科技有限公司 |
| 二等奖 | 物流园区转型升级风险评价及对策 | 陶经辉 | 南京财经大学 |
| | 基于供需双方不确定环境的物流服务供应链协调机制研究 | 刘伟华 | 天津大学 |
| | 专线宝平台 | 戚晓明 | 浙江专线宝网阔物联科技有限公司 |
| | 大数据驱动的食品供应链监管与食品安全社会共同治理策略研究 | 王晶 | 北京工商大学 |
| | 联物流平台基于集团型企业物流互联网化解决方案 | — | 中物慧通（北京）网络科技有限公司 |
| | 联合小组会在汽车零部件入厂物流中的应用 | 郑茜滢 | 长春一汽国际物流有限公司 |

续 表

| 获奖等级 | 获奖项目 | 获奖者 | 工作单位 |
|---|---|---|---|
| 三等奖 | 基于物联网的仓储环境感知系统开发和应用 | 晏芳、余建群 | 湖北物资流通技术研究所 |
| | 区域共同配送与货运监管信息平台在光彩物流基地的应用 | 张斐 | 湖北物资流通技术研究所 |
| | 集装箱海运联盟系统箱位协同分配的多目标优化模型与策略研究 | 陈继红 | 上海海事大学 |
| | 一种遥控可调式冷库单元货架 | 甘卫华、胡瑞斌、李姝 | 华东交通大学 |
| | "一带一路"内陆节点城市物流业竞争力评价 | 刘艳 | 北京物资学院 |
| | 应急投送保障基地建设研究 | 赵蕾、徐东、黄定政等 | 中国人民解放军国防大学联合勤务学院 |
| | 基于道德风险的高等学校电子设备废弃物回收模式创新研究 | 陈东旭 | 大连海事大学 |
| | 国际物流人才开发论 | 瞿群臻 | 上海海事大学 |
| | 通用战备物资合同储备激励机制研究 | 王海兰 | 军事交通学院 |
| | 汽车物流岗位劳动评价项目 | 吴杨 | 长春一汽国际物流有限公司 |
| | 烟草物流设备精益运维管理信息系统 | 张国华 | 中国烟草总公司河南省公司 |
| | 零部件物流环节效率指标研究及应用 | 李强 | 长春一汽国际物流有限公司 |

## 二、"宝供物流奖奖学金"获奖名单

| 序号 | 学校名称 | 申请人姓名 | 备注 |
|---|---|---|---|
| 1 | 北京交通大学 | 管婕、戴梓轩 | |
| 2 | 上海对外经贸大学 | 袁梦雪、张晨孜 | |
| 3 | 浙江工商大学 | 王莉莎、何依 | |
| 4 | 华中科技大学 | 胡兵琴（硕士研究生）、蔡学媛 | |
| 5 | 南京财经大学 | 钱思源（硕士研究生）、刘佳（硕士研究生） | |
| 6 | 东南大学 | 李姗姗（博士研究生）、许蒙蒙 | |
| 7 | 北京邮电大学 | 赵芳（硕士研究生）、蔡雨希 | |
| 8 | 中国人民解放军<br>国防大学联合勤务学院 | 魏耀聪（博士研究生）、张佳佳（硕士研究生） | |
| 9 | 华东交通大学 | 程春红（硕士研究生）、高鹏 | |
| 10 | 武汉理工大学 | 孙涛（硕士研究生）、曹乜蜻（硕士研究生） | |
| 11 | 南开大学 | 王超文（硕士研究生）、张浩若（硕士研究生） | |
| 12 | 北京物资学院 | 乐雄平（硕士研究生）、高一鹭 | |
| 13 | 西南财经大学 | 赵悦、谭燕 | |
| 14 | 大连海事大学 | 张笑菊（博士研究生）、陈东旭（博士研究生） | |
| 15 | 天津大学 | 朱冬雷（硕士研究生）、司铖 | |
| 16 | 浙江大学 | 叶李智子、罗林菁 | |
| 17 | 山东交通学院 | 刘柏旭、朱浩 | |
| 18 | 北京工商大学 | 岳慧丽（硕士研究生）、杜莉莉 | |
| 19 | 上海海事大学 | 蒋煜（硕士研究生）、江海伦 | |
| 20 | 安徽大学 | 郭艺、陈佩佩 | |
| 21 | 中南财经政法大学 | 李敏、李天祥 | |
| 22 | 广东财经大学 | 罗广华、南雅如（硕士研究生） | |
| 23 | 山东大学 | 姜振煜、孙慧苹 | |
| 24 | 华南理工大学 | 黄至言、杨柳（硕士研究生） | |

续 表

| 序号 | 学校名称 | 申请人姓名 | 备注 |
|---|---|---|---|
| 25 | 中南林业科技大学 | 徐淳（硕士研究生）、刘汝丽（硕士研究生） | |
| 26 | 江西财经大学 | 罗舒楠、傅少伟 | |
| 27 | 东北财经大学 | 牛华伟（硕士研究生）、邵阳 | |
| 28 | 同济大学 | 吴琼、许艳红 | |
| 29 | 湖南商学院 | 张芳、唐玉燕 | |
| 30 | 武汉大学 | 王晶晶（硕士研究生）、包文辉（硕士研究生） | |

（中国物流发展专项基金 “宝供物流奖”办公室）

# 2017 年的美国物流业[①]

2017 年前，美国物流行业还充满着不确定性，前景黯淡。进入 2017 年，物流行业卖方市场局势逐渐明朗。在失业率走低、消费支出增长，以及税改带来的预期红利的影响下，美国经济增长了 2.9%，商业物流成本增长了 6.2%，物流成本占 GDP 的比重从 2016 年的 7.6% 增加到 2017 年的 7.7%。

2017 年物流业的大动作主要是在电子商务领域，电商实现了又一年的两位数总量增长，拉动了包裹运输和其他运输方式的物流服务需求，包括公路货运、铁路运输、航空运输、管道运输、货运代理和第三方物流。然而到 2017 年年底，美国道路运输（OTR）已经严重过热，运输价格上涨了 5%～15%。

细看 2017 年物流的各项指标，整体呈现上升的迹象，包括运输成本、库存持有成本和其他费用。物流运输成本增长了 7%，除水运外，每种运输模式的增长率都高于通货膨胀率。

2017 年，公路运输领域变化最大，严重的运力短缺压力，促使运价大幅提高。在稳健的经济增长和公路运力短缺的背景下，铁路运价和运量都有增长。当货运从公路转向铁路，铁路运价得以大幅提高，逆转 2016 年的下跌趋势。随着越来越多的一级铁路实现精准运营，铁路运输运力同样也有所提高。

2017 年，专业化公路运输成本增长 9.5%。尽管与电商息息相关的包裹快递运输的增长速度从 2016 年的第一位滑落，但仍旧保持了 7 个百分点的增长。即便是近些年成本已经大幅下降的零担汽车运输，也实现了 6.6% 的增长。随着美国油价从低位走高，受能源产业影响的管道运输和铁路运输的运输总量和运价都有所攀升。对于时效需求高的货物运输量增长使得航空货运量增加了 9%，但是航空货运运力只增长了 3%。

2017 年，由于物流需求强劲、利率上调，库存持有成本也呈现增长态势。平均资金成本

① 本文选自第 29 次美国物流年报——《前路是陡坡》。该报告由供应链管理专业协会（CSCMP）发布，由 A. T. 科尔尼、潘世奇物流以及专业团队专家、众多业内专家参与。报告的中文版由 CSCMP 北京代表处组织翻译，版权归 CSCMP 及相关著作人所有，如引用请注明出处。

增加了 6 个基点，导致库存资金成本上涨了 5%，而仓储成本提高了 4.2%。仓储物流行业也呈现类似的景象：需求越加，运力缩紧，人力成本增加，运价上涨。仓储用户寻求仓储成本的灵活性，导致很多临时性仓库的出现，同时在人力资本紧缺而货运量又增大的大环境下，仓库运营者着力构建自动化仓储体系。机器人和其他自动化系统可以大大提高仓库的运营效率，满足电商订单交付时间短的要求，同时管理不断增长的安全库存以及激增的库存总量。

第三方物流行业，供应商和托运人的关系还将集中在短期成本节约，而不是对你我双方都有利的长期战略合作伙伴关系。而为第四次工业革命打下基础的科技创新也许会促进这种伙伴关系的形成。

货运代理面临的抉择在于转型或者去中间化。一些颠覆性的初创企业正在走一条从数字化到实体化的道路，这条道路比起现有规模化的货运代理企业从实体化到数字化的路径要好走得多。

区块链有望改变物流。区块链下的“智能合约”可以增加过程的安全性，加速进程，减少全供应链的成本。但是，物流行业必须在基本准则方面达成一致，对必要的技术进行投资，并且在验证性测试中检测区块链的益处。

2017 年，供应链新技术方面的投资增多，很多创业公司如雨后春笋般涌现出来。技术的革新和进步提高了仓储、快递和公路货运等行业的效率。行业内的新商业模式也在不断涌出。

## 一、公路货运：2017 年的大变局

公路货运作为全球经济中重要却又低调的组成部分，很少吸引公众的目光。但是，2017 年一切都不一样了，行业的大变动波及整个供应链。

2017 年得益于经济增长推动物流需求增长，全美公路货运价格猛涨，主要即期费率上涨了 20% ~ 30%，而合同运价增长了 5% ~ 15%。由于承运人面对司机短缺、电子打卡要求以及 2015—2016 年的运力过剩的余痛，新的运力并没有如期投入对冲疯涨的运价。

（一）对运价和运力的影响。

随着美国经济连续第十年增长，公路货运市场呈现需求强劲、运力停滞并存的现象。作为货运需求的一个重要指标，美国供应管理协会（ISM）制造业指数在 2017 年增长了 4%，而用于计算公路货运运力的负载卡车比则居高不下。

一系列短期因素导致 2017 年美国运力紧张。得克萨斯州水灾和波多黎各飓风侵袭分别是第一击和第二击，因为政府需要调用大量运力运送救援物资，又导致休斯敦的物流中心爆仓。美国政府的电子计程系统要求在 2017 年 12 月开始生效，有 300 多万名司机因为还没有安装这一设备而受到影响。电子计程系统要求通过严格控制司机的驾驶时间，更加剧了运力短缺问题。严格执行驾驶时长意味样同样数量的货物需要更多的卡车司机来运输，而这一时期又正好面临“司机荒”。虽然运力紧张问题主要出现在 805~966 千米运距范围，基本上是司机一天可行驶的最远路程，但是运输距离在 1609~1931 千米的市场也同样受到影响。

这些短期影响公路运力的因素使得多年来的司机短缺现象更为严重。美国货运协会（ATA）数据显示，到 2017 年年底，公路货运行业司机缺口达到 5 万个，这一缺口迫使承运人不断增加司机工资。虽然 ATA 预计 2013—2017

年司机工资平均增长了15%~18%，但是企业坦言司机的工资水平一直停滞不前。根据BLS数据显示，2008—2018年，运输从业者的名义工资增长了16.1%，只比同期居民消费价格指数（CPI）通胀率15.9%高出了0.2个百分点。因而实际来说，司机工资感觉是增长了，但是货运司机这一职业的平均赚钱能力自2008年以后并没有实际的增长。

货运量增加、运费上涨，使公路货运业承运人在司机薪酬成本方面的压力有所缓和。例如，几大零担运输发货人表示，2017年基本运价增长接近6%。一些零担承运人也表示有喜人迹象，即货运量加大、集运度增加。这一迹象表明整个经济运行稳健，货运需求增加，整车运输运力的短缺迫使发货人选择零担运输市场。

但是随着承运人业绩收入增长，他们的运营收入比却并没有得到太大改善。这主要归结于两个因素：首先，2017年的收入增长主要来源于量的增长，大部分运价增长发生在下半年；其次，全年运营成本的增长是承运人为了吸引司机、提高运力，必须提供更加优厚的报酬。

（二）承运人的应对措施。

主要承运人主要通过以下几种方式应对运力短缺问题。一是通过数据分析评估每一条线路的利润率，然后把资产投入到能够产生更高回报的路线上。对于低密集度的线路，则选择服务更少的客户，拒绝更多的零散货单。二是通过采用新技术，追踪每一辆货车在每一节点花费的时间，承运人可以辨别并且取消与那些占用司机太多时间同时又产生太少利润的发货人合作。与此同时，他们也将把运力从长期合约转移到利润更大的即期市场。然而，当承运人最大化自身利益时，发货人明显感觉处境更加艰难。因此，拒载达到了历史新高。发货人发现，他们的线路对于长期合作的承运人来说已不再“合适”了。

有利的市场形势刺激承运人投资新资产设备，进行收购。2017年前三季度，公路货运行业的并购跃升到30%，这显示出大部分承运人都将并购视为获取司机最方便快捷的途径。

股价的上涨并没有减少承运人之间的整合并购。主要公路货运公司的市盈率远远超过其5年平均数24.2。

笔者认为，公路货运业将会有更多的兼并重组，成本压力和资金需求使部分小企业不得不寻求买家，以避免被挤出市场。通常这些小企业缺乏足够的资源实力，满足司机涨薪要求，也没有能力投资像自动驾驶这样的新技术，而这一技术被认为在未来若干年很可能重塑全行业。即使像（Knight）和（Swift）这样的大型合并不会有很多，但是小型的兼并很有可能会继续。

（三）发货人是时候行动起来了。

对于大多数发货人而言，增长的物流需求和紧缩的运力这两个不太可能的组合使得公路运输行业从一个单纯的物流采购议题上升到最高决策层的重大事项。企业的决策者们意识到，公路货运业的状况对于供应链和企业利润有着至关重要的作用。财富500强企业，例如好时（Hershey）、亿滋（Mondelez）、美泰（Mattel），和米其林（Michelin）都在其财报中重点提及这个议题。

发货人正在使用多种短期的策略，获得更多的运力，减轻运价猛涨的压力。紧缺的运力问题导致很多承运人只能深层次挖掘网络安排运力的潜力，增加对中介商的依赖。据过渡援助研究报告（DAT）报告，2018年1月货运中介量增长了40%。一些议价手段似乎比其他更有效。那些希望通过放弃提案申请避免高运价的发货人发现，他们面临的是货运订单被拒，继而引发运营方面的大灾难。更为成功的发货人是那些通过使用提案申请、重新议价的货主，虽然承担更高的运价比较痛苦，但是却能保证服务的水平，避免供应链的中断，避免给自己和客户带来损失。

技高一筹的发货人迎合行业大环境的变化，增加短期策略调整的频率。在最近的A. T. 科尔尼（A. T. Kearney）发货人调查中，几个发货商都表示，他们重新评估了专一车队模式的经济状况以锁紧运力，而且成功地提高了服务水平、降低了成本。另外一些发货人正在寻求其他运输线路，降低成本、减少或推迟内部货物搬运的工作量，将更多货物整合发运。更具战略眼光的成熟企业寻求的是运营方面的效率，以博取承运商的青睐。而成为最佳雇主的方法通常包括：在运转慢的提货点通过加速装卸时间、减少司机等待时长；使用承运人的电子计程数据，找出瓶颈。发货人还可以与客户一起合作，通过整理订单流提高运力需求的准确预测，以及更快的卸货等手段，提高运输的效率。最后，发货人也在尝试线上货运平台，比如优步（Uber）货运和Convoy（一家美国卡车司机服务公司），在一些比较难覆盖的线路上守住运力保障。而缩紧的运力市场为这些技术的加速应用带来了契机。

（四）未来在何方。

如果排除经济突然下行的风险，未来几年公路货运业将会是承运人占主动。行业运力紧缺问题不太可能在近期内得到解决，司机短缺问题将继续影响行业的扩张。货车司机面临老龄化问题，但是年轻司机进入市场、取代老龄化司机这个过程还是非常困难的，因为劳动力市场上还有很多其他的就业岗位比司机这一职业更加吸引年轻人。

对于发货人和承运人，最终的问题是现状是否会导致行业结构的持续性改变。整车运输市场会不会越来越像零担运输市场那样，对基础设施以及网络布点需求高、准入难？发货人和承运人是否会共同合作，降低成本和提高运力？自动化技术，不论是辅助司机提高安全性、减少保险成本、减少高速卡车拥堵问题的技术，还是完全自动驾驶的卡车，是否真的能为所有发货人节约成本、减轻司机短缺问题？这些问题仍旧没有确切的答案，但是笔者认为，相关领域的尝试和投资将加快进程。

## 二、包裹快递：电子商务增长遭遇成本逆风

高速增长的电子商务继续为包裹运输业带来巨大的货运量，在提升运价的同时，也凸显出如何以更加高效的方式实现“最后一公里”物流运输的重要性。一大批服务于“最后一公里”的创新技术出现，包括“线上下单，线下自提”、众包、自提存储柜、亚马逊的Pantry箱子概念以及一些专业运输大件物品的承运人。当整个行业在努力解决“最后一公里”配送问题时，将仓库搬到离客户更近的地方、增加运力，显然就成为供应链调整的主要方向。而这需要更大的资金投入以及人力资本支出，特别是在整个经济领域工资上涨的情况下。发货人和承运人如何分摊这些成本还有待时间去揭晓。无论如何，提高“最后一公里”配送效率需要时间，同时也潜在地为电商增长带来了阻力。

美国国家统计局数据显示，2017年美国零售总额预计为5.1万亿美元，其中电商零售额为4483亿美元。电商零售额的年增长是

15.5%，而整个零售业的年增长仅为4.9%。2017年第四季度节假日销售旺季，电商实现了16.6%的历史性增长。

2017年，快递包裹量大幅增长，部分领域运价有明显提升。包裹快递费用在2017年增长到990亿美元，比上年增长了7%（包括联邦快递、UPS、Messenger、Courier和美国邮政快递USPS）。随着消费者更多地选择在网上购物，电商的迅猛发展再一次明显拉动了物流需求的增长。

2017年，激增的需求在拉动货运量上涨时，运价也同样增加。UPS和联邦快递宣布平均基本运价增长了4.9%，而美国邮政快递的优先邮运价上涨了5%。UPS也对"旺季"快递包裹增加额外的附加费用，以此来应对电商包裹配送成本上涨问题。在2017年节假日销售旺季，UPS对国内普通陆运包裹征收0.27美元附加费，次日达空运包裹征收0.81美元附加费，2~3天到达的配送包裹征收0.97美元附加费。在市场份额方面，UPS、联邦快递和美国邮政快递分别占比39%、39%和19%，而区域承运人和众包平台占比不到3%。

联邦快递和UPS继续强调包裹空间的高效利用，采用降低体积系数的方式对那些不必要地使用大箱子（业内称之为"运输空气"）的客户进行惩罚性收费。UPS同时还对大型包裹加收附加费，大型包裹快递是2017年增长最快的一个领域。实际重量超过32千克的包裹附加手续费上涨到19美元（比联邦快递高出58%），而最大的包裹附加费增长到90美元（比联邦快递高出12.5%）。

大型包裹运输量的增长对行业带来了特殊的挑战。比如家用电器，体积大又不能折叠，需要占用更多的仓储空间，分拣费用也更高，运输途中占用卡车空间又大，这些成本都是承运人必须负担的。对于发货人而言，"最后一公里"配送的可选范围是有限的。只有一小部分承运人是专业做这种配送成本高、劳动力密集、配送大型消费品到客户家里的快递运输。具有创新性的"最后一公里"解决方案，比如亚马逊的储物柜或是自提柜都是针对小件包裹设计的。在物流选择少、竞争又小，而且短期内也没有希望找到节省人力的自动化配送技术的前提下，这类大件包裹承运人就有大幅提价的空间。承运人为了能够覆盖配送大件商品的高成本，运价上涨是很有可能的。

近几个月快递业的形势显示，包裹快递业也不能对政治环境免疫。美国总统特朗普谴责亚马逊和美国邮政快递的合约，称美国邮政快递向亚马逊这个零售巨擘提供"最后一公里"配送服务，损失惨重。如果USPS迫于总统压力，提高运价，亚马逊将面临非常艰难的抉择。至今为止，亚马逊一直在对供应链上游进行投资，而依赖美国邮政覆盖其"最后一公里"。如果美国邮政快递提高运价，将压缩亚马逊的盈利，很可能促使亚马逊重新配置资金，建立自己的"最后一公里"配送体系。如果对住宅用户"最后一公里"配送的费率上涨，UPS和联邦快递也会重新考虑他们近期转向利润更高的B2B业务的决策。

（一）去中间商：D2C正在崛起，将注意力转向供应链与物流。

大型电商企业在自己的网站有一定的流量后，把原来外包给第三方物流公司的物流服务转为自营，开始自行建立物流配送网络，为订单进行派送。根据A.T.科尔尼的研究，大约有1/3的企业正在主动寻求这种C端直配（D2C）的战略，另外1/3正在考虑之中，而剩余的则决定先等待观望。D2C还是非常有吸引力：直接面对客户销售可以省去中间的差价，产生更高的利润。而销售方也能获得更多的客户数据，这又有利于提高他们的客户定位。

（二）消费者期望值的提升增加了成本，驱动结构性改变。

随着电商的重心转向供应链物流，整个包裹快递业面临一个根本性的挑战：消费者对服务需求的增长，意味着他们希望配送服务能够更加快捷。直至最近，快递业承运人一直在通过增加卡车数量、聘请更多的司机，以满足消费者不断增长的服务需求。但是由于这种需求不仅巨大而且复杂，承运人对之前的做法已经开始力不从心。发货人和承运人必须满足一系列运输要求，运输时长从次日达升级到当日达，甚至是更短的时间。这就要求供应链必须进行结构性改变，特别是要将配送中心设置在离消费者更近的地点。这样的转变需要大量的资金投入，而由此带来的库存、配送设备和司机人员的分散化、碎片化，又使运营成本大大增加。

碎片化抵消了规模经济效应，因而那些希望实现运营效率的承运人和发货人，必须寻求新的技术解决方案，建立新的创新性的供应关系。行业竞争者可能会为了实现规模效应进行合并，企业兼并现象很可能会增加，而大一点的企业则会选择收购一些具有创新性解决方案的初创公司。

人工成本增长是包裹快递业承运人和发货人所面临的另一阻力。失业率低走，最低工资提高，在传统行业承运人、“最后一公里”专业公司、众包平台以及自建物流发货人共同招募司机的强烈竞争下，作为“最后一公里”配送主要成本的物流配送人员工资，在 2017 年增长了 9%。

对于不同电商领域，行业内结构性变化的影响是不同的。一些发货人较另一些发货人在满足不断增长的客户需求、消化更高的供应链成本方面更具优势。比如，具有实体店的电商零售商就比只有网店的零售商更能满足客户当日送达的需求。实体店的布局通常都在消费者附近，因而可以作为网络订单的提货点或配送点。基于这样的考虑，销售商必须投资设立更多的实体店，而这一成本投入随着当日送达或是当日上午送达订单量的增长，都会一一抵消。类似的，不断上涨的成本对不同电商参与者的影响也是不一样的。

电商应对高供应链成本的弹性可分为三种类型。

一是成本不敏感型：在高利润的行业，比如鞋类或是护肤产品类，配送成本只是商品价格很小的一部分，因为发货人完全有能力增加电商仓库，将库存中心设在人口聚集地，并且有选择地建立“体验中心”。

二是成本敏感型：对于耐用消费品，配送成本占据了价格的一大部分。为了降低成本，发货人也许会绕开快递物流商，选择基于实体店的多级配送网络。

三是成本挑战型：低利润率的零售商，比如食品杂货连锁店，并不会投入大量资金改善供应链，而是以商店为节点进行订单交付。

超过 60% 的电商发货人都属于成本敏感型或成本挑战型。这对于包裹快递承运人来说是一个危险信号，也就是说超过一半的市场基本没有多余的资金花费在运输上。

（三）当日送达也许会更青睐实体店。

如果 D2C 增长的结果是将配送速度加快到当日送达，这也许会给那些有实体店的零售商（比如沃尔玛）带来益处。但是，如果要将实体店用于物流配送环节，还是有一些问题。因为实体店一开始并不是作为物流配送的前端部署而设立的，如果要让实体店有效地参与物流配送，还需要做一些基础设施方面的改进。同时，消费者对于配送时间的要求（比如，要求从当日送达加快到当日上午送达）是否会同步继续加快，这还是个不清楚的问题，无论如何，要求当日达的配送量一定会增长。

（四）展望未来。

包裹运输量和客户配送需求会继续增长，继而引发运价上涨，促使行业转变。未来行业发展有值得注意的三大趋势：一是不断增长的配送量和客户需求将迫使资本密集型企业考虑将“最后一公里”供应链也变成资本密集型；二是承运人有提高运费的空间，市场会决定到底谁将来为这些投资埋单；三是包裹快递业的逆风将对电商战略造成影响，特别是对成本敏感型电商。

## 三、铁路运输：短期内的赢家

2017年，一系列利好因素促使铁路货运量上升、运价上涨。美国经济增长加速，而公路运力紧缩使得更多的货主选择铁路货运，这就使铁路有大幅的空间提高运价扭转前几年的颓势。同时，转型的引领者引发了美国铁路运输全行业的一级铁路系统关注生产力的提升。

2017年，美国铁路货运总量增长到309万车卡，增幅达到3%。大部分的货运量增长出现在2017年年初，这主要得益于多式联运货运量的增长。几乎所有连锁机构的价格猛涨，促使铁路运营收入增加。除农产品外，铁路运输的主要商品类型货运量都有增长，其中以多式联运、煤炭和化学物品的货运量增长最为显著。

2017年，在货运量和运营收入增长的同时，铁路生产力也大幅提高，为投资者带来了可观的回报。随着铁路行业精简人员、优化资产利用率和现有库存、提高铁路速度和运距，铁路行业生产率的基本指标之一运营比也就是成本和收益比继续下降。

2017年美国铁路运输需求增长主要来源之一的国内电煤运输，在多年大幅下降后趋于稳定。美国能源局报告称，煤电占总发电量的比例稳定为30%左右。煤炭出口的增加又从另一个方面提高了铁路行业的营利性。

铁路运输行业虽然获得了短期收益，但是他们面临新技术革新的公路货运行业的严峻挑战。瞄准铁路不断增长的多式联运市场，公路货运企业正在注入大量资金，投资电力火车、远程信息技术支持的安全系统，以及全自动和半自动卡车。这些技术能够使公路货运更加高效，未来有望取代铁路运输的经济优势。

2017年全美铁路货运产出率的提高，亨特·哈里森（Hunter Harrison）功不可没。他倡导精准铁路货运并为铁路货运生产力设定了新的标准。如今CSX（一家一级的美国铁路公司）已经在实施精准铁路运营方面有了长足的进展。此外，CSX在关闭掉了几个采用驼峰和溜放作业的大的编组站的同时，还开始削减车头数量、优化运营、出售非核心资产，铁路运输人力减少了19%。CSX的效率提升促使其他铁路运输公司不得不削减开支：CSX的竞争对手NS公司裁减了11%的铁路人员。

然而，随着CSX精准铁路货运计划的实施，服务质量却开始下降，几个主要的铁路发货人表示不满。客户反映中转时间变长、错过提货时间、运输设备太有限、货物发错地方等问题，其中化学品、汽车和农产品客户意见最多。有几个客户直接向相关部门投诉CSX，细数CSX服务水平下降对他们造成的严重影响。客户的抱怨也触动了美国路面运输委员会，其发函要求 CSX 每周都提供服务报告以及最新动态。2017 年，因服务质量差导致投诉增长了 144%。

2018 年第一季度，铁路运输业问题频发，所有的一级铁路都出现运速降低、中转时间长的问题。分析家把这些问题归咎于铁路改革的一些举措，比如人员裁减和设备闲置等。这些举措限制了铁路按需调整运力的能力。当一些突发情况出现，比如飓风或是冬季暴雪，铁路运输响应的时间就受到影响，因而整个铁路网络的服务质量就会下降。

除了向美国陆面交通运输局反映服务质量下降外，发货人还把一些货转向其他的运输模式或是转向服务质量更稳定的铁路线路。针对这一情况，CSX 铁路运输高层还专程拜访重要的客户，并且承诺会改善服务。

事实上，美国铁路运输网络特别是东海岸的网络给精准货运带了特别的挑战。2017 年的情况也证实，精减成本的改革措施会减弱铁路应对突发问题的能力和速度，降低服务质量。

## 四、水路运输业：乘潮而起

2017 年，美国水运业结构性运力过剩和宽松的定价守则继续使运价保持在历史低位。虽然如此，整个行业的前景却并没有那么黯淡。随着运价反弹，承运人营运收入开始增加。2017 年，上海出口集装箱运价指数上升了 27%。继 2016 年 35 亿美元的损失后，2017 年远洋航线总利润达到了 70 亿美元，运价触底反弹。

随着全球经济加速发展，水运需求增幅预计达到 5%。尽管受飓风影响，美国港口进口增长了 6%，集装箱吞吐量达到 2300 万标准箱，创历史新高。供给方面，运力增速为 3.9%，低于需求增速，闲置运力从 2016 年的 7% 减少到 2%。航线方面，不平衡的现状和季节性趋势使市场波动剧烈，但是由于需求强劲，承运人取消既定班次的现象开始减少。

行业内的兼并整合现象还是非常的突出：中远海运（COSCO）收购了香港东方海外航运（OOCL），日本三大航运公司合并建立远洋网络捷运（Ocean Network Express，ONE）公司。2017 年 4 月，远洋网络捷运（ONE）公司开始正式运营。而马士基和赫伯罗特（Hapag-Lloyd）分别完成了他们对汉堡南美船务（Hamburg Sud）公司和阿拉伯轮船公司（UASC）的收购。目前，这五大航运公司控制了大约 64% 的市场份额，而 10 年前的份额才为 46%。

2017 年，美国水运业保持完好的竞争力，赫芬达尔-赫希曼指数（Herfindahl-Hirschman Index，一种测量产业集中度的综合指数），还远低于 1000（代表垄断的点位）。然而，近期的兼并使部分航线集中度提升到更高的水平，比如欧洲到南美的航线。

2017 年，承运人利用拓宽的巴拿马运河，通过大型船只运送货物到全新升级的东海岸港口和墨西哥湾沿岸地区港口，港口货运量增幅为 7.9%，远超西海岸港口 1.3% 的增幅。这就引发了一场价格战，不仅在承运人当中，还在不同航线之间。以往跨太平洋到美东、美西的运价，每标箱有 1000 美元的差价，现在已经跌去了一半。于是很多货物就转为通过美东港口和多式联运铁路运到美国内陆市场。由于基础设施继续改善，使得更大型的船只可以靠岸东部最大港口，这就吸引了更多的航线船只运输货物到东岸港口。

2017 年，由于冷藏集装箱供应缩紧，使得冷链运输价格上涨。同时，货物从专业的冷藏船转到集装箱船的速度加快。

2017年，煤炭在美国国内市场遇阻，但是在海外市场上大受欢迎。动力煤出口增长了117%，拉动了美国内陆到墨西哥湾沿岸地区的驳船运输。中国对铁矿石的需求强劲，带动了美国干散货市场波罗的海干货指数（Baltic Dry Index）上升了70%。铁矿运输分散到更小型的粮食运输船只，减少了本就需求很弱的农产品运输市场运力，对美国农民和贸易商而言，运价有所上升。

2017年，由于石油输出国组织（OPEC）产量减少，全球石油市场供过于求，导致液体散货运输市场业绩不佳，甚至在北半球初冬的季节性旺季，运价也没有提升。唯一可喜的就是美国出口到亚洲的原油增长使需求激增，墨西哥湾区基础设施建设使得运输原油的超级大船可以直接通行。

对承运人而言，2017年并不算是不好的一年，但是基于强劲的需求，水运业本可以有更佳的表现。承运人要想守住利润底线，就必须从价格战中退出，通过成本精简和技术革新，将客户需求融入企业运营，提供更高价值的服务。

## 五、航空货运：需要速度

2017年，对时效性要求高的货物发货量剧增，航空运输总量增长了9%，增速超过全球贸易增速。半导体、医药、电子等传统的航空货运仍旧是增长的主要动力，不断推动承运商满足飞机上的货运空间需求。

2017年，包括美国航空和达美航空在内的航空公司纷纷增加货运设施、处理医药货运。但是，他们同时需要满足不断增长的电商货运和其他正在寻求更快捷的供应链的发货人。网络零售商在价格和服务水平方面同时竞争，都力求满足消费者对更快配送的时效要求。零售商和他们的供应商不断地转向航空货运，减少集装箱整箱发货，而选择更频繁地向配送中心和配送站供货的配送方式。当精益库存实践引发供应链瓶颈问题时，其他发货人，特别是依赖钢铁作为原料的制造商，也转向航空货运。

（一）急需创新解决方案。

2017年，虽然航空出行人数增多，使得在航飞机数量增多，但是航空运力还是落后于航空货运需求的增长。国际航空运输协会（IATA）预计，航空可用运力增长仅仅为需求增长率的1/3。

航空运力紧张造成主要机场必须有备用方案。一些货运代理则将空运货物转至小型货运机场，比如夏洛特道格拉斯机场，这使得这些小型机场2017年货运量猛增了28%。网络零售巨擘亚马逊迈得更远，在肯塔基州辛辛那提-北肯塔基国际机场建立自己的航空货运中心，拥有30架航空货机。

航空公司也在航空运力方面与其他航空公司开展合作，分摊仓储成本。2017年，达美航空扩大与法航荷航、墨西哥航空和大韩航空的合作，而美联航空也扩大了与德国汉莎航空和全日空航空的合作。

货舱空间空置的减少意味着更高的积载系数和更高的营运收益。2017年，航空货运价格上涨了4%，有效帮助航空公司转嫁燃油成本。

（二）航空货运业能否实现现代化和数字化转型。

航空货运业在新技术的采用方面还比较滞后。在一项具有长远意义的发展报告中，IATA成员号召全行业加速推进现代化。首先是数字化转型方面，要加快推进电子空运单（e-AWBs）和电子货运单（e-freight）的采用。2017年，电子空运单的渗透率增加到53%，上涨了3个百分点。其他项目还包括数字化和交互式货运功能，以满足发货商一直以来要求的对货物的实时监控。

数字化同样可以让航空公司提供更优质高价的服务。泛美航空正在扩大国内和国际基于GPS的货运服务，同时通过蓝牙技术实现集装箱实时跟踪。美国航空也在优化货运管理系统，多年使用货运管理解决方案 iCargo（无船承运人的全球联盟网络）。全日空航空最近收购了一家位于波特兰的初创公司 Fleet（澳大利亚太空科技初创公司），这家公司主要为物流企业提供全球的配送系统。

尽管我们期望航空货运业现代化和数字化的步伐能够加快，但是短期内有明显的进步是不太现实的，比较可能实现的是行业在中长期逐步地进行技术革新。

## 六、管道运输：运力短缺吸引新参与者

2017年，石油价格在高位趋于稳定，拉动石油生产，同时也使管道运输能力开始紧张。随着原油价格从45美元每桶上涨到60美元每桶，美国每天原油产量最高可超过1000万桶，平均产量达到930万桶，增幅接近6%。喷涌式的产量快速填满管道，使管道运输收入增长了15%，但是也使得现有的运输基础设施处于超负荷运转状态。

需求强劲、运力紧张吸引了新的资本注入管道运输行业。私募公司是管道基建项目的主要投资人。

新资本颠覆了传统的利益分配方式。一些中游运输商想要在产能增长方面多分一杯羹，正在摒弃与生产商签订传统的照付不议（take or pay）的合同，而更倾向于更加激进的支付参与（pay to play）条款。在 HEP - WPX 协议中，HEP 同意预先支付3亿美元给 WPX，而且把首付2.63亿美元以资本出资的形式，以换取 WPX 的承诺，于20年内在202平方千米的二叠纪产区运输和存储石油。这样的协议就把更多的风险转嫁给管道运营商，这对于典型的中流运输企业而言是一个挑战，特别是需要给投资人稳定分红收益的 MLP 有限合伙制企业。

美国天然气生产逐渐集中在田纳西州和西弗吉尼亚州的马塞勒斯页岩（Marcellus Shale）区域。2017年，该产区产量增加量超过了美国全国的数字，而得克萨斯产区、阿拉斯加产区、洛基产区和部分离岸产区产量均是下降的。路易斯安那产区也有大幅的增长，打破了连续5年下跌的惯性。

马塞勒斯产区的兴起重新定义了美国天然气版图。2017年，37个油气管道项目中约有8个已完成项目都是从马塞勒斯产区输送天然气到墨西哥湾沿岸地区，然后再出口。另外，在东部和南部10个项目正在审批或是已经被批准。同时，新建及扩建等管道运输工程正在全美范围内铺开，其中还包括三个跨得克萨斯边界到墨西哥的项目。大大小小共计有50个项目，预计2019年完成。

美国国内和国外天然气需求继续增长，对于管道运营商来说是利好消息。在新管道可以运输天然气到墨西哥、美国天然气公司已经渗透到全世界天然气市场这样的大背景下，美国天然气出口成为天然气增长最快的部分。到2021年，新增加的四个天然气终端将使墨西哥湾区的出口能力达到2.6亿立方米。

## 七、货运代理：波澜不惊

2017年，伴随全球经济振兴崛起，许多货运代理净收入成倍增长，其中空运、水运和公路货运代理总量分别增长了10%、6%和4%。

同样，经济增长也为美国水路运输和航空运输带来了货运需求增长。但是需求增长又导致运价上涨，而运价上涨对于货运代理而言却是逆风，因为它挤压了货运代理的利润空间，导致海运货运代理平均利润下降了6%、空运下降了8%。

2017年，美国货运代理行业的兼并重组率保持较低水平。由于法国乔达国际集团（GEODIS）母公司法国国家铁路公司（SNCF）重组，GEODIS收购基华物流（CEVA）物流计划取消。收购主要出现在特定领域的货运代理，比如生鲜或区域货代。现在货运代理行业排名前十的公司只占有43.5%的市场份额，因而行业还有很大空间进行兼并整合。

2017年美国货运代理业的技术颠覆性开始显现。对于传统货运代理企业来说，运费上涨已经不算什么头疼的事了。投资人正在把他们的全部身家押在货运业的数字化变革上，其中最为著名的就是Flexport（一家国际货运公司），它以十亿美元的市值排在最前面。这家初创始公司的海运货运代理业务量增长了三倍（虽然仍大大低于传统的货运代理），而且在主要的国际门户设立了仓储和交叉转运中心，对传统货运代理形成直接的威胁。

去中间商已经在硅谷成为一股热潮，许多传统行业都有初创公司进入并建立新的商业模式。像纽约货运交易所和优步货运等项目则是另辟蹊径，与货运代理形成合作模式，对行业进行变革。他们通过建立起数字化的市场平台，让货运代理可以参与其中，购买运力并强化与承运人的合作，按照需求腹地公路货运需求运力。

另外，承运人、货运代理和高科技公司正在共同努力，第一时间解决关系重大的操作问题，比如国际运输过程中的纸质文件追踪。为了解决这一效率低下问题，很多企业在协同开发和实验区块链技术，其中包括安海斯-布希英博这类的货主、美国总统轮船公司和马士基这类的承运人、亚致力和德迅这类的货运代理、技术巨头IBM以及海关等部门。区块链可以加快文件流转速度，减少80%的数字处理，同时为供应链的各方参与者带来安全和及时的可见性。

货运代理同时也在开发自己的数字化系统，尽可能地提供透明可靠的物流服务。2017年，丹马士、法国乔达和德迅都开始提供数字化服务，可以在线上订舱、询价和制订物流计划。

## 八、第三方物流：运力压力加剧

（一）增长和改变。

2017年，在几大主要的第三方物流公司花费了将近一年的时间整合2015年和2016年的兼并收购后，美国第三方物流业蓄势待发。2017—2019年，美国第三方物流市场预计将达到1950亿元，实现5.5%的增速。分析预测表明，随着运力紧张拉高运价，这两年间美国国内运输的增速将为19%，这主要得益于增值服务的需求增长。到2019年，仓储物流同样预计实现7%的增速。发货人和第三方物流的互动继续集中在短期的成本节约，而相互的不信任让他们不能够形成长久的战略伙伴关系，无法进一步推动第三方市场的成长。

（二）基础设施、人才储备和政策法规方面的变化给发货人带来挑战。

随着仓储增值服务方面的需求加剧，使用第三方物流的美国发货人在 2018 年面临更严峻的挑战。近期发布的中量联行（JLL）报告预计，自 2001 年起，净吸收（net absorption）为正数、空置率（availability rate）保持在最低水平的状态持续了 30 个季度。除了仓储空间短缺，具备处理电子商务运输，使用自动化和物联网等新技术能力的仓储人员也面临短缺。拥有这些技能的员工一般都要求更高的工资，这又增加了第三方物流的成本。同时，亚马逊继续跨界经营。到 2017 年秋季，这个零售网络巨擘有大约 0.15 亿平方米的仓储空间，仅次于 DHL。亚马逊的扩张挤压了人才市场的供应，而且拉高了仓库租赁费用，而这一费用已经连续 6 年上涨。

美国国内运输正面临三大挑战。首先，运力紧缩使得订单上路交付的周期加长。其次，投资购买新货车的承运人很难招到司机，因为其他行业领域有很多更高报酬的岗位。最后，新的政策法规，比如美国的《电子打卡法案》要求和司机药物酒精测试意味着同样的货车数量需要更多的司机。但是好的一方面是，这些情况会让发货人更愿意与第三方物流形成更紧密的合作关系。创新型的第三方物流公司可以帮助发货人提高供应链效率、降低供应链总成本，从运力紧凑的国内市场中获益。

（三）战略合作伙伴关系受成本和信任问题影响。

小型发货人（物流支出小于 3000 亿美元）和大型发货商（物流支出大于 3000 亿美元）仍旧热衷于物流外包，但他们中的大多数都不满足于第三方物流公司提供的“一站式”解决方案。当然双方都有责任。发货人通常会期望第三方物流公司能够满足不切实际的作业时间和服务标准。而第三方物流公司则尽量避免风险，去开发真正具有创新性、为顾客量身定制的解决方案，以避免失去对成本敏感的发货人，同时在思考为什么大型发货人定期要审视哪些物流活动能够实现自营。

虽然双方都意识到快速、准确和连续性的信息是形成任何战略伙伴关系的基础，他们对于双方具体的角色和所有权结构并不能达成共识。缓和这些问题的一种途径就是建立收益共享模式，引入利益共享、风险共担机制。另一种途径就是无缝协作，用谈话式或是更频繁的信息交流取代邮件和线下报告。

第三方物流公司和发货人如果不协同合作，将会损失很大。现在的客户都是相互联系的，他们对于配送的要求也在不断增加。第三方物流公司和发货人只有形成长期、开放的和互赢的战略伙伴关系，才可能在速度和灵活性上满足客户不断增长的要求。

（四）数字技术颠覆行业的同时带来效率和协作。

数据连通度水平提高、对更高透明度的需求提高，使得业务更容易蒸发，进而让发货人通过物流寻求更大的灵敏性、可视性和灵活性。一些新型技术正好可以帮助第三方物流公司填补这个需求。例如，区块链增加了物流交易的速度和效率，可以使第三方公司以安全的数字化形式，报告和记录货物运输的每一阶段。区块链货运联盟（BiTA）已经吸引了 750 多家公司参与，包括美国最大的第三方物流公司等。在库存管理方面，像嵌入式感应器和无线射频识别（RFID）等物联网（IoT）技术实现了数据的实时采集，提高了预测的准确性。一些第三方物流公司使用无人机追踪货物信息，加快进行“最后一公里”的投递，提高多节点库存的控制能力，同时帮助第三方物流公司赢得更多的全渠道交付。然而，这些新的技术进步同时为传统的第三方物流打开了一扇新的竞争大门。像 Flexport、OpenPort 和 Blockarray 等线上的平台提供一系列的服务，从针对小型发货人的零担货运到越库仓储作业、供应链金融，甚至是空运，都能够以非常有竞争力的价格实现全过程的可视化。不论是机遇还是挑战，有一件事情是不容置疑的：为第四次工业革命奠定基石的技术（从区块链到物联网再到 3D 打印和量子计算）都将成为未来发货人和第三方物流战略合作关系的关键。

## 九、仓储：创新或死亡

经济增长加速、电子商务蓬勃发展，仓储作为供应链的关键一环已经变得越来越重要。在重塑物流业的众多改变中，有四大主流趋势将在未来五年推动仓储业改革：（公路货运业和仓储业）劳动力成本上涨，电子商务增长，大型玩家（比如，亚马逊）不可撼动的主导地位，以及仓库的自动化。

（一）运力趋紧和司机短缺让发货人备感压力。

2017 年，全球租金增长最快的十大市场有六个在美国，前三位分别是：奥克兰、新泽西和洛杉矶的内陆地区。

随着仓库租金上涨，货车司机队伍也在不断地缩小。为了减少订单延迟和库存告急，许多发货商将发货商品转移到离终端客户更近的地方，同时扩大仓库容量、提高库存水平、增加安全库存。然而这些措施使仓库的可利用率进一步减少，租金进一步上涨。随着安全库存和库存总量激增，面对电商订单的配送时间要求不断地缩短，制造业准时化生产需求以及零售业实行精益零售模式努力让货架填满，仓库效率对于企业而言就显得至关重要。

（二）仓储业力争营业额和人员短缺。

美国劳工部数据显示，2017 年仓库人员时薪从 12 美元增长到 15 美元，增幅为 6%。员工工资作为仓储运营者最大的一项开支正在上涨，但是员工生产力停滞不前，这给仓库运营效率和利润带来了损失。这些问题在节日旺季时最为突出，因为类似亚马逊和沃尔玛的主要电商企业在高峰期都会招聘大量的临时工。

人员短缺和流动性大的问题使仓库管理者更难以通过员工技能培训，控制成本和提高生产力。因而，更多的公司在寻求降低成本和提高产能的技术解决方案。

（三）客户需求增长，市场动态变化。

2017 年，美国零售业加速发展，增速为 4.1%。网络零售商一马当先，销售额增速达到了 16%，而传统实体商店的销售额增幅为 3.4%。随之而来的是对仓储空间的压力减少了可利用的空间，拉高了租金。由于零售商和第三方物流公司纷纷抢占紧缩的仓储空间，租金增长了 3.9%。仓储运营者从不断上涨的租金中获利，而零售商和第三方物流公司则尽力通过提高仓库运营效率，维护自身利润。

一些零售商和快消品企业为了找出效率点，正在与专营电商物流的第三方物流公司通力合作。电商物流 2017 年的增长达到了 15.7%，远远高出第三方物流市场 6% 的增长。

亚马逊作为占市场主导的电商运营者，迫使网络竞争对手和实体零售商，跟上其配送时效的步伐。免费的两日送达已经成为客户的基本预期，这就让全行业的发货人不得不重新配置自己的供应链，实现全渠道运营。而关于配送选择，不论商店自提还是仓库发货，都需要对仓库自动化和网点布局进行投资，这包括在大城市把库存配置在离消费者更近的地方或者是运营迷你仓。随着供应链变得越来越复杂化，企业需要新的系统和流程，比如提供实时显示销售库存的系统。

“在重塑物流业的众多改变中，有四大主流趋势将在未来五年推动仓储业改革：（公路货运业和仓储业）劳动力成本上涨，电子商务增长，大型玩家（比如，亚马逊）不可撼动的主导地位，以及仓库的自动化。”

亚马逊同时还使用大数据优化仓库运营，充分利用其离终端消费者近的优势，以及收集处理大量数据的能力。比如，更为准确的库存分配就使得亚马逊能够以最低的成本更快地运输货物，同时以全价销售更多的商品，而不是像一些零售商不得不打折处理多余库存。更有效的数据流通同时也使得订单实时追踪变得可能，提高了亚马逊员工和仓库设备的效率、加快订单交付。亚马逊最近申请了一项专利腕带，可以追踪仓库员工的行踪并提供“触觉式”反馈，以提高效率。亚马逊的主导地位只留给其他零售商两种选择：要么竞争，要么同亚马逊合作。那些选择通过自己的电商平台销售的商家要么大力投资仓库自动化，要么与专做电商的第三方物流公司形成战略伙伴关系。而那些选择通过亚马逊平台的商家则可以在仓库投资方面省钱，但是更强化了亚马逊的主导地位以及在物流方面的控制力。

发货人也在做新的尝试，特别是在节假日销售旺季，那个时候网络销售订单激增，紧接着又会有一大批退货订单要处理。斯道、弗莱克西和其他公司运营的“临时性仓库”，就是专为高峰期提供临时的仓储和退货处理空间。临时性仓库比传统的配送中心成本更高，发货人把库存转到这些临时仓库中需要承担更多的额外费用。尽管如此，随时都可以订到仓储空间的这种便利性让临时性仓库还是拥有一定的市场。

当日达的配送需求也使仓库设置越来越接近终端消费者。当日达一般在大城市比较普遍，因为大城市的仓库空间有限，而且租金高于城市周边地区。因而，发货人可能会租用只有20万英尺的仓库（通常仓库面积都有50万英尺），有时候为了节约成本甚至会与竞争对手一同共用仓库。

（四）转向技术寻求解决方案。

在利润极低、劳动力成本不断上涨的时代，仓储运营者想要保持竞争力，增加利润，就必须跟上技术的进步。除了这些压力外，出现的两个变化也让行业更愿意克服长期以来不想花重金投资新技术的现象。

首先，新税法有一个五年的窗口期，企业可以加速新设备仓库建筑物的成本折旧。因而，企业就获得了直接的税收优惠以及设备折旧奖金，这对于短期的科技投入是非常强大的激励措施。

其次，当仓库管理者寻找降低成本、提高效率和精简运营的新工具时，可供选择非常多。不同价格的多种选择意味着更多的仓储运营者可以找到适合他们需要和预算的技术。而在众多的技术里面，有四大类技术最有发展前景。

一是机器人。自主移动机器人（AMR）和自动导向车（AGV）并不是什么新事物，但是提高员工生产力的迫切性促使“拣货—包装—发货”的仓库采用机器人为中心的解决方案。一些创新型系统，比如Kiva使用可移动的仓储货架，依靠小型自动机器人就可提起。通过机器进行分拣可以提高50%甚至是更多的生产力，同时提高准确率和灵活性。然而，在一些业务繁忙的仓库中，自主移动机器人正在取代自动导向车，以实现更高的灵活性、效率和速度。自主移动机器人不像自动导向车，不需要遵循固定的线路。他们更容易操作和使用，而且比自动导向车更快、更智能、更便宜、更高效。

二是无人机。空中无人机帮助企业提高仓库效率和库存准确性。配备先进的光学技术、无线射频识别（RFID）和条码感应器的无人机，可以大大提高劳动生产力和库存盘点效率。主要零售商正在测试（PINC）等公司的无人机系统，寄希望于改善库存识别和整个库存查证流程。

三是可穿戴设备。可穿戴技术增强了互联网络的运营效益，而这样的互联性大大提高了仓库流程的透明度，使数据分析成为可能。技术商表示，可穿戴语音控制工具可以提升仓库效率30%。随着越来越多的企业发现，可穿戴设备在提高沟通效率、产出率和安全性方面具有的潜力，因此可能会加速可穿戴设备的推广应用。例如，佩戴“智能眼镜”的生产线工人可以接收一步一步的视觉指令；双向音频耳机可以让管理者实时与仓库中任一员工交流。其他可穿戴设备还可以监测员工的健康和压力水平；GPS和信标技术可以追踪员工的活动范围，提醒员工远离危险区域。

四是芯片/感应器技术。芯片和感应技术的发展，将货物的自动移动过程转化为数据，为加快支付速度、提高商品和服务的配送效率提供了强大的工具。与此同时，复杂的WMS芯片技术砍去了操作成本，提高了仓库运营的速度和准确性。

（五）冲向血刃的前沿。

伴随着成本、竞争和消费者预期升级，仓储业面临“不创新即死亡”的挑战。在仓储业迫切需要加速前进的时候，运营者面临的风险更大，于是开始尝试最前沿的技术，比如外骨骼（exoskeleton）技术。粗略估计，包括Ekso Bionics（一家研究机器人骨骼的公司）和SuitX（一家由政府资助的初创公司）在内的36家外骨骼供应商中的大多数，都提供轻型的金属或碳纤维制成的设计装备，可以穿戴在员工身上或作为外部支架。仓库运营商尝试这种尖端未来技术的意愿表明，他们越来越意识到技术也许是在变幻莫测的市场中存活的最大希望。

## 十、区块链：从时髦词到现实

几年前，区块链还或多或少只是一个虚拟货币的时髦词语，现在却吸引了来自全世界企业的大钱。国际数据公司（IDG）的研究者预测，全球在区块链领域的支出在2018年将翻倍至21亿美元。金融部门的公司将成为投资主体，预计达到7.54亿美元，之后紧跟的就是分销和物流，预计5.1亿美元。

在碎片化的全球物流业，很多货物经过多次转手，行业缺乏标准化的交易和追踪流程。结果导致的复杂性已经覆盖了整条昂贵和低效的供应链，缺乏信任和诚信。即时性的、免疫力强的、完全公开透明的交易账本，成为给全球物流量身定做的解决方案。区块链主要应用于三个关键供应链领域：一是简化支付交易和跨境交易；二是跟踪货物在整个供应链上的移动过程；三是建立对货物的溯源和诚信。

由航运巨头马士基领衔，好几个物流公司正在将赌注押在区块链。马士基和国际商业机器公司（IBM）正在研发全球区块链系统，将货物跟踪数字化。IBM估计，从东非运到欧洲的货物，涉及30多个不同的贸易伙伴，等货物到达目的地的时候已经产生了差不多200个不同的交互作业。IBM－马士基区块链系统将（维持一个可以交互作业的防篡改的、数字化的系统），允许货物在转移过程中被准确跟踪。数字化的记录提供了一个附加收益，就是大幅度减少了纸质单证开支，这些开支几乎跟运送货物在全球范围物理移动的开支相等。

（一）行业是否准备好要应用 。

除了区块链有可能使物流发生实质转化的热情高涨之外，大规模的行业应用将需要时日。我们预计的是一个稳定的、渐进的应用过程，行业玩家需要定义一套共同标准，为区块链更新物流技术，通过成功的试验性项目取得购买应用的效果。

通用标准是行业广泛应用的关键。除非发货人、第三方物流公司、承运人、代理人和政府对区块链化的交易和跟踪架构达成一致，否则系统性的低效益会一直存在。业界需要在智能合约、运费支付、资产维护、所有权历史、监管链条、数据等方面建立标准。区块链货运联盟（BiTA）等行业组织正在领导建立共同架构的对话机制。但是，BiTA 执行董事克莱格·弗勒（Craig Fuller）说，这个进程已经慢下来了，由于参与各方的多元化程度高，区块链应用还处于早期阶段，商业化成果还缺乏足够证据。在这些潜在的标准之中，可能最重要的是数据特征化的一整套协议，就像全球驾驶员 ID 之类的东西。业界不能够就全球 EDI 标准达成协议，也说明区块链应用的步伐将取决于谈判者们是否能够对数据特征化标准达成协议。

当前面临的一个挑战就是现有的物流技术基础设施。有必要对现有技术实行标准化和严格的应用条件，这样区块链解决方案才能在顶层上建立起来。例如，区块链可以用于强化交付延误和跟踪货车超时滞期付费，但是，要想让区块链解决方案有效实施，必须使底层的电子身份标识（ELD）系统可靠有效，如果 ELD 的位置定位或者 HOS 跟踪不可靠，基于区块链的智能合约就不能增加任何价值。进一步说，区块链要求其他技术要更新。例如，参与各方都要将交易和互动行为数字化，这样数据才能够实时上传到区块链账本。物流参与者采用标准和技术的速度越快，区块链在整个行业推出的速度也就越早。

广泛的行业支持对区块链在业内的实施也非常必要。要想让区块链有效运作，所有的参与方都必须相信整个链上交换的信息是有效的。例如，制造商需要相信承运人为他们的货物购买了必要的保险，具备其他操作货运的资质。有效的全球区块链网络，同时要求所有利益相关者的参与。

交互业务不仅在发货人和承运人之间存在，法规管理者、零售商、批发商和客户同样是参与者。如果任何一方拒绝或者没有能够参与，区块链的价值将会大打折扣，甚至消失。因此，业内的参与者披露越多的应用成功案例，他们越有可能投资区块链，加速区块链的应用。

（二）是否存在市场整合的潜力 。

目前来看，大的物流公司有资源开展实验项目，与其他行业领袖合作驱动区块链的议程。这将给他们提供一个快速启动者的优势，主导标准制定，推进区块链实施。这些标准将提供最初的架构，决定区块链最终如何在行业内实施，包括从数据长什么样子到信息如何抓取、以数字化形式记录到区块链系统。

然而，基于物流行业碎片化的现实，以及大众参与的重要性，小企业可能会有能力帮助重塑区块链标准和实施。小企业从区块链中能够获得更多，又可能平衡行业游戏格局。在区块链增加透明度、提高库存和物流设施管理水平等方面，小企业可以获益良多，这将给业界带来数以十亿美元的成本节约。这个数额最终可能成为成功和失败的小物流公司之间的差别量级。从这个意义来说，区块链的成功应用对小企业比大企业要更有益处。因此，区块链的应用不大导致行业的兼并集中。如此看来，区块链对任何一个参与者的影响如何，将取决于参与者在供应链上处于什么位置。类似于汽车承运人的资产型第三方物流公司将比提供车货匹配和单证支持的轻资产型的第三方物流公司获益更多。在未来几年，看不同市场分层的公司如何引入和适应区块链，将会是一件有趣的事情。

（曹璐、王国文译，王国文校）

# 日本第六次《综合物流施策大纲》（节选）①

在老龄化加剧、社会结构进一步变化的背景下，为了加强日本竞争力、实现持续性的发展，要求作为支撑日本生产活动与消费者生活重要社会基础设施的物流充分发挥其功能。

为此，需要提高物流生产率。物流方面，在准确应对变化、满足需求的同时，通过零浪费地利用人才、设备等资源实现高效化，通过创造价值实现高附加值化；为了无中断地发挥物流的功能，建设可以持续、稳定地提供服务的环境；为了确保货物能够顺畅地流动，被送到日本全国各地，需增强硬件基础设施和软件基础设施（运输功能等）的社会基础设施功能；确保具备能够应对各种风险的韧性和环境方面的可持续性，非常重要。此外，要实现上述事项，新技术的利用和人才培养将会是关键。

要解决上述问题，实现能够以应对未来需求的“强大的物流”，需要在上述方向性的指导下，从以下六个视角出发采取行动。

## 一、物流变革

以帮助供应链实现整体的高效化及价值创造，同时使物流本身也可以创造出高附加值：从竞争到共创。

为了构筑今后支撑日本生产活动与消费者生活的“强大的物流”，有必要变革物流以帮助供应链实现整体的高效化及价值创造，同时使物流本身也可以创造出高附加值。即需要准确应对今后的社会构造的变化及需求变化的同时，建立最大限度地利用人才和设备等资源的无浪费的结构，变革为“能产生高附加值的物流”。同时，也可以解释为对第四次产业革命的应对措施。

“能产生高附加值的物流”，是指除提供基础的运输功能之外，还能提供温度管理、时间制定等附加价值，并且能为流通加工等功能的消费者提供更多方便功能的物流。要实现这一变革，需要提高供应链整体包括物流的附加价值。但是，仅靠相关人员单独的个体采取优化

① 本文选自日本第六次《综合物流施策大纲》第三部分。

措施，会产生将低效性转移给其他有关人员的不良影响，从全局来看不能称之为最优化的物流。因此，货主、物流企业等全部物流相关工作者应互相理解携手合作，促进采购物流的改善，实现生产、配送、销售整体的高效化，并提高包括物流和生产一体化等在内的附加价值。此外，因为数据和包装外形等因经营者而各不相同，导致无法统一进行处理、难以享受规模效益，造成高成本的问题之外，还会给互相合作带来障碍。因此，需要在经营者之间制定共通的规则、推进整体的标准化。

另外，利用无线射频识别（RFID），通过物流网（IoT）、大数据（BD）、人工智能（AI）等新技术活用数据，可以从准确把握物流需求、实现更准确更高效的物流，构筑能产生生产、销售领域的协同效应的价值创造型物流（Connected Logistics）两方面给物流领域带来革命性的变化，是实现供应链整体最优化的有效手段。有利于价值创造的同时，帮助提高物流本身所含的附加价值，应积极加以利用。

（一）合作与协作带来物流高效化。

1. 消除物流不均匀性

通过货主与物流企业之间合作，分析物流量变化的原因及缓和其变化的有效手法等，为推进本事业创造环境。

2. 消除物流浪费现象

第一，通过货主与物流企业之间合作，事先接受包装外形、包装量等货物相关信息，提前做好准备，实现收货方的作业高效化。

第二，通过货主与物流企业之间合作，提前调整仓库等的卸货时间以减少等货时间。

第三，通过货主与物流企业之间合作，分享需求预测等数据，减少供应链整体的浪费现象，通过信息的分享和利用等促进相关人员之间的合作与协作。

3. 高效运输

通过共同物流、各种运输方式之间的合作与协作（运输方式转换），消除装载时的浪费现象。通过多个经营者之间进行合作与协作，提高装载率、仓库和车辆的运转率、削减成本，推进物流高效化的同时，加大与公路网的合作力度，促进对具有高运输效率的铁路、船舶运输的利用，从而以最大限度地发挥司机等人才、车辆设备等的能力，提高物流整体的生产率。

为此，需要在多个经营者之间适当地分享、利用运输配送所需的信息，以促进有效合作。

（二）为合作与协作的便利化创造环境。

创造有利于构建智慧供应链的环境。

1. 标准化

为实现货主、物流企业等经营者之间合作与协作的便利化实施数据、系统规格的标准化。

因为货物管理系统的数据形式和规格不同，难以以电子形式使用互相的运输配送信息、库存信息及进出口信息，从而影响了物流效率。因为合作的便利化与数据的使用等有利于构建具有高附加值、无浪费且最优化的供应链，因此应在官民共商框架下探讨在经营者之间实施数据标准化及共享化、系统规格标准化、删除重复输入的项目等，从而促进数据交接的便利化及迅速化、减少数据交接成本。要注意的是，这种情况下需要确保信息的绝对安全。

2. 高效化

通过托盘等成组装运的标准化实现装卸高效化、提高卡车运转率。

减少装卸时间有利于提高卡车运转率等，从而有助于实现物流高效化。在推进托盘化以实现机械装卸的同时，应在官民共商框架内，从物流设计的角度出发，就搬运容器的形状、印字位置等的标准化问题及进行探讨。

3. 信息化

为了供应链整体高效化，要推行 RFID 技术。RFID 不仅可以一次性读取、处理多种商品，还具有可以积蓄、改写大容量的信息、进行个体识别的特性。通过利用射频识别技术可以大幅削减装卸时间，实现物流追踪。今后 RFID 技术将会得到进一步的推广，借此得到的信息如果可以在整体供应链进行共享，则可以实现生产、配送、销售整体的飞跃性的高效化。如上所述，射频识别在物流领域，在实现全局高效化、最优化、提高附加价值方面具有巨大的潜力。要推广射频识别，需要克服成本和电波使用的问题，需要能够承担安装成本的机制，需要克服防止金属和水影响信息读取等问题。目前各个行业正致力于 RFID 技术的引进，如《便利店电子标签 1000 亿枚宣言》等。再者，为了跨越个别企业的界限，在构成供应链的各个主体之间便利地使用信息，应通过标准的、统一的方法来构筑一个有关 RFID 技术信息及其读取的共同平台。借此减少物流及流通整体过程中无用的运输，从而为消费者提供高附加值的服务。

（三）以亚洲为中心的供应链无缝化、高附加值化。

1. 推进亚洲各国的物流无缝化

构筑日本产业的高效供应链需要无缝化的物流，要求其能够支撑位于亚洲各国的日本产业生产基地及物流业事业活动顺利进行。为此，应积极地采取行动以实现物流的便利化，如通过基础设施建设加强东盟地区的联结性，在国外使用电子通关信息处理系统（NACCS）实现进出口手续的现代化及高效化，促进跨境通行，在国际社会上推广托盘等可回收再利用的物流资材器材等。

2. 支持日本优质物流系统的海外拓展事业

最大限度地利用日本的“优势技术知识”积极应对亚洲巨大的物流需求，实现日本物流业的强劲发展的同时，为亚洲各国的社会及经济发展做出贡献。为此，在推动日本的优质冷链物流服务等国际标准化、在亚洲各国进行推广的同时，通过放宽外资限制、利用官民基金等，支持日本的优质物流系统的软件面和硬件面的海外拓展。

3. 农林渔产品及食品的物流高效化促进出口物流

农林渔产品及食品的物流方面，通过生产、出货、流通、销售的相关工作人员与物流工作者的紧密合作，由各位相关人员共同承担费用、分享收益的同时，借由托盘化、共同运输、运输方式转换等达到合理化、高效化，从而实现可持续的物流。为此，相关政府机构携手合作以支持各个行业的工作。此外，为了促进出口，根据《农林渔产业的出口力强化战略》（2016 年 5 月 19 日农林渔产业及地区活力创造本部汇总），以及《农林渔产品出口基础设施建设项目》（2017 年 11 月 29 日农林渔产业及地区活力创造本部通过）相关政府机构开展合作，在维持品质的同时，为了能够更多更便宜地进行运输，应在建设物流基地、推进物流的高度化、优化及成本削减等方面做出努力。

## 二、可视化

包括物流的透明化、高效化与借此实现工作方式的改革。

为了保证物流不中断地发挥其作为社会基

础设施的功能，在创造确保物流行业能稳定地提供服务的合理竞争环境的同时，提供高附加值的服务，必须继续培养人才。

因此，应在遵照法律的前提下，重新评价至今为止的交易惯例，使服务内容可视化及与各项对价的关系明确化，建设健全的市场机制能有效发挥作用的环境，同时创造有利于配置、保留、培养人才的易于工作的环境。

再者，为了进一步推进工作，就物流作为社会基础设施稳定、持续地发挥其作用的重要性，以及如果一直保持以往的状态，物流有可能将不能发挥出其作用这两方面在有关人员之间达成共识。同时，进行意识改革，使消费者认识到有关人员之间包括使用者在内，进行合作与协作非常重要。

（一）明确服务与对价的关系。

在物流行业，为了基于等货、装货、卸货及附加业务等成本合理规定服务内容及其价格，为了根据货主的需求提供各种服务，需要让健全的市场机制有效发挥其作用。因此，需要官民一同采取措施使等货、装货及卸货、附加业务等成本合理地反映到交易价格当中。提供服务时，努力推进必要的成本“可视化”、收费时区分运输相应的对价（运费）和运输以外的部分（等货、装货及卸货、附带业务等）相应的对价（费用）。

（二）提高透明度创造环境。

通过推进协议书面化（含电子方式）、整改多级承包结构，提高物流服务相关交易的透明度，建设环境确保交易能在《禁止私人垄断及确保公正交易法》（1947 年第 54 号法律）及《防止拖延支付转包费法》（1956 年第 120 号法律）下合理进行。借此，在创造有利于“明确服务与对价关系”的环境的同时，致力于提供方便所有物流从业者工作的环境。

（三）向高附加值业务集中。

提高能产生附加价值的业务的比重，提高人才保留率，创造能让各种人才大展身手的环境。

1. 减少等货时间、装卸时间，提高运转率

让司机专门从事运输业务的同时，提高运输周转率，从而提高每一时间单位的生产率和收益性。为此，通过引进利用卡车预系统和 ETC2. 0 等运行管理系统，促进输送业务和装卸业务分离，实现装卸迅速化等缩短等货时间及装卸时间。此外，将通过制作汇总现有事例的指南书，进行技术知识的普及。

2. 减少快递二次配送

在应对邮购增加引起的快递需求增加的问题方面，二次配送导致劳动力层面及环境层面的社会成本增加已成为一个重大课题。快递服务是支撑日常生活的社会基础设施，为了可以持续地对其进行使用，提高其生产率，将努力创造环境加强包括消费者在内的相关人员之间的交流，利用各地区的投递箱实现收货方法多样化，促使消费者积极行动减少快递的二次配送。

3. 创造物流劳动环境

创造包括女性及年轻人在内，都可以发挥作用的劳动环境。

为了让女性及年轻人等各类人才，能在物流领域发挥作用，将通过机械化装卸等减轻劳动负担，实现非熟练工的操作简易化，缩短长时间劳动。通过在干线运输中引进转运，实现当日往返等创造易于工作的环境。另外，可以借助这些工作来提升物流领域作为一项就业选择的魅力。

## 三、支持

通过强化基础设施功能，如发掘设施提高效果等实现物流高效化，增强物流作为软硬件一体化社会基础设施的功能。

要实现兼具方便性、迅速性、安全性、高效性的物流，从全局出发去理解物流基础设施是集硬件基础设施和软件基础设施（运输功能等）于一体，并谋求物流基础设施的高效化与高度化非常重要。为此，除了从软硬件两方面推进公路、水路、航空、铁路运输相关的基础设施和物流基地的建设以外，还要采取措施实现这些运输方式之间的连接及枢纽运转高效化。再者，为了在卡车、铁路、船舶等各种运输方式之中做出最佳选择，避免阻碍运输方式的转换，确保船舶等运输能力是很重要的。另外，城市内物流和地区物流方面，应考虑各自的特性，从全局出发进行物流管理。

（一）通过加强运输方式衔接等提高运输效率。

为了降低环境负荷、应对卡车司机不足的问题，从卡车转向可以大量运输且二氧化碳排放效率低的铁路、船舶（即运输方式转换）非常重要。近年，在日本根据距离选择使用卡车、铁路、船舶，或组合使用多种运输方式的案例越来越多。另外，出于发生灾害和遇到运输问题时确保有可替代的运输方式的考虑，确保多种运输手段可行的重要性日益彰显。为此，在加强机场、港口、铁路站等与基地及高速公路的连接，促进高速公路和物流设施的直接联结的同时，还应推进基础设施建设以实现港口地区的卡车运输及铁路运输的顺利合作。此外，还应促进信息的相互利用等。通过这些工作，有望强化各种运输方式之间的合作从而实现“运输方式衔接”，使硬件基础设施与软件基础设施融为一体，共同发挥其功能，顺畅地移动货物。

（二）强化公路运输、海运、空运、铁运的功能。

为了实现国内外的无缝化运输、增强日本物流网的国际竞争力，应使硬件基础设施与软件基础设施融为一体，强化物流作为社会基础设施的功能。

1. 强化公路的运输功能

考虑到在公路上移动的时间中，40%是因为交通拥堵而损失，应充分利用 ETC2.0、多种传感器和 AI 缩短交通拥堵损失的时间。在强化目标地点交通拥堵问题的有效对策的同时，根据拥堵情况探讨建设战略性收费体系的问题，灵活使用公路。

推动包括三大城市圈环状道路在内的高规格干线公路网的建设，以及暂定 2 车道区间的 4 车道化。

基于熊本地震发生时应急运输公路的受灾情况，对广泛且复杂的现有网络及基地进行锁定，指定包括计划路线在内的、无论正常情况还是受灾时都能保证人与货物稳定运输的基础网络，针对指定的网络，强化其稳定支撑经济与生活的功能，并开展重点支援和投资工作。基础网络的功能强化方面，应在受灾时迅速启用、修复替代公路、允许大型车辆通行。同时，还应对人流、物流基地的“最后一公里”利用及沿途设施的使用进行控制，使公路构造适应大型化卡车。

为了实现省人化，引入能以 1 辆车承载 2 辆装载量的双车厢铰接式卡车并在干线物流上加以推广。同时，通过利用服务区、休息区进行转运、直接联结物流设施等，强化高速公路作为干线物流平台的功能。

另外，还应重新评估特殊车辆通行许可标准，实现审查迅速化，加强运输的机动性。

2. 强化海上的运输功能

（1）建设港口设施。在建设国际集装箱战略港口方面，为了维持并增加开往日本的基础航线，应通过从国内各地及亚洲广大地区汇集货物或港口带来的产业聚集效果促进货物产出。同时，促进国家参与出资的港口运营公司的一体化、高效的港口运营，促进大型深水集装箱码头的建设。

在建设国际散货战略港口方面，为了确保运输资源、能源、粮食等散装货物的大型船舶可以顺利入港，建设基地式港口，推动构筑稳定且高效的全国海上运输网。

其他港口的建设方面，除了港口功能的充实，渡轮、滚装船开航，国际海上航线的选择多样化之外，还应推动腹地的流通加工功能集中化，加强国际竞争力。

此外，为了满足运输方式转换的需求，内航船舶实现了大型化，渡轮及滚装船等航线变得更加充实。在应对上述变化的同时，为了帮助实现内航海运运输的高效化和构筑静脉物流网，应通过完善码头等设施、渡轮作业场的高度信息化、下船后确保车辆待机空间等基础建设来推动形成高规格的成组装运码头。

（2）港口物流的高效化。除了扩大集装箱、提高其处理能力之外，还应利用 IoT、AI 等技术，提高集装箱码头运营整体的生产率，灵活运用内路站促进集装箱的循环利用，从而缓解集装箱码头周边的拥堵，推动港口物流的高效化。同时，基于供应链的情况，探讨根据需求延长集装箱码头开放时间的问题。

（3）外航海运。基于近年日本周边海域的局势变化，为了尽早确立经济安全保障，应通过实施吨位税制等行动，确保以日本船舶为中心的日本商船船队国际海上运输的稳定。

另外，随着北冰洋海冰面积减少，北冰洋航线受到关注。基于运输途径多样化，应创造环境，方便海运经营者利用北冰洋航线。

（4）内航海运。为了确保内航海运的稳定并提高其生产率，应基于《内航未来创造计划：坚定地支撑日本、谋求进化》（2017 年 6 月由内航海运活性化未来方向性探讨会制定）推进政策的实施。其中，强化内航海运经营者的事业基础（创立“国土交通大臣登记船舶管理事业者”等级制度，以促进利用船舶管理公司实现集化、高效化，设置“稳定高效的运输协议会”，以加强货主与海运经营者之间的合作）；开发、推广先进的船舶（开发、推广活用 IoT 技术的船舶，如有助于省力化并提高安全性的自动航行船，利用独立行政法人铁路建设及运输设施建设支援机构的船舶共享建造制度促进船舶的委托建造的顺利进行）；稳定、有效地配置、培养船员（船员教育体制的根本性改革，宣传职场的优质劳动环境、创造富有魅力的职场，从而促进船员的上岗留岗、探讨船员的航班分配方式、改革工作方式）。

（三）强化物流设施的功能。

仓库等物流设施，主要是由民间经营者建立。虽然具有增加就业的效果，但由于需要应对邮购的剧增和功能集化，为了实现高效化和复合化扩大设施规模导致物流设施的人才需求增加、建于超出人才供给能力范围的郊外物流设施增加，包括库内作业员在内的人才供不应求，难以确保人才到位。鉴于此，需采取行动促进库内作业的省力化、提高库内作业生产率。

另外，利用《物流综合效率化法》框架，借助高速自动车国道的出入口周围等物流节点的优良选址条件吸引物流设施在该地建设。同时，通过引进卡车预系统、合并卡车营业所等促进物流企业之间的合作，实现物流顺畅化。此外，针对老化的物流设施，需通过推进设施的更新和高功能化完善物流设备，使其有利于提高物流业务的生产率。

再者，在强化物流设施的功能时，物流企业所实施的物流设施复合化、多功能化，为满足货主多样化的需求引入设备，基于旨在实现不动产价值最大化的企业，不动产（CRE）战略活用资产均是十分有效的措施，因此需促进以上措施的实施。

（四）将物流考虑在内的地区建设。

物流，是支撑城市功能和地区生活所必不可少的基础设施。为了兼顾居民便利性、公路交通的安全性、景观等与物流的高效性，从有效利用既有设施的角度，需要推进将物流考虑在内的地区建设。

1. 将物流内化为城市功能之一

为了确保在城市建设的设计阶段，开始就对物流要素加以考虑。例如，在中心市区、大规模建筑物中设置货物处理场所。同时，通过共同配送等方式实现集配高效化，抑制货物流入市中心地区或住宅区，从而实现城市功能和物流的实用性及高效性。基于安全性和景观等环境层面的观点也需如此。大规模建筑物的物流顺畅化方面，则需要在宣贯汇总了相关设计参考事项的指南书的同时，推动消费者充分利用该指南书。

此外，为了抑制物流活动给周边交通及环境带来的影响，基于物流需求和物流企业的负担，在取得相关人员理解的基础上，促进地区货物处理规定的制定及货物处理场所和停车场的建设。

再者，在促进货物处理场所的建设时，应探讨是否有效利用企业及地方各级政府所持不动产等方面的可能性。

2. 应对地区人口减少、老龄化

人口减少导致地区物流量减少时，配送小批量化可能会导致物流盈利性降低的问题令人担忧。并且，超老龄化加剧的中间农业地区与山间农业地区、离岛等地要确保日常生活所需物品的配送手段到位也是一个问题。针对这些问题，为了可持续地提供物流，在促进包括客货混装在内的共同配送的同时，以公路上的车站等小基地为核心构筑新的运输系统，包括提供自动驾驶服务等。

## 四、防范

构建能应对灾害风险、地球环境问题的可持续发展的物流。

为了在发生灾害时，能通过输送应急货物等支撑消费者生活、保证生产活动得以继续，需具备能应对时刻变化的情况的能力和韧性。此外，还需恰当地应对硬件基础设施的老化、反恐对策等各种风险以及活动举行期间发生的意外状况。

再者，为了应对地球环境相关的国际承诺、在达到日本的温室气体减排目标的同时支撑经济发展和消费者生活，需要确切地采取应对措施解决地球环境问题。

（一）防范灾害等风险。

为了确保发生灾害时，救援货物可以切实地被送到受灾者处，需要事先在有关人员之间为实现运输的顺畅化进行体制上的调整，制订业务持续性计划（BCP）等，做好事前准备的同时，强化基础设施的功能，保证即使受灾也可以尽早修复。

1. 构筑抗灾物流系统

基于东日本大地震、熊本地震等以往的灾

害教训，发生灾害时需要在抑制物流混乱的同时，推动官民合作，改善救援货物的输送情况。

（1）实现顺畅的救援货物输送应做的工作。鉴于发生灾害时，需要运输救援货物，需要在物流设施进行货物分拣，在促进地方各级政府和物流企业之间签署运输协议和保管协议的同时，发生大规模灾害时，实施救援货物运输的整体优化，使得“最后一公里”运输顺利进行，确保救援货物顺利地被输送到避难所。

为了确保灾害发生后，地方各级政府和经营者等可以迅速应对时刻变化的情况，需要有效地探讨合适的替代运输路径等，迅速且集中地提供公路、港口、机场、铁路的修复情况及可通行路线的相关信息。另外，还需推动发生灾害时应急运输所需燃料等的确保机制的建设。

（2）制定社会基础设施功能的防灾、减灾对策。

第一，公路防灾减灾对策。增强应急运输公路等抗震性能，解决缺环问题，以确保可替代性，推进公路开通计划的深化和展开。另外，构建可迅速且确切地收集、提供可否通行的信息，共享所持资材机械的信息的机制，发生灾害后可确保迅速通行，同时需事先设定好替代路径，使灾害发生时能够迅速实现基础网络的开通和修复。

第二，港口防灾减灾对策。为了在发生大规模地震时能维持港口的功能，在推进码头抗震化、巩固防护堤、确保航海功能正常等地震海啸对策的同时，针对物流、产业、能源供给基地等重要设施临近的联合港口，强化地震及海啸对策，加强与相关人员的合作。此外，还需适当地重新评估港口的业务持续性计划（BCP），通过广大区域内港口之间的合作来制订广域业务持续性计划，包括开展广域合作在内，在尽早恢复港口功能的同时，强化与航路疏通及修复相关的设施管理者和民间经营者等之间的信息共享和合作体制。

第三，海上交通防灾减灾对策。发生海啸等大规模灾害时，为了最大限度地降低给海上交通功能带来的打击，需要将东京湾的多个海上交通管制措施统一起来，从整体上把握港内的船舶交通，迅速、确实地向各船舶传达警报、提供避难海域的信息等。另外，为了实现安全放心的海上交通，在其他海域也推进航线标识等功能强化工作。

第四，维持供应链所需做的工作。为了发生灾害时能够维持物流功能，需要物流企业等制订业务持续性计划、开展培训，促进特定流通业务设施的建设、强化民间物流设施等的灾害应对能力。

第五，便利店等既有流通渠道在灾害发生后仍能发挥其功能时，应利用该功能确保包括水和食品等应急性较高的物品在内的货物运输和供给顺利进行。此外，还应尽力维持其功能以向受灾地及其周边地区的消费者供应商品。

为了受灾后能尽早地恢复其功能，在进行平时所做工作的同时，事先构建经营者之间的合作、协作体制，探讨在恢复到平日的产品供给、商品供给体制之前如何抑制流通混乱的对策。

第六，在发生大规模灾害时，为了确保货物优先被输送到受灾地，在受灾地以外的地区，呼吁消费者采取配合行动尽量不要增加物流负担。

2. 制订防老化对策确保物流基础设施功能

为了保证受灾时基础设施的功能不受影响，确保物流安全、让人放心，需要进行适当的维护管理，采取对策确保基础设施被合理使用。

（1）公路的防老化对策。有计划地实施以预防保护为前提的维修事业，引进新技术等实现长寿化、削减成本，利用有限的财政资源，对未来将加速增加的老化的硬件基础设施，应加强应对措施。

为了消除公路劣化的主要原因——超载车辆，利用车辆动态称重系统（WIM）加强自动管制，探讨建设将责任和成本等适当地分担给货主的机制。

再者，今后的维修修缮、设施更新方面，应参考各国事例，广泛听取意见，就未来的负担进行探讨，如收费公路债务偿还完毕后继续收费，以及引进大型车辆按距离收费的规定等。

（2）港口的防老化对策。对今后预计将迅速老化的港口设施，为使其今后仍能发挥其功能，应对其进行预防保护型的维护管理，推进有计划的综合防老化对策的实施。其中，应根据维护管理计划，有计划地进行检查、实施有效改良工程，以延长各个设施的寿命，有计划地推进功能下降的设施合并或废除及规格的重新评估，重新建设更高效的码头，通过战略性的设施库存管理强化防老化对策。

（3）物流设施的防老化对策。近年，包括营业仓库在内老化的物流设施不断增加。物流设施由民间经营者运营，其老化有可能会引起受灾时货物崩塌、设施受损、系统故障等功能不全问题，导致流通混乱。因此，要推动设施更新成为高性能、考虑环境因素、抗灾能力强的设施。

3. 应对安全问题

要确保物流领域设施及运输的安全性，再加上近年国际物流反恐对策的要求增高，为了兼顾物流的高效化和应对安全问题，应考虑协调多个安全合规项目，在取得相关人员的理解和配合的基础上采取措施。

（1）KS/RA（特定货主/特定航空货物利用运输经营者）制度的高效实施。在考虑到货主和物流企业负担的基础上，就检查制度进行探讨，包括 KS/RA 制度与优质企业认证资格（AEO）制度的调和等。

（2）海上运输的安保对策。为了确保海上运输的整体安全，在发生海盗事件的海域实施海盗防治对策，在马六甲及新加坡海峡等海域实施船舶交通安全对策，强化国际物流相关的安全确保应对措施。

为了在确保港口设施的国际安保水平的同时确保高效的国际海上物流，应推进港口设施出入管理高度化等港口安保对策的实施。

4. 开展大规模活动的应对措施

举办大规模活动时，可能会因为一些与往日不同的需求导致运输的波动增大、要求加以不同以往的应对例如实施交通管制。在这种情况下，为了确保运输活动可以确切地应对不同以往的需求，极力减轻物流负担，需要全体相关人员共同探讨应对措施以达到整体最优化。

（二）防范地球环境问题。

为了实现日本温室气体减排目标，从减轻物流领域供应链整体环境负担的观点出发，减少二次配送等低效行为，推进物流的高效化及运输方式转化，促进机动车单体对策的实施及铁路、船舶、航空、物流设施的低碳化。

1. 减轻供应链整体给环境带来的负担

货主与物流企业合作，通过物流高效化和运输节点等物流基地的低碳化减轻供应链整体给环境带来的负担。

（1）促进货主采取措施。为了让货主采取行动促进节能对策的实施、抑制少量多频的运输，在促进基于《能源使用合理化法》（1979

年第 49 号法律，以下简称《节能法》）所采取的措施的实施同时，就《节能法》的进一步利用的问题进行探讨。

（2）促进货主与物流企业等相关人员之间的合作。通过进一步加强货主与物流企业之间的关系，促进运输方式转换与共同物流的实施，进一步减轻环境负担。

首先，在物流领域，相关人员应利用《物流综合效率化法》的框架，进行合作，实施运输方式转换与共同物流等有利于减轻环境负担的措施。

其次，在海运领域，成立“海运运输方式转换推进协议会”以加强货主与物流企业、海运从业者的合作。在推进具体工作的同时，对于先进的运输方式转换事例，应设立新的表彰制度，向全国表彰、推广优良事例。

最后，为了方便货主等转换运输方式，应构筑一个系统，汇集有助于运输方式转换的渡轮、滚装船等的航运信息，方便货主使用。

（3）减轻物流基地给环境带来的负担。在推进仓库等物流设施、港口、机场等物流基地低碳化的同时，促使仓库等物流设施使用自然制冷剂。

2. 运输方式的节能化、低公害化

通过防拥堵对策，促进卡车运输的低公害化。要推进各种运输方式的节能化、低公害化，包括船舶、航空、铁路及物流领域主要的二氧化碳排放源——卡车，促进能源使用向天然气及氢气等转换。

（1）防拥堵对策。在推进环状公路和辅路建设的同时，利用 ICT（信息和通信技术）、AI 等加强交通管理，探讨引进优化交通流的收费对策，利用大型商业设施等强化防拥堵对策，加强与卡车运营者等公路使用者之间的合作，推进有助于提高生产率的防拥堵对策的实施。

（2）船舶的节能对策。为了推进内航海运的节能对策，在考虑与货主开展合作的同时，对节能船舶的推广予以支持。要推进内航海运经营者的节能评价制度（内航船舶“节能评级”制度）的建设及推广，鼓励踊跃投资节能船舶。

此外，制定外航海运的二氧化碳减排对策，包括制定国际海事组织温室气体减排战略，阶段性强化油耗管制，由日本主导国际海运领域的气候变暖防止对策的相关讨论。

（3）对船舶的硫氧化物排放管制。使用替代燃料 LNG（液化天然气）有利于减少氮氧化物和二氧化碳的排放，面对 2020 年开始强化的船舶燃料中的硫黄浓度管制，应发挥日本作为全球最大 LNG 进口国的优势，在推进日本港口建设 LNG 补给基地的同时，采取措施推广 LNG 燃料船。

再者，应探讨低硫黄燃料油的低廉化，削减供给成本的具体对策，实施适当的措施，使相关行业能够顺利地应对。

## 五、物流革命

利用新技术 IoT、BD、AI，引发“革命性变化”。

通过 IoT、BD、AI 等新技术，充分利用数据将彻底颠覆目前的物流形态，带来革命性的变化。日本有必要积极利用新技术来引发“物流革命”。

物流领域因为收货方、货量、品目、包装外形每次都不同，需要根据情况进行准确的应对而非单纯的重复作业。因此，机械化、自动化的难度较大。但是，今后人才不足的问题将愈发严峻，通过 IoT、BD、AI 等新技术充分利用数据，能够显著地提升效率、优化供应链，这些对创造新的高附加价值而言非常重要。

另外，通过 IoT、BD、AI 等新技术充分利用数据能有效促进实施。为此，也有必要有效利用这些新技术。同时，需要引进必要的机制、从基础设施层面营造事业环境。

再者，利用 IoT、BD、AI 等新技术创造、发展物流领域的新系统、新机器等新产业，对增强日本产业的国际竞争力也非常重要，且新产业有望拓展海外市场。

（一）利用 IoT、BD、AI 实现供应链整体优化。

物流环境正处于危机状态当中，例如严重的人才不足等。要实现以上目标，包括促进多个经营者之间合作和共同物流，需要通过跨领域使用 IoT、BD、AI 等新技术，收集并解析物流领域的大量数据，才能实现效率的飞跃性提升和供应链的整体优化。

例如，通过生产、配送与销售的合作，零售商与厂商、批发商共享所持有的大量销售数据，用 AI 对气象数据等进行解析预测需求并在生产、配送、销售三方之间共享，使用射频识别技术，实现供应链整体优化和高效化，减少在库天数、缺货件数和运输成本。另外，通过活用物联网技术，在货主与物流企业之间、货主之间、物流企业之间共享货物数据和卡车位置数据等，谋求供给与需求更加精准的对接。从而有望实现峰值的平均化、减少等货时间，提高装载率。并通过在港口利用物联网和人工智能谋求码头运营的高效化。

再者，在共享数据时，要确保相关人员的可信度、诚信度。

通过跨领域有效地使用 IoT、BD、AI 等新技术，提高物流生产率的同时，抑制二氧化碳的排放，构建高效且可持续的供应链。

（二）通过结队行驶及自动驾驶实现运输的显著高效化。

为了实现干线、“最后一公里”的运输显著高效化、高附加值化，利用新技术的可能性是非常大的。要在确保安全性的同时以少量司机有效运输货物，就需要在市场上推动领先世界的自动驾驶系统的安装。

尤其是对于有望解决司机短缺问题的后续车辆无人结队行驶技术，要以其商业化为目标，在高速公路上实现后续车辆的无人结队行驶。为此，应就能保证安全的车间距等相关事项进行探讨，争取实施后续车辆有人系统及后续车辆无人系统的公路实证实验，制定带有具体地点和行驶方法的行驶计划。再基于双车厢铰接卡车的实验情况，根据结队行驶技术、实证结果和运用规则等就基础设施方面等事业环境进行探讨。

再者，推进高速公路的收费政策等能让使用者真实地感受到 ETC2.0 的优点的措施，通过安装 ETC2.0 等尽早推广联网卡车，促进能够提高运行稳定性和效率的先进汽车技术。

（三）通过将无人机引进物流业引发空中产业革命。

通过使用无人机，推进物流的高效化和省人化。其中，为了实现山谷地区等地的货物配送的规范化，通过利用实证调查，制定机体的性能评价标准，推动能保障多个机体同时运作的运行管理系统和防撞技术的开发，推动国际标准化。此外，对基于航空法的许可、批准制度，应在确保安全性的同时，探讨建立以实现无须辅助者的视线外飞行所需的机制。在推进这些工作时，应考虑到安全保障、保护隐私等风险问题。

（四）物流设施生产率的创新式提高和省力化。

通过利用 IoT、BD、AI 等新技术，对物流设施进行最佳配置以实现物流整体高效化。同时，通过引进自动搬运机器人、拣货机器人等机器促进流通加工、产品检查等库内作业的省人化。做好推进工作，使用机器人实现进出货处（卡车到仓库的装卸货作业的现场）的运输，与车间连接处的作业及配送管理一连贯的自动化。另外，当因为货物的形状等因素导致难以实现自动化时，可以增强动力辅助服务的性能，如轻量化等来减轻现场作业的负担。通过在物流现场将人的灵活性和机械的高效性有机组合起来，使物流设施的多种功能可以持续发挥作用，应利用 IoT、BD、AI 等实现物流设施内的自动化与机械化，从而提高生产率，达到省力化的效果。

（五）船舶的 IoT 化、自动航行船。

通过利用物联网技术和大数据，从陆地实时监视船舶的机器，当发生故障时迅速提供支持；利用天气等预测信息，设置高效的路径和航行速度；对船舶汇集的航线施行交通管制等，从而实现船舶的高效航行。另外，为了将自动航行船引进市场，需通过研发、制定标准及规定等推动海上交通的发展。

## 六、培养

开展消费者启蒙活动以确保人才到位、培养人才、加深消费者对物流的理解。

为了确保物流能发挥其功能，需要支撑物流活动的多种人才。不仅要确保、培养支撑现场作业的人才，还要确保并培养能够促进有关人员之间的协作、能够帮助实现物流高效化和高附加值化的具有提案能力的人才。

另外，为了能够提供持续且高效的物流，需要对既是货主又是消费者的消费者开展启蒙活动，确保物流的作用及特性能被理解并加以利用。

（一）培养高度化物流系统管理人才。

通过开展工作方式改革，确保国内物流现场的各种人才到位，改善就业环境。

卡车运输业方面，通过支持货主与卡车经营者合作、协作改善长时间劳动，推进工作方式改革，改善劳动条件之外，还应重视更新评估运行形态、实施装卸分离，减轻司机负担，建设一个能让包括女性和年轻人在内的各种人才大展身手的环境。

内航船员方面，为了确保稳定的海上运输，继续致力于优秀的年轻船员的保障及培养工作，物流人才主要供给源——独立行政法人海技教育机构与相关教育机构和相关团体等开展合作，培养优质的、符合经营者需求的船员，实施教育内容高度化。并且，通过改善船内居住环境和劳动环境，促进年轻船员就业以改善船员的年龄结构，通过工作方式改革提高生产率。

另外，还需在亚洲各国培养有利于开展日本企业的海外拓展事业的人才。

在培养负责高度化物流系统管理的计划、设计、管理的人才方面，从欧美企业专门设置负责管理供应链及物流的董事［Chief Supply Chain Officer，CSCO）、CLO（Chief Logistics Officer）］，可以看出，产业界内已对人才重要性的认识加深。同时，相关人员在努力充实有关物流的大学专业教育同时，经营者也在进行员工的培养、宣贯物流相关的资格制度。为了利用 IoT、BD、AI 等新技术实现高效化，还需要培养必不可少的信息技术领域的人才。

（二）开展消费者启蒙活动，加深消费者对物流的理解。

1. 加强理解

为了让每一个身为物流体验者的消费者，

可以在考虑物流全局的情况下做出行为选择，应加强其对物流的社会作用及物流所面临的课题的理解。

2. 加深认识

为了使物流业的作用得到相符的评价，应加深消费者对物流服务所提供的附加价值的认识。

3. 创造环境

为了使物流能够持续地发挥其功能，应创造一个能得到各界协助的环境。

要以上述 3 点为目标开展启蒙活动。例如，与民间团体合作开展参观物流工作现场，利用宣传内容的制作、教育等机会加深对物流的作用及其面临的课题的理解。通过上述努力，让消费者对物流抱有亲近感，扩大物流人才的来源。此外，还应开展启蒙活动让经济界及货主理解供应链整体高效化和提高物流生产率的必要性。

为了让支撑日本经济活动和消费者生活的社会基础设施——物流能充分发挥其功能，应从上述 6 个视角推进工作，构筑“强大的物流”。

（姜旭翻译供稿）

企业网上法务部
请个法律顾问？——No，一个律师，专业有限，应付不了！
公司设立法务部？——No，太浪费！
合同谈判，文件起草，法律风险防范，仲裁诉讼……怎么办？
Yes！我的法务网
www.myfawu.com
中小企业的网上法务部
在线法律服务管家
◇ 企业法务自助：类型化法规、案例、问答，定制/浏览
◇ 专家在线服务：法务下单，在线申请/回复
◇ 在线法务管家：拟订、签署、执行、法务过程，跟踪管理
◇ 在地化服务：绑定在地法务专员，定期访谈服务
法务资讯平台
法务管理系统

# 宁波经济技术开发区
# 现代国际物流园区

宁波经济技术开发区现代国际物流园区，作为宁波市委、市政府在“十一五”期间出台的《宁波市现代物流发展规划》“一主六副”中的主物流园区，总规划面积3.5平方公里，由核心物流园区（1.89平方公里）、原工业小区、原精细化工区组成。现有实地经营企业约280家，引进普洛斯、中外运、万维VX物流园等国内外知名大型物流企业落户，集聚天翔货柜、东南物流、铃与物流等中小型物流仓储企业120多家，集聚德马格、力劲、毅文机械等大型工业企业15家，中小型精细化工业企业130余家。

在省、市、区各级政府的关心下，在口岸部门的支持下，经过几年开发建设，园区已建成高标准物流仓库46万平方米，冷链仓库15万立方米，在国内处于领先地位，先后获得“浙江省示范物流园区”“港口物流特色知名品牌示范园区”“全国第二批示范物流园区”“优秀物流园区”等荣誉。

## Ningbo Economic & Technological Development Zone,Modern International Logistics Park

2017年，园区全面开启二次发展，核心区块税收1.9亿元，增长5.5%，完成目标的126%。进出口贸易额由2013年的10亿美元增长到2017年的64.2亿美元，增长5.42倍，累计突破200亿美元，对全市贸易增长贡献明显，积极发挥园区对宁波市落实国家“一带一路”倡议、长江经济带战略的重要载体和物流战略支点作用。2017年9月中国-中东欧国家贸易便利化试验区（北仑核心区）在园区落户，为特殊区域贸易便利化发展开创先河。完成太古冷链综合保税仓验收，推进百川港通进口食品公共查验平台建设。引入上海交大教育集团，协同推进中东欧国际物流学院落地，开创产智融合新局面。举办中东欧国际物流学院实践基地授牌仪式暨中东欧全额硕士奖学金名额全球招生发布，提升园区国际化品质和水平。依托园区现有东南、铃与、兴港等优质港股线下企业，延伸线上港区资源综合服务平台建设，推进宁波港港口物流全产业链整合提升，加快兴港冷链与中铁集团的海铁联运合作等项目开发。2018年4月，宁波海关批准全市出口配送型海关出口监管仓库落户园区，大力促进跨境电商业务发展，吸引国际采购业务落户。

**宁波经济技术开发区现代国际物流园区**

Ningbo Economic & Technological Development Zone,Modern International Logistics Park

**地址：** 浙江省宁波市北仑区万泉河路3号（宁波开发区现代国际物流园区）
**电话：** 0574-86787511
**招商电话：** 0574-86787525
0574-86787197

CGL
长沙金霞经济开发区
CHANGSHA JINXIA ECONOMIC DEVELOPMENT ZONE
科学统筹 协同发展
——经济社会加速转型、产业发展全面升级
长沙金霞经济开发区是湖南省领先的综合性现代物流园区。园区依托独特的物流优势，坚持走特色建园、差异发展之路，相继获评“中国物流示范基地”“国家级示范物流园区”“国家新型工业化产业示范基地”“国家电子商务示范基地”“湖南省服务业示范集聚区”“湖南省十大最具投资价值产业园区”等。
长沙
联系电话：0731-88482510

**潜力巨大的空间发展优势。**园区总规划面积为84平方公里，由金霞、高岭、鹅秀、沙坪、青竹湖5个组团组成，可开发空间巨大。金霞组团定位为湖南省现代综合物流中心，重点发展“互联网＋现代物流业”；高岭组团定位为区域物流商贸中心，主要建设“互联网+商贸4.0”的平台，打造“智慧商贸”第五代专业市场群；沙坪组团定位为“高、精、清”的都市工业园，大力发展食品工业、装配式建筑、医药物流、军民融合等产业；鹅秀组团定位为区域生活服务中心，主要发展滨江高端房地产业；青竹湖组团定位为生态宜居区，重点发展服务外包、教育培训、文化创意、休闲娱乐等。

**独具特色的区位平台优势。**园区内京广铁路、石长铁路、京港澳高速、湘渝高速、107国道、319国道等与市、区内“八纵十横”的市政道路，交织成一张“四通八达”的交通网络。园区建立起了综合交通体系，基本实现了多式联运。长沙铁路货运新北站是国家一类铁路口岸，长沙新港是国家二类水运口岸，传化公路港全面解决物流“最后一公里”问题，长沙金霞保税物流中心是开放型经济发展的重要平台，中国石化油品管道是长株潭城市群和周边地区油品管道运输的枢纽。

**多元开放的外联通道优势。**园区主动融入国家“一带一路”倡议和长江经济带战略，被列为长沙东部开放型经济走廊的临港（铁）片区。园区打通了线上线下、境内境外的进出口通道：长沙新港开通了至欧美、韩、日的国际集装箱航线7条；长沙火车货运新北站开通了至广州、深圳的“五定班列”，启用了“无水港”，开通了稳居国内一线班列的“湘欧快线”；建成了联检大厅，实现了“一次报关、一次验收、一次放行”。

**活力迸发的产业集聚优势。**园区确立了“一主一特”的产业体系。“一主”即智能物流，入驻物流企业138家，其中5A级10家、4A级7家，形成了粮食、能源、医药等物流产业集群；“一特”即军民融合，依托开福高新区，承接国防科大等院校军民融合人才和项目，大力发展航天航空、新型材料、智能装备等高新产业，打造军民融合产业示范区。同时，园区的外向型经济、装配式建筑和商贸服务的产业集聚优势也日渐凸显。

2017年，园区实现财政收入20.77亿元，其中，总税收17.02亿元，同比增长38%；固定资产投资238.66亿元，同比增长64.7%；规模以上服务业增加值75.75亿元，同比增长24.7%；高新技术产业产值182.55亿元，同比增长9.5%；规模工业总产值513.59亿元，同比增长10%。金霞口岸区域（含保税物流中心、长沙新港、中国长沙国际铁路港）进出口货值56.72亿美元，征收税款37.43亿元人民币，分别占湖南省总额的24.8%和36.8%。

陕煤物资集团

# 加快二次创业 奋力追赶超越

## 陕煤物资集团全力打造国际化供应链物流集团

陕西煤业化工物资集团有限公司（以下简称“陕煤物资集团”）是陕西煤业化工集团有限责任公司（以下简称“陕煤集团”）的全资子公司，是立足陕西煤炭及煤化工产业链，面向社会，集供应链综合服务、第三方物流、物流增值服务、电子商务、保税仓储、货运代理、工程咨询业务为一体的国家AAAAA级综合服务型物流企业。

自2012年组建成立以来，陕煤物资集团坚持依托陕煤集团但不依赖陕煤集团、外拓物流内保供应的主基调，坚定不移地走好社会化、专业化、平台化发展的路子。目前，陕煤物资集团迈开“二次创业、追赶超越”步伐，步入了提质增效发展阶段，正以焕然一新的“精气神”打造全新物流集团。

### 一、精准定位，打造国际化供应链物流集团

经过六年探索实践，陕煤物资集团以“扩规模、优结构”为主线，制定了以“三商一体”（集供应链整合商、工业企业物流服务商、贸易与金融运营商融合共生的综合体，打造国际化供应链物流集团）为发展定位、“一体两翼”（以物流为主体，金融和贸易为两翼）为发展模式的“146”发展战略。

在“146”战略的指引下，陕煤物资集团创新发展、砥砺前行，经营收入由2012年的20.6亿元发展到2017年的870亿元，增长了40多倍；社会物流业务实现从无到有、从小到大快速转变，成为陕煤集团新的经济增长点和物流支撑点。

## 二、精准发力，构建“10纵3横”为核心的供应链网络体系

始终坚持“走出去”战略以及“合和共赢”的发展理念，不断做“粗”做“长”有色金属、煤炭焦炭、黑色金属、化工品、矿石、合金、油品、矿用物资、跨境电商、融资租赁“10纵”专业供应链，目前已初步形成800亿级规模水平。做优做强进出口、物流、金融“3横”专业协同。进出口专业形成了进口、出口和转口贸易并举的外贸经营格局；物流专业在八大功能（仓储、代理销售、配送、保税物流、代理采购、金融、电子交易、增值等服务）的基础上，发展无车承运和园区库房监管业务，形成现代物流服务平台；金融专业合理使用金融工具，为“10纵”供应链拓宽融资渠道，配置金融资源，使供应链实现了保值增值。

## 三、精心布局，打造“5431”社会化物流平台及专业化事业部

在“二次创业、追赶超越”的使命号召下，陕煤物资集团一手抓物流节点布局，打造形成了“5431”社会物流平台，即：香港、上海、天津、西安、重庆5个社会物流贸易中心，西安、彬长、黄陵、榆林4个区域社会物流中心，境外贸易与融资、集采服务、进出口贸易综合服务3个平台，以招标、监理、造价为主的工程咨询服务板块，形成了覆盖全省、连通全国、延伸境外的社会化物流网络；另一手抓好体制机制改革，实行了“平台化监管+专业化事业部运营”的机制，初步完成了煤炭焦炭、进出口、物流等事业部的组建。

为了打造好全生命周期的供应链体系，“5431”平台按照监管、服务、经营三个职能，调整机构和岗位设置，形成了兼备规范性、高效性、包容性和开放性的平台公司；各专业化事业部以培育主营产品为己任，研究、策划、统筹和运营各类产品，并自主选择平台公司做优做强专业供应链，使陕煤物资集团的发展取得了“质”的飞跃。未来，陕煤物资集团将继续秉承“合融同心、合力共创、合和共赢”的发展理念，为助力供给侧结构性改革、全力服务好实体经济做出更大贡献。

地址：陕西省西安市雁塔区锦业一路2号陕煤化大厦　　联系方式：029-81772178

JMC
江铃汽车
重载
江铃最
JMC

金刚重磅登场
底盘+康明斯3.8L发动机
JMC
凯锐重载金刚
JMC
千里江铃一日达

毅德控股，专注于中国新型城镇化的建设，已于2013年10月31日在中国香港联合交易所主板正式挂牌上市（股票代码：01396.HK）。目前，形成现代化商贸物流中心、BLOCK街区综合体、商贸物流运营、毅德O2O四大业务板块。

基于国际化视野下的创新与对中国新型城镇化的实践和思考，毅德控股开创“中央交易区（CTD）”现代化商贸物流新模式，形成集商品交易、仓储物流、国际会展、商务办公、总部经济、金融服务、电子商务、大数据、生活娱乐等功能于一体的集约化、规模化新模式。至今已完成在中国各个核心经济带的战略部署，辐射面积达到了国土面积的一半以上。

毅德控股先进的商业模式、企业品牌和发展潜力得到了国际资本市场的认可，未来将携手更多的国际资源，加速全国战略布局，为中国商贸物流领域再创辉煌。

基于电子商务的商贸市场交易规模增长迅猛，传统物流发展滞缓，立足数十年的市场经验，毅德国际物流应运而生，致力于打造卓越的物流集聚平台和电商服务平台，从开发建设功能完备的大型物流园到提供集电商供应链、仓储配送、货物运输、信息交易、车辆调度于一体全方位、智能化、自动化的电商物流服务，为大市场、大产业、大数据提供物流基础设施支撑，注入电商物流基因，成为中国领先的综合电商物流平台开发运营商。

**全国战略布局，智能云端创新连接电商平台与物流平台**

毅德电商物流平台的开发建设按全国性物流节点进行战略布局，通过智能化云端无缝对接技术，创新电商平台与物流平台的连接方式，旨在形成点、线、面覆盖全国的立体交通物流网络体系，实现全国性多区域的物流协同作业。

**七大功能融合打通产业链**

毅德电商物流平台的开发建设融合七大电商物流功能：电商供应链中心、信息交易中心、仓储配送中心、货物集散中心、车辆调度中心、行政金融服务中心和配套服务中心，引入自动化、智能化的运营模式，集聚电商资源和物流资源，打通产业链上、中、下游，全面降低物流成本。

Hydoo

**文廷颜**

「爱进化实验室」创办人之一

FedEx®
Express
覆盖手机至覆盖世界
智能手机与生活已不可分割，手机配件的商机亦应运而生。
「爱进化实验室」借着Kickstarter众筹网络募集计划踏出成功第一步，推出全方位防护手机保护壳。FedEx Express全球托运网络，覆盖超过220个国家和地区，帮助「爱进化实验室」将产品可靠、快速地送到各地客户手上。
FedEx为您拓展无限商机。
详情请浏览 fedex.com/cn/global

## 德邻陆港(鞍山)有限责任公司

# 共创 共享 共赢

德邻陆港(鞍山)有限责任公司（以下简称“德邻陆港”）是由鞍山钢铁集团有限公司控股,国内大型海运、港口、政府实体共同参股的一家现代物流企业，位于辽宁省鞍山市经济开发区鞍刘路3号，注册资金15366万元，总资产2.6亿元。德邻陆港致力于打造线上线下深度融合的“互联网+物流企业”运营模式，与社会各界联手构建“共创、共享、共赢”的物流生态圈。凭借强大的货运组织能力和车辆整合能力，以及较为完善的物流信息平台与业务相适应的信息数据交互及处理能力，德邻陆港无车承运平台于2016年12月成为无车承运283家试点单位之一，也是辽宁省内拥有大量货源支撑的无车承运企业；2017年年底，交通运输部对无车承运试点企业进行了复核，德邻陆港顺利通过考核。目前，德邻陆港在鞍山管理2个物流园区，占地面积36余万平方米，年钢材吞吐量800余万吨。

目前，德邻陆港无车承运平台整合了鞍山、天津、朝阳等地的社会物流公司50余家，开辟了运输专线40余条，运输线路基本覆盖了国内主要大中城市。截至2018年7月18日，平台共吸引169家供方加盟，整合了3482台货运车辆和3818名司机。平台发运的货物主要以钢材为主，包括冷轧、热轧、盒板、线材等18个品种，运输重点线路是沈阳、天津、青岛、郑州等地。

随着鞍山钢铁集团有限公司“1+6”发展战略逐步推进，发展绿色物流产业被列为六项非钢产业的重点。未来，德邻陆港将成为其物流产业运营发展平台，公司会紧紧抓住有利时机，积极在东北三省布局钢铁物流园区。目前位于沈阳、大连、山东地区的物流园已经投入运营 后续将在哈尔滨、长春、吉林等主要物流节点城市筹划钢铁物流园的布局。

“德不孤，必有邻。”德邻陆港期待与您合作，共同打造“共创、共享、共赢”的物流生态圈，让我们共同乘坐德邻陆港这艘物流航母砥砺前行！

中国物流与采购联合会智慧物流分会副会长单位
2018中国智慧物流十大创新引领企业
2018中国物流信息化十佳服务商
无车承运人全国优秀案例

**www.dllg56.com**
电话：400-9855-999
地址：辽宁省鞍山市经济开发区鞍刘路3号

# 秀山（武陵）现代物流园区
XIUSHAN(WULING) MODERN LOGISTICS PARK

秀山（武陵）现代物流园区是重庆市率先挂牌的地区级物流枢纽，市级重点物流园区，中国物流示范基地。2017年被评定为“国际级示范物流园区”。2014—2017年连续四年被评为“全国优秀物流园区”。园区依托渝怀铁路线上的300万吨战略装卸点和集装箱站，占地600万平方米（一期350万平方米，投资98亿元），建设集交易、配送、仓储、加工、会展等功能为一体的综合性物流园区。到2020年，年货运量将达到1500万吨、市场交易额500亿元，建成武陵山区域性商贸物流中心。

## 三大产业融合互动发展

批发贸易转型升级。运营8个专业市场，市场经营面积80万平方米，经营商户3200余家，年均市场交易额50亿元以上，拉动县域外消费增长到60%。实施“互联网+专业市场”战略，近50%入驻商户开设网店或实现商品触网经营。运营化工品园区，年周转危化品135万吨。

农村电商区域领先。纳入全国电子商务进农村综合示范县，建立起平台、物流、人才、

秀山（武陵）现代物流园区
XIUSHAN (WULING) MODERN LOGISTICS PARK

产品和服务五大体系，形成“互联网+三农”农村电商发展模式。建成西南地区枢纽型食品电商云仓，日均处理食品、生鲜类农副产品订单10万单，成为西南地区休闲食品电商基地。云仓实现自动成箱、自动打包、自动分拣，综合物流成本下降5%，自动化、集约化效益明显。自主研发了“村头”平台，创新运用视频直销和远程物联网传感电子秤技术，打造了农产品网批、视频直销和村头民宿等特色功能，高度还原农民“赶场交易”情景。同时，结合农村发展实际，研发推出了村头民宿、村头慈善等模块，助推乡村旅游和精准脱贫攻坚。通过“入股保底+电商红包+务工补贴”的方式，大力发展种养类订单农业，近三年通过电商卖出价值17亿元的农特产品，带动成千上万农户脱贫致富。

现代物流方便快捷。铁路枢纽综合运力达到600万吨/年，公铁联运优势凸显。组建云智速递，投用电商分发中心、仓储中心和货运调度中心，运行“武陵物流云”信息系统，研发“村头顺丰车”智能物流App，整合入驻83家物流快递企业，农村包裹实现“T+1”进村入户、“1+T”发至全国，快递全国首重包邮从以前的17元降至现在的3元。引进德邦、百世、安能等在秀山设立区域分拨中心，建成周边区县配送站近200个，开设17条武陵物流专线和8条次日直达主要城市的物流专线，构建起方便、快捷、低成本的现代物流体系。

新浪官方微博:@秀山物流园　微信朋友圈:秀山物流园

物流园区官方微信公众号　秀山物流园官方网站

**地址：秀山（武陵）现代物流园区**
Add: XIUSHAN(WULING) MODERN LOGISTICS PARK

**招商热线/Investment Hotline:**
023-76895888　023-76895123(传真)

**邮编/P.C:409900**
www.chinaxiushan.com

## 物流资源

公司现有十二大物流基地和八大驻外办事处，通过公、铁、水路运输建立了覆盖全国的南北纵横、东西贯通的整车物流运输网络。拥有整车仓储库110万平方米，室内零部件仓储面积达30万平方米，现有普通货车、特种货车、海关监管车、轿运车、叉车及正面吊等运输设施设备上千台。

## 企业荣誉

公司已获得质量管理、环境管理、职业健康安全管理体系认证证书，是中国物流与采购联合会常务副会长单位，2011年已取得AAAA级物流企业称号。2017年，公司获得中国物流与采购联合会颁发的年度“汽车整车物流”“汽车零部件物流”“汽车售后服务备件物流”三项KPI标杆企业荣誉称号；获得广东省企业联合会颁发的“广东省年度最具社会责任感企业”“广东省年度最佳雇主企业”称号。获得了东风乘用车公司、东风雷诺汽车公司最佳物流供应商；东风日产乘用车公司2017年度“安全管理标杆单位”“第六届运输车技能竞赛冠军”。

联系电话：0755—88353022　地址：广东省深圳市深南大道6025号英龙展业大厦1510-1518

五粮液
安吉物流服务热线：40D-11

作为西南地区物流行业的领导者，安吉物流位居中国物流企业百强前列。2017年，公司获评为“国家5A级综合服务型物流企业”，是四川省本土第一家5A级综合服务型物流企业。安吉物流先后获得“制造业与物流业联动发展优秀物流服务商”“国家一带一路物流创新发展奖”“国家交通运输节能减排企业”“中国服务企业500强”“全国实施卓越绩效模式先进企业特别奖”“中国城市物流配送诚信企业”“中国城市物流示范园区”“中国物流业大奖物流百强企业奖”“中国城市配送品牌企业”“四川省实施卓越绩效模式先进企业”“四川省服务名牌”等荣誉，跻身“四川企业100强”第59位，同比上升21位。
安全 精准 高效
安吉物流具有布局完善的物流网络，作为覆盖全国公路网络的现代综合物流服务商，位居中国物流企业百强前列，以宜宾总仓为中心，在全国建立了华东、华北、东北、西北、西南、华中、华南七大区域中转仓，连接全国500多个运输站、点，实现了对客户服务“安全、精准、高效”的承诺，确立了在公路运输、长江航运领域的领先地位。
www.anjilog.com
地址：四川省宜宾市岷江西路 150 号
电话：0831—3565280

華南城 China South City

客服热线 400 789 1668　华南城网 www.csc86.com

**香港咨询处：**

香港九龙尖沙咀广东道15号港威大厦
The Gateway, 15 Canton Road, Tsimshatsui, Hong Kong
电话(Tel)：852－3188 3118　传真(Fax)：852－3188 1323

**总部地址：**

华南国际工业原料城（深圳）有限公司
广东省深圳市龙岗区平湖华南大道一号
No.1 Hua Nan Main Road, Pinghu, Longgang District, Shenzhen
电话(Tel)：86－755－6126 8888　传真(Fax)：86－755－2849 3511

## 镇江宝湾国际物流中心

位于镇江新区大港街道龙溪路，辐射镇江、南京、扬州、泰州等地区，具有优越的交通区位优势。该项目占地386亩，建有9栋现代化高标准立体仓库，仓储设施面积达14万平方米。已于2016年12月建成并投入使用。

## 江阴宝湾国际物流中心

位于江阴市临港经济开发区璜土镇石庄花港西路18号，可方便抵达无锡、常州、苏州、上海等周边地区，交通网络发达。项目占地面积200亩，计划建造5栋高标仓库和1栋综合楼，建筑面积8.2万平方米。已于2018年8月建成并投入使用。

**BLOGIS 宝湾物流**

**以心相交 以新践远**

SINCERITY CREATIVITY PROSPERITY

## 宝湾物流控股有限公司

是深圳赤湾石油基地股份有限公司与中国南山开发（集团）股份有限公司联合打造的高端物流投资平台。作为行业领先的国际物流园区开发商和运营商，宝湾物流相继在全国32个经济热点城市投资开发并运营着53个现代化物流园区，形成了以中国沿海、长江沿线、主要铁路干线为主轴的物流园区网络。

## 宝湾物流战略布局

**华北地区：** 北京、天津、廊坊

**华东地区：** 上海、南京、昆山、无锡、南通、镇江、江阴、嘉兴、绍兴、宁波、余姚、湖州、合肥、青岛、漳州、淮安

**华中地区：** 武汉、鄂州、长沙、郑州

**西部地区：** 成都、重庆、西安、咸阳、昆明、德阳

**华南地区：** 广州、深圳、佛山

## 长沙雨花宝湾国际物流中心

位于长沙市雨花区东山街道现代电子商务物流园内，湘府东路以南。项目占地面积137亩，计划建设4栋双层高标准仓库和1栋综合楼，仓储设施面积7.8万平方米。预计于2019年3月建成并投入运营。

## 宁波余姚宝湾国际物流中心

位于浙江省宁波市余姚市陆埠镇余姚东港区码头紧邻杭甬国道（古乍线），项目占地434亩，计划建设10栋高标仓库，总仓储面积约15.8万平方米，预计于2019年11月建成并投入使用。

如今，宝湾物流已累计开发物流园区面积超过15,000亩，已运营高端物流仓储设施达到204万平方米，在建仓储设施面积255万平方米，规划中的仓储设施面积达140万平方米，在全国高标准仓储设施规模中位居前三。未来，宝湾物流将继续加大投资力度，全面建设物流设施服务网络，竭诚为来自国内外优秀的第三方物流企业、电子商务企业、零售商和制造企业提供高效、优质、安全的物流设施服务。

【咸阳宝湾国际物流中心】

## ○ 车货匹配

接入车货匹配系统，为司机自动空车上报、位置共享、匹配货源

## ○ 生活服务

智能推送生活服务，配套商家可以在系统上看到未来一周内即将到达所属城市的货运车辆

## ○ 大幅降低人力成本

自主缴费停车，为园区节约**60%**以上人力成本，一年至少节约**16万元**

## 3D模型识别算法 AI图像匹配

精准识别车牌、车型，通过图像匹配推送，解决无牌车查找的难题

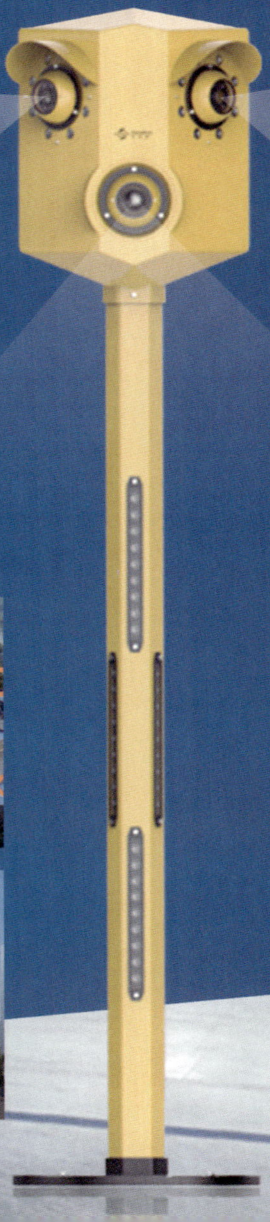

## 支持多渠道支付

微信　支付宝　银联无感支付　会员卡支付

# C 合作案例

COOPERATION CASE

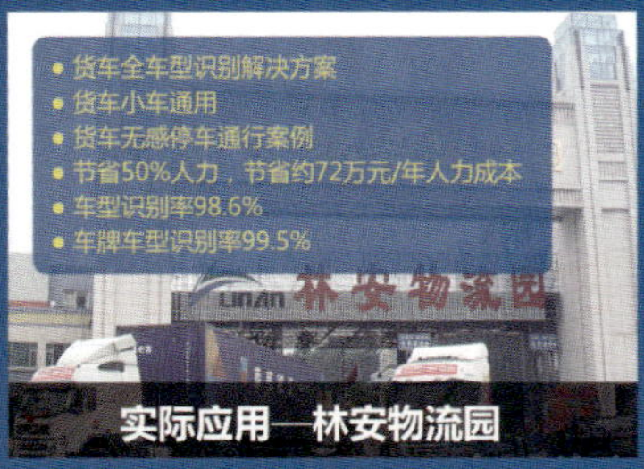


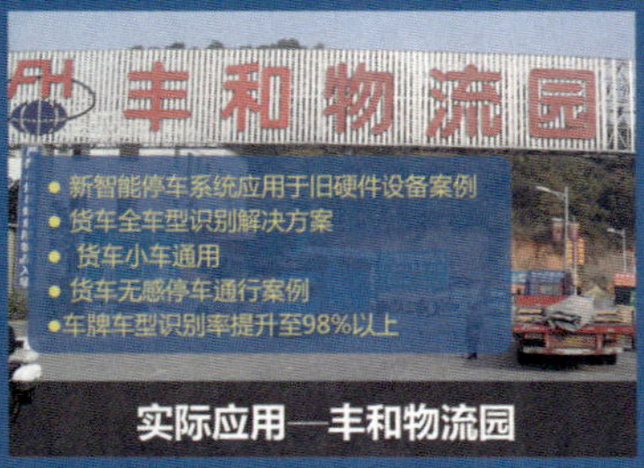

HSIP
合肥上海产业园
Hefei Shanghai Industrial Park

# 合肥上海产业园

## 双城合作 创新引领

合肥上海产业园作为全国首批“示范物流园区”、未来国家级滨湖新区的重要组成部分，是在安徽合肥商贸物流开发区转型发展、合肥上海双城合作背景下诞生的。在融入长三角一体化、推动区域合作、承接产业转移方面主动作为、勇于担当、走在前列。

### 发展成绩

合肥上海产业园基础设施较为完善，主导产业初具规模，产城融合发展程度较高，投资增长潜力优势明显。已入驻企业400多家，超亿元项目40余个，总投资200多亿元。其中包括普洛斯物流、深国际物流、传化物流、永辉物流等行业龙头企业。入驻重点物流企业50余家、品牌快递企业20余家，承担着合肥地区60%的快递物流分拨业务，是安徽省重要的冷链物流基地、安徽省邮政速递物流处理中心。2017年，全区完成税收5亿元，同比增长38.6%；完成工业总产值338.5亿元，增长31.3%；完成固定资产投资169.5亿元，增长101.2%，利用外商直接投资1034万美元。在安徽省开发区考核中排名70位，较2016年上升了54位。全区邮政快递企业业务累计完成2.1亿件，占安徽省比重24.4%，业务收入累计完成14.4亿元。快递业务量和业务收入居安徽省县域前列。

### 荣誉

“全国示范物流园区”“全国优秀物流园区”“中国中部地区最具竞争力与投资价值的物流园区”“中国物流特色小镇”“安徽省优秀物流园区”等，并荣获2017年首届（上海）国际科创园区博览会“优秀科创园区奖”和“优秀组织奖”。

### 未来展望

未来的开发区将全面承接上海等长三角地区的产业转移，重点发展智慧物流、高端装备制造、新材料新能源、生物医药及大健康四大产业体系，着力打造“四镇一街”，力争建成“全国性综合商贸物流中心、国家跨境电子商务综合试验区、国家跨省双城合作示范园区、中国（合肥）自贸区的综合保税港区、国家快递产业后台服务基地、合肥产城融合生态引领的国家级开发区”。

# 青海省物产集团有限公司

## 做精做强三大板块 做优做大三大园区

青海省物产集团有限公司是1995年由原青海省物资管理局成建制转体组建青海省物资产业集团总公司后，于2017年12月完成公司制改制的国有独资公司，是青海省工业物流重点企业，占地面积近3000亩，拥有4.3公里铁路专用线。集团公司所属二级子公司10户，三级子公司16户。其中被确认为国家AAAA级物流企业1户，国家AAA级物流企业3户。

三大板块主要由现代物流、工业项目、内外贸易组成，现代物流主要包括仓储物流、商贸物流、货运物流、冷链物流、保税物流、金融物流、信息物流；工业项目主要包括铝及铝加工产业链、混装炸药产业链；内外贸易主要包括生产货物经销贸易、商品货物购销贸易、境外货物转口贸易、进出口货物国际贸易。

三大园区主要由朝阳物流园区、北川工业物流园、曹家堡保税物流国际商务区组成。通过优化产业结构，实现了三大园区的资源共享、互联互通、协调发展。

**青海物产朝阳物流产业集群**

**青海物产北川工业物流园**

**青海曹家堡保税物流国际商务区**

青海曹家堡保税物流中心（B型）是国家四部委联合发文批准设立的，于2015年12月26日完成全部建设任务，2016年10月28日正式封关运营。该项目的建设填补了青藏地区海关特殊监管场所的空白。该中心是连接中亚、南亚、西亚以及欧洲地区经济带的重要国际化物流平台，它将集口岸通关、保税物流、对外贸易、采购分销、检测维修、展示展销、公铁航海多式联运等功能于一体，为有色金属、新能源、新材料、装备制造等青海特色优势产业和战略性新兴产业的发展、壮大、升级提供服务平台，对促进青藏地区国际贸易的发展，带动青海、辐射周边经济社会发展具有重大的战略意义。

青海朝阳城市快速消费品仓储分拨中心项目建成投运后，将进一步改善青海朝阳现代生活资料物流园经营环境，提升园区功能，进而促进青海省城市快消品行业发展壮大。另外，已建成投运的“青海省物流公共信息平台”，不仅为政府对行业的管理与调控提供数据支持，创建诚信物流，也为更多企业“互联网+高效物流”提供支撑，提升了青海现代物流水平和行业竞争力。

集团官网　订阅号

集团地址：青海省西宁市朝阳东路34-2号青海物产大厦
集团电话：0971-5501020
集团传真：0971-5512498
集团网址：www.qhwcjt.com

HAO
哈欧物流

# 合作共赢 使命必达
## ——世界从此无界

在国家“一带一路”倡议实施的背景下，哈欧国际物流股份有限公司（以下简称“哈欧物流”）奋起于北疆，将国家宏观政策落地黑龙江的同时，也为黑龙江经济结构转型升级增添了新的动力，让处于祖国最北端的这片土地由此站在了国家新一轮沿边大开放的最前沿。

多年来，哈欧物流积极响应国家号召，以中蒙俄经济走廊建设为抓手，充分贯彻落实《中共中央国务院关于全面振兴东北地区等老工业基地的若干意见》；主动融入，积极参与“一带一路”建设，努力将东北地区打造成为我国向北开放的重要窗口和东北亚地区合作的中心枢纽；全力构建链接东北亚和欧洲两大区域产业集群的国际铁路运输通道，为欧亚国际经济文化合作交流架设金桥。

哈欧物流主营跨境集装箱多式联运业务，是集保税监管、仓储、物流、贸易等多领域全产业链业务于一体的综合性跨境物流运输企业。2016年哈欧物流被推举为黑龙江省对俄经贸产业联合会副会长单位，2017年成为中欧班列协调委员会会员单位。目前，哈欧物流的产品“哈欧班列”“哈俄班列”均已并入中国铁路总公司的中欧班列运行图；班列线路已经延伸至俄罗斯、白俄罗斯、波兰、德国、比利时等多个国家，并结合客户的需求实现“站–站”“站–门”“门–门”等全门点服务。境内提货范围及作业能力已经覆盖东北、华北、华东、华南等全国大部分区域，境外覆盖了波兰、捷克、意大利、法国、德国、比利时等欧洲主要国家。

哈欧物流依托于股东方中国铁路哈尔滨局集团有限公司在跨境铁路运输上的优势，中国大连港集团有限公司在海铁联运上的优势，北京长久物流股份有限公司在国际货源上的优势；着力打造跨欧亚国际货物运输的“高速路”与“直通车”，在保证货运时效的同时，大大提升黑龙江省到欧洲的进出口货运量。2017年哈欧物流累计发运跨境班列468班，发运集装箱30940标准箱，货值8.04亿美元，运量位列全国中欧班列平台公司前茅，按《中欧班列建设发展规划（2016–2020）》初步形成了以哈尔滨区域为物流枢纽节点的覆盖东北亚的“T”字型布局。

*东风吹来满眼春，潮起正是扬帆时。哈欧国际物流股份有限公司必将抓住时代机遇，共促合作共赢，一路成就所托，使命必达，世界从此无界。*

**哈欧国际物流股份有限公司**
www.haologistics.com.cn
地址：黑龙江省哈尔滨市南岗区哈尔滨大街507号华润凯旋门写字楼B栋9层，150088
Floor 9,Building B,Huarun Kaixuanmen,No.507 Harbin Street,Nangang District,Harbin,Heilongjiang,150088
电话：0451-51196688

金牛物流
产业集聚区

# 齐聚金牛 共谋发展

信阳金牛物流产业集聚区（以下简称“金牛集聚区”）成立于2009年，总规划面积14.36平方公里，下辖金牛社区、十八里庙社区和黄湾村，常住人口7000余人。其中，建成区2.36平方公里，发展区5.5平方公里，控制区6.5平方公里，是河南省180个产业集聚区中仅有的三个以物流为主导产业的集聚区之一，被《河南省物流业发展三年行动计划》列为河南省重点发展的产业集聚区。金牛集聚区按照“四集一转”的发展要求，大力实施招商引资，强力推进项目建设，完善基础配套和产业链支撑，实现了跨越式发展。2014年，在全市率先晋级河南省一星级产业集聚区。2017年实现主营业务收入280.5亿元，从业人员达40098人，荣获“2017年度品牌价值百强物流园区”。

**——区位优势明显。**金牛集聚区位于信阳市西北部，北枕中原，南襟荆楚，东扼两淮，西控江汉，107、312国道纵贯园区，京珠、京沪高速环区而过，京广、宁西铁路交会于此，距明港机场30公里。独具优势的地理区位，四通八达的立体化交通，使金牛物流产业集聚区屹立在豫南承接产业转移的最前沿，成为企业理想的原材料集聚地和产品分销集散地。

**——规划科学合理。**金牛集聚区提出“错位发展、拾遗补缺、跟踪互动、适时替代”的发展方针，与权威物流机构建立合作关系，深入研究学习国内知名物流园区的运营模式，制定了《金牛物流产业集聚区主导产业发展规划》《金牛物流产业集聚区电子商务产业链图谱》等发展规划，配套出台了发展电商物流产业优惠政策。

**——产业集群发展。**金牛集聚区围绕电商物流和农产品冷链物流两大主导产业，着力打造千亿级主导产业集群，目前产业集聚效应已初步显现。在电商物流方面，培育壮大了兰兰小屋、核信恒达、亚兴乐购、家家爱家纺等一批本土电商企业，引进了苏宁云商、九州通医药配送等一批垂直电商，以及信阳网营科技有限公司、润民电商、鼎盛电商等一批第三方电子商务企业，实现了产业的指数级发展。在农产品冷链物流方面，以大别山农产品物流中心为龙头，加快企业信息化集成和转型升级。推动北冰洋和德利和26万吨现代冷库群建设，抢占冷链物流发展制高点，力争成为中部地区最大的农产品冷链物流中心。

**——基础设施完备。**高标准建成了“一纵六横”路网格局，水、电、气、通信等基础设施日趋完备，可以满足辖区企业、群众的生产生活需求。建设了保障性住房2300余套，标准化厂房10万平方米，中小企业可随时入驻生产。与中国移动信阳分公司合作建设了“云数据物流信息平台”，可为企业提供信息、运营、数据托管等综合服务。同时，以电商孵化园、铁路物流基地、电商云平台等为代表的一批要素提升型配套项目正在有序加快建设进度，建成后将为集聚区发展提供强劲支撑。

www.shqtzfwj.com

地址：信阳市浉河区107国道与312国道以北富区路中段

电话：03763012800

# 中国西部现代物流港
# 遂宁高新技术产业园区

## “物流+高新”双核驱动为引领
### 打造现代物流、现代商贸、高新技术制造融合发展新引擎

中国西部现代物流港（遂宁高新技术产业园区）位于遂宁市主城区西南，总规划面积61.66平方公里，建成区面积20平方公里，是现代物流、电子信息、商贸服务、装备制造等产业联动发展、生产生活配套的综合性园区。

物流港2008年1月正式动工建设。按照“国际物流港、高新产业城”的发展思路，以“立足成渝、服务西部、贯通沿海、接轨国际”为定位，引进了远成集团、威斯腾物流等大型专业物流企业，铁路物流园、公路物流港、海关监管作业场所、公共物流信息平台和现代仓储设施等功能完善。以商贸物流、保税物流、粮食物流、医药物流、冷链物流为重点的物流产业体系已初步形成；以供应链金融为特色的物流增值服务和第三方、第四方物流加速发展。

物流港坚持以“物流+高新”双核驱动为引领，打造现代物流、现代商贸、高新技术制造融合发展新引擎。目前，已成功引进重点产业项目112个，吸引投资670亿元，累计完成投资529亿元，荣获全国首批“国家级示范物流园区”“中国物流示范基地”“全国优秀物流园区”“四川省新型工业化产业示范基地”等国家级、省级品牌，被省政府认定为省级高新技术产业园区。

物流港的发展举措：一是发展特色物流。以公铁联运为发展核心，以轻质绿色物流为发展重点，建设川贵广—南亚国际物流大通道，打造国际国内物流货运枢纽。二是健全产业链条。以物流为纽带，创新实施“物流+高新制造、物流+现代商贸、物流+电子信息”策略，拓宽主导产业发展空间，促进产业间的融合互动。三是抓好创新驱动。攻坚“三园三镇”建设，引进清华·启迪之星（遂宁）孵化器、猪八戒网产业服务中心、中科院国科控股成果转化中心等项目，打造致力于“大众创业、万众创新”的创新性企业孵化中心——创客小镇。

物流港的发展目标：在“十三五”期间，物流港深入推动“物流+高新”双轮驱动新引擎，进一步提升物流业现代化程度，全面发展高新技术产业，努力申创国家级高新区。到2022年，建成面积达30平方公里，建成投运项目达130个以上，营业收入突破1300亿元，年税金突破10亿元。

**联系电话：0825–2710005**

中国西部现代物流港投资促进局　联系电话：0825-6801029 6801033

地址：四川省遂宁市船山区玫瑰大道254号（物流港管委会）

# 重庆东盟国际物流园

重庆南向大通道起点，东盟国际货物集散中心

重庆东盟国际物流园是重庆东盟国际物流有限公司为建设重庆新的开放窗口，助推重庆南向大通道的发展，提升重庆“一带一路”与长江经济带联结点功能，在重庆巴南区公路物流基地内打造的综合型物流园。一座现代化国际物流枢纽之城正在西部经济中心重庆崛起。

## 园区简介

重庆东盟国际物流园（以下简称“园区”），位于重庆市巴南区公路物流基地南区，区位交通条件优越，北邻内环高速、南接绕城高速、东连包茂高速（G65）、西邻兰海高速（G75），能与各大高速路实现“无缝”衔接，高速直达重庆水运、航空、铁路枢纽。

园区占地面积约73万平方米，总建筑面积约42万平方米，包括重庆南部货运枢纽、城市物流（渝南）中转站、重庆南彭公路车检场、重庆南彭公路保税物流中心（B型）四大核心功能板块，配备有高档办公区、休闲区、生活区等，设施完善，功能齐备，能够围绕物流经营开展全产业链服务。

园区可为入驻企业提供关务服务、货物集拼、查验服务、数据处理及网上申报服务、企业管家服务、后勤保障服务及协管服务。

## 重庆南彭保税物流中心

园区内南彭公路保税物流中心（B型）是实行封闭管理的海关特殊监管场所，于2017年4月26日正式封关运行。中心占地面积约13.7万平方米，建筑面积约10.5万平方米，包括保税仓库约9万平方米，联检综合办公大楼约1.5万平方米，以及罚没库、监管库、待检区、查验区、公共分拣区、集装箱作业区等设施，配套有智能化卡口、围网、监控报警系统、装卸货月台、登车桥、移动地磅、公共分拣线、叉车等设备，功能完善，可满足与保税物流相关的作业。

中心致力于为客户打造全面的供应链物流服务和产品分拨、物流配送、仓储中转、分拣包装和多式联运系列化服务平台。主要开展保税仓储、国际物流配送、国货出口复进口、进出口贸易和转口贸易、流通性简单加工和增值服务等业务。入驻企业除可享受国家赋予保税区的共有政策外，还可享受其他优惠奖补政策。

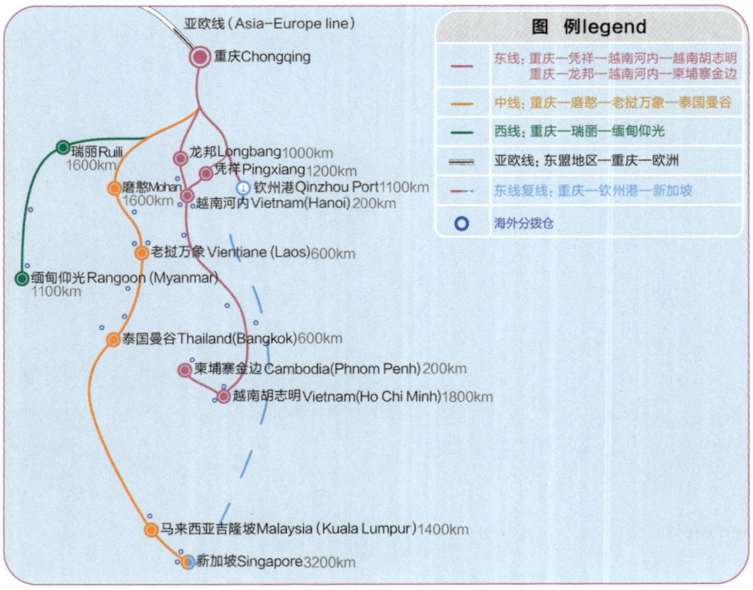


## 重庆东盟公路班车

重庆东盟国际物流园是重庆东盟公路班车的始发点。重庆东盟公路班车是园区为架起连接重庆与东盟的桥梁，连接海上与陆上丝绸之路的国际公路货运通道而打造运营的公路货运平台。东盟班车的运营采用“物流+”模式，聚集物流全产业链上境内外企业集群，相互合作、资源共享、信息互通，通过整合国内外的物流资源，为重庆及周边省市商贸企业、制造企业提供丰富的国际物流服务。

以“五定”模式（定点、定线、定车、定时、定价）运行的东盟班车具有时效性快、安全性高、灵活性强的特点，运行线路覆盖了越南、老挝、缅甸、泰国、柬埔寨等东南亚大部分国家的经济和政治中心。除常规运行线路外，还可根据客户的要求灵活定制“门到门”运输线路，在东南亚地区可供客户选择的分拨仓已达30多个，可为客户提供更加快捷、安全、贴心的跨境快运服务。

CAIL

重庆东盟国际物流园

86-23-88965000

alan.wang@cail56.com / chris.zeng@cail56.com

www.cail56.com

# 三峡物流园 商贸物流集散地

蔬菜/水果/副食/酒水/粮油/干调/冻品/日杂/百货/针纺/鲜肉/水产/家电

2018年6月27日实景航拍

以诚兴业，以信立名。

2018年7月24日，三峡物流园将迎来开业五周年。三峡物流园再传捷报，喜获"2017年度湖北名牌"！

两年建成，五年成长。回顾过去几年，从2011年开工建设，到2013年7月开业，三峡物流园始终秉承"以诚兴业，以信立名"的宗旨，打造出一座现代化商贸服务型物流园区，迅速成长为名列全国前茅的示范物流园，为鄂西渝东乃至全国提供着各种商贸物流服务，为大宜昌的经济建设和社会发展发挥着特殊的作用，铸就了自己的金字招牌！

## 五年成长，三峡物流园享誉全国

2013年7月，在经过2年的紧张建设后，投资19.24亿元的三峡物流园建成开业。其先进的规划布局及业态定位、齐全的基础设施、现代化的经营理念，得到了社会的高度认可，三峡物流园的名字也随即享誉全国。

在三峡物流园这1154亩的土地上，聚集了门类齐全的商贸流通企业2000余户，物流企业300余家，开通180余条物流专线，金融机构7家；每年货物交易总额达400亿元，吞吐量900多万吨；太阳能光伏发电、新能源物流配送车等绿色环保服务大量开展；解决就业人员3万多人。

在开业后的四年多时间里，三峡物流园紧跟当前潮流，率先开始打造智能型园区。在荣获交通部"无车承运人"试点企业以后，三峡物流园以"无车承运人"为契机，借助丰富的线下资源和强大的配套能力，整合了一批行业资源，快速落地定位为辐射鄂西渝东的城乡共同配送平台。

同时，三峡物流园积极贯彻"绿色发展"理念，大力推广使用新能源，切实打造环保型园区，通过绿色货运、使用清洁能源，努力实现物流环节节能减排，积极促进物流业降本增效、转型升级，大力推动绿色物流的发展。

目前，三峡物流园通过认真构建贸易网、干线网、共配网、信息网，实现了"四网同频"；围绕物流供应链建设，引领整合产业资源，优化了商流、物流、信息流、资金流，实现了"四流同步"，从而打造出安全高效协同的物流供应链生态系统。

展望未来，三峡物流园还在积极构建多维商贸生态圈，统筹打造互联型园区。依托园区共配和物流集仓优势，三峡物流园拟运用"互联网+商贸+物流"的商业模式，打造O2O仓储式电子商务批发交易平台，发展B2C生鲜零售交易平台和中央厨房；借助宜昌自贸区"宜汉欧"班列，抢抓国家"一带一路"发展机遇，打造以品牌、质量、服务为核心的竞争优势，实现线上链接国内外市场、线下服务实体商贸、拥有现代高效物流的深度融合。

回顾过去的这些年，从荒草丛生、人烟稀少的城郊山坡和鱼塘，蝶变为如今的现代化商贸物流园区，我们坚信，未来三峡物流园的"鄂西渝东物流供应链服务中心"之梦必不再遥远，三峡物流园也必将为积极推动宜昌产业转型升级、深化供给侧结构性改革、实现"大优特美"的宜昌梦，做出新的更大贡献！

## 诚信为本，千余商户扎根共成长

三峡物流园在建设、发展、崛起的这些年中，除不断更新园区运营理念、完善园区基础配套设施外，将园区的诚信经营、品牌打造作为重要工作来抓。

数据显示，三峡物流园共有店铺3250间，涵盖蔬菜、水果、粮油、冻品、干调、副食、日杂、家电、百货、针纺、水产、家禽、肉类十三大品类，拥有数千主力品牌、数十万种商品。

如此庞大的商户群体和庞大的消费者群体，"诚信"二字无论是对物流园还是物流园的商户来说，显得更为重要。为此，三峡物流园不断强调诚信经营，对自身及商家管理都有严格要求。截至目前，三峡物流园累计签署合同近9000份，对商户进行相关约定和规范管理。这些管理工作也赢得广大入园商户的高度认可，得到众多合作商家的一致好评，为园区及所有入园商户的做大做强奠定了坚实的基础。

正是因为三峡物流园的诚信经营，让园区的名声越来越大，生意越做越强。

从进出园区的车辆数来看，2013年三峡物流园从零起步，2015年日均进出车辆达3万辆、外来采货车3000多辆，2017年实现了日均进出车辆达5万辆、外来采货车8000多辆的高速增长。

车流量的增大，也直接体现在园区交易额的迅速提升。2013年，园区当年货运交易总额仅55亿元，2014年突破150亿元，2015年达207亿元，2016年达364亿元，2017年达400亿元。

正因为如此，园区与企业获得了同成长、共发展，三峡物流园近年来相继获得"中国3A级物流企业""5020工程重点联系企业""湖北省第四批省重点物流企业""湖北省示范物流园区""全国示范物流园区"等荣誉称号！

B 区

# 中国物流年鉴

2018（上册）

# CHINA LOGISTICS YEARBOOK 2018

CFLP

中国物流与采购联合会编

中国财富出版社
CHINA FORTUNE PRESS

**图书在版编目（CIP）数据**

中国物流年鉴．2018：全2册/中国物流与采购联合会编．—北京：中国财富出版社，2018.10
ISBN 978－7－5047－6777－6

Ⅰ.①中…　Ⅱ.①中…　Ⅲ.①物流—中国—2018—年鉴　Ⅳ.①F259.22－54

中国版本图书馆CIP数据核字（2018）第244834号

**策划编辑**　郑欣怡　　**责任编辑**　邢有涛　赵雅馨
**责任印制**　梁　凡　　**责任校对**　孙会香　卓闪闪　张营营　　**责任发行**　敬　东

---

**出版发行**　中国财富出版社
**社　　址**　北京市丰台区南四环西路188号5区20楼　　**邮政编码**　100070
**电　　话**　010－52227588转2048/2028（发行部）　　010－52227588转321（总编室）
　　　　　　010－68589540（读者服务部）　　010－52227588转305（质检部）
**网　　址**　http://www.cfpress.com.cn
**经　　销**　新华书店
**印　　刷**　北京龙玺印刷有限公司
**书　　号**　ISBN 978－7－5047－6777－6/F·2954
**开　　本**　880mm×1230mm　1/16　　**版　　次**　2018年11月第1版
**印　　张**　43　　**彩　页**　5　　**印　　次**　2018年11月第1次印刷
**字　　数**　1193千字　　**定　　价**　480.00元（全2册）

---

# 《中国物流年鉴》（2018）编委会

李国军　长沙金霞经济开发区党工委书记
李金平　广东林安物流集团董事长
杨伟军　中国铁路兰州局集团有限公司党委委员、书记，董事长
何明珂　北京物资学院副校长
汪　鸣　国家发展和改革委员会综合运输研究所所长、研究员
沈　冰　中国铁路太原局集团有限公司货运处处长兼山西晋云现代物流有限公司总经理
沈　康　云南宝象物流集团有限公司董事长
沈绍基　中国仓储与配送协会常务副会长
张玉庆　希杰荣庆物流供应链有限公司董事长
张建华　普洛斯投资（上海）有限公司中国区副总裁
张秋文　东风车城物流股份有限公司总经理
张海涛　中国铁路乌鲁木齐局集团有限公司党委书记、董事长
陈嘉良　联邦快递（中国）有限公司中国区总裁
陈镜治　香港物流协会会长
武　勇　中国铁路广州局集团有限公司党委书记、董事长
周宇浩　广西玉柴物流股份有限公司董事长
郑松兴　华南城控股有限公司联席主席兼执行董事
孟庆文　哈欧国际物流股份有限公司总经理
孟庆欣　国家统计局贸易外经统计司司长
赵红鹰　中铁物资集团有限公司党委书记、董事长
赵希和　江西新华发行集团有限公司副总经理、江西蓝海物流科技有限公司总经理
赵沪湘　中国国际货运代理协会会长
钟荣钦　台湾物流协会秘书长
施文进　惠龙易通国际物流股份有限公司董事长
姜超峰　中国物资储运协会名誉会长
贺晓东　青岛铁路经营集团有限公司董事长、总经理
徐胜明　四川安吉物流集团有限公司董事长
郭旭东　陕西煤业化工物资集团有限公司执行董事、总经理
黄有方　上海海事大学校长、教授、博导
黄远成　远成集团董事长兼总裁
曹勇伟　上海领鲜物流有限公司总经理

康凤伟　国家能源集团铁路货车运输有限责任公司党委书记、执行董事、总经理
盖守岭　山东聊城盖氏邦晔物流有限公司董事长
梁伟华　中国物流股份有限公司董事长、党委书记
韩　骏　中远海运物流有限公司董事长、总经理
韩东亚　合肥上海产业园党工委第一书记
景世民　北京普田物流有限公司党委书记、总经理
舒　谦　宝湾物流控股有限公司总经理
雷钧友　秀山华渝物流投资有限公司总经理
蔡买松　国药控股股份有限公司副总裁
裴　亮　中国连锁经营协会会长
谯智毓　重庆公运东盟国际物流有限公司总经理
薄世久　北京长久物流股份有限公司董事长

# 特别支持单位

中远海运物流有限公司

平安银行交通物流金融事业部

长沙金霞经济开发区
CHANGSHA JINXIA ECONOMIC DEVELOPMENT ZONE

毅德国际控股有限公司

陕西煤业化工物资集团有限公司

北京普田物流有限公司

希杰荣庆物流供应链有限公司

联邦快递（中国）有限公司

华南城控股有限公司

惠龙易通国际物流股份有限公司

# 《中国物流年鉴》(2018)


主　　　办　中国物流与采购联合会
承　　　办　《中国物流与采购》杂志社
主　　　编　何黎明
副　主　编　崔忠付　蔡　进　贺登才
编辑部主任　刘乃杰
编辑部副主任　徐小青
编　　　辑　崔　冬　朱贝特　杜　林　贾　丽
发　　　行　高　威
广告设计　阳光设计工作室



编　辑　部　010-63738995
邮　　　箱　xxq6429@163.com　gwrshk@126.com
发　　　行　010-63738995
传　　　真　010-63738995

# 《中国物流年鉴》（2018）供稿者

（按姓氏笔画排序）

王　涛　王文浩　王方春　王国文　王国清　王继祥　历方奎　文德华　田　征　白　甜　冯耕中
司　铖　刘长庆　刘汉才　刘伟华　刘丽微　刘昀浩　刘陶然　刘缨缨　闫　鸣　闫淑君　江　滢
安　琪　孙炀炀　汤筠伟　李　鹏　李红梅　李新波　励方奎　吴洋洋　张　洁　张晋姝　张晓东
陈忠涛　周　媛　查莉华　侯雪健　姜　旭　秦华侨　顾宁军　顾国祥　晏庆华　徐　勇　徐梦馨
曹　璐　崔　雄　韩兆轩　焦　飞　曾茹冰　谢文卿　谢雨蓉　谢宝贵　樊一江　穆宏志

国家发展改革委、国家发展改革委综合运输研究所、河南省发展改革委、湖南省发展改革委、江苏省经信委、山东省统计局、河南省统计局、山东省经信委、甘肃省工业和信息化委员会、青海省国资委、青海省经信委、山东省统计局、青海省招商局、沈阳市发展改革委、南京市统计局、青岛市交通运输委员会、扬州市统计局、扬州市经信委、临沂市经信委、临沂市统计局、武汉市物流局、宜昌市物流局、中国粮食行业协会、河北省现代物流协会、内蒙古物流协会、浙江省物流与采购协会、福建省物流协会、河南省物流与采购联合会、海南省物流与采购联合会、重庆市物流与供应链协会、四川省现代物流协会、宁夏现代物流协会、宁波市物流协会、厦门市物流办、中国仓储与配送协会、中国国际货运代理协会、中国物流信息中心、中物联汽车物流分会、中物联网络事业部、中物联行业事业部、中物联教育培训部、中物联标准委、中物联评估办、中国物流发展专项基金 、“宝供物流奖”办公室、中国汽车技术研究中心、中商产业研究院、中国工程机械工业协会工业车辆分会、上海国际航运研究中心、快递物流咨询网、北京物资学院、上海海事大学、西安交通大学、天津大学、天津商业大学、北京交通大学、辽宁理工职业学院、《物流技术与应用》杂志社、《中国出版传媒商报》社、西安市商用信息系统分析及应用工程实验室、北京兰格电子商务有限公司、CSCMP 中国代表处

# 《中国物流年鉴》（2018）广告提供单位

## 上册

平安银行股份有限公司
中国物流与采购联合会物流信息服务平台分会
我的法务网
宁波经济技术开发区现代国际物流园区
长沙金霞经济开发区管理委员会
陕西煤业化工物资集团有限公司
北京长久物流股份有限公司
江铃汽车销售有限公司
毅德控股集团
联邦快递（中国）有限公司
鞍钢汽车运输有限责任公司
秀山华渝物流投资有限公司
东风车城物流股份有限公司
希杰荣庆物流供应链有限公司
北京普田物流有限公司
四川安吉物流集团有限公司
华南城控股有限公司
宝湾物流控股有限公司
林安物流集团
广西西江现代国际物流集团有限公司
合肥上海产业园
中林时代控股有限公司
普洛斯投资（上海）有限公司
中铁物资集团有限公司
青海省物产集团有限公司
云南宝象物流集团有限公司
哈欧国际物流股份有限公司
国药集团医药物流有限公司
惠龙易通国际物流股份有限公司
信阳金牛物流产业集聚区
中国西部现代物流港
上海领鲜物流有限公司
福建八方物流股份有限公司
重庆公运东盟国际物流有限公司
天津物产集团有限公司
远成集团
宜昌三峡物流园有限公司
广西玉柴物流股份有限公司

## 下册

平安银行股份有限公司
中国财富出版社
中国物流股份有限公司
中国铁路太原局集团有限公司山西晋云现代物流有限公司
中国铁路广州局集团有限公司
中国铁路兰州局集团有限公司
神华铁路货车运输有限责任公司
中国铁路乌鲁木齐局集团有限公司
济南铁路经营集团有限公司
青岛铁路经营集团有限公司
河南中原铁道物流有限公司
玖隆钢铁物流有限公司
聊城盖氏邦晔物流有限公司
江西蓝海物流科技有限公司
湖南现代物流职业技术学院
《中国物流与采购》杂志
《中国储运》杂志
万联网
江铃汽车销售有限公司
中远海运物流有限公司
北京普田物流有限公司
宁波经济技术开发区现代国际物流园区
北京长久物流股份有限公司
山东盖世国际物流集团有限公司
广东秦粤物流有限公司

# 编辑说明

一、《中国物流年鉴》（以下简称《年鉴》）是中国物流与采购联合会主办、《中国物流与采购》杂志社承办的大型文献性工具书。自2002年创办至今，已经出版发行十七年。十七年来《年鉴》的编纂质量不断提升，赢得了业界广泛好评。《年鉴》具有的权威性、可读性和资料性，使其成为业界人士查询、引用、论证、存档不可或缺的“工具”。

二、2017年我国物流业实现了稳中有进、稳中提质的发展目标，行业规模日益壮大，行业发展亮点纷呈。物流需求结构深化调整，高技术产业、装备制造业等物流需求增速明显快于高耗能物流和大宗商品物流；消费驱动特征明显，与消费相关的汽车、医药、冷链、电商、快递等物流业务持续高速增长。我国快递包裹量已进入日均亿件时代，连续三年保持世界第一。物流企业集中上市，企业间兼并重组、联盟合作、平台开放日益活跃，央企混改正式启动，企业群体发展壮大；全国A级物流企业已近5000家，一批综合实力强、引领行业发展的标杆型企业集中涌现；全国规模以上物流园区超过1200家，园区平台化、网络化、集群化、智慧化初步显现。交通基础设施与物流节点设施趋向融合，物流基础设施网络化发展；智慧物流热潮涌动，智能仓储、车货匹配、无人机、无人驾驶、无人码头、物流机器人等国际领先技术在物流行业推广应用；无车承运、甩挂运输、多式联运、绿色配送等创新模式在行业生根开花；现代供应链正在成为物流业发展的新增长点和新动能。

我国经济已由高速增长阶段转向高质量发展阶段，物流业作为支撑国民经济和社会发展的基础性、战略性产业也要转型升级，发展新物流，为经济发展提供优质高效的物流支撑。新物流是体现创新、协调、绿色、开放、共享新发展理念的物流，是质量和效益不断提升的物流，是能够满足人民日益增长的对美好生活需要的物流，是适应社会主义现代化强国建设需要的物流。毋庸置疑，发展新物流是行业同人义不容辞的责任。

三、2018版《年鉴》的组稿、编纂工作得到了国家发展改革委、商务部、交通运输部、国家统计局等有关部委和部分省市自治区政府部门、物流行业社团、相关行业协会、中国物流信息中心、全国物流标准化技术委员会等机构，以及中远海运物流有限公司、平安银行交通物流金融事业部、长沙金霞经济开发区、毅德控股有限公司、陕西煤业化工物资集团有限公司、北京普田物流有限公司、希杰荣庆物流供应链有限公司、联邦快递（中国）有限公司、华南城控股有限公司、惠龙易通国际物流股份有限公司等知名企业的大力支持，对此我们表示衷心的感谢。

四、对不符合《年鉴》编辑要求的来稿，编辑人员进行了谨慎删改。由于部分稿件未请作者核校，希予见谅。

五、因编辑部人员水平有限，如有不妥之处，恳请批评指正。

六、2019 版《年鉴》在框架结构和主体内容上将继续 2018 版的风格，力求真实地展示行业发展变化的全貌，继续加大数据和图表的内容，扩充地区物流的篇幅，使《年鉴》更具可读性、资料性，成为社会了解行业发展的窗口。

欢迎大家继续对 2019 版《年鉴》的组稿和编辑工作给予支持！

**《中国物流年鉴》编辑部**

**二〇一八年八月三十日**

# 前　言

2017 年，我国物流业全面贯彻落实党中央、国务院决策部署，坚持稳中求进工作总基调，贯彻新发展理念，以供给侧结构性改革为主线，推动结构优化、动力转换和质量提升，主要指标稳中向好、提质增效，实现了平稳健康发展。

一是总体运行平稳健康。全国社会物流总额为 252. 8 万亿元，同比增长 6. 7%，增速比上年同期提高 0. 6 个百分点；社会物流总费用为 12. 1 万亿元，同比增长 9. 2%；全国货运量为 471 亿吨，同比增长 9. 3%。全年物流业总收入达 8. 8 万亿元，同比增长 11. 5%；社会物流总费用与 GDP 的比率为 14. 6%，比上年同期下降 0. 3 个百分点。

二是结构调整趋于优化。消费成为物流需求增长的重要推动力。单位与居民物品物流总额同比增长 29. 9%。消费物流中电商物流增势明显，中国电商物流指数中的总业务量指数全年均值为 143. 4。电商物流带动快递业务加速扩张，12 月中国快递物流指数为 106. 3%；全年快递业务量达 401 亿件，同比增长 28%。与消费相关的快速消费品、医药、汽车、服装等细分市场保持良好增势。工业制造业物流仍然是物流需求的主要来源。全年工业品物流总额 234. 5 万亿元，同比增长 6. 6%，占社会物流总额的 92. 76%。工业品物流中的高技术产业、装备制造业等物流需求增长较快，高耗能产品、大宗商品物流需求延续回落走势。

三是资本和科技助推物流升级。多支物流产业基金上市，物流企业“扎堆”进入证券市场。全年有 8 家物流企业跻身国内主板，5 家在境外上市，45 家登陆“新三板”。我国已有超过 500 万辆载重货车安装了北斗定位装置，智能快件箱超过 19 万组，还有大量托盘、智能柜、货物接入互联网。交通运输部组织的首批 283 家无车承运人试点企业平均整合运力近 2000 辆，平均等货时间缩短，车月均行驶里程提高，司机收入增加，传统货运交易成本有效降低。全行业以设施互联、人员互联、信息互联带动物流互联，“互联网+”高效物流成效显著。“中国物流企业 50 强”主营业务收入达 8300 亿元，进入“门槛”提至 28. 5 亿元，市场集中度进一步提高。按照国家标准评审认定的 A 级物流企业近 5000 家，一批综合实力强、引领行业发展的标杆型物流企业不断涌现。

四是新旧动能加快转换。海尔集团提出“人单合一”概念，推动内部“自组织、自驱动”小微创业。菜鸟网络推动“新物流”，提出大数据、智能和协同，服务新零售战略。京东物流提出“下一代物流”，将主要呈现短链、智慧和共生三大特征。无人仓、无人港、无人机、无人驾驶、物流机器人等一批国际领先技术在物流领域试验应用。行业企业强化供应链服务，向供应链转型；物流领域互联网与供应链深度融合，服务模式正在由“链主主导型”向平台服务型、智慧供应链“生态圈”转型发展。

五是综合运输体系加速成网。“五纵五横”综合运输大通道基本贯通。截至 2017 年年底，全国铁路营业里程达 12. 7 万公里，其中高铁 2. 5 万公里，占世界总量的 66. 3%；公路总里程 477. 15 万公里，其中高速公路 13. 6 万公里，覆盖全国 97% 的 20 万以上人口城市及地级行政中心；港口万吨级以上泊位达 2317 个，通江达海、干支衔接的航道网络进一步完善；民航运输机场发展到 229 个，覆盖全国 88. 5% 的地市。物流网络“节点”加快布局。我国各类物流园区超过 1200 家，园区平台化、网络化、智慧化初步显现。中欧班列连接“一带一路”沿线国家，已累计开行 6235 列，其中当年开行 3271 列。

六是政策环境持续改善。《国务院办公厅关于进一步推进物流降本增效促进实体经济发展的意见》（国办发〔2017〕73 号），提出 27 条具体政策措施。大件运输联网审批、年检和年审“两检合并”、规范公路执法、减费清税等政策正在落实。交通运输部牵头促进道路货运行业健康稳定发展，提出降本减负 10 件实事。车辆异地年审、驾驶员异地考核提上日程。国家发改委等 20 个部门签署对严重违法失信主体联合惩戒备忘录，首批 270 家“黑名单”公布。工业和信息化部开展服务型制造试点，提升工业物流发展水平。国家税务总局、交通运输部连续发文，破解道路运输企业“营改增”后遇到的问题。国家质检总局等 11 个部门出台《关于推动物流服务质量提升工作的指导意见》，扩大高质量物流服务供给等。随着“放管服”改革深入推进，制约行业发展的制度环境逐步好转。

总体来看，我国物流业许多指标已排在世界前列，论规模，我国已成为全球“物流大国”。然而，我国物流运行质量和效率不高、服务供给能力不强、基础设施联通不够、创新能力不足等问题依然存在，发展不平衡、不充分的矛盾比较突出，体制政策环境有待进一步改善。要实现“物流大国”向“物流强国”的转变，还需要全行业共同奋斗。

《中国物流年鉴》是中国物流与采购联合会主办、《中国物流与采购》杂志社承办的大型文献性工具书。十几年来，《中国物流年鉴》坚持用数据和事实反映物流业发展变化的轨迹、记录我国物流业发展的历程，赢得了业界好评。面对我国物流业不断发展变化的新形势，《中国物流年鉴》编委会将继续以求真务实、严谨负责的态度做好资料收录工作，同时，真诚地希望业界同人提出宝贵意见，使其越做越精、越做越好。

二〇一八年八月三十日

# 目　录

## 上　册

### 第一部分　物流政策法规

## 第二部分　物流统计



## 第三部分　物流产业



## 第四部分　行业物流

# 下 册

## 第五部分 地区物流

## 第六部分　物流技术与装备



## 第七部分　物流教育、信息化、标准化



## 第八部分　部分优秀物流企业经典案例

## 第九部分 附 录

# 第一部分

# 物流政策法规

# 国务院办公厅发文

## 国务院办公厅关于加快发展冷链物流保障食品安全促进消费升级的意见

（国办发〔2017〕29号　2017年4月13日）

各省、自治区、直辖市人民政府，国务院各部委、各直属机构：

随着我国经济社会发展和人民群众生活水平不断提高，冷链物流需求日趋旺盛，市场规模不断扩大，冷链物流行业实现了较快发展。但由于起步较晚、基础薄弱，冷链物流行业还存在标准体系不完善、基础设施相对落后、专业化水平不高、有效监管不足等问题。为推动冷链物流行业健康规范发展，保障生鲜农产品和食品消费安全，根据食品安全法、农产品质量安全法和《物流业发展中长期规划（2014—2020年）》等，经国务院同意，提出以下意见。

### 一、总体要求

（一）指导思想。全面贯彻党的十八大和十八届三中、四中、五中、六中全会精神，深入贯彻习近平总书记系列重要讲话精神，认真落实党中央、国务院决策部署，紧紧围绕统筹推进“五位一体”总体布局和协调推进“四个全面”战略布局，牢固树立和贯彻落实创新、协调、绿色、开放、共享的发展理念，深入推进供给侧结构性改革，充分发挥市场在资源配置中的决定性作用，以体制机制创新为动力，以先进技术和管理手段应用为支撑，以规范有效监管为保障，着力构建符合我国国情的“全链条、网络化、严标准、可追溯、新模式、高效率”的现代化冷链物流体系，满足居民消费升级需要，促进农民增收，保障食品消费安全。

（二）基本原则。市场为主，政府引导。强化企业市场主体地位，激发市场活力和企业创新动力。发挥政府部门在规划、标准、政策等方面的引导、扶持和监管作用，为冷链物流行业发展创造良好环境。

问题导向，补齐短板。聚焦农产品产地“最先一公里”和城市配送“最后一公里”等突出问题，抓两头、带中间，因地制宜、分类指导，形成贯通一、二、三产业的冷链物流产业体系。

创新驱动，提高效率。大力推广现代冷链物流理念，深入推进大众创业、万众创新，鼓励企业利用现代信息手段，创新经营模式，发展供应链等新型产业组织形态，全面提高冷链物流行业运行效率和服务水平。

完善标准，规范发展。加快完善冷链物流标准和服务规范体系，制修订一批冷链物流强制性标准。加强守信联合激励和失信联合惩戒，推动企业优胜劣汰，促进行业健康有序发展。

（三）发展目标。到 2020 年，初步形成布局合理、覆盖广泛、衔接顺畅的冷链基础设施网络，基本建立“全程温控、标准健全、绿色安全、应用广泛”的冷链物流服务体系，培育一批具有核心竞争力、综合服务能力强的冷链物流企业，冷链物流信息化、标准化水平大幅提升，普遍实现冷链服务全程可视、可追溯，生鲜农产品和易腐食品冷链流通率、冷藏运输率显著提高，腐损率明显降低，食品质量安全得到有效保障。

## 二、健全冷链物流标准和服务规范体系

按照科学合理、便于操作的原则系统梳理和修订完善现行冷链物流各类标准，加强不同标准间以及与国际标准的衔接，科学确定冷藏温度带标准，形成覆盖全链条的冷链物流技术标准和温度控制要求。依据食品安全法、农产品质量安全法和标准化法，率先研究制定对鲜肉、水产品、乳及乳制品、冷冻食品等易腐食品温度控制的强制性标准并尽快实施。（国家卫生计生委、食品药品监管总局、农业部、国家标准委、国家发展改革委、商务部、国家邮政局负责）积极发挥行业协会和骨干龙头企业作用，大力发展团体标准，并将部分具有推广价值的标准上升为国家或行业标准。鼓励大型商贸流通、农产品加工等企业制定高于国家和行业标准的企业标准。（国家标准委、商务部、国家发展改革委、国家卫生计生委、工业和信息化部、国家邮政局负责）研究发布冷藏运输车辆温度监测装置技术标准和检验方法，在相关国家标准修订中明确冷藏运输车辆温度监测装置要求，为冷藏运输车辆的温度监测性能评测和检验提供依据。（工业和信息化部、交通运输部负责）针对重要管理环节研究建立冷链物流服务管理规范。建立冷链物流全程温度记录制度，相关记录保存时间要超过产品保质期六个月以上。（食品药品监管总局、国家卫生计生委、农业部负责）组织开展冷链物流企业标准化示范工程，加强冷链物流标准宣传和推广实施。（国家标准委、相关行业协会负责）

## 三、完善冷链物流基础设施网络

加强对冷链物流基础设施建设的统筹规划，逐步构建覆盖全国主要产地和消费地的冷链物流基础设施网络。鼓励农产品产地和部分田头市场建设规模适度的预冷、贮藏保鲜等初加工冷链设施，加强先进冷链设备应用，加快补齐农产品产地“最先一公里”短板。鼓励全国性、区域性农产品批发市场建设冷藏冷冻、流通加工冷链设施。在重要物流节点和大中型

城市改造升级或适度新建一批冷链物流园区，推动冷链物流行业集聚发展。加强面向城市消费的低温加工处理中心和冷链配送设施建设，发展城市“最后一公里”低温配送。健全冷链物流标准化设施设备和监控设施体系，鼓励适应市场需求的冷藏库、产地冷库、流通型冷库建设，推广应用多温层冷藏车等设施设备。鼓励大型食品生产经营企业和连锁经营企业建设完善停靠接卸冷链设施，鼓励商场超市等零售终端网点配备冷链设备，推广使用冷藏箱等便利化、标准化冷链运输单元。（国家发展改革委、财政部、商务部、交通运输部、农业部、食品药品监管总局、国家邮政局、国家标准委按职责分工负责）

## 四、鼓励冷链物流企业经营创新

大力推广先进的冷链物流理念与技术，加快培育一批技术先进、运作规范、核心竞争力强的专业化规模化冷链物流企业。鼓励有条件的冷链物流企业与农产品生产、加工、流通企业加强基础设施、生产能力、设计研发等方面的资源共享，优化冷链流通组织，推动冷链物流服务由基础服务向增值服务延伸。（国家发展改革委、交通运输部、农业部、商务部、国家邮政局负责）鼓励连锁经营企业、大型批发企业和冷链物流企业利用自有设施提供社会化的冷链物流服务，开展冷链共同配送、“生鲜电商+冷链宅配”“中央厨房+食材冷链配送”等经营模式创新，完善相关技术、标准和设施，提高城市冷链配送集约化、现代化水平。（国家发展改革委、商务部、食品药品监管总局、国家邮政局、国家标准委负责）鼓励冷链物流平台企业充分发挥资源整合优势，与小微企业、农业合作社等深度合作，为小型市场主体创业创新创造条件。（国家发展改革委、商务部、供销合作总社负责）充分发挥铁路长距离、大规模运输和航空快捷运输的优势，与公路冷链物流形成互补协同的发展格局。积极支持中欧班列开展国际冷链运输业务。（相关省级人民政府，国家铁路局、中国民航局、中国铁路总公司负责）

## 五、提升冷链物流信息化水平

鼓励企业加强卫星定位、物联网、移动互联等先进信息技术应用，按照规范化标准化要求配备车辆定位跟踪以及全程温度自动监测、记录和控制系统，积极使用仓储管理、运输管理、订单管理等信息化管理系统，按照冷链物流全程温控和高时效性要求，整合各作业环节。鼓励相关企业建立冷链物流数据信息收集、处理和发布系统，逐步实现冷链物流全过程的信息化、数据化、透明化、可视化，加强对冷链物流大数据的分析和利用。大力发展“互联网+”冷链物流，整合产品、冷库、冷藏运输车辆等资源，构建“产品+冷链设施+服务”信息平台，实现市场需求和冷链资源之间的高效匹配对接，提高冷链资源综合利用率。推动构建全国性、区域性冷链物流公共信息服务和质量安全追溯平台，并逐步与国家交通运输物流公共信息平台对接，促进区域间、政企间、企业间的数据交换和信息共享。（国家发展改革委、交通运输部、商务部、农业部、工业和信息化部负责）

## 六、加快冷链物流技术装备创新和应用

加强生鲜农产品、易腐食品物流品质劣变

和腐损的生物学原理及其与物流环境之间耦合效应等基础性研究，夯实冷链物流发展的科技基础。鼓励企业向国际低能耗标准看齐，利用绿色、环境友好的自然工质，使用安全环保节能的制冷剂和制冷工艺，发展新型蓄冷材料，采用先进的节能和蓄能设备。（科技部、工业和信息化部负责）加大科技创新力度，加强对延缓产品品质劣变和减少腐损的核心技术工艺、绿色防腐技术与产品、新型保鲜减震包装材料、移动式等新型分级预冷装置、多温区陈列销售设备、大容量冷却冷冻机械、节能环保多温层冷链运输工具等的自主研发。（科技部负责）冷链物流企业要从正规厂商采购或租赁标准化、专业化的设施设备和运输工具。加速淘汰不规范、高能耗的冷库和冷藏运输车辆，取缔非法改装的冷藏运输车辆。鼓励第三方认证机构从运行状况、能效水平、绿色环保等方面对冷链物流设施设备开展认证。结合冷链物流行业发展趋势，积极推动冷链物流设施和技术装备标准化，提高冷藏运输车辆专业化、轻量化水平，推广标准冷藏集装箱，促进冷链物流各作业环节以及不同交通方式间的有序衔接。（交通运输部、商务部、工业和信息化部、中国民航局、国家铁路局、国家邮政局、中国铁路总公司按职责分工负责）

## 七、加大行业监管力度

有关部门要依据相关法律法规、强制性标准和操作规范，健全冷链物流监管体系，在生产和贮藏环节重点监督保质期、温度控制等，在销售终端重点监督冷藏、冷冻设施和贮存温度控制等，探索建立对运输环节制冷和温控记录设备合规合法使用的监管机制，将从源头至终端的冷链物流全链条纳入监管范围。加强对冷链各环节温控记录和产品品质的监督和不定期抽查。（食品药品监管总局、质检总局、交通运输部、农业部负责）研究将配备温度监测装置作为冷藏运输车辆出厂的强制性要求，在车辆进入营运市场、年度审验等环节加强监督管理。（工业和信息化部、交通运输部按职责分工负责）充分发挥行业协会、第三方征信机构和各类现有信息平台的作用，完善冷链物流企业服务评价和信用评价体系，并研究将全程温控情况等技术性指标纳入信用评价体系。各有关部门要根据监管职责建立冷链物流企业信用记录，并加强信用信息共享和应用，将企业信用信息归集至全国信用信息共享平台，通过“信用中国”网站和国家企业信用信息公示系统依法向社会及时公开。探索对严重违法失信企业开展联合惩戒。（国家发展改革委、交通运输部、商务部、民政部、食品药品监管总局、质检总局、工商总局、国家邮政局等按职责分工负责）

## 八、创新管理体制机制

国务院各有关部门要系统梳理冷链物流领域相关管理规定和政策法规，按照简政放权、放管结合、优化服务的要求，在确保行业有序发展、市场规范运行的基础上，进一步简化冷链物流企业设立和开展业务的行政审批事项办理程序，加快推行“五证合一、一照一码”“先照后证”和承诺制，加快实现不同区域、不同领域之间管理规定的协调统一，加快建设开放统一的全国性冷链物流市场。地方各级人民政府要加强组织领导，强化部门间信息互通和协同联动，统筹抓好涉及本区域的相关管理规定清理等工作。结合冷链产品特点，积极推进国际贸易“单一窗口”建设，优化查验流程，提高通关效率。利用信息化手段完善现有监管方式，发挥大数据在冷链物流监管体系建设运行中的作用，通过数据收集、分析和管理完善事中事后监管。（各省级人民政府，国家发展改革委、交通运输部、公安部、商务部、食品药品监管总局、国家卫生计生委、工商总局、海关总署、质检总局、国家邮政局、中国民航局、国家铁路局按职责分工负责）

## 九、完善政策支持体系

要加强调查研究和政策协调衔接，加大对冷链物流理念和重要性的宣传力度，提高公众对全程冷链生鲜农产品质量的认知度。（国家发展改革委、农业部、商务部、食品药品监管总局、国家卫生计生委负责）拓宽冷链物流企业的投融资渠道，引导金融机构对符合条件的冷链物流企业加大投融资支持，创新配套金融服务。（人民银行、银监会、证监会、保监会、国家开发银行负责）大中型城市要根据冷链物流等设施的用地需求，分级做好物流基础设施的布局规划，并与城市总体规划、土地利用总体规划做好衔接。永久性农产品产地预冷设施用地按建设用地管理，在用地安排上给予积极支持。（国土资源部、住房城乡建设部负责）针对制约冷链物流行业发展的突出短板，探索鼓励社会资本通过设立产业发展基金等多种方式参与投资建设。（国家发展改革委、商务部、农业部负责）冷链物流企业用水、用电、用气价格与工业同价。（国家发展改革委负责）加强城市配送冷藏运输车辆的标识管理。（交通运输部、商务部负责）指导完善和优化城市配送冷藏运输车辆的通行和停靠管理措施。（公安部、交通运输部、商务部负责）继续执行鲜活农产品“绿色通道”政策。（交通运输部、国家发展改革委负责）对技术先进、管理规范、运行高效的冷链物流园区优先考虑列入示范物流园区，发挥示范引领作用。（国家发展改革委、国土资源部、住房城乡建设部负责）加强冷链物流人才培养，支持高等学校设置冷链物流相关专业和课程，发展职业教育和继续教育，形成多层次的教育、培训体系。（教育部负责）

## 十、加强组织领导

各地区、各有关部门要充分认识冷链物流对保障食品质量安全、促进农民增收、推动相关产业发展、促进居民消费升级的重要作用，加强对冷链物流行业的指导、管理和服务，把推动冷链物流行业发展作为稳增长、促消费、惠民生的一项重要工作抓紧抓好。国家发展改革委要会同有关部门建立工作协调机制，及时研究解决冷链物流发展中的突出矛盾和重大问题，加强业务指导和督促检查，确保各项政策措施的贯彻落实。

# 国务院办公厅关于进一步推进物流降本增效促进实体经济发展的意见

（国办发〔2017〕73 号　2017 年 8 月 7 日）

各省、自治区、直辖市人民政府，国务院各部委、各直属机构：

物流业贯穿一、二、三产业，衔接生产与消费，涉及领域广、发展潜力大、带动作用强。推动物流降本增效对促进产业结构调整和区域协调发展、培育经济发展新动能、提升国民经济整体运行效率具有重要意义。按照党中央、国务院关于深入推进供给侧结构性改革、降低实体经济企业成本的决策部署，为进一步推进物流降本增效，着力营造物流业良好发展环境，提升物流业发展水平，促进实体经济健康发展，经国务院同意，现提出以下意见：

## 一、深化“放管服”改革，激发物流运营主体活力

（一）优化道路运输通行管理。2017 年年内实现跨省大件运输并联许可全国联网，由起运地省份统一受理，沿途省份限时并联审批，一地办证、全线通行。参照国际规则，优化部分低危气体道路运输管理，促进安全便利运输。（交通运输部负责）完善城市配送车辆通行管理政策，统筹优化交通安全和通行管控措施。鼓励商贸、物流企业协同开展共同配送、夜间配送。（公安部、交通运输部、商务部负责）

（二）规范公路货运执法行为。推动依托公路超限检测站，由交通部门公路管理机构负责监督消除违法行为、公安交管部门单独实施处罚记分的治超联合执法模式常态化、制度化，避免重复罚款，并尽快制订可操作的实施方案，在全国范围内强化督促落实。原则上所有对货车超限超载违法行为的现场检查处罚一律引导至经省级人民政府批准设立的公路超限检测站进行，货车应主动配合进站接受检查。各地公路超限检测站设置要科学合理，符合治理工作实际。（交通运输部、公安部、各省级人民政府负责）公路货运罚款按照国库集中收缴制度的有关规定缴入国库，落实罚缴分离。（财政部会同交通运输部、公安部负责）依据法律法规，抓紧制定公路货运处罚事项清单，明确处罚标准并向社会公布。严格落实重点货运源头监管、“一超四罚”依法追责、高速公路入口称重劝返等措施。严格货运车辆执法程序，执法人员现场执法时须持合法证件和执法

监督设备。（交通运输部、公安部、各省级人民政府按职责分工负责）完善公路货运执法财政经费保障机制。（财政部会同交通运输部、公安部、各省级人民政府负责）完善全国公路执法监督举报平台，畅通投诉举报渠道。（交通运输部、公安部负责）

（三）完善道路货运证照考核和车辆相关检验检测制度。进一步完善道路货运驾驶员从业资格与信用管理制度，运用信息化手段推进违法失信计分与处理，积极推进年审结果签注网上办理和网上查询，在部分省份探索实行车辆道路运输证异地年审。（交通运输部负责）2017年年内将货运车辆年检（安全技术检验）和年审（综合性能检测）依据法律法规进行合并，并允许普通道路货运车辆异地办理，减轻检验检测费用负担。（交通运输部、公安部会同质检总局负责）

（四）精简快递企业分支机构、末端网点备案手续。指导地方开展快递领域工商登记“一照多址”改革。（工商总局、国家邮政局负责）进一步简化快递企业设立分支机构备案手续，完善末端网点备案制度。严格落实快递业务员职业技能确认与快递业务经营许可脱钩政策。（国家邮政局负责）

（五）深化货运通关改革。2017年年内实现全国通关一体化，将货物通关时间压缩三分之一。加快制定和推广国际贸易“单一窗口”标准版，实现一点接入、共享共用、免费申报。（海关总署、质检总局、公安部、交通运输部负责）

## 二、加大降税清费力度，切实减轻企业负担

（六）完善物流领域相关税收政策。结合增值税立法，统筹研究统一物流各环节增值税税率。加大工作力度，2017年年内完善交通运输业个体纳税人异地代开增值税发票管理制度。全面落实物流企业大宗商品仓储设施用地城镇土地使用税减半征收优惠政策。（财政部、税务总局负责）

（七）科学合理确定车辆通行收费水平。选择部分高速公路开展分时段差异化收费试点。省级人民政府可根据本地区实际，对使用电子不停车收费系统（ETC）非现金支付卡并符合相关要求的货运车辆给予适当通行费优惠。严格做好甘肃、青海、内蒙古、宁夏四省（区）取消政府还贷二级公路收费工作。落实好鲜活农产品运输“绿色通道”政策。（交通运输部、国家发展改革委、各省级人民政府负责）

（八）做好收费公路通行费营改增相关工作。2017年年内出台完善收费公路通行费营改增工作实施方案，年底前建成全国统一的收费公路通行费发票服务平台，完成部、省两级高速公路联网收费系统改造，推进税务系统与公路收费系统对接，依托平台开具高速公路通行费增值税电子发票。（交通运输部、税务总局、财政部负责）

（九）加强物流领域收费清理。开展物流领域收费专项检查，着力解决“乱收费、乱罚款”等问题。（国家发展改革委、交通运输部负责）全面严格落实取消营运车辆二级维护强制性检测政策。（交通运输部负责）完善港口服务价格形成机制，改革拖轮计费方式，修订发布《港口收费计费办法》。（交通运输部、国家发展改革委负责）清理规范铁路运输企业收取的杂费、专用线代运营代维护费用、企业自备车检修费用等，以及地方政府附加收费、专用线产权或经营单位收费、与铁路运输密切相

关的短驳等两端收费。（国家铁路局、中国铁路总公司、各省级人民政府负责）

## 三、加强重点领域和薄弱环节建设，提升物流综合服务能力

（十）加强对物流发展的规划和用地支持。研究制定指导意见，进一步发挥城乡规划对物流业发展的支持和保障作用。（住房城乡建设部负责）在土地利用总体规划、城市总体规划中综合考虑物流发展用地，统筹安排物流及配套公共服务设施用地选址和布局，在综合交通枢纽、产业集聚区等物流集散地布局和完善一批物流园区、配送中心等，确保规划和物流用地落实，禁止随意变更。对纳入国家和省级示范的物流园区新增物流仓储用地给予重点保障。鼓励通过“先租后让”“租让结合”等多种方式向物流企业供应土地。对利用工业企业旧厂房、仓库和存量土地资源建设物流设施或提供物流服务，涉及原划拨土地使用权转让或租赁的，经批准可采取协议方式办理土地有偿使用手续。各地要研究建立重点物流基础设施建设用地审批绿色通道，提高审批效率。（各省级人民政府、国土资源部、住房城乡建设部负责）

（十一）布局和完善一批国家级物流枢纽。加强与交通基础设施配套衔接的物流基础设施建设。结合编制国家级物流枢纽布局和建设规划，布局和完善一批具有多式联运功能、支撑保障区域和产业经济发展的综合物流枢纽，并在规划和用地上给予重点保障。（国家发展改革委、交通运输部、住房城乡建设部、国土资源部负责）

（十二）加强重要节点集疏运设施建设。统筹考虑安全监管要求，加强铁路、公路、水运、民航、邮政等基础设施建设衔接。统筹利用车购税等相关资金支持港口集疏运铁路、公路建设，畅通港站枢纽“微循环”。（国家发展改革委、交通运输部、财政部、中国民航局、国家铁路局、国家邮政局、中国铁路总公司按职责分工负责）

（十三）提升铁路物流服务水平。着力推进铁路货运市场化改革，发挥铁路长距离干线运输优势，进一步提高铁路货运量占全国货运总量的比重。探索发展高铁快运物流，支持高铁、快递联动发展。支持铁路运输企业与港口、园区、大型制造企业、物流企业等开展合资合作，按需开行货物列车。加快一级和二级铁路物流基地建设，重点加强进厂、进园、进港铁路专用线建设，推动解决铁路运输“最后一公里”问题。鼓励企业自备载运工具的共管共用，提高企业自备载运工具的运用效率。大力推进物联网、无线射频识别（RFID）等信息技术在铁路物流服务中的应用。（中国铁路总公司、交通运输部、国家铁路局、国家邮政局负责）

（十四）推动多式联运、甩挂运输发展取得突破。做好第二批多式联运示范工作，大力推广集装箱多式联运，积极发展厢式半挂车多式联运，有序发展驮背运输，力争 2017 年年内开通驮背多式联运试验线路。大力发展公路甩挂运输。完善铁路货运相关信息系统，以铁水联运、中欧班列为重点，加强多式联运信息交换。（交通运输部、国家发展改革委、国家铁路局、中国铁路总公司负责）

（十五）完善城乡物流网络节点。支持地方建设城市共同配送中心、智能快件箱、智能信包箱等，缓解通行压力，提高配送效率。加强配送车辆停靠作业管理，结合实际设置专用临时停车位等停靠作业区域。加强交通运输、

商贸流通、供销、邮政等相关单位物流资源与电商、快递等企业的物流服务网络和设施共享衔接，逐步完善县乡村三级物流节点基础设施网络，鼓励多站合一、资源共享。加强物流渠道的安全监管能力建设，实现对寄递物流活动全过程跟踪和实时查询。（商务部、交通运输部、公安部、国家邮政局、供销合作总社、各省级人民政府按职责分工负责）

（十六）拓展物流企业融资渠道。支持符合条件的国有企业、金融机构、大型物流企业集团等设立现代物流产业发展投资基金，按照市场化原则运作，加强重要节点物流基础设施建设，支持应用新技术新模式的轻资产物流企业发展。（国家发展改革委、财政部、国务院国资委负责）鼓励银行业金融机构开发支持物流业发展的供应链金融产品和融资服务方案，通过完善供应链信息系统研发，实现对供应链上下游客户的内外部信用评级、综合金融服务、系统性风险管理。支持银行依法探索扩大与物流公司的电子化系统合作。（国家发展改革委、银监会、人民银行、商务部负责）

## 四、加快推进物流仓储信息化标准化智能化，提高运行效率

（十七）推广应用高效便捷物流新模式。依托互联网、大数据、云计算等先进信息技术，大力发展“互联网+”车货匹配、“互联网+”运力优化、“互联网+”运输协同、“互联网+”仓储交易等新业态、新模式。加大政策支持力度，培育一批骨干龙头企业，深入推进无车承运人试点工作，通过搭建互联网平台，创新物流资源配置方式，扩大资源配置范围，实现货运供需信息实时共享和智能匹配，减少迂回、空驶运输和物流资源闲置。（国家发展改革委、交通运输部、商务部、工业和信息化部负责）

（十八）开展仓储智能化试点示范。结合国家智能化仓储物流基地示范工作，推广应用先进信息技术及装备，加快智能化发展步伐，提升仓储、运输、分拣、包装等作业效率和仓储管理水平，降低仓储管理成本。（国家发展改革委、商务部负责）

（十九）加强物流装载单元化建设。加强物流标准的配套衔接。推广1200mm×1000mm标准托盘和600mm×400mm包装基础模数，从商贸领域向制造业领域延伸，促进包装箱、托盘、周转箱、集装箱等上下游设施设备的标准化，推动标准装载单元器具的循环共用，做好与相关运输工具的衔接，提升物流效率，降低包装、搬倒等成本。（商务部、工业和信息化部、国家发展改革委、国家邮政局、中国铁路总公司、国家标准委负责）

（二十）推进物流车辆标准化。加大车辆运输车治理工作力度，2017年年内完成60%的不合规车辆运输车更新淘汰。保持治理超限超载运输工作的延续性，合理确定过渡期和实施步骤，适时启动不合规平板半挂车等车型专项治理工作，分阶段有序推进车型替代和分批退出，保护合法运输主体的正当权益，促进道路运输市场公平有序竞争。推广使用中置轴汽车列车等先进车型，促进货运车辆标准化、轻量化。（交通运输部、公安部、工业和信息化部、各省级人民政府负责）

## 五、深化联动融合，促进产业协同发展

（二十一）推动物流业与制造业联动发展。研究制定推进物流业与制造业融合发展的政策

措施，大力支持第三方物流发展，对接制造业转型升级需求，提供精细化、专业化物流服务，提高企业运营效率。鼓励大型生产制造企业将自营物流面向社会提供公共物流服务。（国家发展改革委、工业和信息化部、国家邮政局负责）

（二十二）加强物流核心技术和装备研发。结合智能制造专项和试点示范项目，推动关键物流技术装备产业化，推广应用智能物流装备。鼓励物流机器人、自动分拣设备等新型装备研发创新和推广应用。（工业和信息化部、国家发展改革委负责）支持具备条件的物流企业申报高新技术企业。（科技部负责）

（二十三）提升制造业物流管理水平。建立制造业物流成本核算制度，分行业逐步建立物流成本对标体系，引导企业对物流成本进行精细化管理，提高物流管理水平。（国家发展改革委、工业和信息化部负责）

## 六、打通信息互联渠道，发挥信息共享效用

（二十四）加强物流数据开放共享。推进公路、铁路、航空、水运、邮政及公安、工商、海关、质检等领域相关物流数据开放共享，向社会公开相关数据资源，依托国家交通运输物流公共信息平台等，为行业企业查询和组织开展物流活动提供便利。结合大数据应用专项，开展物流大数据应用示范，为提升物流资源配置效率提供基础支撑。结合物流园区标准的修订，推动各物流园区之间实现信息联通兼容。（各有关部门按职责分工负责）

（二十五）推动物流活动信息化、数据化。依托部门、行业大数据应用平台，推动跨地区、跨行业物流信息互联共享。推广应用电子运单、电子仓单、电子面单等电子化单证。积极支持基于大数据的运输配载、跟踪监测、库存监控等第三方物流信息平台创新发展。（国家发展改革委、交通运输部会同有关部门负责）

（二十六）建立健全物流行业信用体系。研究制定对运输物流行业严重违法失信市场主体及有关人员实施联合惩戒的合作备忘录，对失信企业在行政审批、资质认定、银行贷款、工程招投标、债券发行等方面依法予以限制，构建守信激励和失信惩戒机制。（国家发展改革委会同相关部门、行业协会负责）

## 七、推进体制机制改革，营造优良营商环境

（二十七）探索开展物流领域综合改革试点。顺应物流业创新发展趋势，选取部分省市开展物流降本增效综合改革试点，深入推进物流领域大众创业、万众创新，打破地方保护和行业垄断，破除制约物流降本增效和创新发展的体制机制障碍。探索建立物流领域审批事项的“单一窗口”，降低制度性交易成本。强化科技创新、管理创新、机制创新，促进物流新业态、新模式发展，形成可复制、可推广的发展经验。（国家发展改革委、交通运输部会同有关部门负责）

各地区、各有关部门要认真贯彻落实党中央、国务院的决策部署，充分认识物流降本增效对深化供给侧结构性改革、促进实体经济发展的重要意义，加强组织领导，明确任务分工，结合本地区、本部门实际，深入落实本意见和《国务院办公厅关于转发国家发展改革委营造良好市场环境推动交通物流融合发展实施方案的通知》（国办发〔2016〕43号）、《国务

院办公厅关于转发国家发展改革委物流业降本增效专项行动方案（2016—2018年）的通知》（国办发〔2016〕69号）明确的各项政策措施，完善相关实施细则，扎实推进工作。要充分发挥全国现代物流工作部际联席会议作用，加强工作指导和督促检查，及时协调解决政策实施中存在的问题，确保各项政策措施的贯彻落实。

# 国务院办公厅关于积极推进供应链创新与应用的指导意见

（国办发〔2017〕84号 2017年10月5日）

各省、自治区、直辖市人民政府，国务院各部委、各直属机构：

供应链是以客户需求为导向，以提高质量和效率为目标，以整合资源为手段，实现产品设计、采购、生产、销售、服务等全过程高效协同的组织形态。随着信息技术的发展，供应链已发展到与互联网、物联网深度融合的智慧供应链新阶段。为加快供应链创新与应用，促进产业组织方式、商业模式和政府治理方式创新，推进供给侧结构性改革，经国务院同意，现提出以下意见。

## 一、重要意义

（一）落实新发展理念的重要举措。

供应链具有创新、协同、共赢、开放、绿色等特征，推进供应链创新发展，有利于加速产业融合、深化社会分工、提高集成创新能力，有利于建立供应链上下游企业合作共赢的协同发展机制，有利于建立覆盖设计、生产、流通、消费、回收等各环节的绿色产业体系。

（二）供给侧结构性改革的重要抓手。

供应链通过资源整合和流程优化，促进产业跨界和协同发展，有利于加强从生产到消费等各环节的有效对接，降低企业经营和交易成本，促进供需精准匹配和产业转型升级，全面提高产品和服务质量。供应链金融的规范发展，有利于拓宽中小微企业的融资渠道，确保资金流向实体经济。

（三）引领全球化提升竞争力的重要载体。

推进供应链全球布局，加强与伙伴国家和地区之间的合作共赢，有利于我国企业更深更广融入全球供给体系，推进“一带一路”建设落地，打造全球利益共同体和命运共同体。建立基于供应链的全球贸易新规则，有利于提高我国在全球经济治理中的话语权，保障我国资源能源安全和产业安全。

## 二、总体要求

（一）指导思想。

全面贯彻党的十八大和十八届三中、四中、五中、六中全会精神，深入贯彻习近平总书记系列重要讲话精神和治国理政新理念新思想新战略，认真落实党中央、国务院决策部署，统筹推进“五位一体”总体布局和协调推进“四个全面”战略布局，坚持以人民为中心的发展思想，坚持稳中求进工作总基调，牢固树立和贯彻落实创新、协调、绿色、开放、共享的发展理念，以提高发展质量和效益为中心，以供应链与互联网、物联网深度融合为路径，以信息化、标准化、信用体系建设和人才培养为支撑，创新发展供应链新理念、新技术、新模式，高效整合各类资源和要素，提升产业集成和协同水平，打造大数据支撑、网络化共享、智能化协作的智慧供应链体系，推进供给侧结构性改革，提升我国经济全球竞争力。

（二）发展目标。

到2020年，形成一批适合我国国情的供应链发展新技术和新模式，基本形成覆盖我国重点产业的智慧供应链体系。供应链在促进降本增效、供需匹配和产业升级中的作用显著增强，成为供给侧结构性改革的重要支撑。培育100家左右的全球供应链领先企业，重点产业的供应链竞争力进入世界前列，中国成为全球供应链创新与应用的重要中心。

## 三、重点任务

（一）推进农村一、二、三产业融合发展。

1. 创新农业产业组织体系。鼓励家庭农场、农民合作社、农业产业化龙头企业、农业社会化服务组织等合作建立集农产品生产、加工、流通和服务等于一体的农业供应链体系，发展种养加、产供销、内外贸一体化的现代农业。鼓励承包农户采用土地流转、股份合作、农业生产托管等方式融入农业供应链体系，完善利益联结机制，促进多种形式的农业适度规模经营，把农业生产引入现代农业发展轨道。（农业部、商务部等负责）

2. 提高农业生产科学化水平。推动建设农业供应链信息平台，集成农业生产经营各环节的大数据，共享政策、市场、科技、金融、保险等信息服务，提高农业生产科技化和精准化水平。加强产销衔接，优化种养结构，促进农业生产向消费导向型转变，增加绿色优质农产品供给。鼓励发展农业生产性服务业，开拓农业供应链金融服务，支持订单农户参加农业保险。（农业部、科技部、商务部、银监会、保监会等负责）

3. 提高质量安全追溯能力。加强农产品和食品冷链设施及标准化建设，降低流通成本和损耗。建立基于供应链的重要产品质量安全追溯机制，针对肉类、蔬菜、水产品、中药材等食用农产品，婴幼儿配方食品、肉制品、乳制品、食用植物油、白酒等食品，农药、兽药、饲料、肥料、种子等农业生产资料，将供应链上下游企业全部纳入追溯体系，构建来源可查、去向可追、责任可究的全链条可追溯体系，提高消费安全水平。（商务部、国家发展改革委、科技部、农业部、质检总局、食品药品监管总局等负责）

（二）促进制造协同化、服务化、智能化。

1. 推进供应链协同制造。推动制造企业应用精益供应链等管理技术，完善从研发设计、生产制造到售后服务的全链条供应链体系。推动供应链上下游企业实现协同采购、协同制造、协同物流，促进大中小企业专业化分工协作，快速响应客户需求，缩短生产周期和新品上市时间，降低生产经营和交易成本。（工业和信息化部、国家发展改革委、科技部、商务部等负责）

2. 发展服务型制造。建设一批服务型制造公共服务平台，发展基于供应链的生产性服务业。鼓励相关企业向供应链上游拓展协同研发、众包设计、解决方案等专业服务，向供应链下游延伸远程诊断、维护检修、仓储物流、技术培训、融资租赁、消费信贷等增值服务，推动制造供应链向产业服务供应链转型，提升制造产业价值链。（工业和信息化部、国家发展改革委、科技部、商务部、人民银行、银监会等负责）

3. 促进制造供应链可视化和智能化。推动感知技术在制造供应链关键节点的应用，促进全链条信息共享，实现供应链可视化。推进机械、航空、船舶、汽车、轻工、纺织、食品、电子等行业供应链体系的智能化，加快人机智能交互、工业机器人、智能工厂、智慧物流等技术和装备的应用，提高敏捷制造能力。（工业和信息化部、国家发展改革委、科技部、商务部等负责）

（三）提高流通现代化水平。

1. 推动流通创新转型。应用供应链理念和技术，大力发展智慧商店、智慧商圈、智慧物流，提升流通供应链智能化水平。鼓励批发、零售、物流企业整合供应链资源，构建采购、分销、仓储、配送供应链协同平台。鼓励住宿、餐饮、养老、文化、体育、旅游等行业建设供应链综合服务和交易平台，完善供应链体系，提升服务供给质量和效率。（商务部、国家发展改革委、科技部、质检总局等负责）

2. 推进流通与生产深度融合。鼓励流通企业与生产企业合作，建设供应链协同平台，准确及时传导需求信息，实现需求、库存和物流信息的实时共享，引导生产端优化配置生产资源，加速技术和产品创新，按需组织生产，合理安排库存。实施内外销产品“同线同标同质”等一批示范工程，提高供给质量。（商务部、工业和信息化部、农业部、质检总局等负责）

3. 提升供应链服务水平。引导传统流通企业向供应链服务企业转型，大力培育新型供应链服务企业。推动建立供应链综合服务平台，拓展质量管理、追溯服务、金融服务、研发设计等功能，提供采购执行、物流服务、分销执行、融资结算、商检报关等一体化服务。（商务部、人民银行、银监会等负责）

（四）积极稳妥发展供应链金融。

1. 推动供应链金融服务实体经济。推动全国和地方信用信息共享平台、商业银行、供应链核心企业等开放共享信息。鼓励商业银行、供应链核心企业等建立供应链金融服务平台，为供应链上下游中小微企业提供高效便捷的融资渠道。鼓励供应链核心企业、金融机构与人民银行征信中心建设的应收账款融资服务平台对接，发展线上应收账款融资等供应链金融模式。（人民银行、国家发展改革委、商务部、银监会、保监会等负责）

2. 有效防范供应链金融风险。推动金融机构、供应链核心企业建立债项评级和主体评级相结合的风险控制体系，加强供应链大数据分析和应用，确保借贷资金基于真实交易。加强对供应链金融的风险监控，提高金融机构事中事后风险管理水平，确保资金流向实体经济。健全供应链金融担保、抵押、质押机制，鼓励依托人民银行征信中心建设的动产融资统一登记系统开展应收账款及其他动产融资质押和转让登记，防止重复质押和空单质押，推动供应链金融健康稳定发展。（人民银行、商务部、银监会、保监会等负责）

（五）积极倡导绿色供应链。

1. 大力倡导绿色制造。推行产品全生命周期绿色管理，在汽车、电器电子、通信、大型成套装备及机械等行业开展绿色供应链管理示范。强化供应链的绿色监管，探索建立统一的绿色产品标准、认证、标识体系，鼓励采购绿色产品和服务，积极扶植绿色产业，推动形成绿色制造供应链体系。（国家发展改革委、工业和信息化部、环境保护部、商务部、质检总局等按职责分工负责）

2. 积极推行绿色流通。积极倡导绿色消费理念，培育绿色消费市场。鼓励流通环节推广节能技术，加快节能设施设备的升级改造，培育一批集节能改造和节能产品销售于一体的绿色流通企业。加强绿色物流新技术和设备的研究与应用，贯彻执行运输、装卸、仓储等环节的绿色标准，开发应用绿色包装材料，建立绿色物流体系。（商务部、国家发展改革委、环境保护部等负责）

3. 建立逆向物流体系。鼓励建立基于供应链的废旧资源回收利用平台，建设线上废弃物和再生资源交易市场。落实生产者责任延伸制度，重点针对电器电子、汽车产品、轮胎、蓄电池和包装物等产品，优化供应链逆向物流网点布局，促进产品回收和再制造发展。（国家发展改革委、工业和信息化部、商务部等按职责分工负责）

（六）努力构建全球供应链。

1. 积极融入全球供应链网络。加强交通枢纽、物流通道、信息平台等基础设施建设，推进与“一带一路”沿线国家互联互通。推动国际产能和装备制造合作，推进边境经济合作区、跨境经济合作区、境外经贸合作区建设，鼓励企业深化对外投资合作，设立境外分销和服务网络、物流配送中心、海外仓等，建立本地化的供应链体系。（商务部、国家发展改革委、交通运输部等负责）

2. 提高全球供应链安全水平。鼓励企业建立重要资源和产品全球供应链风险预警系统，利用两个市场两种资源，提高全球供应链风险管理水平。制定和实施国家供应链安全计划，建立全球供应链风险预警评价指标体系，完善全球供应链风险预警机制，提升全球供应链风险防控能力。（国家发展改革委、商务部等按职责分工负责）

3. 参与全球供应链规则制定。依托全球供应链体系，促进不同国家和地区包容共享发展，形成全球利益共同体和命运共同体。在人员流动、资格互认、标准互通、认可认证、知识产权等方面加强与主要贸易国家和“一带一路”沿线国家的磋商与合作，推动建立有利于完善供应链利益联结机制的全球经贸新规则。（商务部、国家发展改革委、人力资源社会保障部、质检总局等负责）

## 四、保障措施

（一）营造良好的供应链创新与应用政策环境。

鼓励构建以企业为主导、产学研用合作的供应链创新网络，建设跨界交叉领域的创新服务平台，提供技术研发、品牌培育、市场开拓、标准化服务、检验检测认证等服务。鼓励社会资本设立供应链创新产业投资基金，统筹结合现有资金、基金渠道，为企业开展供应链创新与应用提供融资支持。（科技部、工业和信息化部、财政部、商务部、人民银行、质检总局等按职责分工负责）

研究依托国务院相关部门成立供应链专家委员会，建设供应链研究院。鼓励有条件的地方建设供应链科创研发中心。支持建设供应链创新与应用的政府监管、公共服务和信息共享

平台，建立行业指数、经济运行、社会预警等指标体系。（科技部、商务部等按职责分工负责）

研究供应链服务企业在国民经济中的行业分类，理顺行业管理。符合条件的供应链相关企业经认定为国家高新技术企业后，可按规定享受相关优惠政策。符合外贸企业转型升级、服务外包相关政策条件的供应链服务企业，按现行规定享受相应支持政策。（国家发展改革委、科技部、工业和信息化部、财政部、商务部、国家统计局等按职责分工负责）

（二）积极开展供应链创新与应用试点示范。

开展供应链创新与应用示范城市试点，鼓励试点城市制定供应链发展的支持政策，完善本地重点产业供应链体系。培育一批供应链创新与应用示范企业，建设一批跨行业、跨领域的供应链协同、交易和服务示范平台。（商务部、工业和信息化部、农业部、人民银行、银监会等负责）

（三）加强供应链信用和监管服务体系建设。

完善全国信用信息共享平台、国家企业信用信息公示系统和“信用中国”网站，健全政府部门信用信息共享机制，促进商务、海关、质检、工商、银行等部门和机构之间公共数据资源的互联互通。研究利用区块链、人工智能等新兴技术，建立基于供应链的信用评价机制。推进各类供应链平台有机对接，加强对信用评级、信用记录、风险预警、违法失信行为等信息的披露和共享。创新供应链监管机制，整合供应链各环节涉及的市场准入、海关、质检等政策，加强供应链风险管控，促进供应链健康稳定发展。（国家发展改革委、交通运输部、商务部、人民银行、海关总署、税务总局、工商总局、质检总局、食品药品监管总局等按职责分工负责）

（四）推进供应链标准体系建设。

加快制定供应链产品信息、数据采集、指标口径、交换接口、数据交易等关键共性标准，加强行业间数据信息标准的兼容，促进供应链数据高效传输和交互。推动企业提高供应链管理流程标准化水平，推进供应链服务标准化，提高供应链系统集成和资源整合能力。积极参与全球供应链标准制定，推进供应链标准国际化进程。（质检总局、国家发展改革委、工业和信息化部、商务部等负责）

（五）加快培养多层次供应链人才。

支持高等院校和职业学校设置供应链相关专业和课程，培养供应链专业人才。鼓励相关企业和专业机构加强供应链人才培训。创新供应链人才激励机制，加强国际化的人才流动与管理，吸引和聚集世界优秀供应链人才。（教育部、人力资源社会保障部、商务部等按职责分工负责）

（六）加强供应链行业组织建设。

推动供应链行业组织建设供应链公共服务平台，加强行业研究、数据统计、标准制修订和国际交流，提供供应链咨询、人才培训等服务。加强行业自律，促进行业健康有序发展。加强与国外供应链行业组织的交流合作，推动供应链专业资质相互认证，促进我国供应链发展与国际接轨。（国家发展改革委、工业和信息化部、人力资源社会保障部、商务部、质检总局等按职责分工负责）

# 有关部委发文

## 商务部　国家发展改革委<br>国土资源部　交通运输部　国家邮政局<br>关于印发《商贸物流发展“十三五”规划》的通知

（商流通发〔2017〕29号　2017年1月19日）

各省、自治区、直辖市、计划单列市及新疆生产建设兵团商务、发展改革、国土资源、交通运输、邮政部门：

为进一步推动我国商贸物流业健康发展，降低物流成本，提高流通效率，根据《国民经济和社会发展第十三个五年规划纲要》《物流业发展中长期规划（2014—2020年）》，商务部、发展改革委、国土资源部、交通运输部、国家邮政局制定了《商贸物流发展“十三五”规划》，现印发给你们，请认真贯彻执行，并加强对规划实施情况的跟踪问效和监督检查。

### 商贸物流发展“十三五”规划

商贸物流是指与批发、零售、住宿、餐饮、居民服务等商贸服务业及进出口贸易相关的物流服务活动。加快发展商贸物流业，有利于提高流通效率，降低物流成本，引导生产，扩大消费。根据《国民经济和社会发展第十三个五年规划纲要》《物流业发展中长期规划（2014—2020年）》，制定本规划。规划期为2016—2020年。

### 一、发展基础

“十二五”期间，商贸物流业取得长足发展，主要指标达到或超过规划目标水平，为推动国民经济提质增效升级和平稳较快发展提供了有力支撑。

物流需求持续扩大。2015 年社会消费品零售总额达到 30.1 万亿元，“十二五”年均增长达 13.9%；货物进出口总额达 24.6 万亿元，年均增长 4%；电子商务交易总额达 20.8 万亿元，年均增长 35.8%；单位与居民物品物流总额达 5078 亿元，年均增长 20.8%；快递业务量达 206.7 亿件，年均增长 54.61%；生产资料销售总额达 57.9 万亿元，年均增长 10.0%。批发、零售、住宿、餐饮、居民服务等商贸服务业及货物贸易迅速发展，对商贸物流服务需求不断扩大。

物流运行效率提升。“十二五”期间，商贸企业物流费用率呈下降趋势，2014 年我国批发零售企业物流费用率为 7.7%，较 2008 年下降 0.6 个百分点。受益于共同配送等新模式发展，大型连锁企业物流成本持续降低，配送效率不断提升。2011—2015 年，规模以上连锁超市商品统一配送率由 63.4% 提高到 76.6%。

物流服务水平快速提高。商贸物流网络加快向中小城市延伸，向农村乡镇下沉，向居民社区拓展，服务能力不断增强。仓储分拣、装卸搬运、包装加工、运输配送等专用设施设备和条码、智能标签、无线射频识别、可视化及跟踪追溯系统、全球定位系统、地理信息系统等先进技术加速应用，云计算、大数据、物联网、移动互联网等新一代信息技术日益推广。商贸物流服务更加高效便捷，“及时送”“定时达”等个性化服务以及“门到门”等一站式服务更加普及。

物流模式创新发展。商贸物流企业加快推动平台建设，形成了公共信息服务平台、资源整合交易平台、跨境电子商务平台等物流平台发展模式。适应连锁经营发展需要，形成了供应商直接配送、连锁企业自营配送、社会化配送及共同配送等物流配送模式。企业着眼于供应链管理，形成了商贸物流全产业链集成发展、互联网引领物流发展、商贸业和制造业联动发展等融合发展新模式。商贸物流企业积极推动全过程标准化管理，形成了供应链上下游企业“结对子”协同推进标准化、组建联盟创新推进标准化、大型企业集团在系统内部推进标准化、以标准托盘应用为依托推进商业流程标准化、以标准周转箱应用为依托推进农产品物流标准化等标准化推进模式。

国际化发展取得突破。“十二五”期间，交通运输、仓储和邮政业实际利用外资金额累计达 195.3 亿美元，年均增长 13.3%。自由贸易试验区试点放宽国际航运服务领域外资准入限制，外贸进出口集装箱在国内沿海港口和自贸试验区内港口之间的沿海捎带业务有序开展。商贸物流企业加快推动国际区域物流合作，积极参与“一带一路”物流通道建设，稳步推进跨境电子商务海外仓建设，拓展国际货运代理业务范围，国际合作水平明显提高。

发展环境持续优化。“十二五”期间，国家高度重视商贸物流发展，出台了一系列扶持政策，相关规划和标准体系不断完善。地方政府积极落实土地、资金、税费、交通管理等政策，并出台相关配套措施。商贸物流诚信体系建设有序推进，市场秩序逐步规范。城市共同配送、商贸物流标准化、电子商务与物流快递协同发展等综合示范试点工作成效显著。

商贸物流业在取得重大成就的同时，仍然存在一些突出问题。主要表现在：商贸物流网络不完善，基础设施供给不均衡；企业竞争力偏弱，市场集中度较低；专业化、社会化、现代化程度不高；标准化、信息化、集约化水平有待提升。

## 二、面临形势

“十三五”时期是我国全面建成小康社会的决胜阶段，也是推进供给侧结构性改革的重要时期，商贸物流发展面临重大机遇：居民消费规模进一步扩大，服务需求更加多元，为商贸物流业发展提供了广阔市场。随着“一带一路”建设、京津冀协同发展、长江经济带发展的推进实施，物流基础设施加快建设，为商贸物流区域协调发展奠定基础。新型城镇化和农业现代化有利于实现城乡融合，提高城市和农村间物流基础设施衔接和配套水平，为商贸物流发展提供支撑。云计算、大数据、物联网、移动互联网等新一代信息技术普及应用，有利于高效整合物流资源，为商贸物流转型升级和创新发展创造条件。内外贸一体化进程加快、跨境电子商务等新型贸易方式兴起，为商贸物流国际化发展拓展空间。法治化营商环境持续改善，有利于促进商贸物流主体公平竞争，为行业规范发展提供保障。

“十三五”时期，商贸物流发展也面临诸多挑战：资源环境约束强化，人工、租金成本刚性上升，标准化、信息化、集约化、绿色化发展任务艰巨。居民消费结构升级，对商贸物流服务向精细化、个性化、专业化发展提出更高要求。随着经济全球化、区域经济一体化进程加快，商贸物流企业在创新服务模式、提高经营效率等方面面临更加激烈的国际竞争。商业新技术、新业态、新模式给传统商贸物流发展带来新的挑战。

总体来看，商贸物流发展仍处于大有可为的重要战略机遇期，必须准确把握战略机遇期内涵和条件的深刻变化，着力在优化商贸物流结构、增强内生动力、补齐发展短板上取得突破，切实转变发展方式，不断提高商贸物流发展水平。

## 三、总体思路

（一）指导思想。

全面贯彻党的十八大和十八届三中、四中、五中、六中全会精神，深入贯彻习近平总书记系列重要讲话精神，紧紧围绕统筹推进“五位一体”总体布局和协调推进“四个全面”战略布局，牢固树立和贯彻落实新发展理念，充分发挥市场在资源配置中的决定性作用和更好发挥政府作用，按照推进供给侧结构性改革的总体要求，以体制机制改革为动力，以技术应用为支撑，以模式创新为引领，聚焦重点领域和关键环节，完善商贸物流服务体系，提升商贸物流发展水平，降低物流成本，提高流通效率，为经济社会发展提供物流服务保障，为全面建成小康社会做出贡献。

（二）基本原则。

1. 市场驱动、创新发展。

强化企业的市场主体地位，创新商贸物流发展方式，鼓励技术创新、模式创新和业态创新。创新商贸物流管理方式，提高政府公共服务、市场监管和宏观调控能力。

2. 加强统筹、协调发展。

统筹规划重大物流基础设施建设，推动商贸物流城乡合理布局和区域协同发展。优化供应链管理，推进商贸物流与商贸流通业融合发展，加快商贸物流与农业、制造业、金融业等产业协调发展。

3. 生态环保、绿色发展。

鼓励应用节能降耗技术，减少对环境的污染和资源的损耗。推广使用绿色物流设施设备和绿色包装，推进物流设施设备的循环共用，创新绿色物流运作模式，提高能源资源使用效率。

4. 国际合作、开放发展。

坚持扩大开放，深化国际合作，积极引进国外先进技术、资金、人才、管理等要素资源，提升商贸物流国际竞争力。积极构建国际营销和物流网络，为国内企业“走出去”和跨境电子商务发展提供保障。

5. 整合优化、共享发展。

鼓励应用现代信息技术，发挥信息平台的资源整合优势，推进物流设施、技术装备、数据信息等资源共享。大力推广租赁制、交换制等循环共用方式，提高物流效率，降低物流成本。

（三）发展目标。

“十三五”期间，基本形成城乡协调、区域协同、国内外有效衔接的商贸物流网络；商贸物流标准化、信息化、集约化和国际化水平显著提高，商贸流通领域托盘标准化水平大幅提升，标准托盘使用率达到30%左右，先进信息技术应用取得明显成效，商贸物流企业竞争力持续增强；商贸物流成本明显下降，批发零售企业物流费用率降低到7%左右，服务质量和效率明显提升；政府管理与服务方式更加优化，法治化营商环境更趋完善；基本建立起高效集约、协同共享、融合开放、绿色环保的商贸物流体系。

## 四、主要任务

（一）构建多层次商贸物流网络。

服务于“一带一路”建设、京津冀协同发展、长江经济带发展等国家战略，构建具有国际竞争力、区域带动力的全国性商贸物流节点城市和具有地区辐射能力的区域性商贸物流节点城市。以满足消费升级、产业转型和城市发展为目标，加快构建物流分拨中心、专业配送中心、末端配送网点三级网络为主的城市配送体系。加强农村物流网络体系建设，支持建设县、乡镇综合性物流配送中心和末端配送网点。畅通城乡商贸物流通道，促进城市物流和农村物流的高效衔接。加大对老少边穷地区的支持，完善商贸物流服务网络，打通特色产品销售渠道。

**专栏　商贸物流节点城市名单**

全国性商贸物流节点城市：北京、天津、石家庄、唐山、太原、呼和浩特、包头、沈阳、大连、长春、哈尔滨、上海、南京、苏州、杭州、宁波、合肥、福州、厦门、南昌、济南、青岛、郑州、武汉、长沙、广州、深圳、南宁、海口、重庆、成都、贵阳、昆明、拉萨、西安、兰州、西宁、银川、乌鲁木齐。

区域性商贸物流节点城市：保定、秦皇岛、邯郸、大同、临汾、呼伦贝尔、鄂尔多斯、锦州、丹东、延边、吉林、牡丹江、大庆、徐州、南通、连云港、无锡、舟山、金华、温州、阜阳、芜湖、泉州、漳州、九江、赣州、潍坊、烟台、临沂、洛阳、商丘、南阳、宜昌、襄阳、荆州、衡阳、娄底、株洲、东莞、佛山、桂林、柳州、钦州、防城港、绵阳、达州、南充、宜宾、遵义、六盘水、曲靖、红河、咸阳、榆林、天水、酒泉、海西、海东、石嘴山、喀什、伊犁、博尔塔拉、巴音郭楞、日喀则。

（二）加强商贸物流基础设施建设。

推进物流园区转型升级，加强园区水、电、路、网络、通信、热力等基础设施建设，提升仓储、运输、配送、信息等公共服务水平，通过信息平台引导线上、线下对接，拓展物流园区增值服务功能。加强城市配送中心建设，支持具有公益性的城市配送公共服务设施建设，推动位于城市或城乡接合部的货运场站转型为社会化配送中心。加强末端配送网点建设，提升末端配送网点覆盖率，完善配送停靠和装卸设施。

（三）加强商贸物流标准化建设。

重点完善基础类、服务类商贸物流标准，加快形成覆盖仓储、运输、装卸、搬运、包装、分拣、配送等环节的商贸物流标准体系。鼓励和引导企业主动应用国家标准，支持行业协会、科研机构和企业参与物流标准的制订和宣贯工作。以“互联网+”为驱动，推动适应电子商务、连锁经营、共同配送等现代流通方式发展的商贸物流设施设备标准化、服务标准化和信息标准化。发展单元化物流，以标准托盘（1200mm×1000mm）循环共用为切入点，推广包装基础模数（600mm×400mm）和集装器具，带动上下游物流标准化水平提高。

（四）加强商贸物流信息化建设。

深入实施“互联网+”高效物流行动，构建多层次物流信息服务平台，发展经营范围广、辐射能力强的综合信息平台、公共数据平台和信息交易平台。运用市场化方式，提升商贸物流园区、仓储配送中心、末端配送站点信息化、智能化水平。推广应用物联网、云计算、大数据、人工智能、机器人、无线射频识别等先进技术，促进从上游供应商到下游销售商的全流程信息共享，提高供应链精益化管理水平。鼓励有条件的地区开展政府物流信息共享平台建设，将交通运输、海关、税务、工商等部门可公开的电子政务信息进行整合后向社会公开，实现便民利企。顺应流通全渠道变革和平台经济发展趋势，探索发展与生产制造、商贸流通、信贷金融等产业协调联动的智慧物流生态体系。

（五）推动商贸物流集约化发展。

大力提升商贸物流企业组织化程度，鼓励商贸物流企业进行资产重组、业务融合和流程再造，形成一批技术水平先进、主营业务突出、核心竞争力强的大型现代物流企业集团。鼓励中小企业通过联盟、联合等多种方式，实现资源整合优化，提升集约化发展水平。鼓励大企业通过平台集聚带动中小企业的组织化和信息化水平提高。打破地区和行业界限，按照物流需求规模及增长潜力，整合需求不足和同质化竞争严重的物流园区，推动各类分散仓储配送资源与大型物流园区衔接配套，引导企业自用仓储配送设施对外开放。支持第三方物流发展，拓展物流方案设计、智能包装、设备租赁等增值服务，着力提升第三方物流服务水平。

（六）推动商贸物流专业化发展。

重点推动电子商务、冷链、医药、生产资料等专业物流发展。大力发展电子商务物流，引导向中小城市以及县、乡镇延伸服务网络，形成“结构优化、功能强大、运作高效、服务优质”的电子商务物流体系。发展冷链物流，加强多温层节能冷库、加工配送中心、末端冷链设施建设，鼓励应用专业冷藏运输、全程温湿度监控等先进技术设备，建设标准健全、功能完善、上下游有效衔接的冷链物流服务体系。加快发展医药物流，推进医药物流资源集中配置，鼓励大型医药批发企业提供社会化医药物流服务，提升专业化医药物流水平。鼓励生产资料流通企业强化物流服务功能，拓展仓储、加工、配送、追溯、展示等配套服务，推进生产资料物流企业向供应链集成服务商转型发展。

（七）推动商贸物流国际化发展。

推动国际物流发展，支持在“一带一路”国际大通道、沿线中心城市、重点港口、重点境外经贸合作区建设物流中心，发展商贸物流型境外经贸合作区。以跨境电子商务发展为重点，引导和鼓励有条件的企业科学规划、有序建设海外物流基础设施，打造具有较强辐射能力的公共海外仓。支持行业协会开展国际合作，建设仓储资源信息平台，促进国内外仓储资源共享。鼓励国内商贸物流企业与外商投资企业加强合作，提升商业创新水平和现代服务理念，实现结构升级和服务能力提升。

（八）促进商贸物流绿色化转型。

引导企业创新绿色物流运作模式，通过信息技术优化物流资源配置和仓储配送管理，实现节能降耗。推动物流企业建设能源管理体系，建立绿色节能低碳运营管理流程和机制，加快淘汰落后用能设备。发展绿色仓储，建设绿色物流园区，加强仓库建筑创新与节能减排技术应用。推广节油技术和绿色节能运输设备，鼓励配送企业使用新能源汽车、经济型节油车、轻量化起重搬运设备。积极研发和推广可循环利用、可降解的新型包装材料，鼓励使用绿色循环低碳产品。推动流通企业、电子商务企业、物流企业等利用销售配送网络，建立逆向物流回收体系，利用大数据、云计算等技术优化逆向物流网点布局，提高运营效率。

（九）建设商贸物流信用体系。

建立科学合理的商贸物流信用评价体系，研究制定规范统一的信用评价办法，建立信用评价长效机制。将物流企业行政许可、行政处罚、经营异常目录和严重违法失信企业名单（黑名单）、抽查检测结果等信息，通过全国信用信息共享平台和国家企业信用信息公示系统进行归集公示。引导物流园区、物流信息平台、电子商务物流企业等建立对入驻商户和上下游企业的信用评价机制，倡导企业诚信经营。充分发挥行业组织作用，为商贸物流企业和从业人员提供政策、法律、咨询、市场信息等配套服务，增强商贸物流企业和从业人员的诚信意识和风险防范意识。

## 五、重点工程

（一）城乡物流网络建设工程。

依托商贸物流节点城市，支持建设改造一批综合型和专业型的物流分拨中心，以龙头企业为主体打通全国物流主干网。完善城市配送网络，建设改造一批集公共仓储、加工分拣、区域配送、信息管理等服务功能于一体的社会化配送中心。加快物流配送渠道下沉，重点完善末端配送网络体系，加快建设商业设施、社区服务机构、写字楼、机关事业单位、大学校园配送场地，完善配送自助提货柜等设施布局，畅通配送末端“毛细血管”。支持全国性物流龙头企业与区域性物流企业加强合作，共建城乡一体化物流网络。

（二）商贸物流标准化工程。

加强物流关键技术标准研制，加快完善贯通物流一体化运作的商贸物流标准体系。结合物流标准化试点，以标准托盘（1200mm × 1000mm）及其循环共用为切入点，推广使用符合国家标准《联运通用平托盘主要尺寸及公差》（GB/T 2934—2007）、《联运通用平托盘性能要求和试验选择》（GB/T 4995—2014）的托盘，大力提高标准托盘普及率。加快标准托盘循环共用体系建设，培育市场主体，提升专业化服务能力。大力发展单元化物流，推广包装基础模数（600mm×400mm）和集装器具，推动带托盘运输和免验货交接，提高供应链效率。贯彻《汽车、挂车及汽车列车外廓尺寸、轴荷及质量限值》（GB 1589—2016）国家标准，支持运输车辆的标准化改造。

（三）商贸物流平台建设工程。

构建多层次商贸物流信息平台。加快建设物流配送公共服务平台，拓展交易撮合、信息发布、跟踪追溯、信用评价等综合性服务功能，提升采购、交易、运作、管理、结算等全流程服务能力。支持建立智慧化共同配送分拨调配平台，提供路径优化等公共服务，实现供应商、门店、用户和配送车辆等各环节的精准对接，提高物流园区、仓储中心、配送中心的物流供需匹配度。鼓励建设供应链集成平台，推动供应链上下游企业信息互联互通，提高供应链响应能力，促进物流企业与生产制造企业、商贸流通企业融合发展。整合现有物流信息平台资源，促进商贸物流平台与各类专业平台的互联互通，促进数据对接和信息共享。

（四）商贸物流园区功能提升工程。

加强物流园区公共基础设施建设，完善多式联运和集疏运体系，提高仓储、中转及配送能力。加强物流园区经营管理，建立以市场化运作为主，规划引导、依法监管、协调服务相结合的园区开发建设模式。支持物流园区拓展服务功能，提供供应链设计、设备租赁、法律咨询、信用评价等商务服务，引进工商、税务、报关、报检等政务服务，提升服务水平。加强物流园区与外部交通网络的有效连接，鼓励物流园区之间、物流园区与产业园区、商品市场、公共平台之间加强合作，实现联动发展。

（五）电子商务物流工程。

依托铁路、公路、水运、航空、邮政、供销合作网络，完善电子商务物流布局，构建连接城乡、覆盖全国、面向国际的电子商务物流体系。加快电子商务物流服务、作业、技术、包装、单据、信息等标准建设，提升揽收、仓储、运输、分拣、配送、投递等环节处理能力，开发专业化、个性化服务，满足差异化需求，提升用户体验。支持探索产品源头的物流包装解决方案，减少二次包装，推广使用可降解的胶带、环保填充物，可再生纸张和环保油墨印刷的封装物品等物料辅料，推进包裹包装箱的可循环技术创新和循环再利用管理模式创新，完善包裹包装回收体系，实现包装减量化、绿色化和可循环利用。支持具备条件的第三方机构开展面向消费者的电子商务物流信用评价。

（六）商贸物流创新发展工程。

推广使用自动识别、电子数据交换、货物跟踪、智能交通、物联网等先进技术装备，探索区块链技术在商贸物流领域的应用，大力发展智慧物流。推广网订店取、自助提取、代收服务等末端配送模式，探索线上线下融合的物流服务管理模式。大力推进仓配一体化，推动物流企业一体化运作、网络化经营，促进商贸物流转型升级。拓展集中采购、订单管理、流通加工、物流金融、售后维修等增值服务，支持供应链集成创新。

（七）商贸物流绿色发展工程。

鼓励企业全面推进绿色仓储设施设备与技术应用，推动大型商贸企业实施绿色供应链管理，重点推动冷库提升节能技术水平、仓储设施利用太阳能等清洁能源，广泛应用电动叉车、智能穿梭车与密集型货架系统，推广新能源配送车辆，实现绿色仓储与配送可持续发展。全面推进绿色物流包装，在商品仓储、运输、配送、分拣、加工的全过程推进可循环包装、减量包装和可降解包装。

## 六、保障措施

（一）完善管理机制。

健全部门联动机制，加强商务主管部门与发展改革、财政、国土资源、交通运输、海关、邮政管理、供销合作等部门和单位之间，各级商务主管部门之间的统筹协调。完善跨区域协同机制，健全工作联席会议制度，逐步统一各区域商贸物流管理制度。

深化行政审批制度改革，积极推进“先照后证”改革。深化商事制度改革，持续推动住所（经营场所）登记制度改革，落实物流企业设立非法人分支机构等相关政策。进一步放开商贸物流领域外资准入限制。发挥行业协会作用，探索建立“市场主导、政府规范、社会协同”的商贸物流治理模式。

（二）优化发展环境。

健全法律法规体系，加快制定商贸物流相关法规制度。完善商贸物流市场监管体系，清理和废除行业领域内妨碍全国统一市场和公平竞争的规定和做法，推动建立区域合作协调机制，推进全国高速公路电子不停车收费联网工作。以城市配送车辆通行管理等重点领域为切入点，健全监管执法体制机制，统一执法标准，提高商贸物流综合执法水平。完善商贸物流企业信息披露制度，支持设立商贸物流统一信用信息平台，建立健全失信联合惩戒机制。

（三）加大政策支持。

加大财政金融支持力度。鼓励地方政府加大财政资金支持，引导社会资本投入冷链物流、城乡配送网络、公共信息平台等项目建设。研究制定包装分类回收利用支持政策，提高包装循环利用率。鼓励社会资本探索设立商贸物流产业基金。扩大融资渠道，推广供应链金融。鼓励商贸物流企业通过股权投资、债券融资等方式直接融资。引导金融机构探索适合商贸物流发展特点的信贷产品和服务方式。

落实减税降费政策。通过全面推开营改增改革试点，进一步消除重复征税，扩大交通运输业的进项税抵扣范围，降低企业税收负担。抓好清理和规范商贸物流领域行政事业性收费政策落实。

落实商贸物流业用地政策。将商贸物流设施用地纳入土地利用总体规划和城市规划，保障商贸物流业发展用地，支持商贸物流新业态、新模式发展用地。适度提高物流项目建设用地容积率。

（四）加强人才培养。

支持高等教育机构、商会、协会和企业加强合作，推动学科建设，完善商贸物流理论体系。着力完善专业人才培养体系，通过学历教育、职业教育、继续教育、社会培训等多种方式培养市场急需的商贸物流管理人才和技术操作人才。加强校企合作，积极开展职业培训，职业院校可采取“订单式”人才培养模式，与企业共同研究制定人才培养方案，校企共同组织针对性教学，确保学以致用，全面提高物流从业人员业务素质。积极推进产学研用结合。以提高实践能力为重点，开展物流标准化、电子商务物流、冷链物流等重点领域技能培训，提高管理和操作能力。

（五）强化规划引领。

加快地方商贸物流规划编制工作，加强与国家战略、城市规划和相关规划衔接。支持政策创新，鼓励地级以上城市在公共服务、用地保障、企业融资、人才培养等方面开展试验试点。建立规划年度考核、中期评估和终期检查制度。加强规划政策宣传，提高社会认知度，推动商贸物流健康持续发展。

# 质检总局　国家发展改革委　交通运输部　商务部　工商总局　保监会　铁路局　民航局　邮政局　中华全国供销合作总社　中国铁路总公司关于推动物流服务质量提升工作的指导意见

（国质检质联〔2017〕111号　2017年3月2日）

各省、自治区、直辖市、计划单列市及新疆生产建设兵团质量技术监督局（市场监督管理部门），发展改革委（局）、交通运输厅（局）、商务主管部门、工商行政管理局、保监局，各地区铁路监督管理局，民航各地区管理局，邮政管理局，供销合作社，各直属出入境检验检疫局，各铁路局，有关联合会、协会，有关企业：

物流业是支撑国民经济发展的基础性、战略性产业，也是推进质量强国建设的重要领域。近年来，我国物流行业快速增长，服务标准化、规范化、信息化水平不断提高。但是，物流行业质量标准和诚信体系尚不健全，质量管理基础和能力有待提高，大型综合物流企业集团和物流服务品牌比较缺乏，质量竞争力和品牌效应不强，制约了物流行业对国民经济保障和支撑作用的发挥。为贯彻党中央关于“开展质量提升行动”“扩大高质量产品和服务供给”的精神，落实国务院《质量发展纲要（2011—2020年）》《物流业发展中长期规划（2014—2020年）》和国务院办公厅《营造良好市场环境推动交通物流融合发展实施方案》的有关部署，树立安全诚信优质高效的行业发展导向，营造优胜劣汰的良性发展环境，激发企业强化质量管控的内生动力，提高物流服务质量和效率，充分发挥对国民经济支撑保障作用，提出以下意见。

## 一、总体要求

（一）指导思想。全面贯彻落实党的十八大和十八届三中、四中、五中、六中全会精神，深入贯彻习近平总书记系列重要讲话精神和治国理政新理念新思想新战略，认真落实党中央、国务院决策部署，牢固树立和贯彻落实创新、协调、绿色、开放、共享的发展理念，聚焦影响物流服务质量的突出问题，以安全为底线，以诚信为基石，以优质为目标，以创新为动力，开展质量提升行动，提高质量标准，加强全面质量管理，着力构建与现代物流业发展相适应的服务质量促进体系，改善物流服务供给结构，培育物流企业核心竞争力，改善物流行业整体形象，促进物流业转型升级和健康有序发展。

（二）基本原则。企业主体、政府推动。以市场需求为导向，积极适应经济社会发展的新形势、新要求，强化企业市场主体地位，充分发挥市场在资源配置中的决定性作用以及政府部门的政策引导和市场监管功能，推动物流服务质量提升。

创新驱动、质量为本。充分利用物联网、云计算、大数据、移动互联等现代信息技术，大力推广先进物流技术装备和现代化管理模式，积极促进物流业管理创新、业态创新和服务创新，打造高品质的本土物流品牌。

问题导向、综合施策。紧紧围绕经济社会对高质量物流服务的迫切需求和人民群众反映最为突出的问题，综合运用市场监管、标准认证、示范引领等多重手段，重点突破与全面提升并重，推动物流业补短板、提质量、降成本。

试点先行、有序推进。充分发挥龙头企业示范引领作用，在条件相对成熟的领域开展优质物流服务试点，树立物流服务质量行业标杆，探索形成符合我国实际，可复制、可推广的物流服务质量管理模式并加大推广力度，带动全行业管理水平和服务质量提升。

部门联动、社会共建。积极利用部际工作协调机制，加强部门间的统筹协调和通力配合，凝聚物流服务质量提升合力，健全物流服务标准体系和认证认可体系。充分发挥行业协会自律作用以及媒体舆论、社会公众的监督作用，完善社会监督体系，为提升物流服务质量创造积极环境。

（三）主要目标。到 2020 年，基本建立规范有序、共建共享、运行协调、优质高效的现代物流服务质量治理和促进体系，物流行业服务能力和水平明显提升，优质服务、精品服务比例逐步提高；培育形成一批具有国际竞争力的大型本土物流企业集团和知名物流服务品牌，树立并强化“中国物流”优质服务形象。

## 二、重点任务

（一）强化物流企业服务质量意识。引导和支持物流企业转变服务观念，树立质量第一的强烈意识，完善服务内容、优化服务流程，为客户提供安全、诚信、优质、高效的物流服务。理顺物流行业上下游合作链条，营造企业诚信经营、行业良性竞争的质量生态。大力促进物流企业间的竞争与合作，引导和鼓励物流企业加强全面质量管理，推动质量持续改进。企业要坚持优质优价、以质定价，培育以服务质量、标准、品牌、效率为核心的市场竞争力。

（二）建立物流服务质量指标体系。加强服务质量测评指标、模型和方法的研究，以大型生产企业物流管理关键绩效指标为蓝本，研究建立涵盖物流服务及时率、准确率、破损率、投诉率、顾客满意度以及增值服务水平、服务保障能力、客户体验等各方面的物流服务质量综合评价体系。培育第三方服务质量监测机构，探索物流行业服务质量专业监测体系并加强监测结果运用。鼓励第三方机构建立物流服务质量数据库，开展国际国内同业服务质量比对，定期发布比对研究报告，促进物流行业优质高效发展。

（三）健全物流服务质量标准体系。提高质量标准，完善物流服务质量标准体系，开展重点领域物流服务标准研究与制定，加强电子报文数据标准等物流信息标准制修订工作，提升物流信息服务质量。抓紧修订托盘、周转筐、包装、集装箱等集装单元化器具和相关设施设备标准，明确推广1200mm×1000mm规格标准托盘和600mm×400mm包装基础模数，使物流各环节标准相衔接。支持重点物流企业主导或参与国际标准、国家标准和行业标准制修订，大力培育发展物流团体标准。加快物流管理、技术和服务标准的推广应用，规范物流企业服务行为。探索建立企业标准领跑者制度，推动企业产品和服务标准自我声明公开和监督。推动有条件的行业和领域实现标准国际化。扩大物流行业国家服务业标准化试点范围，鼓励第三方机构开展物流企业服务质量评价，开展物流服务质量达标测评与监督检查。

（四）积极探索物流服务质量认证。建立健全物流业认证认可体系，重点在电子商务物流、物流园区和再生资源回收物流工程等方面推进认证制度的建立和实施。积极培育物流业认证机构规模化、品牌化发展。鼓励认证机构开展物流企业服务质量、物流安全、绿色物流认证工作，支持物流企业开展质量、环境和职业健康安全管理体系认证。利用认证手段加快物流管理、技术和服务标准的推广应用，规范和提升物流企业服务质量。

（五）完善物流服务质量诚信体系。引导企业公开物流服务质量信息，搭建物流服务信息平台，积极培育物流信用服务市场。鼓励有资质的信用服务机构对物流企业开展第三方信用评价，加强评价结果应用，强化教育培训、标准研制、品牌建设、技术咨询等专业化服务。鼓励引导物流企业发布社会责任报告，践行质量承诺。加强对物流企业失信行为的抽查检查，建立物流企业信用记录，并纳入全国信用信息共享平台，将严重违法失信企业列入黑名单并实施联合惩戒措施，各政府部门将履职过程中对物流企业做出的行政许可、行政处罚等信息通过“信用中国”网站、国家企业信用信息公示系统依法予以公示。积极探索与物流业务相关的保险服务，完善质量纠纷第三方调解处理机制。强化民生相关物流领域的消费者合法权益保护。

（六）实施“服务标杆”引领计划。遴选一批创新能力强、技术水平高、服务质量优、商业模式领先、具有核心竞争力的物流龙头企业，总结推广其先进服务模式、服务质量指标及质量管理方法，引导物流行业加强全面质量管理。培育一批物流服务标杆试点单位，组织开展质量对比提升和培训交流活动，充分发挥标杆企业的示范作用，带动物流企业特别是中小物流企业服务质量水平提升。综合运用各项政策，对服务质量标杆单位进行鼓励和扶持，提升国家质量技术基础设施面向物流行业的公共服务水平。

（七）打造中国物流知名品牌。加大物流业基础设施建设力度，提高信息化、机械化、标准化、集约化、智能化水平。引导物流企业强化品牌意识，加强品牌建设，推广优质服务承诺标识和管理制度，支持优秀企业做出优质服务承诺，引导市场消费，以优质承诺与市场选择引领服务质量升级。支持优秀物流企业申报中国质量奖及各级政府质量奖。在实施激励政策及各类质量先进单位表彰时，对服务质量好、品牌影响大、获得服务认证的物流企业予以优先考虑。在农村物流、冷链运输等物流短板领域加强品牌培育力度，健全服务网络，加快形成连锁化、规模化、品牌化经营的物流服务新格局。

（八）创新物流服务模式。坚持创新驱动发展，扩大高质量物流服务供给，鼓励企业积极利用互联网等现代化信息技术改造业务流程，强化大数据挖掘运用，创新经营和服务模式，提高服务效率，改善客户体验。引导物流企业在细分市场的基础上，针对特殊企业用户和特定消费群体，提供高附加值的专业化物流服务，提高物流服务的个性化、差异化、多样化水平。支持不同类型的物流企业依托自身优势，建立跨行业、跨地区的企业联盟，创新供应链模式，推动优势互补、资源共享、联动发展，为上下游产业和消费者提供高效、便捷、安全的物流服务。

（九）加大物流企业培育辅导力度。鼓励行业协会、咨询机构等专业第三方组织开展企业培育辅导，进一步完善政府推动、市场调节、企业主体、行业自律、社会参与的物流服务质量提升机制。充分发挥各物流业学会、协会、商会等中介组织的桥梁纽带作用，推进公共服务平台建设。加强物流行业职业技能培训，提高从业人员服务能力水平。鼓励大专院校开展物流服务质量研究和基础教育。组织质量专家开展物流企业服务质量提升专项培训和指导活动，促进物流企业服务质量提升。

## 三、保障措施

（一）加强组织领导，形成工作合力。质检、发改、交通运输、商务、工商、保险、铁路、民航、邮政、供销合作等部门和有关行业协会按照职责分工，加强统筹规划，健全协调机制，齐抓共管，良性联动，探索建立推动物流服务质量提升的长效工作机制，推动形成跨部门的政策协同效应和工作合力。各地要结合本地实际，抓好工作落实，相关情况纳入省级人民政府质量工作考核。

（二）出台扶持政策，完善制度环境。落实好促进物流业优质高效发展的各项政策措施，加大对物流服务质量标杆与试点单位的支持力度。推动完善相关法律法规规章，为提升物流服务质量营造良好的制度环境。

（三）强化企业引导，明确主体责任。进一步明确物流企业在提升服务质量中的主体地位和主体责任，鼓励物流企业建立完善的服务质量安全控制关键岗位责任制。综合运用物品编码、统一社会信用代码、产品防伪等手段和现代信息技术，探索建立物流服务质量追溯体系。

（四）加大宣传力度，营造良好氛围。充分利用网络、报刊等各种媒体，大力加强对物流服务质量的宣传力度，提高社会公众对高质量物流服务的了解和认可程度。积极总结宣传国内外在提升物流服务质量方面的成熟经验，为物流企业改进经营管理、提升服务质量营造良好氛围。

# 国家发展改革委 国家粮食局关于印发《粮食物流业“十三五”发展规划》的通知

（发改经贸〔2017〕432号 2017年3月3日）

各省、自治区、直辖市及计划单列市、新疆生产建设兵团发展改革委、粮食局，中国储备粮管理总公司、中粮集团有限公司、中航工业集团公司：

为全面贯彻党的十八大和十八届三中、四中、五中、六中全会精神，根据《物流业发展中长期规划（2014—2020年）》《粮食收储供应安全保障工程建设规划（2015—2020年）》《粮食行业“十三五”发展规划纲要》等有关部署要求，国家发展改革委、国家粮食局组织编制了《粮食物流业“十三五”发展规划》（以下简称《规划》），现印发给你们，请结合本地和本公司实际，认真组织实施。

各级发展改革、粮食部门和中央企业要切实承担起《规划》实施的主体责任，加强与有关部门的沟通、协调和配合，明确责任分工，强化《规划》执行的指导和监督，推进《规划》目标任务顺利完成。《规划》实施中遇到的新情况、新问题要及时报送国家发展改革委、国家粮食局。

## 粮食物流业“十三五”发展规划

### 前　言

粮食物流业是粮食行业发展的基础支撑性产业。发展粮食现代物流，建立高效、畅通、节约的粮食现代物流体系，对提高粮食流通效率，减少粮食损耗，降低流通成本，促进产销衔接，加快推进农业供给侧结构性改革，增强国家粮食宏观调控能力，保障国家粮食安全具有重要意义。发展粮食物流业，需坚持创新、协调、绿色、开放、共享的发展理念，贯彻落实“一带一路”建设、京津冀协同发展、长江经济带发展三大战略；注重一、二、三产业融合发展，注重应用现代产业组织方式，注重物流技术创新、业态创新和品牌创新。

依据《物流业发展中长期规划（2014—2020年）》《粮食收储供应安全保障工程建设规划（2015—2020年）》《粮食行业“十三五”发展规划纲要》等，编制本规划。

## 一、发展环境

（一）发展现状。

“十二五”以来，随着我国现代物流业健康快速发展和“粮食收储供应安全保障工程”全面实施，我国粮食物流业发展较快，粮食现代物流体系初步建成。

——粮食物流总量快速增长。粮食物流总量由2011年的3亿吨增长到3.65亿吨，其中省内粮食物流量由1.5亿吨增长到2亿吨，跨省粮食物流量由1.5亿吨增长到1.65亿吨。①

——“北粮南运”的粮食物流态势更加突出。东北通道粮食年流出量约5000万吨，主要品种是玉米、稻谷（大米），主要流向华东、华南、华北、西南和西北地区；黄淮海通道年流出量约6000万吨，主要品种是小麦，主要流向华东、华南、西南和西 北地区；长江中下游通道年流出量约2400万吨，主要品种是稻谷（大米），主要流向华东、华南、西南地区；华东沿海、华南沿海通道年流入量约4900万吨，京津通道年流入量约905万吨，西南通道年流入量约2900万吨，西北通道年流入量约1800万吨。

——粮食物流节点覆盖面进一步扩大。建成了一批覆盖主要粮食生产和消费区域、具备一定辐射能力和示范作用的物流节点和粮食物流园区，节点的集散功能进一步完善，有力促进了产销衔接，带动了当地粮食产业经济发展。

——运输方式多元化发展。粮食跨省运输中，铁路运输占比约50%，水路运输占比约40%，公路运输占比约10%。汽车散粮、内河船舶散粮运输比例稳步提高，散粮火车入关试点逐步开展，集装箱散粮运输快速发展，粮食物流成本进一步降低，粮食流通效率不断提升。

——高效粮食物流装备及技术推广应用。集装单元化等粮食物流技术开始应用，多点犁式带式输送机等节粮减损装备逐步推广，公铁水多式联运衔接技术得到提升，有力支撑了粮食流通现代化发展。

（二）突出问题。

粮食物流业发展总体水平不高，基础设施网络尚不完善，信息化、标准化程度较低，物流成本高、效率低的问题仍比较突出，与我国粮食生产流通总量不相适应。

——系统化运作的机制尚未形成。粮食物流运作条块分割，支持粮食物流持续健康发展的政策体系尚不完善，上下游产业之间、地区之间的物流衔接不畅，供应链尚未形成，物流运营管理模式落后，粮食物流系统化、一体化水平亟待提升。

——通道发展不平衡。东北流出通道的水路外运能力局部过剩；华东沿海、华南沿海流入通道粮食分拨能力不足，中转设施有待完善；西南、西北通道关键节点少，基础设施薄弱。

——散粮设施不完善。部分关键节点、粮食物流园区散粮接发设施落后、接发能力不足，不能适应散装化运输作业需求；多数内河粮食泊位专业化水平低、作业条件差；铁路散粮入关尚处于推广阶段，散粮火车主要在东北地区运行，影响跨省散运比例的提高。

——标准化程度低。粮食物流标准体系不完善，粮食物流各环节的设施、设备、运输工具标准不匹配、不衔接，物流信息采集内容不统一，交换标准尚未建立，制约了粮食物流效率提升，影响了粮食物流系统化运作。

① 跨省流量为各省从外省调入和流出省外的流量总和，省内流量为各省各种运输方式的流量总和减去跨省流量。

——信息化水平低。信息化手段在粮食物流活动中尚未得到广泛应用，粮食物流信息采集程度低，共享机制不健全，与公共物流信息衔接不畅通，粮食物流资源未能在信息化基础上实现高效配置，信息技术对粮食物流的支撑和引领作用尚未充分发挥。

（三）面临环境。

——粮食安全新战略的深入实施为粮食物流业发展带来新机遇。“十三五”时期，随着“以我为主、立足国内、确保产能、适度进口、科技支撑”的国家粮食安全新战略的进一步深入实施，粮食物流业将在进一步保障“北粮南运”等通道顺畅，统筹利用国内国际两个粮食市场，建设粮食物流进出口通道，促进国内供求平衡等方面面临新的机遇和挑战。

——粮食市场化改革为粮食物流业发展注入新活力。“十三五”时期，去产能、去库存、去杠杆、降成本、补短板五大任务将全面展开，粮食行业面临粮食价格形成机制、粮食流通和收储体制机制改革。粮食工作将以供给侧结构性改革为主线，逐步加快玉米“去库存”，切实增加有效供给，加快构建与改革相适应的粮食宏观调控体系，为粮食物流业长远发展奠定良好基础。

——粮食产业发展对粮食物流业发展提出新要求。“十三五”时期是全面建成小康社会决胜阶段，城乡居民收入快速增长，生活水平逐步提高，消费结构不断升级，绿色优质粮油的需求日渐旺盛，将进一步促进粮油食品加工业加快产业结构调整、产业布局优化和产业集群发展。传统的粮食物流运作模式已不能适应新形势需要，迫切需要建立完善、便捷、高效、安全、绿色的粮食物流体系。

——信息化发展为粮食物流业发展增添新动力。“十三五”时期，信息化与新型工业化、城镇化、农业现代化深度融合，物联网、云计算、大数据、移动互联等信息技术应用更加广泛。粮食行业将推动信息技术在粮食收购、仓储、物流、加工、贸易等领域的广泛应用，以信息化引领粮食从生产到流通的现代化，促进粮食物流业突破传统理念，改造传统物流模式，整合资源，发展粮食现代物流。

——交通基础设施条件改善为粮食物流业发展创造新环境。“五纵五横”综合运输通道相继连通，快速铁路网、高速公路网加密拓展，铁路的区际快捷大能力通道和面向“一带一路”国际通道逐步形成；港口整体格局日益合理，江海直达和多式联运进一步推进，区域港口一体化发展成为趋势。交通基础设施的完善为粮食物流业发展提供了良好环境，必将促进粮食物流新格局的形成。

## 二、总体要求

（一）指导思想。

全面贯彻党的十八大和十八届三中、四中、五中、六中全会精神，深入贯彻习近平总书记系列重要讲话精神和治国理政新理念新思想新战略，紧紧围绕统筹推进“五位一体”总体布局和协调推进“四个全面”战略布局，牢固树立和贯彻落实新发展理念，以粮食物流系统化、一体化运作为方向，以提升物流节点和园区设施现代化水平为手段，以先进技术应用为支撑，以完善粮食物流通道为重点，进一步健全支持粮食物流业发展的政策体系，加快提升粮食物流业发展水平，着力提高粮食物流效率，降低粮食物流成本，深化产销衔接，促进粮食产业转型升级，更好地保障国家粮食安全。

（二）基本原则。

——政府引导，市场主导。充分发挥市场在粮食资源配置中的决定性作用和更好发挥政府作用，遵循市场需求，强化企业的主体地位，政府做好规划设计，在政策、标准等方面给予引导扶持，共同促进粮食物流快速发展。

——统一规划，突出重点。统筹生产与消费、近期与长远、中央与地方、产区与销区、国内与国际等关系，与国家“十三五”规划纲要等规划、政策相衔接。突出重点线路，建设重要节点，提高粮食物流信息化与标准化水平，切实提升粮食物流效率。

——深化改革，完善体制。深化粮食流通领域相关改革，形成部门、地区、企业共同促进物流业发展的合力，建立有利于资源整合、优化配置的体制机制和政策环境，充分发挥大型粮食企业在粮食物流发展中的引领作用。

——科技支撑，创新驱动。推进粮食物流科技创新突破，进一步推进产学研用相结合，坚持高标准、高起点，广泛采用物流新理论、新技术，注重用绿色、生态技术改造粮食物流业，大力提高粮食物流的科技含量。

——多元筹资，加大投入。针对粮食物流设施建设基础性、战略性和公益性的特点，充分调动地方、企业和社会力量等各方面的投入积极性，根据需要由中央投资给予适当引导，多渠道筹集建设资金，提高资金使用效率。

（三）发展目标。

着力打造产销区有机衔接、产业链深度融合、政策衔接配套、节点合理布局、物流相对集中、经济高效运行的粮食现代物流体系，实现粮食物流系统化、专业化、标准化、信息化协调发展。

——系统化水平显著增强。设施网络化、运作一体化水平大幅提升，粮食物流高效率、低损耗、低成本运行，形成一批具有国际竞争力的大型综合粮食物流企业（园区）和粮食物流服务品牌，粮食物流集聚发展的效益进一步显现，对粮食产业经济发展的支撑进一步加强。

——专业化水平明显提升。快速中转仓型、基于横向通风的平房仓配套快速进出仓技术、集装单元化新技术、专用运输工具和先进散粮接发设施等物流新装备、新技术、新工艺广泛应用。

——标准化水平逐步提高。粮食物流设施及装备标准衔接匹配程度明显提高，铁水联运、公铁联运在标准匹配的基础上更加顺畅。粮食物流设施建设、运营管理、信息技术标准化与兼容水平逐渐提高，粮食物流标准体系基本建立，标准化水平大幅提升。

——信息化水平跨越发展。完善基层企业的粮食物流信息管理系统，建设若干示范性企业物流信息管理系统，推动全国和区域性粮食物流公共信息平台建设，逐步实现公路、铁路、水路和航空运输的信息共享，促进粮食物流和电子商务融合发展，提高粮食物流运营水平和组织化程度。

“十三五”时期，围绕“一个体系、一套标准、一个平台”的建设目标，重点实施“点对点散粮物流行动”“降本增效行动”“标准化建设行动”三大行动，促进粮食收购、仓储、运输、加工、销售一体化融合发展。

| 专栏1　“十三五”时期粮食物流业发展主要预期性指标 | | |
|---|---|---|
| 序号 | 指标内容 | 2020年 |
| 1 | 物流节点数量 | 一级节点50个<br>二级节点110个 |
| 2 | 原粮跨省散运比例 | 50% |
| 3 | 跨省粮食物流量 | 2亿吨 |
| 4 | 仓储设施完好率 | 95% |
| 5 | 现代粮仓科技应用示范库数量 | 30个 |
| 6 | 国有粮食物流企业信息化升级改造覆盖率 | 80% |

### 专栏2　“三个一”总目标和“三大行动”

**“三个一”总目标指“一个体系、一套标准、一个平台”。**

“一个体系”，促进“收储运加销”融合发展，打造产业链发展模式，形成一体化融合发展的粮食物流体系。在产业链的上游，发展粮食产后从田间到仓库的清理、干燥、运输、入库一体化连续作业的物流服务系统。在产业链中游，针对阶段性结构性收储矛盾，优化仓储设施布局，推广绿色储粮新技术；围绕“一带一路”建设、京津冀协同发展、长江经济带发展三大战略新格局，依托现有粮食物流通道及港口、公路、铁路交通骨干网络及枢纽，完善主要粮食物流节点及提升设施功能，全力打造跨区域“两横、六纵”粮食物流重点线路；发展信息化引领的新型物流组织模式，充分整合物流资源，发展多元化的运输方式，满足市场多层次需求，实现八大跨省通道的系统化协调发展。在产业链下游，促进与销售一体化发展，提高配送的规模化和协同化水平，加快“互联网+物流”发展，建立快速便捷的城乡物流配送体系。

“一套标准”，重点推进粮食物流标准体系建设，建设和完善基础标准、通用标准和专用标准。重点建设粮食物流组织模式标准、粮食物流信息采集及交换标准、散粮接收发放设施配备标准、粮食集装箱装卸设施配备标准、粮食多式联运设备配备标准、粮食物流信息系统设计总体规范、粮食散装化运输服务标准及粮食集装化运输服务标准等急需编制的标准，并支持粮食物流装备企业研发标准化产品，为粮食物流的良性规范发展奠定基础。

“一个平台”，建立全国和区域粮食物流公共信息平台，形成物流信息化服务体系，提升粮食物流信息监管和共享水平，促进以市场为导向的资源整合和产销衔接，推进粮食物流供应链等高效的物流运营管理模式的发展。

**“三大行动”指“点对点散粮物流行动”“降本增效行动”“标准化建设行动”。**

“点对点散粮物流行动”，重点在沿京哈线路、京沪线路、京广线路等粮食产销需求较大的地区，以大型粮食企业为主体，在发运点和接卸点改造或新建散粮火车发运和接卸设施，形成相对固定的散粮火车运输班列线路。重点在沿陇海线路、京昆线路上，选择主要功能为集中省外来粮并向省内各地区中转的节点，改造或新建散粮集装单元化接卸设施，实现公铁无缝联运，形成散粮集装单元化火车运输线路。

“降本增效行动”，坚持绿色发展理念，支持和鼓励企业在粮食物流节点选用占地少、机械化和自动化程度高的快速中转新仓型，采用标准化、高效低耗新装备，提高粮食中转效率，减少粮食中转和运输损失。

“标准化建设行动”，完善粮食物流标准体系框架及标准体系表，指导粮食物流标准更新、修订和制定，优先制修订粮食行业急需物流标准。以市场需求为导向，加强粮食物流标准基础研究，促进粮食物流模数、粮食物流信息、现代化粮食物流装备标准制定与技术研发的衔接互动。

## 三、主要任务

围绕“一带一路”建设、京津冀协同发展、长江经济带发展三大战略，大力推进东北、黄淮海、长江中下游、华东沿海、华南沿海、京津、西南和西北八大粮食物流通道建设，突出大节点，强化主线路，重点完善和发展“两横、六纵”八条粮食物流重点线路，重点布局50个左右一级节点，110个左右二级节点，推动火车散粮运输系统工程、港口散粮运输提升工程建设，形成节点层次清晰、线路结构优化、通道发展平衡的粮食现代物流格局。

（一）完善现有八大通道建设。

充分整合利用八大通道现有资源，优化物流节点布局，推动粮食物流向主要线路和节点聚集，促进粮食物流规模化运营，实现公铁水多式联运和多种装卸方式的无缝衔接，提升接发效率，深化产区与销区的对接。

东北通道重点以东北港口群、战略装车点为支撑，依托重点线路和优势产区（含加工集聚区），完善散粮集并发运设施和集装单元化装卸设施，着力提升铁路散粮（含集装单元化）入关外运能力。对接华南、华东、长江中下游地区，主要发展铁水联运、公水联运和铁路直达运输；对接西南、西北地区，主要推进铁路集装单元化运输。

黄淮海通道重点发展散粮火车、铁路集装单元化运输，完善铁路接卸设施，弥补粮食铁路运输短板，进一步推进汽车散粮运输和面粉散装运输，适度发展内河散粮运输，加强大型粮食加工企业物流设施建设，形成多元化运输格局。提升承东启西、连南贯北能力。对接京津地区，发展汽车散粮（含集装单元化）运输；对接西南、西北地区，发展铁路集装单元化运输；对接华东、华南地区，发展散粮火车、铁路集装单元化运输和内河散粮运输。

长江中下游通道对接长江经济带发展战略，重点优化沿长江、沿运河节点布局，强化粮食集并能力、江海联运发运能力和海运来粮中转至长江流域的分拨对接能力，逐步推进内河散粮运输船只的标准化，提升水运接发设施的专业化、标准化、集约化水平，促进水水、公水、铁水联运无缝衔接。

西南、西北通道重点沿主要铁路干线打造省会城市和区域中心城市粮食物流节点，大力提升粮食接卸及分拨能力。优先发展公路、铁路集装单元化运输，适应多品种、小批量以及多种质量等级运输的要求；推动散粮火车的运行。

京津通道重点以京津冀协同发展为契机，以大型粮食企业集团及产业集群为基础，以津冀港口群及京沪、京广、京哈铁路为依托，以非首都功能的疏解及结构布局优化为核心，发展公路、铁路集装单元化运输等多元运输系统，打造区域粮食物流联盟，强化城市配送功能，合理布局城市近郊粮食批发市场，提升粮食应急保障能力。

华东沿海通道重点提升粮食海运接卸效率及对接能力，建设战略卸车点，提高散粮火车接卸效率；进一步完善港口接卸疏运系统，提升临港加工集聚区粮食快速疏运能力；推进供应链新型物流组织模式。

华南沿海通道重点提升粮食海运接卸效率及对接能力，建设战略卸车点，提高散粮火车接卸效率；发展水水、公水联运，完善珠江、西江等内河散粮疏运系统；推进供应链新型物流组织模式。

（二）打造“两横、六纵”重点线路。

“两横、六纵”八条重点线路的流量约占全国跨省流量的65%。在重点线路上，着力推进“点对点散粮物流行动”建成一批重点项目和部分中转仓容，发挥集聚产业、稳定物流、带动示范的作用。

沿海线路：主要连接东北、黄淮海、华东沿海、华南沿海四大通道；主要粮食品种为玉米、稻谷（大米）；发展重点：依托大型沿海港口建设中转设施，发展散粮铁水联运对接；重点发展节点：盘锦、沧州、日照、连云港、盐城、南通、舟山、莆田、厦门、东莞、防城港等。

沿长江线路：主要连接华东沿海、长江中下游、西南三大通道；主要粮食品种为稻谷（大米）、玉米和大豆；发展重点：建设水水中转设施，发展散粮江海联运；重点发展节点：苏州、南通、南京、无锡、泰州、镇江、芜湖、武汉、岳阳、重庆、泸州等。

沿运河线路：主要连接黄淮海、长江中下游、华东沿海三大通道；主要粮食品种为稻谷、玉米、小麦；发展重点：依托沿运河码头，提升水运物流设施的现代化水平，发展散粮（集装箱）船舶运输；重点发展节点：济宁、徐州、淮安、宿迁、镇江、苏州、嘉兴、阜阳等。

沿京哈线路：主要连接东北、京津两大通道；主要粮食品种为稻谷（大米）、玉米；发展重点：建设集装箱散粮发运接卸设施，发展公铁集装箱散粮联运和公路集装箱散粮运输；重点发展节点：佳木斯、齐齐哈尔、绥化、哈尔滨、白城、吉林、长春、通辽、四平、铁岭、抚顺、沈阳、阜新、鞍山、北京、天津等。

沿京沪线路：主要连接东北、京津、黄淮海、长江中下游、华东沿海五大通道；主要粮食品种为稻谷（大米）、玉米、小麦；发展重点：依托粮食流量较大的企业，建设“点对点”散粮火车发运接卸设施，逐步推广散粮火车运输；重点发展节点：滨州、济南、徐州、蚌埠、南京、上海等。

沿京广线路：主要连接东北、京津、黄淮

海、长江中下游、华南沿海五大通道；主要粮食品种为稻谷（大米）、玉米、小麦（面粉）；发展重点：依托粮食流量较大的企业，建设“点对点”散粮火车发运接卸设施，逐步推广散粮火车运输，发展汽车散粮运输和汽车面粉散装运输；重点发展节点：郑州、漯河、荆门、长沙、衡阳、郴州等。

沿陇海线路：主要连接黄淮海、西北两大通道；主要粮食品种为大米、小麦（面粉）；发展重点：依托中转量集中的节点，建设集装箱散粮发运接卸设施，发展公铁集装箱散粮联运；重点发展节点：连云港、徐州、商丘、焦作、咸阳、天水、兰州、西宁、格尔木、乌鲁木齐、昌吉、伊宁等。

沿京昆线路：主要连接东北、黄淮海、西北、西南、华南沿海五大通道；主要粮食品种为大米、小麦（面粉）、玉米；发展重点：依托中转量集中的节点，建设集装箱散粮发运接卸设施，发展公铁集装箱散粮联运；重点发展节点：襄阳、重庆、广安、广元、德阳、成都、资阳、昆明、曲靖、贵阳、六盘水、南宁等。

**专栏3 “两横、六纵”重点线路**

| | 线路名称 | 连接通道 | 主要品种 | 节点名称 |
|---|---|---|---|---|
| “两横” | 沿长江线路 | 华东沿海、长江中下游、西南三大通道 | 稻谷（大米）、玉米和大豆 | **上海**、**苏州**、无锡、常州、**南通**、泰州、镇江、扬州、**南京**、马鞍山、铜陵、芜湖、安庆、南昌、九江、黄石、鄂州、黄冈、**武汉**、咸宁、岳阳、荆州、宜昌、**重庆**、泸州、宜宾、昭通等 |
| | 沿陇海线路 | 黄淮海、西北两大通道 | 大米、小麦（面粉） | **连云港**、**徐州**、**商丘**、开封、**郑州**、**焦作**、长治、洛阳、**渭南**、**西安**、咸阳、宝鸡、天水、固原、吴忠、**银川**、**呼和浩特**、巴彦淖尔、**兰州**、武威、**西宁**、德令哈、格尔木、**乌鲁木齐**、昌吉、伊宁、拉萨、日喀则等 |
| “六纵” | 沿运河线路 | 黄淮海、长江中下游、华东沿海三大通道 | 稻谷、玉米、小麦 | 菏泽、**济宁**、枣庄、徐州、**宿迁**、**淮安**、扬州、**镇江**、常州、无锡、苏州、嘉兴、**杭州**、金华、衢州以及“引江济淮”路线上的亳州、淮北、宿州、阜阳、淮南、**合肥**等 |
| | 沿海线路 | 东北、黄淮海、华东沿海、华南沿海四大通道 | 玉米、稻谷（大米） | **营口（盘锦）**、锦州、丹东、**大连**、秦皇岛、唐山、**天津**、沧州、烟台、**青岛**、**日照**、**连云港**、盐城、**南通**、**上海**、**宁波—舟山**、嘉兴、台州、温州、**福州**、莆田、泉州、**厦门（漳州）**、汕头、**深圳**、**东莞**、**广州**、珠海、湛江、海口、北海、钦州、**防城港**等 |

续 表

| | 线路名称 | 连接通道 | 主要品种 | 节点名称 |
|---|---|---|---|---|
| "六纵" | 沿京哈线路 | 东北、京津两大通道 | 稻谷（大米）、玉米 | 满洲里、**佳木斯**、**齐齐哈尔**、**绥化**、**哈尔滨**、白城、吉林、**长春**、通辽、四平、铁岭、抚顺、**沈阳**、阜新、鞍山、天津、**北京**等 |
| | 沿京沪线路 | 东北、京津、黄淮海、长江中下游、华东沿海五大通道 | 稻谷（大米）、玉米、小麦 | **佳木斯**、双鸭山、**齐齐哈尔**、**绥化**、**哈尔滨**、白城、**吉林**、**长春**、通辽、四平、铁岭、抚顺、**沈阳**、阜新、鞍山、**北京**、天津、德州、聊城、滨州、潍坊、临沂、菏泽、**济南**、**徐州**、**蚌埠**、宿州、滁洲、南京、上海、衢州、杭州、福州等 |
| | 沿京广线路 | 东北、京津、黄淮海、长江中下游、华南沿海五大通道 | 稻谷（大米）、玉米、小麦（面粉） | **佳木斯**、**齐齐哈尔**、**绥化**、**哈尔滨**、白城、吉林、**长春**、通辽、四平、铁岭、抚顺、沈阳、阜新、鞍山、北京、**石家庄**、邢台、安阳、新乡、**郑州**、漯河、周口、驻马店、南阳、信阳、随州、荆门、武汉、常德、益阳、**长沙**、南昌、赣州（含京九线）、衡阳（永州）、郴州、广州、佛山、肇庆、东莞等 |
| | 沿京昆线路 | 东北、黄淮海、西北、西南、华南沿海五大通道 | 大米、小麦（面粉）、玉米 | **佳木斯**、**齐齐哈尔**、**绥化**、**哈尔滨**、白城、吉林、**长春**、通辽、四平、铁岭、抚顺、**沈阳**、阜新、鞍山、北京、石家庄、大同、太原、运城、郑州、商洛、襄阳、重庆、广安、汉中、安康、广元、德阳、**成都**、资阳、眉山、乐山、攀枝花、达州、南充、拉萨、**昆明**、曲靖、六盘水、**贵阳**、**遵义**、南宁、柳州、贵港等 |

注：加粗节点为一级节点，不加粗节点为二级节点。

**专栏 4　点对点火车散粮线路建设条件**

散粮火车：线路粮食年运量宜 30 万吨以上，发运或接卸点有条件建设火车散粮接发设施。铁路专用线宜满足整列到发、半列装卸作业的要求。优先依托粮食铁路枢纽节点或粮食物流园区。

火车散粮集装箱：位于中转量集中的节点，线路粮食年运量宜 4000 标准箱（TEU）以上，发运或接卸点有条件建设火车散粮集装箱接发设施。优先依托粮食铁路枢纽节点或粮食物流园区。

**专栏 5　节点项目选择标准**

粮食物流一级节点项目应布局在八条重点线路上，依托综合交通枢纽，衔接两种及以上交通运输方式，能够承担区域间主要粮食中转、集散。

铁路节点项目：粮食年中转量 50 万吨以上（西南、西北通道可按照物流集中、规模适度的原则降低标准），筒仓等用于快速中转的仓容不宜小于 5 万吨，与产业园区结合的，园区年加工总量不宜低于 30 万吨。

沿长江（中下游）港口节点项目：粮食年中转量 100 万吨以上，筒仓等用于快速中转的仓容不宜小于 5 万吨，与产业园区结合的，园区年加工总量不宜低于 30 万吨。

沿海港口节点项目：粮食年中转量 200 万吨以上，筒仓等用于快速中转的仓容 10 万吨以上，与产业园区结合的，园区年加工总量不宜低于 100 万吨。

流出通道的二级节点项目应位于八条重点线路上的产粮大市（县），粮食年中转量 30 万吨以上，衔接两种及以上交通运输方式，宜与当地储备仓容 10 万吨以上的粮食企业结合。

流入通道的二级节点项目应位于八条重点线路上的消费大市（县），粮食年中转量 30 万吨以上，宜与当地储备仓容 5 万吨以上的粮食企业，或配送、批发等重要场所结合。

（三）布局粮食物流进出口通道。

充分统筹两个市场、两种资源，依托“一带一路”建设战略，推动粮食跨境物流的衔接与合作，逐步构建与八大粮食物流通道对接的粮食物流进出口通道。完善枢纽港口、铁路、公路等各类口岸粮食物流基础设施建设，逐步形成一批重要的进出口粮食物流节点。

东北方向，发展二连浩特、海拉尔、黑河、建三江、虎林、鸡西、牡丹江等东北亚沿边节点，形成面向俄罗斯、蒙古，连接东北亚及欧洲的粮食进出口通道。

沿海方向，发展环渤海、东南沿海等港口节点，提升沿海港口粮食集疏运能力，完善连接内陆的海上粮食进出口通道。

西北方向，发展塔城、吉木乃、阿勒泰、伊宁、喀什等节点，重点打造面向中亚、西亚的粮食进出口通道。

西南方向，发展保山、芒市、南宁等节

点，重点打造面向南亚、东南亚的粮食进出口通道。

（四）提升区域粮食物流水平。

优化粮食仓储设施布局。统筹粮食仓储物流设施建设，实现粮食仓储物流一体化融合发展。以优化布局、调整结构、提升功能为重点，结合粮食生产、流通形势和城镇规划，以及现有收储库点分布，合理改建、扩建和新建粮食仓储设施，将粮食收储能力保持在合理水平，实施收储能力优化工程和产后服务中心建设工程。产区重点完善收储网点、调整仓型结构、提高设施水平；产销平衡区重点提升收储网点的收购、储备、保供综合能力；销区重点加强储备库建设、提升应急保供能力。注重区域及单点仓储的经济规模，实现资源效益最大化。发展基于横向通风的平房仓配套快速进出仓技术，提高现有仓储设施的物流对接效率，实施平房仓物流功能提升工程和物流园区示范工程。加强粮食产后服务体系建设，鼓励粮食企业等多元主体建设产后服务中心，为新型粮食生产经营主体及农户提供“代清理、代烘干、代储存、代加工、代销售”等服务。

**专栏6　仓储设施分类**

综合库：具备储备功能，并能进行上下游延伸，可拓展其他业务，包括产后服务、加工、物流、贸易等，仓容应5万吨及以上，原则上每县至少一个，主要承担本县的粮食储备和物流功能，起到龙头带动作用。

收储库：兼具收纳和储备功能，仓容应2.5万吨及以上。

收纳库：以收纳功能为主，销区仓容应1.5万吨及以上、产区仓容应2.5万吨及以上。位置重要且条件受限的特殊区域，可适当降低仓容规模。

发展区域粮食快速物流。完善收储企业、加工企业、物流企业的散粮接发设施，支持标准化散粮（面粉）运输工具示范，引导和形成散粮运输的社会化服务，全面提升区域内粮食散装化对接水平，实施物流标准化和装备工程、应急保障工程；重点解决西南、西北区域内的散粮汽车运输短板，全面推广散粮运输。突出节点的物流集散优势，提供满足多元化、多层次需求的经济、高效、便捷物流服务。以物流为纽带，促进仓储企业与应急加工、配送、放心粮油企业开展合作，发展“原粮储存、成品粮轮出”的业务模式，逐步实现粮食“常储常新”，降低区域粮食物流成本。

服务粮食市场供应体系。完善批发市场的物流功能，推广应用“互联网+”技术，全面提升粮食市场信息化水平，大力发展粮食电子商务，推动粮食流通方式创新发展。健全成品粮油配送中心，构建城乡粮食应急供应网络，形成覆盖城乡的物流配送体系。

提升粮食加工物流水平。支持大型加工企业完善散粮接收系统和面粉散运发放系统，提升散粮设施对接能力；应用现代化物流模式，发展多元化运输，完善产品配送系统；鼓励加工企业积极参与社会化、专业化分工，将物流业务外包给第三方物流企业。

培育第三方粮食物流企业。支持大型粮食企业加大资源整合和兼并重组力度，联合铁路、航运等企业优化粮食物流链。鼓励粮食产业化龙头企业进行物流业务重组，组建具有行业特色的第三方物流企业。鼓励有条件的大型粮食企业（集团）建立物流战略联盟。鼓励和支持粮食物流企业充分利用境内外资本市场多渠道融资，壮大企业实力。

（五）推广应用新技术新装备。

实现粮食物流装备新突破。充分重视信息化与粮食物流装备工业化的融合发展，全面推进具有自主知识产权、核心技术的品牌装备的研究开发与推广应用，开发节能高效粮食物流装备，促进装备大型化、标准化、系列化、精细化发展；严把行业准入条件，鼓励跨行业大型装备制造企业进入粮食行业，带动粮食物流装备水平提升。鼓励企业加大粮食物流装备技术创新投入，提高企业自主创新能力。鼓励高校、科研院所与企业联合，推进以企业为主体的产学研用深度合作，积极推动科技成果转化。

积极推广应用新技术。大力实施“降本提效行动”，支持和鼓励企业在粮食物流节点选用占地少、机械化和自动化程度高的快速中转新仓型，采用标准化、高效低耗新装备，提高粮食中转效率，减少粮食中转和运输损失。根据不同区域特点，推广采用绿色、先进适用的储粮技术。加强公、铁、水多式联运物流衔接技术及标准化内河散粮运输船只的研发与应用。推广集装单元化技术。

（六）完善粮食物流标准体系。

推进“标准化建设行动”，完善粮食物流标准体系，加强粮食物流标准基础研究，优先制修订粮食行业急需物流标准。引导企业提高粮食物流标准化意识，逐步把支持和参与标准化工作作为增强企业核心竞争力的重要手段。加大粮食物流标准宣贯力度，全面开展解读、培训、试点示范和标准验证工作；鼓励物流企业实现建设、运营、管理全过程标准化运作；加强对粮食物流标准强制性条款的落实和监督。

（七）大力促进物流与信息化融合。

发挥信息化对物流的支撑引领作用，促进粮食物流与信息化深度融合。推动粮食物流活动电子化、信息化，实现粮食物流活动各个层次、各个环节的信息采集全覆盖。推动不同企业间以及企业与政府间公共物流信息的互联互通和共享，利用信息化手段，提高粮食物流资源配置效率及组织化程度。利用物联网、大数据、云计算等先进信息技术，改造传统物流企业，重塑业务和管理流程，实现粮食物流各环节的无缝化衔接。

实施物流信息平台工程，建立全国和区域性粮食物流公共信息平台，形成物流信息化服务体系，提升粮食物流信息监管和共享水平。支持大型粮食企业建设粮食物流信息化服务平台，与国家粮食物流公共信息平台、国家交通运输物流公共信息平台等有效衔接；采集粮食物流相关信息，建立粮食物流数据库，实现与上下游企业共享；应用地理信息系统、传感技术，实时监控物流全过程，保证粮食数量真实和质量安全。

| 专栏7　八大重点工程和物流园区示范工程（8+1工程） | |
|---|---|
| 工程 | 主要任务 |
| 收储能力优化工程 | 以优化布局、调整结构、提升功能为重点，重建、扩建和新建粮食仓储设施，应用先进适用的储粮设备和技术，大幅提升仓储设施现代化水平 |
| 产后服务中心建设工程 | 强化产后服务，建设以烘干整理功能为基础的粮食产后服务中心，南方以新建为主，北方以改造为主，重点向核心产区及新型粮食经营主体倾斜 |
| 火车散粮运输系统工程 | 重点在沿京哈线路、京沪线路、京广线路上，以大型粮食企业为主体，在发运点和接卸点改造或新建散粮火车发运和接卸设施，形成相对固定的散粮火车运输班列线路<br>重点在沿陇海线路、京昆线路上，选择主要功能为集中省外来粮并向省内各地区中转的节点，改造或新建散粮集装单元化接卸设施，实现公铁无缝联运，形成散粮集装单元化火车运输线路 |
| 港口散粮运输提升工程 | 在沿长江沿线、沿运河沿线、“引江济淮”工程沿线、珠江水系沿线等码头，改造或新建一批内河码头散粮接发点，升内河码头高效接发能力和公水或铁水无缝衔接的能力。在重点沿海港口完善提升集疏运设施，北方港口着力提升公铁集港效率，南方港口着力提升公水分拨能力 |
| 平房仓物流功能提升工程 | 对具备条件的平房仓进行横向通风技术改造，配备快速进出仓设备，提升现有设施的物流水平，提高物流效率 |
| 物流标准化和装备工程 | 推进粮食物流标准基础研究，编制急需标准。支持粮食物流标准化产品和节能环保新产品的研发和推广应用 |
| 物流信息平台工程 | 整合现有物流信息服务平台资源，建立全国粮食物流公共信息平台，促进各类平台之间的互联互通和信息共享。鼓励大型粮食企业建设粮食物流信息化服务平台，为企业、消费者与政府部门提供第三方服务。鼓励有条件的粮食企业整合配送资源，构建电子商务物流服务平台和配送网络 |
| 应急保障工程 | 改造建设一批区域性骨干粮食应急配送中心，提高突发事件发生时粮食的应急供给、调运、配送能力。依托骨干企业形成粮食应急加工能力。在大城市群、边疆及偏远地区建设一批成品粮应急储备设施 |
| 物流园区示范工程 | 建设一批仓储物流、加工、贸易、质检、信息服务一体化发展的粮食物流园区，发挥集聚产业、稳定物流、带动示范的作用 |

## 四、保障措施

（一）加强组织领导与协调。

国家发展改革委会同国家粮食局将进一步发挥全国现代物流工作部际联席会议作用，加强与财政、铁路、交通、质检等部门的沟通协调，明确责任、形成合力，切实解决粮食物流发展中出现的重大问题。各级地方政府要全面落实粮食安全省长责任制，加强统筹协调，指导发展改革部门和粮食行政管理部门结合本地实际，制定具体实施方案，抓好规划相关工作任务的落实。

（二）加大资金投入与政策支持力度。

对服务于国家宏观调控的重要物流通道和物流线路上的散粮中转设施和粮食物流园区建设，可结合现有渠道由中央预算内投资给予适当支持。进一步落实支持粮食物流业发展的用地政策，对符合土地利用总体规划要求的粮食物流设施建设项目，加快用地审批进度，保障项目依法依规用地，支持企业整合存量土地资源建设物流设施。通过争取专项资金支持，鼓励粮食物流技术创新和示范，推动粮食物流装备企业提升技术实力。鼓励发展散粮火车和集装单元化运输，支持散粮火车入关运行。加强散粮火车的组织运营，提高散粮火车使用效率。

（三）拓宽投融资渠道。

积极探索政府资金引导社会资金资本参与粮食物流设施建设的新机制，形成多元化、多渠道、多层次的投融资体系。发挥政策性银行等金融机构对粮食物流业发展的支持作用，鼓励政策性银行在业务范围内对符合条件的粮食物流企业提供信贷支持，积极引导商业银行为粮食物流发展提供多元化金融服务。支持粮食物流企业运用多种方式拓宽融资渠道，鼓励符合条件的企业通过发行债券和上市等方式进行融资。鼓励社会资金以 PPP 等方式投资粮食物流基础设施建设。鼓励社会资本通过成立粮食流通产业创业投资基金，投资粮食物流装备、信息化等领域中小科技型企业。

（四）强化人才队伍建设。

着力完善粮食物流专业人才培养体系，支持有关院校增设粮食物流相关课程。以提高实践能力为重点，探索形成院校与有关部门、科研院所、行业协会和企业联合培养粮食物流人才的新模式。完善粮食物流业在职人员培训机制，加强粮食物流业高层次经营管理人才培养，积极开展职业培训。建立健全粮食物流业人才激励和评价机制，加强粮食物流业人才引进，吸引国内外优秀人才参与粮食物流经营和管理。

附图：1. “十三五”时期粮食物流通道和重点线路图（略）

2. “十三五”时期粮食物流重要节点布局图（略）

3. “十三五”时期粮食物流进出口通道图（略）

# 交通运输部办公厅关于做好无车承运试点运行监测工作的通知

（交办运函〔2017〕256号 2017年3月7日）

各省、自治区、直辖市、新疆生产建设兵团交通运输厅（局、委）：

《交通运输部办公厅关于推进改革试点加快无车承运物流创新发展的意见》（交办运〔2016〕115号）印发实施后，各省按照要求启动了无车承运试点工作。截至目前，29个省（区、市）共筛选确定了283个无车承运试点企业并报部（详见附件1）。为加强对无车承运试点工作的运行监测，规范试点运营行为，确保试点工作平稳有序推进并取得实效，现就做好试点运行监测有关工作通知如下。

## 一、总体要求

按照分级负责、稳步实施、协同监督的原则，以规范试点行为、防控试点风险、总结试点成效为目标，充分利用互联网及信息化手段，重点针对试点企业的“运输业务、运输资质、服务质量及信用、运行绩效”等内容开展动态监测，总结推广先进的运营管理模式，推动无车承运物流规范有序发展，促进货运物流业的“降本增效”。

## 二、监测内容

对各省（区、市）交通运输主管部门向交通运输部报备的无车承运试点企业开展运行监测工作，主要内容包括：

（一）运输业务监测。

对试点企业的运单数据与实际承运车辆运行轨迹数据等进行比对，加强试点企业运输业务单证与其实际运行数据的一致性监测，并与税务等部门做好信息协同对接。

（二）运输资质比对。

对试点企业、实际承运人、实际承运车辆的经营资质进行比对，加强对运输过程和实际承运人经营行为的动态监测。

（三）服务质量及信用监测。

对试点企业的保险赔付制度落实情况、服务质量管控情况、业务投诉处理情况等进行动态监测，加强对试点企业的信用评价。

（四）运行绩效监测。

通过对试点企业运单数据的动态监测，对试点期间试点企业业务增长和拓展、运营组织模式创新、促进物流“降本增效”情况，以及管理部门法规制度及标准规范创新情况进行综合评估。

## 三、组织安排

无车承运试点运行动态监测工作采取平台监测、重点督导和企业自律相结合的方式开展。交通运输部负责全国无车承运人试点运行监测工作的统筹指导。省级交通运输主管部门是监测工作的责任主体，负责本辖区内试点运行的监测工作，建设监测平台并对试点运行情况进行重点督查。试点企业应按照要求做好数据接入，加强企业自律并配合管理部门做好监测工作。交通运输部科学研究院（以下简称“部交科院”）、国家交通运输物流公共信息平台管理中心（以下简称“国家物流信息平台管理中心”）负责运行监测的技术支持工作。

（一）平台监测。

1. 建立部、省两级监测平台。交通运输部委托国家物流信息平台管理中心建设部级试点运行监测平台（以下简称“部监测平台”），部监测平台向包括试点企业在内的运输企业提供实际承运人的“人、车、户”基本信息、总质量12吨及以上货运车辆接入全国道路货运车辆公共监管与服务平台入网信息查询服务。省级交通运输主管部门建设省级监测平台（以下简称“省监测平台”），监测平台应具备数据采集和比对监测、异常情况预警和处理、运行数据统计分析、信息查询等基本功能，并实现与部监测平台的互联互通。暂不具备条件建设省监测平台的省份，部监测平台将对各省开放本辖区内的试点企业数据信息，作为省级监测虚拟平台，用于各省对试点工作的运行监测。

2. 做好数据接入。试点企业应参照《部无车承运试点企业运行监测平台接入指南》（以下简称《接入指南》，详见附件2）具体要求，完成企业信息系统接口改造工作，江苏、浙江、河南、湖北、贵州五省试点企业于2017年3月31日前实现与部、省两级监测平台的对接，其他省（区、市）试点企业于2017年4月30日前实现与部、省两级监测平台对接，并按照要求及时上传数据。

3. 做好监测及异常情况处理工作。部监测平台对企业接入的数据进行自动监测分析比对，对出现的实际承运车辆资质信息异常、总质量12吨及以上货运车辆未按要求接入道路货运车辆公共平台，以及单证信息与实际运输轨迹不一致等异常情况，及时向省监测平台（包括省监测虚拟平台）推送异常情况提示。省级交通运输主管部门应及时登录本省监测平台（包括省监测虚拟平台）查看异常情况详情，督促试点企业针对异常情况进行调查核实，如单证数据填报不全，可在核对更正后再次向部、省监测平台（包括省监测虚拟平台）上传运单。部监测平台将在推送异常情况提示后的次月最后一日对异常单据进行再次比对，比对结果并经省级交通运输主管部门确认后纳入本省试点企业异常情况统计范围。交通运输部根据部监测平台统计的各省试点企业异常率，定期通报各省及各试点企业运行监测异常及处理反馈情况，省级交通运输主管部门应根据部通报的相关情况建立试点企业考核和退出机制，对未按要求接入监测平台或异常率较高的企业，督促其及时进行整改，对拒不整改的试点企业，取消其试点资格。交通运输部将对试点期内试点企业运行监测情况进行综合评估，评估结果作为部深化试点工作，完善试点政策的重要依据。

（二）重点督导。

省级交通运输主管部门应加强对试点企业的考核和督导，建立定期考核和通报机制。针对本省及试点企业的试点实施方案和试点中出现的突出问题，组织专家赴企业进行现场调研和督导。针对运行监测内容，逐项进行检查和考核。对平台监测异常率较高、定期考核较差的试点企业要进行重点督导，督促企业采取有效措施加快整改。省级交通运输主管部门应将对试点企业的考核和督导情况，纳入试点运行监测情况分析报告一并报部。

（三）企业自律。

各试点企业要根据试点运行监测的相关要求，结合企业试点实施方案，定期对企业试点运行情况进行自检自查，针对自检自查中发现的问题，以及平台监测反馈的异常信息和省级督导中发现的问题，及时研究处置措施并进行整改。各省级交通运输主管部门应将试点企业自检自查报告及整改处置情况作为省级督导检查的重点内容。

（四）定期报告。

各省交通运输主管部门分别于5月20日和11月20日前编制完成本省试点运行监测情况分析报告（监测报告编写指南见附件3），并报送交通运输部。部将于5月31日和11月30日发布全国试点运行监测分析报告，总结梳理试点工作取得成效及存在的问题，结合平台监测和重点督导情况，对各省和试点企业运行情况进行通报，指导全国试点工作顺利推进。

## 四、工作要求

（一）加快组织实施。

运行监测是开展无车承运人试点工作的重要内容，各省交通运输主管部门要高度重视，加快建设省监测平台，并与部监测平台有效对接，组织和督导试点企业完成数据接入。对部、省两级监测平台反映的异常情况，要及时组织试点企业进行调查分析和反馈处理，要加强对试点企业的定期考核和督查，督促企业落实相关主体责任。要积极协调相关部门解决试点过程中出现的新情况、新问题，确保运行动态监测工作取得预期效果。

（二）确保数据质量。

试点企业应利用道路运政信息管理系统和全国道路货运车辆公共监管与服务平台系统，做好“人、车、户”等基本信息的自查核验工作，确保实际承运人经营资质合法合规。要按照《接入指南》要求，及时完成系统接口改造和数据接入工作，上传运单数据，并对数据的真实性负责。针对监测平台告知的单证异常情况，试点企业应及时分析原因并做好处置，如实反馈相关情况。

（三）强化技术支持。

国家物流信息平台管理中心要做好部监测平台的开发建设、运营维护，以及试点企业系统接口改造和数据接入的技术培训工作，确保能够及时准确自动比对运单数据。部交科院负责跟踪了解全国无车承运试点企业运行监测情况，依托部监测平台的运行数据和各省上报的试点运行监测情况分析报告，编制全国无车承运人试点运行监测分析报告，汇总记录各省、各试点企业单证异常情况并进行定期通报。全国道路货运车辆公共监管与服务平台向部监测平台提供总质量12吨及以上的重型普通载货汽车和半挂牵引车的运行轨迹信息用于运单的真实性校验。

（四）做好数据保密。

部、省两级监测平台要强化网络安全整体防护能力，保障试点企业运单数据上传交互过程中的信息安全。各省交通运输主管部门及相关技术支持单位在试点运行监测工作中，须对试点企业运单数据严格保密，严防信息泄露，禁止利用企业上报的运单数据进行商业开发。

附件：1. 无车承运试点企业名单

2. 略

3. 略

附件 1：

**无车承运试点企业名单**

| 省市区 | 试点企业名单 | 数量（个） |
|---|---|---|
| 北京 | 北京数据在线国际供应链管理股份有限公司 | 1 |
| 天津 | 振华东疆（天津）有限公司 | 11 |
| | 世德现代物流有限公司 | |
| | 天津大田运输服务有限公司 | |
| | 联合运输（天津）有限公司 | |
| | 五矿物流集团天津货运有限公司 | |
| | 滴滴集运（天津）科技股份有限公司 | |
| | 天津运友物流科技股份有限公司 | |
| | 水金湾（天津）有限公司 | |
| | 天津港散货物流有限责任公司 | |
| | 天津正易物通网络科技有限公司 | |
| | 天津陆路港公路运输发展有限公司 | |
| 河北 | 河北万合物流股份有限公司 | 10 |
| | 远迈信息技术张家口有限公司 | |
| | 河北快运集团 | |
| | 河北沃车港智慧科技有限公司 | |
| | 分通河北物流有限公司 | |
| | 胡子物流有限公司 | |
| | 中国外运河北分公司 | |
| | 河北好望角物流发展有限公司 | |
| | 唐山公路港物流有限公司 | |
| | 邯郸市邯钢集团安达物流有限公司 | |

续 表

| 省市区 | 试点企业名单 | 数量（个） |
| --- | --- | --- |
| 山西 | 山西经纬通达股份有限公司 | 7 |
| | 山西晋云现代物流有限公司 | |
| | 山西快成物流科技有限公司 | |
| | 山西新晋中交兴路信息科技有限公司 | |
| | 山西聚鑫物云电子科技有限公司 | |
| | 山西云启正通物流有限责任公司 | |
| | 山西卡的网络科技有限公司 | |
| 内蒙古 | 内蒙古诚昊启元股份公司 | 5 |
| | 通辽市第一运输有限公司 | |
| | 内蒙古安快物流集团公司 | |
| | 二连流畅贸易有限公司 | |
| | 内蒙古巴运汽车运输有限责任公司 | |
| 辽宁 | 营口港通电子商务有限公司 | 15 |
| | 德邻陆港（鞍山）有限责任公司 | |
| | 辽阳第地嘉仓储物流有限公司 | |
| | 辽宁农信货联物流有限公司 | |
| | 辽宁中成物流有限公司 | |
| | 沈阳金正物流有限公司 | |
| | 辽宁诚通物流有限公司 | |
| | 鞍山新资讯信息有限公司 | |
| | 辽宁跃达快运网络科技股份有限公司 | |
| | 沈阳传化陆港物流有限公司 | |
| | 营口四海互联物流有限公司 | |
| | 大连中远国际货运有限公司 | |
| | 辽宁门到门信息技术有限公司 | |
| | 特兰格睿物流（大连）有限公司 | |
| | 大连迈隆国际物流有限公司 | |

续 表

| 省市区 | 试点企业名单 | 数量（个） |
| --- | --- | --- |
| 吉林 | 启明信息技术股份有限公司 | 6 |
| | 吉林省掌控物流科技有限公司 | |
| | 吉林省吉高物流有限公司 | |
| | 长春京铁物流有限公司 | |
| | 长春卡行天下供应链管理有限公司 | |
| | 吉林省香江物流有限公司 | |
| 黑龙江 | 哈尔滨只点互通物流有限公司 | 4 |
| | 哈尔滨新赛力生信息咨询有限公司 | |
| | 黑龙江北斗天宇导航信息科技股份有限公司 | |
| | 哈尔滨传化公路港物流有限公司 | |
| 上海 | 上海中远海运集装箱运输有限公司 | 12 |
| | 新杰物流集团股份有限公司 | |
| | 罗宾逊全球货运（上海）有限公司 | |
| | 上海卡行天下供应链管理有限公司 | |
| | 上海天地汇供应链管理有限公司 | |
| | 上海胖猫物流有限公司 | |
| | 上海圆汇网络技术有限公司 | |
| | 上海圆迈贸易有限公司 | |
| | 上海易浦物流有限公司 | |
| | 上海成达信息科技有限公司 | |
| | 上海冷联天下国际物流有限公司 | |
| | 上海汇而通国际物流有限公司 | |

续 表

| 省市区 | 试点企业名单 | 数量（个） |
| --- | --- | --- |
| 江苏 | 丹阳飓风物流股份有限公司 | 24 |
| | 中储南京智慧物流科技有限公司 | |
| | 无锡远迈信息技术有限公司 | |
| | 无锡恰途网络科技有限公司 | |
| | 江苏飞力达国际物流股份有限公司 | |
| | 江苏友货网络科技有限公司 | |
| | 江苏苏宁物流有限公司 | |
| | 江苏志宏物流有限公司 | |
| | 江苏物云通物流科技有限公司 | |
| | 江苏金陵交运集团有限公司 | |
| | 江苏物润船联网络股份有限公司 | |
| | 江苏政成物流股份有限公司 | |
| | 江苏星通北斗航天科技有限公司 | |
| | 江苏满运软件科技有限公司 | |
| | 江苏零浩网络科技有限公司 | |
| | 连云港吉安集装箱甩挂运输交易中心有限公司 | |
| | 林森物流集团有限公司 | |
| | 南京众彩农副产品批发市场有限公司 | |
| | 南京宜流信息咨询有限公司 | |
| | 南京福佑在线电子商务有限公司 | |
| | 宿迁农信货联物流有限公司 | |
| | 常州易呼通物流科技有限公司 | |
| | 常州易得利供应链管理有限公司 | |
| | 惠龙易通国际物流股份有限公司 | |

续 表

| 省市区 | 试点企业名单 | 数量（个） |
| --- | --- | --- |
| 浙江 | 杭州传化货嘀科技有限公司 | 14 |
| | 杭州菜鸟供应链管理有限公司 | |
| | 浙江红狮物流有限公司 | |
| | 浙江专线宝网阔物联科技有限公司 | |
| | 宁波万联国际集装箱投资管理有限公司 | |
| | 宁波卡哥信息科技有限公司 | |
| | 浙江嘉宝物流股份有限公司 | |
| | 杭州大恩物联科技有限公司 | |
| | 宁波国际物流发展股份有限公司 | |
| | 浙江运到网络科技有限公司 | |
| | 宁波港国际物流有限公司 | |
| | 浙江车马象物联网络有限公司 | |
| | 宁波聚合集卡联盟电子商务有限公司 | |
| | 浙江未名物流发展有限公司 | |
| 安徽 | 合肥维天运通信息科技股份有限公司 | 13 |
| | 安徽慧通互联科技有限公司 | |
| | 安徽迅捷物流有限责任公司 | |
| | 安徽神通物联网科技有限公司 | |
| | 安徽省徽商五源国际物流港务有限公司 | |
| | 芜湖运泰物流有限责任公司 | |
| | 安得物流股份有限公司 | |
| | 安徽共生物流科技有限公司 | |
| | 界首市黑豹运输有限公司 | |
| | 安徽神州易达供应链管理有限公司 | |
| | 铜陵有色金属集团铜冠物流有限公司 | |
| | 安徽金网运通物流科技有限公司 | |
| | 安徽统运物流科技有限公司 | |

续 表

| 省市区 | 试点企业名单 | 数量（个） |
| --- | --- | --- |
| 福建 | 福建高速物流股份有限公司 | 14 |
| | 福建八方物流股份有限公司 | |
| | 福建省慧淘供应链管理有限公司 | |
| | 铁联物流集团有限公司 | |
| | 福州迅腾网络科技有限公司 | |
| | 福建好运联联信息科技有限公司 | |
| | 福建未名信息技术股份有限公司 | |
| | 福建省交通一卡通有限公司 | |
| | 泉州天地汇供应链管理有限公司 | |
| | 福建传化公路港物流有限公司 | |
| | 泉州市闽运兴物流有限公司 | |
| | 福建联冠汇通物流科技有限公司 | |
| | 福建龙洲运输股份有限公司 | |
| | 漳州漳龙物流园区开发有限公司 | |
| 江西 | 江西万佶物流有限公司 | 5 |
| | 江西正广通供应链管理有限公司 | |
| | 江西国控吉驰物流科技有限公司 | |
| | 江西三志物流有限公司 | |
| | 江西尧泰供应链管理有限公司 | |
| 山东 | 一点科技有限公司 | 10 |
| | 青岛港国际货运物流有限公司 | |
| | 希杰荣庆物流供应链有限公司 | |
| | 日照港集团有限公司 | |
| | 山东京博云商物流有限公司 | |
| | 济南传化泉胜公路港物流有限公司 | |
| | 泰安市峰松电子科技有限公司 | |
| | 弘嘉孚国际物流有限公司 | |
| | 山东航天九通车联网有限公司 | |
| | 满易网络科技有限公司 | |

续 表

| 省市区 | 试点企业名单 | 数量（个） |
| --- | --- | --- |
| 河南 | 中原大易科技有限公司 | 13 |
| | 许昌万里运输集团股份有限公司 | |
| | 河南安联程通信息技术有限公司 | |
| | 河南紫云云计算股份有限公司 | |
| | 洛阳市大一物流有限公司 | |
| | 郑州金色马甲电子商务有限公司 | |
| | 郑州永康物流产业发展有限公司 | |
| | 开封市宏达信息技术有限公司 | |
| | 河南省脱颖实业有限公司 | |
| | 河南卓逾物流有限责任公司 | |
| | 河南中原云工有限责任公司 | |
| | 郑州交通运输集团有限责任公司 | |
| | 郑州国际陆港开发建设有限公司 | |
| 湖北 | 武汉小码大众科技有限公司 | 10 |
| | 武汉物易云通网络科技有限公司 | |
| | 湖北我家物流服务有限公司 | |
| | 湖北真好运智慧物流有限公司 | |
| | 武汉天地汇天诚供应链管理有限公司 | |
| | 湖北车联天下物流有限公司 | |
| | 武汉快驰科技有限公司 | |
| | 湖北安卅物流有限公司 | |
| | 宜昌三峡物流园有限公司 | |
| | 湖北天盾电子技术有限公司 | |

续 表

| 省市区 | 试点企业名单 | 数量（个） |
| --- | --- | --- |
| 湖南 | 长沙市实泰物流有限公司 | 14 |
| | 湖南海驿智能物流产业发展有限公司 | |
| | 湖南省京阳物流有限公司 | |
| | 湖南省衡缘物流有限公司 | |
| | 湖南国联捷物流有限公司 | |
| | 招商局物流集团湖南有限公司 | |
| | 湖南湘北斗互联科技有限公司 | |
| | 长沙传化公路港物流有限公司 | |
| | 益阳市南县南洲物流园有限公司 | |
| | 衡阳市雁城物流园有限公司 | |
| | 湖南天骄物流信息科技有限公司 | |
| | 湖南龙骧神驰运输集团有限责任公司 | |
| | 湖南神州大地行物流有限公司 | |
| | 益阳市湘运物流有限责任公司 | |
| 广东 | 宝供物流企业集团有限公司 | 25 |
| | 广东中外运电子商务有限公司 | |
| | 广州林安汇信物流有限公司 | |
| | 广州志鸿物流有限公司 | |
| | 深圳市前海美泰物流网科技有限公司 | |
| | 广州讯心信息科技有限公司 | |
| | 运柜宝物流有限公司 | |
| | 好多车联（深圳）科技有限公司 | |
| | 招商局物流集团有限公司 | |
| | 广州踏歌行物流有限公司 | |
| | 广东一站网络科技有限公司 | |

续 表

| 省市区 | 试点企业名单 | 数量（个） |
|---|---|---|
| 广东 | 风神物流有限公司 | 25 |
| | 招商局物流集团广州物流有限公司 | |
| | 深圳市新运力科技开发有限公司 | |
| | 深圳一海通全球供应链管理有限公司 | |
| | 广州市鑫亚物流有限公司 | |
| | 深圳前海阿凡达物流网络科技有限公司 | |
| | 深圳卡行天下网络科技有限公司 | |
| | 广州增信信息科技有限公司 | |
| | 深圳市康舶司科技有限公司 | |
| | 深圳市一达通供应链服务有限公司 | |
| | 深圳市调车宝物流科技有限公司 | |
| | 深圳市中芃科技物流有限公司 | |
| | 深圳市国讯通科技实业有限公司 | |
| | 深圳市华鹏飞现代物流股份有限公司 | |
| 海南 | 小驿科技（海南）有限公司 | 4 |
| | 海南南洋华远互联网物流有限公司 | |
| | 海南海汽运输集团有限公司 | |
| | 海南港航物流服务有限公司 | |
| 四川 | 成都天地汇顺邦供应链管理有限公司 | 13 |
| | 成都积微物联电子商务有限公司 | |
| | 成都返空汇网络技术有限公司 | |
| | 四川蜀亚通供应链管理有限责任公司 | |
| | 拉货宝网络科技有限责任公司 | |
| | 成都传化公路港物流有限公司 | |
| | 四川省港航开发有限责任公司 | |

续 表

| 省市区 | 试点企业名单 | 数量（个） |
| --- | --- | --- |
| 四川 | 成都卡行天下物流有限公司 | 13 |
| | 四川省物流信息服务有限公司 | |
| | 成都道臣物流集团有限公司 | |
| | 东亨信息科技股份有限公司 | |
| | 宜宾市优配物流信息服务有限公司 | |
| | 四川华峰物流有限公司 | |
| 重庆 | 重庆中交兴路供应链管理有限公司 | 7 |
| | 重庆返空汇物流科技有限公司 | |
| | 重庆传化公路港物流有限公司 | |
| | 沙师弟（重庆）网络科技有限公司 | |
| | 重庆公路运输（集团）有限公司 | |
| | 重庆诚通信息技术有限公司 | |
| | 重庆南川区虹宇汽车贸易有限公司 | |
| 贵州 | 贵州道坦坦科技股份有限公司 | 9 |
| | 贵阳货车帮科技有限公司 | |
| | 贵州贵铁物流有限公司 | |
| | 贵州交通物流集团有限公司 | |
| | 贵阳传化公路港物流有限公司 | |
| | 贵州水钢物流有限公司 | |
| | 铜仁灯塔国际物流有限责任公司 | |
| | 遵义传化公路港物流有限公司 | |
| | 贵州省兴义汽车运输总公司 | |

续　表

| 省市区 | 试点企业名单 | 数量（个） |
|---|---|---|
| 云南 | 云南能投物流有限责任公司 | 5 |
| | 云南昆明交通运输集团有限公司 | |
| | 云南腾俊多式联运股份有限公司 | |
| | 腾冲市瑞和物流有限责任公司 | |
| | 昆明海航速运有限责任公司 | |
| 陕西 | 陕西恒顺物流有限责任公司 | 14 |
| | 宝鸡华誉物流股份有限公司 | |
| | 榆林货达物流有限公司 | |
| | 榆林恒泰运输集团 | |
| | 西安海纳汽车服务有限公司 | |
| | 陕西省商业储运总公司 | |
| | 西安胜途汽车服务有限公司 | |
| | 榆林卡漠网络科技有限公司 | |
| | 榆林煤炭交易中心有限公司 | |
| | 陕西分通物流有限公司 | |
| | 陕西银天物流有限公司 | |
| | 陕西远行供应链管理有限公司 | |
| | 西安和硕物流科技有限公司 | |
| | 榆林智汇网络科技有限公司 | |
| 甘肃 | 甘肃省物产集团有限责任公司 | 7 |
| | 甘肃新网通科技信息有限公司 | |
| | 甘肃建投资产经营有限公司 | |
| | 甘肃西运运输实业（集团）有限责任公司 | |
| | 武威腾宇物流中心有限公司 | |
| | 甘肃中寰卫星导航通信有限公司 | |
| | 甘肃东部运输实业（集团）有限责任公司 | |

续 表

| 省市区 | 试点企业名单 | 数量（个） |
| --- | --- | --- |
| 宁夏回族自治区 | 宁夏众力北斗卫星导航信息服务有限公司 | 1 |
| 新疆维吾尔自治区 | 新疆天顺供应链股份有限公司 | 6 |
| | 新疆汇通互联信息科技有限责任公司 | |
| | 新疆智慧天山信息科技有限公司 | |
| | 新疆华凌物流配送有限公司 | |
| | 新疆九洲恒昌供应链管理股份有限公司 | |
| | 新疆伊宁市松发物流有限责任公司 | |
| 新疆兵团 | 新疆天富易通供应链管理有限责任公司 | 4 |
| | 新疆兵储物流有限责任公司 | |
| | 新疆聚鑫运通物流有限公司 | |
| | 新疆联宇投资有限公司 | |
| 合计 | | 283 |

# 关于做好 2017 年降成本重点工作的通知

（发改运行〔2017〕1139 号 2017 年 6 月 16 日）

公安部、民政部、人力资源社会保障部、国土资源部、环境保护部、住房城乡建设部、交通运输部、水利部、农业部、商务部、国资委、海关总署、税务总局、工商总局、质检总局、统计局、林业局、知识产权局、法制办、国务院审改办、银监会、证监会、能源局、民航局、外汇局、铁路总公司办公厅（综合司），各省、自治区、直辖市、新疆生产建设兵团、计划单列市、副省级省会城市发展改革委、经信委（工信委、工信厅）、财政厅（局），人民银行上海总部、各分行、营业管理部、各省会（首府）城市中心支行、各副省级城市中心支行：

在党中央、国务院坚强领导下，2016 年降低实体经济企业成本工作取得了积极成效。为贯彻中央经济工作会议和中央财经领导小组第十五次会议精神，落实好《政府工作报告》提出的各项降成本重点任务，按照《降低实体经济企业成本工作方案》（国发〔2016〕48 号），降低实体经济企业成本部际联席会议 2017 年将组织做好 8 个方面、25 项重点工作。

## 一、2017 年降成本目标任务和总体要求

今年降成本的主要目标是进一步减税降费，继续适当降低“五险一金”等人工成本；进一步深化改革，完善政策，降低制度性交易成本，降低用能、物流成本。

在降成本工作中要统筹兼顾，突出重点，坚持全面系统推进与抓住关键环节相结合，坚持做好顶层设计与分类实施相结合，坚持解决当前问题与着眼长远发展相结合，坚持降低显性成本与降低隐性成本相结合，坚持降低外部成本与企业内部挖潜相结合。充分调动各方面积极性，增强工作针对性，确保各项政策措施得到落实。

## 二、降低税费负担

（一）落实和完善全面推开营改增试点政策。简化增值税税率结构，由四档税率简并至三档，营造简洁透明、更加公平的税收环境，进一步减轻企业税收负担。规范优化征管服务

措施，深入重点行业开展政策辅导，帮助企业用好用足增值税抵扣机制。

（二）进一步减轻企业税收负担。扩大小型微利企业享受减半征收所得税优惠的范围，年应纳税所得额上限由30万元提高到50万元。落实好研发费用加计扣除政策，规范优化部门间协同工作机制，科技型中小企业研发费用加计扣除比例由50%提高到75%。改进和优化税收征管、纳税服务，提高办税便利程度。

（三）清理规范政府性基金和行政事业性收费。全面清理规范政府性基金，取消城市公用事业附加等基金，授权地方政府自主减免部分基金。取消或停征中央涉企行政事业性收费35项，收费项目再减少一半以上，保留的项目尽可能降低收费标准。各地要结合本地区实际削减涉企行政事业性收费。

（四）大幅减少涉企经营服务性收费。减少政府定价的涉企经营性收费。清理取消行政审批中介服务违规收费，组织专项清理行动，发布行政审批前置中介服务事项目录清单；放宽中介服务机构准入条件，严禁利用限额管理等方式控制中介服务机构数量，严禁通过分解收费项目、扩大收费范围、减少服务内容等变相提高收费标准。推动合理降低金融等领域涉企经营性收费，认真执行《商业银行收费行为执法指南》，深入清理规范进出口、检验检疫检测、人才流动、电子政务平台、铁路货运等领域和环节涉企经营服务性收费。放开具备竞争条件的涉企经营服务政府定价，降低部分保留项目的收费标准。

（五）加强收费监督检查。各类收费清单全部公开，严格按照目录清单执行。加强市场调节类经营服务性收费监管，取消不合理的收费项目，降低收费偏高、盈利较多项目的收费标准。重点对电子政务平台、进出口环节、高速公路车辆救援服务、涉农收费等开展收费检查，严厉打击各类乱收费行为。

## 三、降低融资成本

（六）加大金融对实体经济的支持力度。促进金融机构突出主业，增强服务实体经济能力，防止脱实向虚。在风险可控、商业可持续的前提下，鼓励有条件的金融机构开展应收账款融资、动产融资、银税合作、资产证券化等合理金融创新，支持实体经济发展。缓解中小微企业融资难、融资贵。鼓励大中型商业银行设立普惠金融事业部，国有大型银行要率先做到，实行差别化考核评价办法和支持政策；督促商业银行落实有关小微企业授信尽职免责的监管政策，制定内部制度办法；鼓励大型银行在有效防控风险的前提下，赋予县支行合理的信贷业务权限；规范发展互联网金融，鼓励银行业金融机构在防范风险、审慎经营的前提下，利用互联网、大数据技术，提升客户信息采集与分析能力，创新小微企业金融产品，探索发放信用贷款。鼓励有条件的地区推动社会资本按市场化方式建立产业投资基金。发挥好政策性开发性金融作用，强化农村信用社服务“三农”功能，积极培育发展村镇银行。完善不良贷款处置的市场主体准入、组包项目等方面的政策。拓宽保险资金支持实体经济渠道。坚持有扶有控的信贷政策，对于基础较好、暂时遇到困难的骨干企业，继续满足其合理融资需求。合理界定破产企业国有股东责任。

（七）深化多层次资本市场改革扩大直接融资比例。完善主板市场基础性制度，积极发展创业板、新三板，规范发展区域性股权市场。完善新三板分层管理，推动融资制度规则创新，完善摘牌制度，修订《股票转让细则》。

加快推动优先股和资产证券化业务发展。继续扩大债券发行规模，推动债券市场对外开放，扩大创新创业债试点规模。

（八）发挥政府投资的担保机构作用。指导地方政府完善对其投资、管理的融资担保机构的考核政策，推动政府投资的融资担保机构和再担保机构开展担保业务。对小微企业融资担保业务，鼓励有条件的地区尝试由担保机构、再担保机构、银行等方面按一定比例分担代偿责任，推进新型“政银担”合作机制。推动全国农业信贷担保体系尽快转入实质性运营。建立中小微企业贷款、融资担保风险补偿机制。

## 四、降低制度性交易成本

（九）深化简政放权改革。全面实行清单管理制度，制定国务院部门权力和责任清单，扩大市场准入负面清单试点，减少政府的自由裁量权，增加市场的自主选择权。增强审批权限下放的部门间协调，凡可同步下放的务必同步下放，鼓励有条件的地区开展相对集中行政许可权改革试点，推广联审联办机制。出台《中央预算内投资审批制度改革方案》，完善《外商投资项目核准和备案管理办法》，简化备案管理审批流程，组织推行工程建设项目多评合一、多审合一、多图联审、联合验收等新模式。清理取消一批生产和服务许可证，适时启动《工业产品生产许可证管理条例》修订工作。进一步梳理各地现行定价项目，最大限度缩减政府定价范围。进一步深化商事制度改革，实行“多证合一”，扩大“证照分离”改革试点，推进企业登记全程电子化和电子营业执照。加快企业注册便利化改革，积极尝试企业简易注销登记。

（十）完善事中事后监管制度。实现“双随机、一公开”监管全覆盖，推行“双告知”“双反馈”，推进多部门综合行政执法检查，实现“一次抽查、全面体检、综合会诊”。建立市场监督监管工作会商机制，整合监管力量，提升监管效率。合理降低检验检测收费，推动产品检验检测结果和产品认证实现互认。积极运用大数据、云计算、物联网等信息化手段，探索实行“互联网+监管”模式，提高监管效能。推进社会信用体系建设，充分发挥全国信用信息共享平台及企业信用信息公示系统作用，实行守信联合激励和失信联合惩戒，建立中介组织不良行为记录和黑名单。对新产业、新业态、新模式，积极探索科学审慎监管。做好行业协会商会与行政机关脱钩工作，贯彻落实好《行业协会商会综合监管办法（试行）》。

（十一）优化政府服务。加快国务院部门和地方政府信息系统互联互通，形成全国统一政务服务平台。加快实施“互联网+政务服务”，大力推进服务事项网上办理，优化网上服务流程，推行网上并联审批和线上注册登记。有条件的地区应着力实现省级行政审批事项和公共服务事项一厅办公。制定《压缩货物通关时间的措施（试行）》，推进全国通关一体化，继续深化国际海关合作，扩大“一带一路”海关合作机制范围，推进国际海关间“经认证的经营者（AEO）”互认合作。

（十二）加强公平竞争市场环境建设。坚持权利平等、机会平等、规则平等，进一步放宽非公有制经济市场准入。凡法律法规未明确禁入的行业和领域，都要允许各类市场主体平等进入；凡向外资开放的行业和领域，都要向民间资本开放；凡影响市场公平竞争的不合理行为，都要坚决制止。扩大市场准入负面清单制度改革试点范围，修订《市场准入负面清单草案（试点版）》，进一步压缩清单内容和条目。全面实施公平竞争审查制度。推动完善统一开放、竞争有序的市场体系，持续开展全国市场秩序监测评价工作。严格治理违法违规、不达标、不合格的经营行为。健全反垄断法律规则体系，加强反垄断和反不正当竞争执法，积极查处垄断协议和滥用市场支配地位行为，依法开展经营者集中反垄断审查，依法制止滥用行政权力排除、限制竞争行为，推动统一市场长效机制建设。

## 五、降低人工成本

（十三）继续适当降低“五险一金”有关缴费比例。稳步推动养老保险制度改革。允许失业保险总费率为 1.5% 的省（区、市）将总费率阶段性降至 1%。阶段性适当降低企业住房公积金缴存比例。

（十四）降低劳动力流动成本。完善户口迁移政策，推动各地出台户口迁移政策和配套措施，加快出台居住证制度实施办法，严格控制积分落户政策适用范围。提高劳动力市场灵活性。组织技工院校和企业开展新型学徒制试点，符合税法规定条件的企业培训费用允许税前扣除。

## 六、降低用能用地成本

（十五）合理降低用电用气成本。继续推进电力直接交易，完善交易机制，有序放开跨省跨区送受电计划。公布除西藏外全部省级电网输配电价，基本实现省级电网输配电价改革全覆盖，推进建立与输配电价改革相适应的成本归集核算制度及办法，指导地方制定地方电网和新增配电网价格。进一步研究完善两部制电价制度，规范容量电费计费方式。以增量配电设施为基本单元组织一批项目，吸引社会资本投入，开展增量配电业务试点。督促各地出台并落实加强地方天然气输配价格监管措施。

（十六）落实产业用地政策。落实好《产业用地政策实施工作指引》。鼓励采取长期租赁、先租后让、租让结合等灵活方式，鼓励盘活存量用地和闲置地、荒废地，更好地满足制造业发展合理用地需要。实行工业用地弹性年期出让制度。

## 七、降低物流成本

（十七）加强物流薄弱环节和重点领域基础设施建设。完善基础设施网络节点布局，陆续启动实施交通物流融合发展第一批重点项目。加快形成贯通内外的国家物流网络主骨架。统筹枢纽节点建设，支持具备多式联运、干支衔接、口岸服务等功能的枢纽项目。畅通集疏运系统，加强对主要港口、重点物流园区疏港铁路和集散公路建设，破解“最后一公里”瓶颈制约，加强城乡物流配送网络节点建设。

（十八）推进发展物流新业态和集装箱运输。推动物流业和制造业深度融合发展，降低制造企业物流成本。推进多式联运示范工程建设，组织开展多式联运第二批试点；充分发挥铁路运输优势，大力发展铁路集装箱运输，推动发展成组化运输和甩挂运输。鼓励铁水联运、空陆联运、铁路驮背运输等模式发展。

（十九）加强物流标准制定等基础性工作。完善物流业相关基础设施、服务规范、技术装备、信息交换接口等方面标准规范，建立与国际标准接轨的集装箱多式联运标准体系，推进内陆集装箱发展，健全无车承运人相关法规制度和标准规范。推广1200mm×1000mm标准托盘和600mm×400mm包装基础模数，从商贸领域向制造业领域延伸，促进上下游设施设备的标准化，支持标准装载单元器具循环使用。

（二十）发展“互联网+”高效物流。支持基于大数据的运输配载、跟踪监测、库存监控等第三方物流信息平台创新发展，实现跨部门、跨企业的物流管理、作业与服务信息的共享，加快建设国家物流大数据中心。

（二十一）降低物流用地成本。继续执行物流企业大宗商品仓储设施用地城镇土地使用税优惠政策，对物流企业自有大宗商品仓储设施用地减按所属土地等级适用税额标准的50%计征城镇土地使用税。

## 八、提高资金周转效率

（二十二）清理地方政府对企业的资金拖欠。按照相关要求妥善偿还地方政府拖欠的工程款。改进国企招投标、政府采购方式，合理降低企业经营期限、注册资金等资质要求。

（二十三）清理规范各类保证金。规范工程建设领域保留的投标、履约、工程质量、农民工工资四类保证金的管理。推进加工贸易银行保证金台账制度改革。建立保证金清单制度。

## 九、引导企业内部挖潜

（二十四）鼓励企业降低采购成本。在能源原材料等的采购和招标中，鼓励企业利用好国际国内两个市场、两种资源，通过集中采购、长期合同等方式，降低采购成本。

（二十五）降低企业运营成本。组织开展企业管理创新、优秀成果示范推广活动，加强经验交流。支持企业加强目标成本管理，开展重点行业成本压控专项工作，大力压降“两金”占用。引导企业通过技术改造和内部挖潜，降低能耗物耗水平和各类费用。

加强降成本政策措施宣传解读，利用好互联网新媒体等宣传渠道，并通过各级政府政务信息网、各部门门户网站等加强推广。在各部门、各地区政务公开基础上，汇总整理降成本相关政策和各类清单进行集中公开。加强对大、中、小型企业和各类所有制企业成本情况调查研究，充分听取企业意见建议，不断完善相关政策。通过国家有关部门督促检查和地方自行督查相结合的方式，推进降成本政策落实。

# 商务部办公厅　财政部办公厅关于开展供应链体系建设工作的通知（节选）

（商办流通发〔2017〕337号　2017年8月11日）

天津、辽宁、吉林、黑龙江、上海、江苏、浙江、福建、山东、河南、湖南、广东、重庆、四川、陕西省（市）商务、财政主管部门：

为贯彻《国民经济和社会发展十三五规划》及中央经济工作会议关于推进供给侧结构性改革、供应链物流链创新的精神，提高流通标准化、信息化、集约化水平，2017年商务部、财政部将在天津、上海、重庆、深圳、青岛、大连、宁波、沈阳、长春、哈尔滨、济南、郑州、苏州、福州、长沙、成都、西安市（以下称首批重点城市）开展供应链体系建设。现将有关事项通知如下。

## 一、总体思路和目标

供应链体系建设，要按照“市场主导、政策引导、聚焦链条、协同推进”原则，重点围绕物流标准化、供应链平台、重要产品追溯，打基础、促协同、推融合；从1200mm × 1000mm标准托盘和全球统一编码标识（GS1）商品条码切入，提高物流链标准化信息化水平，推动供应链各环节设施设备和信息数据的高效对接；以供应链平台为载体，推动上下游协同发展，资源整合、共享共用，促进供应链发展提质增效；以物流链为渠道，利用物联网、对象标识符（OID）等先进技术设备，推动产品从产地、集散地到销地的全链条追溯，促进追溯链与物流链融合。

围绕建设标准规格统一、追溯运行顺畅、链条衔接贯通的供应链体系，重点企业标准托盘使用率达到80%，装卸货效率提高2倍，货损率降低20%，综合物流成本降低10%；形成一批模式先进、协同性强、辐射力广的供应链平台，供应链平台交易额提高20%，供应链交易管理成本下降10%；建成并运行重要产品追溯管理平台，供应链项目支持的重点企业肉菜、中药材、乳制品等重要产品追溯覆盖率达到80%，流通标准化、信息化、集约化水平显著提升。

## 二、主要任务

供应链体系建设的首批重点城市应积极发

挥辐射带动周边的作用，形成城市间联动互动局面，提高区域供应链标准化、信息化、协同化水平，促进提质增效降本。主要任务如下。

（一）推广物流标准化，促进供应链上下游相衔接。以标准托盘及其循环共用为主线，重点在快消品、农产品、药品、电商等领域，推动物流链的单元化、标准化。一是加快标准托盘应用。鼓励使用符合国家标准 1200mm×1000mm 规格和质量要求的标准托盘，支持托盘租赁、交换（不支持用户自购）；推广“集团整体推进”“供应链协同推进”“社会化服务推进”“平台整合推进”等成熟模式，引导商贸连锁、分销批发、生产制造、第三方物流、托盘运营、平台服务等企业合作开展带托运输；推广“回购返租”模式，加速非标托盘转换。二是建立社会化托盘循环共用体系。扩大托盘循环共用规模，完善运营服务网络，由托盘向周转箱、包装等单元器具循环共用延伸；推动“物联网+托盘”平台建设，拓展“配托+配货”服务，鼓励“带托运输+共同配送”“带托运输+多式联运”；探索托盘交易、租赁、交换、回收可自由转换的市场流通机制。三是支持与标准托盘相衔接的设施设备和服务流程标准化。支持仓库、配送中心、商超、便利店等配送设施的标准化改造，以及存储、装卸、搬运、包装、分拣设备和公路货运车辆（外廓 2550mm）等标准化更新；鼓励以标准托盘和周转箱（符合 600mm×400mm 包装模数系列尺寸）为单元进行订货、计费、收发货和免验货，促进物流链全程“不倒托”“不倒箱”；推动利用配送渠道、押金制等对标准包装物进行回收使用；探索标准托盘箱替代快递三轮车箱体，以循环共用推动分拣前置、环节减少。四是支持物流链数据单元的信息标准化。支持探索基于全球统一编码标识（GS1）的托盘条码与商品条码、箱码、物流单元代码关联衔接，推动托盘、周转箱由包装单元向数据单元和数据节点发展，促进供应链和平台相关方信息数据传输交互顺畅；探索用数据单元优化生产、流通、销售管理，转化为商业价值，促进降本增效，满足不同商品的不同用户需求和服务体验。

（二）建设和完善各类供应链平台，提高供应链协同效率。以平台为核心完善供应链体系，增强供应链协同和整合能力，创新流通组织方式，提高流通集约化水平。一是建设流通与生产衔接的供应链协同平台。支持供应链核心企业建设连接个性化需求与柔性化生产的智能制造供应链协同平台，促进流通与生产的深度融合，实现大规模个性化定制，促进降本增效；支持流通企业与供应商实现系统对接，打造供应链采购协同平台，实现需求、库存和物流信息的实时共享，提高协同计划、自动预测和补货能力。二是建设资源高效整合的供应链交易平台。支持建设商品现货交易类平台，聚集供需信息，提供信息发布、支付结算、仓储物流、质量追溯等综合服务，提高资源配置效率，降低交易和物流成本；支持传统实体商品交易市场转型升级，打造线上线下融合的供应链交易平台，延伸提供物流、结算、报关等供应链服务，促进商品交易市场与产业融合发展。三是建设专业化的供应链综合服务平台。支持供应链服务型企业建设供应链综合服务平台，提供研发设计、集中采购、组织生产、物流分销、终端管理、品牌营销等供应链服务，融通物流、商流、信息流、资金流；通过平台直接服务需求终端，减少流通环节和成本，构建跨界融合、共享共生的供应链商业生态圈。四是建设供应链公共服务平台。支持有条件的地方建设供应链公共服务平台和供应链科创中心，完善供应链公共服务，提供政策咨询、信息聚集、经济预警、研发支持和人才培训等服务，加强供应链创新发展的协同监管和治理。同时，鼓励供应链核心企业牵头制定相关产品、技术、管理、数据、指标等关键共性标准，提高供应链协同和整合效率，服务于产业供应链体系。

（三）建设重要产品追溯体系，提高供应链产品质量保障能力。一是建设城市重要产品追溯管理平台。优化提升原有肉菜、中药材流通追溯管理平台，推进现有各类重要产品追溯体系统一接入重要产品追溯管理平台；应用对象标识符（OID）技术实现不同编码体系的兼容与交互，实现跨部门跨区域追溯信息的互联互通，以及与重要产品追溯管理平台实时对接；鼓励第三方追溯平台建设，建立追溯数据对接评价或认证机制；强化追溯数据分析与成果应用，增强追溯体系对供应链产品质量安全管理和问题事件应急处置能力。二是扩大供应链产品追溯覆盖范围。在完善原有肉菜、中药材追溯体系建设的基础上，进一步扩大重要产品追溯覆盖范围，提高肉菜等预包装产品的追溯覆盖率，肉类产品力争实现全覆盖；扩大节点企业覆盖面，供应链上下游企业全部纳入追溯体系；延伸追溯链条，将相关种植养殖、生产加工、仓储物流、终端消费等环节纳入追溯体系。三是支持供应链核心企业追溯系统创新升级。重点推进二维码、无线射频识别（RFID）、视频识别、区块链、GS1、对象标识符（OID）、电子结算和第三方支付等应用，推动追溯系统创新升级；推动大中型批发市场及大型商超、物流企业等开展信息化改造，鼓励商超利用GS1进行结算实现追溯功能，将产品追溯融入现有ERP系统，实现企业信息系统与追溯系统的对接；鼓励供应链核心企业线上线下融合发展，形成全渠道整合、线上线下无缝衔接的追溯网络。

## 三、财政资金重点支持方向和方式

中央服务业发展专项资金支持供应链体系建设，主要立足于弥补市场失灵，做好基础性、公共性工作，发挥中央财政资金对社会资本引导作用，支持供应链体系中薄弱环节和关键领域建设。

中央财政资金拨付地方后，有关城市应结合本地产业实际情况选择任务方向，统筹使用、加快执行，可采用以奖代补、财政补助、贷款贴息、购买服务等支持方式，完成期限为2年；同时，鼓励有条件的地区创新财政政策，支持跨区域联动项目，对在外地注册法人但在本地有实体的非法人机构，及在本地注册法人但在周边地区建设实体的机构，可在本地申报项目，促进辐射带动周边地区。各地要严格加强资金管理，中央财政资金不得用于楼堂馆所等建设和工作经费；不得支持有金融风险、发展模式不成熟的平台。

## 四、有关要求

（一）加强组织领导。省级主管部门要高度重视供应链体系建设工作，加强对实施城市的对口业务指导和工作检查，严格奖惩，及时上报工作进度，建设完成后要对城市进行绩效评价。实施城市是供应链体系建设的责任主体，要加强顶层设计，建立工作协调机制，科学编制方案，完善管理制度和配套政策，明确责任分工和时间节点，保证工作顺利开展。

（二）尽快编报方案。省级主管部门，应

及时指导有关城市编报供应链体系建设方案，城市可结合实际情况，自主选择实施方向（物流标准化、供应链平台、重要产品追溯）。未完成商务部肉菜、中药材流通追溯试点任务的地区，不得申报新的追溯体系建设项目。方案编制应立足辐射带动周边地区，围绕促进供应链标准化、信息化、协同化，实现提质增效降本目标，做到思路清晰、目标明确、措施有效、责任明确、数字翔实，具体应包含：工作基础、思路目标、任务内容、资金安排、组织实施、管理要求、时间安排及责任人、保障措施。

（三）规范管理项目。城市主管部门要制定项目与资金管理规定，严格组织实施，对项目要统一申报、统一评审、统一验收，规范程序手续，不搞资金拆分，分管责任处室要抓好分类指导、过程检查，做到项目建设与模式推广、效益效果并重。项目承担企业应签订“供应链体系建设项目责任承诺书”，建立工作进度档案，优先鼓励供应链核心企业申报融合多方向的综合性项目以及供应链合作企业联合申报协同性较强的项目。

（四）加强资金监管。有关省市财政部门要按照《财政部关于印发〈中央财政服务业发展专项资金管理办法〉的通知》（财建〔2015〕256号）要求，加强资金管理，专款专用，专账核算。

（五）夯实工作基础。鼓励发挥行业协会、联盟机构优势作用，制定并推广团体标准；加强业务培训和标准宣贯，开展相关统计分析，监测效益、成本等指标，反映工作成效；总结推广机制创新、政策创新、模式创新等经验成果，加大典型案例宣传和推广力度。

# 交通运输部关于加快发展冷链物流保障食品安全促进消费升级的实施意见

（交运发〔2017〕127号　2017年8月22日）

各省、自治区、直辖市、新疆生产建设兵团交通运输厅（局、委），部属各单位，部内各司局：

促进冷链物流规范健康发展，对于提高人民群众生活品质，保障食品药品流通安全具有重要意义。交通运输是冷链物流的基础环节和重要载体，在支撑冷链物流发展中发挥着主体作用。目前，我国冷链物流运输环节“断链”现象较为普遍，运输装备技术水平低、行业监管不足、标准规范执行不到位，影响了冷链物流整体服务品质和安全保障能力。为深入贯彻落实《国务院办公厅关于加快发展冷链物流保障食品安全促进消费升级的意见》（国办发〔2017〕29号）相关要求，推动物流业供给侧结构性改革，加快促进冷链物流健康规范发展，保障鲜活农产品和食品流通安全，支撑产业转型发展和居民消费升级，制定本实施意见。

## 一、总体要求

贯彻落实国务院关于加快发展冷链物流的总体部署和要求，以满足全社会冷链物流需求、提升冷链物流服务品质、保障食品流通安全为目标导向，坚持市场主导、问题导向、创新驱动、协同发展，深入推进物流供给侧结构性改革，充分发挥交通运输在冷链物流发展中的基础性作用，着力提升设施设备技术水平、健全全程温控体系、优化运输组织模式、强化企业运营监管，力争到2020年，初步形成全程温控、标准规范、运行高效、安全绿色的冷链物流服务体系，“断链”问题基本解决，全面提升冷链物流服务品质，有效保障食品流通安全。

## 二、加快完善冷链物流设施设备

1. 严格冷藏保温车辆的市场准入和退出。制定发布《营运货车安全技术条件》行业标准，将冷藏保温车辆作为专用货运车辆加强管理，并将温度监控设备性能要求作为冷藏保温车辆投入运营的基本条件。对于不符合相关标准要求的，不允许投入冷链物流市场。引导高耗能、低效率、不合规的冷藏保温车加快退出市场。

2. 严格冷藏保温车辆使用过程管理。做好冷藏保温车辆的年度审验，制定发布《冷藏保温车辆温度记录与监控设备性能要求和检测方法》《冷藏保温车辆分类及技术要求》等行业标准，明确对冷藏保温车辆及其温控、制冷设备等的性能要求和检验方法，并纳入营运车辆综合性能检验，确保温控、制冷设备性能合格。

3. 提升冷链物流装备专业化水平。鼓励多温层冷藏车、冷藏集装箱、冷藏厢式半挂车、低温保温容器等标准化运载单元以及轻量化、新能源等节能环保冷藏保温车型在冷链物流中推广使用，提高冷链物流装备的专业化、标准化、轻量化水平。完善冷藏集装箱供需体系，建立跨运输方式的冷藏集装箱循环共享共用系统，提高冷藏集装箱的利用效率。

4. 加强冷链物流基础设施建设。加快建设具有仓储、集配、运输等功能于一体的公共服务型冷链物流园区，加快面向农产品生产基地，特别是中西部农产品规模较大地区的冷链物流园区建设。引导货运枢纽（物流园区）完善冷链物流服务功能，合理规划园区内冷藏库、恒温库、冷冻库等设施的布局，支持标准化冷库、封闭低温装卸货台、温控理货区建设，促进制冷、温控、装卸、分拣包装等先进设备的推广应用。加快农村冷链物流网络体系建设，完善“最先一公里”产地预冷设施。

## 三、鼓励冷链物流企业创新发展

5. 引导传统冷链物流企业转型升级。鼓励传统冷链物流企业扩大经营规模和服务范围，拓展经营网络，创新服务产品，引导单一运输服务向定制化、个性化增值服务转型，提升冷链物流服务品质。鼓励有条件的冷链物流企业延伸服务链条，加强与农产品生产、生鲜食品加工、商贸流通企业在订单管理、仓储管理、物流配送、温度监控等方面的协同对接，推动冷链物流企业向综合物流服务商转型发展，提高冷链物流企业供应链服务水平。

6. 创新企业运营组织模式。依托多式联运示范工程，鼓励冷链物流企业发展“海运+冷藏班列”海铁联运、“中欧冷藏班列”公铁联运、公水联运、空陆联运等多式联运新模式。加强多式联运冷藏设施设备在技术标准、信息资源、服务规范、作业流程等方面的有效对接，引导冷链物流企业提供全程一站式服务。支持冷链物流企业依托移动互联网等信息技术从事无车、无船承运业务，鼓励企业根据冷链产品消费需求特点，创新运营组织模式，发展甩挂运输、共同配送等先进运输组织方式，提高冷链物流运作效率。

7. 鼓励企业联盟发展。按照“优势互补、资源共享、互信共赢”的原则，鼓励不同类型的企业以资本、产品、信息为纽带，建立冷链物流联盟，加强合作，实现资源整合，促进集约化、规模化发展，提升市场集中度，扭转市场主体过散、过弱的局面，提高企业竞争力和市场抗风险能力。

## 四、提升冷链物流信息化水平

8. 构建冷链物流温度监控系统。鼓励冷链物流企业自建或委托第三方机构建设冷链物流设施设备的远程监控系统，对冷藏保温库、冷藏保温车辆、冷藏集装箱内的温度进行实时监测记录，及时处置温度异常等情况，确保冷链物流运输环节温度控制“不断链”。

9. 促进冷链物流信息互联共享。冷链物流企业应加强物流管理信息系统建设，为收发货人提供全程定位跟踪和温度监控服务，推进冷链上下游企业信息共享，实现订单处理、运输仓储、城市配送、结算等业务环节的有效对接，促进资源优化调度和业务协同。

## 五、提高行业监管水平

10. 强化对冷链物流运输环节温度监控的监管。建立对冷链物流企业温度监控记录的抽检抽查制度，对温控记录、运单数据进行核查比对，作为政府行业监管和企业信用评价的依据。充分发挥社会监督力量，引导形成运输企业和收发货人在货物交付、装卸、运输等环节的温度记录查验机制。

11. 开展冷链物流企业服务和信用评价。制定发布《道路冷链运输服务规则》，引导企业建立完善以温度控制为核心的冷链物流操作规程，建立健全冷链物流服务质量和信用评价体系。开展冷链物流企业信用信息共享，建立与相关部门的企业信用信息联动共享机制，对冷链物流企业信用评价结果进行公示和联合惩戒。

## 六、健全完善相关政策

12. 优化城市配送冷藏保温车辆通行管理。研究开展城市冷链配送需求量调查预测及冷藏保温车辆标识化管理工作，为科学配置冷链物流资源提供依据。城市交通运输主管部门应积极协调公安部门，调整完善城市配送冷藏保温车辆通行管理制度，合理规划冷链配送停靠装卸设施，推动实现配送车辆便利通行。

13. 降低冷链物流通行成本。继续执行鲜活农产品运输“绿色通道”政策，引导企业按照相关规定运输鲜活农产品，确保冷链物流企业运输鲜活农产品依法享受“绿色通道”政策。

## 七、保障措施

14. 加强部门协同协作。健全完善部门协同机制，利用信息技术手段建立行业监管的联动机制，规范冷链物流企业经营行为。在冷链物流用地、融资、税收、保险、通行等问题加强协调配合，不断优化政策环境，形成推进冷链物流发展的合力。

15. 注重冷链物流人才培养。鼓励高校、科研机构与国内外著名企业联合建立冷链物流综合培训和试验基地，加强冷链物流学科及研发中心建设，提高冷链物流管理和操作人员知识水平和专业技能。

16. 发挥行业协会作用。充分发挥行业协会在标准制修订、服务质量认证、产品标识化管理、政策建议、交流合作、资质评定和人才培训等方面的积极作用，规范冷链物流企业经营行为，推动行业自律。

# 国家发展改革委 人民银行 交通运输部 中央编办 中央文明办 公安部 财政部 人力资源社会保障部 国土资源部 国资委 海关总署 税务总局 工商总局 质检总局 银监会 证监会 保监会 国家铁路局 中国民航局 国家邮政局 印发《关于对运输物流行业严重违法失信市场主体及其有关人员实施联合惩戒的合作备忘录》的通知

（发改运行〔2017〕1553 号 2017 年 8 月 24 日）

各省、自治区、直辖市有关部门、机构：

为深入贯彻党的十八大和十八届三中、四中、五中、六中全会精神，落实党中央、国务院关于社会信用体系建设的系列部署，根据《国务院关于建立完善守信联合激励和失信联合惩戒制度加快推进社会诚信建设的指导意见》（国发〔2016〕33 号）要求，建立多部门联合惩戒机制，加快推进运输物流行业信用体系建设，国家发展改革委、人民银行、交通运输部、中央编办、中央文明办、公安部、财政部、人力资源和社会保障部、国土资源部、国务院国资委、海关总署、税务总局、工商总局、质检总局、银监会、证监会、保监会、国家铁路局、中国民航局、国家邮政局联合签署了《关于对运输物流行业严重违法失信市场主体及其有关人员实施联合惩戒的合作备忘录》。现印发给你们，请认真贯彻执行。

## 关于对运输物流行业严重违法失信市场主体及其有关人员实施联合惩戒的合作备忘录

为深入贯彻党的十八大和十八届三中、四中、五中、六中全会精神，落实《国务院关于印发社会信用体系建设规划纲要（2014—2020年）的通知》（国发〔2014〕21 号）、《国务院关于建立完善守信联合激励和失信联合惩戒制度加快推进社会诚信建设的指导意见》（国发〔2016〕33 号）等有关要求，健全跨部门失信联合惩戒机制，推进运输物流行业信用体系建设，国家发展改革委、人民银行、交通运输部、中央编办、中央文明办、公安部、财政部、人力资源和社会保障部、国土资源部、国务院国资委、海关总署、税务总局、工商总局、质检总局、银监会、证监会、保监会、国家铁路局、中国民航局、国家邮政局等部门和单位，就运输物流行业严重违法失信市场主体及其有关人员（以下简称“失信主体”）实施联合惩戒，达成如下一致意见。

## 一、联合惩戒的对象

联合惩戒对象为违反运输物流行业相关法律、法规、规章及规范性文件规定，违背诚实守信原则，经政府行政管理部门认定存在严重违法失信行为并被列入运输物流行业“黑名单”的市场主体及负有直接责任的法定代表人、企业负责人、挂靠货车实际所有人及相关人员。本备忘录所指的运输物流行业市场主体为从事运输、仓储、配送、代理、包装、流通加工、快递、信息服务等物流相关业务的企业和个体工商户。

## 二、联合惩戒的措施

除对失信主体依法依规予以处罚外，各相关部门还依照有关规定，对联合惩戒对象采取下列一种或多种惩戒措施（相关依据和实施部门见附录）。

（一）准入和支持方面的惩戒措施。

1. 对失信主体申请从事道路、铁路、水路、民航运输和站场（港口、机场）经营业务，在班线和航线审批、经营许可等方面依法实行限制性管理措施。

2. 对失信主体申请从事寄递物流业务，在经营许可方面依法实行限制性管理措施。

3. 对失信主体申请城市货运车辆通行证予以限制。

4. 对失信主体作为供应商参加政府采购活动依法予以限制。

5. 对失信主体参与工程等招投标依法予以限制。

6. 对失信主体在取得政府供应土地方面依法予以限制。

7. 在财政补贴资金安排过程中，将失信信息作为审核的重要参考。

8. 对失信主体在申请取得认证机构资质、获得认证证书方面予以限制。

（二）监管方面的惩戒措施。

9. 将失信主体的信用状况作为税务部门评价其纳税信用级别的重要参考。

10. 对失信主体申请适用海关认证企业管理的，不予通过认证；对已经成为认证企业的，按照规定下调企业信用等级。

11. 在失信主体办理通关等海关业务时，对其进出口货物实施严密监管，加强单证审核、布控查验或后续稽查。

12. 将失信主体的信用状况作为进出口检验检疫监管的重要参考。

（三）金融方面的惩戒措施。

13. 将失信状况作为金融机构融资授信时的审慎性参考。

14. 将失信信息作为公开发行公司债券核准的重要参考。对失信主体发行企业债券从严审核；在银行间市场发行非金融企业债务融资工具限制注册，并按照注册发行有关工作要求，强化信息披露，加强投资者保护机制管理，防范有关风险。

15. 将失信信息作为股票发行审核及在全国中小企业股份转让系统公开转让审核的参考。

16. 在上市公司或者非上市公众公司收购

的事中事后监管中，对失信主体予以关注。

17. 在境内上市公司实行股权激励计划或相关人员成为股权激励对象事中事后监管中，对失信主体予以关注。

18. 在审批证券公司、基金管理公司、期货公司的设立、私募基金管理人登记及变更持有5%以上股权的股东、实际控制人时，将其失信信息作为审批的参考。

19. 将失信状况作为保险公司核定保险费率的重要参考。

（四）从业资格方面的惩戒措施。

20. 对失信主体担任国有企业法定代表人、董事、监事依法予以限制。

21. 对失信主体登记为事业单位法定代表人依法予以限制。

22. 对失信主体招录（聘）为公务员或事业单位工作人员依法予以限制。

23. 对严重失信的自然人，依法限制其担任上市公司、债券公司、基金管理公司、期货公司的董事、监事和高级管理人员等，对其证券、基金、期货从业资格申请予以从严审核，对已成为证券、基金、期货从业人员的相关主体予以关注。

24. 对失信主体担任保险公司的董事、监事、高级管理人员依法予以限制。

（五）社会形象方面的惩戒措施。

25. 通过“信用中国”“信用交通”等网站和国家企业信用信息公示系统依法向社会公布失信主体信息。

26. 对失信主体参评文明单位、道德模范依法予以限制。

27. 行业协会商会对会员失信行为进行警告、通报批评、公开谴责等。

## 三、联合惩戒的实施方式

（一）国家发展改革委通过全国信用信息共享平台定期向参与失信联合惩戒的部门和单位提供运输物流行业严重违法失信“黑名单”。相关部门根据本备忘录约定的内容对“黑名单”中的失信主体实施惩戒。

（二）逐步建立惩戒效果定期通报机制，有条件的部门定期将联合惩戒实施情况通过全国信用信息共享平台共享。

（三）涉及地方事权的，由签署部门和单位将“黑名单”推送给地方相关部门，地方部门按照本备忘录内容实施联合惩戒。

## 四、联合惩戒的动态管理

有关部门按照职责分别对运输物流行业严重违法失信“黑名单”进行动态管理，及时更新相关信息，并定期推送至国家发展改革委。同时，将相关信息在全国信用信息共享平台及时更新，并开放平台授权供部门共享使用。对于从“黑名单”中移除的市场主体及其有关人员，相关部门应及时停止实施联合惩戒措施。

## 五、其他事宜

各部门应密切协作，积极落实本备忘录，制定运输物流行业严重违法失信市场主体及其有关人员信用信息使用、管理、监督的相关实施细则和操作流程，指导本系统各级单位依法依规实施联合惩戒措施。

本备忘录实施过程中出现的问题，由国家发展改革委组织协商解决。

本备忘录签署后，各项惩戒措施依据的法

律、法规、规章及规范性文件有修改或调整的，以修改后的为准。

附录：1. 惩戒措施法律及政策依据

2. 物流服务平台加强信用建设实施联合惩戒备忘录

**附录1：**

**惩戒措施法律及政策依据**

| 惩戒措施 | 法律及政策依据 | 实施部门 |
| --- | --- | --- |
| 1. 对失信主体申请从事道路、铁路、水路、民航运输和站场（港口、机场）经营业务的，在班线和航线审批、经营许可等方面依法实行限制性管理措施 | 1.《中华人民共和国道路运输条例》<br>第三条　从事道路运输经营以及道路运输相关业务，应当依法经营，诚实信用，公平竞争。<br>第二十一条　申请从事货运经营的，应当具备下列条件：（一）有与其经营业务相适应并经检测合格的车辆；（二）有符合本条例第二十二条规定条件的驾驶人员；（三）有健全的安全管理制度。<br>2.《国务院关于促进市场公平竞争维护市场正常秩序的若干意见》<br>（十五）建立健全守信激励和失信惩戒机制。……对守信主体予以支持和激励，对失信主体在经营、投融资、取得政府供应土地、进出口、出入境、注册新公司、工程招投标、政府采购、获得荣誉、安全许可、生产许可、从业任职资格、资质审核等方面依法予以限制或禁止，对严重违法失信主体实行市场禁入制度。<br>3.《国务院关于加强道路交通安全工作的意见》<br>（二十五）加大事故责任追究力度。……对发生重大及以上或者6个月内发生两起较大及以上责任事故的道路运输企业，依法责令停业整顿；停业整顿后符合安全生产条件的，准予恢复运营，但客运企业3年内不得新增客运班线，旅游企业3年内不得新增旅游车辆；……<br>4.《交通运输部　工业和信息化部　公安部　工商总局　质检总局　关于进一步做好货车非法改装和超限超载治理工作的意见》<br>（五）加强营运车辆准入管理和综合性能检测。各地道路运输管理机构严格执行《道路运输车辆技术管理规定》，严把营运车辆技术关，对不符合相关标准规定的车辆，不得允许进入道路运输市场。加强在用货车营运资质清理，规范普通货物、大件货物和危险货物营运资质分类许可。禁止大件运输专用车辆从事普通货物运输。…… | 交通运输部、国家铁路局、中国民航局 |

续　表

| 惩戒措施 | 法律及政策依据 | 实施部门 |
| --- | --- | --- |
| 1. 对失信主体申请从事道路、铁路、水路、民航运输和站场（港口、机场）经营业务的，在班线和航线审批、经营许可等方面依法实行限制性管理措施 | 5.《道路旅客运输及客运站管理规定》<br>第四条　……道路客运及客运站经营者应当依法经营，诚实信用，公平竞争，优质服务。<br>第五条　国家实行道路客运企业等级评定制度和质量信誉考核制度，鼓励道路客运经营者实行规模化、集约化、公司化经营，禁止挂靠经营。<br>6.《道路货物运输及站场管理规定》<br>第三条　道路货物运输和货运站经营者应当依法经营，诚实信用，公平竞争。<br>7.《铁路运输企业准入许可办法》<br>第七条　……在最近 2 年内因生产安全事故受到行政处分的，不得担任铁路运输相关业务的负责人和专业技术管理的负责人。<br>第二十六条　申请企业隐瞒有关情况或者提供虚假材料申请铁路运输许可的，国家铁路局不予受理或者不予许可，并给予警告，申请企业在 1 年内不得再次申请铁路运输许可。<br>第二十七条　……被许可企业以欺骗、贿赂等不正当手段取得行政许可的，应当予以撤销，申请企业在 3 年内不得再次申请铁路运输许可。<br>8.《国内水路运输管理条例》<br>第五条　经营水路运输及其辅助业务，应当遵守法律、法规，诚实守信。<br>国务院交通运输主管部门依法对水路运输市场实施监督管理，对水路运输及其辅助业务的违法经营活动实施处罚，并建立经营者诚信管理制度，及时向社会公告监督检查情况 | 交通运输部、国家铁路局、中国民航局 |
| 2. 对失信主体申请从事寄递物流业务的，在经营许可方面依法实行限制性管理措施 | 1.《快递市场管理办法》<br>第四条　经营快递业务的企业应当依法经营，诚实守信，公平竞争，为用户提供迅速、准确、安全、方便的快递服务。<br>第九条　国家对快递业务实行经营许可制度。经营快递业务，应当依照《中华人民共和国邮政法》的规定，向邮政管理部门提出申请，取得快递业务经营许可；未经许可，任何单位和个人不得经营快递业务。<br>第十条　邮政管理部门根据企业的服务能力审核经营许可的业务范围和地域范围，对符合规定条件的，发放快递业务经营许可证，并注明经营许可的业务范围和地域范围。 | 国家邮政局 |

续 表

| 惩戒措施 | 法律及政策依据 | 实施部门 |
|---|---|---|
| 2. 对失信主体申请从事寄递物流业务的，在经营许可方面依法实行限制性管理措施 | 2.《关于全面加强电子商务领域诚信建设的指导意见》<br>（九）建立事前信用承诺制度。全面建立市场主体事前信用承诺制度，推动电子商务平台、入驻商家、个人卖家、物流企业等提供商品销售和服务的市场主体就遵纪守法、信息真实性、产品质量、服务保证、承担的责任与义务等情况作出信用承诺，以规范格式向社会公开，并承诺违法失信后将自愿接受约束和惩戒。信用承诺事项纳入市场主体信用档案，接受社会监督，并作为事中事后监管的参考 | 国家邮政局 |
| 3. 对失信主体申请城市货运车辆通行证予以限制 | 《交通运输部　公安部　商务部关于加强城市配送运输与车辆通行管理工作的通知》<br>五、优化城市配送车辆通行管理措施<br>……对于配送车辆在行驶时间和区域方面采取限制和禁止通行措施的城市，城市公安机关交通管理部门应当会同交通运输主管部门，按照保证需求、便利通行、分类管理、适度调控的原则，结合城市配送运力调控计划，加快建立公开、公平、公正、择优的配送车辆通行调控机制，制定出台保障配送车辆通行便利的管理政策。在实施配送车辆通行管理中，对从事生活必需品配送的企业、从事鲜活农产品和冷藏保鲜产品配送的企业、使用新能源和清洁能源车辆从事配送业务的企业、开展共同（集中）配送的企业、服务质量信誉考核为 AAA 级的企业以及规模较大的网络型零担运输和快递企业、自有大型配送中心的运输企业，可优先考虑给予其通行便利 | 地方公安机关 |
| 4. 对失信主体作为供应商参加政府采购活动依法予以限制 | 1.《国务院关于促进市场公平竞争维护市场正常秩序的若干意见》<br>（十五）建立健全守信激励和失信惩戒机制。……对守信主体予以支持和激励，对失信主体在经营、投融资、取得政府供应土地、进出口、出入境、注册新公司、工程招投标、政府采购、获得荣誉、安全许可、生产许可、从业任职资格、资质审核等方面依法予以限制或禁止，对严重违法失信主体实行市场禁入制度。 | 财政部 |

续 表

| 惩戒措施 | 法律及政策依据 | 实施部门 |
| --- | --- | --- |
| 4. 对失信主体作为供应商参加政府采购活动依法予以限制 | 2.《国务院办公厅关于运用大数据加强对市场主体服务和监管的若干意见》<br>（十三）建立健全失信联合惩戒机制。……充分发挥行政、司法、金融、社会等领域的综合监管效能，在市场准入、行政审批、资质认定、享受财政补贴和税收优惠政策、企业法定代表人和负责人任职资格审查、政府采购、政府购买服务、银行信贷、招标投标、国有土地出让、企业上市、货物通关、税收征缴、社保缴费、外汇管理、劳动用工、价格制定、电子商务、产品质量、食品药品安全、消费品安全、知识产权、环境保护、治安管理、人口管理、出入境管理、授予荣誉称号等方面，建立跨部门联动响应和失信约束机制，对违法失信主体依法予以限制或禁入。建立各行业“黑名单”制度和市场退出机制。推动将申请人良好的信用状况作为各类行政许可的必备条件。<br>3.《中华人民共和国政府采购法》<br>第二十二条　供应商参加政府采购活动应当具备下列条件：……（2）具有良好的商业信誉和健全的财务会计制度；……（5）参加政府采购活动前三年内，在经营活动中没有重大违法记录。……<br>4.《国务院关于印发社会信用体系建设规划纲要（2014—2020年）的通知》<br>第二部分　推进重点领域诚信建设<br>（二）深入推进商务诚信建设。……<br>政府采购领域信用建设。……制定供应商、评审专家、政府采购代理机构以及相关从业人员的信用记录标准。依法建立政府采购供应商不良行为记录名单，对列入不良行为记录名单的供应商，在一定期限内禁止参加政府采购活动。完善政府采购市场的准入和退出机制，充分利用工商、税务、金融、检察等其他部门提供的信用信息，加强对政府采购当事人和相关人员的信用管理。…… | 财政部 |

续　表

| 惩戒措施 | 法律及政策依据 | 实施部门 |
| --- | --- | --- |
| 5. 对失信主体参与工程等招投标依法予以限制 | 1.《国务院关于印发社会信用体系建设规划纲要（2014—2020年）的通知》<br>第二部分　推进重点领域诚信建设<br>（二）深入推进商务诚信建设。……<br>招标投标领域信用建设。扩大招标投标信用信息公开和共享范围，建立涵盖招标投标情况的信用评价指标和评价标准体系，健全招标投标信用信息公开和共享制度。进一步贯彻落实招标投标违法行为记录公告制度，推动完善奖惩联动机制。依托电子招标投标系统及其公共服务平台，实现招标投标和合同履行等信用信息的互联互通、实时交换和整合共享。鼓励市场主体运用基本信用信息和第三方信用评价结果，并将其作为投标人资格审查、评标、定标和合同签订的重要依据。<br>2.《国务院办公厅关于运用大数据加强对市场主体服务和监管的若干意见》<br>（十三）建立健全失信联合惩戒机制。各级人民政府应将使用信用信息和信用报告嵌入行政管理和公共服务的各领域、各环节，作为必要条件或重要参考依据。充分发挥行政、司法、金融、社会等领域的综合监管效能，在市场准入、行政审批、资质认定、享受财政补贴和税收优惠政策、企业法定代表人和负责人任职资格审查、政府采购、政府购买服务、银行信贷、招标投标、国有土地出让、企业上市、货物通关、税收征缴、社保缴费、外汇管理、劳动用工、价格制定、电子商务、产品质量、食品药品安全、消费品安全、知识产权、环境保护、治安管理、人口管理、出入境管理、授予荣誉称号等方面，建立跨部门联动响应和失信约束机制，对违法失信主体依法予以限制或禁入。建立各行业“黑名单”制度和市场退出机制。推动将申请人良好的信用状况作为各类行政许可的必备条件。<br>3.《工程建设项目施工招标投标办法》<br>第二十条　资格审查应主要审查潜在投标人或者投标人是否符合下列条件：（一）具有独立订立合同的权利；（二）具有履行合同的能力，包括专业、技术资格和能力，资金、设备和其他物质设施状况，管理能力，经验、信誉和相应的从业人员；（三）没有处于被责令停业，投标资格被取消，财产被接管、冻结，破产状态；（四）在最近三年内没有骗取中标和严重违约及重大工程质量问题；…… | 国家发展改革委、交通运输部、国家铁路局、中国民航局 |

续 表

| 惩戒措施 | 法律及政策依据 | 实施部门 |
| --- | --- | --- |
| 6. 对失信主体在取得政府供应土地方面依法予以限制 | 1.《国务院关于促进市场公平竞争维护市场正常秩序的若干意见》<br>（十五）建立健全守信激励和失信惩戒机制。……对守信主体予以支持和激励，对失信主体在经营、投融资、取得政府供应土地、进出口、出入境、注册新公司、工程招投标、政府采购、获得荣誉、安全许可、生产许可、从业任职资格、资质审核等方面依法予以限制或禁止，对严重违法失信主体实行市场禁入制度。<br>2.《国务院办公厅关于运用大数据加强对市场主体服务和监管的若干意见》<br>（十三）建立健全失信联合惩戒机制。……充分发挥行政、司法、金融、社会等领域的综合监管效能，在市场准入、行政审批、资质认定、享受财政补贴和税收优惠政策、企业法定代表人和负责人任职资格审查、政府采购、政府购买服务、银行信贷、招标投标、国有土地出让、企业上市、货物通关、税收征缴、社保缴费、外汇管理、劳动用工、价格制定、电子商务、产品质量、食品药品安全、消费品安全、知识产权、环境保护、治安管理、人口管理、出入境管理、授予荣誉称号等方面，建立跨部门联动响应和失信约束机制，对违法失信主体依法予以限制或禁入。建立各行业“黑名单”制度和市场退出机制。推动将申请人良好的信用状况作为各类行政许可的必备条件。<br>3.《企业信息公示暂行条例》<br>第十八条　县级以上地方人民政府及其有关部门应当建立健全信用约束机制，在政府采购、工程招投标、国有土地出让、授予荣誉称号等工作中，将企业信息作为重要考量因素，对被列入经营异常名录或者严重违法企业名单的企业依法予以限制或者禁入 | 国土资源部 |

续 表

| 惩戒措施 | 法律及政策依据 | 实施部门 |
| --- | --- | --- |
| 7. 在财政补贴资金安排过程中，将失信信息作为审核的重要参考 | 1.《国务院办公厅关于运用大数据加强对市场主体服务和监管的若干意见》<br>（十三）建立健全失信联合惩戒机制。……充分发挥行政、司法、金融、社会等领域的综合监管效能，在市场准入、行政审批、资质认定、享受财政补贴和税收优惠政策、企业法定代表人和负责人任职资格审查、政府采购、政府购买服务、银行信贷、招标投标、国有土地出让、企业上市、货物通关、税收征缴、社保缴费、外汇管理、劳动用工、价格制定、电子商务、产品质量、食品药品安全、消费品安全、知识产权、环境保护、治安管理、人口管理、出入境管理、授予荣誉称号等方面，建立跨部门联动响应和失信约束机制，对违法失信主体依法予以限制或禁入。建立各行业“黑名单”制度和市场退出机制。推动将申请人良好的信用状况作为各类行政许可的必备条件。<br>2.《国务院关于建立完善守信联合激励和失信联合惩戒制度加快推进社会诚信建设的指导意见》<br>（十）依法依规加强对失信行为的行政性约束和惩戒。对严重失信主体，各地区、各有关部门应将其列为重点监管对象，依法依规采取行政性约束和惩戒措施。……严格限制申请财政性资金项目，限制参与有关公共资源交易活动，限制参与基础设施和公用事业特许经营。<br>…… | 国家发展改革委、财政部、人力资源社会保障部、交通运输部、国务院国资委等相关部门 |

续 表

| 惩戒措施 | 法律及政策依据 | 实施部门 |
| --- | --- | --- |
| 8. 对失信主体在申请取得认证机构资质、获得认证证书方面依法予以限制 | 1.《国务院关于印发社会信用体系建设规划纲要（2014—2020年）的通知》<br>第二部分 推进重点领域诚信建设<br>（一）加快推进政务诚信建设。<br>……发挥政府诚信建设示范作用。各级人民政府首先要加强自身诚信建设，以政府的诚信施政，带动全社会诚信意识的树立和诚信水平的提高。在行政许可、政府采购、招标投标、劳动就业、社会保障、科研管理、干部选拔任用和管理监督、申请政府资金支持等领域，率先使用信用信息和信用产品，培育信用服务市场发展。……<br>（二）深入推进商务诚信建设。<br>……中介服务业信用建设。建立完善中介服务机构及其从业人员的信用记录和披露制度，并作为市场行政执法部门实施信用分类管理的重要依据。重点加强公证仲裁类、律师类、会计类、担保类、鉴证类、检验检测类、评估类、认证类、代理类、经纪类、职业介绍类、咨询类、交易类等机构信用分类管理，探索建立科学合理的评估指标体系、评估制度和工作机制。……<br>2.《国务院关于促进市场公平竞争维护市场正常秩序的若干意见》<br>（十五）建立健全守信激励和失信惩戒机制。……对守信主体予以支持和激励，对失信主体在经营、投融资、取得政府供应土地、进出口、出入境、注册新公司、工程招投标、政府采购、获得荣誉、安全许可、生产许可、从业任职资格、资质审核等方面依法予以限制或禁止，对严重违法失信主体实行市场禁入制度。<br>3.《中华人民共和国认证认可条例》<br>第六条 认证认可活动应当遵循客观独立、公开公正、诚实信用的原则 | 质检总局 |

续　表

| 惩戒措施 | 法律及政策依据 | 实施部门 |
| --- | --- | --- |
| 9. 将失信主体的信用状况作为税务部门评价其纳税信用级别的重要参考 | 《国家税务总局关于发布〈纳税信用管理办法（试行）〉的公告》<br>第十条　纳税信用信息包括纳税人信用历史信息、税务内部信息、外部信息。……外部信息包括外部参考信息和外部评价信息。外部参考信息包括评价年度相关部门评定的优良信用记录和不良信用记录；外部评价信息是指从相关部门取得的影响纳税人纳税信用评价的指标信息。<br>第十四条　本办法第十条第四款外部信息主要通过税务管理系统、国家统一信用信息平台、相关部门官方网站、新闻媒体或者媒介等渠道采集。通过新闻媒体或者媒介采集的信息应核实后使用。<br>第十五条　纳税信用评价采取年度评价指标得分和直接判级方式。评价指标包括税务内部信息和外部评价信息。……<br>第十八条　纳税信用级别设 A、B、C、D 四级。A 级纳税信用为年度评价指标得分 90 分以上的；B 级纳税信用为年度评价指标得分 70 分以上不满 90 分的；C 级纳税信用为年度评价指标得分 40 分以上不满 70 分的；D 级纳税信用为年度评价指标得分不满 40 分或者直接判级确定的 | 税务总局 |
| 10. 对失信主体申请适用海关认证企业管理的，不予通过认证；对已经成为认证企业的，按照规定下调企业信用等级 | 1.《国务院关于促进市场公平竞争维护市场正常秩序的若干意见》<br>（十五）建立健全守信激励和失信惩戒机制。……对守信主体予以支持和激励，对失信主体在经营、投融资、取得政府供应土地、进出口、出入境、注册新公司、工程招投标、政府采购、获得荣誉、安全许可、生产许可、从业任职资格、资质审核等方面依法予以限制或禁止，对严重违法失信主体实行市场禁入制度。<br>2.《关于公布〈海关认证企业标准〉的公告》<br>《海关认证企业标准（一般认证）》认证标准第（九）项<br>未有不良外部信用：企业或者其企业法定代表人（负责人）、负责关务的高级管理人员、财务负责人连续 1 年在工商、商务、税务、银行、外汇、检验检疫、公安、检察院、法院等部门未被列入经营异常名录、失信企业或者人员名单、黑名单企业、人员。<br>《海关认证企业标准（高级认证）》认证标准第（九）项<br>未有不良外部信用：企业或者其法定代表人（负责人）、负责关务的高级管理人员、财务负责人连续 1 年在工商、商务、税务、银行、外汇、检验检疫、公安、检察院、法院等部门未被列入经营异常名录、失信企业或者人员名单、黑名单企业、人员 | 海关总署 |

续　表

| 惩戒措施 | 法律及政策依据 | 实施部门 |
| --- | --- | --- |
| 11. 在失信主体办理通关等海关业务时，对其进出口货物实施严密监管，加强单证审核、布控查验或后续稽查 | 《中华人民共和国海关企业信用管理暂行办法》<br>第三条　海关根据企业信用状况将企业认定为认证企业、一般信用企业和失信企业，按照诚信守法便利、失信违法惩戒原则，分别适用相应的管理措施 | 海关总署 |
| 12. 将失信主体的信用状况作为进出口检验检疫监管的重要参考 | 1.《国务院关于促进市场公平竞争维护市场正常秩序的若干意见》<br>（十五）建立健全守信激励和失信惩戒机制。将市场主体的信用信息作为实施行政管理的重要参考。……对守信主体予以支持和激励，对失信主体在经营、投融资、取得政府供应土地、进出口、出入境、注册新公司、工程招投标、政府采购、获得荣誉、安全许可、生产许可、从业任职资格、资质审核等方面依法予以限制或禁止，对严重违法失信主体实行市场禁入制度。<br>2.《出入境检验检疫企业信用管理办法》<br>第二十三条　检验检疫机构按"守信便利，失信惩戒"的原则，将企业信用等级作为开展检验检疫监督管理工作的基础，对不同信用等级的企业分别实施相应的检验检疫监管措施。……<br>第二十四条　检验检疫机构可针对不同的信用等级制定和完善符合实际管理需要的监管措施 | 质检总局 |
| 13. 将失信状况作为金融机构融资授信时的审慎性参考 | 1.《国务院关于促进市场公平竞争维护市场正常秩序的若干意见》<br>（十五）建立健全守信激励和失信惩戒机制。……对守信主体予以支持和激励，对失信主体在经营、投融资、取得政府供应土地、进出口、出入境、注册新公司、工程招投标、政府采购、获得荣誉、安全许可、生产许可、从业任职资格、资质审核等方面依法予以限制或禁止，对严重违法失信主体实行市场禁入制度。<br>2.《国务院关于建立完善守信联合激励和失信联合惩戒制度加快推进社会诚信建设的指导意见》<br>（十一）加强对失信行为的市场性约束和惩戒。……引导商业银行、证券期货经营机构、保险公司等金融机构按照风险定价原则，对严重失信主体提高贷款利率和财产保险费率，或者限制向其提供贷款、保荐、承销、保险等服务。 | 人民银行、银监会 |

续　表

| 惩戒措施 | 法律及政策依据 | 实施部门 |
|---|---|---|
| 13. 将失信状况作为金融机构融资授信时的审慎性参考 | 3.《国务院办公厅关于运用大数据加强对市场主体服务和监管的若干意见》<br>（十三）建立健全失信联合惩戒机制。……充分发挥行政、司法、金融、社会等领域的综合监管效能，在市场准入、行政审批、资质认定、享受财政补贴和税收优惠政策、企业法定代表人和负责人任职资格审查、政府采购、政府购买服务、银行信贷、招标投标、国有土地出让、企业上市、货物通关、税收征缴、社保缴费、外汇管理、劳动用工、价格制定、电子商务、产品质量、食品药品安全、消费品安全、知识产权、环境保护、治安管理、人口管理、出入境管理、授予荣誉称号等方面，建立跨部门联动响应和失信约束机制，对违法失信主体依法予以限制或禁入。建立各行业“黑名单”制度和市场退出机制。推动将申请人良好的信用状况作为各类行政许可的必备条件。<br>4.《中华人民共和国商业银行法》<br>第三十五条　商业银行贷款，应当对借款人的借款用途、偿还能力、还款方式等情况进行严格审查。<br>商业银行贷款，应当实行审贷分离、分级审批的制度。<br>第三十六条　商业银行贷款，借款人应当提供担保。商业银行应当对保证人的偿还能力，抵押物、质物的权属和价值以及实现抵押权、质权的可行性进行严格审查。经商业银行审查、评估，确认借款人资信良好，确能偿还贷款的，可以不提供担保。<br>5.《贷款通则》<br>第二十二条　贷款人的权利<br>根据贷款条件和贷款程序自主审查和决定贷款，除国务院批准的特定贷款外，有权拒绝任何单位和个人强令其发放贷款或者提供担保。<br>一、要求借款人提供与借款有关的资料；<br>二、根据借款人的条件，决定贷与不贷、贷款金额、期限和利率等；…… | 人民银行、银监会 |

续 表

| 惩戒措施 | 法律及政策依据 | 实施部门 |
| --- | --- | --- |
| 14. 将失信信息作为公开发行公司债券核准的重要参考。对失信主体发行企业债券从严审核；在银行间市场发行非金融企业债务融资工具限制注册，并按照注册发行有关工作要求，强化信息披露，加强投资者保护机制管理，防范有关风险 | 1.《国务院关于建立完善守信联合激励和失信联合惩戒制度加快推进社会诚信建设的指导意见》<br>（十）依法依规加强对失信行为的行政性约束和惩戒。对严重失信主体，各地区、各有关部门应将其列为重点监管对象，依法依规采取行政性约束和惩戒措施。从严审核行政许可审批项目，从严控制生产许可证发放，限制新增项目审批、核准，限制股票发行上市融资或发行债券，限制在全国股份转让系统挂牌、融资，限制发起设立或参股金融机构以及小额贷款公司、融资担保公司、创业投资公司、互联网融资平台等机构，限制从事互联网信息服务等。……<br>2.《中华人民共和国证券法》<br>第十八条　有下列情形之一的，不得再次公开发行公司债券：……（二）对已公开发行的公司债券或者其他债务有违约或者延迟支付本息的事实，仍处于继续状态；……<br>3.《公司债券发行与交易管理办法》<br>第十七条　存在下列情形之一的，不得公开发行公司债券：（一）最近三十六个月内公司财务会计文件存在虚假记载，或公司存在其他重大违法行为；……（三）对已发行的公司债券或者其他债务有违约或者迟延支付本息的事实，仍处于继续状态；（四）严重损害投资者合法权益和社会公共利益的其他情形。<br>4.《国家发展改革委办公厅关于进一步改进企业债券发行审核工作的通知》<br>对于以下两类发债申请，要从严审核，有效防范市场风险。<br>（一）募集资金用于产能过剩、高污染、高耗能等国家产业政策限制领域的发债申请。<br>（二）企业信用等级较低，负债率高，债券余额较大或运作不规范、资产不实、偿债措施较弱的发债申请……2. 企业及所在地地方政府或为其提供承销服务的券商有不尽职或不诚信记录。…… | 国家发展改革委、人民银行、证监会 |

续 表

| 惩戒措施 | 法律及政策依据 | 实施部门 |
| --- | --- | --- |
| 14. 将失信信息作为公开发行公司债券核准的重要参考。对失信主体发行企业债券从严审核；在银行间市场发行非金融企业债务融资工具限制注册，并按照注册发行有关工作要求，强化信息披露，加强投资者保护机制管理，防范有关风险 | 5.《银行间债券市场非金融企业债务融资工具管理办法》<br>第十三条　交易商协会依据本办法及中国人民银行相关规定对债务融资工具的发行与交易实施自律管理。交易商协会应根据本办法制定相关自律管理规则，并报中国人民银行备案。<br>第十七条　交易商协会对违反自律管理规则的机构和人员，可采取警告、诫勉谈话、公开谴责等措施进行处理。<br>第十八条　中国人民银行依法对交易商协会、同业拆借中心和中央结算公司进行监督管理 | 国家发展改革委、人民银行、证监会 |
| 15. 将失信信息作为股票发行审核及在全国中小企业股份转让系统公开转让审核的参考 | 1.《中华人民共和国证券法》<br>第十三条　公司公开发行新股，应当符合下列条件：<br>……（三）最近三年财务会计文件无虚假记载，无其他重大违法行为；……<br>2.《首次公开发行股票并上市管理办法》<br>第十八条　发行人不得有下列情形：<br>……（二）最近36个月内违反工商、税收、土地、环保、海关以及其他法律、行政法规，受到行政处罚，且情节严重；……（六）严重损害投资者合法权益和社会公共利益的其他情形。<br>3.《首次公开发行股票并在创业板上市管理办法》<br>第二十条　发行人及其控股股东、实际控制人最近三年内不存在损害投资者合法权益和社会公共利益的重大违法行为。……<br>4.《上市公司证券发行管理办法》<br>第九条　上市公司三十六个月内财务会计文件无虚假记载，且不存在下列重大违法行为：……（二）违反工商、税收、土地、环保、海关法律、行政法规或规章，受到行政处罚且情节严重，或者受到刑事处罚；（三）违反国家其他法律、行政法规且情节严重的行为。 | 证监会 |

续 表

| 惩戒措施 | 法律及政策依据 | 实施部门 |
| --- | --- | --- |
| 15. 将失信信息作为股票发行审核及在全国中小企业股份转让系统公开转让审核的参考 | 5.《创业板上市公司证券发行管理暂行办法》<br>第十条　上市公司存在下列情形之一的，不得发行证券：……<br>（三）最近三十六个月内因违反法律、行政法规、规章受到行政处罚且情节严重，或者受到刑事处罚，或者因违反证券法律、行政法规、规章受到中国证监会的行政处罚；最近十二个月内受到证券交易所的公开谴责；因涉嫌犯罪被司法机关立案侦查或者涉嫌违法违规被中国证监会立案调查；……<br>（六）严重损害投资者的合法权益和社 会公共利益的其他情形。<br>6.《非上市公众公司监督管理办法》<br>第三条　公众公司应当按照法律、行政法规、本办法和公司章程的规定，做到股权明晰，合法规范经营，公司治理机制健全，履行信息披露义务。<br>第六条　为公司出具专项文件的证券公司、律师事务所、会计师事务所及其他证券服务机构，应当勤勉尽责、诚实守信，认真履行审慎核查义务，按照依法制定的业务规则、行业执业规范和职业道德准则发表专业意见，保证所出具文件的真实性、准确性和完整性，并接受中国证监会的监管 | 证监会 |
| 16. 在上市公司或者非上市公众公司收购的事中事后监管中，对失信主体予以关注 | 1.《上市公司收购管理办法》<br>第六条　任何人不得利用上市公司的收购损害被收购公司及其股东的合法权益。<br>有下列情形之一的，不得收购上市公司：……（二）收购人最近 3 年有重大违法行为或者涉嫌有重大违法行为；……<br>2.《非上市公众公司收购管理办法》<br>第六条　进行公众公司收购，收购人及其实际控制人应当具有良好的诚信记录，收购人及其实际控制人为法人的，应当具有健全的公司治理机制。任何人不得利用公众公司收购损害被收购公司及其股东的合法权益。<br>有下列情形之一的，不得收购公众公司：……（二）收购人最近 2 年有重大违法行为或者涉嫌有重大违法行为；…… | 证监会 |

续 表

| 惩戒措施 | 法律及政策依据 | 实施部门 |
| --- | --- | --- |
| 17. 在境内上市公司实行股权激励计划或相关人员成为股权激励对象事中事后监管中，对失信主体予以关注 | 《上市公司股权激励管理办法》<br>第七条　上市公司具有下列情形之一的，不得实行股权激励：……（四）法律法规规定不得实行股权激励的；（五）中国证监会认定的其他情形。<br>第八条　……下列人员也不得成为激励对象：……（三）最近12个月内因重大违法违规行为被中国证监会及其派出机构行政处罚或者采取市场禁入措施；（四）具有《公司法》规定的不得担任公司董事、高级管理人员情形的；（五）法律法规规定不得参与上市公司股权激励的；（六）中国证监会认定的其他情形 | 证监会 |
| 18. 在审批证券公司、基金管理公司、期货公司的设立、私募基金管理人登记及变更持有5%以上股权的股东、实际控制人时，将其失信信息作为审批的参考 | 1.《中华人民共和国证券法》<br>第一百二十四条　设立证券公司，应当具备下列条件：……（二）主要股东具有持续盈利能力，信誉良好，最近三年无重大违法违规记录，净资产不低于人民币二亿元；……（五）有完善的风险管理与内部控制制度；……<br>2.《证券公司监督管理条例》<br>第十条　有下列情形之一的单位或者个人，不得成为持有证券公司5%以上股权的股东、实际控制人：……（三）不能清偿到期债务；……<br>3.《中华人民共和国证券投资基金法》<br>第十三条　设立管理公开募集基金的基金管理公司，应当具备下列条件，并经国务院证券监督管理机构批准：……（三）主要股东应当具有经营金融业务或者管理金融机构的良好业绩、良好的财务状况和社会信誉，资产规模达到国务院规定的标准，最近三年没有违法记录；……（七）有良好的内部治理结构、完善的内部稽核监控制度、风险控制制度；……<br>4.《证券投资基金管理公司管理办法》<br>第七条　申请设立基金管理公司，出资或者持有股份占基金管理公司注册资本的比例（以下简称“持股比例”）在5%以上的股东，应当具备下列条件：……（六）具有良好的社会信誉，近3年在金融监管、税务、工商等行政机关，以及自律管理、商业银行等机构无不良记录。 | 证监会 |

续 表

| 惩戒措施 | 法律及政策依据 | 实施部门 |
| --- | --- | --- |
| 18. 在审批证券公司、基金管理公司、期货公司的设立、私募基金管理人登记及变更持有5%以上股权的股东、实际控制人时，将其失信信息作为审批的参考 | 5.《私募投资基金监督管理暂行办法》<br>第三条　从事私募基金业务，应当遵循自愿、公平、诚实信用原则，维护投资者合法权益，不得损害国家利益和社会公共利益。<br>6.《期货交易管理条例》<br>第十六条　申请设立期货公司，应当符合《中华人民共和国公司法》的规定，并具备下列条件：……（四）主要股东以及实际控制人具有持续盈利能力，信誉良好，最近3年无重大违法违规记录；……（六）有健全的风险管理和内部控制制度；……<br>7.《期货公司监督管理办法》<br>第八条　持有期货公司5%以上股权的个人股东应当符合本办法第七条第（三）项至第（七）项规定的条件，且其个人金融资产不低于人民币3000万元 | 证监会 |
| 19. 将失信状况作为保险公司核定保险费率的重要参考 | 1.《国务院关于建立完善守信联合激励和失信联合惩戒制度加快推进社会诚信建设的指导意见》<br>（十一）加强对失信行为的市场性约束和惩戒。……引导商业银行、证券期货经营机构、保险公司等金融机构按照风险定价原则，对严重失信主体提高贷款利率和财产保险费率，或者限制向其提供贷款、保荐、承销、保险等服务。<br>2.《中国保监会关于深化商业车险条款费率管理制度改革的意见》<br>三、建立健全商业车险费率形成机制<br>……（二）逐步扩大财产保险公司费率厘定自主权。赋予财产保险公司一定的商业车险费率厘定自主权，由市场主体根据自身实际情况科学测算基准附加保费，合理确定自主费率调整系数及其调整标准。……<br>根据保险市场发展情况和保险市场成熟程度，逐步扩大财产保险公司商业车险费率厘定自主权，最终形成高度市场化的商业车险费率形成机制 | 保监会 |

续 表

| 惩戒措施 | 法律及政策依据 | 实施部门 |
| --- | --- | --- |
| 20. 对失信主体担任国有企业法定代表人、董事、监事依法予以限制 | 1.《中华人民共和国公司法》<br>第一百四十六条　有下列情形之一的，不得担任公司的董事、监事、高级管理人员：（一）无民事行为能力或者限制民事行为能力；（二）因贪污、贿赂、侵占财产、挪用财产或者破坏社会主义市场经济秩序，被判处刑罚，执行期满未逾五年，或者因犯罪被剥夺政治权利，执行期满未逾五年；（三）担任破产清算的公司、企业的董事或者厂长、经理，对该公司、企业的破产负有个人责任的，自该公司、企业破产清算完结之曰起未逾三年；（四）担任因违法被吊销营业执照、责令关闭的公司、企业的法定代表人，并负有个人责任的，自该公司、企业被吊销营业执照之日起未逾三年；（五）个人所负数额较大的债务到期未清偿。<br>公司违反前款规定选举、委派董事、监事或者聘任高级管理人员的，该选举、委派或者聘任无效。<br>董事、监事、高级管理人员在任职期间出现本条第一款所列情形的，公司应当解除其职务。<br>2.《中华人民共和国企业国有资产法》<br>第二十三条　履行出资人职责的机构任命或者建议任命的董事、监事、高级管理人员，应当具备下列条件：（1）有良好的品行；（2）有符合职位要求的专业知识和工作能力；（3）有能够正常履行职责的身体条件；（4）法律、行政法规规定的其他条件。<br>董事、监事、高级管理人员在任职期间出现不符合前款规定情形或者出现《中华人民共和国公司法》规定的不得担任公司董事、监事、高级管理人员情形的，履行出资人职责的机构应当依法予以免职或者提出免职建议 | 国务院国资委、财政部、工商总局、银监会、证监会、保监会、国家发展改革委等相关部门 |

续 表

| 惩戒措施 | 法律及政策依据 | 实施部门 |
|---|---|---|
| 21. 对失信主体登记为事业单位法定代表人依法予以限制 | 1.《中央编办关于批转〈事业单位、社会团体及企业等组织利用国有资产举办事业单位设立登记办法（试行）〉的通知》<br>第四条 登记事项要求：……（四）法定代表人。应当是具有完全民事行为能力的中国公民，且该单位主要行政负责人，年龄一般不超过 70 周岁，无不良信用记录。担任过其他机构法定代表人的，在任职期间，该机构无不良信用记录。<br>党政机关领导干部在职或退休后拟担任法定代表人的，应当符合干部管理有关规定。<br>2.《事业单位登记管理暂行条例实施细则》<br>第三十一条 事业单位法定代表人应当具备下列条件：（一）具有完全民事行为能力的自然人；（二）该事业单位的主要行政负责人。<br>违反法律、法规和政策规定产生的事业单位主要行政负责人，不得担任事业单位法定代表人 | 中央编办 |
| 22. 对失信主体招录（聘）为公务员或事业单位工作人员依法予以限制 | 1.《中华人民共和国公务员法》<br>第十二条 公务员应当履行下列义务：（一）模范遵守宪法和法律；（二）按照规定的权限和程序认真履行职责，努力提高工作效率；（三）全心全意为人民服务，接受人民监督；（四）维护国家的安全、荣誉和利益；（五）忠于职守，勤勉尽责，服从和执行上级依法作出的决定和命令；（六）保守国家秘密和工作秘密；（七）遵守纪律，恪守职业道德，模范遵守社会公德；（八）清正廉洁，公道正派；（九）法律规定的其他义务。<br>2.《公务员录用规定（试行）》<br>第十六条 报考公务员，应当具备下列资格条件：……（四）具有良好的品行；……（八）省级以上公务员主管部门规定的拟任职位所要求的资格条件；（九）法律、法规规定的其他条件。……<br>3.《事业单位公开招聘人员暂行规定》<br>第九条 应聘人员必须具备下列条件：（一）具有中华人民共和国国籍；（二）遵守宪法和法律；（三）具有良好的品行；（四）岗位所需的专业或技能条件；（五）适应岗位要求的身体条件；（六）岗位所需要的其他条件 | 人力资源社会保障部 |

续　表

| 惩戒措施 | 法律及政策依据 | 实施部门 |
| --- | --- | --- |
| 23. 对严重失信的自然人，依法限制担任上市公司、债券公司、基金管理公司、期货公司董事、监事和高级管理人员等，对其证券、基金、期货从业资格申请从严审核，对已成为证券、基金、期货从业人员的相关主体予以关注 | 1.《中华人民共和国公司法》<br>第一百四十六条　有下列情形之一的，不得担任公司的董事、监事、高级管理人员：……（五）个人所负数额较大的债务到期未清偿。……<br>2.《证券业从业人员资格管理办法》<br>第十条　取得从业资格的人员，符合下列条件的，可以通过机构申请执业证书：……（五）品行端正，具有良好的职业道德；……<br>3.《期货从业人员管理办法》<br>第十条　机构任用具有从业资格考试合格证明且符合下列条件的人员从事期货业务的，应当为其办理从业资格申请：（一）品行端正，具有良好的职业道德；……<br>4.《私募投资基金监督管理暂行办法》<br>第四条　私募基金管理人和从事私募基金托管业务的机构（以下简称私募基金托管人）管理、运用私募基金财产，从事私募基金销售业务的机构（以下简称“私募基金销售机构”）及其他私募服务机构从事私募基金服务活动，应当恪尽职守，履行诚实信用、谨慎勤勉的义务。<br>私募基金从业人员应当遵守法律、行政法规，恪守职业道德和行为规范 | 证监会 |
| 24. 对失信主体担任保险公司的董事、监事、高级管理人员依法予以限制 | 《保险公司董事、监事和高级管理人员任职资格管理规定》<br>第七条　保险机构董事、监事和高级管理人员应当具有诚实信用的品行、良好的合规经营意识和履行职务必需的经营管理能力 | 保监会 |
| 25. 通过“信用中国”“信用交通”等网站和国家企业信用信息公示系统依法向社会公布失信主体信息 | 1.《国务院办公厅关于运用大数据加强对市场主体服务和监管的若干意见》<br>第十九条　大力推进市场主体信息公示。……建设“信用中国”网站，归集整合各地区、各部门掌握的应向社会公开的信用信息，实现信用信息一站式查询，方便社会了解市场主体信用状况。各级政府及其部门网站要与“信用中国”网站链接，并将本单位政务公开信息和相关市场主体违法违规信息在“信用中国”网站公开 | 国家发展改革委、交通运输部、工商总局 |

续 表

| 惩戒措施 | 法律及政策依据 | 实施部门 |
| --- | --- | --- |
| 25. 通过“信用中国”“信用交通”等网站和国家企业信用信息公示系统依法向社会公布失信主体信息 | 2.《企业信息公示暂行条例》<br>第七条　工商行政管理部门以外的其他政府部门（以下简称其他政府部门）应当公示其在履行职责过程中产生的下列企业信息：（1）行政许可准予、变更、延续信息；（2）行政处罚信息；（3）其他依法应当公示的信息。<br>其他政府部门可以通过企业信用信息公示系统，也可以通过其他系统公示企业信息。工商行政管理部门和其他政府部门应当按照国家社会信用信息平台建设的总体要求，实现企业信息的互联共享 | 国家发展改革委、交通运输部、工商总局 |
| 26. 对失信主体参评文明单位、道德模范依法予以限制 | 1.《国务院关于促进市场公平竞争维护市场正常秩序的若干意见》<br>（十五）建立健全守信激励和失信惩戒机制。……对守信主体予以支持和激励，对失信主体在经营、投融资、取得政府供应土地、进出口、出入境、注册新公司、工程招投标、政府采购、获得荣誉、安全许可、生产许可、从业任职资格、资质审核等方面依法予以限制或禁止，对严重违法失信主体实行市场禁入制度。<br>2.《国务院关于建立完善守信联合激励和失信联合惩戒制度加快推进社会诚信建设的指导意见》<br>（十）依法依规加强对失信行为的行政性约束和惩戒。对严重失信主体，各地区、各有关部门应将其列为重点监管对象，依法依规采取行政性约束和惩戒措施。……及时撤销严重失信企业及其法定代表人、负责人、高级管理人员和对失信行为负有直接责任的董事、股东等人员的荣誉称号，取消参加评先评优资格。<br>3.《企业信息公示暂行条例》<br>第十八条　县级以上地方人民政府及其有关部门应当建立健全信用约束机制，在政府采购、工程招投标、国有土地出让、授予荣誉称号等工作中，将企业信息作为重要考量因素，对被列入经营异常名录或者严重违法企业名单的企业依法予以限制或者禁入 | 中央文明办 |
| 27. 行业协会商会对会员失信行为进行警告、通报批评、公开谴责等 | 《国务院关于建立完善守信联合激励和失信联合惩戒制度加快推进社会诚信建设的指导意见》<br>（十二）加强对失信行为的行业性约束和惩戒。建立健全行业自律公约和职业道德准则，推动行业信用建设。引导行业协会商会完善行业内部信用信息采集、共享机制，将严重失信行为记入会员信用档案。鼓励行业协会商会与有资质的第三方信用服务机构合作，开展会员企业信用等级评价。支持行业协会商会按照行业标准、行规、行约等，视情节轻重对失信会员实行警告、行业内通报批评、公开谴责、不予接纳、劝退等惩戒措施 | 运输物流行业相关协会、商会 |

附录2：

# 物流服务平台加强信用建设实施联合惩戒备忘录

为贯彻落实《国务院关于印发社会信用体系建设规划纲要（2014—2020年）的通知》《国务院关于建立完善守信联合激励和失信联合惩戒制度加快推进社会诚信建设的指导意见》和国家发展改革委等七部门《关于我国物流业信用体系建设的指导意见》，充分发挥行业性、社会性约束和惩戒作用，在全国现代物流工作部际联席会议指导下，中国物流与采购联合会组织23家国内重点物流服务平台，就加强信用建设实施联合惩戒达成一致意见，决定联合签署备忘录并采取一致行动如下：

一、主动承担社会责任。信用建设是物流业健康有序发展的基础。物流服务平台集聚了数百万家物流企业和丰富的数据等资源，是行业信用建设的重要力量。签署平台要充分发挥用户规模巨大、应用场景丰富、技术手段先进的优势，加大信用建设投入，完善信用评价体系，积极参与信用试点示范，努力为运输物流行业信用体系建设贡献力量。

二、积极履行自律义务。自律是加强信用建设的前提。签署平台要恪守“诚信为本”的理念，严格遵守国家法律法规，规范经营、文明服务，做诚信经营的模范。

（一）强化行业自律，自觉维护市场秩序，坚决抵制恶性竞争。

（二）坚持客观、公正、公平的原则，严守商业信誉，维护交易各方的正当权利。

（三）杜绝虚假承诺，提高服务质量，勇于承担责任。

（四）保证公布信息的合法性、真实性和准确性。

（五）自觉接受政府、行业和社会大众的监督。

三、加强平台信用建设。加强信用管理是平台持续健康发展的保证。签署平台要加大建设力度，不断完善功能、丰富内容，进一步提高信用管理水平。

（一）严格平台准入。签署平台要建立明确的准入条件，对申请加入平台的交易方严格实行实名认证，对有不良信用记录的新加入企业和个人予以重点关注。

（二）完善信用记录。对所有平台交易方建立信用档案，全面准确地记录平台上的交易行为和履约情况，形成完善的信用记录。

（三）建立红黑名单制度。进一步完善对平台交易方的信用评价体系，形成信用记录优秀的“红名单”、具有不良信用记录应予提醒的“警示名单”和严重违法失信行为“黑名单”。

（四）建立激励惩戒机制。对“红名单”企业实施激励措施，对“警示名单”建立警示提醒机制，对“黑名单”停止提供服务，形成褒扬诚信、惩戒失信的信用环境。

（五）加强诚信文化宣传。积极向平台交易方宣传“诚信经营”的理念，在各类协议和合同中增加诚信相关内容，努力提高平台所有交易企业和人员的诚信意识。

四、实行信用信息共享。签署平台要主动加强平台间的互联互通，在行业协会组织下，建立信用信息共享和依法公布机制。

（一）中国物流与采购联合会组织平台企业协商制定“黑名单”标准和管理办法及共享机制。“黑名单”信息要包括失信事实、失信主体、企业社会信用代码、个人身份证号码等基本要素。

（二）各平台根据“黑名单”标准和共享机制将产生的“黑名单”在签署平台间充分共享。

（三）中国物流与采购联合会将形成的“黑名单”定期向全国信用信息共享平台推送，经相关部门认定后列入国家运输物流行业“黑名单”。

（四）中国物流与采购联合会积极推动全国信用信息共享平台中运输物流领域相关信息，依法依规向签署平台共享。

五、严格实施联合惩戒。实施联合惩戒是规范市场秩序的有效措施。签署平台要采取一致行动，严格实施联合惩戒措施，形成“一处失信，处处受限”的氛围。

（一）对平台共同产生的“黑名单”，签署平台在有效期内停止对“黑名单”内的企业和个人提供服务。

（二）对国家运输物流行业“黑名单”，签署平台予以重点关注，进行警示提醒或采取必要的限制措施。

（三）鼓励平台之间开展合作，对“警示名单”采取降低信用等级等联合惩戒措施。

（四）签署平台要将对“黑名单”实施的惩戒措施定期反馈给中国物流与采购联合会。

六、充分发挥协会作用。中国物流与采购联合会要充分发挥行业中介作用，组织平台加强沟通交流，形成信用建设合力，建立长效合作机制。

（一）监督签署平台严格执行备忘录条款，建立信用建设季度报告制度，定期通报执行情况。

（二）对违反备忘录相关条款的平台予以警示提醒，督促整改；对严重违反备忘录内容的平台给予通报，经其他签署企业一致同意停止其备忘录签署成员资格，并建议将其列入国家运输物流行业“黑名单”。

（三）组织签署平台开展各类交流和宣传活动，广聚共识，提升备忘录签署平台的凝聚力。

（四）搭建政府与企业之间的桥梁，组织落实相关政策措施，积极向政府部门反映平台诉求，提出意见建议。

签署企业名单（按首字母排序）：

安徽共生物流科技有限公司，北京速派得物流信息技术有限公司，北京京津港国际物流有限公司，北京运科网络科技有限公司，广东林安物流发展有限公司，广州依时货拉拉科技有限公司，贵阳货车帮科技有限公司，杭州传化货嘀科技有限公司，好多车联（深圳）科技有限公司，合肥维天运通信息科技股份有限公司，湖南天骄物流信息科技有限公司，江苏零浩网络科技有限公司，江苏满运软件科技有限公司，江西万佶物流有限公司，南京福佑在线电子商务有限公司，上海卡行天下供应链管理有限公司，上海天地汇供应链管理有限公司，深圳市国网物流信息有限公司，天津五八到家生活服务有限公司，武汉物易云通网络科技有限公司，驿路星辰（北京）科技有限公司，郑州金色马甲电子商务有限公司，中储南京智慧物流科技有限公司。

# 交通运输部 国家发展改革委 教育部 工业和信息化部 公安部 财政部 人力资源和社会保障部 税务总局 质检总局 中国保监会 国家信访局 中央维稳办 中央网信办 全国总工会关于印发《促进道路货运行业健康稳定发展行动计划(2017—2020年)》的通知

（交运发〔2017〕141 号 2017 年 9 月 19 日）

各省、自治区、直辖市人民政府，国务院各部委、各直属机构：

为认真贯彻落实党中央、国务院关于维护道路货运行业健康稳定发展的重要部署，促进道路货运行业稳定和谐、健康有序发展，经国务院同意，现将《促进道路货运行业健康稳定发展行动计划（2017—2020 年）》印发给你们，请认真贯彻执行。

## 促进道路货运行业健康稳定发展行动计划（2017—2020 年）

道路货运是综合交通运输体系的重要组成部分，是国家物流系统的重要依托载体，是国民经济发展重要的基础性服务业。道路货运行业的健康稳定发展，事关国民经济的平稳运行，事关物流业的降本增效，事关城乡居民的生产生活，也是道路货运行业广大从业人员安居乐业的基本要求。改革开放以来，我国道路货运业取得长足发展，对经济社会发展做出巨大贡献，但长期积累的“多、小、散、弱”等结构性矛盾日益突出，普通运力相对过剩，经营业户负担较重，货车司机生产生活条件较差，保稳定、促发展任重而道远。为贯彻落实党中央、国务院进一步促进道路货运行业健康稳定发展的工作部署和要求，制定本专项行动计划。

### 一、总体要求

（一）指导思想。

牢固树立并贯彻落实新发展理念，坚持“稳中求进”工作总基调，以供给侧结构性改革为主线，坚持问题导向与目标导向相结合，以“减负增效、提质升级”为核心，按照“远近结合、标本兼治、改革引领、创新驱动、综合治理”的原则，统筹处理好改革、发展和稳定的关系，着力减轻经营负担、促进创新发展、改善从业环境、优化市场秩序、提升治理水平，为行业发展注入新动力、激发新活力，切实推进道路货运行业转型升级，实现行业持续健康稳定发展，为全面建成小康社会提供坚实保障。

（二）工作目标。

“十三五”期间，通过深化新一轮改革创新、破解多方面政策瓶颈，引导发展壮大一批龙头骨干企业、提升稳定一支较高素质从业队伍，道路货运行业对物流降本增效、社会新增就业、经济转型升级的支撑保障更加有力。

2018年年底前，完成降本减负10件实事（见附件），推动政策落地并取得实质性进展。制度性交易成本大幅降低，货车司机生产生活条件显著改善，货运业户的获得感和货车司机的归属感持续增强，行业平稳发展的基础更加牢固。

2020年年底前，提质增效各项工作任务全面推进，行业改革创新取得突破性进展。市场组织化程度明显提高，龙头骨干企业加快成长；市场主体结构明显优化；低水平落后运能有序淘汰更新，车型标准化水平显著提升；先进运输组织模式广泛推广，道路货运比较优势得到有效发挥；“互联网+货运”新业态不断涌现，资源集约利用效率稳步提高。

## 二、主要任务

（一）减轻道路货运经营负担。

1. 简化车辆检验与检测。推进营业性货运车辆安全技术检验和综合性能检测依法合并，减少重复检测、重复收费，减轻检验检测费用负担。严格落实取消营业性货运车辆二级维护强制上线检测，由经营者以确保车辆安全性能为前提，自主确定二级维护周期，自行组织车辆维护。（交通运输部、公安部、质检总局负责）

2. 便利异地年审和考核。加快实现道路普通货运车辆异地年审和驾驶员异地考核。制定普通货运车辆异地年审规范和流程，优化审验服务。推进全国道路运政信息系统联网应用，建立与公安部门信息系统的共享联动机制。推动道路普通货运驾驶员基本信息、违法信息、信用信息等全国共享，实现证件转籍、信用考核等事项异地办理。鼓励开展道路货运驾驶员网络远程继续教育。（交通运输部、公安部负责）

3. 完善城市物流配送体系。以中心城市为重点，推动建立“交通运输主管部门负责需求管理和运力调控、公安交通管理部门负责通行管控”的协同工作机制。加强城市配送车辆技术管理，对于符合标准的新能源配送车辆给予通行便利。支持在城市周边统筹布局规划和建设一批具有干支衔接功能并组织开展共同配送的大型公共货运配送综合体，同步优化城市内末端共同配送节点。组织开展城市绿色货运配送试点。（交通运输部、公安部、工业和信息化部负责）

4. 规范大件运输许可管理。推进跨省大件运输并联许可全国联网，由起运地省份统一受理，沿途省份限时并联审批，一地办证、全线通行。（交通运输部负责）

5. 优化收费公路通行费政策。在具备条件的省份和路段，组织开展高速公路分时段差异化收费试点。推广货车使用电子不停车收费系统（ETC）非现金支付方式，省级人民政府可根据本地区实际，对使用ETC非现金支付卡并符合相关要求的货运车辆给予适当通行费优

惠。严格执行鲜活农产品运输“绿色通道”政策，免收整车合法装载运输鲜活农产品车辆通行费。（交通运输部负责）

6. 优化交通运输业增值税发票管理。完善交通运输业个体纳税人异地代开增值税专用发票管理制度。落实收费公路通行费增值税发票开具工作实施方案，建立全国统一的收费公路通行费增值税发票服务平台系统，完成部、省两级收费公路联网收费系统改造，依托平台开具高速公路通行费增值税电子发票。（交通运输部、财政部、税务总局负责）

7. 推动取消部分许可审批事项。落实国务院有关“放管服”改革要求，精简道路货运行政许可事项，研究推动取消道路货运站场经营许可、外商投资道路运输业立项审批、总质量4.5吨及以下普通货运车辆道路运输证和驾驶员从业资格证，充分利用信息化手段、保险机制等，加强事中事后监管。（交通运输部负责）

8. 改进危险货物运输管理。督促各地取消危险货物道路运输驾驶员异地从业资格证转籍要求。在严格加强危险货物运输安全管理基础上，稳步实施限量瓶装氮气、二氧化碳等低危气体道路运输豁免制度。（交通运输部负责）

（二）促进货运行业创新发展。

9. 持续推进货运车辆技术升级。深化车辆运输车治理工作，2018年6月全面完成治理目标。制定出台超长平板半挂车、液体危险货物罐车专项治理方案，分阶段合理设置更新淘汰过渡期。推进低水平非标车型车辆更新改造，加快淘汰落后运能。加快中置轴汽车列车等先进车型推广应用，完善制度标准。鼓励各地创新政策措施，推广标准化、厢式化、轻量化、清洁能源货运车辆。（交通运输部、工业和信息化部、公安部、财政部负责）

10. 大力推动运输组织模式创新。鼓励和引导传统道路货运企业主动适应并融入多式联运发展大局，调整优化经营结构，积极拓展短途接驳运输服务。支持道路货运企业加强与铁路相关企业战略合作，共同开发多式联运服务产品，探索发展驮背运输、公铁两用挂车甩挂运输等新模式。大力发展公路甩挂运输，广泛推广网络化、企业联盟、干支衔接等甩挂模式，支持创新“挂车池”服务、挂车租赁、长途接驳甩挂等新模式。大力支持发展城市共同配送，促进干支无缝衔接和集约化组织。（交通运输部、公安部、国家发展改革委负责）

11. 鼓励创新“互联网+”货运新业态。依托互联网、物联网、大数据、云计算等先进信息技术，大力发展“互联网+”车货匹配、“互联网+”专线整合、“互联网+”园区链接、“互联网+”共同配送、“互联网+”车辆租赁、“互联网+”大车队管理等新模式、新业态，按照“鼓励创新、包容审慎”的监管原则，及时调整制度政策，推动道路货运新旧业态加快融合发展，不断提高市场组织化程度。鼓励支持道路货运企业积极参与智能运输、智慧物流等各类试点示范。（交通运输部、国家发展改革委负责）

12. 规范培育现代物流市场新主体。鼓励道路货运企业通过组织创新、技术创新等做大做强，加快向多式联运经营人、现代物流服务商转型发展。深入推进无车承运人试点工作，提升无车承运人资源整合能力，强化全程运输责任，组织试点政策评估和制度研究，制定出台无车承运人管理办法和运营服务规范。鼓励中小货运企业联盟发展，支持以资产重组、资源共享等为纽带组建联盟实体，引导创新企业联盟组织模式和运行机制。（交通运输部负责）

（三）维护公平竞争市场环境。

13. 严格落实治超全国统一标准。督促各地严格落实全国治理货运车辆非法改装和超限超载运输认定标准和处罚标准，编制货车非法改装和超限超载处罚清单，明确处罚事项和标准，规范执法自由裁量权。各级治理车辆超限超载工作领导小组要定期组织开展治超督导检查，确保全国各地治超执法标准统一。健全完善全国统一领导、地方政府负责、部门指导协调、各方联合行动的工作机制，强化地方政府主体责任，明确执法人员、执法装备配备标准，统一规范执法流程和规则。（交通运输部、公安部、工业和信息化部负责）

14. 规范公路货运执法行为。依托公路超限检测站，推进将由公路管理机构负责监督消除违法行为、公安交通管理部门单独实施处罚记分的治超联合执法模式常态化、制度化。坚持固定执法与流动检测相结合，积极推行公路路政部门与公安交通管理部门联合执法，进一步规范联合执法工作流程，规范车辆拦截和货物卸载管理。加强重点货运源头监管，落实“一超四罚”措施，推广高速公路入口称重劝返模式。调整优化国省干线公路超限检测站点布局。推广应用不停车称重检测系统。健全公路执法监督举报平台，强化12328交通运输服务监督电话投诉举报功能，鼓励社会各方监督。（交通运输部、公安部负责）

15. 合理引导市场预期。保持超限超载治理工作的延续性，合理确定过渡期和实施步骤。完善公路货运统计监测体系，有效整合社会大数据平台，加强市场运行动态跟踪和量化分析，定期发布市场供需状况，引导经营业户理性进入市场。（交通运输部负责）

16. 强化行业诚信监管。依托全国交通运输信用信息共享平台，推进货运源头单位、运输企业、货运车辆、从业人员相关数据信息与全国信用信息共享平台的交换与共享，将企业诚信信息通过“信用交通”“信用中国”网站和国家企业信用信息公示系统进行公示。建立完善守信联合激励和失信联合惩戒制度，对严重失信的经营主体，要依法依规加大定向监管力度，在市场准入、政策给予等方面予以限制。鼓励企业自行发布服务标准和信用承诺。研究推行对超限超载货运车辆保险费率上浮制度。（交通运输部、国家发展改革委、保监会负责）

（四）改善从业人员生产经营条件。

17. 改善公路行车停宿条件。地方政府要组织多部门联合行动，在高速公路服务区和货运站场等重点区域，严厉打击盗抢车货和偷油等违法犯罪行为，列入社会治安综合治理重要任务，优化货车通行治安环境。鼓励有条件的省份进一步加大资金支持，创新机制并积极引导社会资本参与，在高速公路服务区、货运枢纽（物流园区）或其他公路沿线建设“司机之家”，为货车司机提供价格适宜的停车、住宿、餐饮、车辆维修保养、无线上网等服务，创建司机休息和放松的良好空间。（交通运输部、公安部负责）

18. 强化从业人员社会保障。有序扩大从业人员社保覆盖面，道路货运企业应依法与货车司机签订劳动合同并依法参加社会保险。研究推进从业人员在各项社会保险中优先参加工伤保险，根据货车司机的职业特点和道路货运企业用工方式，研究完善工伤保险参保缴费政策，不断提升工伤认定和劳动能力鉴定工作效率，提高工伤保险管理服务水平。研究探索道路货运互助保险机制。道路货运经营者应当按照《劳动法》有关规定合理安排货车司机工作量，保证法定休息时间。（人力资源社会保障部、财政部、交通运输部、保监会负责）

19. 加强货车司机职业教育。鼓励校企合作，建立大型货车驾驶人订单式培养机制。鼓励各地因地制宜研究制定优惠政策，引导符合有关条件的生源参加大型货车职业教育，逐步缓解职业货车司机日趋短缺的矛盾。（交通运输部、公安部、财政部、教育部、人力资源社会保障部负责）

20. 发挥工会和行业协会作用。研究推进道路货运从业人员工会建设，采取多种形式吸引货车司机加入工会组织，正确行使民主参与和行业监督权利。依托工会组织开展爱岗敬业楷模、感动交通人物等优秀从业人员典型选树活动。推动行业协会和产业工会定期开展货运企业营商环境、货车司机经营状态、行业发展公众满意度等社会调查，及时向有关部门反馈意见建议。组织开展货车司机安全节能驾驶技能竞赛，广泛开展专业培训、法制教育、技术推广、评优评先等工作，开展多种形式的关爱货车司机活动。鼓励依托行业协会、工会组织依法设立货车司机公益基金，为有困难的货车司机提供经济援助。支持行业协会、工会组织为货车司机等提供公益性法律援助，引导货车司机依法维权，理性反映诉求。（全国总工会、交通运输部负责）

（五）强化行业稳控综合治理。

21. 加强维稳形势监测分析。强化地方政府主体责任，建立健全交通运输、公安、维稳、网信、信访等多部门参与的协调联动机制，利用现代信息技术和大数据手段，进一步强化网络舆情监测，跟踪了解行业动态和各方诉求，及时沟通信息，做好分析研判和会商，有针对性采取措施，有效化解和疏导矛盾，及时做好不稳定情况的防范、排查和应对处置工作。（交通运输部、公安部、中央维稳办、中央网信办、国家信访局负责）

22. 做好突发事件应急处置。进一步健全分级分层的道路货运社会稳定事件应急处置预案和工作机制，切实强化上下联动和多方协同，确保第一时间快速反应、及时稳妥处置，最大限度维护道路货运市场稳定。（交通运输部、中央维稳办、公安部、中央网信办、国家信访局负责）

## 三、保障措施

（一）加强组织领导。

在全国现代物流工作部际联席会议框架下，针对道路货运发展中的重大问题，定期分析研究、及时协调解决。重点加强对 2018 年年底前促进道路货运行业降本减负 10 件实事的督导检查，及时开展绩效评估。各地区、各有关部门要加强对道路货运行业健康稳定发展工作的领导，建立健全政府主导、部门协同的长效工作机制，因地制宜制定具体实施方案。同时，要加强对拟出台重大政策影响的评估，制定应对预案。引导主流媒体加强正面宣传，为行业健康稳定发展营造良好社会舆论氛围。（国务院有关部门）

（二）深化体制机制改革。

创新推进交通运输行业综合执法改革，健全完善公路超限超载长效治理机制。加强基层“执法队伍职业化、执法站所标准化、执法行为规范化”建设，建立执法督导考评机制，严格执法监督检查。完善法规制度，规范引导新业态、新模式有序发展。充分利用大数据和信息化手段，加强事中事后精准化监管，有效促进行业治理体系和治理能力现代化。（交通运输部、公安部负责）

（三）强化政策支持。

利用现有政策渠道，对通用集散型货运枢纽（物流园区）等基础设施建设投资予以支持。研究制定道路货运领域政府和社会资本合作的政策举措，引导带动更多社会资金投入。鼓励地方各级政府加强对道路货运基础设施、公共信息平台、治超科技手段建设以及货运司机社会保障、职业培训等公共服务方面的财政投入。支持城市人民政府统筹规划并投资建设城市共同配送中心及配套公共节点设施。（交通运输部、财政部、国家发展改革委负责）

（四）强化基层党组织保障作用。

引导和支持道路货运企业加强基层党组织建设，不断扩大企业基层党组织的覆盖面。引导个体经营业户中的党员，依托个体劳动者协会等组织，采取多种形式健全党组织，加强党的建设，充分发挥道路货运行业生产一线党员的先锋模范作用，鼓励各地组织开展党员司机挂牌上岗、岗位示范及优秀党员司机评选等活动。（国务院有关部门）

各地区、各有关部门要高度重视道路货运行业健康稳定发展工作，按照本行动计划的任务分工和时限要求，明确责任主体和路线图，加强统筹协调和跟踪督导，确保各项工作任务落到实处，重大问题和情况及时报告。

附件：2018 年年底前促进道路货运行业降本减负 10 件实事任务分工表

**附件：**

**2018 年年底前促进道路货运行业降本减负 10 件实事任务分工表**

| 序号 | 工作任务 | 负责部门 | 完成时限 |
|---|---|---|---|
| 1 | 推进货运车辆安全技术检验和综合性能检测依法合并 | 交通运输部、公安部、质检总局 | 2017 年年底 |
| 2 | 推进道路普通货运车辆异地年审和驾驶员异地考核 | 交通运输部 | 2018 年年底 |
| 3 | 推进跨省大件运输并联许可全国联网 | 交通运输部 | 2017 年年底 |
| 4 | 改善货车司机停车休息条件，选择典型省份试点建设“司机之家” | 交通运输部 | 2018 年年底 |
| 5 | 对使用 ETC 非现金支付卡并符合相关要求的货运车辆给予适当通行费优惠 | 交通运输部 | 2017 年年底 |
| 6 | 推进从业人员在各项社会保险中优先参加工伤保险 | 人力资源社会保障部、交通运输部 | 2018 年年底 |
| 7 | 编制公布货车非法改装和超限超载处罚清单 | 交通运输部、公安部 | 2017 年年底 |
| 8 | 完善交通运输业个体纳税人异地代开增值税专用发票管理制度，推进开具高速公路通行费增值税电子发票 | 交通运输部、税务总局、财政部 | 2017 年年底 |
| 9 | 开展道路货运驾驶员免费网络继续教育 | 交通运输部、财政部 | 2017 年年底 |
| 10 | 取消部分道路货运行政审批事项 | 交通运输部 | 2018 年年底 |

# 交通运输部办公厅关于进一步做好无车承运人试点工作的通知

（交办运函〔2017〕1688 号　2017 年 11 月 21 日）

各省、自治区、直辖市、新疆生产建设兵团交通运输厅（局、委）：

2016 年 8 月，我部印发了《关于推进改革试点加快无车承运物流创新发展的意见》（交办运〔2016〕115 号），在全国共筛选确认了 283 家企业开展无车承运试点工作。试点工作开展一年来，取得了较为显著的成效，对于带动行业转型升级，促进物流“降本增效”发挥了重要作用。为深入贯彻落实党中央、国务院有关工作部署，深化物流供给侧结构性改革，进一步巩固和拓展试点成果，充分发挥试点企业的引领带动作用，推动货运物流新业态、新模式创新发展，现就进一步做好无车承运人试点工作通知如下。

## 一、充分肯定试点工作取得的成效

试点工作开展一年来，各级交通运输主管部门、试点企业、科研单位、行业协会协同努力，无车承运业务稳步开展，创新活力逐步释放，示范作用不断增强，成效明显。

一是有效促进了资源整合和集约发展。无车承运人利用移动互联网等先进信息技术，整合了大量的货源车源，并通过信息网络实现了零散运力、货源、站场等资源的集中调度和优化配置，逐步引导和带动行业从“零、散、小、弱”向集约化、规模化、组织化方向发展。

二是有效提升了物流运输的组织效率。无车承运试点企业通过线上资源合理配置，实现线下物流高效运行，促进行业“降本增效”。根据典型企业的调查分析，试点企业的车辆里程利用率较传统运输企业提高 50%，平均等货时间由 2～3 天缩短至 8～10 小时，交易成本下降约 6%～8%。同时，企业积极探索“无车承运+”甩挂运输、多式联运、共同配送等模式，通过模式创新，发挥叠加效应，进一步增强和放大了试点效果。

三是有效规范了物流运输的运营行为。试点企业通过严格承运人筛选标准、健全诚信考核档案、实施全过程风险管理、完善保险赔付机制等手段，逐步建立起涵盖全链条、各环节及各要素的管理体系，不仅有效规范了广大中小货运企业的运营行为，同时也提升了无车承运自身的服务品质。

与此同时，我们也认识到试点工作中仍然存在着许多问题：一是监测工作亟待加强，部分试点省份尚未建立省级无车承运试点运行监测平台，部分试点企业报送信息综合异常率偏高；二是退出机制亟须完善，对试点企业的监督管理仍显薄弱；三是制度标准体系亟待建立，部分试点企业存在不规范竞争等行为。这些问题在一定程度上影响了整体试点效果，也不利于无车承运物流模式的健康有序发展，亟须在下一步试点工作中加以规范和明确。

## 二、继续做好试点运行监测工作

一是提升数据报送质量。试点企业应严格按照监测工作要求，如实、准确、及时上报全部无车承运业务单据，避免单据漏报、错报，降低综合异常率，提升数据报送质量。同时，部监测平台将进一步加强对试点企业的运行监测，考核合格继续试点的企业要在现有无车承运人运单技术规范的基础上，增补资金流水单技术规范，并于2018年2月28日前上报部监测平台，无车承运人资金流水单将列入异常率统计范围。部、省监测平台应定期对试点企业异常率情况进行综合排名并通报，同时要做好与工商、税务、保险部门的信息协同对接。

二是加强数据比对监测。部、省无车承运试点运行监测平台要加强对企业接入数据的自动监测分析比对，继续做好运单信息与实际承运人“人、车、户”资质信息、总质量12吨及以上重型普通载货汽车和半挂牵引车全国道路货运车辆公共监管与服务平台入网信息、运输车辆轨迹信息的比对工作，加强对无车承运业务的综合监测。全国道路货运车辆公共监管与服务平台要向部监测平台提供总质量12吨及以上重型普通载货汽车和半挂牵引车的运行轨迹信息用于运单真实性校验。

三是及时做好异常数据处理。试点省（区、市）交通运输主管部门应及时查看部、省监测平台反馈的异常信息，了解辖区内试点企业接入异常、资质异常、入网异常、定位异常的原因，督促试点企业及时处理异常情况。同时，应对试点企业提交的车辆资质异常申诉进行及时校验，切实履行考核和督导责任。

## 三、加强对试点企业的考核和管理

（一）考核要求。

各级交通运输主管部门要按照定量与定性相结合的原则，对辖区内试点企业运行情况进行考核评估。

1. 定量考核。

截至2017年12月31日，试点企业需同时满足以下条件方为合格（以部监测平台统计数据为准）：

（1）累计上传运单量不低于1万单；

（2）累计上传运单天数不低于60天；

（3）整合货运车辆数不少于300辆；

（4）完成运量不低于2万吨；

（5）上传运单平均接入异常率不高于5%。

2. 定性考核。

（1）试点企业要建立完善的安全生产管理制度，包括经营管理规范、保险赔付机制以及对实际承运人运输全过程的安全监管等。

（2）试点期内，对在运营服务标准规范、税收、保险、物流金融、供应链互联等方面探索出成功经验，社会效益显著的试点企业，给予优先支持。

在试点考核期间，对有下列情形之一的，试点期末考核记为不合格：

（1）被税务部门查处偷税、漏税，且拒不整改的；

（2）被工商部门吊销营业执照的；

（3）实际承运人在业务合作期间发生重大以上道路交通安全责任事故的；

（4）发生影响社会稳定或危害社会公共安全事件且情节较为严重的。

（二）考核程序。

试点省（区、市）交通运输主管部门要按照考核要求，对辖区内试点企业运行情况进行考核，考核结果于2018年1月15日前报部。部将依据部无车承运试点运行监测平台统计数据，根据考核要求，对试点企业运行情况进行复核，在与各省进行沟通协调后，公布考核结果合格的企业名单。试点省（区、市）交通运输主管部门对考核合格的试点企业延续一年试点，试点资格和无车承运人经营资质有效期至2018年12月31日；对考核不合格的试点企业，试点期结束后收回无车承运人经营资质。

## 四、细化落实无车承运人相关配套政策

1. 细化无车承运人增值税进项抵扣政策措施。各省交通运输主管部门要加强与省国税部门的沟通协调，重点围绕无车承运人进项抵扣范围、认定标准及操作方法等方面，研究制定贯彻落实《国家税务总局关于跨境应税行为免税备案等增值税问题的公告》（以下简称30号公告）实施细则，切实将30号公告落实到位，降低无车承运人的税收负担。

2. 强化无车承运人对实际承运人的安全监管。督促试点企业加强事前事中事后监管，健全安全生产管理制度。在平台客户注册，建立对货主和实际承运人实名验证制度，加强对实际承运人的“人、车、户”等信息的比对查询，不得委托未取得道路货运相关经营资质的企业、车辆和驾驶员执行运输任务；在运输监管环节，利用信息化手段加强对实际承运人的动态跟踪，强化安全教育培训、安全驾驶提醒，严格对实际承运人车辆安全例检、定期维护保养等方面的要求；在诚信考核环节，试点企业应从安全事故、服务质量、投诉举报、社会信用等多个维度建立对实际承运人的信用考核体系，创新守信联合激励和失信联合惩戒措施，并充分利用市场化和法制化的手段促进“优胜劣汰”。

3. 进一步加强试点企业偿付能力制度建设。各试点省份应进一步加强与保险部门和相关企业的沟通协调，细化对无车承运人偿付能力的要求，探索创新适合无车承运运营特点的保险产品，并在试点企业中先行先试，逐步总结经验。

## 五、推进无车承运试点制度建设

一是加快研究制定无车承运人管理制度及运营服务规范。各相关单位要在充分借鉴发达国家道路货运管理制度的基础上，围绕法律责任、许可准入、运营监管、诚信考核、责任保险等方面健全无车承运人管理制度，完善运营服务标准体系，厘清无车承运人经营各环节的责任边界，为无车承运物流发展营造良好的制度环境。

二是建立健全试点监管考核机制。各级交通运输主管部门要按照“高标准、严要求、宁缺毋滥”的原则，根据辖区内试点企业实际情况，进一步细化考核指标，严格考核程序，切实筛选出优秀的无车承运企业，优化货运市场结构。有条件的省份要适时建设省级无车承运

人试点监测平台，强化对本辖区内试点企业运行监管，规范试点企业经营行为，有效防范试点风险。

三是加强对考核合格试点企业的政策支持。各地交通运输主管部门要加强与当地财政、税务、发改、经信等部门的沟通协作，协调解决试点企业发展中存在的制度障碍和政策瓶颈，加大对试点企业信息平台建设、组织模式创新、税收征管等方面的支持，加快无车承运物流规范健康发展。

四是加强行业自律。充分发挥行业协会在健全运营服务标准、完善风险赔付机制、促进交流合作等方面的作用，规范企业经营行为，引导试点企业创新运营模式，营造公平有序的发展环境。

# 交通运输部　公安部关于治理车辆超限超载联合执法常态化制度化工作的实施意见（试行）

（交公路发〔2017〕173号　2017年11月24日）

各省、自治区、直辖市、新疆生产建设兵团交通运输厅（局、委）、公安厅（局）：

为贯彻中央财经领导小组第十六次会议精神，落实《国务院办公厅关于进一步推进物流降本增效促进实体经济发展的意见》（国办发〔2017〕73号），严格规范治超检查和处罚行为，进一步优化营商环境，根据国家有关法律法规，现就推进交通运输和公安部门治超联合执法常态化制度化工作，提出如下意见。

## 一、指导思想

全面贯彻党的十九大精神，以习近平新时代中国特色社会主义思想为指导，认真落实党中央、国务院的决策部署，以服务交通运输发展、维护社会公共安全和人民群众合法权益为目标，以杜绝多头执法和重复罚款为重点，创新工作机制，规范执法流程，强化科技监管，提高执法效能，促进严格规范公正文明执法，为经济社会发展和人民群众出行提供更加安全高效的服务保障。

## 二、工作原则

（一）坚持政府领导、部门联动。要在地方各级人民政府的统一领导下，明确职责任务，建立健全协作机制，加强执法队伍建设，强化执法督导检查，推动联合执法工作科学规范高效开展。

（二）坚持依法履职、提升服务。要切实推进依法规范履行法定职责，强化协作配合，严格规范检查和处罚行为。强化执法为民意识，坚持以规范为主、处罚为辅，完善便民服务措施，提升执法服务水平。

（三）坚持统筹部署、分类实施。统筹本区域路网结构、公路超限检测站点分布、执法力量部署等因素，分类规范和强化普通公路、高速公路、货运源头等区域联合执法，提高执法效能，节约行政资源。

（四）坚持科技推动、创新管理。要坚持互联网思维和信用治超，加快推广完善技术监测设备，推进相关信息交换和共享，逐步实现自动识别和精准查纠，减少路面检查频次，从源头环节减少和杜绝不规范执法行为。

## 三、联合执法工作机制

各地交通运输、公安部门要在普通公路、高速公路、货运源头等区域全面实施联合执法，严格规范查处车货总质量超过《公路货运车辆超限超载认定标准》（见附件1）的违法超限超载运输行为，避免重复罚款。

（一）定点联合执法。对于地处省际、多条国道或省道交会点、货物运输主通道的超限检测站，各地公路管理机构和公安交通管理部门应当实行驻站联合执法，由公路管理机构负责检测车辆装载情况并监督消除违法行为，公安交通管理部门单独实施处罚和记分（认定标准见附件1，工作流程见附件2）。实行驻站联合执法的超限检测站，由各省级交通运输、公安部门共同确定后，报省级人民政府批准同意。对于未实施驻站联合执法的超限检测站，由公路管理机构负责检测和监督消除违法行为，并通知公安交通管理部门，公安交通管理部门要及时到站实施处罚和记分。超限检测站的设立必须经省级人民政府批准。对于违法超限超载运输车辆较多的超限检测站，交通运输、公安部门要加强执法力量，确保及时查处和纠正违法行为。

（二）流动联合执法。对于未设置超限检测站的普通公路，公路管理机构和公安交通管理部门应建立会商机制，不定期联合开展流动检测。对于故意绕行逃避检测或者短途超限运输情形严重的地区，要加大联合流动检测频次。发现违法超限超载车辆，应就近引导至超限检测站接受检查处罚（工作流程见附件2）；距离超限检测站较远的，应当就近引导至具有停放车辆和卸载条件的超限检测点接受检查处罚。超限检测点的设置应方便及时就近消除违法超限超载车辆的违法行为，并报省级人民政府批准（设置要求见附件3）。流动联合执法人员引导车辆至超限检测站点后，按照驻站联合执法的职责分工和工作流程进行检查处罚。要通过设置车辆检测等技术设备，加强超限超载违法情况监测，对超限超载违法多发高发的路段，联合开展针对性查纠。

（三）高速公路入口联合执法。省级交通运输、公安部门要在省级人民政府统一部署下，组织和指导高速公路经营管理单位，加强高速公路入口检测管理，推进高速公路治超工作。高速公路经营管理单位要加快安装高速公路入口检测设施（设备），加强货运车辆装载情况检测，实行检测数据和收费站入口发卡系统联动管理；发现违法超限超载车辆时，高速公路经营管理单位应当拒绝其进入高速公路行驶，并及时报告当地公路管理机构、公安交通管理部门，由有关部门按流动联合执法程序进行处理。对寻衅滋事、堵塞车道等违法行为，公安机关应依法查处。

（四）货运源头联合执法。各地道路运输管理机构应当加强对政府公布的重点货运源头单位的监督检查，建立重点货运源头单位监管信息系统，引导货运源头单位安装使用称重设备和视频监控设备，加强货车出场（站）装载情况检查，制止违法超限超载车辆出场（站）上路行驶。同时，提请地方人民政府督促相关行业主管部门履行监管职责，监督公路货运源头企业落实安全生产主体责任，从源头遏止违法超限超载运输。各地公路管理机构、公安交通管理部门要加强本地区货运源头单位周边路段的流动联合执法。对于货运源头超限超载严重的地区，省级交通运输、公安部门应通过治超工作领导小组协调机制对该地区进行挂牌督办，督促整改，并向社会公布。

（五）联动管理和失信联合惩戒。各省级公路管理机构要汇总本区域内违法超限超载车辆的检测信息和公安交通管理部门的处罚信息，抄送车籍所在地省级道路运输管理机构。道路运输管理机构要按照《公路安全保护条例》《道路运输条例》等规定，对违法货运车辆、货运车辆驾驶人、道路运输企业和货运场所经营者进行相应处罚。各地交通运输主管部门要组织道路运输管理机构和公路管理机构，加快推进货运源头单位、运输企业、从业人员、营运车辆数据库建设，做好严重违法失信超限超载运输行为和相关责任主体信息汇总和报送工作，依法依规实施失信联合惩戒。相关信息在“信用交通”网站公布。

## 四、联合执法纪律要求

各地交通运输、公安部门要依法依规履行职责，严格统一超限超载认定标准，严厉打击货车违法超限超载行为。联合执法人员依法进行检查处罚时，应着制式服装，出示执法证件，使用文明规范用语，申明执法检查依据和理由等；要坚持教育与处罚相结合，充分运用说服教育、调节疏导、劝导示范等非强制手段。要配备和使用执法记录仪，实现执法全过程记录。要按照有关规定，保证超限检测站视频监控、网络通信等检测辅助设施正常运行。要严格落实罚款收缴分离制度，公路货运罚款按照国库集中收缴制度的有关规定缴入国库。要抓紧制定公路货运处罚事项清单，明确处罚标准并向社会公布。要严格落实执法信息公开制度，依法公开执法主体、执法依据、执法程序、执法监督、执法结果、当事人权利等相关信息。各地道路运输管理机构不单独上路检查货运车辆。

联合执法要严格执行“十不准”纪律：

（一）不准制定和执行与全国统一超限超载认定标准不一致的地方标准。

（二）不准无执法资格人员实施行政处罚、行政强制措施等执法行为。

（三）不准超出法律法规规章规定的范围实施行政检查和行政处罚。

（四）不准制定和执行罚款收缴合并的制度。

（五）不准利用职务便利，以各种形式收受当事人及其委托人财物。

（六）不准对同一违法行为进行重复罚款。

（七）不准对违法超限超载车辆只罚款不卸载。

（八）不准违规收取超限检测费、停车保管费、通行费等费用。

（九）不准超期扣留违法超限超载车辆不做处理。

（十）不准在公路超限检测站（点）以外现场处罚车辆超限超载违法行为，原则上所有对货车超限超载违法行为的现场检查处罚一律引导至公路超限检测站（点）进行。

## 五、保障措施

（一）加强组织领导。省级交通运输、公安部门要依托治超工作领导小组协调机制，研究制定联合执法实施方案，报省级人民政府批准后组织实施。要大力宣传治理车辆超限超载的重要意义和成效，及时公布联合执法业务流程、行政处罚和检查清单等重点内容，鼓励社会公众加强对治超执法工作的监督，促进联合执法工作有效开展。

（二）加强站点布局。省级交通运输、公

安部门要结合本地区道路货运流量流向、路网结构、车辆超限超载特征、公安交警执法站设置等情况，研究制定超限检测站和超限检测点设置和优化方案，报省级人民政府批准后实施。要按有关规定，及时公开超限检测站（点）相关信息。超限检测站要增设安全防护设施，保护执法人员的人身安全；有条件的，要增设相关服务设施，为驾乘人员提供加水、如厕等便民服务。

（三）加强科技支撑。省级交通运输、公安部门要加快车辆信息、执法信息交换和共享，提高治超执法科技化和信息化水平，实现货运车辆自动检测、车辆轴型和装载标准自动识别、违法超限超载信息自动记录、处罚信息自动转递。各地交通运输部门要完善公路超限检测站设施设备，在超限检测站前方设置货车检测通道和相应的交通标志，引导车辆进站检测，并设置电子抓拍系统，防止货运车辆逃避进站检测。对于交通流量大的，要在货车检测通道内设置预检设施，提高检测效率。对于货运车辆不按规定车道行驶、逃避检测的，公安交通管理部门要依法处罚。有条件的地方可逐步完善技术监测网络，自动检测、拍摄和记录行驶中货运车辆的车货总质量、车辆图像等信息。

（四）加强经费保障。省级交通运输、公安部门要通过治超工作领导小组协调机制，切实落实治超执法经费预算保障，满足实际执法工作需要；公路超限检测站要做好联合执法的办公、住宿等保障。

（五）加强执法监督。省级交通运输、公安部门要组织依托 12328、12389 服务监督电话系统及政府机构网站邮箱等，受理投诉举报，及时查处和纠正违规执法行为；每季度对所在区域执法处罚情况进行网上公示公开。要强化行政复议、申诉渠道，依法受理、及时处理复议申请和申诉，最大限度保护行政相对人的合法权益。要加强监督检查，建立健全执法工作责任倒查与追究制度。交通运输部、公安部视情对重点地区进行督导，对工作不力、问题突出的，将督促地方按照有关规定严肃处理，并在全国范围内通报。

附件：1. 公路货运车辆超限超载认定标准

2. （略）

3. （略）

**附件 1：**

**公路货运车辆超限超载认定标准**

| 轴数 | 车型 | 图例 | | 总质量限值（吨） |
| --- | --- | --- | --- | --- |
| 2 轴 | 载货汽车 |  |  | 18 |
| 3 轴 | 中置轴挂车列车 |  |  | 27 |
| | 铰接列车 | 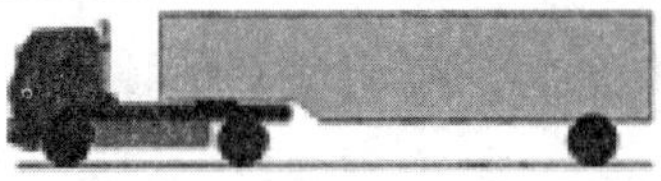 |  | |

续 表

| 轴数 | 车型 | 图例 | | 总质量限值（吨） |
|---|---|---|---|---|
| 3 轴 | 载货汽车 |  |  | 25 |
| | | 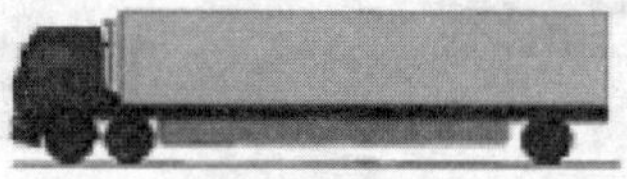 | 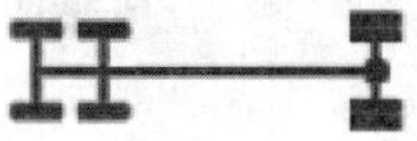 | |
| 4 轴 | 中置轴挂车列车 |  |  | 36 |
| | |  |  | 35 |
| | 铰接列车 |  | 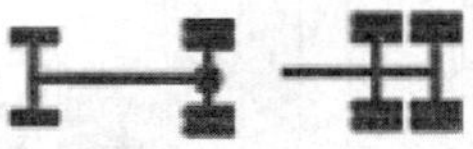 | 36 |
| | 全挂汽车列车 |  |  | |
| | 载货汽车 |  | 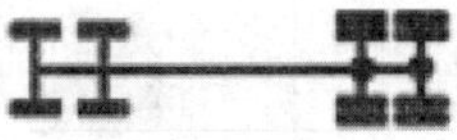 | 31 |
| 5 轴 | 中置轴挂车列车 |  |  | 43 |
| | |  |  | |
| | 铰接列车 |  |  | |
| | |  |  | |
| | | 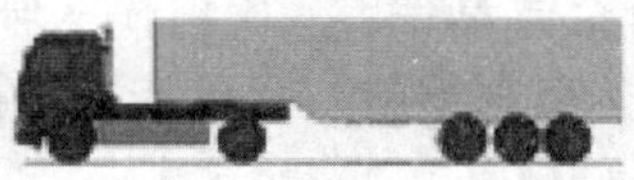 |  | 42 |
| | 全挂汽车列车 |  |  | 43 |
| | |  |  | |

续 表

| 轴数 | 车型 | 图例 | | 总质量限值（吨） |
|---|---|---|---|---|
| 6 轴 | 中置轴挂车列车 |  | 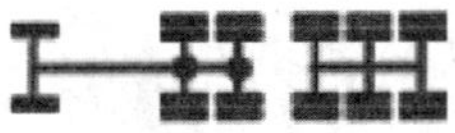 | 49 |
| | | | 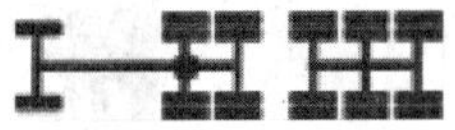 | 46 |
| | |  | 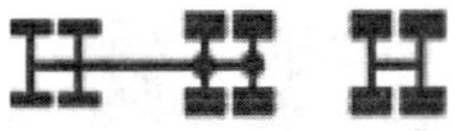 | 49 |
| | | |  | 46 |
| | 铰接列车 |  | 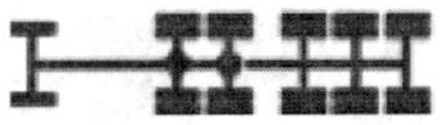 | 49 |
| | | | 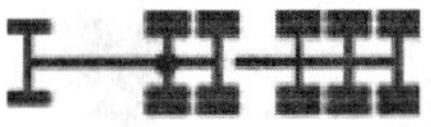 | 46 |
| | |  |  | 46 |
| | 全挂列车 |  | 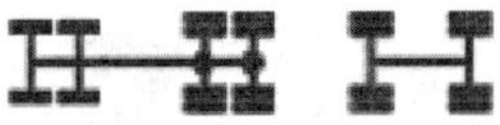 | 49 |
| | | |  | 46 |
| 备注 | 1. 2 轴货车车货总重还应当不超过行驶证标明的总质量。<br>2. 除驱动轴外，图例中的 2 轴组、3 轴组以及半挂车和全挂车，每减少两个轮胎，其总质量限值减少 3 吨。<br>3. 安装名义断面宽度不小于 425mm 轮胎的挂车及其组成的汽车列车，驱动轴安装名义断面宽度不小于 445mm 轮胎的载货汽车及其组成的汽车列车，其总质量限值不予核减。<br>4. 驱动轴为每轴每侧双轮胎且装备空气悬架时，3 轴和 4 轴货车的总质量限值各增加 1 吨；驱动轴为每轴每侧双轮胎并装备空气悬架、且半挂车的两轴之间的距离 d≥1800mm 的 4 轴铰接列车，总质量限值为 37 吨。<br>5. 图例中未列车型，根据《汽车、挂车及汽车列车外廓尺寸、轴荷及质量限值》（GB 1589—2016）规定，确定相应的总质量限值。<br>6. 对于车货外廓尺寸超限行为，按照国家有关部门的统一部署，分阶段有步骤地推进。在部署工作开展前，暂不对外廓尺寸进行检查。 | | | |

续 表

| | |
|---|---|
| 备注 | 7. 危险化学品运输车辆违法超限超载的，由公安机关依据《危险化学品安全管理条例》第八十八条的有关规定进行处罚。<br>8. 运输鲜活农产品车辆违法超限超载运输的，通行收费公路时，该运次不得给予免收车辆通行费的优惠政策；通行非收费公路时，以批评教育为主，暂不实施处罚。<br>9. 载运标准集装箱的挂车列车的整治工作另行部署，在专项整治前，重点检查其车货总质量是否超过限载标准的行为，暂不对外廓尺寸进行检查。<br>10. 低平板半挂车运输普通货物的整治工作另行部署，在专项整治前，重点查纠其车货总质量超过限载标准和假牌套牌违法行为 |

# 商务部　公安部　交通运输部　国家邮政局　供销合作总社关于印发《城乡高效配送专项行动计划（2017—2020 年）》的通知

（商流通函〔2017〕917 号　2017 年 12 月 19 日）

各省、自治区、直辖市、计划单列市及新疆生产建设兵团商务、公安、交通运输、邮政、供销合作部门：

为深入贯彻落实《国务院办公厅关于进一步推进物流降本增效促进实体经济发展的意见》（国办发〔2017〕73 号）、《商贸物流发展“十三五”规划》（商流通发〔2017〕29 号）等文件精神，完善城乡物流网络节点，降低物流配送成本，提高物流配送效率，商务部、公安部、交通运输部、国家邮政局、供销合作总社联合制定了《城乡高效配送专项行动计划（2017—2020 年）》，现印发给你们，请结合本地区、本部门实际，认真组织实施。

## 城乡高效配送专项行动计划（2017—2020 年）

为贯彻落实《国务院办公厅关于进一步推进物流降本增效促进实体经济发展的意见》（国办发〔2017〕73 号）、《商贸物流发展“十三五”规划》（商流通发〔2017〕29 号）等文件精神，完善城乡物流网络节点，降低物流配送成本，提高物流配送效率，商务部、公安部、交通运输部、国家邮政局、供销合作总社拟在全国范围开展城乡高效配送专项行动。

### 一、总体要求

（一）指导思想。

全面贯彻党的十九大精神，牢固树立新发展理念，认真落实党中央、国务院关于深入推进供给侧结构性改革、降低实体经济成本的决策部署，充分发挥市场在资源配置中的决定性作用，更好发挥政府作用，以体制机制改革为动力，以网络构建为基础，以模式创新为引领，以技术应用为支撑，以共享协同为重点，切实破解制约城乡配送发展的突出问题，推进城乡配送网络化、集约化、标准化，便利居民消费，促进城乡双向流通。

（二）基本原则。

坚持市场主导与政府引导相结合。依托市

场机制有效配置资源；发挥政府统筹作用，引导城乡配送高效集约。

坚持问题导向与重点突破相结合。聚焦突出问题，着力破解制约城乡配送发展的瓶颈和障碍。

坚持因地施策与注重实效相结合。综合考量各地基础条件和配送需求，因地制宜，务求实效。

坚持试点示范与以点带面相结合。通过引方向、促改革、立标杆等方式，将成熟经验向全国推广。

（三）主要目标。

到2020年，初步建立起高效集约、协同共享、融合开放、绿色环保的城乡高效配送体系。确定全国城乡高效配送示范城市50个左右、骨干企业100家左右。

——基础设施更加完善。城市配送网络基本健全，农村配送网络基本形成，城乡配送网络基本衔接。

——运行效率显著提高。配送组织方式更加集约，先进技术和通用标准得到广泛应用。配送成本明显下降，商贸企业物流费用率降低到7%左右。

——发展环境更加优化。制约城乡配送发展的体制机制性问题得到有效解决。规划保障更加有力，停靠装卸等配套设施更加完善，配送车辆资源配置更加合理，通行更加顺畅。

## 二、主要任务

（四）完善城乡配送网络。

1. 优化城市配送网络。加快构建以综合物流中心（物流园区）、公共配送（分拨）中心、末端配送网点为支撑的城市配送网络。鼓励根据需求建设集仓储、运输、分拨、配送、信息、交易功能于一体的综合物流中心，强化物流中心的集聚辐射功能。鼓励建设相对集中的公共配送（分拨）中心，支持仓储、零担运输、电商、邮政、快递等各类企业共建共用，提升配送中心的公共属性。加快建设末端配送网点，丰富零售门店的送、取货物功能，完善快递基层服务网点布局，支持邮政综合服务平台建设，发展自助提货设施等末端公共服务点。

2. 完善农村配送网络。健全以县域物流配送中心、乡（镇）配送节点、村级公共服务点为支撑的农村配送网络，鼓励有条件的地区构建公共配送中心和末端网点直通快捷的农村配送网络。支持县域物流配送中心强化资源整合、集散中转、仓储配送等功能。依托乡镇连锁超市、邮政营业场所、客货运站场、快递网点、农资站等网络资源，建设上接县、下联村的农村配送节点。依托农家店、便民店、村邮站、三农服务站等末端网点，发展农村公共服务点。农产品主产区乡镇重点建设具有农产品集聚、产地预冷、加工配送等功能的公共冷链设施，从产地高起点发展冷链物流网络。

3. 加强城乡配送网络衔接。发挥区域配送中心衔接城乡的功能优势，形成衔接有效、往返互动的双向流通网络。鼓励跨部门资源共享和跨行业协作联营，推动商贸流通、交通运输、邮政、快递、供销合作、第三方物流等企业向农村延伸服务网络，充分利用农村现有仓配资源，拓展农产品上行物流通道，打造“一点多能、一网多用、深度融合”的城乡配送服务网络。

（五）优化城乡配送组织方式。

4. 加快发展集约化配送。发挥第三方物流企业仓配一体化服务优势，融合供应商、实体零售门店、网络零售的配送需求，发展面向各类终端的共同配送。依托物流园区、批发市场等配送需求集中场所，整合零担长途干线运输“落地配”与城市配送资源，发展面向机关单位、工商企业、学校医院等消费团体的集中配送。扩大零售终端网络，整合供应商配送需求，发展面向连锁超市、百货店、专卖店、专业店等零售门店的统一配送。依托专业大户、家庭农场、农民合作社、农业产业化龙头企业等新型农业经营主体，发展面向电商平台和团体消费的农产品批量配送。结合城市交通状况和配送需求，加强商贸、快递与物流企业的协同协作，因地制宜发展夜间配送、分时段配送。创新发展符合个性化、定制化消费的配送方式。

5. 推动各类配送资源协同共享。加快发展公用型仓储设施，强化集货、分拨和配送功能，推动各类配送中心对外开放、共享共用，推动供应链各环节库存统一管理。加强实体商业配送网络与电商、快递等物流配送网络的协同共享，探索在分拨中心、配送中心环节加强合作，推动店配与宅配融合发展。加强末端配送资源共享，促进快递、邮政、商超、便利店、物业、社区等末端配送资源的有效组织和统筹利用。鼓励平台型物流企业和无车承运人的发展。加强配送车辆的统筹调配和返程调度，推广循环取货、返程取货等方式，减少车辆空载率。

6. 推动配送与供应链深度融合。拓展配送功能，加强与生产制造、采购销售、农产品生产等环节的协同衔接。重点发展原材料与零部件的代理采购、库存控制与线边服务；推进配送与集中采购、批发分销、网络零售等功能整合，优化网购商品按区域分布式存储，发展集中仓储和共同配送，实现供、销、配、存、运一体化；深入田间地头，发展农产品集约化、标准化的预冷加工、质量检测、包装赋码、仓储配送、质量追溯与代购代销等服务。

（六）强化城乡配送技术标准应用。

7. 加强装备技术推广应用。大力推广集装单元、快速分拣、自动识别、智能仓储等技术，提升仓储配送、装卸搬运、分拣包装等装备技术水平。推广应用无线射频识别、综合识别、集成传感等物联网感知技术，鼓励应用货位管理、可视化、路径优化、供应链管理等智能存储配送技术，提高仓储配送效率。支持应用专业冷藏运输、蓄冷板（棒）、全程温湿度监控等先进技术设备，加强末端冷链设施建设，实现冷链不断链、可监控。

8. 加强标准实施应用。完善配送中心、配送站点建设标准和配送车辆选型标准，推动仓储、配送、分拣、包装、装卸、搬运等环节物流标准广泛应用。加快建设托盘、周转箱（筐）循环共用体系，推广应用标准托盘、周转箱（筐）及一贯化作业，探索以托盘、周转箱（筐）作为装载、作业、计量和信息单元，推进农产品流通从田间地头到超市货架全程“不倒筐、零触碰”。推动配送车辆向标准化、厢式化发展，规范管理快递专用车辆。有条件的城市探索城乡配送车辆“统一标识、统一车型、统一管理、统一技术标准”。

9. 加强信息平台建设与互联互通。加快整合城乡配送公共信息平台，保障信息平台汇集配送需求和运力资源的信息服务功能，提升资源整合、交易撮合、订单管理、配载管理等交易服务功能，拓展车辆调度、路径优化、信用评价、车辆监管、运力调控、绩效统计等管理服务功能。促进城乡配送上下游企业和公共信息平台互联互通，推动跨地区、跨行业的仓配信息融合共享。有条件的城市探索配送平台与交通监管平台的数据交互和统筹管理，探索配送业务管理与肉类、蔬果、水产、酒类、药品等重要产品追溯管理的融合发展。

（七）推动城乡配送绿色发展。

10. 发展绿色仓储。贯彻实施仓库规划设计、绿色仓库等国家、行业标准，开展绿色仓库评价与评估。合理规划仓库空间布局与功能布局，充分考虑仓储运营的需求，合理配置作业门、可调节月台、移动登车桥等设施，重点推广应用绿色建筑材料、仓库屋顶光伏发电、冷库节能技术、节能灯、电动叉车等新材料、新技术、新设备。

11. 发展绿色运输。推进货运车辆技术升级，推广应用高效、节能、环保的运输装备，积极推广使用新能源和清洁能源车辆。推动运输组织模式创新，支持发展甩挂运输、多式联运等方式，鼓励开展配送流程再造，合理调度运输车辆，优化路径，减少重复交错运输和运输车辆空载。

12. 发展绿色包装。开展绿色包装容器与技术研发，支持使用标准化、减量化、可循环利用和可降解的包装材料。鼓励采用清洁包装技术，合理使用包装物品，大力降低原材料和能源消耗。推动包装回收再利用，建立包装生产者、使用者和消费者在内的多方协同回收体系。

（八）提升城乡配送管理水平。

13. 加强仓储规划保障。将城乡配送仓储设施建设纳入土地利用规划和城乡建设规划，并与本地区经济社会发展、交通、商贸流通和物流业发展规划紧密衔接，以规划保障城乡配送网络建设。加强规划实施的监督和评估，强化政策支持措施与规划的衔接配套，引导企业依规、有序建设仓储配送设施。

14. 加强设施衔接配套。合理设置城市配送所需的公用仓储、配送车辆停靠、装卸、充电等配套设施和场地。完善城市商业区、居住区、高等院校和大型公共活动场地等项目装卸设施、停车场地、充电桩的配套建设并强化实施监督。

15. 加强车辆通行管理。组织城乡配送需求调查，综合评估城市环保、拥堵与配送实际的客观要求，科学配置进城车辆资源，探索发展城乡配送公交化运行模式。落实企业主体责任，加强对运输、配送等环节的安全管理。进一步完善城市配送车辆通行管理制度，探索建立城市配送车辆分类管理机制，按照保障需求、便利通行、分类管理、适度调控的原则，保障配送车辆的城区通行与停靠需求。

## 三、重点工程

（九）城乡配送网络建设工程。

适应全渠道流通和供应链深度融合的趋势要求，优化仓储配送网点布局，促进地区之间、城乡之间网络衔接。引导仓储、邮政、快递、批发、零售、电商等企业，采取多种方式共建共用社会化配送中心。鼓励地方政府整合利用城市商业网点、快递网点、社区服务机构等设施资源及农村商贸、交通、邮政、快递、供销等网络资源，建设公共末端配送网点。鼓励经营规模大、配送品类全、网点布局广、辐射功能强的骨干企业，联合相关企业建立多种形式的联盟与协同体系，构建城乡一体、上下游衔接、线上线下协同的物流配送网络。（商务部会同交通运输部、国家邮政局、供销合作总社负责）

（十）绿色货运配送示范工程。

建立交通运输主管部门负责配送运力调控、商贸流通主管部门负责配送需求引导、公安交通管理部门负责通行管理的协同工作机制，推进城乡货运绿色创新发展。在城市中心城区周边、农村县乡等交通便利地区，统筹规划建设具有干支衔接功能并组织共同配送的大型公共货运与配送综合体。完善城市配送车辆便利化通行政策，探索建立城市配送车辆分类管理机制。推动城市配送车辆标准化、专业化发展，推广新能源配送车辆并给予通行便利。推动运输组织方式创新，支持发展多式联运、甩挂运输、带托运输等高效运输模式。在商业街区、大型商圈、居民社区、高等院校等场所合理设置城市配送所需的停靠、充电、装卸、夜间配送交接等设施。推动城乡货运与配送全链条信息交互共享，促进整合各方资源，形成集约高效的城乡货运组织链条。（交通运输部会同公安部、商务部负责）

（十一）技术与模式创新工程。

推动现代物流技术和装备的创新与应用，推广使用标准托盘、周转箱（筐）、配送车辆等，推动城乡配送各环节高效衔接。推动将绿色包装纳入资源回收政策支持范畴，减少包装物料用量，研发生产可循环使用和可降解的包装材料。大力推进大数据、云计算与物联网等技术在城乡高效配送中的应用，推动智慧仓配网络与平台建设。创新配送模式，发展统一配送、集中配送、共同配送等多种形式的集约化配送，发展共享物流、智慧供应链等新业态，发展夜间配送、分时段配送。（商务部会同交通运输部、国家邮政局、供销合作总社负责）

## 四、保障措施

（十二）优化政策环境。

落实和完善物流用地政策，合理确定配送中心仓储用地税收贡献指标水平，加大对公共物流设施和农村物流设施的支持。结合物流园区建设、电子商务示范试点、快递发展系列示范工程、鲜活农产品“绿色通道”、新能源汽车等支持政策，优先扶持试点城市和骨干企业发展，对全程全网型企业给予重点扶持。推动建立多元化投融资机制，发挥财政资金、国有资本、产业基金的引导带动作用。进一步深化“放管服”改革，研究制定非机动配送车辆标准，简化货车通行审批程序，为推进城乡配送发展营造良好政策环境。

（十三）完善工作机制。

各地要加强对专项行动的组织领导，建立健全组织机构，成立由政府统一领导，商务、公安、交通运输、邮政、供销等部门组成的城乡配送领导小组。明确工作分工，建立部门联席会议等协调推进机制，强化对专项行动的综合协调、督导检查、绩效评估和统计监测，加强部门分工协作与资源共享。发挥专业协会等行业组织作用，强化行业自律，开展统计、咨询、评估等社会化服务。

（十四）开展试点示范。

各地结合各行业发展基础与经验，以城市为载体组织开展城乡高效配送试点，通过改革探索和政策支持，实施一批重点项目，对重点行业给予重点扶持。其中，直辖市、计划单列市整体组织试点，各省、自治区自主选择城市组织试点。商务部等五部门共同组织开展城乡高效配送专项行动年度评估工作，编制印发城乡配送评估指南，每年从各地试点中确定一批全国城乡高效配送示范城市，在全国范围确定一批骨干企业。

（十五）加强宣传培训。

创新工作方式和手段，组织开展形式多样的宣传活动，提高社会认知度、行业认同度和企业参与的积极性。通过召开现场经验交流会、建立案例库等形式，宣传推广典型经验做法。开展多层次的业务培训，加强物流规划、物流标准化、共同配送等重点领域业务培训，提高企业专业化水平与业务技能。

# 交通运输部办公厅　公安部办公厅　商务部办公厅 关于组织开展城市绿色货运配送示范工程的通知

（交办运〔2017〕191号　2017年12月26日）

各省、自治区、直辖市、新疆生产建设兵团交通运输厅（局、委）、公安厅（局）、商务主管部门：

为贯彻落实党的十九大精神，推动城市货运配送绿色高效发展，缓解城市交通拥堵，促进物流业降本增效，按照《国务院办公厅关于进一步推进物流业降本增效促进实体经济发展的意见》（国办发〔2017〕73号）、《交通运输部　公安部等十四个部门关于印发促进道路货运行业健康稳定发展行动计划的通知》（交运发〔2017〕141号）以及《商务部公安部交通运输部国家邮政局供销合作总社关于印发〈城乡高效配送专项行动计划（2017—2020年）〉的通知》（商流通函〔2017〕917号）工作要求，经交通运输部、公安部、商务部同意，决定联合组织开展城市绿色货运配送示范工程。现将有关事项通知如下。

## 一、总体思路

开展城市绿色货运配送示范工程建设，是支撑国家新型城镇化战略实施的重要举措，是防治大气污染和缓解城市交通拥堵的客观要求，是促进物流降本增效、破解城市配送“三难”问题的有效途径。示范工程将以城市为组织主体，坚持“客货并举、便民高效、综合施策”的原则，整合各方物流资源，完善干支衔接的公共货运枢纽设施，优化城市配送车辆便利通行政策，推广应用新能源城市配送车辆，实现城际干线运输和城市末端配送的有机衔接，形成集约高效的城市货运配送组织链条，提升流通效率，促进节能减排。

## 二、工作目标和主要任务

（一）工作目标。

通过示范，力争在示范城市建成“集约、高效、绿色、智能”的城市货运配送服务体系，为促进城市可持续发展提供有力支撑。

示范城市在示范期结束时应实现以下目标：探索形成一批各具特色的城市绿色货运配送发展模式；建成一批现代化、标准化、集约化的城市货运枢纽，形成若干集聚效应强的干支衔接公共货运枢纽站场；培育一批运作高效、服务规范、开展甩挂运输和实施共同配送的物流企业；更新一批标准化、专业化、环保型运输与物流装备，新能源和清洁能源车辆占营运载货汽车比重大幅提升；打造功能健全、资源集约协同共享的物流信息平台；城市货运配送效率显著提升，物流成本、能耗水平和污染物排放明显降低。

（二）主要任务。

1. 统筹规划建设城市货运配送节点网络。在城市周边统筹布局规划和建设一批具有干支衔接并组织共同配送的大型公共货运枢纽，优化城市内末端共同配送节点网络，在城市近郊建设服务于城际货运和城市配送间高效转换的物流园区和大型物流中心，依托工业集中发展区或大型商业网点建设分拨中心、公共配送中心以及各类货物装卸点、公共配送站，推动形成有机衔接、层次分明、功能清晰、协同配套的城市货运配送节点网络体系。

2. 优化完善城市配送车辆便利通行政策。建立“交通运输主管部门负责运力调控，商贸流通主管部门负责配送需求引导，公安交通管理部门负责通行管理”的协同工作机制，健全完善城市货运配送需求调查制度，科学确定并及时向社会公布配送车辆禁止、限制通行的区域和时间；对城市配送车辆依照规定发放通行证，并向社会公布通行证办理的条件和程序；对年度安全管理考核不合格、车辆交通违法行为较多的配送运输企业，收回其车辆通行证，并责令限期整改。探索实施城市配送车辆分时、错时、分类通行和停放措施，合理规划设置中心城区商业区、居住区、生产区、大型公共活动场地等区域专用卸货场地和道路范围内配送车辆的临时停车泊位。

3. 加快标准化新能源城市货运配送车辆推广应用。推动示范城市制定符合国家标准、体现各地发展实际的城市配送车辆选型技术指南，进一步加强对城市配送车辆车型、安全、环保等方面的技术管理，推动城市配送车辆的标准化、专业化发展。加大对新能源城市配送车辆的推广力度，加强政策支持并给予通行便利，健全完善加补气、充电等基础设施建设，引导支持城市配送车辆清洁化发展。

4. 推进城市货运配送全链条信息交互共享。推动示范城市建设城市货运配送基础公共信息服务平台，有效整合城际干线运输、城市配送相关公共信息系统以及城市交通管理信息系统等各类资源，促进各类信息资源的集约利用。支持互联网平台企业利用信息化技术优化公共货运配送服务，打通物流企业、生产制造企业和商贸流通企业信息互联共享链条，提升供应链综合服务水平。

5. 引导和鼓励城市货运配送组织模式创新。支持城市货运配送企业发展多种形式的统一配送、集中配送、共同配送。推动完善夜间配送管理制度，引导商贸流通企业、货运配送企业协同开展夜间配送。支持货运配送企业延展服务链条，推进干线甩挂运输与城市共同配送的一体化运作。推动干线货运与城市配送企业之间、同城配送企业之间建立多种形式的合作联盟，共同开展跨区域货运配送的业务合作、同城共同配送的组织协作。

## 三、申报条件

申报绿色货运配送示范工程的城市，原则上应当同时满足以下条件：

（一）城市规模。

地级及以上城市，优先考虑直辖市、省会城市和计划单列市。

（二）区位条件。

优先支持《推进物流大通道建设行动计划（2016—2020年）》确定的国家骨干联运枢纽（城市）、区域重点联运枢纽（城市）和《全国物流园区发展规划（2013—2020年）》确定的一级、二级物流园区布局城市。

（三）物流基础。

物流枢纽站场等基础设施条件较好，信息化水平较高，物流需求旺盛，城市配送、甩挂运输、冷链物流等重点领域发展潜力大。

（四）政策环境。

城市人民政府及相关管理部门对推动城市物流配送发展、新能源配送车辆便利通行等方面有具体、明确的支持政策。

## 四、申报程序与时间安排

（一）启动阶段（2018年1—6月）。

1. 城市申报。省级交通运输主管部门组织本省（区、市）各有关城市进行申报。符合申报条件的城市人民政府，按照实施方案编制要点（详见附件1），结合城市发展特点，认真组织编写城市绿色货运配送示范工程实施方案，报送省级交通运输主管部门，抄送省级公安、商务部门。

2. 审查确认。省级交通运输、公安、商务部门应遵循公平、公正、公开的原则，对申报城市材料进行审核，形成审核报告，并按照推荐的优先顺序排序后，填写《×××省（区、市）申报城市绿色货运示范工程情况汇总表》（详见附件2），于2018年3月31日前将相关材料报交通运输部，申报城市原则上不超过两个。交通运输部会同公安部、商务部组织专家对审核报告和城市申报材料进行综合评价，择优确定城市绿色货运配送示范工程创建城市，并于2018年6月30日前联合发文确认公布。

（二）实施阶段（2018年7月—2020年6月）。

1. 组织实施。城市人民政府要建立部门协同、分工负责的工作机制，按照批准的实施方案，严格组织执行，落实配套政策，全面推进各项工作。

2. 重点督导。省级交通运输主要部门要会同公安、商务部门要加强跟踪督导，及时协调解决示范工程建设中遇到的各种问题。交通运输部将会同公安部、商务部视工作进展情况适时组织督查。

（三）验收总结阶段（2020年7—12月）。

1. 评估验收。交通运输部将会同公安部、商务部制定示范工程绩效考核评价指标体系和评估方法，示范工程结束后，各省级交通运输主管部门会同公安、商务部门按照绩效评估办法，对照示范工程实施方案和考核验收目标，对示范工程进行总结评估，出具评估验收意见。交通运输部将会同公安部、商务部视情对验收工作进行抽查。

2. 总结推广。相关部门要全面总结示范工程取得成效，梳理典型发展模式和成熟经验，充分发挥标杆项目示范引领作用，推进城市绿色货运配送健康发展。

## 五、工作要求

（一）加强组织领导。

示范城市所在省级交通运输、公安、商务部门要充分认识推进城市绿色货运配送发展的重要意义，对示范工作给予高度重视和大力支持。示范城市人民政府应加强领导和统筹，建立有关部门各负其责、协调配合的工作机制，明确具体职责、工作目标和任务分工，强化示范工作动态监管，为示范工程提供组织保障。

（二）落实配套政策。

交通运输部将对纳入城市绿色货运配送示范工程的货运枢纽（物流园区）项目，按照《“十三五”货运枢纽（物流园区）建设方案》和相关管理规定，予以重点考虑、优先支持。公安部、商务部将根据各自职责，加强部门协调和政策推进，支持示范工程建设。交通运输主管部门应积极争取省级和城市的财政资金支持，加大对示范工程中公共基础设施建设、公共信息平台建设、新能源配送车辆更新购置、企业节能减排技术改造项目等方面的支持。

（三）强化市场监管。

城市交通运输主管部门要会同公安、商务部门研究制定城市配送企业运营服务规范，健全城市货运配送企业质量信誉考核制度，引导行业规范发展。加强城市配送需求、车辆运力需求的调查统计，科学制定城市配送发展规划和运力投放计划，提高城市配送车辆通行证发放的科学性。进一步加大对城市货运非法营运、交通违法行为的检查和处罚力度，规范城市配送市场和安全秩序。

（四）加强监督指导。

各省级交通运输主管部门要会同公安、商务部门，按照示范工程绩效考核评价办法的要求，严格对示范工程的绩效考核。各省级主管部门和城市人民政府应加强对示范工作实施过程的监督管理，建立督查督导工作制度，及时掌握示范工作进展情况，协调解决示范过程中遇到的问题，确保示范工作取得实效。

附件：1.（略）

2.（略）

# 商务部 国家发展改革委 工业和信息化部 财政部 交通运输部 统计局 邮政局 国家认监委 国家标准委 中国铁路总公司关于推广标准托盘发展单元化物流的意见

（商流通函〔2017〕968号 2017年12月29日）

各省、自治区、直辖市、计划单列市及新疆生产建设兵团商务、发展改革、工业和信息化、财政、交通运输、统计、邮政、质量技术监督、市场监督管理、铁路部门（集团公司），中国物流与采购联合会、中国仓储与配送协会：

托盘作为物流集装单元器具，广泛应用于生产和流通领域，推广应用标准托盘（以下均指1200mm×1000mm平面尺寸）、发展单元化物流，是降低物流成本、提高流通效率的有效措施。为贯彻党的十九大精神，落实《国务院办公厅关于进一步推进物流降本增效促进实体经济发展的意见》（国办发〔2017〕73号），加快推广标准托盘、发展单元化物流，促进物流提质增效，现提出以下意见。

## 一、总体要求

（一）基本思路。

从标准托盘推广应用切入，促进包装箱、周转箱（筐）、货运车厢、集装箱等物流载具标准衔接，提升物流上下游设施设备和服务标准化水平。以托盘、周转箱（筐）为集装单元、作业单元、计量单元和数据单元，发展单元化物流，推进物流链各环节高效运作，各主体信息顺畅交换。

（二）工作原则。

坚持市场主导。发挥市场主体作用，以用户需求为导向，以模式创新为动力，以信息技术为支撑，鼓励标准托盘在适用领域广泛应用。

坚持问题导向。推动解决设施设备不衔接、循环共用体系不完善、物流运作规范不统一、信息数据交互不顺畅等问题，实现物流一体化运作。

坚持协同推进。发挥商贸、生产、物流企业及设备运营商等各方面作用，鼓励联盟合作和区域联动，以点连线、以线联网，协同推进物流标准化。

（三）工作目标。

到2020年，物流标准化水平明显提升。

标准托盘占全国托盘保有量比例由目前的 27% 提高到 32% 以上，适用领域占比由目前的 65% 提高到 70% 以上。物流降本增效取得明显进展。企业装卸成本大幅降低，货损率显著下降，装卸货效率、车辆周转率明显提高。

## 二、重点任务

（一）加快标准托盘推广应用。

重点在快消品、农产品、药品、电商、中小型电器和工业零部件等适用领域，推广规格统一、质量合格的标准托盘。鼓励托盘生产企业从供给端减少一次性托盘、非标托盘的生产与供应。鼓励用户以租赁、转售、交换等形式使用标准托盘，促进托盘沿供应链流转，减少托盘自购自用和静态使用。加快淘汰存量非标托盘，鼓励采用“回购返租”等创新模式实现非标托盘转换。

（二）促进物流链各环节标准化衔接。

推动单元化物流载具应用并与标准托盘衔接配套，鼓励产品制造环节采用符合 600mm×400mm 模数系列的包装箱，鼓励商品流通环节采用 600mm×400mm 模数系列的周转箱（筐），鼓励物流运输环节推广外廓尺寸为 2550mm（冷藏货运车辆外廓 2600mm）的货运车辆。推动物流配套设施设备标准化，适应托盘一贯化运作。鼓励对仓库、配送中心、零售门店等物流设施进行标准化建设和改造，对存储、装卸、搬运、分拣、包装等设备进行标准化投入和更新。

（三）推进物流载具循环共用。

逐步建立以全国运营为主体、区域运营为补充、相互协同开放的托盘、周转箱（筐）循环共用体系，为发展单元化物流提供保障。鼓励物流载具运营企业做大做强，扩大标准托盘、周转箱（筐）运营规模，通过自建、共建、合作等多种方式拓展公共运营网点，为用户提供托盘、周转箱提取、退还、调拨、维修、数据等便利化、信息化服务。鼓励物流载具生产企业、第三方物流企业、物流园区发挥各自优势，盘活存量标准托盘、周转箱（筐），拓展租赁运营服务。鼓励通过信息技术应用，加强物流载具循环共用线上服务，探索模式创新，整合线下物流资源，提高物流载具循环共用水平。鼓励各类运营主体加强协同合作，实现规则互通、资源共享和网络融合。鼓励开展托盘认证，制定托盘交换规则，探索建立托盘租赁、交换相结合的自由流转机制。

（四）推进物流单元化、一体化运作。

以托盘、包装箱、周转箱（筐）、集装箱为单元，推动包装、储存、装卸、搬运、分拣、配送、运输等物流各环节一体化运作。鼓励生产制造企业使用标准托盘、包装箱（600mm×400mm 模数系列）将产品整合为规格化、标准化的集装单元，从源头发展单元化物流。鼓励物流企业将标准集装单元与共同配送、集装箱运输、多式联运相结合，推广带托盘运输，提高港口、场站、仓库装卸效率和空间利用率。鼓励批发、零售、电商等流通企业以标准托盘、周转箱（筐）为集装单元和计量单元，进行采购订货、计算运费、收发货和验货，推动流通全过程“不倒托”“不倒箱”，优化商业流程和流通组织方式，减少流通环节和货物损耗。

（五）提高物流链信息化、智能化水平。

拓展标准托盘、周转箱（筐）的信息承载功能，从集装单元提升为数据单元，应用全球统一编码标识（GS1），探索托盘条码与商品条码、箱码、物流单元代码关联衔接，推动物流链上下游企业数据传输交换顺畅。利用大数据、云计算、物联网、区块链、人工智能等先进技术，加强数据分析应用，挖掘商业价值，优化生产、流通、销售及追溯管理，以智能物流载具为节点打造智慧供应链。

（六）推广先进成熟模式。

推广“集团整体推进”模式，鼓励集团型企业整合内部资源，统一托盘采购、租赁、带托盘运输等业务，依托网点优势，实现全国托盘循环共用；推广“供应链协同推进”模式，鼓励生产企业、连锁商贸企业等供应链上下游企业“结对子”“建联盟”，开展统一租赁、托盘互换，协同推进托盘标准化；推广“社会化服务推进”模式，鼓励第三方物流企业、托盘租赁运营企业依托服务供需两端的客户资源优势，引导用户从托盘自购向租赁转变，从仓库内部使用向带托盘运输转变，从企业自用向循环共用转变；推广“平台整合推进”模式，鼓励平台型企业发挥信息化优势，整合托盘供方、需方、运营方等各类资源，为用户提供开放式循环共用服务，推动标准托盘广泛应用。

## 三、保障措施

（一）健全标准体系。

围绕标准托盘及其循环共用，开展包装箱、周转箱（筐）、托盘、集装箱等集装单元器具标准研究，促进物流链上下游设施设备标准、信息标准、服务标准相衔接。鼓励行业组织制定先进的团体标准，完善带托运输通用规则、货物堆码通用规则、托盘交换规则、诚信交接免验货机制，推进托盘循环共用和单元化物流发展。（国家标准委、商务部、国家发展改革委、工业和信息化部、交通运输部负责）

（二）加大政策扶持。

鼓励有条件的地区创新扶持政策，支持跨区域联动、辐射带动周边的项目，对在外地注册法人但在当地有实体的非法人机构，及在当地注册法人但在外地建设实体的机构，均可在当地申报项目，促进大物流、大流通发展。（商务部、财政部、地方有关部门负责）按照《外商投资产业指导目录》，鼓励外商投资托盘及集装箱单元共用系统建设、运营。（发展改革委、商务部负责）鼓励地方因地制宜，出台支持标准托盘应用和单元化物流发展的相关扶持政策。（地方有关部门负责）

（三）营造市场环境。

研究成立托盘认证技术委员会，推动有关机构开展托盘质量认证，从供给侧统一托盘规格、标识和质量，形成标准托盘持续增长的长效机制，为托盘交换共用打好基础。（商务部、国家标准委、国家认监委负责）引导电商和物流企业推广标准包装箱、周转箱（筐）和托盘箱（笼），开展绿色包装认证。（商务部、国家邮政局、国家认监委负责）支持港口、场站等发展带托盘运输和多式联运。（交通运输部、中国铁路总公司负责）指导用户企业对以标准托盘、周转箱（筐）为计量单位的合作方，给予优先收货、开辟绿色通道等优惠措施。（商务部、工业和信息化部负责）

（四）加强统计培训。

研究建立物流标准化统计制度（国家统计局、商务部、发展改革委负责）发挥有关协会、联盟和研究机构作用，定期开展标准托盘应用情况调查，监测分析相关成本、效率指标，加强标准宣贯和专业培训，加大典型案例推广力度，提高物流标准化认识。（有关协会、联盟、研究机构负责）

第二部分

# 物流统计

# 2017 年中国物流运行情况

2017 年，我国物流运行总体向好，社会物流总额增长稳中有升，社会物流总费用与 GDP 的比率有所回落。

## 一、社会物流总额增长稳中有升

2017 年我国社会物流总额为 252.8 万亿元，按可比价格计算，同比增长 6.7%，增速比上年同期提高 0.6 个百分点。分季度看，一季度为 56.7 万亿元，同比增长 7.1%，增速比上年同期提高 1.1 个百分点；上半年 118.9 万亿元，同比增长 7.1%，增速比上年同期提高 0.9 个百分点；前三季度为 184.8 万亿元，同比增长 6.9%，增速比上年同期提高 0.8 个百分点。全年社会物流总需求呈现稳中有升的发展态势。

从构成看，工业品物流总额为 234.5 万亿元，按可比价格计算，同比增长 6.6%，增速比上年同期提高 0.6 个百分点；进口货物物流总额为 12.5 万亿元，同比增长 8.7%，增速比上年同期提高 1.3 个百分点；农产品物流总额为 3.7 万亿元，同比增长 3.9%，增速比上年同期提高 0.8 个百分点；再生资源物流总额为 1.1 万亿元，同比下降 1.9%；单位与居民物品物流总额为 1.0 万亿元，同比增长 29.9%。

## 二、社会物流总费用与 GDP 的比率有所回落

2017 年我国社会物流总费用为 12.1 万亿元，同比增长 9.2%，增速低于社会物流总额、GDP 现价增长。

其中：运输费用为 6.6 万亿元，同比增长 10.9%，增速比上年同期提高 7.6 个百分点；保管费用为 3.9 万亿元，同比增长 6.7%，增速比上年同期提高 5.4 个百分点；管理费用为 1.6 万亿元，同比增长 8.3%，增速比上年同期提高 2.7 个百分点。

2017 年社会物流总费用与 GDP 的比率为 14.6%，比上年同期下降 0.3 个百分点。

## 三、物流业总收入较快增长

2017 年我国物流业总收入为 8.8 万亿元，比上年增长 11.5%，增速比上年同期提高 6.9 个百分点（见下表）。

**2017 年物流统计数据表**

| | 单位 | 本期 | 同比增长（%） |
|---|---|---|---|
| 一、社会物流总费用 | 亿元 | 120766 | 9.2 |
| 运输费用 | 亿元 | 66080 | 10.9 |
| 保管费用 | 亿元 | 39111 | 6.7 |
| 管理费用 | 亿元 | 15576 | 8.3 |
| 二、社会物流总额 | 亿元 | 2527537 | 6.7 |
| 其中：农产品物流总额 | 亿元 | 37123 | 3.9 |
| 工业品物流总额 | 亿元 | 2345204 | 6.6 |
| 进口货物物流总额 | 亿元 | 124723 | 8.7 |
| 再生资源物流总额 | 亿元 | 10720 | -1.9 |
| 单位与居民物品物流总额 | 亿元 | 9767 | 29.9 |
| 三、物流业总收入 | 亿元 | 88396 | 11.5 |

注：2017 年社会物流总费用与 GDP 的比率为 14.6%。

（国家发展改革委　中国物流与采购联合会）

# 2017 年中国物流运行情况分析

2017 年我国物流运行总体向好。运行数据显示，物流发展质量和效益稳步提升，社会物流总费用与 GDP 的比率持续下降。社会物流总额增长稳中有升，需求结构优化。物流运行环境进一步改善，供给侧结构性改革成效显现，产业向高质量发展阶段迈进。

## 一、物流运行质量提升，“降成本”取得成效

（一）物流领域“降成本”取得实效。

随着供给侧结构性改革的深入推进，为进一步推进物流降本增效，国务院连续两年出台推进物流业降本增效的文件，物流领域“降成本”取得成效。2017 年我国社会物流总费用与 GDP 的比率为 14.6%，比上年下降 0.3 个百分点。即每万元 GDP 所消耗的社会物流总费用为 1460 元，比上年下降 2.0%，社会物流总费用占 GDP 的比率进入连续回落阶段（如图 1 所示）。

图 1　2008—2017 年社会物流总费用与 GDP 的比率

从构成看，物流降本增效、货畅其流取得初步成效，物流各环节的协同性不断增强。在社会物流总费用中，运输费用为6.6万亿元，占比54.7%，同比提高0.9个百分点；保管费用为3.9万亿元，占比32.4%，同比下降0.8个百分点；管理费用为1.6万亿元，占比12.9%，同比下降0.1个百分点（如图2所示）。从变化情况看，运输环节在社会物流总费用中的比重持续提高，保管环节则连续下降，表明当前我国物流流转速度提升，库存、资金占用时间及成本有所下降。

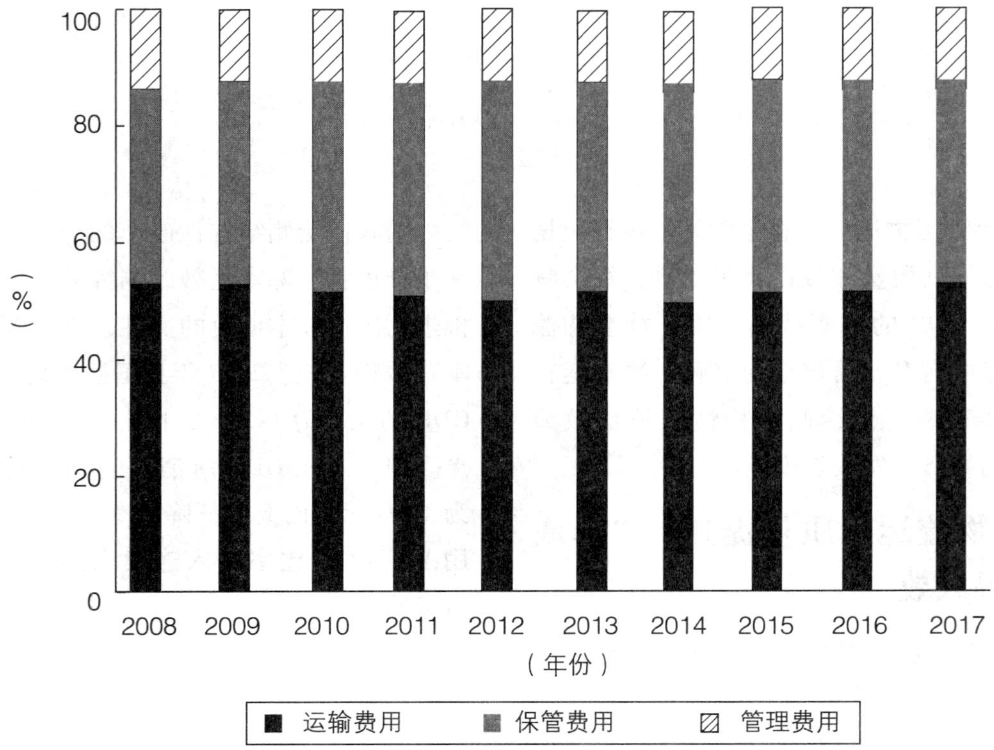


**图2 2008—2017年我国社会物流总费用构成情况**

（二）运输物流效率稳中有升。

一是运输物流协调性增强。2017年，各种运输方式互联互通取得进展，运输费用占GDP的比率为7.99%，比上年下降0.02个百分点。总体来看，铁路运输持续高位运行，航空货邮运量增速提高，水运及港口货物和集装箱吞吐量保持平稳增长，多式联运、甩挂运输、江海直达运输等加快发展，主要港口集装箱铁水联运量增长超过10%，装卸搬运费用占比连续两年小幅回落，比上年下降0.1个百分点。2016—2017年我国运输费用构成情况如图3所示。

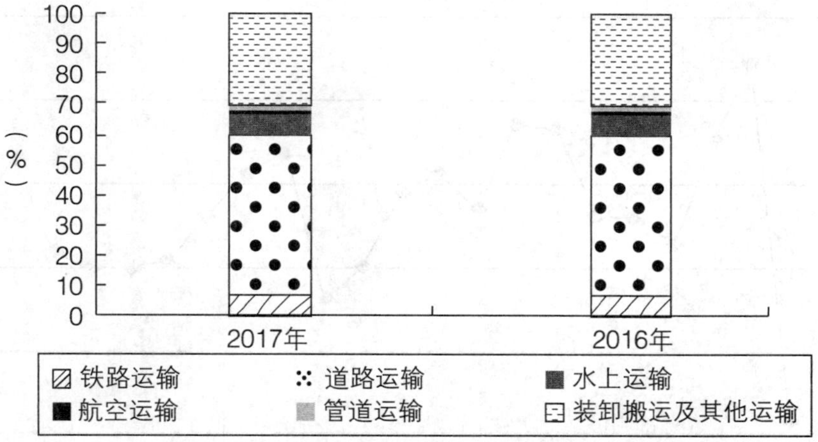


图 3 2016—2017 年我国运输费用构成情况

二是运输物流时效持续提升。2017 年在简政放权、信息化应用、交通运输基础设施建设等多举措带动下，我国运输环节时效持续提升。特别是在电商物流等重点领域表现更为明显，全年物流时效指数平均为 121.2 点，比上年提高 6.4 点（如图 4 所示）。

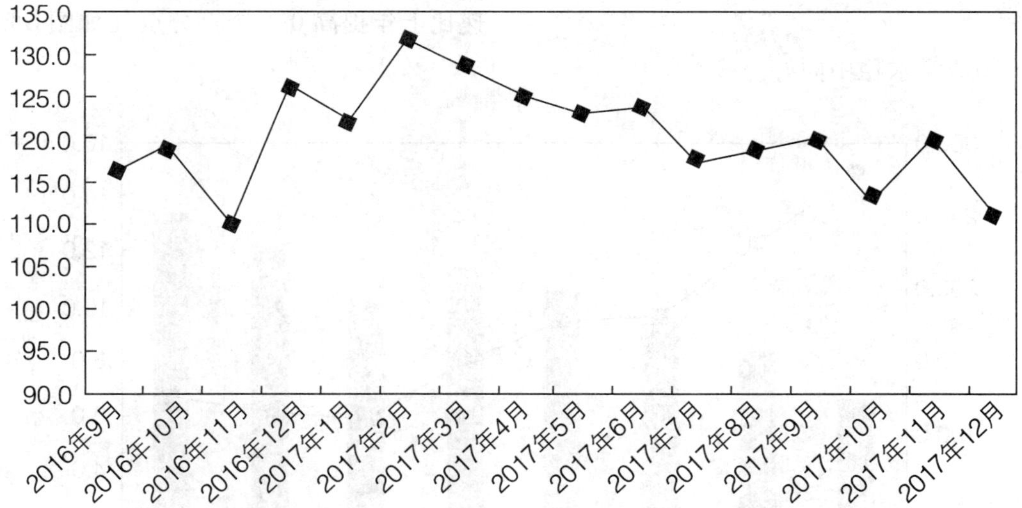


图 4 2016—2017 年我国电商物流时效指数走势

（三）库存周转效率保持较高水平。

2017 年在去产能的大背景下，我国社会库存整体保持较低水平，库存周转效率保持高位。全年中国仓储指数中的平均库存周转次数指数平均为 52.1 点，均处在扩张区间（如图 5 所示），表明仓储物流企业周转效率持续保持较快增长。

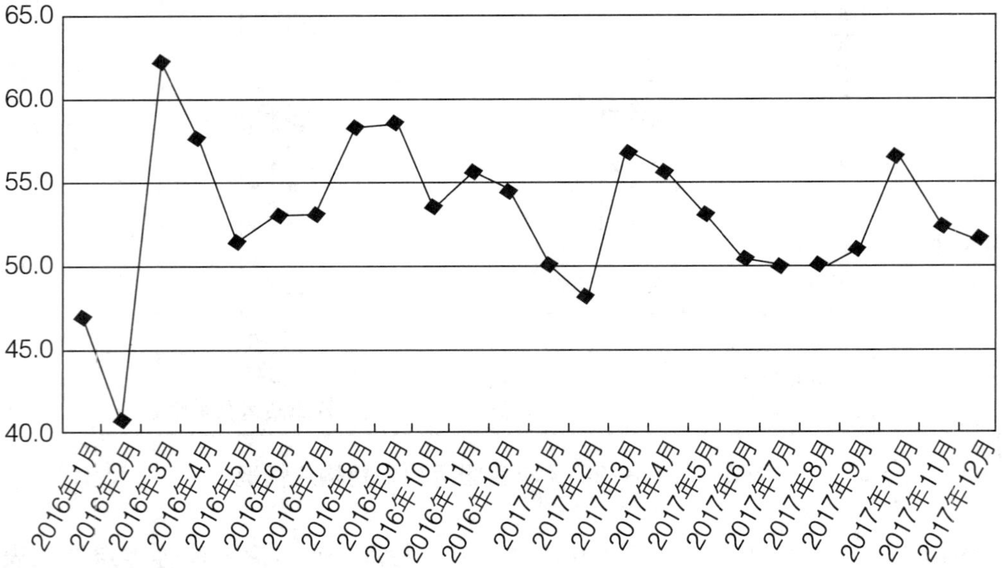


**图 5　2016—2017 年我国平均库存周转次数指数走势**

## 二、物流需求稳中向好，结构进一步改善

（一）物流需求稳中向好。

2017 年，我国社会物流总额为 252.8 万亿元，按可比价格计算，比上年增长 6.7%，增速比上年提高 0.6 个百分点（如图 6 所示）。

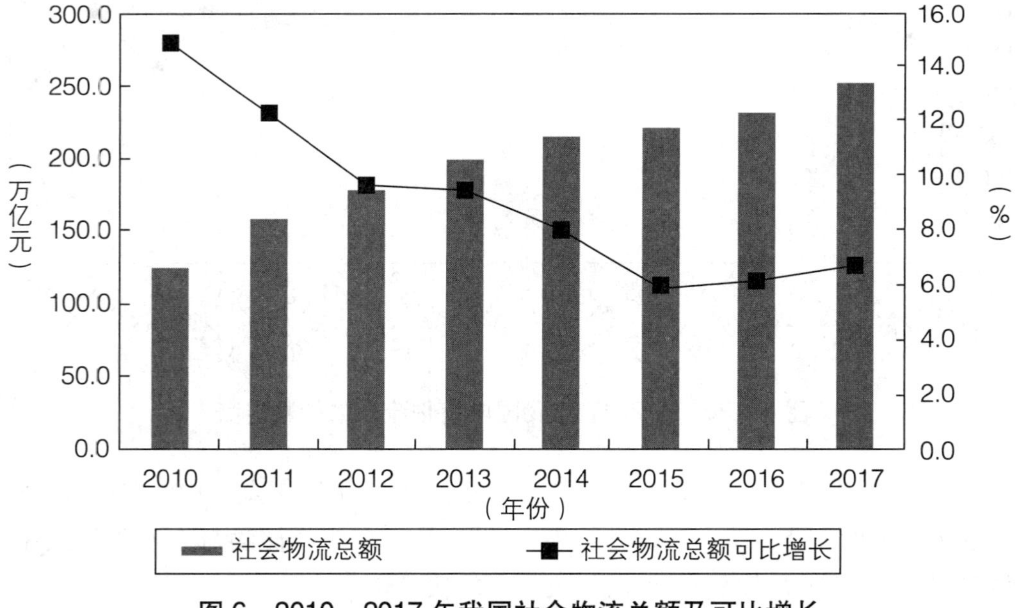


**图 6　2010—2017 年我国社会物流总额及可比增长**

分季度看，一季度 56.7 万亿元，可比增长 7.1%、提高 1.1 个百分点；上半年 118.9 万

亿元，可比增长 7.1%、提高 0.9 个百分点；前三季度 184.8 万亿元，可比增长 6.9%、提高 0.8 个百分点（如图 7 所示）。全年社会物流总额呈现稳中向好的发展态势。

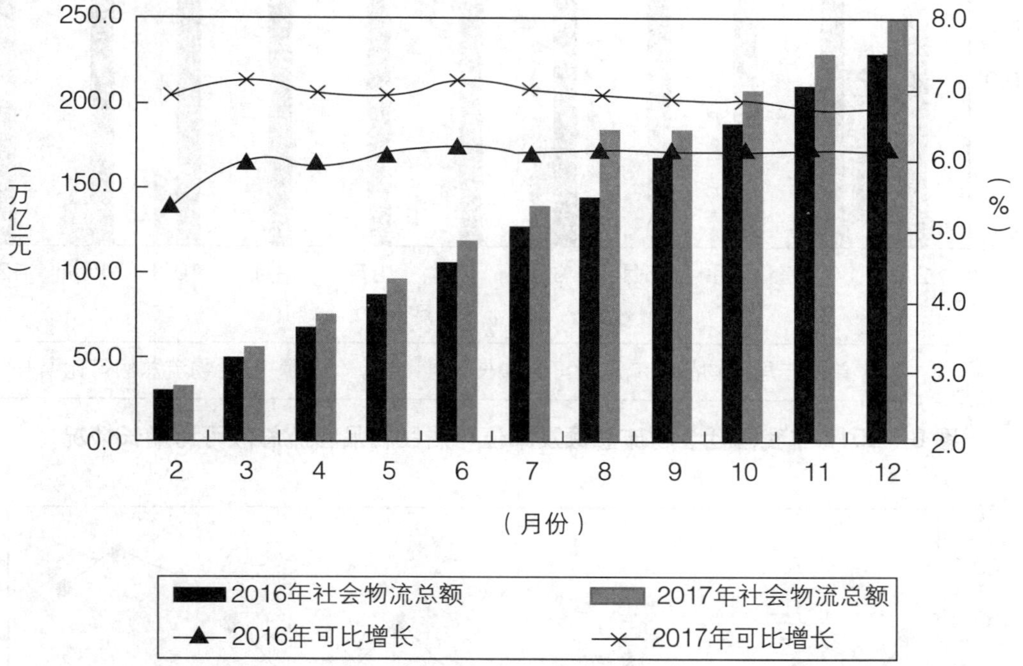


**图 7　2016—2017 年我国社会物流总额及增长情况**

（二）物流需求结构性改革取得重要进展。

一是物流需求新旧动能的转换加快。从不同产业来看，新兴产业继续保持强劲增长趋势，传统产业转型升级。从结构看，1—12 月高新技术产业 PMI 指数均值水平达 53% 以上，消费品行业和装备制造业均值接近 53%，较上年同期均有提升；同时，基础原材料等高耗能行业均值仍在 50% 以下，物流需求低于工业平均水平。

二是消费与民生领域物流需求成为物流需求增长的重要驱动力。从结构看，消费与民生领域高速增长对物流需求的贡献率持续提高。全年单位与居民物品物流总额可比增长 29.9%，高于社会物流总额可比增长 23.2 个百分点（如图 8 所示），成为物流需求增长的重要驱动力。

其中，网络消费驱动的物流需求在上年高增速的基础上继续快速增长，全年实物商品网上零售额规模超过 5 万亿元，比上年增长 28%，带动快递及电商物流需求高速增长。

2017 年我国电商物流行业整体向好，总业务量指数平均达到 143.4 点，反映出全年电商物流业务量同比增速超过 40%，以 2015 年 1 月为基期的定比来看，2017 年总业务量指数达到 354.1 点，3 年间电商业务量达到基期的 3.5 倍以上。2016—2017 年我国电商物流业务量指数变化走势如图 9 所示。

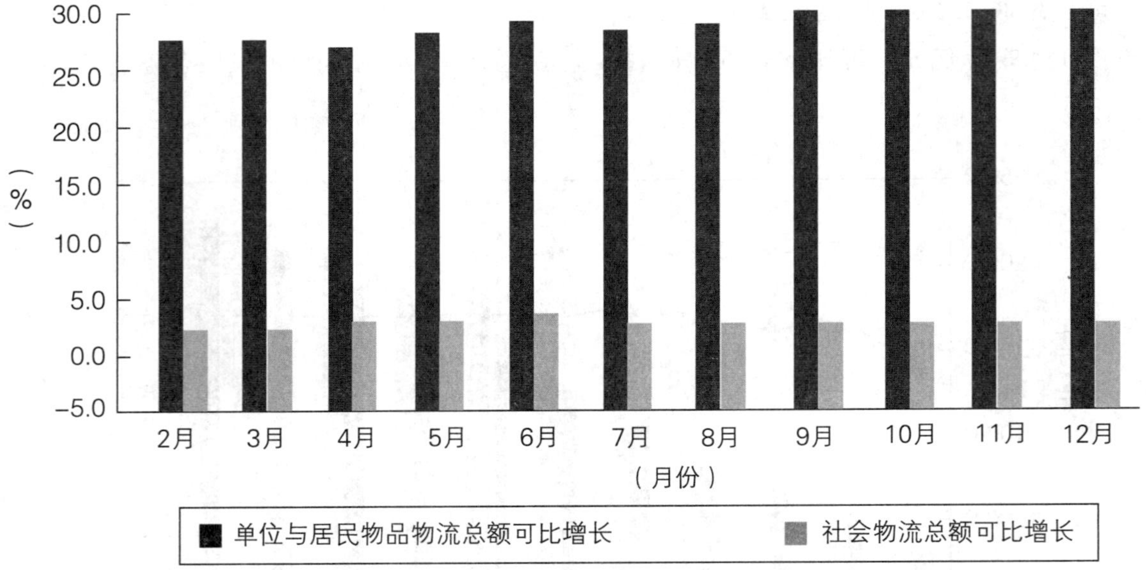


图 8 2017 年我国社会物流总额及单位与居民物品物流总额可比增长情况

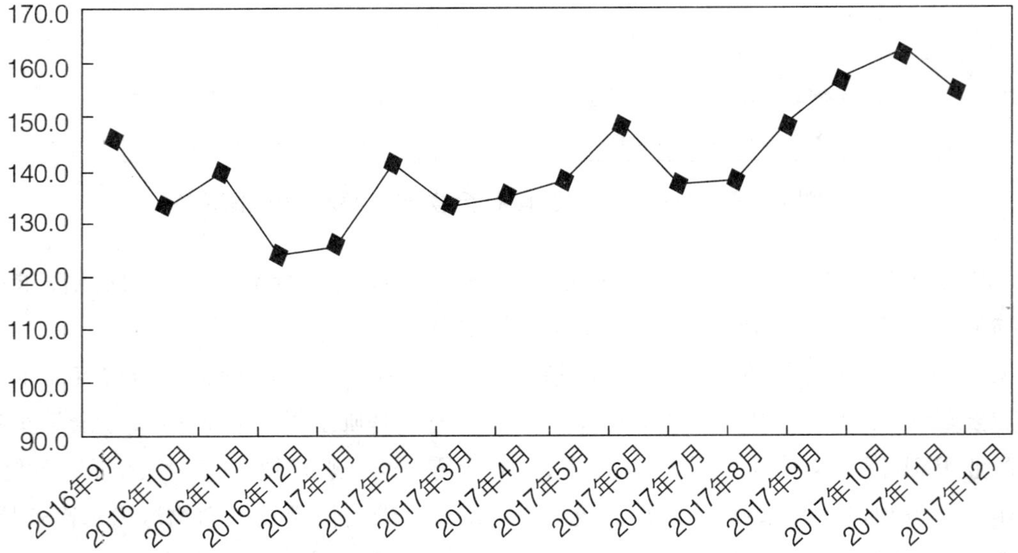


图 9 2016—2017 年我国电商物流业务量指数变化走势

三是进口物流需求形势较好。2017 年，在全球经济温和复苏、内需稳中向好的带动影响下，我国进口物流形势较好，进口物流需求保持较快增长，全年增长 8.7%，比上年提高 1.6 个百分点（如图 10 所示），彻底扭转了 2016 年同期大幅下降的局面。当年全球制造业 PMI 均值达到 54.7% 的较高水平。

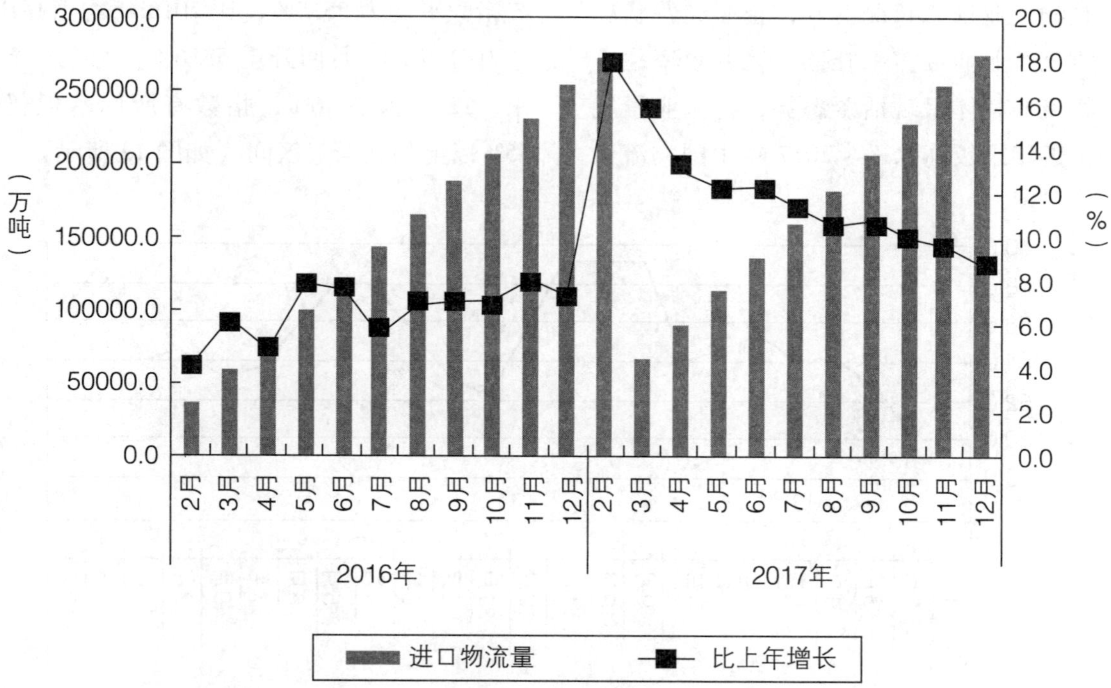


图 10　2016—2017 年我国进口物流量及增长情况

## 三、物流产业转型升级态势明显

一是物流专业化提升，市场规模持续扩大。2017 年我国物流专业化水平持续提升，物流市场规模加速扩张。全年物流业总收入为 8.8 万亿元，比上年增长 11.5%，增速提高 6.9 个百分点（如图 11 所示）。从细分市场来看，与产业升级相关的物流细分行业增势良好，冷链市场规模预计仍将超过 20%，快递服务企业业务收入比上年增长 24.7%，增速均高于物流业平均水平。

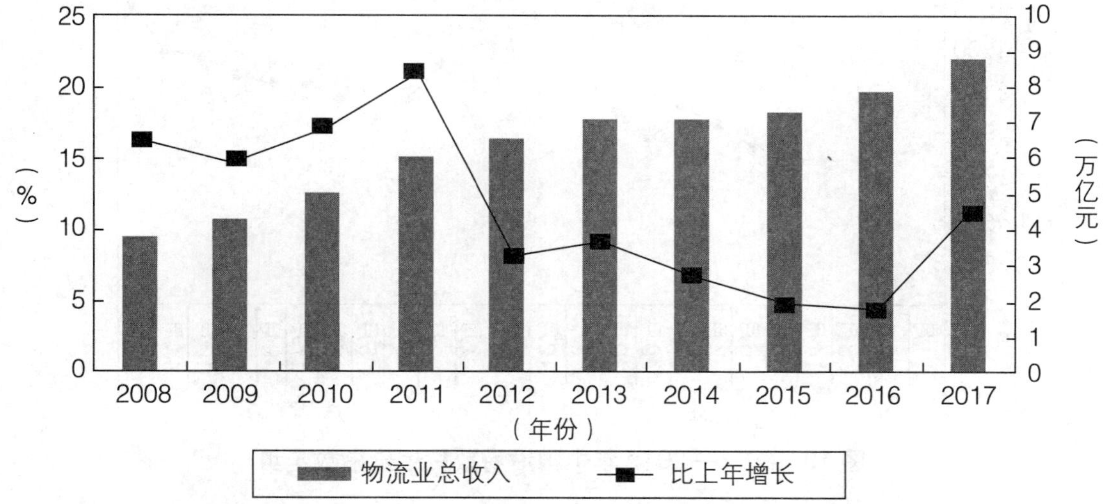


图 11　2008—2017 年我国物流业总收入及增长情况

二是物流业景气状况良好，企业经营状况改善。物流企业业务需求旺盛，运营效率稳中提升，物流业整体呈现活跃态势，物流业景气状况处于近年来较高水平。2017 年中国物流景气指数平均为 55.3%，比 2016 年均值高出 0.1 个百分点，11 月回升至 58.6%，为全年最高水平，12 月为 56.6%，指数有所回落但仍处于 55% 以上的高景气区间（如图 12 所示）。

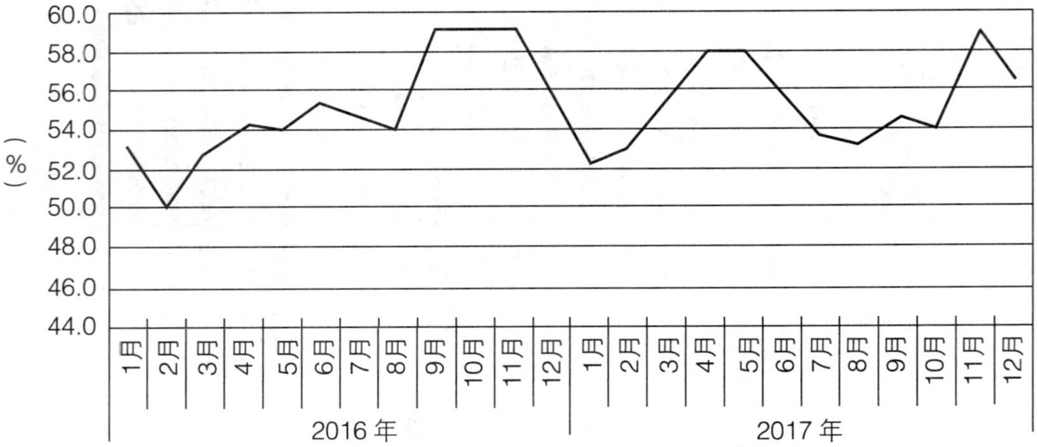


**图 12　2016—2017 年中国物流业景气指数走势**

三是水运价格连续上涨，显著回升。2017 年，我国海运运力供给过剩情况有所改善，大宗商品需求的不断上升，市场运行态势良好，价格显著回升。其中，上半年价格震荡波动，进入下半年则显著回升，价格指数连续 5 个月上涨，回升幅度不断扩大；12 月中国沿海散货运价指数升至 1500.83 点（如图 13 所示），为近五年来的最高水平。全年平均为 1148 点，比上年回升 25.1%。

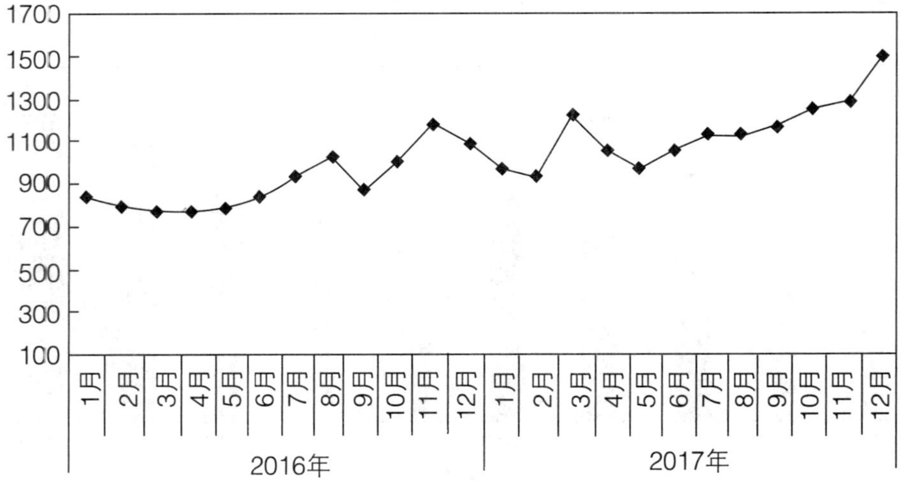


**图 13　2016—2017 年中国沿海散货运价指数走势**

随着物流市场需求不断扩大，以及物流设备利用率的提升，企业效益稳中有升。2017 年物流业景气指数中反映企业效益的主营业务利润指数平均为 51.6%，同比提高 1.7 个百分点。其中，中国仓储业务利润指数平均水平为 51.6%，较 2016 年同期回升 3.5 个百分点，显示在物流需求回升的同时，企业效益趋于改善。

## 四、物流供需平衡性增强，价格回升

2017 年，一方面，受到经济整体回暖、大宗产品价格回升等因素影响，相关物流需求增势良好；另一方面，在相关政策及企业转型升级等多方因素推动下，公路和水运等领域淘汰过剩运能、更新升级运力的步伐不断加快。综合来看，物流市场供需增长更趋平衡，服务价格水平稳中有升。

公路物流价格总体平稳，较上年略有回升。2017 年，公路物流市场需求增势稳定，运力更新升级不断加快，价格总体小幅回升。中国公路物流价格指数年平均为 106.5 点，比 2016 年均值回升 3%。其中上半年指数延续了 2016 年三、四季度冲高后的回升走势，下半年则有所趋缓。从分车型指数看，以大宗商品及区域间运输为主的整车指数全年平均为 103.4 点，比上年回升 7.7%。零担轻货指数平均为 117.2 点，比上年回升 0.26%；零担重货指数平均为 105.7 点，比上年回落 6.0%。

## 五、物流基础设施完善，短板得到补强

（一）物流相关固定资产投资保持较快增长。2017 年我国物流相关固定资产投资结构质量不断提升，围绕促转型、补短板等方面有效投资保持较快增长。全年交通运输、仓储和邮政业完成投资 6.1 万亿元，比上年增长 14.8%，增速比上年提高 5.3 个百分点，全年均保持在 10% 以上的增长速度。

（二）物流基础设施进一步完善。

一是物流运输设施网持续优化。铁路营业里程五年增长 2.7 万公里，公路总里程五年增长约 53.4 万公里，内河航道条件持续改善，通江达海干支衔接的航道网络进一步完善，民航运输机场达 229 个。各种运输方式一体化衔接协同性改善，综合货运枢纽、物流园区、港口集疏运铁路公路系统建设积极推进。

二是物流基础设施短板进一步补强。从重点区域看，中西部铁路建设有所加快，郑万、银西、杭温铁路等建设稳步推进；农村物流基础设施明显改善，新改建农村公路 20 万公里。从重点领域看，冷链物流发展迅速，全国冷库总容量预计达到 4775 万吨，折合 11937 万立方米，同比增长 13.7%；全国冷藏车总量预计达到 13.4 万辆，全年增加 1.9 万辆。

## 六、物流运行环境进一步改善

一是物流政策环境持续改善。2017 年《国务院办公厅关于进一步推进物流降本增效　促进实体经济发展的意见》（国办发〔2017〕73 号），提出 27 条具体政策措施。国务院办公厅《关于积极推进供应链创新与应用的指导意见》对发展现代供应链做出总体部署。国家发改委等 20 个部门签署对严重违法失信主体联合惩戒备忘录，首批 270 家“黑名单”公布。工业和信息化部开展服务型制造试点，提升工业物流发展水平。国家税务总局、交通运输部连续发文，破解道路运输企业“营改增”后税负增

加问题。国家质检总局联合 11 部门出台《关于推动物流服务质量提升工作的指导意见》，扩大高质量物流服务供给等。随着“放管服”改革深入推进，制约行业发展的制度环境逐步好转。

二是物流资金环境良好。从宏观看，2017 年我国金融领域去杠杆进一步深化，实体经济融资规模保持平稳增长，物流产业所处的资金环境良好。

2017 年物流业景气中反映运作效率的资金利用率指数平均为 53.6%，比 2016 年提高 2.3 个百分点；1—11 月重点调查物流企业资产负债率 50.8%，比上年下降 1.4 个百分点；流动资产周转率 2.8%，比上年提高 0.5 个百分点。综合来看，物流领域资金环境进一步改善，企业资金流动性增强，融资压力有所缓解，偿债能力有所提高，企业经营发展态势良好。2016—2017 年我国物流企业资产相关指标对比如图 14 所示。

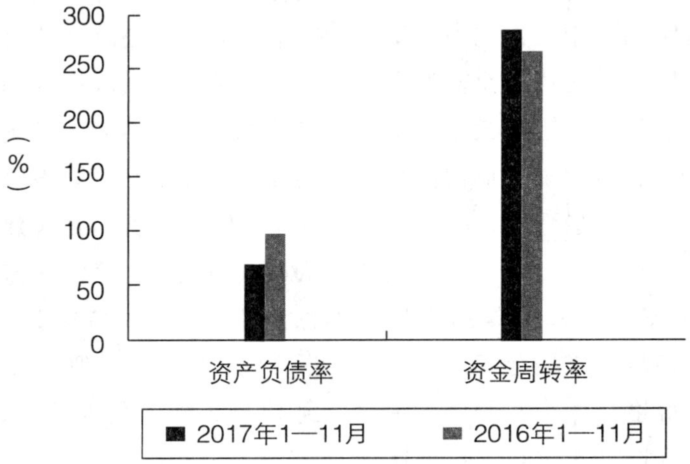


**图 14　2016—2017 年我国物流企业资产相关指标对比**

总体来看，2017 年我国物流运行延续了稳中有进、稳中向好的发展态势，物流发展的质量和效益稳步提升，政策环境持续改善，为 2018 年继续保持稳中向好奠定较好基础。

（中国物流与采购联合会　中国物流信息中心）

# 全国重点物流企业统计调查报告

根据《社会物流统计核算与报表制度》要求，国家发展改革委、中国物流与采购联合会对2016年全国重点工业、批发和零售业企业物流状况和物流企业经营情况进行了统计调查。

## 一、调查样本概况

本次调查共收到1417家企业的有效资料，其中：工业企业659家，占比为47%；批发和零售业企业88家，占比为6%；物流企业670家，占比为47%（见图1）。

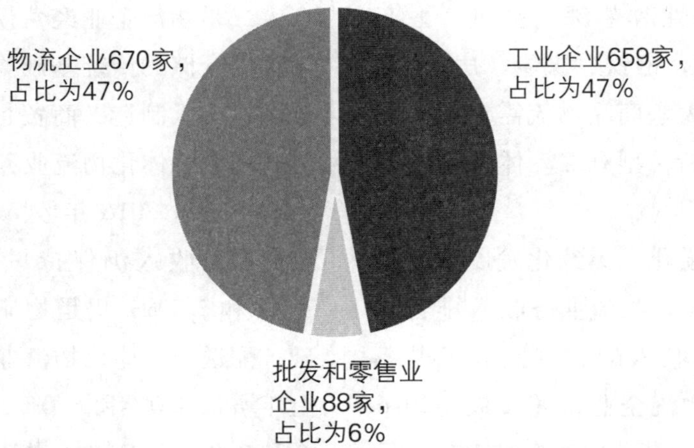


图1 全国重点调查企业行业分布情况

## 二、物流企业经营情况

（一）物流业务收入增速稳中有升。

统计调查数据显示，2016 年重点物流企业主要业务量保持平稳增长，在需求回升带动下，增速比上年同期均有不同程度回升。在物流业务量增速回升的同时，相关物流业务收入增速随之有所回暖。2016 年比上年增长 3.7%，增速同比提高 2.8 个百分点。从数据走势看，2007—2016 年的 10 年间，我国物流业务收入年均增速为 9.8%，2016 年增速虽高于上年同期水平，但仍低于年均增速 6.1 个百分点（见图 2）。

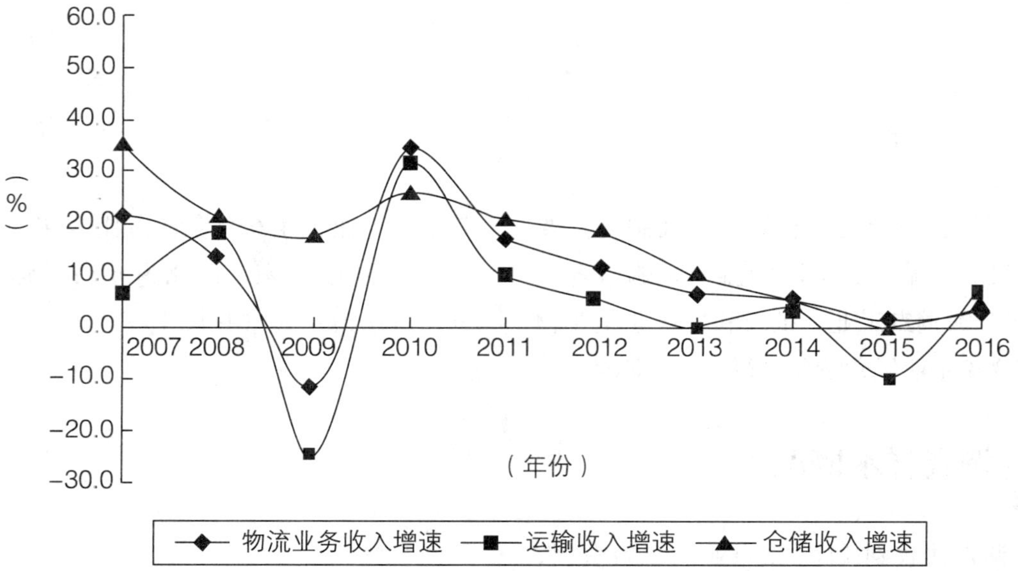


**图 2　2007—2016 年重点物流企业收入增长情况**

随着供给侧结构性改革深入推进，去产能、去库存力度不减，钢铁、煤炭、房地产、建筑业等占比较大的大宗商品物流需求增长乏力，推动物流产业不断转型升级。体现在以下几个方面。

一是物流企业规模化、集约化发展，产业集中度提升。数据显示，物流业务收入排名前 10 的企业占物流业总收入的比例比上年提高 0.5 个百分点。大型物流企业快速发展，2016 年有 20 家大型物流企业营业收入突破 100 亿元大关，比上年增加 2 家。其中，中国远洋海运集团有限公司突破千亿元，位居物流企业第一位。

二是物流企业经营模式转型升级。在稳定运输、仓储的传统基础物流业业务的同时，物流企业融入制造、商贸企业供应链，开展供应链管理、一体化物流业务。

三是从 2016 年收入构成看，运输、仓储物流业务收入仍保持平稳增长，增速分别为 7.3% 和 2.7%，仍是物流收入的重要构成和基础；配送、一体化物流业务收入增长明显，比上年增长 9.0% 和 6.0%，增速分别提高了 2.4 个和 2.9 个百分点，占比合计高于 14%，提高了 0.4 个百分点，连续两年呈回升态势，显示物流服务结构调整不断推进，产业升级态势更趋明显（见图 3 和图 4）。

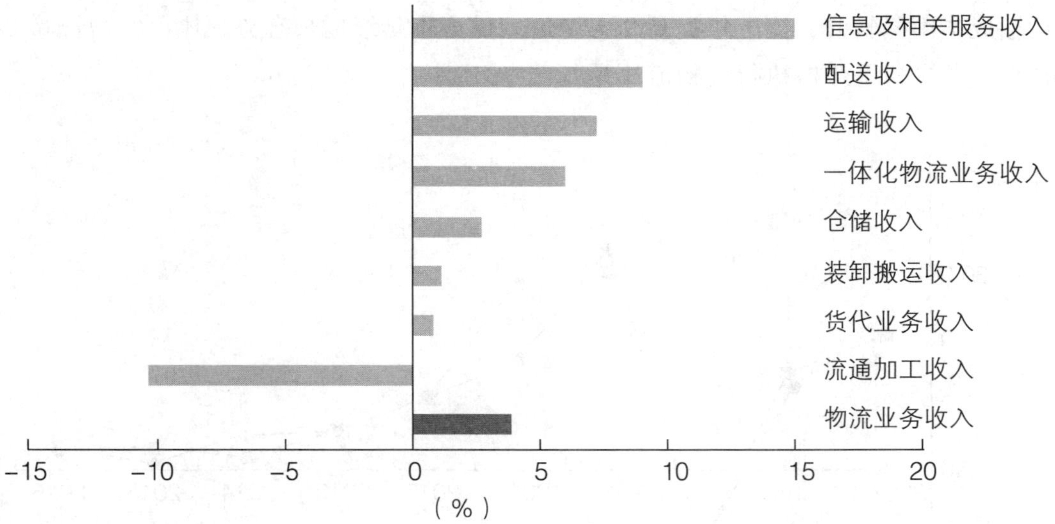


图 3　2016 年重点物流企业主营业务收入增长情况

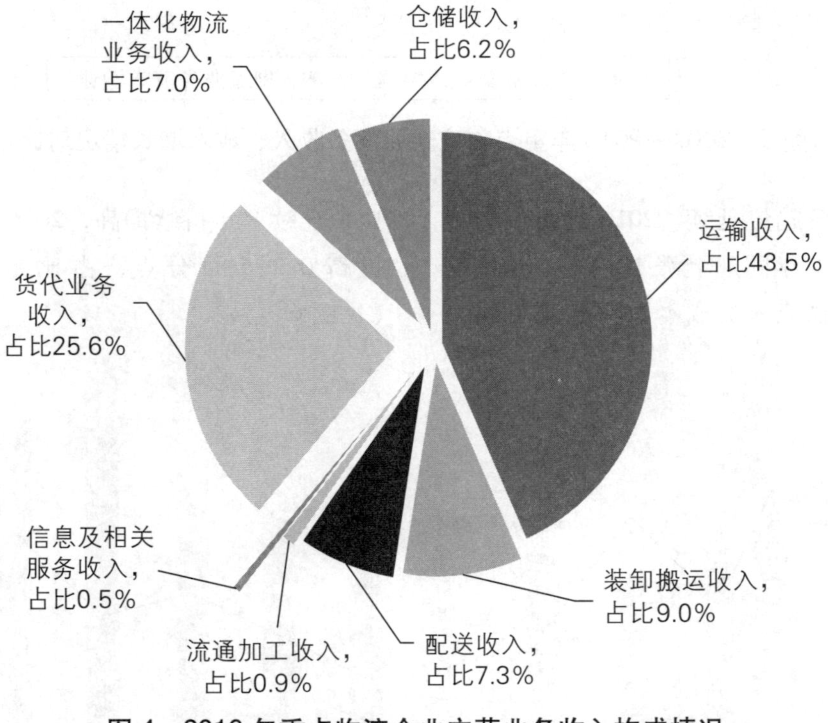


图 4　2016 年重点物流企业主营业务收入构成情况

（二）经营成本压力较大，资源要素成本持续上涨。

统计调查数据显示，2016 年重点物流企业物流业务成本比上年增长 3.9%，增速同比提高 0.3 个百分点，连续两年增速快于物流业务收入增长。2007—2016 年的 10 年间，重点企业物流业务成本年均增速为 10.5%，近年来物流企业经营成本持续上涨（见图 5）。

从成本构成看，受治超等政策因素影响，2016年运输成本由降转升，比上年提高9.1%；随着土地节约集约利用严格执行，物流用地指标获取难度增加，存量物流用地资源紧缺，仓储成本延续增长态势，比上年增长6.1%。

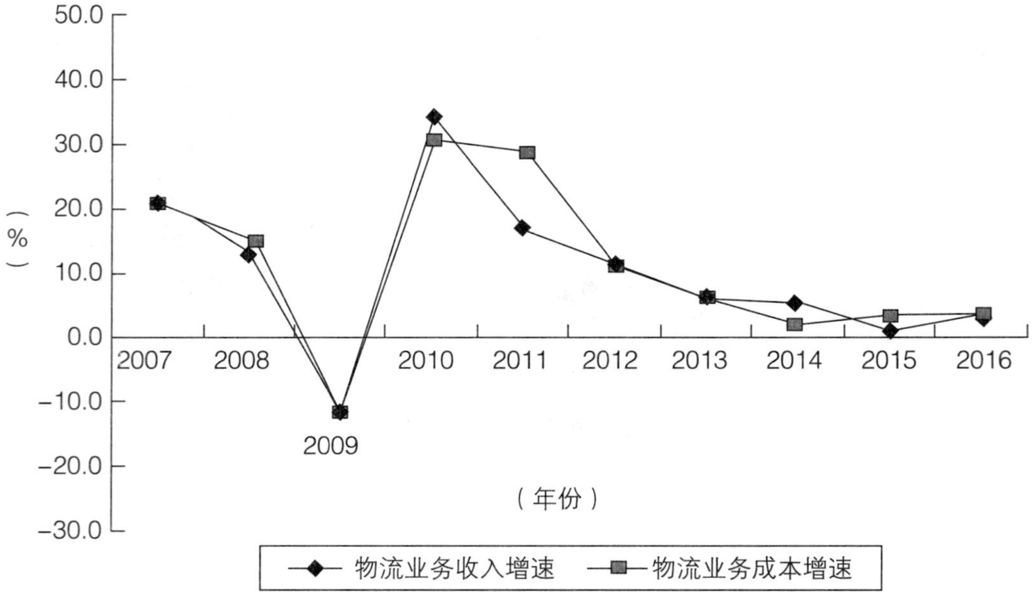


图5　2007—2016年重点物流企业业务收入、成本增长情况对比

人工成本上升趋势延续。2016年重点物流企业人员成本比上年同期上涨18.4%，同比提高6个百分点；物流人员成本占物流业务收入比例连续8年持续提高，2016年为11%，同比提高0.2个百分点，占比是2007年的一倍（见图6）。

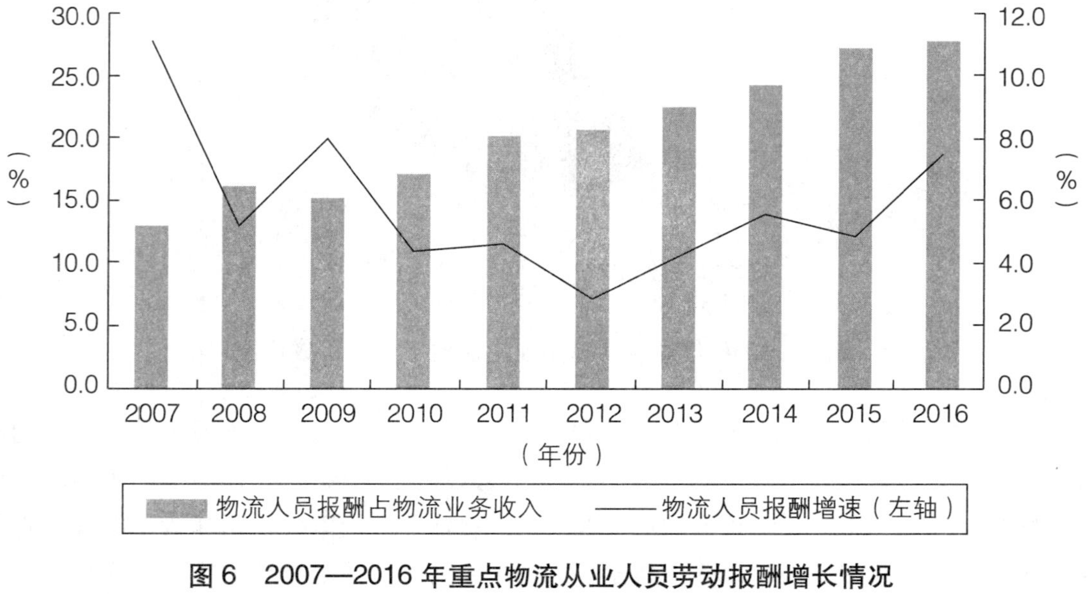


图6　2007—2016年重点物流从业人员劳动报酬增长情况

（三）物流企业资产持续增长，资产流动性增强。

统计调查数据显示，2016 年重点物流企业资产规模持续增长，资产总计比上年增长 7.3%，同比回落 1.2 个百分点。数据显示，从近 6 年数据来看，物流企业资产规模增速逐步放缓，但总体保持了平稳增长态势。

2016 年重点物流企业应收账款周转率为 8.0%，比上年同期提高 0.1 个百分点，应收账款平均回收期同比减少 1 天；流动资产周转率为 2.3%，比上年同期提高 0.3 个百分点（见图 7）。综合两项指标来看，物流企业经营环境有所改善，企业资产流动性有所增强，偿债能力有所提高，经营发展态势良好。

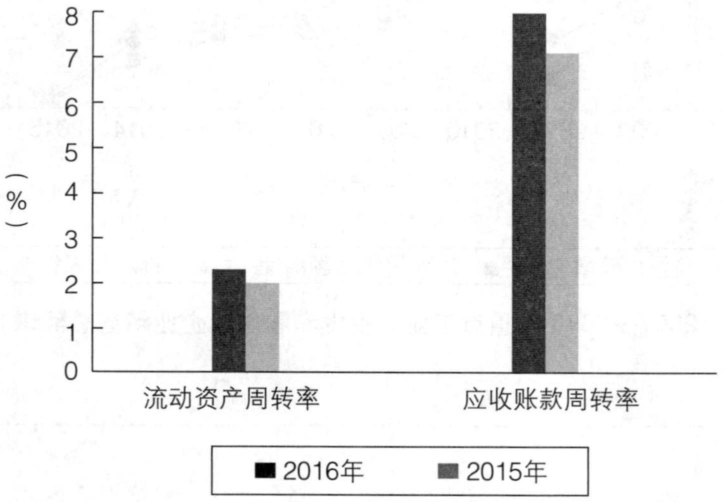


**图 7　2015—2016 年重点物流企业资产相关指标对比**

（四）物流企业利润回升，利润率基本持平。

统计调查数据显示，2016 年重点物流企业营业利润实现小幅增长，由上年下降 4.3% 转为增长 3.6%。综合来看，物流企业利润止跌回升的主要原因如下。

一是物流需求有所回升。2016 年，工业企业生产和销售增长明显加快，批发和零售业企业购进、销售总额在消费等需求带动下也显著回升。工业、批发和零售业企业购进总额比上年增长 6.4%，增速同比提高 5.6 个百分点；销售总额比上年增长 6.3%，增速同比提高 5.1 个百分点（见图 8）。

二是物流服务价格趋于改善。2016 年物流业景气指数中的物流服务价格指数为 49.9%，与上年同期基本持平。进入第四季度，受运输需求回升及治超新政出台等综合因素影响，第四季度物流服务价格较前期回升明显，平均为 50.4%，比第三季度回升 1.1 个百分点。物流服务价格的回稳改善也成为带动物流企业利润水平回升的重要原因。

三是物流企业转型升级降本增效举措推进，向供应链全链条服务转型。以厦门象屿股份有限公司、冀中能源国际物流集团为代表的物流企业融入制造、商贸企业供应链，开展供应商管理库存、物流仓配一体化、供应链金融等业务，优化供应链协作关系。国际化步伐明显加快。物流企业服务范围不断扩展，46% 的企业服务实现国际化。

四是收入利润率基本持平。2016 年重点物流企业平均收入利润率为 6.1%，与上年基本持平（见图 9）。

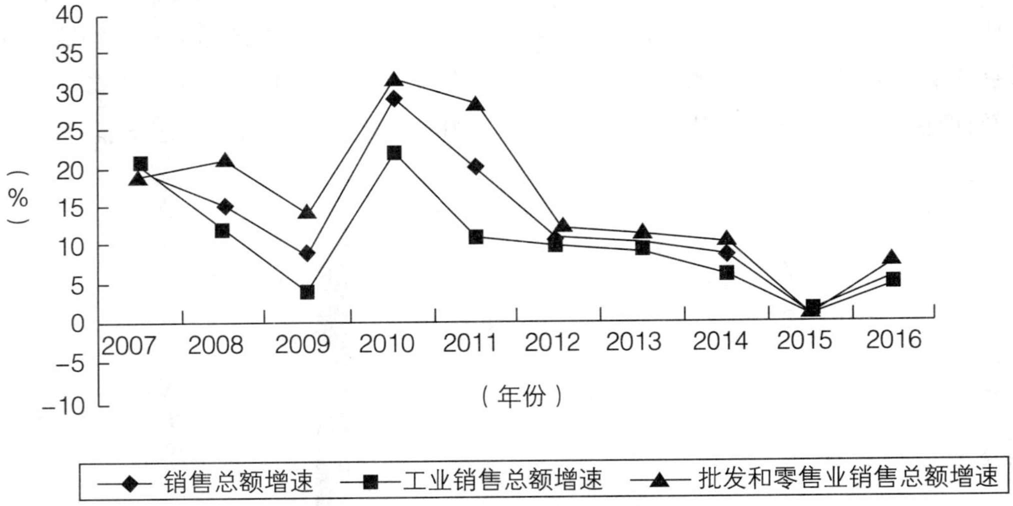


图 8　2007—2016 年重点工业、批发和零售业企业销售总额增长情况

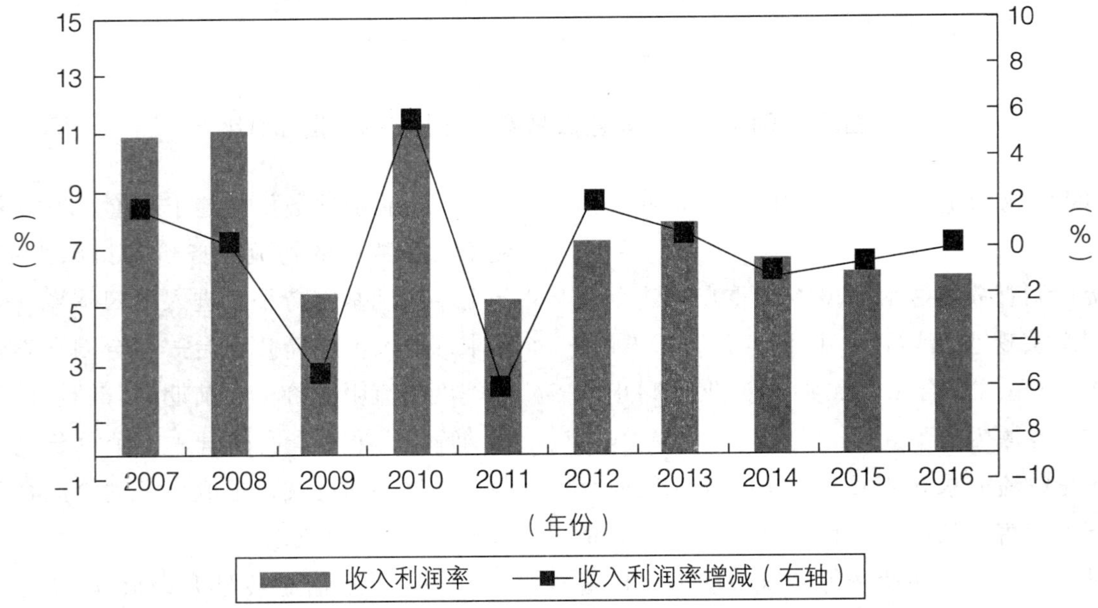


图 9　2007—2016 年重点物流企业收入利润率情况

（中国物流与采购联合会　中国物流信息中心）

# 2017年1—12月中国制造业采购经理指数（PMI）

（中国物流与采购联合会、国家统计局服务业调查中心发布）

## 1月

中国物流与采购联合会、国家统计局服务业调查中心发布的2017年1月中国制造业采购经理指数（PMI）为51.3%，比上月下降0.1个百分点。

特约分析师张立群认为：“1月PMI指数小幅下降，但生产指数继续保持在53%以上的较高水平，工业运行继续保持在景气区间。产成品库存、采购量、进口等指数均有提高，生产经营活动预期指数提高。表明工业企业对未来市场前景预期比较稳定，对春节后的生产经营所做准备比较充分。综合研判，2017年经济运行有望平稳开局。”

1月PMI中的13个分项指数变化情况如下。

生产指数为53.1%，比上月下降0.2个百分点。其中：大型和中型企业的生产指数高于50%，分别为55.1%和53.1%；小型企业低于50%，为44.8%。

新订单指数为52.8%，比上月下降0.4个百分点。从企业规模来看，大型和中型企业的新订单指数高于50%，分别为55.4%和51.5%；小型企业低于50%，为44.3%。

新出口订单指数为50.3%，比上月上升0.2个百分点。其中：大型企业的新出口订单指数高于50%，为51.1%；中型和小型企业低于50%，分别为49.3%和44.9%。

积压订单指数为46.3%，比上月上升0.1个百分点。其中：大型、中型和小型企业的积压订单指数均低于50%，分别为48.1%、45.3%和40.4%。

产成品库存指数为45.0%，比上月上升0.6个百分点。其中：大型、中型和小型企业的产成品库存指数均低于50%，分别为45.3%、46.4%和41.1%。

采购量指数为52.6%，比上月上升0.5个百分点。其中：大型和中型企业的采购量指数高于50%，分别为55.0%和51.1%；小型企业低于50%，为45.5%。

进口指数为50.7%，比上月上升0.4个百分点。其中：大型和小型企业的进口指数高于50%，分别为51.2%、53.0%；中型企业低于

50%，为48.3%。

购进价格指数为64.5%，比上月下降5.1个百分点。其中：大型、中型和小型企业的购进价格指数均高于50%，分别为65.0%、64.6%和62.4%。

出厂价格指数为54.7%，比上月下降4.1个百分点。其中：大型、中型和小型企业的出厂价格指数均高于50%，分别为54.8%、55.2%和53.0%。

原材料库存指数为48.0%，比上月持平。其中：大型、中型和小型企业的原材料库存指数均低于50%，分别为49.1%、47.6%和44.3%。

从业人员指数为49.2%，比上月上升0.3个百分点。其中：大型、中型和小型企业的从业人员指数均低于50%，分别为49.6%、49.5%和47.2%。

供应商配送时间指数为49.8%，比上月下降0.2个百分点。其中：大型和中型企业的供应商配送时间指数高于50%，分别为50.1%、50.7%；小型企业低于50%，为46.4%。

生产经营活动预期指数为58.5%，比上月上升0.3个百分点。其中：大型、中型和小型企业的生产经营活动预期指数高于50%，分别为60.5%、57.5%和51.9%。

**2月**

2017年2月PMI为51.6%，比上月上升0.3个百分点。

特约分析师张立群认为："PMI指数经历上年12月，今年1月连续小幅回落后，2月出现回升，并且持续7个月保持在荣枯线以上。表明经济增长趋稳态势已经比较明确。新订单、出口订单指数均有回升，预示国内市场需求和出口趋稳；生产指数、产成品、原材料库存指数回升，反映企业信心增强，生产经营活动趋向恢复。购进价格指数回落，反映随供给端变化，大宗商品价格涨幅有所回稳。综合PMI指数反映的情况，预计2017年将实现良好开局。"

2月PMI中的13个分项指数变化情况如下。

生产指数为53.7%，比上月上升0.6个百分点。其中：大型和中型企业的生产指数高于50%，分别为56.6%和51.6%；小型企业低于50%，为45.6%。

新订单指数为53.0%，比上月上升0.2个百分点。其中：大型和中型企业的新订单指数高于50%，分别为55.8%和51.5%；小型企业低于50%，为44.2%。

新出口订单指数为50.8%，比上月上升0.5个百分点。其中：大型企业的新出口订单指数高于50%，为52.1%；中型和小型企业低于50%，分别为49.0%和41.9%。

积压订单指数为46.0%，比上月下降0.3个百分点。其中：大型、中型和小型企业的积压订单指数均低于50%，分别为46.8%、47.2%和40.3%。

产成品库存指数为47.6%，比上月上升2.6个百分点。其中：大型、中型和小型企业的产成品库存指数均低于50%，分别为49.2%、46.9%和42.3%。

采购量指数为51.4%，比上月下降1.2个百分点。其中：大型和中型企业的采购量指数高于50%，分别为53.8%和50.5%；小型企业低于50%，为42.8%。

进口指数为51.2%，比上月上升0.5个百分点。其中：大型和小型企业的进口指数高于50%，分别为51.9%、53.2%；中型企业低于50%，为48.4%。

购进价格指数为64.2%，比上月下降0.3

个百分点。其中：大型、中型和小型企业的购进价格指数均高于 50%，分别为 65.2%、64.2%和60.0%。

出厂价格指数为 56.3%，比上月上升 1.6 个百分点。其中：大型、中型和小型企业的出厂价格指数均高于 50%，分别为 57.8%、54.8%和52.5%。

原材料库存指数为 48.6%，比上月上升 0.6个百分点。其中：大型、中型和小型企业的原材料库存指数均低于 50%，分别为 49.4%、48.6%和45.0%。

从业人员指数为 49.7%，比上月上升 0.5 个百分点。其中：大型企业的从业人员指数高于 50%，为 50.5%；中型和小型企业低于 50%，分别为49.0%、47.5%。

供应商配送时间指数为50.5%，比上月上升0.7个百分点。其中：大型和中型企业的供应商配送时间指数高于50%，分别为51.2%、50.2%；小型企业低于50%，为48.4%。

生产经营活动预期指数为60.0%，比上月上升1.5个百分点。其中：大型、中型和小型企业的生产经营活动预期指数高于50%，分别为61.7%、59.1%和54.9%。

**3月**

2017年3月PMI为51.8%，比上月上升0.2个百分点。

特约分析师张立群认为："继2月后，3月PMI指数继续小幅回升；已经连续8个月保持在50%的水平以上，表明中国经济企稳向好的运行态势已经初步确立。新订单指数、出口订单指数继续提高，表明国内外市场需求形势比较稳定；生产指数、采购量指数提高，反映企业生产经营继续恢复；购进价格指数回落，预示市场供求关系正在发生积极调整，工业品价格上涨压力有所下降。综合看，经济有望进入中高速平稳增长轨道。"

3月PMI中的13个分项指数变化情况如下。

生产指数为54.2%，比上月上升0.5个百分点。其中：大型和中型企业的生产指数高于50%，分别为56.1%和53.1%；小型企业低于50%，为48.8%。

新订单指数为53.3%，比上月上升0.3个百分点。其中：大型和中型企业的新订单指数高于50%，分别为55.5%和50.6%；小型企业低于50%，为48.2%。

新出口订单指数为51.0%，比上月上升0.2个百分点。其中：大型企业的新出口订单指数高于50%，为51.9%；中型和小型企业低于50%，分别为49.8%和47.5%。

积压订单指数为46.1%，比上月上升0.1个百分点。其中：大型、中型和小型企业的积压订单指数均低于50%，分别为47.1%、44.6%和45.0%。

产成品库存指数为47.3%，比上月下降0.3个百分点。其中：大型、中型和小型企业的产成品库存指数均低于50%，分别为48.7%、45.9%和45.2%。

采购量指数为53.4%，比上月上升2.0个百分点。其中：大型和中型企业的采购量指数高于50%，分别为55.2%和51.8%；小型企业低于50%，为49.4%。

进口指数为50.5%，比上月下降0.7个百分点。其中：大型和小型企业的进口指数高于50%，分别为51.2%、52.9%；中型企业低于50%，为47.6%。

购进价格指数为59.3%，比上月下降4.9个百分点。其中：大型、中型和小型企业的购进价格指数均高于50%，分别为59.7%、58.2%和59.9%。

出厂价格指数为 53.2%，比上月下降 3.1 个百分点。其中：大型、中型和小型企业的出厂价格指数均高于 50%，分别为 53.8%、52.3% 和 52.6%。

原材料库存指数为 48.3%，比上月下降 0.3 个百分点。其中：大型、中型和小型企业的原材料库存指数均低于 50%，分别为 49.1%、47.0% 和 47.9%。

从业人员指数为 50.0%，比上月上升 0.3 个百分点。其中：大型企业的从业人员指数高于 50%，为 51.2%；中型和小型企业低于 50%，分别为 48.5%、48.4%。

供应商配送时间指数为 50.3%，比上月下降 0.2 个百分点。其中：大型和小型企业的供应商配送时间指数高于 50%，分别为 50.5%、50.5%；中型企业位于 50%。

**4 月**

2017 年 4 月 PMI 为 51.2%，比上月下降 0.6 个百分点。

特约分析师张立群认为："在连续 2 个月回升以后，4 月 PMI 指数出现下降，但仍然在 50% 的荣枯线以上，表明经济企稳向好态势没有改变。4 月 PMI 指数中，购进价格指数降幅最大，达到 7 个百分点以上，表明去年下半年以来大宗商品供求缺口快速扩大，价格持续上涨并带动相关生产较快回升的情况，在生产和供给较快增长之下，正在很快改变。市场和生产正在恢复平稳。这也预示着未来经济增长有望保持平稳。"

4 月 PMI 中的 13 个分项指数变化情况如下。

生产指数为 53.8%，比上月下降 0.4 个百分点。其中：大型、中型和小型企业的生产指数均高于 50%，分别为 55.0%、51.9% 和 50.3%。

新订单指数为 52.3%，比上月下降 1.0 个百分点。其中：大型和中型企业的新订单指数高于 50%，分别为 54.1% 和 50.4%；小型企业低于 50%，为 49.9%。

新出口订单指数为 50.6%，比上月下降 0.4 个百分点。其中：大型企业的新出口订单指数高于 50%，为 51.1%；中型和小型企业低于 50%，分别为 49.8% 和 47.9%。

积压订单指数为 45.0%，比上月下降 1.1 个百分点。其中：大型、中型和小型企业的积压订单指数均低于 50%，分别为 45.5%、43.4% 和 46.1%。

产成品库存指数为 48.2%，比上月上升 0.9 个百分点。其中：小型企业的产成品库存指数高于 50%，为 50.8%；大型和中型企业低于 50%，分别为 49.1% 和 44.9%。

采购量指数为 51.9%，比上月下降 1.5 个百分点。其中：大型、中型和小型企业的采购量指数均高于 50%，分别为 52.2%、51.5% 和 51.8%。

进口指数为 50.2%，比上月下降 0.3 个百分点。其中：大型企业的进口指数高于 50%，为 51.2%；中型和小型企业低于 50%，分别为 48.4% 和 44.4%。

购进价格指数为 51.8%，比上月下降 7.5 个百分点。其中：大型、中型和小型企业的购进价格指数均高于 50%，分别为 51.4%、51.8% 和 53.5%。

出厂价格指数为 48.7%，比上月下降 4.5 个百分点。其中：中型企业的出厂价格指数高于 50%，为 50.1%。大型和小型企业低于 50%，分别为 47.9% 和 48.9%。

原材料库存指数为 48.3%，与上月持平。其中：大型、中型和小型企业的原材料库存指数均低于 50%，分别为 47.6%、49.5%

和 48.8%。

从业人员指数为 49.2%，比上月下降 0.8 个百分点。其中：大型、中型和小型企业的从业人员指数均低于 50%，分别为 49.3%、48.8%和 49.8%。

供应商配送时间指数为 50.5%，比上月上升 0.2 个百分点。其中：大型和中型企业的供应商配送时间指数高于 50%，分别为 50.7%、50.6%；小型企业低于 50%，为 49.4%。

生产经营活动预期指数为 56.6%，比上月下降 1.7 个百分点。其中：大型、中型和小型企业的生产经营活动预期指数均高于 50%，分别为 57.2%、56.6%和 54.7%。

**5 月**

2017 年 5 月 PMI 为 51.2%，与上月持平。

特约分析师张立群认为："继 4 月回落后，5 月 PMI 指数持平，且连续 10 个月保持在荣枯线以上，表明经济增长走稳态势进一步明确。订单类指数提高或持平，表明国内外市场需求大体平稳；价格类指数继续回落，表明市场供求缺口正在较快弥合；产成品库存指数下降，原材料库存指数提高，表明库存调整活动趋稳；生产指数下降，生产活动预期指数上升，表明生产活动趋稳。综合研判，经济增长正由短期冲高回落态势转为总体趋稳态势。"

5 月 PMI 中的 13 个分项指数变化情况如下。

生产指数为 53.4%，比上月下降 0.4 个百分点。其中：大型、中型和小型企业的生产指数均高于 50%，分别为 53.3%、54.3%和 52.3%。

新订单指数为 52.3%，与上月持平。其中：大型、中型和小型企业的新订单指数均高于 50%，分别为 52.7%、52.2%和 50.9%。

新出口订单指数为 50.7%，比上月上升 0.1 个百分点。其中：大型、小型企业的新出口订单指数高于 50%，分别为 50.9%和 51.8%；中型企业位于 50%。

积压订单指数为 45.4%，比上月上升 0.4 个百分点。其中：大型、中型和小型企业的积压订单指数均低于 50%，分别为 45.4%、45.8%和 44.8%。

产成品库存指数为 46.6%，比上月下降 1.6 个百分点。其中：大型、中型和小型企业的产成品库存指数均低于 50%，分别为 46.8%、45.7%和 48.0%。

采购量指数为 51.5%，比上月下降 0.4 个百分点。其中：大型、中型和小型企业的采购量指数均高于 50%，分别为 52.2%、50.7%和 50.2%。

进口指数为 50.0%，比上月下降 0.2 个百分点。其中：大型企业的进口指数高于 50%，为 51.2%；中型和小型企业低于 50%，分别为 48.4%和 44.4%。

购进价格指数为 49.5%，比上月下降 2.3 个百分点。其中：大型企业的购进价格指数低于 50%，为 48.4%；中型和小型企业高于 50%，分别为 50.7%和 51.5%。

出厂价格指数为 47.6%，比上月下降 1.1 个百分点。其中：大型、中型和小型企业的出厂价格指数均低于 50%，分别为 46.9%、48.1%和 49.9%。

原材料库存指数为 48.5%，比上月上升 0.2 个百分点。其中：大型、中型和小型企业的原材料库存指数均低于 50%，分别为 48.9%、48.1%和 48.2%。

从业人员指数为 49.4%，比上月上升 0.2 个百分点。其中：大型和中型企业的从业人员指数均低于 50%，分别为 49.0%和 49.4%；小型企业高于 50%，为 50.9%。

供应商配送时间指数为50.2%，比上月下降0.3个百分点。其中：大型和中型企业的供应商配送时间指数高于50%，分别为50.4%和50.6%；小型企业低于50%，为48.8%。

生产经营活动预期指数为56.8%，比上月上升0.2个百分点。其中：大型、中型和小型企业的生产经营活动预期指数均高于50%，分别为57.4%、56.3%和55.0%。

**6月**

2017年6月PMI为51.7%，比上月上升0.5个百分点。

特约分析师张立群认为："6月PMI指数小幅回升，表明经济增长企稳向好态势进一步明朗。订单类指数均有回升，反映国内外市场需求继续恢复，出口形势继续转好；产成品库存指数下降，出厂价格指数回升，表明产品销售形势向好；原材料库存，采购量，进口等指数提高，反映企业生产准备活动比较活跃。综合研判，未来经济增长呈稳中趋升态势。"

6月PMI中的13个分项指数变化情况如下。

生产指数为54.4%，比上月上升1个百分点。其中：大型、中型和小型企业的生产指数均高于50%，分别为56.2%、52.7%和50.4%。

新订单指数为53.1%，比上月上升0.8个百分点。其中：大型、中型企业的新订单指数高于50%，分别为55.2%和50.8%；小型企业低于50%，为49.6%。

新出口订单指数为52.0%，比上月上升1.3个百分点。其中：大型、中型和小型企业的新出口订单指数均高于50%，分别为52.5%、50.6%和51.7%。

积压订单指数为47.2%，比上月上升1.8个百分点。其中：大型、中型和小型企业的积压订单指数均低于50%，分别为48.2%、46.4%和44.3%。

产成品库存指数为46.3%，比上月下降0.3个百分点。其中：大型、中型和小型企业的产成品库存指数均低于50%，分别为46.5%、45.9%和46.2%。

采购量指数为52.5%，比上月上升1个百分点。其中：大型和中型企业的采购量指数高于50%，分别为53.5%和52.0%；小型企业低于50%，为49.6%。

进口指数为51.2%，比上月上升1.2个百分点。其中：大型和小型企业的进口指数高于50%，分别为51.5%和53.0%；中型企业低于50%，为49.9%。

购进价格指数为50.4%，比上月上升0.9个百分点。其中：大型企业的购进价格指数低于50%，为49.0%；中型和小型企业高于50%，分别为52.5%和51.8%。

出厂价格指数为49.1%，比上月上升1.5个百分点。其中：大型和小型企业的出厂价格指数低于50%，分别为48.7%和48.0；中型企业高于50%，为50.4%。

原材料库存指数为48.6%，比上月上升0.1个百分点。其中：大型、中型和小型企业的原材料库存指数均低于50%，分别为48.6%、48.6%和48.9%。

从业人员指数为49.0%，比上月下降0.4个百分点。其中：大型和中型企业的从业人员指数均低于50%，分别为48.6%和49.0%；小型企业高于50%，为51.0%。

供应商配送时间指数为49.9%，比上月下降0.3个百分点。其中：大型和小型企业的供应商配送时间指数位于50%；中型企业低于50%，为49.7%。

生产经营活动预期指数为58.7%，比上月上升 1.9 个百分点。其中：大型、中型和小型企业的生产经营活动预期指数均高于 50%，分别为 60.4%、57.5% 和 54.8%。

**7 月**

2017 年 7 月 PMI 为 51.4%，比上月下降 0.3 个百分点。

特约分析师张立群认为："7 月 PMI 指数小幅回落，但继续保持在扩张区间，表明中国经济继续保持平稳增长态势。新订单、新出口订单指数回落，显示未来出口增速可能回调，但国内外市场需求总体平稳；生产指数回落，显示工业增长率会有所降低；采购量指数提高、产成品、原材料库存指数略降，生产经营活动预期指数提高，表明企业生产经营活动继续保持较为活跃状态。综合研判，经济仍在筑底企稳期间，但增长的稳定性趋向提高。"

7 月 PMI 中的 13 个分项指数变化情况如下。

生产指数为 53.5%，比上月下降 0.9 个百分点。其中：大型、中型企业的生产指数高于 50%，分别为 56.0% 和 51.2%；小型企业低于 50%，为 48.3%。

新订单指数为 52.8%，比上月下降 0.3 个百分点。其中：大型、中型企业的新订单指数高于 50%，分别为 55.4% 和 50.2%；小型企业低于 50%，为 47.7%。

新出口订单指数为 50.9%，比上月下降 1.1 个百分点。其中：大型企业的新出口订单指数高于 50%，为 51.8%；中型和小型企业低于 50%，同为 48.9%。

积压订单指数为 46.3%，比上月下降 0.9 个百分点。其中：大型、中型和小型企业的积压订单指数均低于 50%，分别为 46.7%、44.5% 和 48.2%。

产成品库存指数为 46.1%，比上月下降 0.2 个百分点。其中：大型、中型和小型企业的产成品库存指数均低于 50%，分别为 46.3%、46.5% 和 44.8%。

采购量指数为 52.7%，比上月上升 0.2 个百分点。其中：大型企业的采购量指数高于 50%，为 55.0%；中型和小型企业低于 50%，分别为 49.5% 和 49.8%。

进口指数为 51.1%，比上月下降 0.1 个百分点。其中：大型和小型企业的进口指数高于 50%，分别为 52.2% 和 51.4%；中型企业低于 50%，为 47.2%。

购进价格指数为 57.9%，比上月上升 7.5 个百分点。其中：大型、中型和小型企业的购进价格指数均高于 50%，分别为 57.5% 和 58.7% 和 58.0%。

出厂价格指数为 52.7%，比上月上升 3.6 个百分点。其中：大型、中型和小型企业的出厂价格指数均高于 50%，分别为 53.6%、51.1% 和 52.1%。

原材料库存指数为 48.5%，比上月下降 0.1 个百分点。其中：大型、中型和小型企业的原材料库存指数均低于 50%，分别为 48.9%、47.0% 和 49.6%。

从业人员指数为 49.2%，比上月上升 0.2 个百分点。其中：大型和中型企业的从业人员指数均低于 50%，分别为 49.7%、48.0% 和 49.4%。

供应商配送时间指数为 50.1%，比上月上升 0.2 个百分点。其中：大型和中型企业的供应商配送时间指数高于 50%；分别为 50.2% 和 50.4%；小型企业低于 50%，为 49.0%。

生产经营活动预期指数为 59.1%，比上月上升 0.4 个百分点。其中：大型、中型和小型企业的生产经营活动预期指数均高于 50%，分别为 61.2%、56.9% 和 55.1%。

**8 月**

2017 年 8 月 PMI 为 51.7%，比上月上升 0.3 个百分点。

特约分析师张立群认为："继 7 月小幅回落后，8 月 PMI 指数即现回升，且在荣枯线以上连续保持了 13 个月，表明经济平稳增长的基础已总体确立。新订单指数提高、出口、积压订单指数回落，但幅度都较小，表明市场需求总体平稳，但出口增速仍可能有所回落。生产指数提高，预示工业增长率可能回升。采购量、进口等指数提高，生产经营活动预期指数提高，表明企业信心较强，生产活动保持活跃。综合看，近期经济运行呈稳中趋升态势。"

8 月 PMI 中的 13 个分项指数变化情况如下。

生产指数为 54.1%，比上月上升 0.6 个百分点。其中：大型、中型小型企业的生产指数均高于 50%，分别为 55.5%、52.9% 和 51.2%。

新订单指数为 53.1%，比上月上升 0.3 个百分点。其中：大型、中型企业的新订单指数高于 50%，分别为 54.8% 和 52.2%；小型企业低于 50%，为 48.0%。

新出口订单指数为 50.4%，比上月下降 0.5 个百分点。其中：大型企业的新出口订单指数高于 50%，为 51.3%；中型和小型企业低于 50%，分别为 48.3% 和 47.9%。

积压订单指数为 46.1%，比上月下降 0.2 个百分点。其中：大型、中型和小型企业的积压订单指数均低于 50%，分别为 47.3%、43.6% 和 45.9%。

产成品库存指数为 45.5%，比上月下降 0.6 个百分点。其中：大型、中型和小型企业的产成品库存指数均低于 50%，分别为 45.8%、45.2% 和 44.9%。

采购量指数为 52.9%，比上月上升 0.2 个百分点。其中：大型和中型企业的采购量指数高于 50%，分别为 54.8% 和 51.1%；小型企业低于 50%，为 48.9%。

进口指数为 51.4%，比上月上升 0.3 个百分点。其中：大型和小型企业的进口指数高于 50%，分别为 53.0% 和 50.7%；中型企业低于 50%，为 46.2%。

购进价格指数为 65.3%，比上月上升 7.4 个百分点。其中：大型、中型和小型企业的购进价格指数均高于 50%，分别为 66.0%、65.9% 和 61.7%。

出厂价格指数为 57.4%，比上月上升 4.7 个百分点。其中：大型、中型和小型企业的出厂价格指数均高于 50%，分别为 58.4%、56.8% 和 54.7%。

原材料库存指数为 48.3%，比上月下降 0.2 个百分点。其中：大型、中型和小型企业的原材料库存指数均低于 50%，分别为 48.9%、47.5% 和 47.6%。

从业人员指数为 49.1%，比上月下降 0.1 个百分点。其中：大型、中型和小型企业的从业人员指数均低于 50%，分别为 49.9%、48.1% 和 47.8%。

供应商配送时间指数为 49.3%，比上月下降 0.8 个百分点。其中：大型、中型和小型企业的供应商配送时间指数均低于 50%，分别为 49.5%、48.6% 和 49.7%。

生产经营活动预期指数为 59.5%，比上月上升 0.4 个百分点。其中：大型、中型和小型企业的生产经营活动预期指数均高于 50%，分别为 61.8%、56.9% 和 55.6%。

**9 月**

2017 年 9 月 PMI 为 52.4%，比上月上升 0.7 个百分点。

特约分析师张立群认为："继8月后，9月PMI指数继续提高，表明经济增长趋稳的大势比较明确。据此可以判断7月、8月经济指标下行属短期波动。9月生产指数继续提高，表明工业增长率有望回升；订单类指数均有提高，表明国内外市场需求继续恢复，出口增长可能回升；产成品库存指数降低，采购量、原材料库存指数提高，反映企业生产比较活跃。价格类指数继续提高，反映价格对相关生产的刺激作用加大，也预示下游行业成本压力增加。综合看，经济平稳增长的特征开始形成。"

9月PMI中的13个分项指数变化情况如下。

生产指数为54.7%，比上月上升0.6个百分点。其中：大型、中型企业的生产指数均高于50%，分别为56.6%和53.6%；小型企业低于50%，为49.1%。

新订单指数为54.8%，比上月上升1.7个百分点。其中：大型、中型企业的新订单指数高于50%，分别为57.3%和52.2%；小型企业低于50%，为49.9%。

新出口订单指数为51.3%，比上月上升0.9个百分点。其中：大型企业的新出口订单指数高于50%，为52.8%；中型和小型企业低于50%，分别为48.5%和46.0%。

积压订单指数为47.4%，比上月上升1.3个百分点。其中：大型、中型和小型企业的积压订单指数均低于50%，分别为47.8%、46.7%和47.2%。

产成品库存指数为44.2%，比上月下降1.3个百分点。其中：大型、中型和小型企业的产成品库存指数均低于50%，分别为44.8%、42.7%和44.8%。

采购量指数为53.8%，比上月上升0.9个百分点。其中：大型、中型和小型企业的采购量指数高于50%，分别为54.8%和51.1%；小型企业低于50%，为48.9%。

进口指数为51.1%，比上月下降0.3个百分点。其中：大型和小型企业的进口指数高于50%，分别为51.5%和53.8%；中型企业低于50%，为49.2%。

购进价格指数为68.4%，比上月上升3.1个百分点。其中：大型、中型和小型企业的购进价格指数均高于50%，分别为68.7%、68.4%和67.3%。

出厂价格指数为59.4%，比上月上升2.0个百分点。其中：大型、中型和小型企业的出厂价格指数均高于50%，分别为60.2%、59.0%和57.2%。

原材料库存指数为48.9%，比上月上升0.6个百分点。其中：大型企业的原材料库存指数位于50%，中型和小型企业低于50%，分别为47.4%和47.6%。

从业人员指数为49.0%，比上月下降0.1个百分点。其中：大型、中型和小型企业的从业人员指数均低于50%，分别为49.5%、48.1%和48.8%。

供应商配送时间指数为49.3%，与上月持平。其中：大型、中型和小型企业的供应商配送时间指数均低于50%；分别为49.6%、48.9%和48.9%。

生产经营活动预期指数为59.4%，比上月下降0.1个百分点。其中：大型、中型和小型企业的生产经营活动预期指数均高于50%，分别为61.9%、57.0%和54.1%。

**10月**

2017年10月PMI为51.6%，比上月下降0.8个百分点。

特约分析师张立群认为："继连续2个月回升后，10月PMI指数出现回落。但仍然稳定在荣枯线以上，表明经济平稳增长特点更为明显。订单类指数均出现回落，预示出口增速可能有所降低，联系到近期投资增速回落，国内外市场需求趋稳。需求对价格上涨的拉动力度减弱。价格指数回落，既与需求变化呼应，也表明市场信号对企业生产的刺激力度减弱。综合生产、库存、采购量等指数的变化，可以认为经济升温苗头减退，平稳增长特点增强。”

10月PMI中的13个分项指数变化情况如下。

生产指数为53.4%，比上月下降1.3个百分点。其中：大型、中型企业的生产指数均高于50%，分别为55.9%和51.0%；小型企业低于50%，为48.2%。

新订单指数为52.9%，比上月下降1.9个百分点。其中：大型企业的新订单指数高于50%，为55.6%；中型企业位于50%；小型企业低于50%，为48.1%。

新出口订单指数为50.1%，比上月下降1.2个百分点。其中：大型企业的新出口订单指数高于50%，为51.3%；中型和小型企业低于50%，分别为47.8%和45.9%。

积压订单指数为45.6%，比上月下降1.8个百分点。其中：大型、中型和小型企业的积压订单指数均低于50%，分别为46.7%、44.0%和44.5%。

产成品库存指数为46.1%，比上月上升1.9个百分点。其中：大型、中型和小型企业的产成品库存指数均低于50%，分别为46.9%、45.1%和44.6%。

采购量指数为53.2%，比上月下降0.6个百分点。其中：大型、中型企业采购量指数高于50%，分别为55.3%和51.3%；小型企业低于50%，为48.6%。

进口指数为50.3%，比上月下降0.8个百分点。其中：大型企业的进口指数高于50%，为51.3%；中型和小型企业低于50%，分别为48.2%和45.4%。

购进价格指数为63.4%，比上月下降5.0个百分点。其中：大型、中型和小型企业的购进价格指数均高于50%，分别为63.5%、63.0%和63.9%。

出厂价格指数为55.2%，比上月下降4.2个百分点。其中：大型、中型和小型企业的出厂价格指数均高于50%，分别为55.0%、55.1%和56.3%。

原材料库存指数为48.6%，比上月下降0.3个百分点。其中：大型、中型和小型企业的原材料库存指数均低于50%，分别为49.4%、47.2%和48.2%。

从业人员指数为49.0%，与上月持平。其中：大型、中型和小型企业的从业人员指数均低于50%，分别为49.3%、48.1%和49.4%。

供应商配送时间指数为48.7%，比上月下降0.6个百分点。其中：大型、中型和小型企业的供应商配送时间指数均低于50%；分别为49.2%、48.3%和47.5%。

生产经营活动预期指数为57.0%，比上月下降2.4个百分点。其中：大型、中型和小型企业的生产经营活动预期指数均高于50%，分别为59.0%、55.4%和52.0%。

**11月**

2017年11月PMI为51.8%，比上月上升0.2个百分点。

特约分析师张立群认为：“11月PMI指数小幅回升，表明经济平稳增长特点进一步明显。生产指数由降转升，预示工业增长平稳；订单类指数回升，预示国内外市场需求平稳，出口增速可能略有回升；采购量指数略升，库存类指数总体平稳，价格指数回落，表明市场供求关系趋于平衡，企业预期总体平稳，生产经营活动平稳。综合研判，未来经济平稳增长趋势较为明显。”

11 月 PMI 中的 13 个分项指数变化情况如下。

生产指数为 54.3%，比上月上升 0.9 个百分点。其中：大型、中型和小型企业的生产指数均高于 50%，分别为 56.1%、52.3% 和 50.6%。

新订单指数为 53.6%，比上月上升 0.7 个百分点。其中：大型和中型企业的新订单指数高于 50%，分别为 55.5% 和 51.8%；小型企业低于 50%，为 49.5%。

新出口订单指数为 50.8%，比上月上升 0.7 个百分点。其中：大型企业的新出口订单指数高于 50%，为 52.5%；中型和小型企业低于 50%，分别为 46.7% 和 48.0%。

积压订单指数为 46.6%，比上月上升 1.0 个百分点。其中：大型、中型和小型企业的积压订单指数均低于 50%，分别为 47.3%、46.2% 和 44.3%。

产成品库存指数为 46.1%，与上月持平。其中：大型、中型和小型企业的产成品库存指数均低于 50%，分别为 46.3%、47.1% 和 43.5%。

采购量指数为 53.5%，比上月上升 0.3 个百分点。其中：大型、中型企业采购量指数高于 50%，分别为 55.7% 和 51.5%；小型企业低于 50%，为 48.5%。

进口指数为 51.0%，比上月上升 0.7 个百分点。其中：大型企业的进口指数高于 50%，为 52.2%；中型和小型企业低于 50%，分别为 48.3% 和 45.8%。

购进价格指数为 59.8%，比上月下降 3.6 个百分点。其中：大型、中型和小型企业的购进价格指数均高于 50%，分别为 59.6%、60.1% 和 60.1%。

出厂价格指数为 53.8%，比上月下降 1.4 个百分点。其中：大型、中型和小型企业的出厂价格指数均高于 50%，分别为 53.5%、53.7% 和 55.2%。

原材料库存指数为 48.4%，比上月下降 0.2 个百分点。其中：大型、中型和小型企业的原材料库存指数均低于 50%，分别为 49.1%、48.0% 和 46.1%。

从业人员指数为 48.8%，比上月下降 0.2 个百分点。其中：大型、中型和小型企业的从业人员指数均低于 50%，分别为 49.3%、47.6% 和 49.4%。

供应商配送时间指数为 49.5%，比上月上升 0.8 个百分点。其中：大型企业的供应商配送时间指数位于 50%；中型和小型企业低于 50%，分别为 49.2% 和 48.2%。

生产经营活动预期指数为 57.9%，比上月上升 0.9 个百分点。其中：大型、中型和小型企业的生产经营活动预期指数均高于 50%，分别为 59.6%、56.2% 和 54.5%。

**12 月**

2017 年 12 月 PMI 为 51.6%，比上月回落 0.2 个百分点。

特约分析师张立群认为：“12 月 PMI 指数小幅下降，继续保持在 51% 以上的水平，表明经济平稳增长的特点更加明显。生产指数小幅回落，预示今年四季度工业增速平稳；新订单指数小幅回落，出口订单指数提高，表明国内外市场需求总体平稳，出口转好态势明确。产成品库存指数继续降低，幅度较小；采购量指数，进口指数有所提高。表明企业生产经营状态平稳，去库存活动趋缓。综合研判，未来经济将保持平稳运行。”

12 月 PMI 中的 13 个分项指数变化情况如下。

生产指数为 54.0%，比上月回落 0.3 个百分点。其中：大型和中型企业生产指数高于 50%，分别为 56.4% 和 51.8%；小型企业生产指数低于 50%，为 48.8%。

新订单指数为 53.4%，比上月回落 0.2 个百分点。其中：大型和中型企业的新订单指数高于 50%，分别为 55.7% 和 51.1%；小型企业低于 50%，为 48.5%。

新出口订单指数为 51.9%，比上月上升 1.1 个百分点。其中：大型企业的新出口订单指数高于 50%，为 53.5%；中型和小型企业低于 50%，分别为 48.8% 和 45.7%。

积压订单指数为 46.3%，比上月回落 0.3 个百分点。其中：大型、中型和小型企业的积压订单指数均低于 50%，分别为 46.8%、46.6% 和 43.9%。

产成品库存指数为 45.8%，比上月下降 0.3 个百分点。其中：大型、中型和小型企业的产成品库存指数均低于 50%，分别为 45.9%、45.4% 和 46.4%。

采购量指数为 53.6%，比上月上升 0.1 个百分点。其中：大型、中型企业采购量指数高于 50%，分别为 56.3% 和 51.0%；小型企业低于 50%，为 47.9%。

进口指数为 51.2%，比上月上升 0.2 个百分点。其中：大型和中小企业的进口指数高于 50%，分别为 51.7% 和 50.2%；小型企业低于 50%，为 47.9%。

购进价格指数为 62.2%，比上月上升 2.4 个百分点。其中：大型、中型和小型企业的购进价格指数均高于 50%，分别为 62.2%、62.3% 和 62.1%。

出厂价格指数为 54.4%，比上月上升 0.6 个百分点。其中：大型、中型和小型企业的出厂价格指数均高于 50%，分别为 54.9%、53.5% 和 54.1%。

原材料库存指数为 48.0%，比上月下降 0.4 个百分点。其中：大型、中型和小型企业的原材料库存指数均低于 50%，分别为 48.4%、47.9% 和 46.6%。

从业人员指数为 48.5%，比上月下降 0.3 个百分点。其中：大型、中型和小型企业的从业人员指数均低于 50%，分别为 49.0%、47.9% 和 47.8%。

供应商配送时间指数为 49.3%，比上月下降 0.2 个百分点。其中：大型企业的供应商配送时间指数位于 50%；中型和小型企业低于 50%，分别为 48.5% 和 48.3%。

生产经营活动预期指数为 58.7%，比上月上升 0.8 个百分点。其中：大型、中型和小型企业的生产经营活动预期指数均高于 50%，分别为 60.7%、57.2% 和 53.8%。

2017 年 1—12 月中国制造业采购经理指数走势如下图所示。

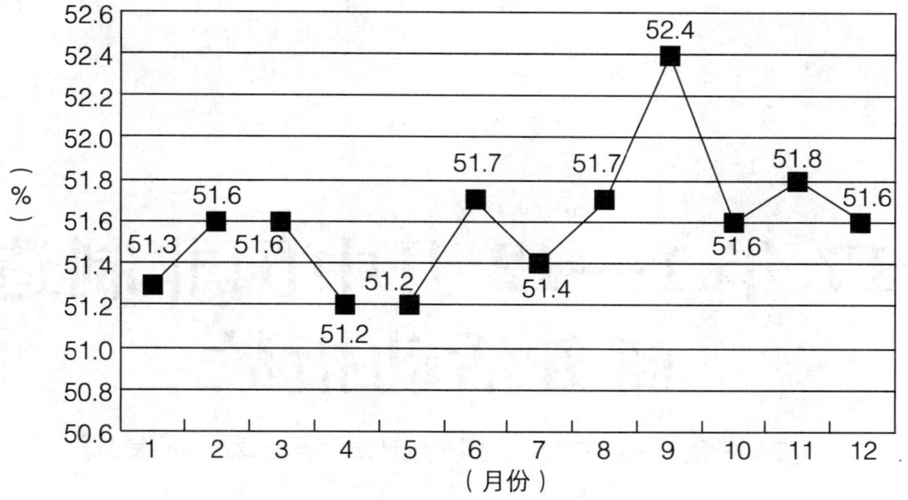


**2017 年 1—12 月中国制造业采购经理指数走势**

（中国物流信息中心）

# 2017 年 1—12 月中国非制造业商务活动指数

（中国物流与采购联合会、国家统计局服务业调查中心发布）

## 1 月

中国物流与采购联合会、国家统计局服务业调查中心发布的 2017 年 1 月的中国非制造业商务活动指数为 54.6%，环比上升 0.1 个百分点。没有综合指数，通常以商务活动指数来反映非制造业经济的总体变化。

1 月中国非制造业商务活动指数中各单项指数的变化如下。

新订单指数为 51.3%，环比下降 0.8 个百分点。分行业来看，建筑业新订单指数为 57.1%；服务业新订单指数为 50.3%。20 个行业中，建筑安装装饰及其他建筑业、互联网及软件信息技术服务业、电信广播电视和卫星传输服务业和金融业等 10 个行业高于 50%；居民服务及修理业、餐饮业、铁路运输业和道路运输业等 10 个行业低于 50%。

新出口订单指数为 46.4%，环比下降 2.5 个百分点。分行业来看，建筑业新出口订单指数为 36.4%；服务业新出口订单指数为 48.1%。20 个行业中，道路运输业、铁路运输业、金融业和航空运输业 4 个行业高于 50%；土木工程建筑业、生态保护环境治理及公共设施管理业和建筑安装装饰及其他建筑业等 16 个行业低于 50%。

投入品价格指数为 55.1%，环比下降 1.1 个百分点。分行业来看，建筑业投入品价格指数为 56.5%；服务业投入品价格指数为 54.9%。20 个行业中，水上运输业、批发业、道路运输业、建筑安装装饰及其他建筑业、租赁及商务服务业和航空运输业等 19 个行业高于 50%；住宿业低于 50%。

从业人员指数为 49.8%，环比下降 0.2 个百分点。分行业来看，建筑业从业人员指数为 56.2%；服务业从业人员指数为 48.6%。20 个行业中，建筑安装装饰及其他建筑业、土木工程建筑业、航空运输业和互联网及软件信息技术服务业等 6 个行业高于 50%；水上运输业、餐饮业、铁路运输业、生态保护环境治理及公共设施管理业和邮政业等 14 个行业低于 50%。

业务活动预期指数为 58.9%，环比下降 0.6 个百分点。分行业来看，建筑业业务活动预期指数为 64.5%；服务业业务活动预期指数为58%。20个行业中，金融业、土木工程建筑业、电信广播电视和卫星传输服务业、航空运输业和建筑安装装饰及其他建筑业等19个行业高于50%；道路运输业低于50%。

2月

2017年2月中国非制造业商务活动指数为54.2%，环比下降0.4个百分点。

2月中国非制造业商务活动指数中各单项指数的变化如下。

新订单指数为51.2%，环比下降0.1个百分点。分行业来看，建筑业新订单指数为54.8%；服务业新订单指数为50.5%。20个行业中，金融业、互联网及软件信息技术服务业、铁路运输业、土木工程建筑业和电信广播电视和卫星传输服务业等11个行业高于50%；批发业位于50%；居民服务及修理业、房地产业和餐饮业等8个行业低于50%。

新出口订单指数为50.1%，环比上升3.7个百分点。分行业来看，建筑业新出口订单指数为49.5%；服务业新出口订单指数为50.2%。20个行业中，房屋建筑业、互联网及软件信息技术服务业、建筑安装装饰及其他建筑业和装卸搬运及仓储业等11个行业高于50%；土木工程建筑业、铁路运输业、房地产业和电信广播电视和卫星传输服务业等9个行业低于50%。

投入品价格指数为53.7%，环比下降1.4个百分点。分行业来看，建筑业投入品价格指数为61.6%；服务业投入品价格指数为52.2%。20个行业中，航空运输业、土木工程建筑业、房屋建筑业、建筑安装装饰及其他建筑业、水上运输业和批发业等16个行业高于50%；餐饮业位于50%；租赁及商务服务业、生态保护环境治理及公共设施管理业和铁路运输业低于50%。

从业人员指数为49.7%，环比下降0.1个百分点。分行业来看，建筑业从业人员指数为57.1%；服务业从业人员指数为48.4%。20个行业中，土木工程建筑业、房屋建筑业、航空运输业、互联网及软件信息技术服务业和建筑安装装饰及其他建筑业等7个行业高于50%；邮政业、居民服务及修理业、餐饮业和住宿业等13个行业低于50%。

业务活动预期指数为62.4%，环比上升3.5个百分点。分行业来看，建筑业业务活动预期指数为65.8%；服务业业务活动预期指数为61.7%。20个行业的业务活动预期指数均高于50%。

3月

2017年3月中国非制造业商务活动指数为55.1%，环比上升0.9个百分点。

3月中国非制造业商务活动指数中各单项指数的变化如下。

新订单指数为51.9%，环比上升0.7个百分点。分行业来看，建筑业新订单指数为53.3%；服务业新订单指数为51.7%。20个行业中，邮政业、金融业、航空运输业和电信广播电视和卫星传输服务业等15个行业均高于50%；居民服务及修理业、房地产业和生态保护环境治理及公共设施管理业等5个行业均低于50%。

新出口订单指数为48.8%，环比下降1.3个百分点。分行业来看，建筑业新出口订单指数为51.5%；服务业新出口订单指数为48.3%。20个行业中，邮政业、水上运输业、土木工程建筑业和电信广播电视和卫星传输服务业等11个行业均高于50%；零售业位于50%；居民服务及修理业、餐饮业和铁路运输业等8个行业均低于50%。

投入品价格指数为52.3%，环比下降1.4

个百分点。分行业来看，建筑业投入品价格指数为59.8%；服务业投入品价格指数为51%。20个行业中，房屋建筑业、土木工程建筑业、住宿业、邮政业和金融业等14个行业均高于50%；批发业、铁路运输业、航空运输业和水上运输业等6个行业均低于50%。

从业人员指数为49.1%，环比下降0.6个百分点。分行业来看，建筑业从业人员指数为50.8%；服务业从业人员指数为48.8%。20个行业中，航空运输业、互联网及软件信息技术服务业和生态保护环境治理及公共设施管理业等8个行业均高于50%；建筑安装装饰及其他建筑业、道路运输业和餐饮业等12个行业均低于50%。

业务活动预期指数为61.3%，环比下降1.1个百分点。分行业来看，建筑业业务活动预期指数为66.7%；服务业业务活动预期指数为60.3%。20个行业中，邮政业、土木工程建筑业和航空运输业等14个行业均高于60%；居民服务及修理业和水上运输业等6个行业均低于60%。

**4月**

2017年4月中国非制造业商务活动指数为54%，环比下降1.1个百分点。

1月中国非制造业商务活动指数中各单项指数的变化如下。

新订单指数为50.5%，环比下降1.4个百分点。分行业来看，建筑业新订单指数为55.4%；服务业新订单指数为49.7%。20个行业中，房屋建筑业、电信广播电视和卫星传输服务业、互联网及软件信息技术服务业和邮政业等12个行业均高于50%；居民服务及修理业、房地产业和道路运输业等8个行业均低于50%。

新出口订单指数为47.1%，环比下降1.7个百分点。分行业来看，建筑业新出口订单指数为44.9%；服务业新出口订单指数为47.5%。20个行业中，铁路运输业、航空运输业、装卸搬运及仓储业、房屋建筑业和租赁及商务服务业等6个行业均高于50%；建筑安装装饰及其他建筑业、土木工程建筑业和餐饮业等14个行业均低于50%。投入品价格指数小幅下降。2017年4月，投入品价格指数为51.7%，环比下降0.6个百分点。分行业来看，建筑业投入品价格指数为52.8%；服务业投入品价格指数为51.5%。20个行业中，航空运输业、土木工程建筑业、住宿业、水上运输业和建筑安装装饰及其他建筑业等17个行业均高于50%；铁路运输业、居民服务及修理业和电信广播电视和卫星传输服务业3个行业均低于50%。

从业人员指数为49.5%，环比上升0.4个百分点。分行业来看，建筑业从业人员指数为51.9%；服务业从业人员指数为49.1%。20个行业中，房屋建筑业、航空运输业、互联网及软件信息技术服务业和邮政业等6个行业均高于50%；住宿业、建筑安装装饰及其他建筑业、居民服务及修理业和装卸搬运及仓储业等14个行业均低于50%。

业务活动预期指数为59.7%，环比下降1.6个百分点。分行业来看，建筑业业务活动预期指数为65.1%；服务业业务活动预期指数为58.8%。20个行业中，房屋建筑业、邮政业、互联网及软件信息技术服务业和零售业等11个行业均高于60%；道路运输业、居民服务及修理业和房地产业等9个行业均低于60%。

**5月**

2017年5月中国非制造业商务活动指数为54.5%，环比上升0.5个百分点。

5月中国非制造业商务活动指数中各单项

指数的变化如下。

新订单指数为 50. 9%，环比上升 0. 4 个百分点。分行业来看，建筑业新订单指数为 54. 1%；服务业新订单指数为 50. 3%。20 个行业中，航空运输业、邮政业、电信广播电视和卫星传输服务业和土木工程建筑业等 13 个行业均高于 50%；房地产业、建筑安装装饰及其他建筑业、居民服务及修理业和道路运输业等 7 个行业均低于 50%。

新出口订单指数为 48. 5%，环比上升 1. 4 个百分点。分行业来看，建筑业新出口订单指数为 52%；服务业新出口订单指数为 47. 9%。20 个行业中，住宿业、装卸搬运及仓储业、航空运输业和生态保护环境治理及公共设施管理业等 8 个行业均高于 50%；餐饮业、铁路运输业、金融业、零售业和道路运输业等 12 个行业均低于 50%。

投入品价格指数为 51. 1%，环比下降 0. 6 个百分点。分行业来看，建筑业投入品价格指数为 58. 4%；服务业投入品价格指数为 49. 8%。20 个行业中，房屋建筑业、邮政业、住宿业和土木工程建筑业等 15 个行业均高于 50%；批发业、铁路运输业、水上运输业和道路运输业等 5 个行业均低于 50%。

从业人员指数为 49%，环比下降 0. 5 个百分点。分行业来看，建筑业从业人员指数为 52. 4%；服务业从业人员指数为 48. 4%。20 个行业中，房屋建筑业、邮政业、航空运输业和生态保护环境治理及公共设施管理业等 5 个行业均高于 50%；住宿业、水上运输业、道路运输业和居民服务及修理业等 15 个行业均低于 50%。

业务活动预期指数为 60. 2%，环比上升 0. 5 个百分点。分行业来看，建筑业业务活动预期指数为 65. 8%；服务业业务活动预期指数为 59. 2%。20 个行业中，房屋建筑业、邮政业和铁路运输业等 10 个行业均高于 60%；批发业位于 60%；建筑安装装饰及其他建筑业和房地产业等 9 个行业均低于 60%。

**6 月**

2017 年 6 月中国非制造业商务活动指数为 54. 9%，环比上升 0. 4 个百分点。

6 月中国非制造业商务活动指数中各单项指数的变化如下。

新订单指数为 51. 4%，环比上升 0. 5 个百分点。分行业来看，建筑业新订单指数为 55. 4%；服务业新订单指数为 50. 7%。20 个行业中，航空运输业、金融业、电信广播电视和卫星传输服务业和邮政业等 13 个行业高于 50%；房地产业、居民服务及修理业和道路运输业等 7 个行业低于 50%。

新出口订单指数为 49. 8%，环比上升 1. 3 个百分点。分行业来看，建筑业新出口订单指数为 52. 8%；服务业新出口订单指数为 49. 3%。20 个行业中，邮政业、餐饮业、航空运输业、房屋建筑业和装卸搬运及仓储业等 9 个行业高于 50%；土木工程建筑业和建筑安装装饰及其他建筑业餐饮业位于 50%；铁路运输业、生态保护环境治理及公共设施管理业和零售业等 9 个行业低于 50%。

投入品价格指数为 51. 2%，环比上升 0. 1 个百分点。分行业来看，建筑业投入品价格指数为 59. 9%；服务业投入品价格指数为 49. 6%。20 个行业中，房屋建筑业、土木工程建筑业、住宿业和建筑安装装饰及其他建筑业等 12 个行业高于 50%；批发业、水上运输业、航空运输业和道路运输业等 8 个行业低于 50%。

从业人员指数为 49. 6%，环比上升 0. 6 个百分点。分行业来看，建筑业从业人员指数为

51.9%；服务业从业人员指数为49.2%。20个行业中，航空运输业、邮政业、房屋建筑业、互联网及软件信息技术服务业和土木工程建筑业等8个行业高于50%；水上运输业、铁路运输业和装卸搬运及仓储业等12个行业低于50%。

业务活动预期指数为61.1%，环比上升0.9个百分点。分行业来看，建筑业业务活动预期指数为67.6%；服务业业务活动预期指数为60%。20个行业中，土木工程建筑业、房屋建筑业和邮政业等12个行业高于60%；道路运输业、房地产业和居民服务及修理业等8个行业低于60%。

**7月**

2017年7月中国非制造业商务活动指数为54.5%，环比下降0.4个百分点。

7月中国非制造业商务活动指数中各单项指数的变化如下。

新订单指数为51.1%，环比下降0.3个百分点。分行业来看，建筑业新订单指数为56%；服务业新订单指数为50.2%。20个行业中，房屋建筑业、邮政业、互联网及软件信息技术服务业和水上运输业等13个行业高于50%；房地产业、居民服务及修理业、道路运输业和餐饮业等7个行业低于50%。

新出口订单指数为52.1%，环比上升2.3个百分点。分行业来看，建筑业新出口订单指数为55.1%；服务业新出口订单指数为51.6%。20个行业中，房屋建筑业、装卸搬运及仓储业、水上运输业和批发业等13个行业高于50%；生态保护环境治理及公共设施管理业位于50%；居民服务及修理业、零售业和土木工程建筑业等6个行业低于50%。

投入品价格指数为53.1%，环比上升1.9个百分点。分行业来看，建筑业投入品价格指数为59.8%；服务业投入品价格指数为51.9%。20个行业中，房屋建筑业、建筑安装装饰及其他建筑业和土木工程建筑业等15个行业高于50%；居民服务及修理业位于50%；水上运输业、生态保护环境治理及公共设施管理业和铁路运输业等4个行业低于50%。

从业人员指数为49.5%，环比下降0.1个百分点。分行业来看，建筑业从业人员指数为54.2%；服务业从业人员指数为48.6%。20个行业中，航空运输业、土木工程建筑业、房屋建筑业和金融业等6个行业高于50%；邮政业和互联网及软件信息技术服务业位于50%；道路运输业、居民服务及修理业和铁路运输业等12个行业低于50%。

业务活动预期指数为61.1%，环比持平。分行业来看，建筑业业务活动预期指数为65.3%；服务业业务活动预期指数为60.4%。20个行业中，邮政业、房屋建筑业和航空运输业等12个行业高于60%；装卸搬运及仓储业、住宿业、房地产业和道路运输业等8个行业低于60%。

**8月**

2017年8月中国非制造业商务活动指数为53.4%，环比下降1.1个百分点。

8月中国非制造业商务活动指数中各单项指数的变化如下。

新订单指数为50.9%，环比下降0.2个百分点。分行业来看，建筑业新订单指数为54.5%；服务业新订单指数为50.3%。20个行业中，邮政业、互联网及软件信息技术服务业、航空运输业和电信广播电视和卫星传输服务业等13个行业高于50%；居民服务及修理业、房地产业和住宿业等7个行业低于50%。

新出口订单指数为49%，环比下降3.1个百分点。分行业来看，建筑业新出口订单指数为 50.3%；服务业新出口订单指数为 48.8%。20 个行业中，航空运输业、铁路运输业、装卸搬运及仓储业、房屋建筑业和邮政业等 11 个行业高于 50%；建筑安装装饰及其他建筑业、零售业、金融业和生态保护环境治理及公共设施管理业等 9 个行业低于 50%。

投入品价格指数为 54.4%，环比上升 1.3 个百分点。分行业来看，建筑业投入品价格指数为 61.4%；服务业投入品价格指数为 53.2%。20 个行业中，房屋建筑业、建筑安装装饰及其他建筑业、批发业、住宿业和土木工程建筑业等 17 个行业高于 50%；装卸搬运及仓储业、电信广播电视和卫星传输服务业和水上运输业 3 个行业低于 50%。

从业人员指数为 49.5%，环比持平。分行业来看，建筑业从业人员指数为 54.3%；服务业从业人员指数为 48.6%。20 个行业中，房屋建筑业、邮政业、航空运输业、金融业和居民服务及修理业等 7 个行业高于 50%；餐饮业、铁路运输业、道路运输业、零售业和电信广播电视和卫星传输服务业等 13 个行业低于 50%。

业务活动预期指数为 61%，环比下降 0.1 个百分点。分行业来看，建筑业业务活动预期指数为 66%；服务业业务活动预期指数为 60.1%。20 个行业中，航空运输业、互联网及软件信息技术服务业、电信广播电视和卫星传输服务业和邮政业等 12 个行业高于 60%；装卸搬运及仓储业、住宿业和房地产业等 8 个行业低于 60%。

**9 月**

2017 年 9 月中国非制造业商务活动指数为 55.4%，环比上升 2 个百分点。

9 月中国非制造业商务活动指数中各单项指数的变化如下。

新订单指数为 52.3%，环比上升 1.4 个百分点。分行业来看，建筑业新订单指数为 56.9%；服务业新订单指数为 51.5%。20 个行业中，房屋建筑业、电信广播电视和卫星传输服务业和互联网及软件信息技术服务业等 14 个行业高于 50%；居民服务及修理业、房地产业、道路运输业、餐饮业和邮政业等 6 个行业低于 50%。

新出口订单指数为 49.7%，环比上升 0.7 个百分点。分行业来看，建筑业新出口订单指数为 46.1%；服务业新出口订单指数为 50.4%。20 个行业中，铁路运输业、航空运输业、房地产业、道路运输业和装卸搬运及仓储业等 9 个行业高于 50%；水上运输业、房屋建筑业、住宿业、批发业和零售业等 11 个行业低于 50%。

投入品价格指数为 56.1%，环比上升 1.7 个百分点。分行业来看，建筑业投入品价格指数为 67%；服务业投入品价格指数为 54.2%。20 个行业中，房屋建筑业、建筑安装装饰及其他建筑业、土木工程建筑业、批发业、航空运输业和邮政业等 19 个行业高于 50%；电信广播电视和卫星传输服务业低于 50%。

从业人员指数为 49.7%，环比上升 0.2 个百分点。分行业来看，建筑业从业人员指数为 56.4%；服务业从业人员指数为 48.5%。20 个行业中，邮政业、房屋建筑业、建筑安装装饰及其他建筑业和土木工程建筑业等 10 个行业高于 50%；餐饮业、住宿业、居民服务及修理业、房地产业和道路运输业等 10 个行业低于 50%。

业务活动预期指数为 61.7%，环比上升 0.7 个百分点。分行业来看，建筑业业务活动预期指数为 67%；服务业业务活动预期指数为 60.8%。20 个行业中，房屋建筑业、航空运输业、互联网及软件信息技术服务业、电信广播电视和卫星传输服务业和金融业等 15 个行业高于 60%；道路运输业、房地产业和居民服务及修理业等 5 个行业低于 60%。

**10 月**

2017 年 10 月中国非制造业商务活动指数为 54.3%，环比下降 1.1 个百分点。

10 月中国非制造业商务活动指数中各单项指数的变化如下。

新订单指数为 51.1%，环比下降 1.2 个百分点。分行业来看，建筑业新订单指数为 54.1%；服务业新订单指数为 50.5%。20 个行业中，邮政业、互联网及软件信息技术服务业、航空运输业和房屋建筑业等 11 个行业高于 50%；房地产业、住宿业、批发业和道路运输业等 9 个行业低于 50%。

新出口订单指数为 50.7%，环比上升 1 个百分点。分行业来看，建筑业新出口订单指数为 50.2%；服务业新出口订单指数为 50.8%。20 个行业中，铁路运输业、道路运输业、航空运输业和装卸搬运及仓储业等 10 个行业高于 50%；居民服务及修理业、建筑安装装饰及其他建筑业和生态保护环境治理及公共设施管理业等 10 个行业低于 50%。

投入品价格指数为 54.3%，环比下降 1.8 个百分点。分行业来看，建筑业投入品价格指数为 61.4%；服务业投入品价格指数为 53.1%。20 个行业中，土木工程建筑业、房屋建筑业和建筑安装装饰及其他建筑业等 19 个行业高于 50%；生态保护环境治理及公共设施管理业位于 50%。

从业人员指数为 49.4%，环比下降 0.3 个百分点。分行业来看，建筑业从业人员指数为 53.6%；服务业从业人员指数为 48.6%。20 个行业中，房屋建筑业、航空运输业、邮政业、金融业和互联网及软件信息技术服务业等 6 个行业高于 50%；铁路运输业、餐饮业和建筑安装装饰及其他建筑业等 14 个行业低于 50%。

业务活动预期指数为 60.6%，环比下降 1.1 个百分点。分行业来看，建筑业业务活动预期指数为 63.2%；服务业业务活动预期指数为 60.1%。20 个行业中，互联网及软件信息技术服务业、房屋建筑业、金融业和邮政业等 11 个行业高于 60%；水上运输业、道路运输业和房地产业等 9 个行业低于 60%。

**11 月**

2017 年 11 月中国非制造业商务活动指数为 54.8%，环比上升 0.5 个百分点。

11 月中国非制造业商务活动指数中各单项指数的变化如下。

新订单指数为 51.8%，环比上升 0.7 个百分点。分行业来看，建筑业新订单指数为 55.1%；服务业新订单指数为 51.2%。20 个行业中，邮政业、建筑安装装饰及其他建筑业和金融业等 14 个行业高于 50%；水上运输业位于 50%；居民服务及修理业和房地产业等 5 个行业低于 50%。

新出口订单指数为 50.9%，环比上升 0.2 个百分点。分行业来看，建筑业新出口订单指数为 47%；服务业新出口订单指数为 51.5%。20 个行业中，装卸搬运及仓储业、航空运输业、零售业和租赁及商务服务业等 13 个行业高于 50%；房屋建筑业和建筑安装装饰及其他建筑业 2 个行业位于 50%；居民服务及修理业和土木工程建筑业等 5 个行业低于 50%。

投入品价格指数为 56.2%，环比上升 1.9 个百分点。分行业来看，建筑业投入品价格指数为 63.9%；服务业投入品价格指数为 54.9%。20 个行业中，房屋建筑业、土木工程建筑业和批发业等 4 个行业高于 60%；航空运输业位于 60%；电信广播电视和卫星传输服务业和互联网及软件信息技术服务业等 15 个行业低于 60%。

从业人员指数为 49.2%，环比下降 0.2 个百分点。分行业来看，建筑业从业人员指数为 53.6%；服务业从业人员指数为 48.5%。20 个行业中，邮政业、航空运输业、房屋建筑业和建筑安装装饰及其他建筑业等 8 个行业高于 50%；餐饮业、居民服务及修理业和住宿业等 12 个行业低于 50%。

业务活动预期指数为 61.6%，环比上升 1 个百分点。分行业来看，建筑业业务活动预期指数为 65.6%；服务业业务活动预期指数为 60.9%。20 个行业中，房屋建筑业、金融业和互联网及软件信息技术服务业等 13 个行业高于 60%；居民服务及修理业、道路运输业和房地产业等 7 个行业低于 60%。

**12 月**

2017 年 12 月中国非制造业商务活动指数为 55%，环比上升 0.2 个百分点。

12 月中国非制造业商务活动指数中各单项指数的变化如下。

新订单指数为 52%，环比上升 0.2 个百分点。分行业来看，建筑业新订单指数为 58.1%；服务业新订单指数为 50.9%。20 个行业中，邮政业、金融业、房屋建筑业和航空运输业等 12 个行业高于 50%；居民服务及修理业、房地产业、道路运输业和餐饮业等 8 个行业低于 50%。

新出口订单指数为 51.5%，环比上升 0.6 个百分点。分行业来看，建筑业新出口订单指数为 54.8%；服务业新出口订单指数为 51%。20 个行业中，铁路运输业、建筑安装装饰及其他建筑业、航空运输业和租赁及商务服务业等 11 个行业高于 50%；生态保护环境治理及公共设施管理业、居民服务及修理业和住宿业等 9 个行业低于 50%。

投入品价格指数为 54.8%，环比下降 1.4 个百分点。分行业来看，建筑业投入品价格指数为 64.3%；服务业投入品价格指数为 53.2%。20 个行业中，房屋建筑业、航空运输业、土木工程建筑业和建筑安装装饰及其他建筑业等 18 个行业高于 50%；电信广播电视和卫星传输服务业和生态保护环境治理及公共设施管理业 2 个行业低于 50%。

从业人员指数为 49.3%，环比上升 0.1 个百分点。分行业来看，建筑业从业人员指数为 55.9%；服务业从业人员指数为 48.2%。20 个行业中，房屋建筑业、航空运输业、建筑安装装饰及其他建筑业、土木工程建筑业和金融业 5 个行业高于 50%；住宿业、餐饮业、道路运输业和居民服务及修理业等 15 个行业低于 50%。

业务活动预期指数为 60.9%，环比下降 0.7 个百分点。分行业来看，建筑业业务活动预期指数为 64.1%；服务业业务活动预期指数为 60.3%。20 个行业中，金融业、航空运输业、房屋建筑业、零售业和电信广播电视和卫星传输服务业等 18 个行业高于 50%；居民服务及修理业和住宿业 2 个行业低于 50%。

2017 年 1—12 月中国非制造业商务活动指数走势如下图所示。

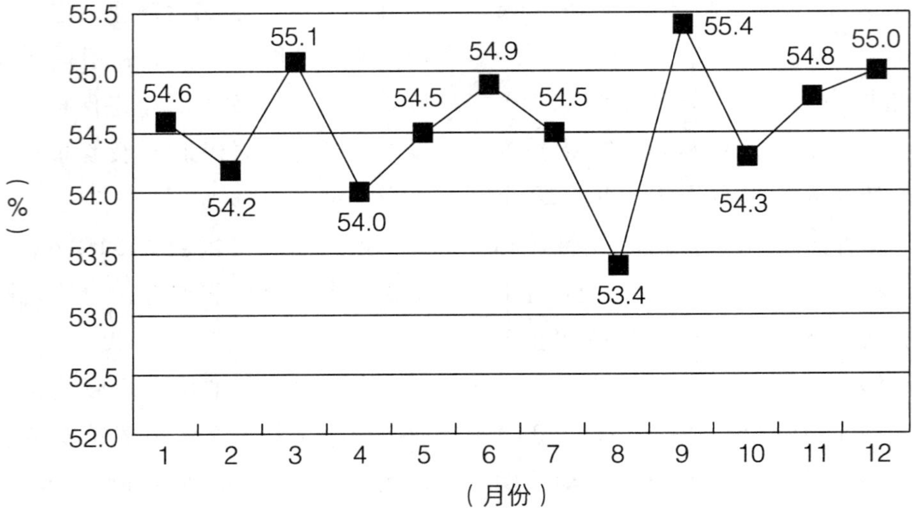


**2017 年 1—12 月中国非制造业商务活动指数走势**

（中国物流信息中心）

第三部分

# 物流产业

# 2017年中国交通运输业

2017年，党的十九大胜利召开，开启了全面建设社会主义现代化国家新征程，明确了建设交通强国重大任务，为交通运输的发展指明了方向。2017年年初，国务院印发《“十三五”现代综合交通运输体系发展规划》（以下简称《规划》）。一年来，交通运输领域牢固树立和贯彻落实新发展理念，深化供给侧结构性改革，以《规划》为指导加快推进各领域发展，取得丰硕成果。全年交通共完成固定资产投资3.6万亿元人民币，比上年增长11.1%，占全社会固定资产投资总额的5.6%，增速比全社会固定资产投资增速高出4.1个百分点。

## 一、基础设施

（一）铁路。

2017年，我国完成铁路固定资产投资8010亿元，全年投产新线3038公里，其中，高速铁路2182公里。

截至2017年年底，全国铁路营业里程达到12.7万公里，比上年增加0.3万公里。其中，高铁营业里程2.5万公里。路网密度132.2公里/万平方公里，比上年增加3.0公里/万平方公里。复线里程7.2万公里，电气化里程8.7万公里，复线率和电气化率分别达到56.7%和68.5%。

（二）公路。

2017年，我国完成公路建设投资21253.3亿元，比上年增长18.2%。其中：高速公路建设完成投资9257.9亿元，比上年增长12.4%；普通国省道建设完成投资7264.1亿元，比上年增长19.5%；农村公路建设完成投资4731.3亿元，比上年增长29.3%，新改建农村公路29.0万公里。

截至2017年年底，全国公路总里程达477.4万公里，比上年增加7.8万公里；公路密度49.7公里/百平方公里，比上年年末提高0.8公里/百平方公里。二级及以上公路里程达到62.2万公里，比上年年末增加2.3万公里；占公路总里程13.0%，比上年年末提高0.3个百分点。高速公路总里程13.65万公里，比上年增加0.65万公里，其中，国家高速公路10.23万公里，比上年年末增加0.39万公里。农村公路400.9万公里，其中，村道230.1万公里。全国通公路的乡（镇）占全国乡（镇）总数99.99%，其中：通硬化路面的乡（镇）

占比达 99.39%，比上年年末提高 0.38 个百分点；通公路的建制村占全国建制村总数 99.98%，其中，已通硬化路面的建制村占比达 98.35%，比上年年末提高 1.66 个百分点。

（三）水运。

2017 年，我国内河及沿海建设完成投资 1238.8 亿元，比上年下降 12.6%。其中：内河建设完成投资 569.4 亿元，比上年增长 3.1%；沿海建设完成投资 669.5 亿元，比上年下降 22.6%。

1. 内河航道

截至 2017 年年底，我国内河航道通航里程为 12.7 万公里，比上年年末减少 0.01 万公里。等级航道达 6.62 万公里，占总里程的 52.1%，比上年下降 0.2 个百分点。其中，三级及以上航道 1.25 万公里，占总里程的 9.8%，比上年提高 0.3 个百分点。

2. 港口

截至 2017 年年底，我国港口拥有生产用码头泊位 27578 个，比上年年末减少 2810 个。其中：沿海港口生产用码头泊位 5830 个，比上年年末减少 57 个；内河港口生产用码头泊位 21748 个，比上年年末减少 2753 个。全国港口拥有万吨级及以上泊位 2366 个，比上年年末增加 49 个，其中：十万吨级及以上泊位 371 个，比上年年末增加 9 个；沿海港口万吨级及以上泊位 1948 个，比上年年末增加 54 个；内河港口万吨级及以上泊位 418 个，比上年年末减少 5 个；万吨级及以上泊位中，专业化泊位 1254 个，比上年年末增加 31 个，通用散货泊位和通用件杂货泊位分别为 513 个和 388 个，各增加 7 个。

（四）民航。

2017 年，我国民航完成本建设和技术改造投资 869 亿元，比上年增长 11.1%。

截至 2017 年年底，我国共有民用运输机场 229 个，比上年年末增加 11 个，其中：定期航班通航机场 228 个，定期航班通航城市 224 个。年内定期航班新通航的城市有云南澜沧、新疆莎车、内蒙古霍林郭勒、吉林松原、吉林白城、江西上饶、河北承德、湖南邵阳、黑龙江五大连池、黑龙江建三江，陕西安康机场继续停航。年旅客吞吐量达到 1000 万人次以上的有 32 个，比上年增加 4 个。年货邮吞吐量达到 1 万吨以上的有 52 个，比上年增加 2 个。北京、上海和广州三大城市机场完成旅客吞吐量和货邮吞吐量分别占境内机场总量的 24.3% 和 49.9%，较上年分别下降 1.9 个百分点和提高 0.3 个百分点。

（五）城市轨道交通。

2017 年，我国城市轨道交通建设完成投资 4762 亿元，同比增长 23.8%。

截至 2017 年年底，我国大陆有 32 个城市开通轨道交通线路，新开通城市 2 个、运营线路 149 条，新增 25 条，总里程达到 4484.2 公里，其中：地铁线路 124 条、3976.9 公里，轻轨线路 6 条、203 公里。拥有轨道交通车站 3040 个，比上年增加 572 个。

（六）输油气管道。

截至 2017 年年底，我国油气长输管道总里程 13.3 万公里，其中：天然气管道 7.7 万公里，原油管道 2.9 万公里，成品油管道 2.7 万公里。

2017 年我国交通基础设施规模及增长情况如表 1 所示。

表 1　　2017 年我国交通基础设施规模及增长情况

| 指标 | 单位 | 2016 年 | 2017 年 | 比上年增长（%） |
|---|---|---|---|---|
| 铁路营业里程 | 万公里 | 12. 4 | 12. 7 | 2. 4 |
| 高速铁路 | 万公里 | 1. 9 | 2. 5 | 31. 6 |
| 公路总里程 | 万公里 | 469. 6 | 477. 4 | 1. 7 |
| 高速公路 | 万公里 | 13. 1 | 13. 65 | 4. 2 |
| 内河航道通航里程 | 万公里 | 12. 71 | 12. 7 | −0. 1 |
| 等级航道 | 万公里 | 6. 64 | 6. 62 | −0. 3 |
| 港口生产用码头泊位 | 个 | 30388 | 27578 | −9. 2 |
| 万吨级及以上泊位 | 个 | 2317 | 2366 | 2. 1 |
| 民用运输机场 | 个 | 218 | 229 | 5. 0 |

## 二、运输服务

（一）运输总量。

2017 年，我国全社会完成客运量 184. 9 亿人次、旅客周转量 32812. 6 亿人公里、货运量 480. 3 亿吨、货物周转量 192588. 5 亿吨公里，分别比上年下降 2. 7%、增长 5. 0%、增长 9. 1%、增长 3. 9%。全国港口完成货物吞吐量 140. 1 亿吨、外贸货物吞吐量 40. 9 亿吨，分别比上年增长 6. 1%、6. 3%；完成集装箱吞吐量 2. 38 亿标准箱，比上年增长 8. 3%。全国规模以上港口完成货物吞吐量 126. 7 亿吨，比上年增长 6. 6%。

（二）运输结构。

在旅客运输方面，铁路在旅客运输中的比重继续提升，客运量占比达到 16. 7%，旅客周转量占比达到 41. 0%，分别比上年提高 1. 9 个和 0. 8 个百分点，旅客周转量超过公路客运 29. 8% 的比重。铁路平均运距为 437 公里，同比进一步下降。近 10 年来整体保持下降趋势，主要是由于高速铁路、城际铁路的快速发展，铁路动车组开行比例已提高至 68. 8%，带动城际间旅客出行需求大幅增长，原来以公路营运客车为主的城际客运也大量转向铁路，使得铁路中短途运输量快速增长。同时，随着城乡居民收入增长，航空客运需求也不断上升，民航客运量继续保持两位数高速增长，客运量和旅客周转量分别比上年增长 13. 1% 和 13. 5%。公路运输总量及其在全社会客运中的占比进一步下降，客运量和旅客周转量分别比上年下降 5. 6% 和 4. 5%。

在货物运输方面，铁路运输延续较强增长趋势，不仅货运量、货物周转量双双大幅提升 10 个百分点以上，而且在整个货物运输中的占比也转降为升，达到 7. 7% 和 14. 0%，分别比上年提高 0. 1 个和 1. 3 个百分点。公路货运量占比较上年略微提升 0. 6 个百分点，货物周转量则下降 0. 1 个百分点，这与我国加强对超载超限运输管理有较为密切的关系，部分中长距离运输转移至铁路等其他运输方式。水路运输货运量、货物周转量占比均稳中有降，分别下降 0.6 个和 0.1 个百分点，与该领域建设投资回落趋势基本吻合。民航货邮周转量比重提高较快，与我国快递运输尤其是国际快递快速发展紧密相关。

2017 年我国客货运输发展情况详见表 2。

表 2　2017 年我国客货运输发展情况

| 指标 | 单位 | 2016 年 | 2017 年 | 比上年增长（%） |
|---|---|---|---|---|
| 旅客运输量 | 亿人 | 190.0 | 184.9 | -2.7 |
| 其中：铁路 | 亿人 | 28.1 | 30.8 | 9.6 |
| 公路 | 亿人 | 154.3 | 145.7 | -5.6 |
| 水运 | 亿人 | 2.7 | 2.8 | 3.9 |
| 民航 | 亿人 | 4.9 | 5.5 | 13.0 |
| 旅客周转量 | 亿人公里 | 31258.5 | 32812.6 | 5.0 |
| 其中：铁路 | 亿人公里 | 12579.3 | 13456.9 | 7.0 |
| 公路 | 亿人公里 | 10228.7 | 9765.2 | -4.5 |
| 水运 | 亿人公里 | 72.3 | 77.7 | 7.4 |
| 民航 | 亿人公里 | 8378.1 | 9512.8 | 13.5 |
| 货物运输量 | 亿吨 | 438.7 | 480.3 | 9.1 |
| 其中：铁路 | 亿吨 | 33.3 | 36.9 | 10.7 |
| 公路 | 亿吨 | 334.1 | 368.7 | 10.3 |
| 水运 | 亿吨 | 63.8 | 66.8 | 4.6 |
| 民航 | 万吨 | 668.0 | 705.8 | 5.7 |
| 管道 | 亿吨 | 7.3 | 7.9 | 8.2 |
| 货物周转量 | 亿吨公里 | 186629.0 | 197345.5 | 3.9 |
| 其中：铁路 | 亿吨公里 | 23792.3 | 26962.2 | 13.3 |
| 公路 | 亿吨公里 | 61080.1 | 66771.5 | 9.3 |
| 水运 | 亿吨公里 | 97338.8 | 98611.3 | 1.3 |
| 民航 | 亿吨公里 | 222.5 | 243.5 | 9.5 |
| 管道 | 亿吨公里 | 4196.0 | 4757.0 | 13.4 |

（三）运输质量。

党的十九大报告明确指出，我国由经济高速增长阶段转向高质量发展阶段，运输服务质量是人民群众对交通运输高质量发展最直观的感受。同时，随着产业结构调整和居民消费升级，客货运输需求结构也不断优化，高品质、个性化的运输服务需求规模快速扩张，要求不断提高。为此，我国在改善运输服务质量这一领域加大工作力度，多措并举，取得一系列成果。城乡、城际公共客运普遍服务覆盖范围不断拓展，以高铁、高速公路、民航为代表的便捷高效出行服务能力明显提升，民航航班正常率为 71.7%。多式联运、无车承运人等高效运输组织方式加快推广，快递等新领域继续保持快速增长势头，全年完成业务量 400.6 亿件，同比增长 28%，业务收入累计完成 4957.1 亿元，同比增长 24.7%。现代信息技术手段在交通运输领域应用更加广泛，不断创新服务业态模式，铁路网上选座和互联网订餐等服务广受欢迎，人脸识别、无人驾驶在客货运输领域应用更加成熟，物流降本增效提质成效显著，全年社会物流总费用占 GDP 的比重降至 14.6%。

## 三、运输装备

截至 2017 年年底，我国铁路机车拥有量 2.1 万台，其中内燃机车占 40.4%，电力机车占 59.5%。铁路客车拥有量为 7.3 万辆，比上年增加 0.32 万辆，其中动车组 2935 标准组、23480 辆，比上年增加 349 标准组、2792 辆。全国铁路货车拥有量为 79.9 万辆。全国拥有城市轨道交通运营车辆 2.8 万辆，比上年增长 18.2%。

全国民用汽车保有量达到 2.2 亿辆（包括三轮汽车和低速货车 955 万辆），比上年增长 11.8%。其中：私人汽车保有量 1.9 亿辆，比上年增长 12.9%。民用轿车保有量 1.2 亿辆，比上年增长 12.0%，其中私人轿车 1.14 万辆，比上年增长 12.5%。拥有公路营运汽车 1450.2 万辆，比上年增长 1.0%，其中：载客汽车 81.6 万辆、载货汽车 1368.6 万辆，分别比上年减少 2.9%、增长 1.2%。营运客车中，大型客车 30.6 万辆，占比 37.5%；营运货车中，普通货车 902.9 万辆，专用货车 46.3 万辆，占比分别为 66.0% 和 3.4%。全国城市及县城拥有公共汽电车 65.1 万辆，比上年增长 7.0%。其中：BRT 车辆 8802 辆，比上年增长 14.5%。巡游出租汽车 139.6 万辆，比上年减少 0.6%。

全国拥有水上运输船舶 14.5 万艘，净载重量 25651.6 万吨，分别比上年减少 9.5% 和 3.6%。船舶集装箱箱位 216.3 万标准箱，比上年增加 13.2%。

全国民航运输飞机在册架数 3296 架，比上年增加 346 架。通用航空在册航空器总数 2297 架。其中，教学训练用飞机 680 架，分别比上年增加 201 架和 59 架。

## 四、技术标准

2017 年，我国交通运输技术标准体系进一步完善。铁路领域发布了《交流传动电力机车》《ZPW-2000 轨道电路技术条件》等 89 项铁路技术标准，制修订《重载铁路设计规范》《铁路线路设计规范》等 13 项铁路工程建设标准。全年公路、水路交通运输科研基础条件建设完成投资近 13 亿元，共有重点实验室 52 个、研发中心 48 个以及协同创新平台 19 个。民航共验收科技成果 20 项，评选民航协会科学技术奖 28 项，认定 14 个重点实验室和工程技术研究中心。

## 五、交通安全

2017 年，我国铁路系统全年未发生特别重大、重大交通事故，交通事故路外死亡人数同比下降 3. 9%。公路水路交通运输建设领域全年共发生生产安全事故 44 起，比上年增长 12. 8%；共有 66 人死亡，比上年同期下降 1. 5%。未发生重特大事故。共发生运输船舶水上交通事故 196 件，与上年持平；死亡失踪 190 人，比上年下降 6. 4%；沉船 80 艘，比上年下降 2. 4%。民航领域未发生运输航空事故，运输航空百万小时重大事故率 10 年滚动值为 0. 015（世界平均水平为 0. 175）。自 2010 年 8 月 25 日至 2017 年年底，我国运输航空连续安全飞行 88 个月，累计安全飞行 5682 万小时。

## 六、节能减排

2017 年，我国交通运输继续贯彻落实绿色发展理念，节能减排工作深入推进。国家铁路能源消耗折算标准煤 1621. 65 万吨，比上年增长 1. 5%。单位运输工作量综合能耗 4. 3 吨标准煤/百万换算吨公里，比上年减少 0. 39 标准煤/百万换算吨公里。单位运输工作量主营综合能耗 3. 96 吨标准煤/百万换算吨公里，比上年下降 4. 8%。国家铁路化学需氧量排放量 1901 吨，二氧化硫排放量 15817 吨，分别比上年降低 3. 7% 和 32. 2%。国家铁路绿化里程 4. 62 万公里，比上年增长 0. 2%。监测的城市公交企业每万人次单耗 1. 6 吨标准煤，百车公里单耗 45. 8 千克标准煤，分别比上年增长 0. 9% 和下降 5. 5%。公路班线客运企业每千人公里单耗 14. 7 千克标准煤，百车公里单耗 29. 3 千克标准煤，分别比上年增长 1. 2% 和下降 1. 3%。公路专业货运企业每百吨公里单耗 1. 8 千克标准煤，比上年增长 3. 4%。远洋和沿海货运企业每千吨海里单耗 4. 4 千克标准煤，比上年下降 11. 1%。港口企业每万吨单耗 2. 4 吨标准煤，比上年下降 4. 7%。民航吨公里油耗为 0. 293 千克，较 2005 年（行业节能减排目标基年）下降 13. 82%。全年使用临时航路缩短飞行距离 1343 万公里，节省燃油消耗 7. 2 万吨，减少二氧化碳排放约 22. 8 万吨。

总体而言，2017 年我国交通基础设施建设有序推进，固定资产投资仍然保持较快增长，但显现行业分化趋势，铁路、水运等部分领域投资增速下滑，公路、民航、城市轨道交通等领域保持强劲增长势头。受公路营运性客运下滑影响，旅客运输量指标较上年进一步回落，但铁路动车组、民航等快速客运领域需求依然旺盛增长，货物运输量指标整体回转向好，运输结构持续优化。交通运输领域创新加快，与经济社会融合发展趋势不断深入，新技术、新业态、新模式层出不穷。港珠澳大桥贯通、中欧班列开行总数超过 7600 列，交通运输领域的重大成就有力支撑了国家发展计划的实施。

（国家发改委综合运输研究所　谢雨蓉　樊一江）

# 2017年中国港口物流业

2017年，国际经贸形式持续好转，海运贸易量保持适度增长。尽管国际局势依然纷繁复杂，但我国经济在供给侧结构性改革和产业转型升级影响下实现稳步增长，国际贸易在"一带一路"建设推动下，实现强劲反弹。2017年，我国经济总体保持6.9%的平稳增长，社会消费品和工业增加值增速依然维持10.2%和6.4%的合理增长区间；固定资产投资随着国际基础设施建设步伐放缓，增速回落至7.0%。相较之下，国内新设立的七大自贸试验区在国家政策指引下合力推进口岸开放和贸易便利化，使我国进出口贸易总额止住连续两年负增长，同比大增14.2%至27.8万亿元。与此同时，我国港口货物和集装箱吞吐量增速大幅上涨（见图1），带动港口业回暖向好。

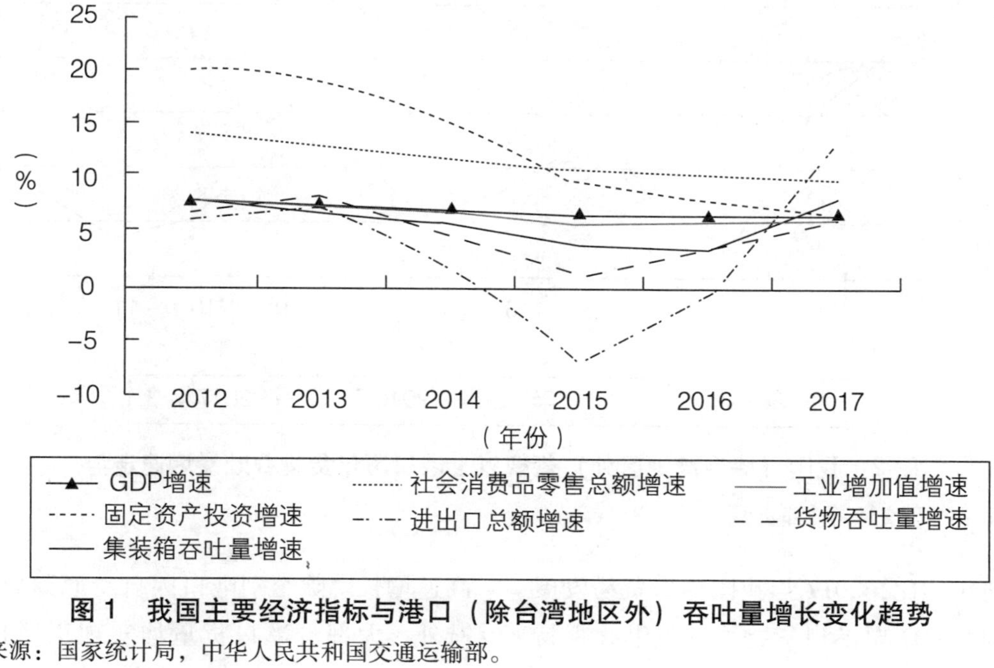


**图1 我国主要经济指标与港口（除台湾地区外）吞吐量增长变化趋势**

数据来源：国家统计局，中华人民共和国交通运输部。

## 一、港口发展良好、涨势强劲

2017年，我国工业制造和市场消费保持稳步扩张态势，推动了港口贸易快速增长，外向型经济带来的进出口贸易增长更为显著。全年规模以上港口完成货物吞吐量126亿吨，同比大涨6.4%，增速较2016年翻番（见表1和图2）。其中，外贸吞吐量增速持续走高，同比增速达到5.7%。外贸货量的持续增长，主要源自我国机电产品和传统劳动密集型产品的出口，以及铁矿石、原油和大豆等大宗商品进口量价齐升，与此同时，国内民营企业进出口贸易需求明显增长。

表1　2010—2017年我国（除台湾地区外）规模以上港口货物吞吐量及集装箱吞吐量一览

| 年份 | | 2010 | 2011 | 2012 | 2013 | 2014 | 2015 | 2016 | 2017 |
|---|---|---|---|---|---|---|---|---|---|
| 货物吞吐量 | 数量（亿吨） | 80.2 | 90.7 | 97.4 | 106.1 | 111.6 | 114.3 | 118.3 | 126.0 |
| | 同比增长（%） | 15.1 | 13.1 | 6.8 | 8.5 | 4.8 | 1.6 | 3.2 | 6.4 |
| 外贸货物吞吐量 | 数量（亿吨） | 24.73 | 27.57 | 30.2 | 33.1 | 35.00 | 36.14 | 37.62 | 40.00 |
| | 同比增长（%） | 13.4 | 11.5 | 9.5 | 9.6 | 5.7 | 3.2 | 4.1 | 5.7 |
| 集装箱吞吐量 | 数量（亿标准箱） | 1.45 | 1.64 | 1.77 | 1.89 | 2.00 | 2.10 | 2.18 | 2.37 |
| | 同比增长（%） | 18.9 | 13.1 | 8.1 | 6.7 | 6.1 | 4.1 | 3.6 | 8.3 |

数据来源：中国交通运输部。

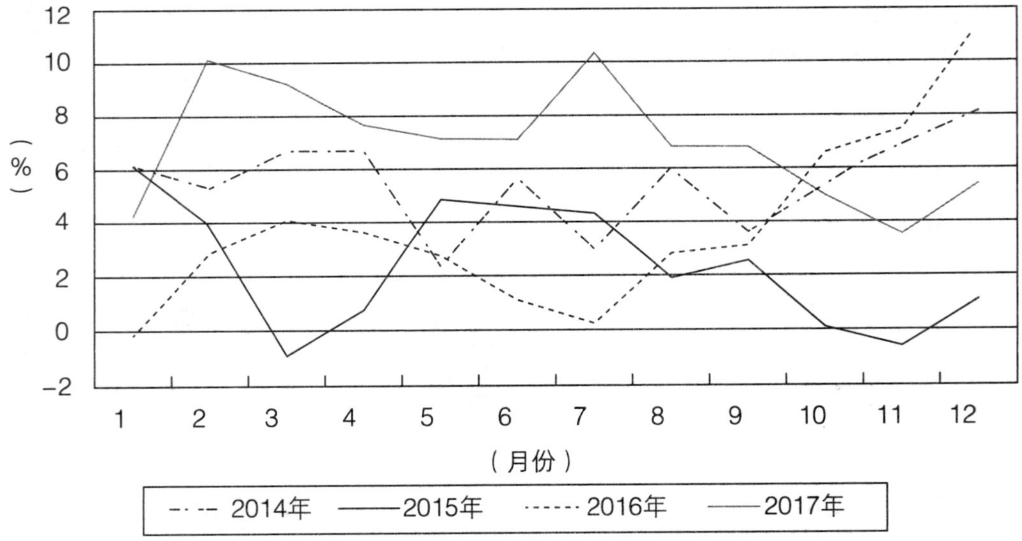


图2　我国（除台湾地区外）规模以上港口历年货物吞吐量增速走势

数据来源：中国交通运输部。

与前两年相比，2017年我国港口贸易发展可谓顺风顺水，主要港口货物吞吐量继续保持高速增长。除个别港口因自身原因导致货量锐减外，大部分港口货量均实现正增长。其中，天津港因“汽运煤”政策及危化品爆炸事故等，全年港口运营以稳为主，煤炭、危化品等运输需求转移至其他港口，吞吐量大幅回落；丹东港则因融资贷款等原因深陷追债危机，影响港口正常作业；其余港口吞吐量都实现正增长。北方港口因煤炭、矿石、油品等能源物资进口增长，大幅提振了港口吞吐量，唐山、大连、烟台、黄骅、秦皇岛等港口均受益于此；南方宁波舟山、广州、深圳等港口则在能源物资和进出口商品贸易双增的影响下，货物吞吐量实现良好增长。2016—2017 年我国（除台湾地区外）主要港口货物吞吐量排名如表 2 所示。

表 2　2016—2017 年我国（除台湾地区外）主要港口货物吞吐量排名

| 排序 | 港口名称 | 2017 年 | | 2016 年 | |
|---|---|---|---|---|---|
| | | 吞吐量（亿吨） | 同比增长（%） | 吞吐量（亿吨） | 同比增长（%） |
| 1 | 宁波舟山港 | 10.07 | 9.7 | 9.18 | 3.3 |
| 2 | 上海港 | 7.06 | 0.8 | 7.00 | −2.4 |
| 3 | 苏州（内河）港 | 6.08 | 5.9 | 5.74 | 6.3 |
| 4 | 广州港 | 5.66 | 8.5 | 5.22 | 0.2 |
| 5 | 唐山港 | 5.65 | 9.6 | 5.16 | 5.3 |
| 6 | 青岛港 | 5.08 | 1.4 | 5.01 | 0.8 |
| 7 | 天津港 | 5.03 | −8.4 | 5.50 | 1.9 |
| 8 | 大连港 | 4.51 | 5.2 | 4.29 | 3.4 |
| 9 | 营口港 | 3.62 | 4.4 | 3.47 | 2.7 |
| 10 | 日照港 | 3.60 | 2.7 | 3.51 | −2.8 |
| 11 | 烟台港 | 2.86 | 7.6 | 2.65 | 5.6 |
| 12 | 湛江港 | 2.82 | 10.3 | 2.55 | 15.9 |
| 13 | 黄骅港 | 2.70 | 10.0 | 2.45 | 46.7 |
| 14 | 秦皇岛港 | 2.45 | 36.2 | 1.86 | −26.5 |
| 15 | 深圳港 | 2.41 | 12.5 | 2.14 | −1.4 |
| 16 | 南京（内河）港 | 2.39 | 9.6 | 2.17 | 0.9 |
| 17 | 南通（内河）港 | 2.35 | 4.3 | 2.23 | 1.4 |
| 18 | 北部湾港 | 2.16 | 5.8 | 2.04 | −0.5 |
| 19 | 厦门港 | 2.10 | 0.7 | 2.09 | −0.5 |
| 20 | 连云港 | 2.07 | 2.6 | 2.02 | −4.3 |
| 21 | 泰州（内河）港 | 1.98 | 17.4 | 1.68 | −13.8 |
| 22 | 重庆（内河）港 | 1.95 | 12.6 | 1.72 | 9.6 |

续 表

| 排序 | 港口名称 | 2017 年 | | 2016 年 | |
|---|---|---|---|---|---|
| | | 吞吐量（亿吨） | 同比增长（%） | 吞吐量（亿吨） | 同比增长（%） |
| 23 | 江阴（内河）港 | 1.57 | 21.4 | 1.30 | 3.2 |
| 24 | 丹东港 | 1.50 | –5.9 | 1.58 | 5.3 |
| 25 | 福州港 | 1.47 | 1.2 | 1.46 | –4.6 |
| 26 | 虎门港 | 1.44 | 0.0 | 1.44 | 9.9 |
| 27 | 镇江（内河）港 | 1.43 | 10.0 | 1.31 | –11.5 |
| 28 | 珠海港 | 1.36 | 16.2 | 1.18 | 7.3 |
| 29 | 泉州港 | 1.31 | 4.9 | 1.25 | 2.5 |
| 30 | 芜湖（内河）港 | 1.31 | 0.0 | 1.31 | 9.2 |

数据来源：中国交通运输部。

## 二、外贸出口增速反弹

2017 年，我国对外贸易进出口在国内外各种利好因素作用下实现了提速增长。在 2014 年经历贸易额大幅回落、出口增速快速下滑后，2015 年受我国对国际矿石、原油等大宗商品进口需求提升、国内消费市场回暖和“天猫”“淘宝”等海淘、网络购物需求大增等影响，我国对外贸易开始筑底回升（如图 3 所示）。2017 年，在国家产业结构转型和深化改革开放的一系列战略和政策指导下，我国出口外向型经济的国际竞争力和市场潜力逐渐被挖掘，出口型贸易和加工型贸易实现回暖，国际集装箱贸易和港口吞吐量随之水涨船高。

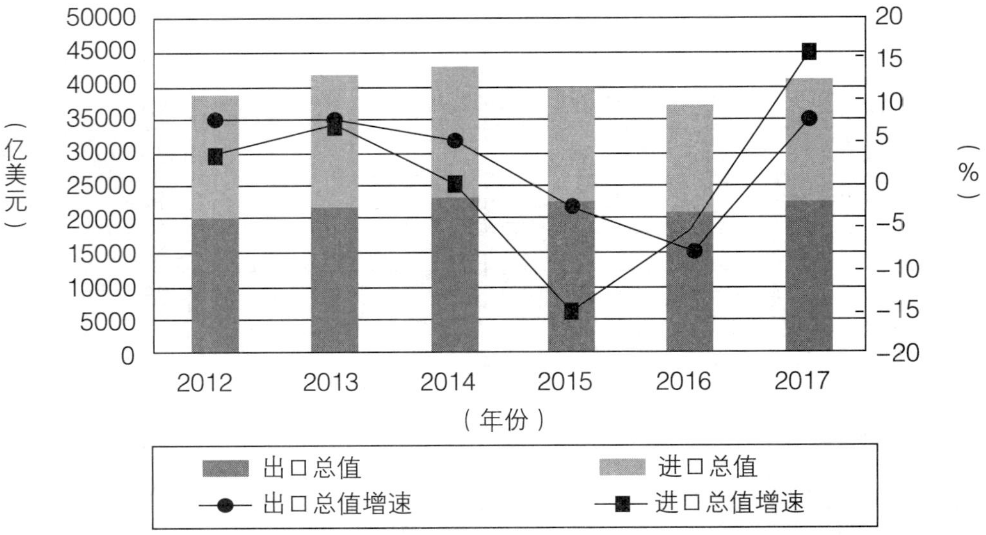


图 3 我国历年对外贸易进出口变化

2017年，在外部需求的刺激以及出口产品市场扩张的作用下，我国外贸出口增速于12月反弹至30.7%；外贸进口增速整体呈现逐月放缓态势，年末增速跌入负增长区间，四季度主要贸易方式中的加工贸易方式和其他进口贸易方式下滑是拉低进口同比增速的主要因素，如图4所示。全年我国规模以上港口完成外贸货物吞吐量40.0亿吨，同比增长6.38%，比2016年增加了0.95个百分点。

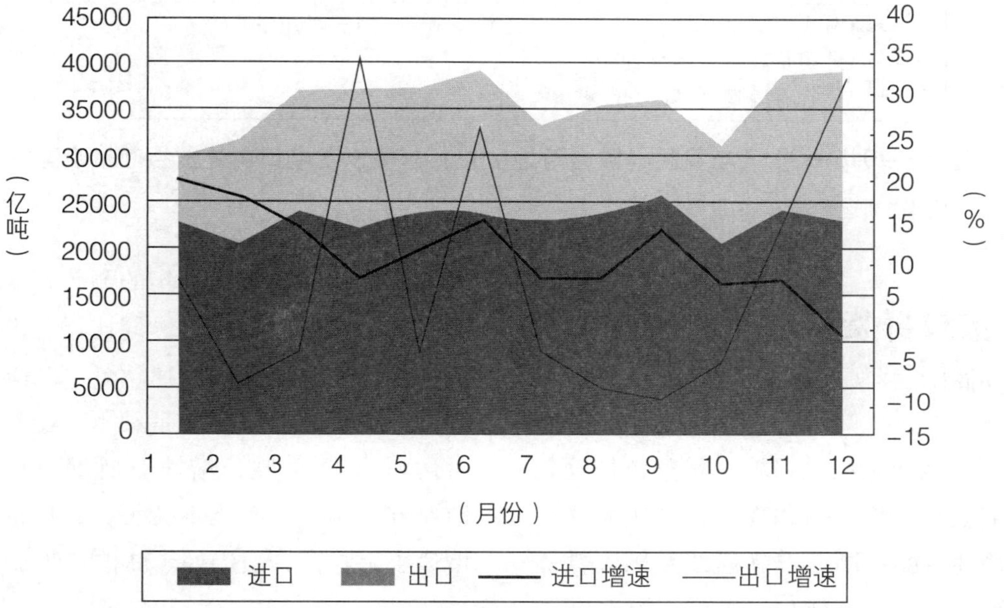


**图4　2017年我国（除台湾地区外）外贸货物吞吐量及增速走势**

数据来源：中国海关总署。

2017年我国贸易市场总体表现为外贸货量持续改善，内贸货量增长显著。最抢眼的是结束了连续5年外贸增速好于内贸的状况，全年内贸货量增速突破6.5%，超越外贸5.7%。随着长江经济带和西部大开发等国家战略深入实施，沿江沿海内贸运输需求越发旺盛，在国际物资进出口配额限制和大量北煤南运及南方商贸往来需求的双重作用下，内贸货物运输增长更快。内贸货物占据68%左右的市场份额，对港口业发展有着至关重要的作用。2015—2017年我国（除台湾地区外）规模以上港口内外贸吞吐量走势如图5所示。

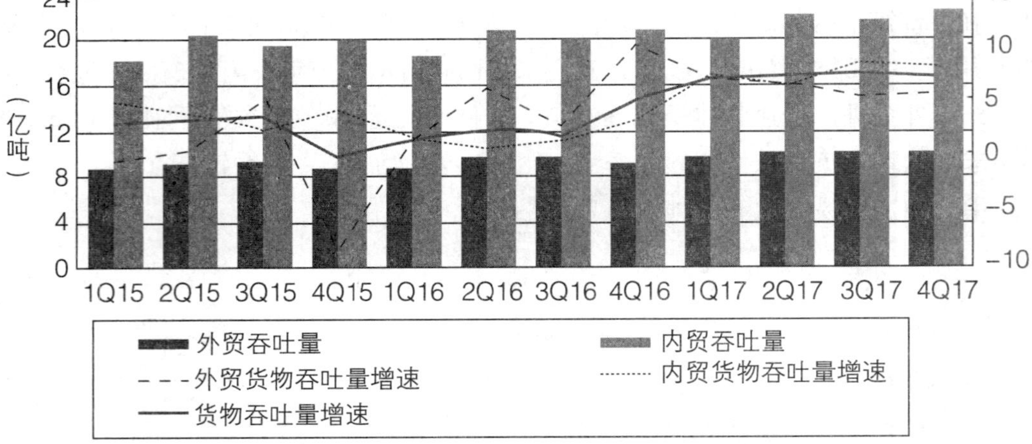


**图 5 2015—2017 年我国（除台湾地区外）规模以上港口内外贸吞吐量走势**

数据来源：中国交通运输部。

## 三、港口群货量增速上扬，珠三角增速领跑

2017 年，我国沿海港口群货量整体增速较上年有大幅上涨，长三角和珠三角涨幅尤为显著。长三角港口群不断开辟新航线及国际铁路班列，以港口为中转枢纽的服务功能逐渐放大，港口生产扭转了上年的颓势；珠三角港口群增速为各港口群之最，同比增长 9.67%，群内深圳港表现出色，增速达到 12.5%；环渤海港口在煤炭需求回暖的带动下，全年煤炭发运量达到 6.77 亿吨，增速有所回升；东南沿海港口群增速与上年基本持平；西南沿海港口群增速小幅收窄，但仍处于高位（见表 3）。

**表 3 我国（除台湾地区外）沿海港口群吞吐量增幅**

| 港口区域 | 吞吐量（万吨） | | 同比增长（%） | 2017 年占比（%） | 2016 年占比（%） |
|---|---|---|---|---|---|
| | 2017 年 | 2016 年 | | | |
| 环渤海 | 354966 | 338950 | 4.73 | 28.07 | 28.65 |
| 长三角 | 192013 | 176280 | 8.93 | 15.19 | 14.90 |
| 东南沿海 | 48531 | 48032 | 1.04 | 3.84 | 4.06 |
| 珠三角 | 80716 | 73598 | 9.67 | 6.38 | 6.22 |
| 西南沿海 | 49880 | 45936 | 8.59 | 3.94 | 3.88 |
| 合计 | 1264420 | 1183042 | 6.88 | — | — |

数据来源：中国交通运输部。

## 四、内外贸箱量实现同步增长

2017年，我国内外贸集装箱量实现同步增长。外贸方面因市场环境持续改善，配合国家“一带一路”建设，以及国内进口消费市场的不断扩大，支撑外贸进出口箱量持续增长；内贸箱量得益于南北贸易和中西部地区经济发展，致使商贸往来变得越发频繁，在国家“散改集”大趋势下，内贸集装箱运输需求更加旺盛。2017年，我国（除台湾地区外）港口集装箱吞吐量为2.37亿标准箱（TEU），较上年实现进一步增长，增速达8.3%创近年新高，如图6和图7所示。

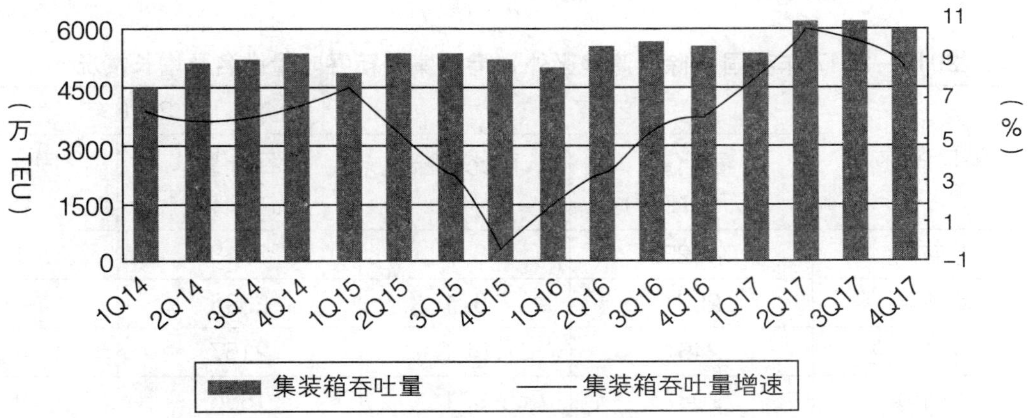


**图6 2014—2017年我国（除台湾地区外）港口集装箱吞吐量增长情况**

数据来源：中国交通运输部。

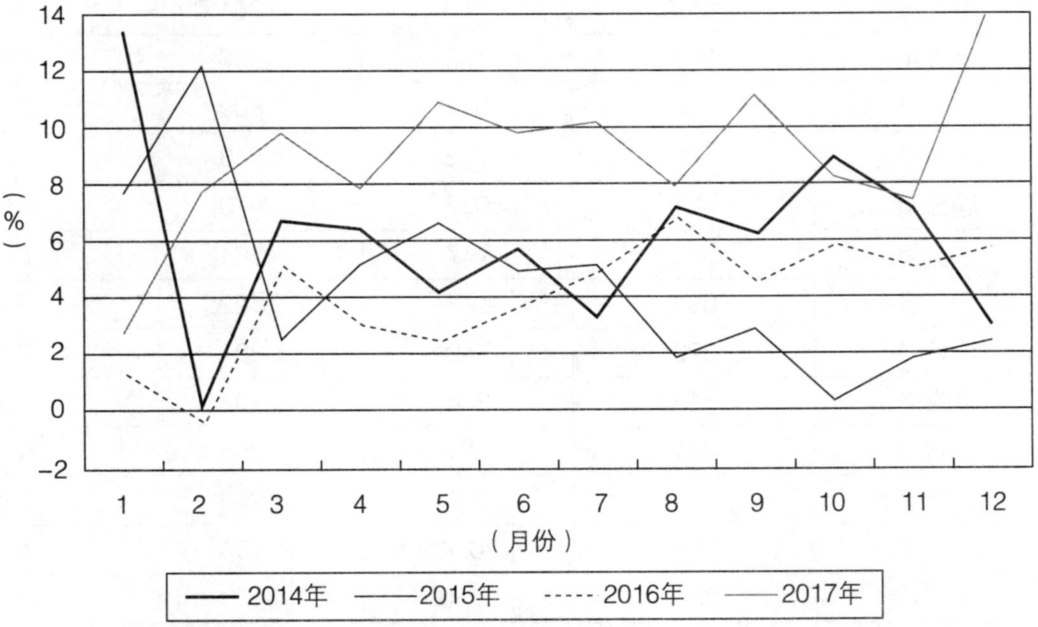


**图7 2014—2017年我国（除台湾地区外）规模以上港口集装箱吞吐量增幅走势**

数据来源：中国交通运输部。

## 五、南北区域分化差异明显

2016—2017年我国（除台湾地区外）港口集装箱吞吐量排名及增长情况如表4所示。从表4中可知，上海港集装箱吞吐量突破4000万标准箱，创全球港口集装箱运输史上最高纪录；广州港集装箱吞吐量超过2000万标准箱，依旧保持全球第7的席位；厦门港集装箱吞吐量首次突破1000万标准箱，是我国内地第7个1000万标准箱港口。从增速来看，各地区的港口增速呈现明显分化现象，青岛港、天津港、大连港等环渤海港口集装箱吞吐量增幅微弱，而上海港、深圳港、宁波舟山港、广州港、厦门港等南方港口增幅较大。

表4　2016—2017年我国（除台湾地区外）港口集装箱吞吐量排名及增长情况

| 排序 | 港口名称 | 2017年 | | 2016年 | |
|---|---|---|---|---|---|
| | | 吞吐量（万标准箱） | 同比增长（%） | 吞吐量（万标准箱） | 同比增长（%） |
| 1 | 上海港 | 4023 | 8.3 | 3713 | 1.7 |
| 2 | 深圳港 | 2521 | 5.1 | 2398 | −0.9 |
| 3 | 宁波舟山港 | 2464 | 14.3 | 2157 | 4.5 |
| 4 | 广州港 | 2037 | 8.1 | 1885 | 8.1 |
| 5 | 青岛港 | 1830 | 1.4 | 1805 | 3.1 |
| 6 | 天津港 | 1506 | 3.7 | 1452 | 2.9 |
| 7 | 厦门港 | 1038 | 8.0 | 961 | 4.7 |
| 8 | 大连港 | 971 | 1.3 | 958 | 1.4 |
| 9 | 营口港 | 628 | 3.1 | 609 | 2.8 |
| 10 | 苏州港 | 588 | 7.2 | 548 | 7.5 |
| 11 | 连云港 | 471 | 0.2 | 470 | −6.2 |
| 12 | 东莞港 | 392 | 7.7 | 364 | 8.2 |
| 13 | 佛山港 | 391 | 21.5 | 322 | 7.4 |
| 14 | 日照港 | 322 | 7.0 | 301 | 7.1 |
| 15 | 南京港 | 315 | 2.8 | 307 | 5.0 |
| 16 | 福州港 | 301 | 12.2 | 268 | 10.4 |
| 17 | 烟台港 | 270 | 3.9 | 260 | 6.0 |
| 18 | 唐山港 | 253 | 30.4 | 194 | 27.5 |
| 19 | 北部湾港 | 228 | 27.0 | 179 | 26.8 |
| 20 | 珠海港 | 227 | 37.3 | 265 | 23.6 |

数据来源：中国交通运输部。

## 六、国家战略引导港航发展

2017年，我国对外贸易中进出口贸易额在5000亿美元以上的贸易伙伴是欧盟、美国和东盟地区。其中：欧盟贸易体量达到6169亿美元，美国紧随其后为5837亿美元，东盟则以5148亿美元位居第三（见图8），这三大贸易体的贸易额分别占我国对外贸易进出口总量的15.0%、14.2%和12.5%；三大贸易体贸易量增速同比分别为12.7%、12.3%和13.8%。

具体来看，在“一带一路”倡议的指引下，2017年我国除了与东盟等国保持了良好的国际贸易关系，与印度、俄罗斯，以及广义沿线国家的澳大利亚、新西兰等国的贸易规模也有显著增长，增速均在20%以上。未来与这些地区的国际贸易量或将稳步提升。随着贸易量的增长，航运企业势必进一步开设航线、增加运力，带动我国港口和这些国家与地区港口业向好发展。

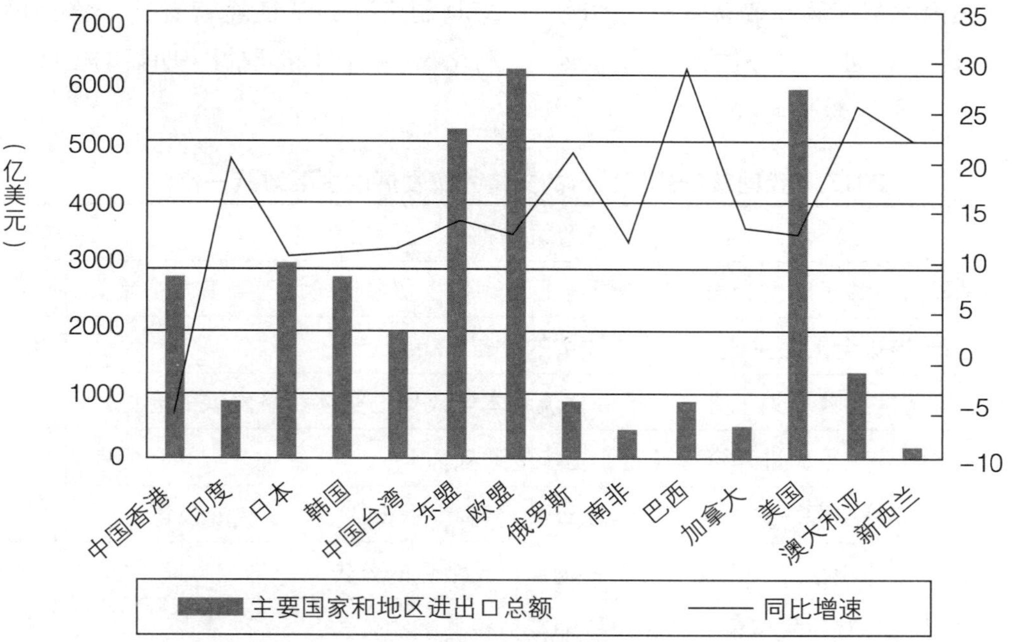

图8　2017年我国（除香港、台湾地区外）外贸主要贸易伙伴

目前，我国与东盟的贸易规模及增速增长强劲，尽管从港口吞吐量规模及增速看（见表5）仍显不足，但除了货物贸易，我国与东盟的合作方式比与欧盟和美国更为多样化，未来货量的发展潜力也更为可观。

表 5　2017 年我国港口国际航线集装箱吞吐量及增速

| 国家/地区 | 中国香港 | 印度 | 日本 | 韩国 | 中国台湾 | 东盟 | 中东 | 非洲 | 欧洲 | 美国 | 澳大利亚 |
|---|---|---|---|---|---|---|---|---|---|---|---|
| 2017 年（万标准箱） | 1218 | 172 | 845 | 817 | 263 | 1441 | 755 | 503 | 2269 | 2162 | 206 |
| 2016 年（万标准箱） | 1180 | 151 | 769 | 714 | 253 | 1364 | 718 | 466 | 2118 | 1978 | 173 |
| 同比增长（%） | 3.24 | 13.67 | 9.92 | 14.54 | 4.03 | 5.63 | 5.10 | 7.76 | 7.11 | 9.26 | 18.70 |

数据来源：中国交通运输部。

此外，我国政府部门在 2017 年相继出台了一系列加强国内改革开放和贸易便利化的政策措施（见表 6），推进通关一体化、取消及降低行政性收费、单一窗口、通关无纸化、AEO 制度（经认证经营者）等方面的贸易便利化改革，而且都取得了明显的进展。

表 6　2017 年我国政府部门出台的支持外贸发展的主要政策一览

| 发布时间 | 政策名称 | 发布机构 |
|---|---|---|
| 2017 年 3 月 | 《国务院关于印发全面深化中国（上海）自由贸易试验区改革开放方案》 | 国务院 |
| 2017 年 6 月 | 关于推进全国海关通关一体化改革的公告 | 海关总署 |
| 2017 年 8 月 | 《国务院办公厅关于进一步推进物流降本增效促进实体经济发展的意见》 | 国务院 |
| 2017 年 8 月 | 《国务院关于促进外资增长若干措施的通知》 | 国务院 |
| 2017 年 8 月 | 关于实施中国—瑞士海关“经认证的经营者（AEO）”互认的公告 | 海关总署 |
| 2017 年 12 月 | 关于进一步推进优惠贸易协定货物申报无纸化的公告 | 海关总署 |
| 2017 年 12 月 | 关于推广减免税申请无纸化及取消减免税备案的公告 | 海关总署 |

资料来源：国务院。

## 七、改革开放力促自由贸易港

近年来，我国外贸出口实现止跌转升，除了受国际形势影响外，最主要的是我国政府坚定不移地持续深化改革、扩大开放。2017 年，经国务院批复设立的七大自由贸易试验区落地运营后，不仅吸引了国内外企业聚集入驻发展临港加工和贸易产业，还为提升口岸环境、贸易便利化改革制定了详细可行的措施，极大地促进了我国外贸产业的发展，这也将成为未来一段时期内推动我国外贸经济和外贸集装箱贸易发展的重要支撑。

从国家海关统计数据看，2017 年我国进出口货物主要贸易方式中，一般贸易依然占据主导地位，来料加工型贸易也保持稳步增长，而海关特殊监管区和保税监管场所货物占比也分别达到了6.61%和3.82%（见图9），实现了较好的发展。今后这一领域的外贸进出口额仍有望继续保持增长，并且随着我国探索自由贸易港制度，以保税形式或免于海关监管形式的国际贸易货物将进一步增加，而伴随口岸制度的优化，一般贸易和进料加工贸易的需求也有望继续提升。

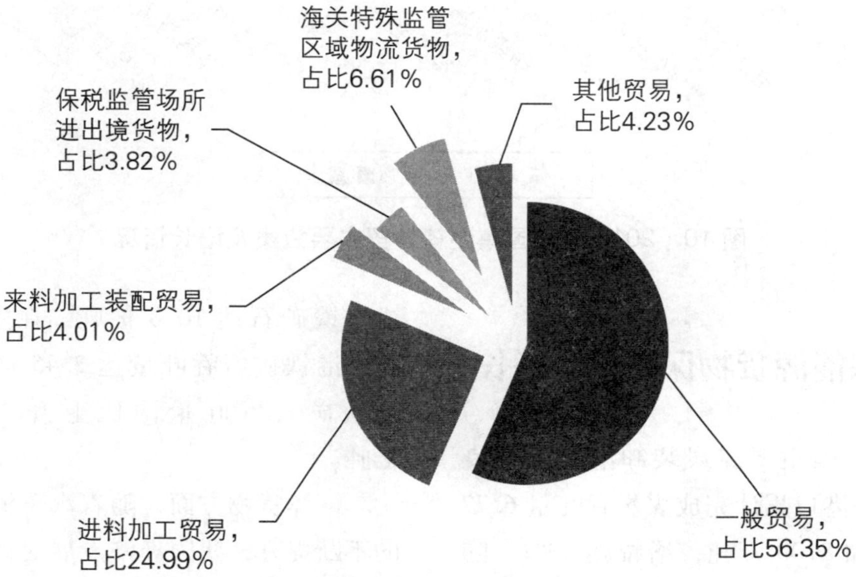


**图9 2017年我国进出口货物主要贸易方式**

## 八、产业结构调整引入新需求

政策推动只能作为促进国家全球贸易发展的有力助推器，真正要实现进出口贸易的增长和发展，核心还是本国企业商品的国际竞争优势以及国内市场的国际消费需求。我国经济体量庞大，随着国内消费水平的提升，尤其在网络购物、信息平台繁荣发展下，对国际商品的消费需求较为旺盛，国际商品的进口需求短期内不会出现大幅波动。而出口商品随着国家主导下的供给侧产业结构转型升级，企业活力和商品竞争力已不断显现。

从贸易数据看，占外贸集装箱货源比例最高的几大货种中，与当前产业形势发展最为密切的数据处理设备、机电产品、集成电路等增速最快，电话及零件、汽车零配件、塑料制品等紧随其后；而陶瓷产品、家具及零件、纺织制品则相对迟缓，服装及附件等贸易需求小幅萎缩，液晶显示板等商品的进出口贸易需求没有明显增长（见图10）。

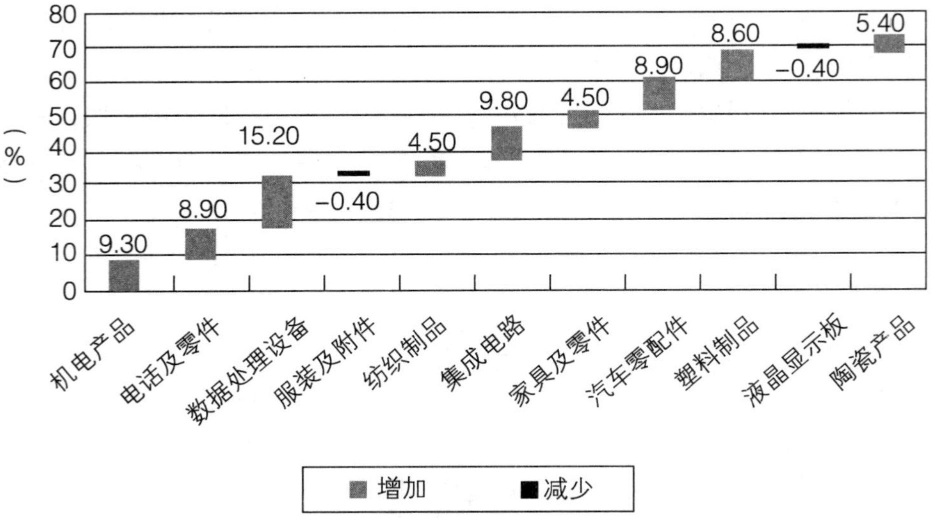


**图 10　2017 年我国集装箱外贸主要货类及增长情况**

## 九、大宗能源货物保持良好增长

2017 年，我国主要煤炭装卸港口表现良好，其中环渤海港口累计完成煤炭吞吐量 6.77 亿吨，同比增加 8100 万吨，增幅达 13%。随着先进产能陆续释放，用电量持续增加，带动下游煤炭需求强势反弹。然而，受国家对能源性战略物资重视力度加强、煤炭进口量有所放开、国内“汽运煤”政策出台等影响，国际煤炭进口量保持较好涨势。

同时，我国已成为全球铁矿石最大的进口国，尽管国内铁矿石产量并不低，但基于国际铁矿石性价比和国内环保政策考虑，使得国内钢厂更倾向于采用高品质进口矿。2017 年我国进口铁矿石达 10.8 亿吨。在主要装卸港中，唐山港铁矿石吞吐量达 2.45 亿吨，宁波舟山港铁矿石吞吐量同比上升 11.51% 至 2.44 亿吨。

液体货物方面，随着汽车消费和能源需求的不断提升，我国经济发展对油品依存度持续上升。在地方炼油企业独立进口原油规模不断提升、炼厂和燃料分销商因油价预期走高积极推进油品购买等多重因素推动下，2017 年我国原油进口量累计达 41957 万吨，较上年大增 10.1%。

（上海海事大学　上海国际航运研究中心　谢文卿）

# 2017年中国物流地产业

2017年，伴随国民经济延续稳中有进、稳中向好的发展态势，以及物流政策环境的持续改善，全国物流运行保持了良好的发展势头。全年物流业景气指数（LPI）均值为55.3%，较2016年小幅提升0.1个百分点，表明物流业继续维持景气运行；物流相关行业固定资产投资持续增长，社会物流总费用与GDP的比率有所下降。物流业的发展带动物流地产市场需求持续活跃，投资热度不减，发展前景良好。此外，供需失衡导致物流设施租金持续上涨，但城市之间表现分化。总体来说，2017年我国物流地产发展环境不断改善，行业整体发展态势良好。

## 一、物流相关行业固定资产投资持续增长，社会物流总费用与GDP的比率有所下降

据国家统计局数据显示，2017年我国固定资产投资（不含农户）631684亿元，增速比上年略有回落，由2016年的8.1%滑落为7.2%。

2017年，我国交通运输、仓储和邮政业固定资产共投资61186亿元，继续保持平稳增长，增速为14.8%，同比增长速度超过全社会固定资产投资增速。2013—2017年我国交通运输、仓储和邮政业固定资产投资额和累计增长速度如图1所示。

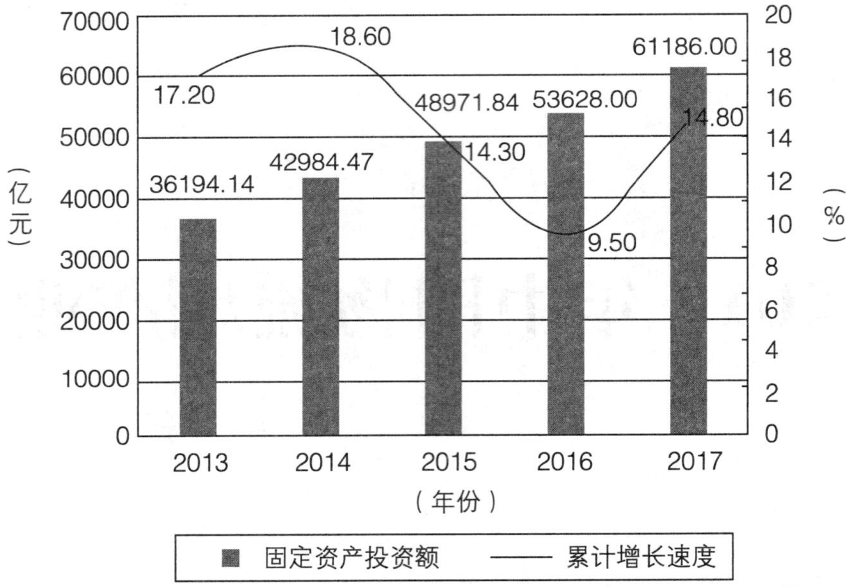


**图 1 2013—2017 年我国交通运输、仓储和邮政业固定资产投资额和累计增长速度**

2017 年，我国物流领域“降成本”取得实效，社会物流总费用占 GDP 的比率进入连续回落阶段；社会物流总费用与 GDP 的比率为 14.6%，比上年同期下降 0.3 个百分点①。社会物流总费用总额 12.1 万亿元，增速同比增长 9.2%，低于社会物流总额、GDP 现价增长。其中：运输费用 6.6 万亿元，增长 10.9%，增速比上年同期提高 7.6 个百分点；保管费用 3.9 万亿元，增长 6.7%，提高 5.4 个百分点；管理费用 1.6 万亿元，增长 8.3%，提高 2.7 个百分点。运输费用占社会物流总费用的比重为 54.5%，保管费用占社会物流总费用的比重为 32.2%；管理费用占社会物流总费用的比重为 13.3%，如图 2 所示。

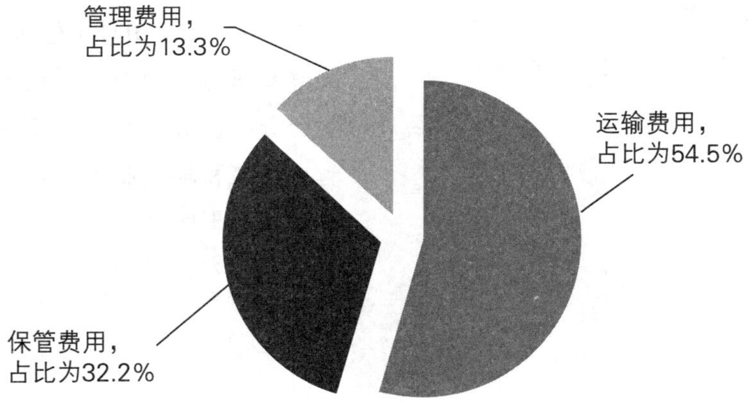


**图 2 2017 年我国社会物流总费用构成**

① 即每万元 GDP 所消耗的社会物流总费用为 1460 元，比上年下降 2.0%。

## 二、物流仓储供给侧结构性失衡，租金面各城市分化

2017 年，我国物流地产市场需求端稳中向好。全国社会物流总额 252.8 万亿元，按可比价格计算，同比增长 6.7%，增速比上年同期提高 0.6 个百分点。然而，在强劲的市场需求之下，物流仓储存量还存在较大缺口，当前我国物流仓储供给侧结构性短缺严重，存量仓储以传统低端仓储设施为主，高标准的现代物流仓储供不应求。

据前瞻产业研究院《2017—2022 年中国物流地产行业发展模式与投资前景分析报告》数据显示，目前，我国高端物流设施面积为 0.2 亿平方米，与通用仓储面积总量 8.6 亿平方米相比，仅占仓储总量的 2.33%，远低于发达国家的占比。若以未来高标准仓库占仓储总量 20% 测算，我国高标准仓库发展至少尚有 7~10 倍的增长空间。由于我国现有的物流仓储设施约 70% 建于 20 世纪 90 年代之前，物流仓储设施供应结构性失衡，高端仓储供应显著不足，难以满足现代企业的需求。

此外，在我国高端仓储市场供不应求的大背景下，各城市在租金面上表现分化。总体来说，一线城市土地有严格政策控制，高端仓储市场供不应求推动其高标仓库租金继续上涨，整体市场空置率维稳在较低水平；部分二线城市继续放量，供应仓储面积不断增长，供需失衡使仓库租金出现了短期调整，呈现下降趋势。

表 1 是世邦魏理仕提供的 2017 年北京、上海等几个城市物流仓储年末空置率及全年租金增长情况。值得提出的是，其中深圳由于受到个别园区跨境电商公司推出的影响，出现了罕见的个别季度下跌，整体市场租金全年下跌 0.7% 至每月每平方米 42.8 元。武汉市、重庆市和成都市优秀物流设施市场由于全年新增供应量创历史新高，全年租金呈下降态势。

表 1　2017 年北京等城市物流仓储年末空置率及全年租金增长情况

| 城市名 | 年末空置率（%） | 年末空置率与上年相比 | 全年租金增长（%） |
|---|---|---|---|
| 北京市 | 0.3 |  | 5.2 |
| 上海市 | 5 | 历史新低 | 1.6 |
| 深圳市 | 4.9 | 历史低点 | -0.7 |
| 广州市 | 9.9 | 同比下降 2.3% | 0.8 |
| 重庆市 | 27.5 | 同比上涨 3.3% | -1.9 |
| 成都市 | 13.2 | 同比下降 12.3% | -3.2 |
| 武汉市 | 13.7 | 同比下降 3.2% | -1.4 |

## 三、物流地产发展前景良好，备受投资者青睐

2017 年，我国物流地产市场投资热度不减，个人和企业投资者纷纷看好物流地产。根据世邦魏理仕发布的《2017 年亚太区投资者意向调查》报告显示，2017 年，61% 的中国投资者考虑直接投资物业以获得更高回报（2016 年为 49%）。从投资业态上来看，2017 年亚洲投资者对物流地产的投资意愿占比达 20%。从中可以看出，物流地产受到了投资者比以往任何一年都更多的青睐。2017 年，不仅是个人投资者对物流地产有着高昂的热情，各大地产开发商、快递公司，甚至是电商也均纷纷布局物流地产。表 2 是 2017 年国内各大企业布局物流地产事件统计情况。

表 2　2017 年国内各大企业布局物流地产事件

| 时间 | 参与公司 | 事件 |
|---|---|---|
| 2017 年 6 月 | 绿地、联想、普洛斯、德邦 | 东航物流混改 |
| | 菜鸟网络、中国人寿 | 设立物流仓储基金 |
| 2017 年 7 月 | 万科 | 收购普洛斯 |
| 2017 年 8 月 | 荣盛产业新城集团、菜鸟网络科技有限公司 | 在固安打造首个京津冀智慧物流示范新城 |
| 2017 年 11 月 | 苏宁云商、深创投不动产基金管理（深圳）有限公司 | 设立目标总规模为 300 亿元的物流地产基金 |
| | 顺丰集团、嘉民房地产集团 | 建立长期合作伙伴关系，共同合作开发建设物流仓储设施 |

从表 2 不难看出 2017 年国内各大企业布局物流地产的热情不减。这种现象说明，这些企业普遍看好物流地产的发展前景。不可否认，近年来物流扶持政策的密集出台为物流地产带来了绝佳的发展机遇。2014 年 9 月，国务院印发《物流业发展中长期规划（2014—2020 年）》，强调着力降低物流成本，着力提升物流企业规模化，加强物流基础设施网络建设。2017 年 8 月，国务院印发再次发布《关于进一步推进物流降本增效促进实体经济发展的意见》，意在通过推动物流降本增效以促进产业结构调整和区域协调发展、培育经济发展新动能、提升国民经济整体运行效率。

作为物流行业的基础支撑，贯彻实施这些政策，进一步实现物流降本增效，物流地产须作为先行军率先实现发展，尤其是高端仓储设施供应方面更亟待发展。根据戴德梁行测算，我国高端物流设施供给每年新增的缺口在 200 万平方米左右，预计至 2020 年，我国高标准物流仓储设施的需求将达到 1.4 亿～2.1 亿平方米，现代物流设施需求规模将达到 266 亿元，而到那时供应量或只有 5600 万～6600 万

平方米，供应缺口或超过1亿平方米。因此，在相当长一段时期内，我国物流地产市场将维持供不应求的态势。

可以看出，与商业地产相比，我国物流地产仍处于发展扩张初期，由于受经济增速以及行业需求膨胀的影响较大，加之我国的物流仓储设施大多建造于20世纪90年代以前，需求的增长以及设备的迭代使得其内部扩张的欲望非常强，再加上相对较高的收益率，发展前景非常好。

## 四、跨境电商助发展，物流地产海外布局

2017年，在“一带一路”、中欧班列、自贸区（自贸港）等优惠外贸政策的实施以及政府对跨境进口电商的支持和消费升级大趋势的共同推动下，我国跨境电商发展态势良好，成为我国外贸增长的重要推动力。据商务部的数据显示，2017年上半年，我国跨境电商交易规模为3.6万亿元，同比增长30.7%。其中：出口跨境电商交易规模为2.75万亿元；进口跨境电商交易规模为8624亿元。2013—2016年，我国跨境电商零售出口额年均增长率近60%。

当前，我国跨境电商行业发展处于稳步增长期，进口电商零售市场将在未来几年仍保持平稳增长态势，进入高质量、快速发展的重要阶段。无疑，这将为我国物流地产市场提供更多的海外需求，助推我国物流地产发展。在此背景下，物流地产有向海外布局的趋势。

首先，跨境电商企业纷纷加码布局海外仓。如京东全球购、唯品会、蜜芽等纷纷加紧海外仓布局，海外仓主要集中在中国香港特区、美国、澳大利亚、日韩等地，尤其是中国香港特区成为海外仓的首选。其中，唯品会已经建设了11个海外办公室，保税仓及海外仓合计数量达18个，包括德国仓、英国仓、法国仓、澳洲仓、美国仓、韩国仓、日本仓、中国香港仓等，对时尚和品质著称的国家或地区实现了全覆盖。

其次，传统物流地产商也加紧海外物流地产布局。2017年4月，海航旗下香港上市公司海航实业发布公告，拟以13.99亿新加坡元收购新加坡上市物流公司CWT全部股份。CWT集团在新加坡管理约95.75万平方米自有及租赁仓储空间，包括新加坡约22.3万平方米的宏大综合物流中心。6月，中投集团宣布以138亿美元的价格收购黑石集团旗下欧洲物流地产公司Logicor的全部股份，是欧洲有记录以来第二大规模的房地产交易。Logicor目前拥有和运营的物流地产规模达1360万平方米，分布于17个国家，其客户包括亚马逊等。7月，万科收购普洛斯意味着万科的物流布局走向了国际市场，万科的物流开发逻辑也正逐渐清晰。

（西安交通大学管理学院　白甜　冯耕中　刘昀皓　孙炀炀

西安市商用信息系统分析及应用工程实验室　刘缨缨）

# 2017 年中国保税物流业

2017 年是我国保税物流发展至关重要的一年。我国保税物流行业发展又迈入了一个新台阶。辽宁省、浙江省、河南省、湖北省、重庆市、四川省、陕西省 7 个自贸试验区进入全面建设发展阶段，上海自贸区进入第二轮改革探索新阶段，各海关特殊监管区则向着统一的综合保税区方向快速发展。

## 一、国家政策助推保税物流发展

2017 年 3 月 30 日，国务院印发《全面深化中国（上海）自由贸易试验区改革开放方案》（以下称《方案》）的通知，通知要求：要加强改革系统集成，建设开放和创新融为一体的综合改革实验区，在自贸区建立更加开放透明的市场准入管理模式，全面深化商事登记制度改革，全面实现“证照分离”，建成国际先进水平的国际贸易“单一窗口”，建立安全高效便捷的海关综合监管模式，建立检验检疫风险分类监管综合评定机制，建立具有国际竞争力的创新监管模式，优化创新要素市场配置机制，健全知识产权保护和运用体系；要加强同国际通行规则相衔接，建立开放型经济体系的风险压力测试区，进一步放宽投资准入，实施贸易便利化新规则，创新跨境服务贸易管理模式，进一步深化金融开放创新，设立自由贸易港区；要进一步转变政府职能，打造提升政府治理能力的先行区，健全以简政放权为重点的行政管理体制，深化创新事中事后监管体制机制，优化信息互联共享的政府服务体系；要创新合作发展模式，成为服务国家“一带一路”、推动市场主体走出去的桥头堡，以高标准便利化措施出尽经贸合作，增强“一带一路”金融服务功能，探索具有国际竞争力的离岸税制安排；要服务全国改革开放大局，形成更多可复制推广的制度创新成果，加快形成系统性的改革经验和模式。

《方案》标志着我国自贸区的发展进入一个新阶段，自贸区将向国际自由港方向探索前行。

## 二、海关特殊监管区域建设快速推进

（一）新设立七个自由贸易试验区。

2017 年 3 月 15 日，国务院正式印发了

《中国（辽宁）自由贸易试验区总体方案》《中国（浙江）自由贸易试验区总体方案》《中国（河南）自由贸易试验区总体方案》《中国（湖北）自由贸易试验区总体方案》《中国（重庆）自由贸易试验区总体方案》《中国（四川）自由贸易试验区总体方案》《中国（陕西）自由贸易试验区总体方案》。

根据上述各自由贸易实验区的总体方案可知，新设立的7个自由贸易试验区实施范围、战略定位和功能划分如下。

一是中国（辽宁）自由贸易试验区。确定实施范围119.89平方公里、涵盖三个片区：大连片区59.96平方公里（含大连保税区1.25平方公里、大连出口加工区2.95平方公里、大连大窑湾保税港区6.88平方公里），沈阳片区29.97平方公里和营口片区29.96平方公里。

战略定位：以制度创新为核心，以可复制可推广为基本要求，加快市场取向体制机制改革、积极推动结构调整，努力将自贸试验区建设成为提升东北老工业基地发展整体竞争力和对外开放水平的新引擎。

按区域布局划分，大连片区重点发展港航物流、金融商贸、先进装备制造、高新技术、循环经济、航运服务等产业，推动东北亚国际航运中心、国际物流中心建设进程，形成面向东北亚开放合作的战略高地；沈阳片区重点发展装备制造、汽车及零部件、航空装备等先进制造业和金融、科技、物流等现代服务业，提高国家新型工业化示范城市、东北地区科技创新中心发展水平，建设具有国际竞争力的先进装备制造业基地；营口片区重点发展商贸物流、跨境电商、金融等现代服务业和新一代信息技术、高端装备制造等战略性新兴产业，建设区域性国际物流中心和高端装备制造、高新技术产业基地，构建国际海铁联运大通道的重要枢纽。

按海关监管方式划分，自贸试验区内的海关特殊监管区域重点探索以贸易便利化为主要内容的制度创新，开展保税加工、保税物流、保税服务等业务；非海关特殊监管区域重点探索投资体制改革，推进制造业转型、金融创新和服务业开放。

二是中国（浙江）自由贸易试验区。确定实施范围119.95平方公里，由陆域和相关海洋锚地组成，涵盖三个片区：舟山离岛片区78.98平方公里（含舟山港综合保税区区块二3.02平方公里），舟山岛北部片区15.62平方公里（含舟山港综合保税区区块一2.83平方公里），舟山岛南部片区25.35平方公里。

战略定位：以制度创新为核心，以可复制可推广为基本要求，将自贸试验区建设成为东部地区重要海上开放门户示范区、国际大宗商品贸易自由化先导区和具有国际影响力的资源配置基地。

按区域布局划分，舟山离岛片区鱼山岛重点建设国际一流的绿色石化基地，鼠浪湖岛、黄泽山岛、双子山岛、衢山岛、小衢山岛、马迹山岛重点发展油品等大宗商品储存、中转、贸易产业，海洋锚地重点发展保税燃料油供应服务；舟山岛北部片区重点发展油品等大宗商品贸易、保税燃料油供应、石油石化产业配套装备保税物流、仓储、制造等产业；舟山岛南部片区重点发展大宗商品交易、航空制造、零部件物流、研发设计及相关配套产业，建设舟山航空产业园，着力发展水产品贸易、海洋旅游、海水利用、现代商贸、金融服务、航运、信息咨询、高新技术等产业。

按海关监管方式划分，自贸试验区内的海关特殊监管区域重点探索以贸易便利化为主要内容的制度创新，重点开展国际贸易和保税加工、保税物流、保税服务等业务；非海关特殊监管区域重点探索投资制度、金融制度等体制机制创新，积极发展以油品为核心的大宗商品中转、加工贸易、保税燃料油供应、装备制造、航空制造、国际海事服务等业务。

三是中国（河南）自由贸易试验区。确定实施范围 119.77 平方公里，涵盖三个片区：郑州片区 73.17 平方公里、开封片区 19.94 平方公里、洛阳片区 26.66 平方公里。

战略定位：以制度创新为核心，以可复制可推广为基本要求，加快建设贯通南北、连接东西的现代立体交通体系和现代物流体系，将自贸试验区建设成为服务于“一带一路”建设的现代综合交通枢纽、全面改革开放试验田和内陆开放型经济示范区。

按区域布局划分，郑州片区重点发展智能终端、高端装备及汽车制造、生物医药等先进制造业以及现代物流、国际商贸、跨境电商、现代金融服务、服务外包、创意设计、商务会展、动漫游戏等现代服务业，在促进交通物流融合发展和投资贸易便利化方面推进体制机制创新，打造多式联运国际性物流中心，发挥服务“一带一路”建设的现代综合交通枢纽作用；开封片区重点发展服务外包、医疗旅游、创意设计、文化传媒、文化金融、艺术品交易、现代物流等服务业，提升装备制造、农副产品加工国际合作及贸易能力，构建国际文化贸易和人文旅游合作平台，打造服务贸易创新发展区和文创产业对外开放先行区，促进国际文化旅游融合发展；洛阳片区重点发展装备制造、机器人、新材料等高端制造业以及研发设计、电子商务、服务外包、国际文化旅游、文化创意、文化贸易、文化展示等现代服务业，提升装备制造业转型升级能力和国际产能合作能力，打造国际智能制造合作示范区，推进华夏历史文明传承创新区建设。

按海关监管方式划分，自贸试验区内的海关特殊监管区域重点探索以贸易便利化为主要内容的制度创新，开展保税加工、保税物流、保税服务等业务；非海关特殊监管区域重点探索投资体制改革，创新内陆地区开放发展机制，完善事中事后监管，积极发展高端制造业和现代服务业。

四是中国（湖北）自由贸易试验区。确定实施范围 119.96 平方公里，涵盖三个片区：武汉片区 70 平方公里（含武汉东湖综合保税区 5.41 平方公里），襄阳片区 21.99 平方公里[含襄阳保税物流中心（B 型）0.281 平方公里]，宜昌片区 27.97 平方公里。每个片区不能拆分，有明确的边界闭合点。

战略定位：以制度创新为核心，以可复制可推广为基本要求，立足中部、辐射全国、走向世界，努力成为中部有序承接产业转移示范区、战略性新兴产业和高技术产业集聚区、全面改革开放试验田和内陆对外开放新高地。

按区域布局划分，武汉片区重点发展新一代信息技术、生命健康、智能制造等战略性新兴产业和国际商贸、金融服务、现代物流、检验检测、研发设计、信息服务、专业服务等现代服务业；襄阳片区重点发展高端装备制造、新能源汽车、大数据、云计算、商贸物流、检验检测等产业；宜昌片区重点发展先进制造、生物医药、电子信息、新材料等高新产业及研发设计、总部经济、电子商务等现代服务业。

按海关监管方式划分，自贸试验区内的海关特殊监管区域重点探索以贸易便利化为主要内容的制度创新，主要开展保税加工、保税物流、保税服务等业务；非海关特殊监管区域重点探索投资体制改革，完善事中事后监管，推动金融制度创新，积极发展现代服务业和高端制造业。

五是中国（重庆）自由贸易试验区。实施范围为 119.98 平方公里，涵盖三个片区：两江片区 66.29 平方公里（含重庆两路寸滩保税港区 8.37 平方公里），西永片区 22.81 平方公里［含重庆西永综合保税区 8.8 平方公里、重庆铁路保税物流中心（B 型）0.15 平方公里］，果园港片区 30.88 平方公里。

战略定位：以制度创新为核心，以可复制可推广为基本要求，全面落实党中央、国务院关于发挥重庆战略支点和连接点重要作用、加大西部地区门户城市开放力度的要求，努力将自贸试验区建设成为“一带一路”和长江经济带互联互通重要枢纽、西部大开发战略重要支点。

按区域布局划分，两江片区着力打造高端产业与高端要素集聚区，重点发展高端装备、电子核心部件、云计算、生物医药等新兴产业及总部贸易、服务贸易、电子商务、展示交易、仓储分拨、专业服务、融资租赁、研发设计等现代服务业，推进金融业开放创新，加快实施创新驱动发展战略，增强物流、技术、资本、人才等要素资源的集聚辐射能力；西永片区着力打造加工贸易转型升级示范区，重点发展电子信息、智能装备等制造业及保税物流中转分拨等生产性服务业，优化加工贸易发展模式；果园港片区着力打造多式联运物流转运中心，重点发展国际中转、集拼分拨等服务业，探索先进制造业创新发展。

按海关监管方式划分，自贸试验区内的海关特殊监管区域重点探索以贸易便利化为主要内容的制度创新，开展保税加工、保税物流、保税服务等业务；非海关特殊监管区域重点探索投资领域开放、投资管理体制改革、完善事中事后监管，推动金融制度创新，积极发展高端制造业和现代服务业。

六是中国（四川）自由贸易试验区。整体分为成都、泸州两个部分，实施总面积 119.99 平方公里，涵盖三个片区：成都天府新区片区 90.32 平方公里［含成都高新综合保税区区块四（双流园区）4 平方公里、成都空港保税物流中心（B 型）0.09 平方公里］，成都青白江铁路港片区 9.68 平方公里［含成都铁路保税物流中心（B 型）0.18 平方公里］，川南临港片区 19.99 平方公里［含泸州港保税物流中心（B 型）0.21 平方公里］。

战略定位：以制度创新为核心，以可复制可推广为基本要求，立足内陆、承东启西，服务全国、面向世界，将自贸试验区建设成为西部门户城市开发开放引领区、内陆开放战略支撑带先导区、国际开放通道枢纽区、内陆开放型经济新高地、内陆与沿海沿边沿江协同开放示范区。

按区域布局划分，成都天府新区片区重点发展现代服务业、高端制造业、高新技术、临空经济、口岸服务等产业，建设国家重要的现代高端产业集聚区、创新驱动发展引领区、开放型金融产业创新高地、商贸物流中心和国际性航空枢纽，打造西部地区门户城市开放高地；成都青白江铁路港片区重点发展国际商品集散转运、分拨展示、保税物流仓储、国际货代、整车进口、特色金融等口岸服务业和信息服务、科技服务、会展服务等现代服务业，打造内陆地区联通丝绸之路经济带的西向国际贸易大通道重要支点；川南临港片区重点发展航运物流、港口贸易、教育医疗等现代服务业，以及装备制造、现代医药、食品饮料等先进制造和特色优势产业，建设成为重要区域性综合交通枢纽和成渝城市群南向开放、辐射滇黔的重要门户。

七是中国（陕西）自由贸易试验区。实施范围 119.95 平方公里，涵盖三个片区：中心片区 87.76 平方公里［含陕西西安出口加工区 A 区 0.75 平方公里、B 区 0.79 平方公里，西安高新综合保税区 3.64 平方公里和陕西西咸保税物流中心（B 型）0.36 平方公里］，西安国际港务区片区 26.43 平方公里（含西安综合保税区 6.17 平方公里），杨凌示范区片区 5.76 平方公里。

战略定位：以制度创新为核心，以可复制可推广为基本要求，全面落实党中央、国务院关于更好发挥“一带一路”建设对西部大开发带动作用、加大西部地区门户城市开放力度的要求，努力将自贸试验区建设成为全面改革开放试验田、内陆型改革开放新高地、“一带一路”经济合作和人文交流重要支点。

按区域布局划分，自贸试验区中心片区重点发展战略性新兴产业和高新技术产业，着力发展高端制造、航空物流、贸易金融等产业，推进服务贸易促进体系建设，拓展科技、教育、文化、旅游、健康医疗等人文交流的深度和广度，打造面向“一带一路”的高端产业高地和人文交流高地；西安国际港务区片区重点发展国际贸易、现代物流、金融服务、旅游会展、电子商务等产业，建设“一带一路”国际中转内陆枢纽港、开放型金融产业创新高地及欧亚贸易和人文交流合作新平台；杨凌示范区片区以农业科技创新、示范推广为重点，通过全面扩大农业领域国际合作交流，打造“一带一路”现代农业国际合作中心。

按海关监管方式划分，自贸试验区内的海关特殊监管区域重点探索以贸易便利化为主要内容的制度创新，开展保税加工、保税物流、保税服务等业务；非海关特殊监管区域重点探索投资体制改革，创新内陆地区开放发展机制，完善事中事后监管，推动金融制度创新，积极发展现代服务业和先进制造业。

（二）新增七个综合保税区。

2017 年我国分别有郑州经开、潍坊及重庆江津等转型升级为综合保税区，新增综合保税区的情况如下。

一是郑州经开综合保税区。2017 年 1 月 13 日，国家批准设立郑州经开综合保税区。郑州经开综合保税区是河南省继郑州新郑综合保税区、南阳市卧龙综合保税区之后的第三个综合保税区。根据国务院批复，郑州经开综保区由封关运行的海关特殊监管区域——河南郑州出口加工区、河南保税物流中心（B 型）整合升级而成，规划面积 3.204 平方公里。

郑州经开综保区将依托郑州跨境综试区、郑州国际陆港、多式联运监管中心以及周边铁路口岸、汽车口岸、粮食口岸、国际邮件转运口岸等资源集聚优势，重点发展进出口商品的国际多式联运、集散分拨、保税采购、供应链管理等业务，努力打造“一带一路”沿线重要的跨境电子商务与多元化贸易中心、外向型高端制造与生产性服务集聚中心、进出口商品集散分拨与物流配送中心。

郑州经开综保区的获批设立，将进一步丰满河南打造内陆开放高地的羽翼，助推河南省开放型经济快速发展。

二是重庆江津综合保税区。2017 年 1 月 17 日，国务院正式批复设立重庆江津综合保税区。江津综合保税区位于江津珞璜工业园，规划面积 2.21 平方公里，紧邻重庆城市发展新区借江出海重要港口、年吞吐量 2000 万吨的珞璜长江枢纽港，以及年货运量 1500 万吨的珞璜铁路综合物流枢纽，具有水公铁联运优势，将成为串联“一带一路”与长江经济带的重要口岸、渝昆泛亚铁路大通道重要节点、中欧国际铁路大通道新起点。江津综合保税区东临园区中兴大道，南临重庆绕城高速公路，西临渝黔铁路新线和珞璜铁路综合物流枢纽，北临工业园碑亭大道。拟重点发展保税加工、保税物流和服务贸易，形成以体育健身器材、纺织服装、高端厨卫为主的“3+N”产业体系，配套发展以“水公铁”多式联运和标准化仓储运营为主的保税物流，以及以跨境电子商务、保税商品展示交易为主的服务贸易，打造全国一流的体育用品制造和出口基地、中西部地区重要采供销平台和跨境电子商务示范区。江津综合保税区的获批，将极大推动江津甚至重庆外向型经济发展。

三是鄂尔多斯综合保税区。2017 年 2 月 14 日，国务院正式批复设立鄂尔多斯综合保税区，明确保税区享受执行国家现行综合保税区相关税收和外汇管理政策。鄂尔多斯综合保税区是呼包鄂榆城市群第一家综合保税区，规划面积 1.21 平方公里。综合保税区将充分发挥区位优势和政策优势，发展保税加工、保税物流、保税服务等业务。

综合保税区的设立，对于鄂尔多斯市扩大对外开放，推进外向型经济发展，具有重要的战略意义，对于内蒙古构建“北上南下、东进西出、内外联动、八面来风”对外开放新格局、提升开放层次，辐射带动蒙晋陕甘宁等西北地区发展、服务“一带一路”倡议具有深远影响，也必将有力地促进鄂尔多斯空港物流园区快速健康发展和地区“产城融合”、协同发展。

四是遵义综合保税区。2017 年 7 月 1 日，国务院正式批复设立遵义综合保税区。这是继 2013 年贵阳综合保税区、2015 年贵安综合保税区后，国务院在贵州省批复设立的第三个综合保税区。遵义综合保税区位于贵州省遵义市新蒲新区内，规划建设面积 1.11 平方公里，主要发展保税加工、保税物流、保税服务“三大业务”，重点发展以大数据为引领的智能终端产业、以绿色生态为特色的轻工产业、以航天航空配套为主的装备制造业“三大产业”。

根据批复，遵义综合保税区将按照海关特殊监管区域有关规定实行封闭管理，组织隔离监管设施的建设，待条件具备后，由海关总署会同有关部门进行验收，验收合格后，即可享受现行保税区相关的税收和外汇管理政策，充分发挥其区位优势和政策优势，开展保税加工、保税物流、保税服务等业务。

五是潍坊综合保税区北区。2017 年 7 月 27 日，国务院正式批复设立潍坊综合保税区北区。潍坊综合保税区北区是将原综合保税区 2.12 平方公里围网面积调整至潍坊港口周边设立的。潍坊综合保税区是全国首个转型升级后获批“一区两片”的综合保税区。南区是原有的综合保税区，管辖面积 20 平方公里，主要依托青岛港和青岛机场，服务潍坊及周边地市外向型经济发展。北区是新批复的综合保税区，管辖面积 10 平方公里，主要依托潍坊港，服务潍坊北部沿海 2700 平方公里开发开放。两个片区各自有服务重点，又相互补充、相互融合，使综合保税区的功能政策覆盖潍坊、辐射鲁南。

潍坊综合保税区北区的设立，不仅仅是单纯的规划调整，更推动了全国综合保税区“一区两片”原则和标准的设立，为海关特殊监管区域整合优化提供了新的方向和路径。

潍坊综合保税区于 2011 年 1 月获国务院正式批复设立，是全国第 14 个综合保税区。按照国务院批复要求，综合保税区具有“保税加工、保税物流、货物贸易、服务贸易和口岸作业”五大功能，以及“进境保税、入区退税、免增值税、区港直通、集中申报、快速中转”等优惠政策。目前，全区注册企业1000多家，服务社会企业1500多家。2016年实现进出口额73.8亿元、增幅29.5%，增幅居潍坊市、山东省第一位。受到了海关总署、商务部等国家有关部委的充分肯定和赞扬。

六是营口综合保税区。2017年12月21日，国务院正式批复在中国（辽宁）自由贸易试验区营口片区设立营口综合保税区。保税区规划面积1.85平方公里，四至范围为：东至静海路，南至新海大街，西至听海路，北至新联大街。是我国目前开放层次最高、优惠政策最集中、功能最齐全、手续最便捷的海关特殊监管区，享受税收、贸易管制、保税监管和外汇管理四大方面的优惠政策。综合保税区的主要功能有：可以面向境内外，开展保税运输物流及仓储、进出口贸易、采购分销及配送、加工制造、展示展销、检测维修、研发设计、跨境租赁、国际结算、金融和信息服务等多方面的经营业务，具备口岸通关的便利条件。

2017年以前，东北三省共有综合保税区三家，分别是：2009年批复的黑龙江绥芬河综合保税区、2011年批复的长春兴隆综合保税区和2011年批复的沈阳综合保税区。沈阳综合保税区是沈阳关区第一家综合保税区，也是辽宁省第一家。营口综合保税区则是截至目前大连关区第一个也是唯一一个综合保税区。

营口综合保税区的设立，将对营口进一步提升对外开放的层次和水平起到促进作用；将对辽宁和整个东北亚地区的资源深加工、先进制造业的发展以及新型业态的形成产生拉动作用；将对我国“一带一路”建设、沿海开放，乃至国家整体开放的推进带来深远影响。

七是徐州综合保税区。2017年12月28日，国务院正式批复成立徐州综合保税区。徐州综合保税区位于徐州经济技术开发区内，规划面积1.9平方公里、配套区0.4平方公里、预留区3.2平方公里，紧临京沪、郑徐、徐连、徐宿淮盐四条高铁，毗邻京杭大运河，且有专用通道与徐州观音国际机场、高铁徐州东站、徐州铁路编组站链接，快速通达的铁路网、通江达海的水运网充分体现了徐州的交通网络优势。

截至2017年12月我国共设立了67家综合保税区（见表1）。

表1　　截至2017年12月我国综合保税区情况统计

| 序号 | 综合保税区名称 | 成立时间 | 规划面积（平方公里） | 备注 |
|---|---|---|---|---|
| 1 | 苏州工业园综合保税区 | 2006-12-17 | 5.28 | 国内首个综合保税区 |
| 2 | 天津滨海新区综合保税区 | 2008-03-10 | 1.967 | |
| 3 | 北京天竺综合保税区 | 2008-07-23 | 5.944 | 国内第一家直接依托空港口岸设立的综合保税区 |
| 4 | 广西凭祥综合保税区 | 2008-12-19 | 8.5 | 国内第一个在陆地边境线上设立的综合保税区 |

续 表

| 序号 | 综合保税区名称 | 成立时间 | 规划面积（平方公里） | 备注 |
|---|---|---|---|---|
| 5 | 海口综合保税区 | 2008-12-22 | 1.93 | 国内第一个省会城市综合保税区 |
| 6 | 黑龙江绥芬河综合保税区 | 2009-04-21 | 1.8 | |
| 7 | 上海浦东机场综合保税区 | 2009-07-03 | 3.59 | |
| 8 | 江苏昆山综合保税区 | 2009-12-20 | 5.86 | |
| 9 | 重庆西永综合保税区 | 2010-02-15 | 10.3 | 国内面积最大综合保税区 |
| 10 | 广州白云机场综合保税区 | 2010-07-03 | 7.385 | 全国最大的空港综合保税区 |
| 11 | 苏州高新技术产业开发区综合保税区 | 2010-08-25 | 3.51 | 全国首家通过“信息化围网”技术来进行监管的综合保税区 |
| 12 | 成都高新综合保税区 | 2010-10-18 | 4.68 | |
| 13 | 郑州新郑综合保税区 | 2010-10-24 | 5.073 | |
| 14 | 潍坊综合保税区 | 2011-01-25 | 5.17 | |
| 15 | 西安综合保税区 | 2011-02-14 | 6.17 | 西北地区第一个综合保税区 |
| 16 | 阿拉山口综合保税区 | 2011-05-30 | 5.6 | 新疆区首个综合保税区 |
| 17 | 武汉东湖综合保税区 | 2011-08-29 | 5.41 | 湖北首个综合保税区 |
| 18 | 沈阳综合保税区 | 2011-09-07 | 7.1982 | 东北地区内陆城市第一个综合保税区 |
| 19 | 长春兴隆综合保税区 | 2011-12-16 | 4.89 | |
| 20 | 无锡高新区综合保税区 | 2012-05-10 | 3.497 | |
| 21 | 济南综合保税区 | 2012-05-15 | 5.22 | |
| 22 | 盐城综合保税区 | 2012-06-18 | 2.28 | 苏北第一家综合保税区 |
| 23 | 淮安综合保税区 | 2012-07-19 | 4.92 | |
| 24 | 曹妃甸综合保税区 | 2012-07-30 | 4.59 | |
| 25 | 太原武宿综合保税区 | 2012-09-02 | 2.94 | 山西省第一家综合保税区 |
| 26 | 银川综合保税区 | 2012-09-10 | 4 | |
| 27 | 南京综合保税区 | 2012-09-17 | 5.03 | |

续 表

| 序号 | 综合保税区名称 | 成立时间 | 规划面积（平方公里） | 备注 |
|---|---|---|---|---|
| 28 | 西安高新综合保税区 | 2012-09-22 | 3.64 | |
| 29 | 舟山港综合保税区 | 2012-09-29 | 5.85 | |
| 30 | 衡阳综合保税区 | 2012-10-25 | 2.5743 | 湖南省第一家综合保税区 |
| 31 | 南通综合保税区 | 2013-01-03 | 5.29 | |
| 32 | 苏州太仓港综合保税区 | 2013-05-30 | 2.07 | |
| 33 | 湘潭综合保税区 | 2013-09-09 | 3.12 | |
| 34 | 贵阳综合保税区 | 2013-09-14 | 3.01 | 国内首个山地生态型综合保税区 |
| 35 | 红河综合保税区 | 2013-12-17 | 3.29 | 云南省第一个综合保税区 |
| 36 | 深圳盐田综合保税区 | 2014-01-22 | 1.16 | |
| 37 | 合肥综合保税区 | 2014-03-27 | 2.6 | 安徽省首个综合保税区 |
| 38 | 岳阳城陵矶综合保税区 | 2014-07-08 | 2.98 | |
| 39 | 兰州新区综合保税区 | 2014-07-15 | 3.39 | |
| 40 | 临沂综合保税区 | 2014-08-08 | 3.7 | |
| 41 | 新疆喀什综合保税区 | 2014-09-02 | 3.56 | 新疆区第二个、南疆首个综合保税区 |
| 42 | 石家庄综合保税区 | 2014-09-15 | 2.86 | 河北省第二个综合保税区 |
| 43 | 南阳卧龙综合保税区 | 2014-12-02 | 3.03 | 河南省第二个综合保税区 |
| 44 | 贵安综合保税区 | 2015-01-19 | 2.2 | |
| 45 | 吴中综合保税区 | 2015-01-31 | 1.38 | 出口加工区改造升级 |
| 46 | 吴江综合保税区 | 2015-01-31 | 1.00 | 出口加工区改造升级 |
| 47 | 常熟综合保税区 | 2015-01-31 | 1.27 | 出口加工区改造升级 |
| 48 | 镇江综合保税区 | 2015-01-31 | 2.53 | 出口加工区改造升级 |
| 49 | 常州综合保税区 | 2015-01-31 | 1.66 | 出口加工区改造升级 |
| 50 | 武进综合保税区 | 2015-01-31 | 1.08 | 出口加工区改造升级 |
| 51 | 嘉兴综合保税区 | 2015-01-31 | 2.98 | 出口加工区改造升级 |

续 表

| 序号 | 综合保税区名称 | 成立时间 | 规划面积（平方公里） | 备注 |
|---|---|---|---|---|
| 52 | 东营综合保税区 | 2015-05-06 | 3.1 | 山东省第五个综合保税区 |
| 53 | 南宁综合保税区 | 2015-11-02 | 2.37 | 保税物流中心改造升级 |
| 54 | 江阴综合保税区 | 2016-01-14 | 3.6 | 保税物流中心改造升级 |
| 55 | 昆明综合保税区 | 2016-02-24 | 2 | 出口加工区改造升级 |
| 56 | 南昌综合保税区 | 2016-02-24 | 2 | 出口加工区改造升级 |
| 57 | 哈尔滨综合保税区 | 2016-03-16 | 3.29 | |
| 58 | 武汉新港空港综合保税区 | 2016-03-22 | 4.05 | |
| 59 | 威海综合保税区 | 2016-07-21 | 2.29 | |
| 60 | 马鞍山综合保税区 | 2016-08-26 | 2 | 安徽省第三个综合保税区 |
| 61 | 郑州经开综合保税区 | 2017-01-13 | 3.204 | 河南省第三个综合保税区 |
| 62 | 重庆江津综合保税区 | 2017-01-17 | 2.21 | 重庆第三个综合保税区 |
| 63 | 鄂尔多斯综合保税区 | 2017-02-14 | 1.21 | |
| 64 | 遵义综合保税区 | 2017-07-01 | 1.11 | |
| 65 | 潍坊综合保税区北区 | 2017-07-27 | 2.12 | |
| 66 | 营口综合保税区 | 2017-12-21 | 1.85 | 大连管区第一个综合保税区 |
| 67 | 徐州综合保税区 | 2017-12-28 | 1.9 | |

2006—2017 年国务院批复成立的综合保税区增长情况如图 1 所示。

**图 1　2006—2017 年国务院批复成立的综合保税区增长情况**

## 三、海关特殊监管区域全年进出口数据分析

据中国海关数据显示，2017 年 1—12 月，我国海关特殊监管区域（包括保税区、出口加工区、保税港区、综合保税区、保税物流园区和珠澳跨境工业区）进出口累计 6957. 2 亿美元，同比增长 15. 1%。其中：出口 3512. 9 亿美元，同比增加 15. 9%；进口 3444. 3 亿美元，同比增加 14. 3%。相比 2016 年，我国海关特殊监管区域总进出口额在 2017 年实现大幅度增加，这与国际大环境以及我国经济复苏、“一带一路”倡议的深入落实密不可分。同时也可以看到，我国海关特殊监管区域在推进对外贸易中起到越来越大的作用（相关数据如表 2、图 2 所示）。

表 2　2017 年 1—12 月我国海关特殊监管区域进出口、出口和进口数值一览

| 时间（月） | 进出口（亿美元） | 同比增长（%） | 出口（亿美元） | 同比增长（%） | 进口（亿美元） | 同比增长（%） |
|---|---|---|---|---|---|---|
| 1 | 509. 3 | 21. 3 | 261. 6 | 20. 2 | 247. 7 | 22. 5 |
| 2 | 427. 2 | 26. 1 | 204. 3 | 20. 4 | 222. 9 | 31. 8 |
| 3 | 507. 9 | 4. 1 | 248. 2 | 4. 3 | 259. 7 | 3. 8 |
| 4 | 489. 6 | 8. 2 | 244. 7 | 12 | 244. 9 | 4. 5 |
| 5 | 516. 5 | 11. 5 | 248. 7 | 10. 3 | 267. 9 | 12. 7 |
| 6 | 556 | 14 | 279. 9 | 17. 5 | 276 | 10. 6 |
| 7 | 558. 8 | 15. 5 | 283. 9 | 18 | 274. 9 | 13 |
| 8 | 615. 5 | 18. 2 | 294. 5 | 16. 3 | 321 | 20. 1 |
| 9 | 660. 3 | 19 | 322. 2 | 15. 1 | 338. 1 | 23 |
| 10 | 605 | 15 | 332. 8 | 18. 1 | 272. 2 | 11. 1 |
| 11 | 731. 1 | 25. 2 | 370. 9 | 22. 4 | 360. 2 | 28. 3 |
| 12 | 780 | 24 | 421. 2 | 29. 2 | 358. 8 | 17. 3 |
| 合计 | 6957. 2 | 15. 1 | 3512. 9 | 15. 9 | 3444. 3 | 14. 3 |

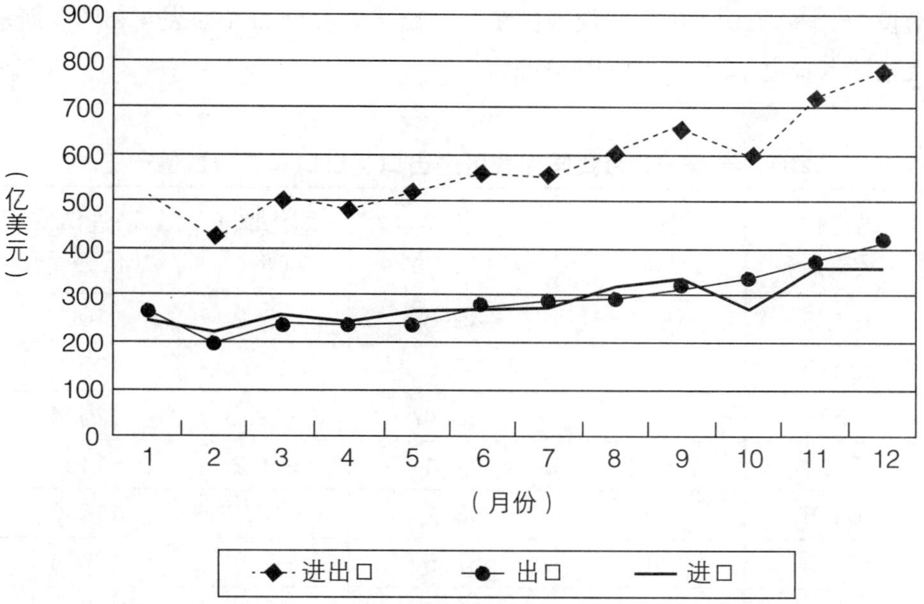


图 2　2017 年 1—12 月我国海关特殊监管区域进出口、出口和进口价值变化走势

## 四、不同类型海关特殊监管区域发展概况

纵观 2017 年 12 个月的数据，可以看出：我国综合保税区以 3003.3 亿美元的进出口数额持续领先于其他各类海关特殊监管区域。从同比增量看，主要海关特殊监管区 2017 年均实现大幅度增长，其中，综合保税区出现了 23.6% 的大幅度增长。但是，保税物流园区和珠港澳跨境工业园区依然面临业务量下降的压力，其中保税物流园区表现最为突出，相比 2016 年下降了 47%（如表 3 所示）。

表 3　　2017 年 1—12 月我国海关特殊监管区域进出口、出口和进口数值汇总

| 监管区域类型 | 进出口（亿美元） | 同比增长（%） | 进口（亿美元） | 同比增长（%） | 出口（亿美元） | 同比增长（%） |
|---|---|---|---|---|---|---|
| 保税区 | 2100.5 | 9.2 | 623.3 | -7.9 | 1477.0 | 16.4 |
| 出口加工区 | 1011.3 | 2.8 | 638.5 | 7.8 | 379 | -4 |
| 保税港区 | 723.4 | 15.9 | 281.7 | 9.9 | 444.0 | 20.2 |
| 综合保税区 | 3003.5 | 23.6 | 1869.0 | 26.3 | 1134.5 | 19.3 |
| 保税物流园区 | 79.5 | -47.0 | 29.8 | -122.1 | 49.9 | -1.8 |
| 珠澳跨境工业区 | 2.28 | -22.8 | 1.08 | -48.1 | 1.2 | 0 |

（一）我国保税区进出口情况。

2017 年 1—12 月，我国保税区进出口累计 2100.5 亿美元，同比增长 9.2%。其中：出口 623.3 亿美元，同比降低 9.7%；进口 1477 亿

美元，同比增长 16.4%。2017 年我国保税区贸易整体呈现大幅增长态势，其主要原因是进口贸易大幅增加（如表 4 和图 3 所示）。

表 4　　2017 年 1—12 月我国保税区进出口、出口和进口数值一览

| 时间（月） | 进出口（亿美元） | 同比增长（%） | 出口（亿美元） | 同比增长（%） | 进口（亿美元） | 同比增长（%） |
|---|---|---|---|---|---|---|
| 1 | 151.5 | 8.4 | 49.5 | -6.2 | 102 | 17.2 |
| 2 | 138.8 | 24.4 | 38.5 | 0.1 | 100.3 | 37.1 |
| 3 | 167 | -0.8 | 50.4 | -12.3 | 116.4 | 5.2 |
| 4 | 161.1 | 5.2 | 51.1 | -9.2 | 110 | 13.6 |
| 5 | 164.8 | 5 | 48.2 | -13.7 | 116.6 | 15.4 |
| 6 | 182.9 | 10 | 57.5 | -2.9 | 125.4 | 17.2 |
| 7 | 164.5 | -1.8 | 54.4 | -9.2 | 110.1 | 2.3 |
| 8 | 179 | 10 | 53.4 | -7.6 | 125.6 | 19.7 |
| 9 | 201.9 | 15 | 62.3 | -3.7 | 139.6 | 25.9 |
| 10 | 172.6 | 18.8 | 45.7 | -10.1 | 126.9 | 34.3 |
| 11 | 205.1 | 17.3 | 55.3 | -3.2 | 149.8 | 27.2 |
| 12 | 211.3 | 12.3 | 57.0 | -8.9 | 154.3 | 20.1 |
| 合计 | 2100.5 | 9.2 | 623.3 | -7.9 | 1477.0 | 16.4 |

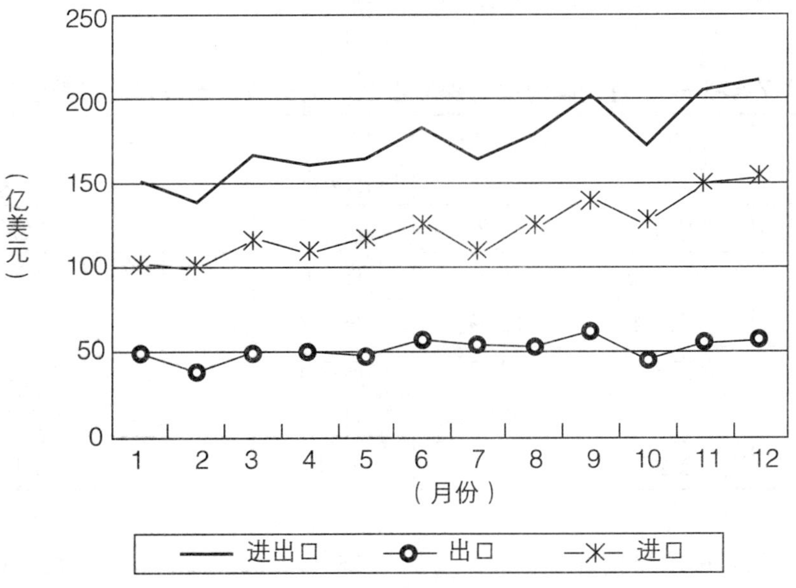


图 3　2017 年 1—12 月我国保税区进出口价值变化走势

（二）我国出口加工区进出口情况。

2017 年 1—12 月，我国出口加工区进出口累计 1011. 3 亿美元，同比增长 2. 8%。其中：出口 638. 5 亿美元，同比增长 7. 8%；进口 379 亿美元，同比降低 4%。与 2016 年相比，我国出口加工区进出口总量首次出现增长态势（如表 5 和图 4 所示）。

**表 5　2017 年 1—12 月我国出口加工区进出口、出口和进口数值一览**

| 时间（月） | 进出口（亿美元） | 同比增长（%） | 出口（亿美元） | 同比增长（%） | 进口（亿美元） | 同比增长（%） |
|---|---|---|---|---|---|---|
| 1 | 73. 9 | −0. 3 | 46. 2 | 1 | 27. 7 | −2. 5 |
| 2 | 63. 2 | 8. 2 | 39. 4 | 9 | 23. 8 | 6. 8 |
| 3 | 81. 6 | −6. 2 | 48. 6 | −2. 2 | 33. 1 | −11. 4 |
| 4 | 71. 6 | −11. 4 | 42. 5 | −9. 2 | 29. 1 | −14. 4 |
| 5 | 77. 3 | −10. 5 | 45. 8 | −9. 1 | 31. 5 | −12. 3 |
| 6 | 81. 2 | 2. 9 | 54. 5 | 9. 8 | 32. 7 | −6. 9 |
| 7 | 89. 1 | 10. 9 | 56. 5 | 14. 1 | 32. 6 | 5. 8 |
| 8 | 96. 4 | 7. 8 | 61. 7 | 15. 5 | 34. 7 | −3. 6 |
| 9 | 97. 1 | 23. 1 | 61. 3 | 33. 3 | 35. 8 | 8. 9 |
| 10 | 88. 2 | 16. 7 | 56. 3 | 25. 6 | 32 | 3. 8 |
| 11 | 93. 5 | 3. 2 | 61 | 8. 4 | 32. 5 | −5. 2 |
| 12 | 98. 2 | 3. 0 | 64. 7 | 7. 7 | 33. 5 | −6. 3 |
| 合计 | 1011. 3 | 2. 8 | 638. 5 | 7. 8 | 379 | −4 |

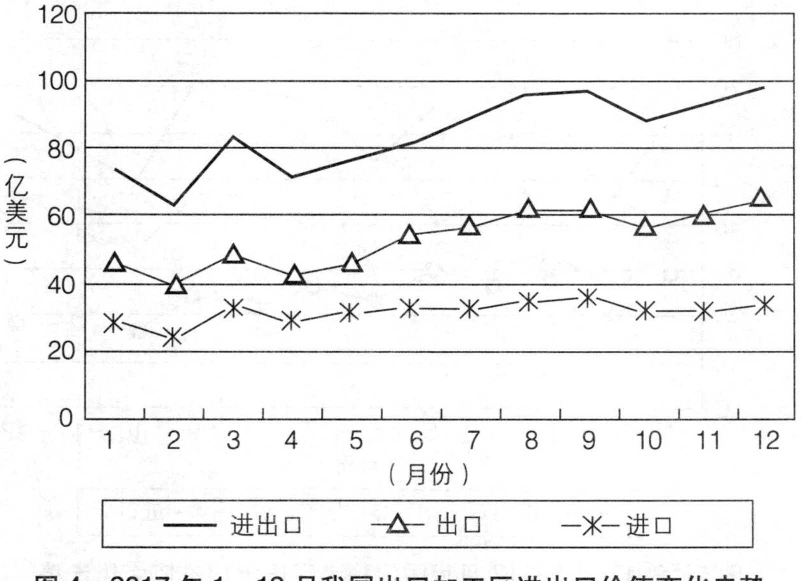


**图 4　2017 年 1—12 月我国出口加工区进出口价值变化走势**

（三）我国保税港区进出口情况。

2017 年 1—12 月，我国保税港区进出口累计 723.4 亿美元，同比增长 15.9%。其中：出口 281.7 亿美元，同比增长 9.9%；进口 444 亿美元，同比增长 20.2%。2017 年我国保税港区的进出口业务好于 2016 年，实现进出口贸易额的双增长（如表 6 和图 5 所示）。

表 6　2017 年 1—12 月我国保税港区进出口、出口和进口数值

| 时间（月） | 进出口（亿美元） | 同比增长（%） | 出口（亿美元） | 同比增长（%） | 进口（亿美元） | 同比增长（%） |
|---|---|---|---|---|---|---|
| 1 | 63.5 | 58.2 | 29.2 | 36.8 | 34.3 | 82.4 |
| 2 | 45.9 | 33.6 | 19.7 | 38.5 | 26.2 | 30.2 |
| 3 | 60.7 | 30.8 | 27.1 | 56.1 | 33.6 | 15.7 |
| 4 | 58.4 | 7.3 | 27.2 | 51.8 | 31.2 | -14.6 |
| 5 | 65.4 | 52.6 | 30.3 | 54.9 | 35.2 | 50.6 |
| 6 | 53.7 | 2.8 | 23.3 | 14.3 | 30.3 | -4.4 |
| 7 | 66.7 | 25.1 | 26.2 | 13.6 | 40.4 | 33.9 |
| 8 | 68.3 | 4.7 | 21.7 | -21.7 | 46.4 | 24.1 |
| 9 | 71.2 | 19.4 | 24.1 | -10.8 | 47.2 | 44.4 |
| 10 | 49.5 | 10.0 | 16.7 | -22.8 | 33.2 | 24.0 |
| 11 | 56.6 | 10.0 | 18.2 | -23.8 | 39.2 | 21.4 |
| 12 | 63.5 | 4.5 | 18.0 | -23.8 | 46.9 | 18.3 |
| 合计 | 723.4 | 15.9 | 281.7 | 9.9 | 444.0 | 20.2 |

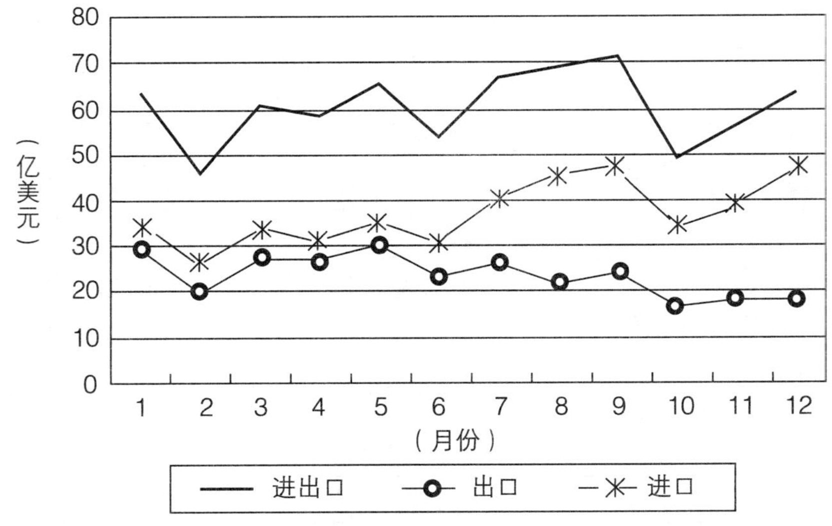


图 5　2017 年 1—12 月我国保税港区进出口价值变化走势

（四）全国综合保税区进出口情况。

2017 年 1—12 月，我国综合保税区进出口累计 3003.5 亿美元，同比增长 23.6 %。其中：出口 1869 亿美元，同比增长 26.3%；进口 1134.5 亿美元，同比增长 19.3%。和 2016 年相比，2017 年我国综合保税区进出口均出现了较大幅度增长（如表 7 和图 6 所示）。

表 7　　2017 年 1—12 月我国综合保税区进出口、出口和进口数值一览

| 时间（月） | 进出口（亿美元） | 同比增长（%） | 出口（亿美元） | 同比增长（%） | 进口（亿美元） | 同比增长（%） |
|---|---|---|---|---|---|---|
| 1 | 213.9 | 37.8 | 134 | 47.6 | 79.8 | 24 |
| 2 | 173.7 | 37.5 | 104.7 | 36.9 | 69 | 38.5 |
| 3 | 191.8 | 9.2 | 119.4 | 11.1 | 72.4 | 6.3 |
| 4 | 192.5 | 26.5 | 121.2 | 34.8 | 71.3 | 14.5 |
| 5 | 202.3 | 23.1 | 121.5 | 31.6 | 80.8 | 12.3 |
| 6 | 226.1 | 30.1 | 142 | 40.1 | 84.1 | 18.2 |
| 7 | 231.9 | 35.3 | 143.9 | 42.5 | 88 | 25 |
| 8 | 264.5 | 38.7 | 154.8 | 45.3 | 109.7 | 30.5 |
| 9 | 312.8 | 25.2 | 189.9 | 27.3 | 122.9 | 21.9 |
| 10 | 324.3 | 25.1 | 210.7 | 26.4 | 113.6 | 22.5 |
| 11 | 345.0 | 24.8 | 223.4 | 26.2 | 121.6 | 22.2 |
| 12 | 324.7 | 24.5 | 203.5 | 25.6 | 121.2 | 22.7 |
| 合计 | 3003.5 | 23.6 | 1869.0 | 26.3 | 1134.5 | 19.3 |

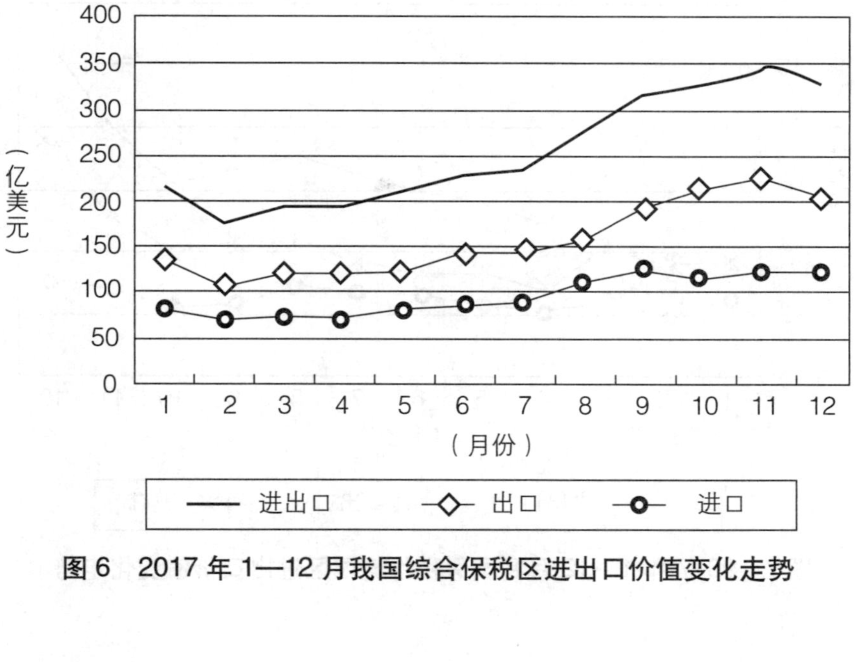


图 6　2017 年 1—12 月我国综合保税区进出口价值变化走势

（五）全国保税物流园区进出口情况。

2017 年 1—12 月，我国保税物流园区进出口累计 79. 5 亿美元，同比降低 47%。其中：出口 29. 8 亿美元，同比降低 122. 1 %；进口 49. 9 亿美元，同比降低 1. 8 %（如表 8 和图 7 所示）。

表 8　　2017 年 1—12 月我国保税物流园区进出口、出口和进口数值一览

| 时间（月） | 进出口（亿美元） | 同比增长（%） | 出口（亿美元） | 同比增长（%） | 进口（亿美元） | 同比增长（%） |
|---|---|---|---|---|---|---|
| 1 | 6. 2 | -40. 3 | 2. 5 | -63. 8 | 3. 7 | 4. 9 |
| 2 | 5. 3 | -33. 5 | 1. 9 | -55. 1 | 3. 6 | -8. 6 |
| 3 | 6. 5 | -38. 4 | 2. 4 | -58. 1 | 4. 1 | -15. 5 |
| 4 | 4. 9 | -59. 5 | 2. 1 | -71. 9 | 2. 8 | -39. 1 |
| 5 | 5. 6 | -55. 4 | 2. 3 | -68. 6 | 3. 3 | -37 |
| 6 | 5. 9 | -48. 8 | 2. 6 | -64 | 3. 3 | -23. 6 |
| 7 | 6. 5 | -42. 1 | 2. 7 | -60. 5 | 3. 7 | -12. 2 |
| 8 | 7. 1 | -42. 3 | 2. 9 | -63. 3 | 4. 3 | -6. 9 |
| 9 | 6. 6 | -21. 5 | 2. 3 | -54. 7 | 4. 3 | 27. 4 |
| 10 | 6. 2 | 14 | 2. 2 | -12. 1 | 4 | 37. 3 |
| 11 | 8 | 42. 3 | 2. 8 | 16. 3 | 5. 2 | 62. 2 |
| 12 | 10. 7 | 19. 6 | 3. 1 | 13. 2 | 7. 6 | 22. 2 |
| 合计 | 79. 5 | -47. 0 | 29. 8 | -122. 1 | 49. 9 | -1. 8 |

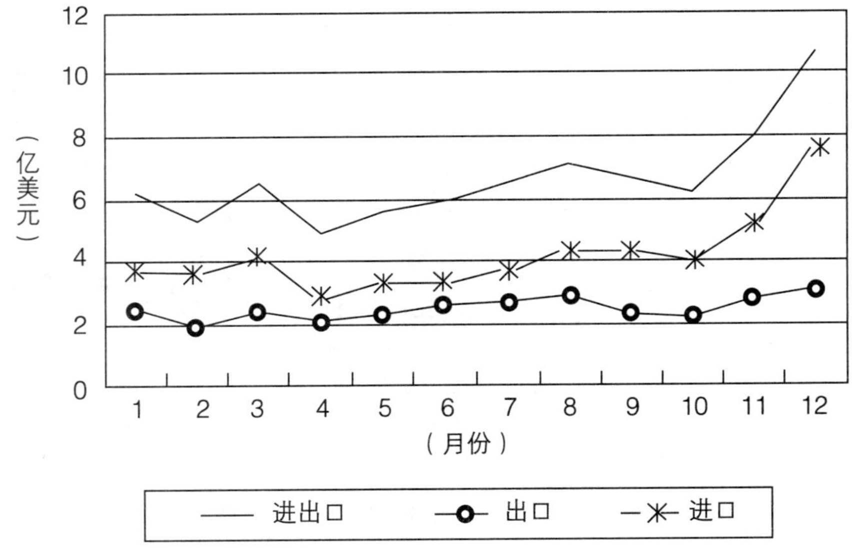


图 7　2017 年 1—12 月我国保税物流园区进出口价值变化走势

（六）珠澳跨境工业区进出口情况。

2017 年 1—12 月，我国珠澳跨境工业区进出口累计 2. 28 亿美元，同比降低 22. 8%。其中：出口 1. 08 亿美元，同比降低 48. 1%；进口 1. 2 亿美元，与 2016 年持平（如表 9 和图 8 所示）。

表 9　　2017 年 1—12 月我国珠澳跨境工业区进出口、出口和进口数值一览

| 时间（月） | 进出口（亿美元） | 同比增长（%） | 出口（亿美元） | 同比增长（%） | 进口（亿美元） | 同比增长（%） |
|---|---|---|---|---|---|---|
| 1 | 0. 3 | 11. 9 | 0. 15 | 11. 4 | 0. 15 | 9. 3 |
| 2 | 0. 14 | 14. 8 | 0. 07 | 61. 9 | 0. 07 | –8. 4 |
| 3 | 0. 21 | 17. 6 | 0. 13 | 103. 9 | 0. 07 | –32. 3 |
| 4 | 0. 15 | –5. 7 | 0. 08 | 23. 2 | 0. 07 | –24. 3 |
| 5 | 0. 2 | 24. 3 | 0. 08 | 6. 8 | 0. 12 | 38. 5 |
| 6 | 0. 17 | –74. 9 | 0. 07 | –87. 9 | 0. 1 | –2. 9 |
| 7 | 0. 14 | –39. 6 | 0. 06 | –57. 2 | 0. 08 | –15. 5 |
| 8 | 0. 14 | –20. 6 | 0. 07 | –29. 7 | 0. 07 | –9. 6 |
| 9 | 0. 22 | 8. 2 | 0. 11 | 6. 6 | 0. 12 | 9. 8 |
| 10 | 0. 14 | –0. 4 | 0. 07 | –5. 4 | 0. 07 | 4. 5 |
| 11 | 0. 24 | –0. 3 | 0. 09 | 1. 3 | 0. 15 | –1. 4 |
| 12 | 0. 23 | 13. 0 | 0. 1 | 2. 4 | 0. 13 | –53. 8 |
| 合计 | 2. 28 | –22. 8 | 1. 08 | –48. 1 | 1. 2 | 0 |

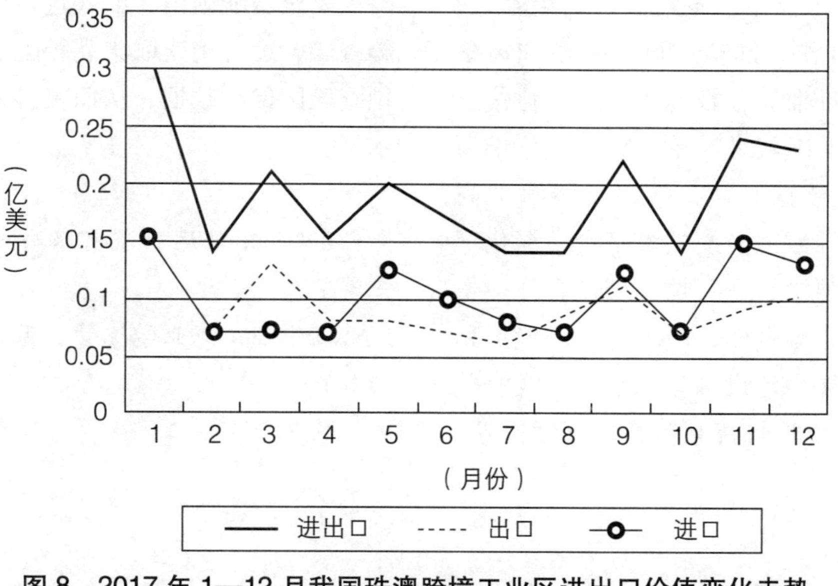


图 8　2017 年 1—12 月我国珠澳跨境工业区进出口价值变化走势

## 五、“一带一路”中欧班列保税物流发展

随着“一带一路”建设的不断推进，中欧班列已成为沿线各国提升经贸合作水平的重要载体。中欧班列涉及沿线各国海关，需要国际合作。我国海关总署与89个国家和地区海关开展了信息互换，与40个国家和地区海关开展了监管互认，与71个国家和地区海关开展了执法互助，建立了中欧班列沿线国家和地区海关、铁路等部门联络机制。

2017年5月13日至15日，为配合“一带一路”国际合作高峰论坛，我国海关总署邀请11个“一带一路”沿线国家海关和国际组织来京参会，举行双边海关署长会晤等相关活动。

海关总署在“推进贸易畅通”平行主题会议上提出5点进一步深化合作的建议：深化机制衔接合作，加强各国海关在管理规则、执法程序、监管措施、改革经验等方面的交流协作；深化监管创新合作，探索监管结果互认，扩大AEO互认合作，推动高科技手段和装备的运用，实现精准监管、智能监管；深化信息共享合作，推进国际贸易“单一窗口”标准衔接，实现标准化数据互换，搭建沿线海关高效、安全、规范的数据交换共享平台；深化贸易安全合作，加强沿线海关情报交流合作，拓展联合执法、反恐等合作，严厉打击跨境走私违法活动；深化能力建设合作，坚持沿线海关兼容并蓄，加强经验与智慧分享，互学互鉴、共同提高。海关总署邀请俄罗斯、白俄罗斯、哈萨克斯坦、塔吉克斯坦、蒙古、阿富汗、波兰、荷兰、马来西亚等“一带一路”沿线国家海关署长，以及欧亚经济联盟委员会、国际道路运输联盟等国际组织出席“一带一路”国际合作高峰论坛。就发挥海关作用、共建“一带一路”，开展通关便利化合作，加强执法合作，推动口岸合作和提升能力建设合作等议题深入交换意见并达成广泛共识，签署了系列海关合作文件，其中五份文件被列入“一带一路”国际高峰论坛成果：《中荷海关2018—2022年合作计划》《中波海关2017—2018年通关便利化合作计划》《中哈海关关于落实“信任”项目的技术方案》《中阿海关合作与互助协定》《中华人民共和国海关总署与国际道路运输联盟关于促进国际物流大通道及实施TIR公约的战略合作安排》。

为增强中欧班列沿线国家间的互惠互利和边境监管合作，我国海关向沿线海关发起共同开展“关铁通”项目的合作倡议，在中欧班列协调应用智能关锁，将集装箱货物的相关信息写入安全智能锁内，沿线进口国海关不需要开箱查验，可直接读取集装箱上加挂的安全智能锁查验图像和数据，从而提升通关实效和监管水平。

（沈阳中外运物流有限公司仓储部经理 王涛

辽宁理工职业学院管理系物流专业负责人 田征）

# 2017 年中国铁路物流业

2017 年，我国铁路货运系统积极服务国家战略，深化运输供给侧结构性改革，坚持“强基达标，提质增效”工作主题，努力提高铁路货运质量和效益，取得了良好成绩。

## 一、铁路货运生产经营业绩突出

（一）运量实现大幅增长。

2017 年，我国铁路累计完成货运量 36.89 亿吨，同比增长 10.7%。其中，国家铁路完成 29.19 亿吨，同比增长 10.1%。全国铁路累计完成货物周转量 26962.2 亿吨公里，同比增长 13.3%。其中，国家铁路完成 24091.70 亿吨公里，同比增长 13.2%。货运量、货运周转量同比均实现正增长，扭转了自 2012 年以来铁路运输持续下滑的不利局面。货物主要板块和品类全部实现大幅增长，尤其是大宗货物增长迅速，煤、冶炼物资、粮食等运量同比分别增长了 13.2%、8.7%、30.3%，占全路总增量的 92.5%。专业运输发展迅速，集装箱、商品汽车、冷链物流年运量分别同比增长 37%、58%、110%。

（二）经济效益显著提升。

2017 年全国铁路抢抓市场回暖机遇，通过强化价格策略组合运用，经济效益实现了显著提升。铁路总公司 2017 年实现货运总收入 3504 亿元，守住了铁路货运的半壁江山地位，同比增长 26%。无论是货运收入总量还是增量，都创下历史最高水平，而且货运收入增幅远大于运量增幅，货运成为全路经济效益增长的主要动力。铁路营收创造新高，为铁路运价改革、投融资改革、所有制混改奠定了基础。

（三）市场份额止跌回升。

2017 年，全国铁路货运量占全社会运输总量的份额达到 7.9%，同比增加 0.2 个百分点；货运周转量占全社会货运周转量的 19.5%，同比增加 1.3 个百分点。这是自 2005 年铁路份额不断下滑以来首次实现正增长，反映了铁路市场竞争力在逐步增强，社会贡献率在稳步提升。

## 二、铁路物流基础设施日益完善

（一）运输网络日益完善。

2017 年，我国铁路建设有序推进，路网规模不断扩大。全国铁路行业固定资产投资完成

8010亿元，其中，国家铁路完成7606亿元；新开工项目35个，新增投资规模3560亿元。全国铁路投产新线3038公里，开通了兰渝铁路、武九高铁、宝兰高铁、西成高铁，开通运营的新线90%都位于中西部地区。12月28日，石济高铁的建成运营标志着“四纵四横”高铁网最后一横完美收官，我国高铁范围扩展至30个省会级城市和直辖市。截至2017年年底，全国铁路营业里程达到12.7万公里，其中高铁2.5万公里，占世界高铁总量的66.3%；全国铁路路网密度达到132.2公里/万平方公里，铁路电化率达68.2%、复线率达56.5%，分别居世界第一和第二位。一个布局均衡、覆盖广泛、层次清晰的铁路网络正逐步成型，为既有线释放运能，高速铁路开展快运业务创造了良好条件。

（二）节点建设不断推进。

在中国铁路总公司组织研究编制的《铁路物流基地布局规划及2015—2017年建设计划》初步完成铁路物流节点网络规划顶层设计的基础上，2017年各路局积极推进铁路物流中心建设工作。根据中国铁路总公司货运工作会议数据，截至2017年年底，铁路总公司规划建设的208个铁路物流中心，已有21个一级铁路物流中心、85个二级铁路物流中心建设完成。未来各级铁路物流中心全部建成后，将基本覆盖通达铁路的重要城市，基本联结“一带一路”“长江经济带”和“京津冀地区”三大国家建设规划的相关城市。

作为铁路集装箱运输网络体系的重要组成部分——铁路集装箱中心站的节点布局也逐步完善。2017年6月21日，中铁联集乌鲁木齐集装箱中心站（三坪站）正式开通运营。自2004年《中长期铁路网规划》中提出加快主要枢纽及集装箱中心站建设以来，2005年12月上海中心站率先开通运营，昆明、重庆、成都、天津等12个铁路集装箱中心站也陆续开通，进一步形成了铁路集装箱运输骨干网络。

（三）规划引领建设发展。

2017年，国家相关规划文件的密集出台，为我国铁路基础设施建设指明方向，绘就了我国铁路未来发展的宏伟蓝图，为铁路物流发展奠定坚实基础。

2017年2月，《国务院关于印发“十三五”现代综合交通运输体系发展规划的通知》明确提出，到2020年，基本建成安全、便捷、高效、绿色的现代综合交通运输体系。规划在完善基础设施网络化布局方面提出，一要加快高速铁路网建设，扩大高速铁路覆盖范围；二要完善普速铁路网，加快中西部干线铁路建设，完善东部干线铁路网络，加快推进东北地区铁路提速改造，增强区际铁路运输能力，扩大路网覆盖面；拓展对外通道，推进边境铁路建设，加强铁路与口岸的连通，加快实现与境外通道的有效衔接；三要积极推进地方开发性铁路、支线铁路和沿边铁路建设；强化与矿区、产业园区、物流园区、口岸等有效衔接，增强对干线铁路网的支撑作用。

2017年4月，国家发展改革委印发《“十三五”铁路集装箱多式联运发展规划》，该规划是国家加快铁路集装箱发展，促进集装箱多式联运，推动物流业降本增效的重要指导意见。该规划的目标是到2020年，基础网络更加高效完善，铁路集装箱多式联运通道基本形成，枢纽设施及集疏运体系有机衔接，配套服务设施功能更加完善，接取送达网络覆盖广泛。该规划强调联运通道方面，要提升传统运输通道能力，研究构建双层集装箱运输通道，推进国际运输通道建设；综合枢纽方面，要优化集装箱场站布局，强化枢纽衔接配套，加快疏港铁路建设，推进内陆港建设。

2017年11月，国家发展改革委印发的《铁路“十三五”发展规划》明确提出，到2020年，全国铁路营业里程达到15万公里，其中高速铁路3万公里，复线率和电气化率分别达到60%和70%左右，基本形成布局合理、覆盖广泛、层次分明、安全高效的铁路网络。一是高速铁路扩展成网，在建成“四纵四横”主骨架的基础上，高速铁路建设有序推进，高速铁路服务范围进一步扩大，基本形成高速铁路网络。二是干线路网优化完善，中西部路网规模达到9万公里左右。对外通道建设有序推进，与周边国家铁路互联互通取得积极进展。三是城际、市域（郊）铁路有序推进，城际和市域（郊）铁路规模达到2000公里左右。四是综合枢纽配套衔接，建成一批设施设备配套完善、现代高效的综合交通枢纽，建设支线铁路约3000公里。

## 三、铁路物流品牌建设成效显著

2017年，我国铁路充分发挥比较优势，通过提升自身服务质量、加强对外交流合作，成功打造多样化的铁路物流知名品牌，获得社会广泛的认可。

（一）中欧班列品牌助力“一带一路”。

2017年，我国共开行中欧班列3673列，同比增长116%，超过2011—2016年六年开行数量的总和，中欧班列已发展成为“一带一路”建设标志性成果。

一是协调工作加快推进。国际协调方面，铁路总公司与哈、蒙、俄、白、波、德等丝路沿线六国铁路部门签署了《关于深化中欧班列合作协议》，创建了第一个由中国铁路牵头的国际铁路合作机制——中欧班列国际运输联合工作组。国内协调方面，中欧班列运输协调委员会成功发起成立，并先后吸纳了共39家会员单位，为中欧班列持续稳定发展奠定了坚实基础。二是服务范围快速拓展。2017年，我国开行的中欧班列线达到61条，同比增加22条、增长56.4%；国内开行城市达38个；到达欧洲13个国家、36个城市，同比增加4个国家、22个城市。三是货源品类不断丰富。由开行初期的手机、电脑等IT产品，逐步扩大到服装鞋帽、汽车及配件、粮食、葡萄酒、咖啡豆、木材、家具、化工品、机械设备等品类。四是运输效率日益提升。探索推进实施了境外宽轨段“三列并两列”的运输组织模式，铺画了时速120公里中欧班列专用运行线，全程运行时间从初期20天逐步缩短至12~14天。五是运行成本不断降低。整体运输费用较开行初期下降约40%。六是返程空载现象得到改善。截至2017年9月，重庆、武汉、成都、郑州、义乌等地开行的中欧班列已经实现双向稳定运行，满载率也得到有效提升，其中重庆、郑州、义乌、西安开行的中欧班列返程货物满载率均超过90%。

（二）高铁快运品牌助力“双十一”。

2017年，我国铁路部门在2016年电商黄金周运输首次试水取得良好反响的基础上，继续深入与电商、快递企业合作，推出高铁快运“当日达”“次晨达”及电商班列“一日达”等快运项目，特别是在京沪高铁推出高铁“极速达”快运新产品，实现10小时货物送达客户，这是目前我国最快的快运产品。同时，各个铁路运输企业根据当地电商物流特点，因地制宜地推出不同的高铁快运产品，利用高铁的“快运”优势，助力电商“双十一”。2017年“双十一”电商黄金周期间全国各铁路局集团公司服务情况如表1所示。高铁快运探索不仅是铁路部门贯彻落实党的十九大精神、适应人民日益增长的美好生活需要、创新引领电商快运中高端消费的具体实践，也是开发运用铁路优质资源、提升高铁网利用效率和经营效益的有益探索。

**表 1　2017 年“双十一”电商黄金周期间全国各铁路局集团公司服务情况**

| 铁路局集团公司 | “双十一”电商黄金周期间主要做法 |
| --- | --- |
| 哈尔滨局 | 对 8 趟 G 字头动车组预留整节车厢、1 趟哈齐高铁预留整列车，向省内外主要城市办理高铁快运产品。对绥芬河至哈尔滨东普速列车加挂行李车，调整佳木斯、牡丹江至北京方向普速行李车运输方案，预留行李车仓位 |
| 沈阳局 | 重点打造 3 对快速货物班列，开行“点到点”电商班列，一站直达，并享受优惠运价。利用普速旅客列车的行李车，在 106 个普速行包办理车站根据客户需求加挂行李车 |
| 北京局 | 联合中铁快运公司在京沪高铁“复兴号”列车上推出国内最快的“高铁极速达”快运产品。每日安排 31 趟高铁动车组服务高铁快运，安排 48 趟既有行李车运输货物，开行 4 列时速 160 公里的电商班列，并将列车编组提高至 17 辆，提供“一日达”运输服务 |
| 太原局 | 利用高铁车内大件行李存放处、最后一排座椅后空间及集装件专用存放柜等设施，装运高铁快运货物，开展“当日达”“次晨达”“次日达”等快捷运输服务。15 趟列车均预留一节二等座车厢，专门用于装运批量快件 |
| 呼和浩特局 | 主动对接联系邮政物流和顺丰速运等快递企业，在推出 8 趟高铁快运“当日达”业务的基础上，又利用呼铁局管内中长途旅客列车行李车，开办从呼包两地至成都、杭州方向的快运服务。实现与包头、集宁、鄂尔多斯四个城市间的高铁快运“当日达”“次晨达” |
| 郑州局 | 每日开行高铁快运列车 27 趟、行包车 6 趟，推出高铁快运、干线运输“站到站”“门到门”“库到库”全程物流服务，实现郑州发往上海、广州、西安、哈尔滨等城市电商货物高铁快运“当日达” |
| 武汉局 | 与中铁快运武汉分公司利用 30 趟高铁列车和普速列车行李车，6 小时内基本覆盖包括长三角、珠三角、京津冀等主要城市。此次重点推出北京、上海、广州、深圳、天津、西安、贵阳、重庆、哈尔滨、沈阳的当日达、次日达产品 |
| 西安局 | 每日开行 12 趟高铁快运列车，并借助每日西安至兰州的高铁确认车将全国发往新疆方向的高铁快运包裹运输至兰州，再通过兰新高铁发往新疆。新增了特定达和极速达，涉及 58 条线路 25 个城市 |

续 表

| 铁路局集团公司 | “双十一”电商黄金周期间主要做法 |
| --- | --- |
| 济南局 | 与顺丰物流、京东物流等电商企业合作，每日开行载货动车组确认列车 2 趟，高铁快运始发终到列车 10 趟，同时利用 16 列跨省高铁动车组储物空间及 47 对普速列车行李车 |
| 上海局 | 涉及长三角地区预留车厢动车组列车共有 88 列，共涉及 5 个高铁车站，预留车厢动车组列车数量较去年同比增加 12 列，同比增长 15. 8%。充分利用既有行李车运能，临时加挂行李车 1 辆，并将视市场需求情况动态调整运能，适时调配增加运力 |
| 南昌局 | 在 7 列高铁列车预留车厢上办理高铁快运业务。14 趟高铁快运货物，实现 4~8 小时内运至南昌、福州、厦门 |
| 广铁集团 | 每天开行服务高铁快运的高铁动车组 35 趟，同比增长 46% |
| 南宁局 | 携手中铁快运，利用云桂线上的高铁确认列车装运广西发往云南的高铁快件。电商黄金周期间，南宁局发送电商货物约 45 吨 |
| 成都局 | 与中铁快运成都分公司合作在成都、重庆、贵阳三个地区安排整车高铁快运动车组 31 趟，北京、上海、武汉、南京、杭州等方向的快件实现“当日达”，在贵阳北站推出 2 对动车组确认列车载货快运产品 |
| 昆明局 | 与中铁快运昆明分公司合作，在昆明南至上海虹桥、长沙南、杭州东、济南西动车上预留一节车厢用于高铁快运，共将 4100 多件快递包裹通过高铁运往全国各地，共计 1. 6 万多件、近 200 吨快递包裹从云南通过高铁、普速列车运达全国各地 |
| 兰州局 | 在宝兰高铁上选择一列动车组确认车、在兰新高铁选择两列动车组，以及近 80 列直通旅客列车行李车等运输资源。电商服务周期间共计发送电商货物 25796 件 48. 5 吨，利用行李车发送行包 718 件 17. 4 吨，发送“点对点”牛奶快运班列 3 列 6939 吨 |
| 乌鲁木齐局 | 首次推出跨省高铁快运业务，采用动车运输货物到达兰州的时间比普速列车压缩近 5 小时，电商服务周期间高铁快运业务和普通快递业务均将同比增长 10% 左右 |
| 青藏集团 | 推出部分城市间“当日达”产品 |

资料来源：根据网络资料整理而得。

## 四、全面做强铁路专业物流

2017 年，铁路在推动大宗货物产运需衔接、实现大宗货物运量稳定增长的同时，调整货运产品供给，加强与社会物流深度融合，对集装箱、商品汽车、冷链运输和多式联运采取了有力措施，促进铁路专业物流发展全面做强，运量大幅提升。

（一）集装箱运输规模日益扩大。

截至2017年年底，全国铁路集装箱业务办理站达到1843个，约占铁路货运营业站的50%。铁路集装箱专用平车保有量已超过10万辆，铁路箱配置达到37.2万只。全年集装箱发送总量共完成1031万标准箱，同比增长37%，连续三年实现大幅增长。日均装车数占货运总装车数比例达到10.8%，较上年提高了2.2个百分点。全国28个主要港口铁路集装箱运量增长23%以上。

（二）商品汽车运输市场份额不断提高。

2017年，中国第一汽车集团公司和东风汽车公司先后与中国铁路总公司签订战略合作协议，探讨商品车物流合作以及远期的企业铁路专用线建设等事项。中国铁路总公司通过深化与一汽、东风、上汽等大客户战略合作，与20多家企业签订了总包项目，共孵化45条跨局商品汽车班列线，全年完成商品汽车运输461万台，同比增长58%，占全国总产量接近18%，较2016年提高了4个百分点。商品汽车运量的迅速提升为日后铁路与汽车企业合资合作建设铁路专线实现“门到门”运输，构建以铁路运输为主导的全国商品汽车多式联运格局奠定越来越坚实的基础。

（三）冷链物流发展迅速。

2017年，全国铁路深耕冷链物流市场，完善铁路冷链物流网络布局，加大冷冻品和港口冷藏箱市场开发力度。全年冷链物流共完成109万吨，同比增运59万吨，增长113%，继续保持高速、高质量增长。中国铁路总公司按照《铁路冷链物流网络“十三五”布局规划》有序推进冷链通道建设，加快布局冷链快运班列，成功打造一批精品线路。2017年部分铁路冷链班列开行情况如表2所示。

**表2　2017年部分铁路冷链班列开行情况**

| 始发地 | 目的地 | 货物品类 | 首发日期 | 备注 |
| --- | --- | --- | --- | --- |
| 防城港 | 北京、沈阳 | 海鲜 | 1月29日 | |
| 广州 | 昆明 | 啤酒 | 3月22日 | |
| 图们 | 大连 | 海鲜 | 6月8日 | |
| 霍尔果斯 | 杭州 | 浓缩果汁 | 6月15日 | |
| 潍坊 | 昆明 | 冷冻鸡鸭、海鲜产品 | 6月25日 | “中国食品谷号”：第一条内陆连通东亚、东南亚和南亚的专业化铁路冷链物流通道 |
| 福建光泽 | 成都 | 冻鸡 | 8月8日 | |
| 青岛 | 西安 | 猪肉 | 8月21日 | 海铁联运班列（美国长滩港—青岛—西安） |
| 潍坊 | 威海 | 蔬菜 | 8月31日 | |
| 武汉 | 波兰、德国、法国等 | 工艺蜡烛 | 9月15日 | 中欧武汉班列首次实现双向冷链常态化运营 |
| 齐齐哈尔 | 莫斯科 | 圆葱 | 9月25日 | 我国首条国际冷链物流专列 |
| 抚州 | 莫斯科 | 蜜橘 | 12月20日 | |

资料来源：根据网络资料整理而得。

## 五、铁路物流改革与创新逐步推行

2017年是铁路深化改革年。铁路通过体制创新、模式转变、技术升级等举措在物流发展方面不断探索，在从传统货运向现代物流转型进程中迈了重要而关键的改革步伐。

（一）积极推进混合所有制改革。

铁路总公司不断探索股权投资多元化的混合所有制改革新模式，引入社会优质资源，构建市场化运行机制，促进铁路资本与社会资本融合发展。自2017年1月“混改”被首次提出以来，中国铁路总公司分别与上汽集团、中国建设银行、顺丰控股、京东集团、中国邮政集团达成战略合作，与涉及互联网、汽车、海运、银行等多个领域共20家企业负责人会面，未来铁路混改或将沿着上下游“专业化”“科技化”“铁路网+互联网”的思路向前推进。

（二）积极推进铁路公司制改革。

中国铁路总公司于2017年11月19日进行了18个铁路局改制成立集团公司的统一正式挂牌，同时，全路非运输企业公司制改革顺利推进。积极稳妥、周密细致的改革举措在加快建成有效制衡的公司法人治理结构和灵活高效的市场化经营机制，形成铁路现代企业制度，促进铁路企业按照法治化、市场化安全高效运行等方面迈出重要步伐。

（三）积极推进信息技术创新。

2017年，中国铁路总公司发布了铁路信息化总体规划和大数据应用实施方案，大数据中心开工建设，货运票据电子化全面启动试运行，铁路信息化建设有序推进，推进电子数据交换（EDI）信息共享，畅通与港口、物流等企业的信息交互，助力铁路物流服务供给质量和效益提升。

（北京交通大学交通运输学院物流工程系　张晓东　曾茹冰）

# 2017 年中国快递业

2017 年，我国快递总量突破 400 亿件，进入日均亿件时代，快递业务量占到全球快递业务量的 40%，超过了美国、日本和欧盟快递业务量的总和。截至 2017 年年底，我国的快件量已经连续 4 年保持全球第一的地位；有 2 家民营快递企业继续借壳上市，1 家快递物流企业获得证监会上市批准，1 家快递企业在美国上市。至此，已有 7 家快递企业先后成功上市，已形成 6 家快递业务年收入超 300 亿元的大型企业集团。

## 一、快递业发展概况

（一）主要统计数据。

据国家邮政局统计，2017 年，全国快递服务企业业务量累计完成 400.6 亿件，同比增长 28%，人均快件量 29.7 件（以 13.5 亿人口计算）；业务收入累计完成 4957.1 亿元，同比增长 24.7%（见图 1）；人均快递消费 367 元（以 13.5 亿人口计算）。其中：同城业务量累计完成 92.7 亿件，同比增长 25.1%；异地业务量累计完成 299.6 亿件，同比增长 28.9%；国际/港澳台业务量累计完成 8.3 亿件，同比增长 33.9%（见图 2）。

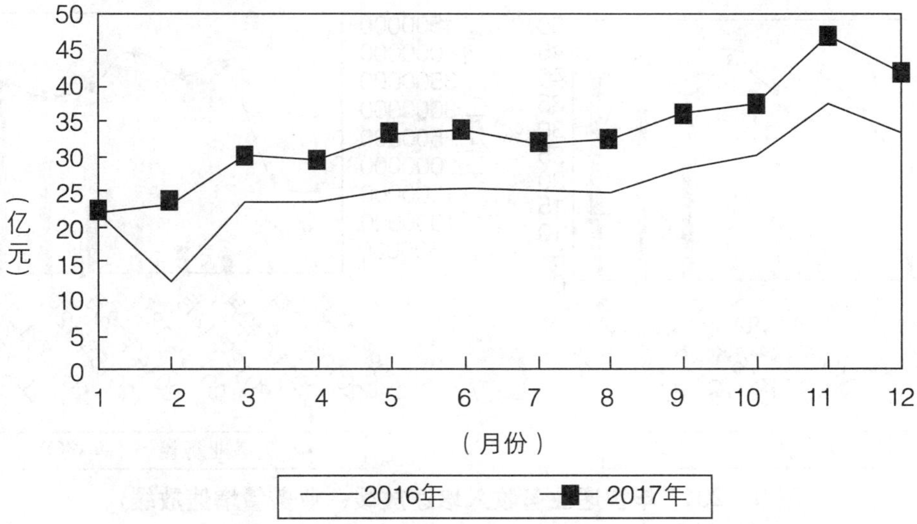


图 1　2016 年和 2017 年我国快递业务收入增长情况

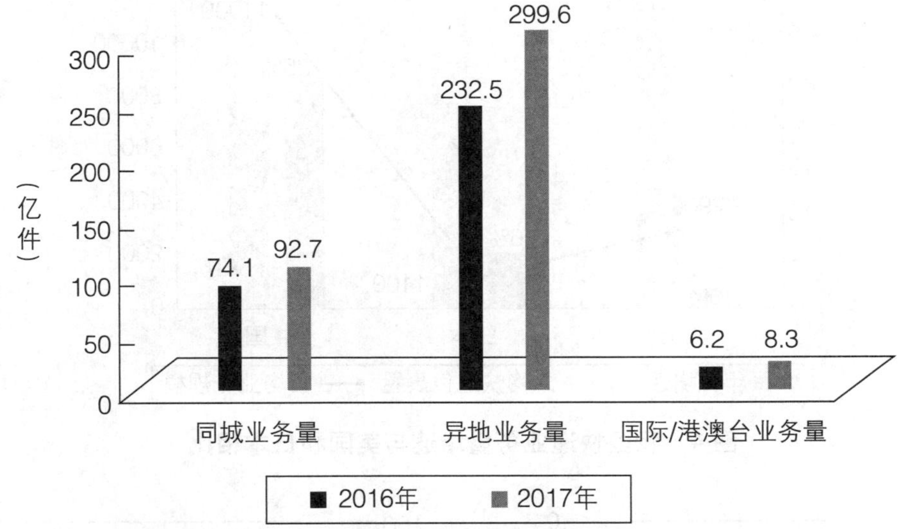


图 2　2016 年和 2017 年我国分专业快递业务量比较

2017 年，我国快递行业无论是业务量还是业务收入整体增速均较前几年呈下行趋势（见图 3）。但是相对美国 2%、日本 6% 的快递规模年化增速，我国未来年化 25% 的业务量增速仍具发展空间。此外，参照美国、日本人均包裹量分别为 32 个、31 个，约为我国人均包裹量的 1.4 倍，我国快递业务量增长空间仍较大（见图 4）。

近年我国快递单价一直呈下降趋势，由 2012 年的 18.6 元/件下降至 2017 年的 12.4 元/件，整体下降 33.3%/件。如果从快递单价降幅看，每年的降幅呈缩减态势，2017 年快递的单价降幅达到新低——2.59%，且快递单价下降带来的规模效应日趋减弱（见图 5）。

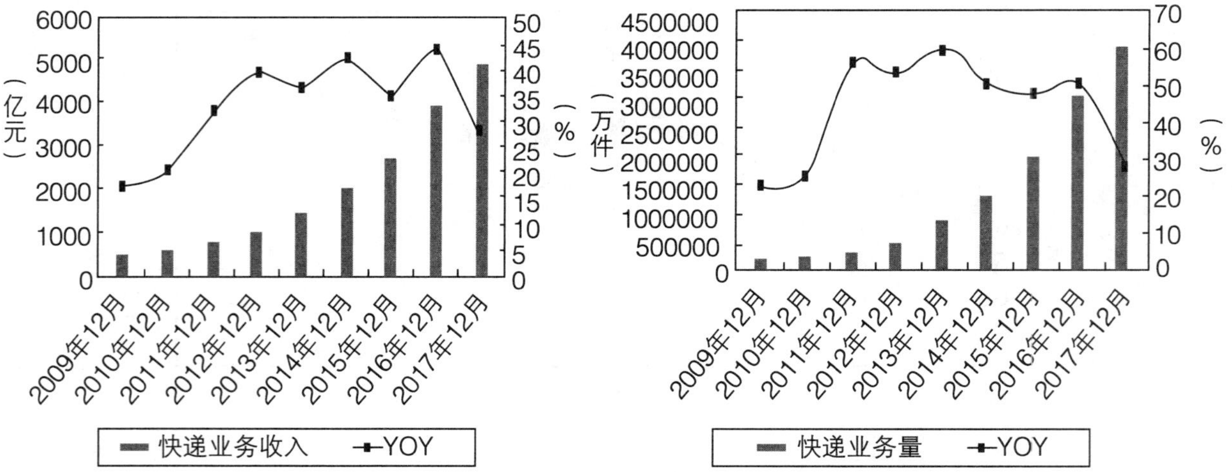


**图 3　2017 年快递业务收入增速放缓、业务量增速放缓**

注：YOY 是指当期的数据较去年同期变动多少。

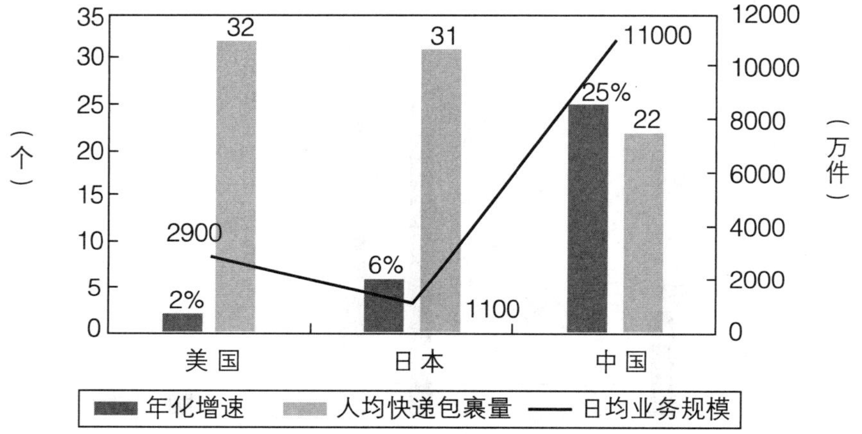


**图 4　我国快递业务量增速与美国和日本相比**

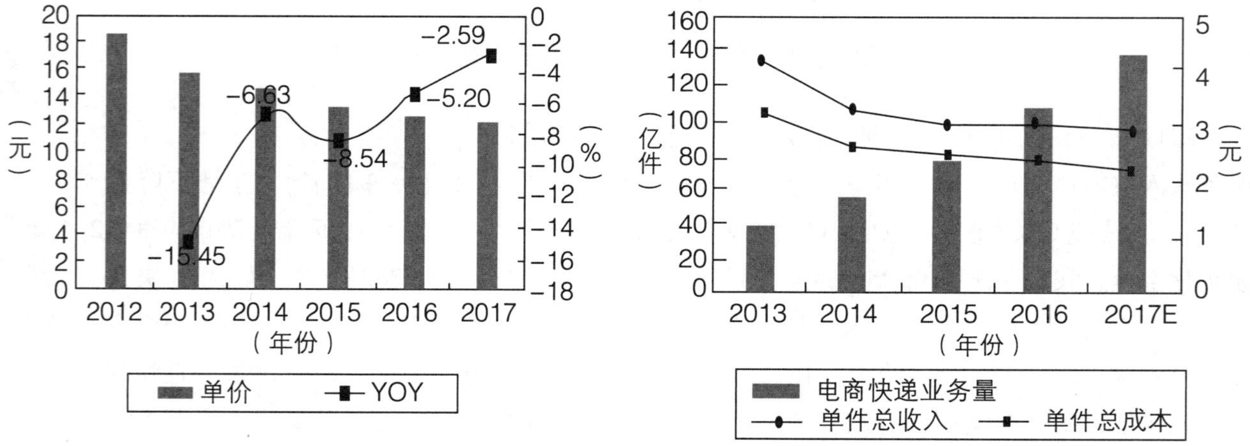


**图 5　近几年我国快递单价走势**

2017年，我国快递业务中同城、异地和国际/港澳台快递业务量分别占全部快递业务量的23.1%、74.8%和2.1%（如图6所示）；业务收入分别占全部快递收入的14.8%、50.7%和10.7%（如图7所示）。与上年同期相比，同城快递业务量的比重下降0.6个百分点，异地快递业务量的比重上升0.5个百分点，国际/港澳台业务量的比重上升0.1个百分点。

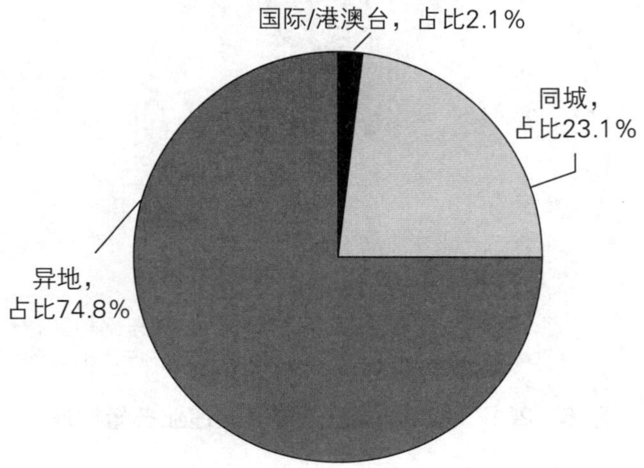


图6　2017年我国快递业务量结构

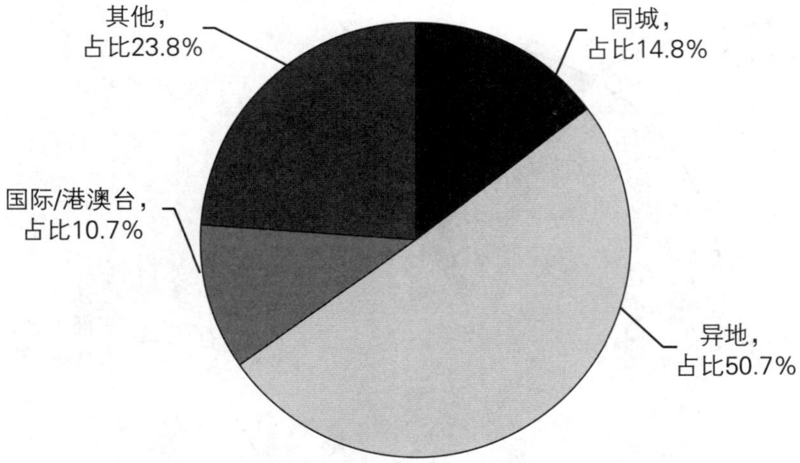


图7　2017年我国快递业务收入构成

2017年，我国快递业务中东、中、西部地区快递业务量比重分别为81.1%、11.6%和7.3%（如图8所示）；业务收入比重分别为80.9%、10.8%和8.3%（如图9所示）。与上年同期相比，东部地区快递业务量比重上升0.2个百分点，快递业务收入比重下降0.2个百分点；中部地区快递业务量比重下降0.3个百分点，快递业务收入比重上升0.1个百分点；西部地区快递业务量比重上升0.1个百分点，快递业务收入比重上升0.1个百分点。

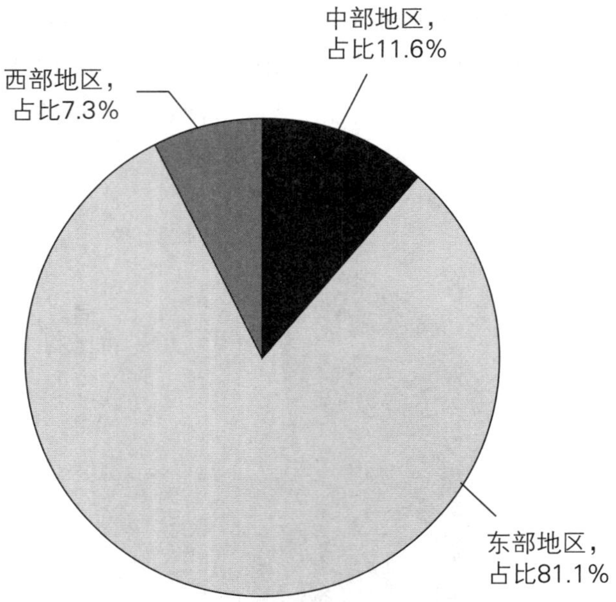


图 8 2017 年我国快递业地区快递业务量构成

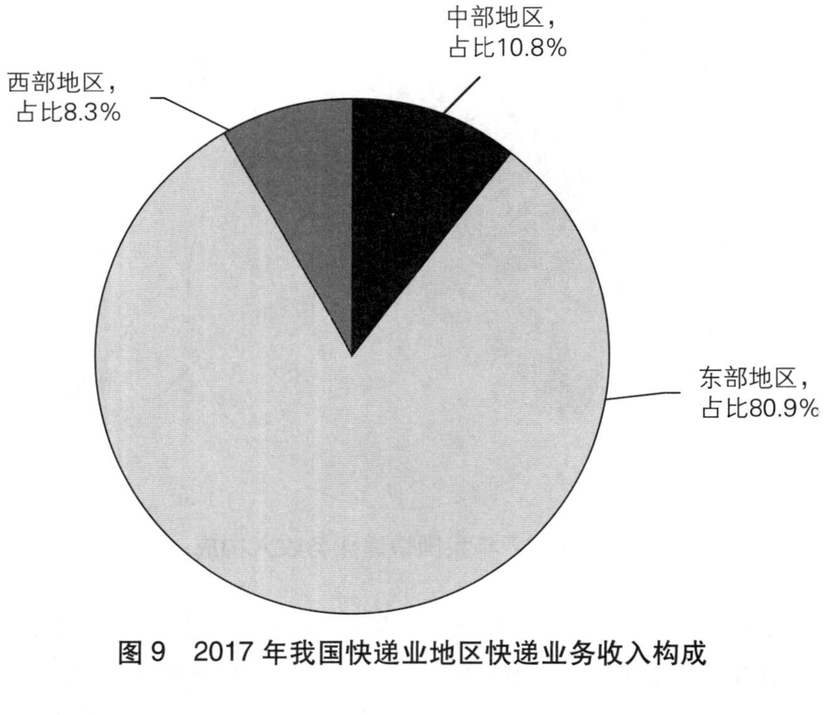


图 9 2017 年我国快递业地区快递业务收入构成

（二）快递企业业务指标对比。

1. 分省快递服务企业业务量和业务收入

2017 年我国快递业分省快递服务企业业务量和业务收入情况如表 1 所示。

表 1　　2017 年我国快递业分省快递服务企业业务量和业务收入情况

| 区域 | 快递业务量累计（万件） | 同比增长（%） | 快递收入累计（万元） | 同比增长（%） |
|---|---|---|---|---|
| 全国 | 4005591. 9 | 28. 0 | 49571088. 8 | 24. 7 |
| 北京市 | 227452. 1 | 16. 0 | 3038329. 8 | 18. 4 |
| 天津市 | 50199. 0 | 22. 4 | 763314. 9 | 20. 2 |
| 河北省 | 119389. 3 | 32. 1 | 1264880. 7 | 34. 2 |
| 山西省 | 24359. 1 | 30. 5 | 299901. 6 | 35. 4 |
| 内蒙古自治区 | 11035. 3 | 30. 3 | 239592. 8 | 29. 5 |
| 辽宁省 | 51434. 5 | 29. 1 | 680585. 6 | 22. 2 |
| 吉林省 | 17569. 4 | 26. 5 | 304484. 0 | 21. 2 |
| 黑龙江省 | 23185. 6 | 6. 5 | 358414. 8 | 8. 1 |
| 上海市 | 311503. 7 | 19. 7 | 8688851. 6 | 22. 5 |
| 江苏省 | 359627. 8 | 26. 7 | 4081730. 6 | 20. 3 |
| 浙江省 | 793231. 1 | 32. 5 | 6682204. 0 | 23. 5 |
| 安徽省 | 86332. 3 | 25. 3 | 895715. 9 | 26. 9 |
| 福建省 | 166110. 7 | 28. 8 | 1619683. 4 | 20. 1 |
| 江西省 | 43754. 5 | 14. 2 | 491976. 7 | 19. 1 |
| 山东省 | 151474. 6 | 25. 7 | 1705165. 2 | 22. 7 |
| 河南省 | 107377. 6 | 28. 0 | 1159337. 9 | 22. 9 |
| 湖北省 | 101277. 9 | 30. 9 | 1190450. 7 | 36. 6 |
| 湖南省 | 59181. 6 | 21. 8 | 641882. 9 | 24. 4 |
| 广东省 | 1013468. 0 | 32. 1 | 11466893. 4 | 30. 3 |
| 广西壮族自治区 | 31750. 3 | 39. 0 | 448672. 2 | 32. 4 |
| 海南省 | 5915. 8 | 21. 5 | 126970. 8 | 26. 5 |
| 重庆市 | 32874. 9 | 15. 8 | 447311. 3 | 14. 8 |
| 四川省 | 110795. 9 | 38. 2 | 1274785. 5 | 32. 3 |
| 贵州省 | 15781. 9 | 40. 2 | 311536. 8 | 43. 0 |
| 云南省 | 22775. 8 | 30. 6 | 360114. 9 | 24. 4 |

续 表

| 区域 | 快递业务量累计（万件） | 同比增长（%） | 快递收入累计（万元） | 同比增长（%） |
|---|---|---|---|---|
| 西藏自治区 | 567. 5 | -22. 7 | 20487. 7 | -1. 1 |
| 陕西省 | 45750. 6 | 24. 0 | 563581. 1 | 23. 5 |
| 甘肃省 | 7201. 7 | 18. 7 | 148095. 9 | 18. 4 |
| 青海省 | 1449. 7 | 34. 4 | 38832. 9 | 29. 3 |
| 宁夏回族自治区 | 3721. 5 | 14. 8 | 67784. 4 | 15. 7 |
| 新疆维吾尔自治区 | 9042. 3 | 4. 4 | 189518. 9 | 9. 3 |

2. 快递业务量

2017 年我国快递业务量排位前 50 的城市统计如表 2 所示。

**表 2　　2017 年我国快递业务量排位前 50 的城市统计**

| 排名 | 城市名 | 快递业务量累计（万件） | 排名 | 城市名 | 快递业务量累计（万件） |
|---|---|---|---|---|---|
| 1 | 广州市 | 393320. 2 | 15 | 揭阳市 | 58330. 3 |
| 2 | 上海市 | 311503. 7 | 16 | 台州市 | 53945. 0 |
| 3 | 深圳市 | 259509. 7 | 17 | 天津市 | 50199. 0 |
| 4 | 金华（义乌）市 | 255479. 0 | 18 | 郑州市 | 49139. 2 |
| 5 | 杭州市 | 232630. 4 | 19 | 无锡市 | 45089. 8 |
| 6 | 北京市 | 227452. 1 | 20 | 嘉兴市 | 41107. 4 |
| 7 | 东莞市 | 122485. 8 | 21 | 汕头市 | 39982. 3 |
| 8 | 苏州市 | 104054. 9 | 22 | 合肥市 | 39110. 8 |
| 9 | 成都市 | 82605. 0 | 23 | 佛山市 | 39016. 6 |
| 10 | 泉州市 | 74432. 1 | 24 | 石家庄市 | 35959. 4 |
| 11 | 温州市 | 72309. 8 | 25 | 福州市 | 33959. 6 |
| 12 | 武汉市 | 70249. 0 | 26 | 西安市 | 33956. 0 |
| 13 | 宁波市 | 63879. 4 | 27 | 长沙市 | 33133. 7 |
| 14 | 南京市 | 63415. 7 | 28 | 绍兴市 | 32917. 9 |

续 表

| 排名 | 城市名 | 快递业务量累计（万件） | 排名 | 城市名 | 快递业务量累计（万件） |
|---|---|---|---|---|---|
| 29 | 重庆市 | 32874.9 | 40 | 常州市 | 18925.6 |
| 30 | 中山市 | 31194.6 | 41 | 南昌市 | 18576.4 |
| 31 | 青岛市 | 31149.9 | 42 | 临沂市 | 17979.5 |
| 32 | 济南市 | 30216.6 | 43 | 哈尔滨市 | 16753.4 |
| 33 | 南通市 | 29254.7 | 44 | 南宁市 | 16126.4 |
| 34 | 湖州市 | 25424.4 | 45 | 廊坊市 | 15773.7 |
| 35 | 沈阳市 | 25365.0 | 46 | 宿迁市 | 15726.3 |
| 36 | 保定市 | 25141.0 | 47 | 昆明市 | 14543.9 |
| 37 | 厦门市 | 24364.7 | 48 | 潍坊市 | 13818.1 |
| 38 | 徐州市 | 21360.0 | 49 | 太原市 | 13431.9 |
| 39 | 惠州市 | 20259.3 | 50 | 淮安市 | 13293.8 |

3. 快递业务收入

2017 年我国快递业务收入排位前 50 的城市如表 3 所示。

**表 3　　2017 年我国快递业务收入排位前 50 的城市**

| 排名 | 城市名 | 快递业务收入累计（万元） | 排名 | 城市名 | 快递业务收入累计（万元） |
|---|---|---|---|---|---|
| 1 | 上海市 | 8688851.6 | 10 | 武汉市 | 810703.2 |
| 2 | 深圳市 | 3754945.3 | 11 | 天津市 | 763314.9 |
| 3 | 广州市 | 3749587.0 | 12 | 南京市 | 738560.7 |
| 4 | 北京市 | 3038329.8 | 13 | 宁波市 | 701056.7 |
| 5 | 杭州市 | 2510478.7 | 14 | 泉州市 | 583441.1 |
| 6 | 金华（义乌）市 | 1577875.1 | 15 | 郑州市 | 576662.9 |
| 7 | 东莞市 | 1476834.4 | 16 | 温州市 | 556702.0 |
| 8 | 苏州市 | 1326474.9 | 17 | 无锡市 | 552617.5 |
| 9 | 成都市 | 856603.6 | 18 | 佛山市 | 498468.4 |

续 表

| 排名 | 城市名 | 快递业务收入累计（万元） | 排名 | 城市名 | 快递业务收入累计（万元） |
|---|---|---|---|---|---|
| 19 | 重庆市 | 447311.3 | 35 | 沈阳市 | 279636.4 |
| 20 | 嘉兴市 | 434430.0 | 36 | 绍兴市 | 262460.3 |
| 21 | 揭阳市 | 429270.9 | 37 | 保定市 | 241938.1 |
| 22 | 西安市 | 413699.6 | 38 | 哈尔滨市 | 238359.5 |
| 23 | 青岛市 | 413316.8 | 39 | 惠州市 | 233882.4 |
| 24 | 合肥市 | 398847.5 | 40 | 南宁市 | 230274.5 |
| 25 | 石家庄市 | 395465.2 | 41 | 南昌市 | 220656.2 |
| 26 | 济南市 | 378449.8 | 42 | 昆明市 | 216200.7 |
| 27 | 长沙市 | 364503.3 | 43 | 大连市 | 212322.5 |
| 28 | 中山市 | 348494.9 | 44 | 长春市 | 181737.5 |
| 29 | 厦门市 | 348460.9 | 45 | 湖州市 | 177553.5 |
| 30 | 福州市 | 332604.2 | 46 | 徐州市 | 175195.4 |
| 31 | 台州市 | 331851.8 | 47 | 廊坊市 | 174038.3 |
| 32 | 汕头市 | 301793.7 | 48 | 潍坊市 | 152854.3 |
| 33 | 南通市 | 287790.6 | 49 | 贵阳市 | 145480.4 |
| 34 | 常州市 | 286895.1 | 50 | 烟台市 | 142176.0 |

4. 快递业发展指数

2017 年我国快递业发展的两个指数均比上年提高，表明我国快递业发展态势良好。

一是快递发展指数。2017 年中国快递发展指数为 208.5，同比提高 16.8%，快递业仍处于稳步成长期，呈现出发展态势高位运行。快递服务满意度和准时率小幅调整，有效申诉大幅改善，其中，满意度得分为 77.3 分，同比下降 0.3 分；72 小时准时率为 71.8%，同比下降 0.7 个百分点；快递服务有效申诉率为 5.9%，同比减少 4.2%。

二是快递发展普及指数。2017 年中国快递发展普及指数为 165.6，同比提高 9.9%，环比提高 7%，快递的普及程度整体呈现稳步提高态势。快递准公共服务属性凸显。每万人 1.6 个快递网点，每百平方千米 2.4 个快递网点，网点密度继续稠密化发展。快递乡镇网点覆盖率达到 87.3%，同比增加了 7.3 个百分点，等于便利了近 3000 万人使用快递。16 个省（市）实现乡镇快递网点全覆盖，人们使用快递更加便捷。

5. 主要快递企业营收数据

2017年顺丰、韵达等主要快递企业营收数据如表4所示。

表4　2017年顺丰、韵达等主要快递企业营收数据

| 指标 | 顺丰 | 韵达 | 申通 | 百世 | 中通 |
|---|---|---|---|---|---|
| 营业总收入（亿元） | 710.94 | 100.24 | 126.57 | 199.9 | 130.6 |
| 同比增长（%） | 23.68 | 36.39 | 28.09 | 126.00 | 33.40 |
| 营业利润（亿元） | 64.49 | 22.37 | 20.3 | — | — |
| 同比增长（%） | 74.63 | 38.37 | 24.39 | — | — |
| 利润总额（亿元） | 65.02 | 21.78 | 21.26 | 4.9 | 31.59 |
| 同比增长（%） | 25.26 | 36.70 | 25.72 | 191.21 | 54.00 |

注：中通“利润总额”项为净利润。

（三）中外快递业实力对比。

1. 美德日中快递企业运营指标

美德日中快递业运营指标对比如表5所示。

表5　美德日中快递业运营指标对比

| 指标 | 美国 | 德国 | 日本 | 中国 |
|---|---|---|---|---|
| 快递业务收入（亿美元） | 2284.61 | 1055.38 | 2294.8 | 602.0 |
| 业务量（亿件） | 176.1 | 24.3 | 94.6 | 325.0 |
| 人均包裹量（件） | 54.5 | 29.3 | 74.6 | 23.5 |
| 国内价格（美元） | 9.25~17 | 11.8 | — | 1.3 |
| 国际价格（美元） | 16.25~54 | 64 | — | 10.4 |
| 重点企业世界500强排名 | 美国邮政（USPS）107<br>美国联合包裹（UPS）149<br>美国联邦快递（FedEx）192 | 德国邮政（DHL）117 | 日本邮政37 | 中国邮政105 |
| 重点企业市值（亿美元） | UPS1021.38<br>FedEx586.32 | DHL<br>534.97 | 日本邮政<br>1376.21<br>宅急便88 | 顺丰349 |

2. 美德日中快递企业综合能力指标

美德日中主要的快递企业综合能力指标对比如表 6 所示。

**表 6　美德日中主要的快递企业综合能力指标对比**

| 指标 | USPS | UPS | FedEx | DHL | 日本邮政 | 宅急便 | 中国邮政 | 顺丰 |
|---|---|---|---|---|---|---|---|---|
| 总收入（亿美元） | 715. 0 | 609. 1 | 503. 7 | 686. 0 | 1310. 4 | 130. 7 | 266. 1 | 86. 2 |
| 员工总数（万人） | 64 | 43 | 17 | 51 | 22 | 20 | 62. 3 | 12. 4 |
| 收入/员工数量（万美元/人） | 11. 2 | 14. 0 | 30. 0 | 13. 5 | 60. 0 | 6. 5 | 4. 3 | 6. 9 |
| 科技投入（亿美元） | | 4. 4 | 4. 0 | 26 | | | | 0. 8 |
| 厂房、土地（亿美元） | | 13. 2 | 16. 9 | | 21. 2 | 3. 9 | | 9. 3 |
| 飞机（架） | | 671 | 650 | 138 | | | 26 | 51 |
| 车辆（万辆） | 22. 8 | 11. 4 | 10. 0 | 9. 2 | 11. 7 | 2. 5 | 4. 6 | 0. 6 |

3. 美德日中主要快递企业资本实力

美德日中主要快递企业资本实力指标对比如表 7 所示。

**表 7　美德日中主要快递企业资本实力指标对比**

| 指标 | USPS | UPS | FedEx | DHL | 日本邮政 | 宅急便 | 中国邮政 | 顺丰 |
|---|---|---|---|---|---|---|---|---|
| 世界 500 强排名 | 107 | 149 | 192 | 117 | 37 | — | 105 | — |
| 总收入（亿美元） | 715. 0 | 609. 1 | 503. 7 | 686. 0 | 1310. 4 | 130. 7 | 266. 1 | 86. 2 |
| 市值（亿美元） | — | 1021. 4 | 586. 3 | 534. 97 | 1376. 2 | 88 | — | 349. 0 |

4. 中外领先快递企业的收入结构

顺丰业务收入结构如图 10 所示。DHL 业务收入结构如图 11 所示。FedEx 收入结构如图 12 所示。FedEx 业务构成如图 13 所示。

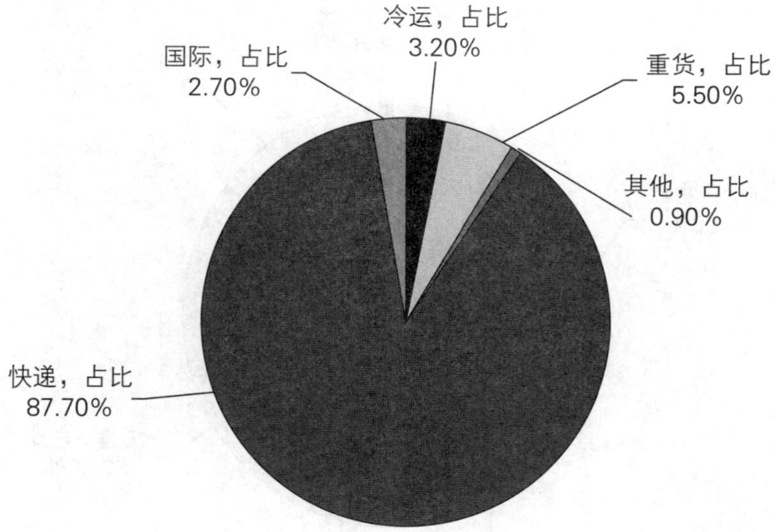


图 10　顺丰业务收入结构

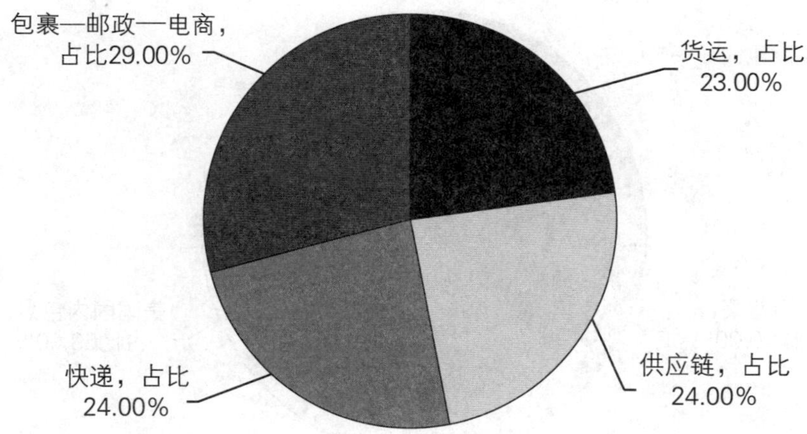


图 11　DHL 业务收入结构

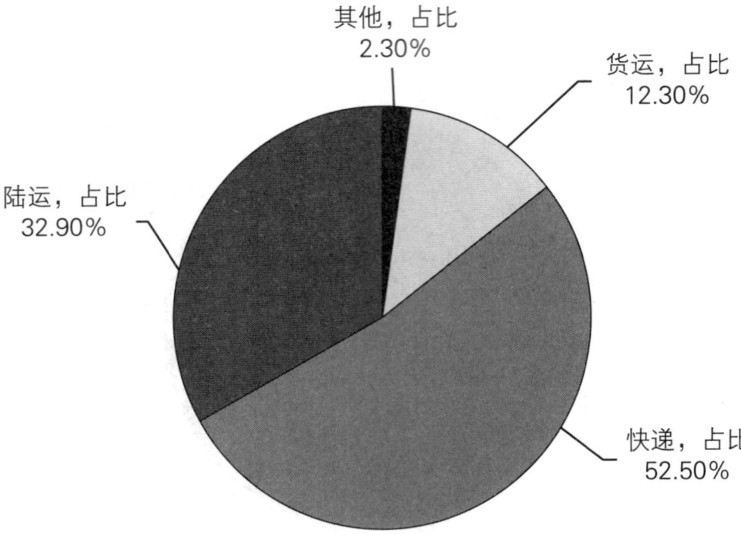


图 12　FedEx 收入结构

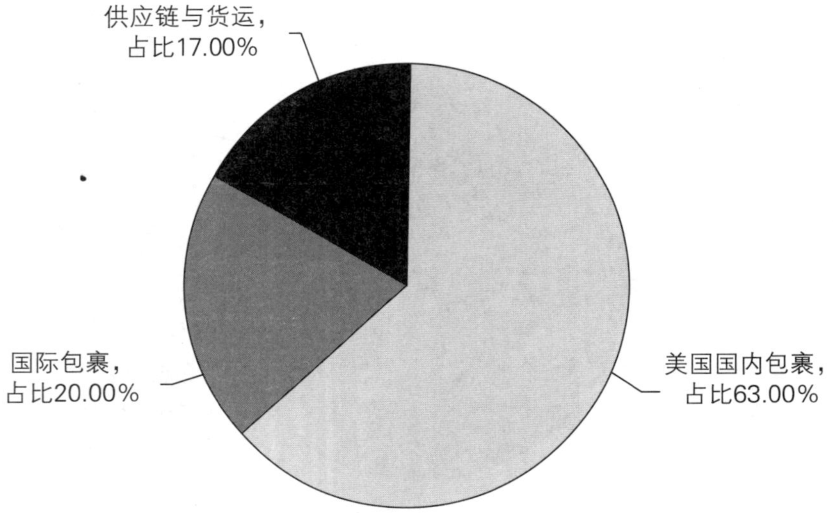


图 13　FedEx 业务构成

5. 中外快递企业国际化对比

2017 年，我国快递业还处于“走出去”初级阶段，国际化程度最高的顺丰国际业务占比仅为 1.9%，而敦豪航空货运公司（DHL）国际业务占比为顺丰的 27 倍。国内快递业的全球网络覆盖范围尚待开拓。海外直营网络最大的顺丰仅在 51 个国家设立了分支机构，而联合包裹运输公司（UPS）等国际快递巨头提供的“全球对全球”门到门寄递与物流服务，网络遍及 200 多个国家和地区。

2017 年，我国快件业务结构中电商快件量占到 75% 左右，即电商快件量达到 300 亿件。其中，微商快件量增长迅猛。电商快件成为我国快件的主要组成部分（如图 14 所示）。

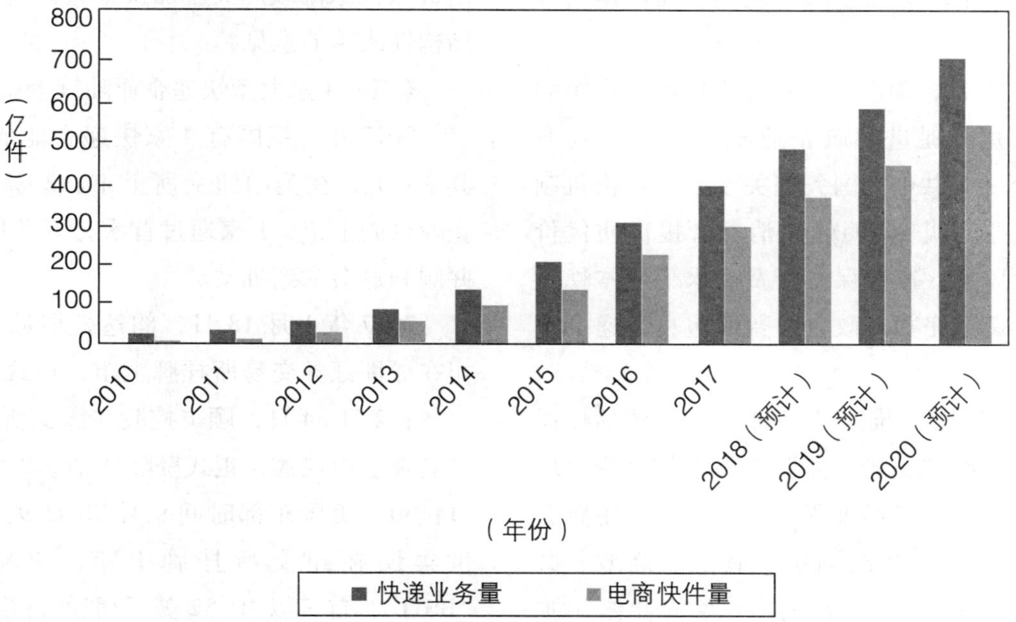


**图 14　2017 年我国快件业务结构**

## 二、快递业发展亮点纷呈

（一）业务量增速降低，东中西业务结构变化甚微。

据国家邮政局统计，2017 年，全国快递服务企业业务量累计完成 400.6 亿件，同比增长 28%；业务收入累计完成 4957.1 亿元，同比增长 24.7%。件均收入 12.36 元，同比下降 3%。与国外发达国家相比，我国快递业的附加值较低，虽然我们已经是快递业务量第一大国，但是我们的快递业务收入相当于 DHL2016 年收入的 95%，比 UPS2016 年的收入高出 17%左右。

2017 年，我国快递业务量中东、中和西部地区业务量所占比重分别为 81.1%、11.6%和 7.3%，业务收入比重分别为 80.9%、10.8%和 8.3%。与上年同期相比，东部地区快递业务量比重上升 0.2 个百分点，快递业务收入比重下降 0.2 个百分点；中部地区快递业务量比重下降 0.3 个百分点，快递业务收入比重上升 0.1 个百分点；西部地区快递业务量比重上升 0.1 个百分点，快递业务收入比重上升 0.1 个百分点。这说明我国东部经济发达地区对快递的消费依然强劲。

（二）多项利好政策促进快递业进一步发展。

2017 年，国家和地方政府陆续出台多项利好政策助推快递业发展，如《国务院关于促进快递业发展的若干意见》《国务院办公厅关于促进农村电子商务加快发展的指导意见》等文件。为打通农村电子商务“最初一公里”和“最后一公里”，发展邮政业服务农村电商提供政策支持。

4 月 11 日，快递末端体系被纳入上海市电子商务重点工作，旨在加强研究，继续合力解决、加快破解城市快递配送“最后一公里”瓶颈，积极引导快递配送服务模式创新，推动社区服务中心、社区便利店内快递服务功能的纳入，推进末端配送综合服务站和智能快递箱等建设。

4月17日，为进一步发挥市场配置资源的决定性作用，促进邮政企业积极参与市场竞争，出台《中共中央国务院关于推进价格机制改革的若干意见》。明确向消费者提供质优价廉的邮政服务，按照保持资费总水平基本稳定的原则，调整完善邮政企业普通包裹寄递资费体系结构。

5月14日，《推进"一带一路"贸易畅通合作倡议》在"一带一路"国际合作高峰论坛高级别会议——"推进贸易畅通"平行主题会议上正式发布。会议围绕"畅通、高效、共赢、发展，深化'一带一路'经贸合作"主题，进行了深入和富有成效的讨论，并达成广泛共识。

5月18日，国家邮政局为了加快推进邮政业供给侧结构性改革，进一步促进行业转型升级提质增效，充分发挥邮政业对降低社会物流成本、释放消费需求、培育经济发展新动能，出台《国家邮政局关于加快推进邮政业供给侧结构性改革的意见》。

（三）4家大型快递企业陆续上市。

2017年，我国有4家快递企业成功上市，其中：1家在美国纽交所上市、2家快递完成企业借壳上市、1家通过首次公开募股（IPO）并顺利过会拿到批文。

2017年1月18日，韵达控股股份有限公司在深圳证券交易所挂牌上市，正式登陆资本市场；2月24日，顺丰控股在深交所举行重组更名暨上市仪式，正式登陆A股；9月20日晚21：30（美国东部时间9月20日9：30），百世集团在纽交所挂牌上市，交易代码为"BSTI"，首日以10.52美元/股的价格收盘；12月22日，证监会核发了新的一批IPO批文，德邦快递位列其中，这标志着A股即将迎来首家通过IPO方式上市的快递企业。截至2017年12月29日，6家上市快递企业市值约为3755.84亿元。详情见表8。

**表8　2017年12月29日我国6家上市快递企业市值统计**

| 企业名称 | 市值（亿元） | 收盘价（元） | 周波动（%） | 换手率（%） |
|---|---|---|---|---|
| 顺丰控股 | 2228.41 | 50.36 | 0.11 | 0.92 |
| 圆通速递 | 476.94 | 16.75 | 0.78 | 0.19 |
| 韵达股份 | 547.64 | 44.42 | 3.39 | 1.55 |
| 申通快递 | 347.13 | 24.69 | 0.28 | 0.55 |
| 中通快递 | 122.44 | 15.85 | -0.21 | 10.75 |
| 百世物流 | 33.28 | 8.98 | -0.86 | 5.44 |

（四）大型快递企业向快运（零担物流）、冷链和细分市场延伸。

据快递物流咨询网预测，未来几年大型快递企业向综合物流转型、中型快递企业向专业化转型、小型快递企业向个性化转型，是我国快递业发展的趋势。2017年我国大型快递企业的发展轨迹已经印证了这个发展趋势。

5月8日，圆通速递公告拟以现金方式收

购香港联交所主板上市公司先达国际物流控股有限公司 61.87% 股份，合计约 2.56 亿股股份，目标股份对价约为 9.09 亿元。

6 月 28 日，申通快递联合河南日报报业集团与河南通通优品科技有限公司投资 9 亿元，共同建设中国（郑州）冷链交易中心项目。通过合作三方覆盖河南延及全国的物流服务体系及电子商务交易系统，建设以进口肉类、生鲜、冰鲜为主，通过对冷链食品贸易、流通加工、仓储物流、电子商务、展示交易等资源进行整合，打造具有海外直采、通关报检、仓储服务、分割包装、分拣分拨、物流配送等为一体的全站式冷链综合服务平台。

8 月 1 日，申通拟 1.33 亿元增资快捷快递，获 10% 股权，借助各自资源优势，整合资源，充分发挥协同效益。对市场上产品的优势，时效、成本、质量和服务进行综合考虑，通过将当前申通快递大小件混合的产品结构细化，把运营做到中转更快、成本更低，中转时效更短、效率更高，从而实现公司产品生态运营更加高效协同，最终促进实现整体效果的最大化。

10 月 10 日，韵达正式启动快运业务。快件将经过下单、中转分拨、运输和派送等标准化服务环节，安全、高效地送到客户手中。

11 月，中铁快运携手顺丰速运共推“高铁极速达”，使用高铁动车组作为核心运力，是高铁图定运营网络与顺丰快递网的深度融合，物流链条全程采用高铁、地铁、电动车链接中转，绿色节能环保，成功开启中国乃至全球物流陆运异地“当日达”新时代。

（五）“黑科技”在快递业应用加快。

2017 年，我全国已建成上百个智能化分拨中心，无人仓、无人机和无人车开始在快递业尝试应用；行业科技交流日趋频繁；主要品牌快递企业电子运单普及率提升至 80%。

2017 年 5 月 5 日，北京中通转运中心启用全自动分拣系统，除北京转运中心外，中通还在上海、东莞、杭州、长沙、常州、南充、淮安等多个转运中心启用了该自动化分拣系统。大大降低了分拣的差错率和操作成本，提高了快件的转运时效。5 月 29 日，在京交会服务示范案例颁奖仪式上，韵达“云仓”科技创新项目荣获 2017 京交会科技创新服务示范案例奖。这也是韵达实施“科技兴企”战略结出的硕果之一。韵达“云仓”是韵达自主研发的云仓储管理系统（YWMS），依托韵达强大的运输配送资源及网络资源，高效的运营流程和管理体系，为客户提供全国智能分仓服务。

2017 年 2 月，顺丰申报和获得在无人机领域专利数量达 111 项，包括发明专利 51 项，实用新型 54 项以及外观专利 6 项，同时顺丰也在积极备战“无人机送快递包裹”。继顺丰大型无人机试飞视频曝光，7 月 13 日，顺丰宣布总投资 7.4 亿元的大型物流无人机总部基地项目正式落户成都双流自贸试验区。

2016 年 11 月，京东无人机完成了在西安的首单配送并启动试运营，仅半年后的 2017 年“6·18”，京东无人机正式拉开在陕西西安、韩城和江苏宿迁等地的常态化运营序幕，进入物流无人机实际应用的快车道。

（六）兼并重组依然强劲。

由于我国快递产业集中度较低，按照快递企业的发展规律，通过兼并重组提高产业集中度，是最快捷最有效的手段之一。特别是 7 家快递企业上市后，快递业兼并重组的案例会越来越多。

2017 年，申通 1.33 亿元增资快捷快递，获得其 10% 股权，并联合快捷快递成立子公司以加速大件专网建设，双方拟以自有资金共同出资5000万元人民币设立上海申通岑达供应链管理有限公司，其中申通快递出资3500万元人民币，持股比例占70%，快捷快递出资1500万元人民币，持股比例占30%。同年，申通快递以1.06亿元收购易物流54%股权，并以1406.69万元认购易物流新增107万元的注册资本，剩余1299.69万元计入资本公积，本次收购及增资事项完成后，申通持有易物流58%的股份，成为其控股股东。

此外，圆通速递收购先达国际控股权，公司或公司指定的全资子公司拟以现金方式收购先达国际物流控股有限公司2.56亿股股份，占其全部已发行股份的61.87%。顺丰控股与UPS在香港成立合资公司，分别对合资企业投资500万美元，双方共计投资1000万美元，持股比例各占50%，顺丰联手UPS成立合资公司是优势互补、各取所需，本次合作有望加速顺丰的国际化进程；苏宁出资29.75亿元收购天天快递70%股份，这也预示着苏宁物流将加速进军快递业。

（七）绿色环保行动开始显现。

截至2017年年底，我国快递企业新能源汽车保有量增加至7158辆。

由菜鸟网络、阿里巴巴公益基金、中化环保基金会发起，圆通、中通、申通、韵达、天天、百世六家快递公司共同出资成立的中国首个物流环保公益基金——菜鸟绿色联盟公益基金成立。该基金将专注于解决日趋严重的物流业污染现状，推动快递包装创新改良，促进快递车辆使用清洁能源，引导运用大数据技术减少资源浪费，更好地保护生态环境。未来，基金计划投入3亿元，用于开展绿色物流、绿色消费、绿色供应链等方面的研究、倡导和推动。

此外，2017年可降解快递包装袋已经在全国快递企业推广应用。根据国家邮政局发布的《中国快递领域绿色包装发展现状及趋势报告》数据显示，并由此推导2017年全国共消耗快递运单约410亿枚、编织袋约68亿条、塑料袋约190亿个、封套约70亿个、包装箱约220亿个、胶带约350亿米、内部缓冲物约67.5亿个。其使用量同比呈现下降趋势。

（八）末端配送呈现多元化和集约化趋势。

2017年，我国快递行业排位前8的重点快递企业陆续推出大包裹、快运、云仓、供应链解决方案等新产品，即时递送、代收代投等新业态为城市寄递服务提供了有益补充。

2017年丰巢科技获得增资25亿元，致力于提高快递“最后一公里”收派效率，并且降低快递企业末端收派的成本。并以6.3亿元收购深圳中集电商物流科技有限公司（e栈）78.236%股权，继速递易被中国邮政收入囊中后，民营快递企业也在加速布局快递柜领域。此外，顺丰与京东从2013年已开始测试无人机送递包裹，并用在中西部地区和特殊区域。

（九）消费者权益保护技术手段日趋完善。

2017年年初圆通开始在全国开始试用“隐形面单”，该面单上对用户的手机号、姓名、地址部分信息做加密处理，保护消费者隐私。2017年5月，菜鸟通过联合EMS、百世快递、中通、申通、中国邮政集团公司、天天、德邦、圆通、韵达等主要快递公司，上线了新型的隐私面单，隐私面单落地全国，其中用户手机号码不再完整显示。2017年10月，顺丰推出快递“丰密面单”，对收件人以及寄件人的个人信息做了隐藏或加密处理，在快递单上只能看到相关编码。

由5家快递企业发起，共有45家快递企业、物流企业和协会参与的快递物流征信信息管理联盟，已经覆盖了快递物流业300万名从业人员。该平台将30种不良行为的个人和单位纳入“黑名单”。其中，包括盗窃快件、寄递危险品和违禁品等。截至2017年12月31日，快递物流征信系统内失信行为案件提报总计2454个，黑名单查询记录共计7562条，征信平台对快递物流企业招聘筛选应聘者是否是“黑名单”人员、对不依法依规的从业人员起到了威慑作用。

（十）国际化进程进一步延伸。

继2017年2月顺丰越南分公司成立之后，2017年4月，顺丰泰国分公司及其曼谷分部也相继宣布正式投入运营。自此，顺丰国际在东盟的网点布局已覆盖新加坡、马来西亚、越南、泰国四个国家，在越南与中国、日本、韩国、新加坡、马来西亚、泰国之间，还可提供双向快递服务。7月21日，顺丰航空一架搭载着精密乐器的B767-300型全货机平稳降落江苏无锡硕放国际机场，标志着顺丰航空无锡至日本大阪货运包机首航圆满成功。12月2日，顺丰航空长沙至胡志明国际全货机航线首航成功，成为湖南省开通的首条国际航空全货机航线，为中越两地进出口贸易架起更快捷的空中桥梁。

圆通速递正式启动“全球包裹联盟”（Global Parcel Alliance，GPA）。这是目前唯一一个由国内物流快递企业发起的国际化物流快递联盟平台，首批联盟成员来自全球25个国家和地区，共50家网络加入联盟。

圆通速递与“义新欧”运营平台签署战略投资协议，标志着“义新欧”班列开启市场化、多元化、综合化、国际化的新征程，加快推动“义新欧”班列运行线路培育加密和海外站点布局，推进班列常态化、规模化、市场化运行，不断做大做强实现高质量高水平发展，成为“一带一路”互联互通的国际贸易大通道。

2017年10月20日，中国检验认证集团新西兰公司与中国圆通速递新西兰代理WDL签署合作协议。中检集团将为圆通新西兰跨境邮包提供始发地证明以及装箱检验证明等认证，双方将共同创建起“直邮、安心、放心”的包裹体系，这是快递行业首次实现跨境包裹有证可查和溯源。

2017年10月，全一快递重磅推出全新产品“全邮宝”，是一款以“全邮通，全球达”为服务宗旨，集全球各国优质邮政小包线路的国际产品。

（十一）快递下乡范围进一步扩大。

截至2017年年底，全国农村地区收投快件量超过100亿件，创历史新高。其快件主要是农副产品和当地特产。2017年2月5日，中共中央、国务院发布了《关于深入推进农业供给侧结构性改革加快培育农业农村发展新动能的若干意见》，这是21世纪以来指导“三农”工作的第14份中央一号文件。意见提到，要“加强从村到乡镇的物流体系建设，实施快递下乡工程”。2月13日，国家邮政局发布了《快递业发展“十三五”规划》，其中着重提到十个工程的规划目标，快递下乡工程就是其中一个，通过政策扶持鼓励快递企业进社区、进农村。

2月15日，申通发布公告宣布和县域农业电商服务商安厨达成战略合作，双方将在县域网点建设、农村物流服务、县级仓配服务以及安全农产品进社区等方面展开深度合作。申通将成为安厨商城的新流量入口，利用申通可观的网络流量加上安厨的电商平台有效激活县乡农村市场，充分发挥“互联网+”的作用，为农产品销售打开一个“新世界”的大门。

5月12日，中通快运正式开通新疆、青海

区域服务。首批开通的新疆网点数量为113个，覆盖新疆全境，覆盖率达100%。青海省首批开通7州、1市、8个县的共47个网点。广州和西安将分别以60小时、48小时到达新疆乌鲁木齐分拨，杭州和西安将分别以48小时、24小时到达青海西宁分拨。

（十二）快递加盟商盈利能力进一步下降。

2017年，受电商货源优势对快递价格的“打压”、快递企业之间的同质化竞争，以及快递人工成本上涨的三重因素影响，快递加盟商的利润继续呈现下滑趋势。据快递物流咨询网抽样调查，快递加盟商的净利润率同比下降1%~2%。整个行业微利化、无利化、亏损化“三化”现象进一步凸显。

（十三）快递航空集散中心初现雏形。

截至2017年12月31日，我国拥有航空货运公司的快递企业共3家，分别是中邮EMS、顺丰和圆通。三家企业共有飞机80架。

2017年10月31日，顺丰机场（航空集散中心）可研报告在湖北武汉通过评估，这个国内第一个民营物流机场（航空集散中心）将在湖北鄂州落地。根据规划，机场一期将建设3600米4E跑道2条，规划货运量500万吨/年，并将于2020年建成。机场建成之后，将会为当地创造20万个就业岗位、200亿元/年的税收以及2000亿元的GDP。

圆通速递董事长喻渭蛟公开表示圆通计划在浙江嘉兴建设圆通全球航空智慧城，并结合北京、成都与广州组成“一主三动”的圆通航空基地，2小时内覆盖中国90%的区域。目前，中邮速递的航空集散中心已经落户南京机场。

## 三、快递业发展大事记

2017年是快递业上市年，企业创新发展重大事件不断出现，总结起来有如下20件具有典型性。

（1）2017年1月，韵达快递在深圳证券交易所上市。

（2）2017年1月，苏宁出资42.5亿元收购天天快递。

（3）2017年2月，顺丰控股在深圳证券交易所上市。

（4）2017年3月，圆通快运正式启动。

（5）2017年4月，青旅物流正式宣布收购全峰快递，重组为“快递事业部”。

（6）2017年4月，京东集团宣布正式组建京东物流子集团，5年后京东物流将有望成为中国供应链解决方案和供应链科技领域的领导者，并成为年收入规模过千亿的物流科技服务商。

（7）2017年5月，圆通以现金方式收购先达国际合计2.56亿股股份，占先达国际全部已发行股份的61.87%，对价为9.09亿元。

（8）2017年5月，唯品会宣布分拆业务，未来要形成“电商、金融、物流”的三驾马车布局，唯品会物流通过“收购+自建”模式进行扩张。

（9）2017年5月，继天天快递上调派送费用后，包括中通快递、申通快递、圆通速递、韵达快递、百世快递在内的五大加盟型民营快递发布《关于全网派费调整的通知》，6大快递企业集体上调派费。

（10）2017年5月，菜鸟平台发布新商标（LOGO），同时推出智慧物流两大战略升级，即开放战略的升级与推动国际尖端智能设备在物流业的使用。9月，阿里巴巴宣布将增持旗下菜鸟网络的股份，未来五年继续投入1000亿元。

（11）2017年6月，菜鸟和顺丰的物流数据之争爆发，双方就数据所有权“互撕互怼”。随后，各路诸侯纷纷站队，引发社会广泛关注。但在国家邮政局紧急调停后，双方全面恢复业务合作。

（12）2017 年 7 月，复星联合中国邮政、菜鸟网络共同战略入股速递易。

（13）2017 年 8 月，国务院办公厅发布《关于进一步推进物流降本增效促进实体经济发展的意见》。物流业贯穿一、二、三产业，衔接生产与消费，涉及领域广、发展潜力大、带动作用强。文件指出，推动物流降本增效对促进产业结构调整和区域协调发展、培育经济发展新动能、提升国民经济整体运行效率具有重要意义。

（14）2017 年 9 月，丰巢全资收购中集 e 栈。

（15）2017 年 9 月，百世物流在纽约证券交易所上市。

（16）2017 年 10 月，韵达快运正式启动。

（17）2017 年 10 月，国务院办公厅发布《关于积极推进供应链创新与应用的指导意见》。随着信息技术的发展，供应链已发展到与互联网、物联网深度融合的智慧供应链新阶段。该文件是首次针对供应链领域出台的国家级政策，提出加快供应链创新与应用，促进产业组织方式、商业模式和政府治理方式创新，推进供给侧结构性改革，这标志着我国供应链创新与应用发展进入加速提升阶段。

（18）2017 年 11 月，申通快递与快捷快递成立“申通岑达”，对大小件混合的产品进行细化，将大件产品的市场逐步交予至新平台运营。

（19）2017 年 12 月，德邦股份通过证监会审核会议，获得上市资格；目前，已在上海证券交易所上市。

（20）2017 年 12 月，京东物流首倡“新一代物流”，提出在无界零售下，物流必然将向以 3S 理论为核心的新一代物流方向发展，并呈现出短链（Short－chain）、智慧（Smartness）、共生（Symbiosis）的特征。

（快递物流咨询网　徐勇　徐梦馨）

第四部分

# 行业物流

# 2017年中国制造业物流

2017年是我国“十三五”规划深入实施的关键之年，我国制造业发展坚持稳中求进工作总基调，以提高发展质量效益为中心，以供给侧结构性改革为主线，砥砺奋进。工业经济增长动能转换加速，制造业物流加快转型升级，高端制造和服务制造成主流趋势，企业深入推进两业融合发展，两业融合硕果累累。

## 一、制造业发展主要特点

（一）国民经济稳定增长，制造业发展企稳回升。

2017年我国国民经济整体运行稳中向好、好于预期。经初步核算，全年国内生产总值（GDP）为827122亿元，按可比价格计算，比上年增长6.9%。分季度看，一季度同比增长6.9%，二季度增长6.9%，三季度增长6.8%，四季度增长6.8%。[①]分产业看，第一产业增加值为65468亿元，比上年增长3.9%；以制造业为主的第二产业增加值为334623亿元，比上年增长6.1%，增速与2015年、2016年基本持平；由于经济结构的转型升级，服务业越来越受到重视，第三产业一直保持较高增速增长，增加值为427032亿元，比上年增长8.0%。

根据国家统计局发布的2017年国民经济和社会发展统计公报，全国规模以上工业增加值同比增长6.6%，运行总体平稳（见图1）。全年规模以上工业中，农副食品加工业增加值比上年增长6.8%，纺织业比上年增长4.0%，化学原料和化学制品制造业比上年增长3.8%，非金属矿物制品业比上年增长3.7%，黑色金属冶炼和压延加工业比上年增长0.3%，通用设备制造业比上年增长10.5%，专用设备制造业比上年增长11.8%，汽车制造业比上年增长12.2%，电气机械和器材制造业比上年增长10.6%，计算机、通信和其他电子设备制造业比上年增长13.8%，电力、热力生产和供应业比上年增长7.8%。

① 数据来源：国家统计局，http://www.stats.gov.cn/。

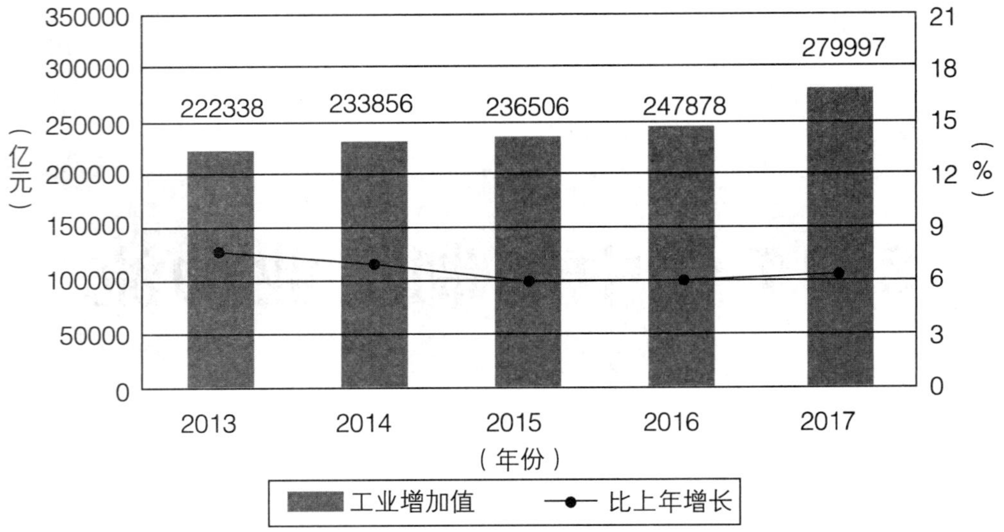


**图 1　2013—2017 年我国工业增加值及其增速走势**

（二）PMI（采购经理指数）上升趋势明显，制造业保持景气势头。

PMI 是国际上通行的宏观经济监测指标体系之一，也被称为“荣枯线”，当 PMI 高于 50%时，反映制造业经济扩张；低于 50%时，则反映制造业经济萎缩。2012—2017 年，中国物流与采购联合会发布的 PMI 走势如表 1 所示。从表 1 可以看出，2017 年我国 PMI 的平均水平为 51. 5%，高于 50%，且每个月的 PMI 均高于 50%。与 2016 年相比，2017 年的 PMI 有所提升。这显示，2017 年经济运行中的积极因素增多，企稳态势逐渐巩固，向好发展态势更为明显。

**表 1　　2012—2017 年我国制造业 PMI 数值一览**　　单位：%

| 月份 | 2012 年 | 2013 年 | 2014 年 | 2015 年 | 2016 年 | 2017 年 |
|---|---|---|---|---|---|---|
| 1 | 50. 5 | 50. 4 | 50. 5 | 49. 8 | 49. 4 | 51. 3 |
| 2 | 51. 0 | 50. 1 | 50. 2 | 49. 9 | 49. 0 | 51. 6 |
| 3 | 53. 1 | 50. 9 | 50. 3 | 50. 1 | 50. 2 | 51. 8 |
| 4 | 53. 3 | 50. 6 | 50. 4 | 50. 1 | 50. 1 | 51. 4 |
| 5 | 50. 4 | 50. 8 | 50. 8 | 50. 2 | 50. 1 | 51. 2 |
| 6 | 50. 2 | 50. 1 | 51. 0 | 50. 2 | 50. 0 | 51. 7 |
| 7 | 50. 1 | 50. 3 | 51. 7 | 50. 0 | 49. 3 | 51. 4 |
| 8 | 49. 2 | 51. 0 | 51. 1 | 49. 7 | 50. 4 | 51. 7 |

续 表

| 月份 | 2012 年 | 2013 年 | 2014 年 | 2015 年 | 2016 年 | 2017 年 |
|---|---|---|---|---|---|---|
| 9 | 49. 8 | 51. 1 | 51. 1 | 49. 8 | 50. 4 | 51. 4 |
| 10 | 50. 2 | 51. 4 | 50. 8 | 49. 8 | 51. 2 | 51. 6 |
| 11 | 50. 6 | 51. 4 | 50. 3 | 49. 6 | 51. 7 | 51. 8 |
| 12 | 50. 6 | 51. 0 | 50. 1 | 49. 7 | 51. 4 | 51. 6 |
| 全年平均 | 50. 8 | 50. 8 | 50. 7 | 49. 9 | 50. 3 | 51. 5 |

表 2 是 2017 年 1—12 月我国 PMI 各分项指数情况。从表 2 可以看出，权重最高的新订单指数和生产指数表现最为亮眼，全年平均水平分别为 52. 7% 和 53. 4%，高于上年 1. 7 个和 1. 4 个百分点，对于制造业综合 PMI 起到了极大的拉动作用。优质高端供给增长对推动制造业整体上升的作用日益突出。

**表 2　2017 年各月我国 PMI 分项指数一览**　单位：%

| 月份 | 生产指数 | 新订单指数 | 供应商配送时间指数 | 原材料库存指数 | 从业人员指数 |
|---|---|---|---|---|---|
| 1 | 53. 1 | 52. 8 | 49. 8 | 48. 0 | 49. 2 |
| 2 | 53. 7 | 53. 0 | 50. 5 | 48. 6 | 49. 7 |
| 3 | 49. 7 | 53. 3 | 50. 3 | 48. 3 | 50. 0 |
| 4 | 53. 8 | 52. 3 | 50. 5 | 48. 3 | 49. 2 |
| 5 | 53. 4 | 52. 3 | 50. 2 | 48. 5 | 49. 4 |
| 6 | 54. 4 | 53. 1 | 49. 9 | 48. 6 | 49. 0 |
| 7 | 53. 5 | 52. 8 | 50. 1 | 48. 5 | 49. 2 |
| 8 | 54. 1 | 53. 1 | 49. 3 | 48. 3 | 49. 1 |
| 9 | 54. 7 | 54. 8 | 49. 3 | 48. 9 | 49. 0 |
| 10 | 53. 4 | 52. 9 | 48. 7 | 48. 6 | 49. 0 |

续　表

| 月份 | 生产指数 | 新订单指数 | 供应商配送时间指数 | 原材料库存指数 | 从业人员指数 |
|---|---|---|---|---|---|
| 11 | 54.3 | 53.6 | 49.5 | 48.4 | 48.8 |
| 12 | 54.0 | 53.4 | 49.3 | 48.0 | 48.5 |

（三）工业经济运行质量提升，提质增效取得积极进展。

整体来看，2017 年我国大力振兴制造业取得了重要进展，制造业结构调整优化加快。前三季度，电子制造业和装备制造业增加值增长分别快于整体工业 7.2 个和 4.4 个百分点，这两个行业成为 2017 年拉动工业增长的主要动力。消费品工业增加值快于整体工业 1.1 个百分点。高技术制造业增加值增速快于整体工业增速 6.7 个百分点。

2017 年中国制造业正在加快从数量扩张向质量提高的转变。“高速度”不再是时髦，“高质量”成为了共识。高质量发展体现在经济发展更加依靠创新驱动、供给侧结构性改革持续推进、实体经济不断发展壮大、中国制造迈向中高端多个方面。以山东省为例，2017 年山东省工业高质量发展成效明显。规模以上装备制造业增加值增长 11.0%，高于规模以上工业平均增速 4.1 个百分点，高于高耗能行业 7.4 个百分点。在收入、利润增速双创新高的同时，多数企业注重创新发展，产品附加值不断提高，盈利能力持续增强。1—11 月，规模以上工业主营收入利润率为 5.7%，比上年同期提高 0.2 个百分点；41 个行业大类中，23 个行业利润率高于上年同期，占比达 56.1%。2017 年，我国规模以上工业能耗比上年下降 3.2%，绿色产业、产品蓬勃发展，显示出工业绿色化的良好发展势头。

（四）持续推进供给侧改革，深入推进“三去一降一补”。

2017 年我国“三去一降一补”取得显著成效，煤炭、钢铁行业圆满完成全年化解过剩产能目标任务。全年全国工业产能利用率为 77.0%，比上年提高 3.7 个百分点，创 5 年新高①。以钢铁行业为例，钢铁行业化解过剩产能有力促进了行业提质增效，企业和社会信心不断增长，钢铁产量呈现上升局面。在产能取缔过程中，钢铁行业需求向正规产能转移，并且在效益好转的刺激下，钢铁企业生产效率明显提升。截至 2017 年 6 月 30 日，全国已清查出 600 多家“地条钢”生产企业，合计产能 1.2 亿吨；全国各地排查发现的“地条钢”产能已全部停产、断水断电，正按照“四个彻底拆除”的要求将“地条钢”取缔到位。

2017 年下半年各项督查措施和限产力度加大，钢铁行业运营环境明显改善，企业利润大幅上升。2017 年我国钢铁行业规模以上企业实现主营业务收入 70243.3 亿元，同比增长 22%；钢铁行业实现利润总额近 2420 亿元，同比增长 177.8%①。如图 2 和图 3 所示。

① 盛来运．新作为带来新气象 新时代开启新征程［EB/OL］．http：//www.stats.gov.cn/tjzs/tjsj/tjcb/zgtj/201805/t20180504_1597596.html. 2018-05-04.

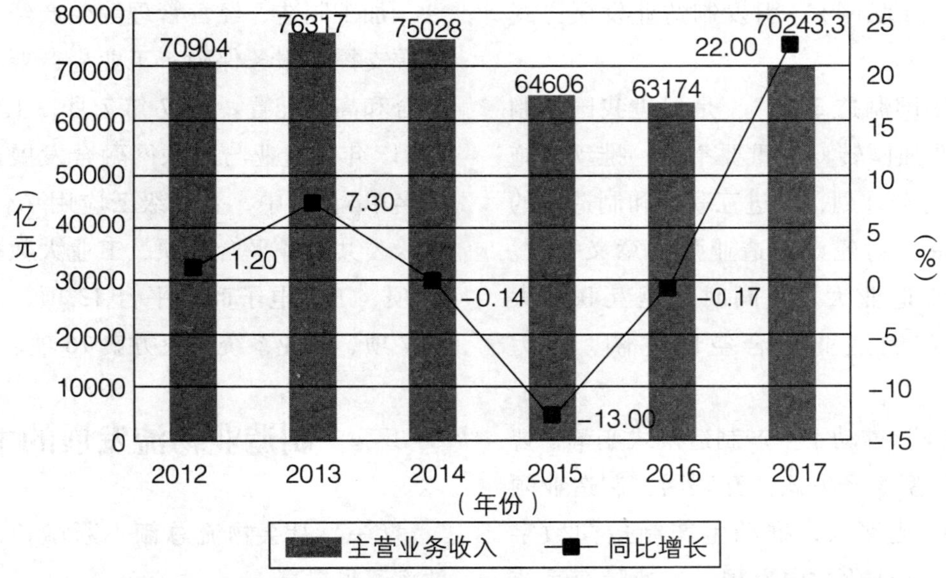


**图2　2012—2017 年我国钢铁行业主营业务收入增长走势**

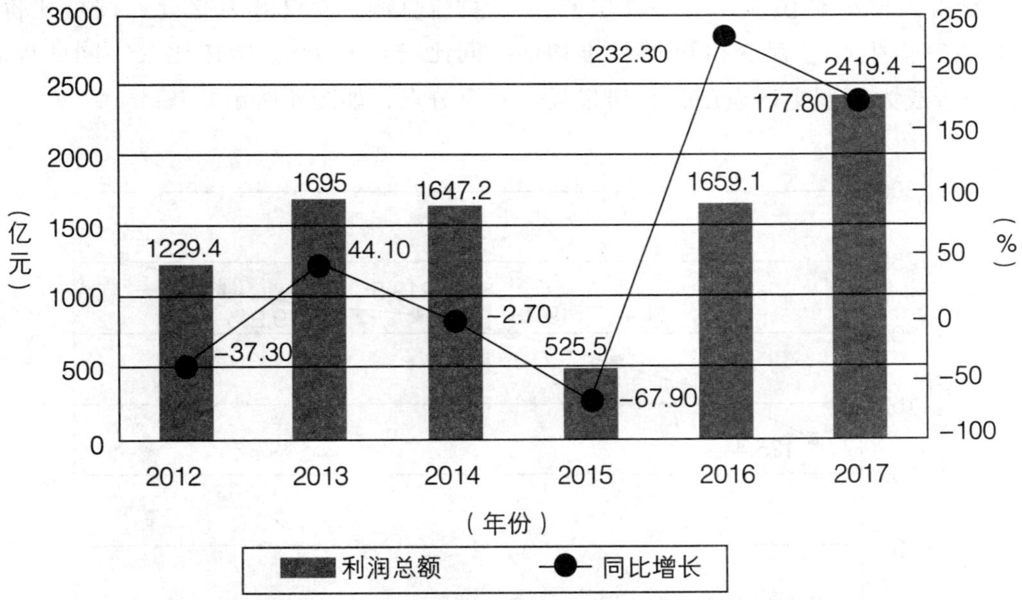


**图3　2012—2017 年我国钢铁行业利润总额及增长走势**

---

① 中商产业研究院．钢铁行业市场行情回暖　2017 年钢铁行业利润大涨 177.8%　［EB/OL］．http：//www.askci.com/news/chanye/20180130/163500117265.shtml.2018-01-30.

（五）“互联网+”引发制造业发展方式深刻变革。

实施“中国制造 2025”，是促进我国从制造大国向制造强国转变的重要举措。推动实施“互联网+”行动计划，促进互联网和制造业的深度融合发展，对建设制造业强国意义重大。我国不仅是制造业大国，同时还是互联网大国，互联网和制造业融合空间广阔，潜力巨大。

“互联网+”推动了生产制造模式变革，智能制造成为新型生产方式。互联网在制造业领域应用日益广泛深入，推动生产制造向数字化、网络化、智能化方向发展。工业信息系统通过互联网实现互联互通和综合集成，促进机器运行、车间配送、企业生产、市场需求之间的实时信息交互，原材料供应、零部件生产、产品集成组装等全生产过程变得更加精准协同。工业云平台成为新型生产设施，为研发设计、加工制造、经营管理等生产经营活动提供资源支撑和服务保障，工业生产要素实现优化整合和高效配置。2017 年 7 月，工信部公布了《2017 年制造业与互联网融合发展试点示范项目名单》，其中，企业级云应用平台 11 项、工业云公共服务平台 8 项、工业大数据服务平台 14 项、工业电子商务平台 13 项、信息物理系统 7 项、行业系统解决方案 16 项。

## 二、制造业物流发展的主要特点

（一）社会物流总额不断增长，物流行业效率逐步提高。

近年来，我国社会物流总额增速减缓。随着 2017 年我国经济发展企稳回升，全年社会物流总额达 252. 8 万亿元，按可比价格计算，同比增长 6. 7%，增速比上年同期提高 0. 6 个百分点，如图 4 所示。

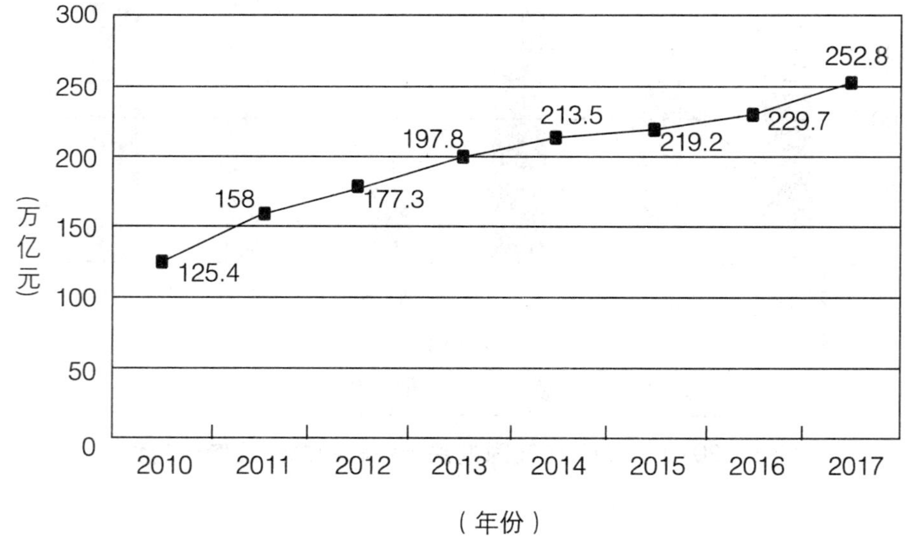


图 4　2010—2016 年我国社会物流总额增长走势

资料来源：公开资料整理。

物流行业的整体发展形势，可以用中国物流景气指数（LPI）反映。该指数由业务总量、新订单、从业人员、库存周转次数、设备利用率5项指数加权合成。可以用来反映物流业经济发展的总体变化情况，以50%作为经济强弱的分界点，高于50%时，反映物流业经济扩张，反之则反映物流业经济收缩。图5展示了2016—2017年各月我国LPI的变化情况。从图6可以看出，2017年我国物流业整体仍呈现出较为景气的状态。在物流行业整体发展较好的大环境下，2017年工业品物流总额为234.5万亿元，同比增长6.6%，增速比上年提高了0.6个百分点。

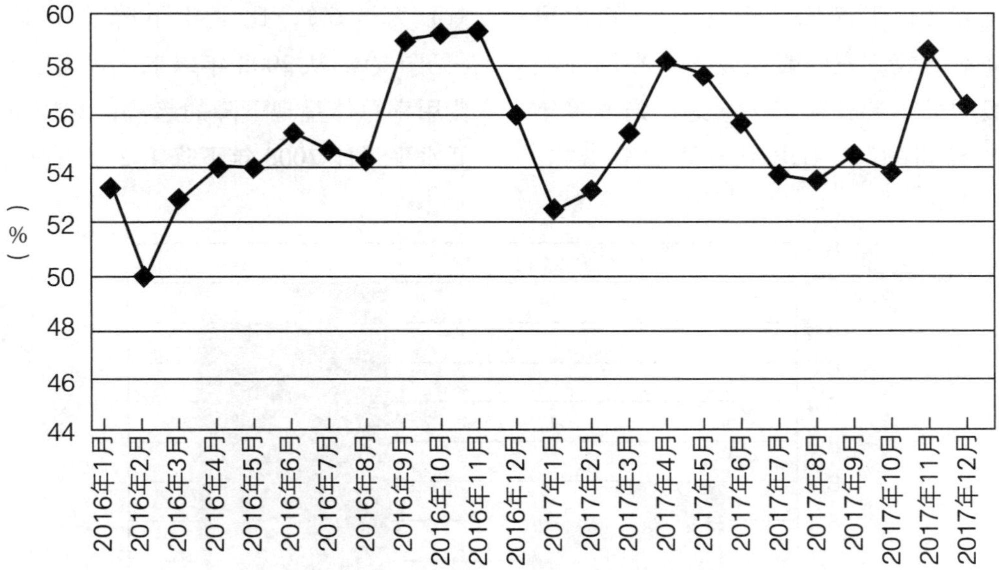


**图5　2016—2017年中国物流景气指数（LPI）走势**

资料来源：中国物流与采购联合会，http：//www.chinawuliu.com.cn/。

从分季度指数走势看（见表3），2017年第一季度的LPI处于全年较低水平，但是仍然较2016年第一季度高出1.63个百分点。2017年第二季度的LPI达到全年峰值，平均值为57.23%，较上年第二季度高出2.6个百分点。第三季度和第四季度的LPI呈现上升的状态，但是与上年同期相比有所降低。总体来看，2017年中国LPI稳中有进，发展健康。

**表3　　2016年和2017年分季度中国物流景气指数（LPI）一览**　　单位:%

| 2017年 | 指数平均值 | 2016年 | 指数平均值 | 差值 |
|---|---|---|---|---|
| 第一季度 | 53.7 | 第一季度 | 52.07 | 1.63 |
| 第二季度 | 57.23 | 第二季度 | 54.63 | 2.60 |
| 第三季度 | 53.87 | 第三季度 | 56.03 | −2.66 |
| 第四季度 | 56.40 | 第四季度 | 58.17 | −1.77 |

资料来源：中国物流信息中心，http：//www.clic.org.cn/。

（二）降本增效力度加大，物流成本持续回落。

物流业作为支撑国民经济发展的基础性、战略性产业，具有牵一发而动全身的特点。特别是对于生产制造企业而言，降低物流成本是转变经济发展方式、实现转型升级的重要途径。

2017 年 8 月 17 日，国务院办公厅发布《关于进一步推进物流降本增效促进实体经济发展的意见》（以下简称《意见》），再次聚焦物流业降本增效，充分表明物流业在国民经济转型升级中的重要作用。《意见》瞄准多年来累积的“老问题”，提出了新的政策措施；对那些条件不太成熟，暂时彻底解决有困难的问题，也提出了目标和路径。

在“降本增效”力度不断加大的背景下，2017 年我国制造业物流成本呈现不断下降的趋势，根据中国物流与采购联合会、中国物流信息中心于 2017 年 12 月 6 日发布的《2016 年全国重点企业物流统计调查报告》，2016 年我国工业企业物流费用率（物流费用占销售额的比重）为 8.6%，比上年下降了 0.1 个百分点（见图 6）。从 2008 年以来，我国工业企业物流费用率总体呈现下降的趋势，2016 年下降至最低水平，比 2008 年下降 1.2 个百分点。

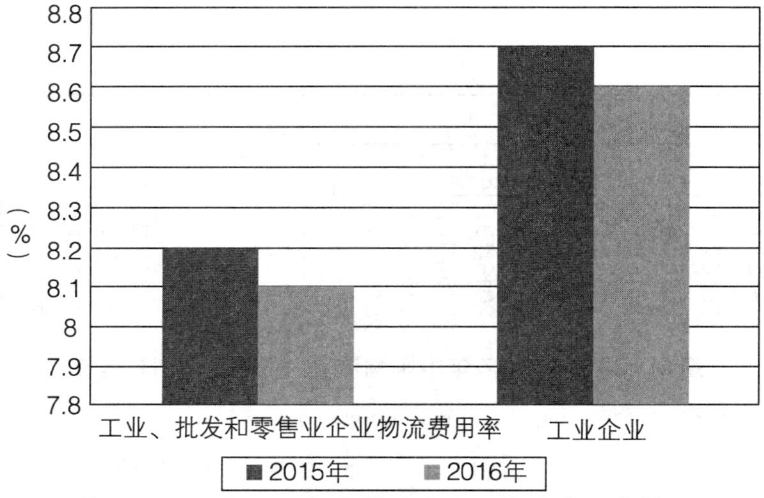


**图 6　2015—2016 年我国工业企业物流费用率情况**

（三）物流向自动化、智能化转型。

随着德国提出的“工业 4.0”概念不断升温并在全球迅速引发呼应，“中国制造 2025”“智能制造”“柔性生产”“物流自动化”等相关概念也在我国应运而生。我国物流自动化市场规模近几年呈现迅速增长的态势，从 2012 年的不足 20 亿元到 2014 年的 425 亿元，增速惊人。伴随物流自动化市场的快速发展，我国物流智能化也在迅速推进。

广东东莞松山湖有一个占地面积达 25000 平方米的现代化自动物流中心即华为松山湖供应链物流中心[①]。

① 佚名．华为智慧物流：为市场注入万物互联新动能［EB/OL］．http：//www.huawei.com/cn/industry-insights/digital-huawei/cases/smart-logistics. 2017-09-26.

该物流中心采用射频（RF）、电子标签拣货系统（PTL）、货到人挑选（GTP）、旋转式传送带（Carrousel）等多种先进技术，集物料接收、存储、挑选、齐套、配送功能于一体。

华为松山湖供应链物流中心，是华为全球物流供应网络中的典型代表，也是华为的供应、物流体系，是华为从被动响应走向主动感知，向敏捷供应、智慧物流转型的结晶之一。在松山湖供应链物流中心建成之后，华为启动了智慧物流与数字化仓储项目，旨在通过构建实时可视、安全高效、按需交付的物流服务能力，主动支撑交付保障，提升客户体验，提高物流运营效率。截至目前，项目已经初步实现了物流全过程可视，打造了收发预约、装车模拟、RFID（射频识别）数字化应用等系列产品，并取得了可观的收益。

（四）“一带一路”建设持续推进，制造业物流国际化步伐加快。

伴随“一带一路”建设的实施，2017 年我国制造业物流国际化的步伐不断加快。一方面，制造业物流加快“走出去”步伐，以共建“一带一路”构想为标志，中国制造企业大规模“走出去”，参与沿线国家基础设施互联互通建设，并在全球范围内输出高铁、核电、工程机械、通信基础设施等高端装备和钢铁、水泥、建材等优势过剩产能。这些优势制造产业走出去，带动了工程设备物流需求的持续增长。中泰铁路是在我国“一带一路”倡议下推进的重点工程，也是中泰产能合作的旗舰项目[①]。根据最初的规划，中泰铁路从泰国东北廊开府到首都曼谷再连接泰国湾的马达普，纵贯泰国 10 个省府。中泰铁路为双线客货两用线路，全部采用中国技术、标准和装备，这意味着该铁路将成为泰国真正意义上的国际标准化铁路干线，对促进泰国铁路建设意义显著。另一方面，以中欧班列为代表的物流通道建设，正带动制造业区域物流格局发生改变。2017 年，“一带一路”沿线国家对华直接投资新设立企业达 3857 家，同比增长 32.8%。中欧班列全程服务平台组建运行，服务范围逐步拓展，全程服务能力稳步提升。中欧班列的快速发展，对国内制造业物流发展格局也带来了深远的影响，这一影响在 2017 年继续扩展。中欧班列 2017 年全年开行数量达到 3721 列，超过 2011—2016 年六年开行的数量总和，班列运行线 57 条，国内开行城市达 35 个，连接欧洲 12 个国家 34 个城市。在中欧班列的推动下，制造业物流区域格局也开始发生变化。东部地区是中国制造业集中区域，在“一带一路”和中欧班列发展的影响下，制造业加速梯度转移。中西部可发挥低劳动力成本、低土地成本等方面的优势，直接承接国内、国际产业的转移，制造业物流的区域变化将更加明显；中西部地区的制造业物流市场份额加快增长，制造业物流的平均路径有望缩短与优化，制造业物流的合理化发展趋势更加明显。

## 三、制造业与物流业融合发展情况

（一）两业融合发展的新趋势。

2017 年，我国制造业与物流业融合（以下简称“两业融合”）发展的新趋势主要体现在

① 外交部．中泰铁路合作项目是双方共建“一带一路”的旗舰项目［EB/OL］．http：//news. sina. com. cn/o/2017-12-22/doc-ifypwzxq5525824. shtml. 2017-12-22.

融合的范围、融合的关系以及融合的具体运营三个方面。

1. 两业融合的范围

首先，两业融合由原来单一业务外包开始转向供应链合作，融合范围越来越广。初期，制造业仅仅是将自己的部分供应链业务，如运输配送、仓储管理或原材料物流外包给物流企业，但随着制造业成本压力不断增大、物流企业服务能力的不断提高以及综合风险管控水平的加强，目前制造业开始寻求供应链服务的总包商，如华为公司将部分全球物流业务外包给中外运敦豪（DHL）承运，DHL 已拿到华为公司 10% 以上的物流业务份额。其次，两业融合最后向多业融合发展。两业融合是指物流公司不断深入整合到制造业供应链中，如广州市嘉城国际物流股份有限公司（以下简称嘉城国际物流）整合制造业松下公司的供应商，日日顺整合海尔公司的分销渠道。多业融合是指随着互联网方向发展，物流业、流通业、制造业三业开始呈现紧密发展，而不是传统的两业融合。

2. 两业融合的关系

制造业和物流业由原来的契约关系转为战略合作关系。以前的两业融合均是简单的外包形式，制造业和物流业往往是站在谈判桌的两端，寻求自身利益的最大化，而随着融合的不断深入，制造业和物流业的命运变得息息相关，形成互赢共生的战略合作伙伴关系。嘉诚国际物流是一家与制造企业达成深度两业融合，为大型制造企业和知名电商平台提供“嵌入式”全程供应链一体化管理的第三方综合物流服务商。2008 年，由广州市浪奇实业股份有限公司（以下简称“浪奇股份”）和嘉诚国际物流共同出资成立广州市奇天国际物流有限公司，主要为日用化工产品的生产、销售企业提供全程供应链物流服务，是浪奇股份唯一的全程供应链第三方综合物流服务提供商，为其提供综合第三方物流服务，实现物流业与日化类制造业的深度两业融合。

3. 两业融合的具体运营

2017 年两业融合呈现出以下新的发展特征。

一是多式联运开始广泛应用。在运输方式上，制造业因为形势所迫不断压缩物流成本，而且对物流企业的成本管控提出了更高的要求。在运输模式上，多式联运成为物流业的突破口，被物流企业广泛采纳。2017 年，嘉里物流收购兰州捷时特物流有限公司（以下简称“捷时特物流”）50% 的股权，并以新股东的身份与另一股东中铁集装箱运输有限责任公司共同合资经营捷时特物流。该投资是嘉里物流在“一带一路”倡议下，进一步拓展铁路货运以及多式联运业务的战略性举措，将进一步强化集团在中国及中亚的铁路货运服务能力。

二是供应链逐步实现全程透明化。透明化的管理能够有效控制成本、提高服务水平。例如，在快递企业，利用全球定位系统（GPS）、地理信息系统（GIS）等技术对订单物流信息进行全程跟踪。区块链初创公司 BitSE 和全球最大的物流公司之一——德讯物流建立了合作关系，前者帮助后者实时监控货物流。国际商业机器公司（IBM）和世界航运巨头马士基合作建立了货运公司、代理商、港口和海关之间的联盟链，帮助记录其全球数千万个船运集装箱的情况，预计大规模应用之后能够为海运业节省数十亿美元的成本。

三是技术进步驱动两业融合管理模式创新。移动互联、大数据等技术为两业融合的发展提供了无限的想象空间。例如，海尔和日日顺的合作，在技术支持下，海尔工厂和日日顺实现了信息的实时共享，统一生产和物流订单，并且取消物流成品缓存区，使“直产直销”成为可能。技术的提升为两业融合的创新提供了基础和动力。

四是两业信息系统开始向开放、共享方向发展。两业融合之前多采用一对一的融合方式，物流业和制造业的 EDI 系统都是封闭的、独立的，专供两个企业的信息交换使用，这使得建设成本和维护成本提高。而两业融合后的信息系统开始转为开放、共享型，多家企业使用同一套信息系统，有效降低了信息建设方面的成本。例如，嘉诚国际物流在与松下公司融合发展的过程中，嘉城国际物流会将制造商的出口信息和商贸企业的国内销售信息通过自身的物流信息平台第一时间反馈给松下公司，使松下公司可以根据销售情况预测客户需求，制订相应的生产计划。

（二）两业融合发展概况。

2017 年 9—11 月，在国家发改委、中国物流与采购联合会的支持下，有关机构开展了一次面向两业融合发展的专题调研。本次调研回收问卷的十家样本企业主要有华瑞物流、得尔达物流、八方物流、中储青岛分公司、青岛啤酒、山东佳怡、风神物流、嘉诚国际物流、海尔日日顺等，共涉及十个融合项目。这十个融合项目覆盖了食品、机械、钢铁、汽车及配件、家电、电子产品、化工七大行业，并包括了民企、央企等多种企业性质，规模大小也各不相同，具有较好的代表性。此次调研结果对我国制造业开展两业融合相关情况有一个大致的展示。

1. 企业开展两业融合的时间

从调研结果来看，十个融合项目中仅有一个项目的开展时间在两年以下，其他融合项目开展两业融合的时间均在三年及以上，说明样本企业普遍认识到发展两业融合的重要性，并已进行超过三年及以上的合作，如图 7 所示。

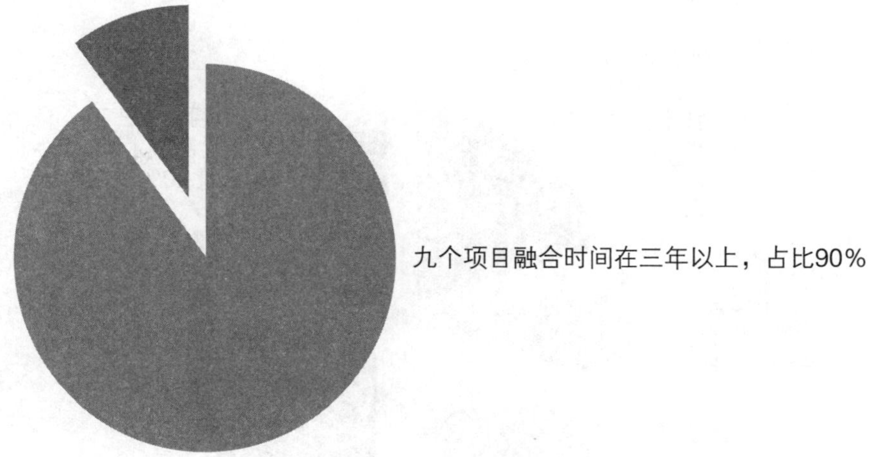


**图 7　样本企业开展两业融合的时间**

2. 两业融合过程中的信息沟通方式及信息沟通频率

在调研的十个融合项目中，五个融合项目使用两业融合专用的信息系统进行交流，一个融合项目使用公用的信息系统进行交流，其余四个项目均使用电话、会议、邮件等简单的交流形式进行交流。可以看出，目前企业建立专用的信息系统在两业融合过程中还不够普遍，为两业融合建立专用的信息系统的意识还不强。此外，所有样本企业均能够实现实时交流，说明实时交流是实现两业融合的基础，如图 8 所示。

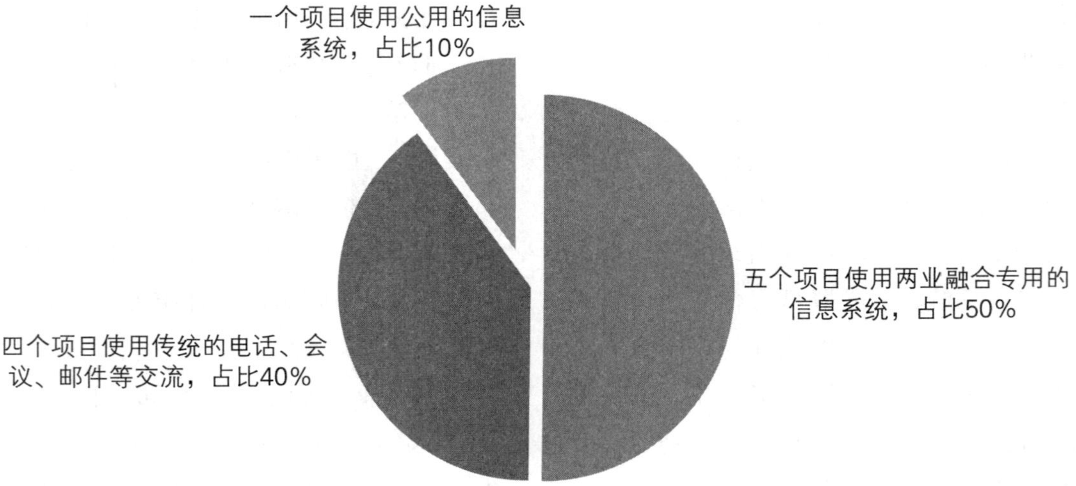


**图 8 样本企业两业融合项目中信息沟通方式**

3. 两业融合过程中专用性新技术的投入情况

从调研结果来看，企业比较重视在两业融合过程中投入专用性新技术（见图 9），共有两个融合项目投入了三项以上的专用性新技术，仅有一个融合项目没有投入专用性新技术。说明应用专用新技术是促进两业融合发展的重要因素。

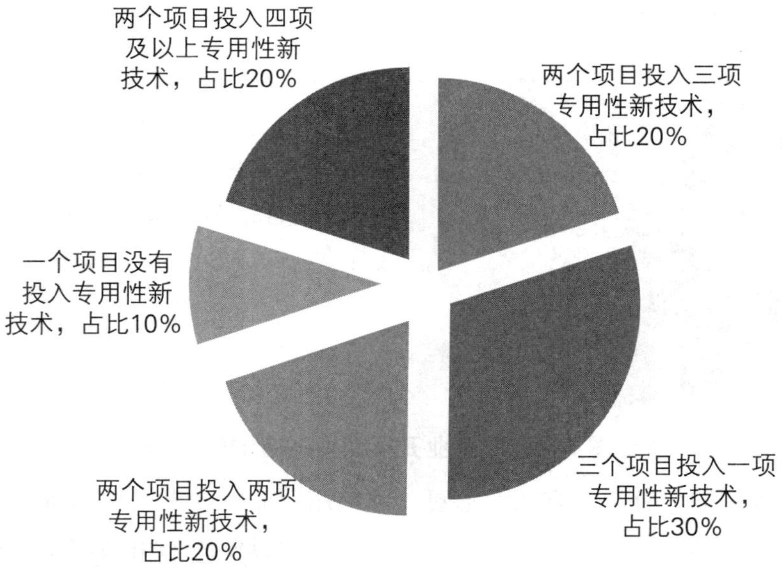


**图 9 样本企业两业融合项目投入专用性新技术占比情况**

4. 两业融合过程中专用性设施设备的投入情况

从调研结果来看，如图10所示，共有七个融合项目投入了100万元以上的专用性设施设备，一个融合项目投入了50万~100万元，其余两个融合项目投入了10万元及以下。此数据说明，企业也比较重视在两业融合过程中专用性设施设备的投入。通过专用性新技术的应用，可以发现专用性资产或资本的投入是两业深度融合发展的重要特征。

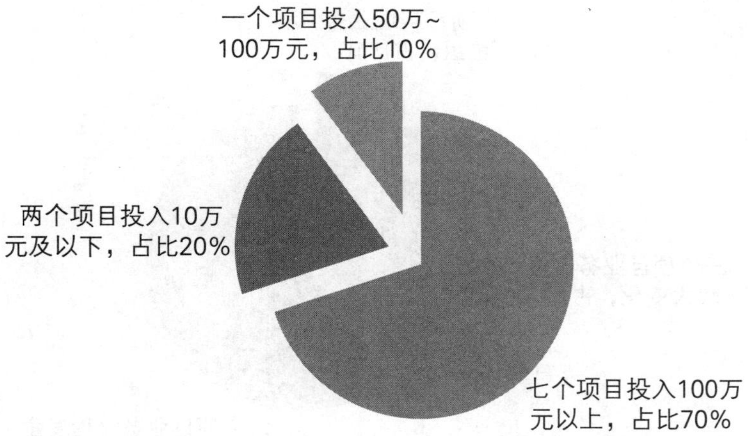


图10 样本企业两业融合项目专用性设施设备的投入情况

5. 开展两业融合后业务流程环节减少情况

从开展两业融合后的业务流程环节减少情况来看（见图11），有三个融合项目在两业融合开展后减少了三个及以上的业务流程环节，两个融合项目减少了两个环节，三个融合项目减少了一个环节，其余两个融合项目没有业务流程环节的减少。以上可以看出开展两业融合对于大多数企业来说都能够减少业务流程环节，降低运作成本，这是两业融合的重要成果之一。

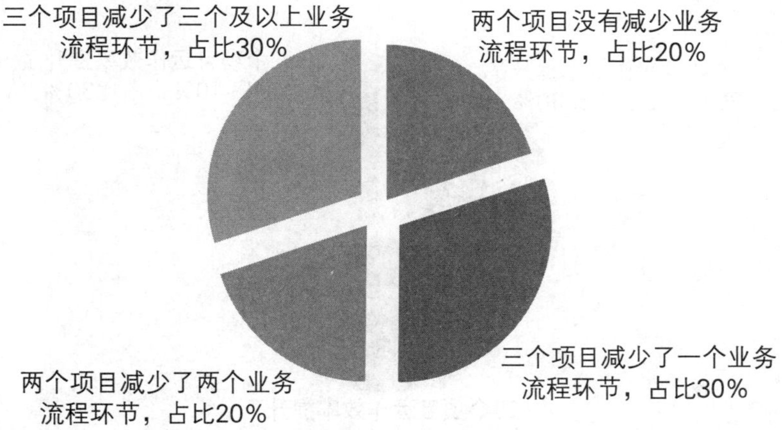


图11 样本企业开展两业融合项目业务流程环节减少情况

6. 开展两业融合后业务流程环节变化情况

从业务流程环节变化情况来看（见图12），有六个融合项目在两业融合开展后业务流程发生部分变化，三个融合项目的业务流程发生较大变化，一个融合项目实现了业务流程重组，可以看出开展两业融合对于所有企业来说都能够改善业务流程，提高企业运作效率，但目前两业融合带来的影响主要是业务流程的部分变化，仅有少数企业能够实现业务流程重组。

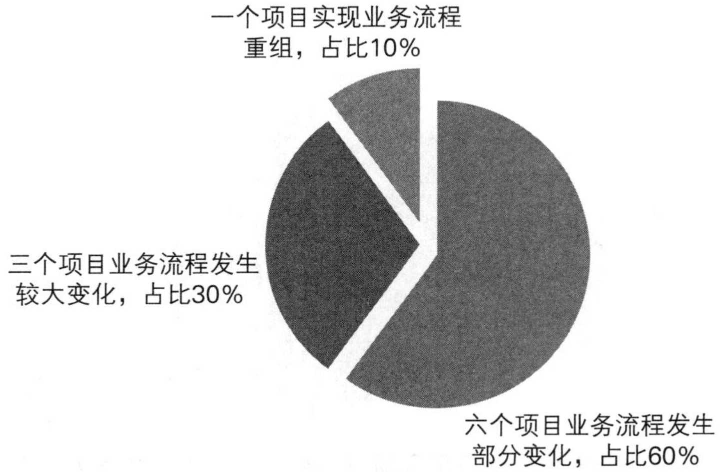


**图 12　样本企业开展两业融合项目中业务流程环节变化情况**

7. 开展两业融合后企业运作效率的提升情况

根据调研结果（见图 13），有三个融合项目在开展两业融合后运作效率提升了 20% 以上，可以看出两业融合能够带来运作效率的提升明显。七个融合项目的运作效率提升在 20% 以下，但所有项目的运作效率提升都在 5% 以上，可以看出所有开展两业融合的企业都会有运作效率的提升。

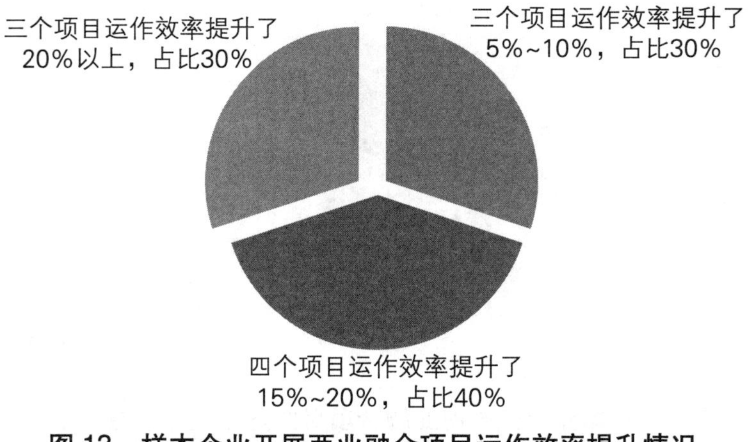


**图 13　样本企业开展两业融合项目运作效率提升情况**

（三）两业融合发展的典型模式分析。

2017 年，我国两业由联动发展进入融合发展的新阶段，呈现出新的特点和新的模式。结合两业融合呈现出来的新特征，根据物流企业嵌入生产线的程度以及双方的战略合作关系，两业融合可以分为 5 种典型的模式，具体如表 4 所示。

**表 4　　　　我国两业融合典型模式**

| | 模式特征 | 模式特点 | 典型企业 |
|---|---|---|---|
| 模式一 | 物流企业服务嵌入生产环节 | 物流企业能够为生产物流环节提供服务，但双方都没有专用性资产投入 | 中储发展股份有限公司青岛分公司、青岛北海船舶重工有限责任公司 |
| 模式二 | 生产物流服务运作管理+单方专用性资产投入 | 单方面的专用资产投入（通常为物流企业）以及长期的战略合作 | 中策橡胶集团有限公司和杭州八方物流有限公司、广州嘉诚国际物流股份有限公司和日本松下电器 |
| 模式三 | 物流企业服务嵌入生产环节+双方共同进行专用性资产投入 | 双方共同进行融合专用性资产投入，基本实现利益共享，风险共担 | 东风汽车有限公司和风神物流有限公司 |
| 模式四 | 合资子公司 | 双方共同出资成立子公司，风险共担，利润共享，承担制造企业供应链上全部或部分环节的物流业务 | 青岛啤酒股份有限公司和招商局物流集团青岛分公司、广州嘉诚国际物流股份有限公司和浪奇实业股份有限公司 |
| 模式五 | 全资子公司 | 物流管理部门独立出来，成立全资物流子公司，提供更加专业高效的物流服务 | 海尔集团和日日顺物流有限公司 |

（四）两业融合面临的问题。

目前，在两业融合发展过程中依然存在着亟待解决的问题。首先，制造企业融合的观念意识尚未转变。两业融合发展的程度和水平很大程度上取决于制造业物流需求的释放。受传统企业经营模式的影响，仍然有相当一部分制造企业沿袭“大而全”“小而全”运作模式，尚未具有与物流企业开放融合的意识，物流自营比例较大，社会化程度偏低，制造业物流需求释放不够。

其次，制造企业机制体制创新不足。制造企业除了意识和观念层面不够开放之外，机制体制的问题同样阻碍两业融合的发展。很多大型国有制造企业虽然有与物流业深入融合发展的想法，可是由于国企高层人员实行换届制，每隔几年企业就要经历领导人的变更，这就使企业经营战略难以保持一致性和连续性。

再次，两业双方在深度融合的时候缺乏信任基础。我国物流市场还处于发展阶段，许多物流企业素质和专业服务能力参差不齐，粗放式经营和低水平竞争严重，行业整体形象受到较大的影响。两业融合的开展，其中一个关键的前提就是制造企业与物流企业相互信任，制造企业愿意接纳物流企业渗透到自身所在的供应链各个环节中去，给予物流企业足够的自主决策权，从专业的角度完成物流业务的优化运营，提升供应链效率。如果双方缺乏信任基础，深入合作难以推进，融合必然出现较大阻碍。

最后，政策环境方面存在融合障碍。一方面，两业融合发展同样需要基础要素的支撑，相关政策落地不统一、缺乏对物流企业的扶持均为两业融合的发展造成了阻碍，物流企业的土地性质问题一直没有解决，用地成本高、无土地可用的情况均大大限制了物流企业的发展以及两业融合的进一步实施；另一方面，政府体制性障碍制约两业融合。制造企业的管理隶属于工业与信息化部，而物流业务则尚无统一的国家部门进行综合管理，部门条块分割影响了两业联动的政策协调，也影响两业融合政策的落实与深化。

（天津大学管理与经济学部　刘伟华　刘丽微　司铖

天津商业大学商学院　侯雪健）

# 2017 年中国钢铁物流

2017 年是我国经济触底回升的一年，也是我国钢铁工业供给侧结构性改革推进的腾飞之年。这一年我国钢铁行业不仅完成了 5000 万吨的去产能任务，还按期完成了取缔 1.4 亿吨“地条钢”的任务；铁腕环保持续推进，钢铁行业内生动力有效增强，钢材价格合理回归，钢铁行业整体效益好转，企业运营状况显著改善，钢铁物流行业运行环境继续稳中趋好。

## 一、钢铁产业发展情况

2017 年，我国钢铁行业继续深入推进供给侧结构性改革，大力化解过剩产能，供需关系有效改善。

（一）钢铁价格继续上涨。

2017 年，在供给侧改革持续推进、去产能和取缔“地条钢”、环保督察、取暖季限产等一系列因素影响下，我国钢铁市场继续震荡上行走势，钢价创下 2012 年以来新高。据兰格钢铁云商平台监测数据显示，截至 2017 年 12 月 29 日，兰格钢铁全国钢材综合价格指数为 166.2，同比上升 22.3%。其中：建材价格指数为 180.4，同比上升 33.1%；板材价格指数为 152.9，同比上升 11.9%；型材价格指数为 169.8，同比上升 27.6%；管材价格指数为 173.0，同比上升 27.3%（见图 1）。

2017 年兰格钢铁云商平台监测的 8 大钢材品种均有明显上涨，其中无缝管上涨额度最大，为 1434 元（吨价，下同）；冷轧卷板上涨额度最小，为 277 元；其他品种上涨额度居中，在 540～1350 元。就涨幅来说，高线涨幅最大，为 41.0%；冷轧卷板涨幅最小，为 4.8%，其他品种涨幅为 14%～35%。

（二）钢铁产量、表观消费量继续上升。

2017 年在去产能、“地条钢”取缔过程中，钢铁行业需求向正规产能转移，且钢材价格上涨使得钢铁企业利润丰厚，生产积极性显著提升，统计范围的钢铁产量呈现继续上升局面。据国家统计局数据显示，2017 年，我国粗钢累计产量 83173 万吨，同比增长 5.7%；钢材累计产量 104818 万吨，同比增长 0.8%（见图 2）。就日产水平来看，2017 年粗钢平均日产为 227.9 万吨，较 2016 年全年平均日产 220.9 万吨增加了 7.0 万吨。

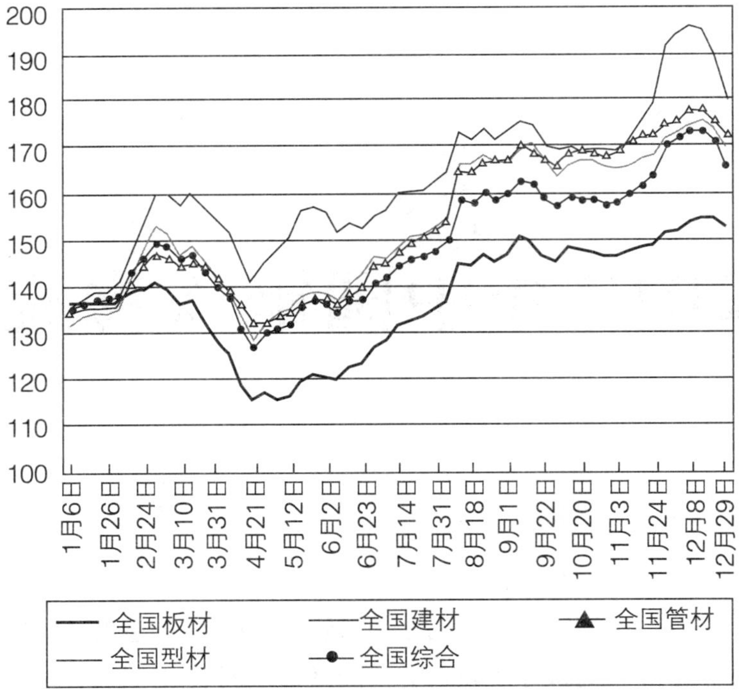


**图 1　2017 年兰格钢铁价格指数走势**

资料来源：兰格钢铁研究中心。

2017 年我国粗钢表观消费量同比继续回升。据兰格钢铁研究中心测算，2017 年我国粗钢表观消费量为 7.66 亿吨，同比增长 8.3%。而在 2015 年我国粗钢表观消费量同比下降 5.4%，2016 年同比增长 1.3%。

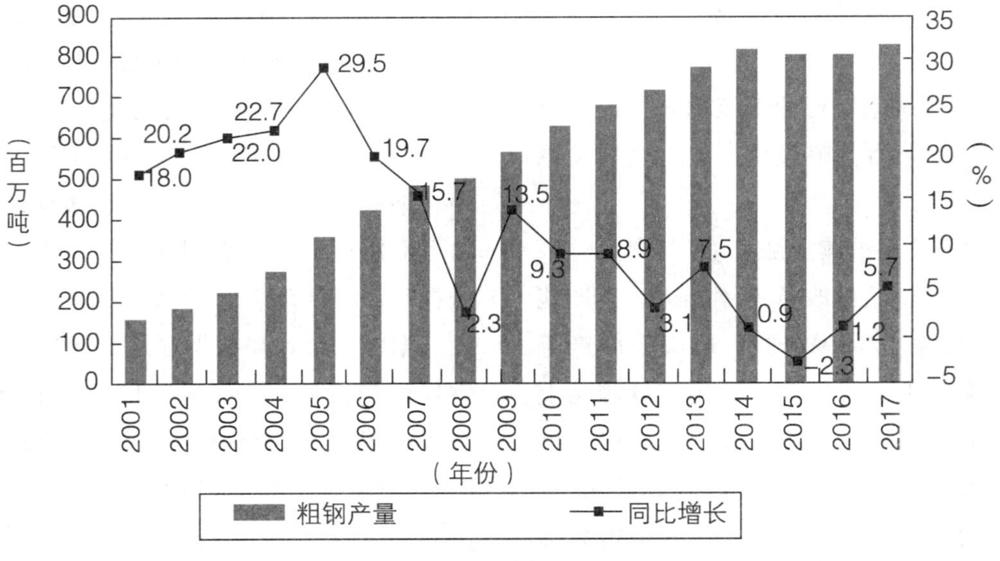


**图 2　2001—2017 年我国粗钢产量及同比增速变化走势**

资料来源：国家统计局，兰格钢铁研究中心。

（三）钢铁企业经营好转，行业盈利大幅上升。

2017 年，在行业运行环境显著改善的情况下，钢材价格涨幅明显，钢铁行业盈利继续大幅上升。据国家统计局数据显示，2017 年我国黑色金属冶炼和压延加工业实现利润总额 3419.4 亿元，同比增长 177.8%。就销售利润率来说，2017 年黑色金属冶炼和压延加工业销售利润率为 5.07%，创下 2009 年以来新高，较 2016 年上升 2.44 个百分点（见图 3）。

据工信部统计数据显示，2017 年，我国钢铁工业协会统计的重点大中型企业累计实现销售收入 3.69 万亿元，同比增长 34.1%；实现利润 1773 亿元，同比增长 613.6%。

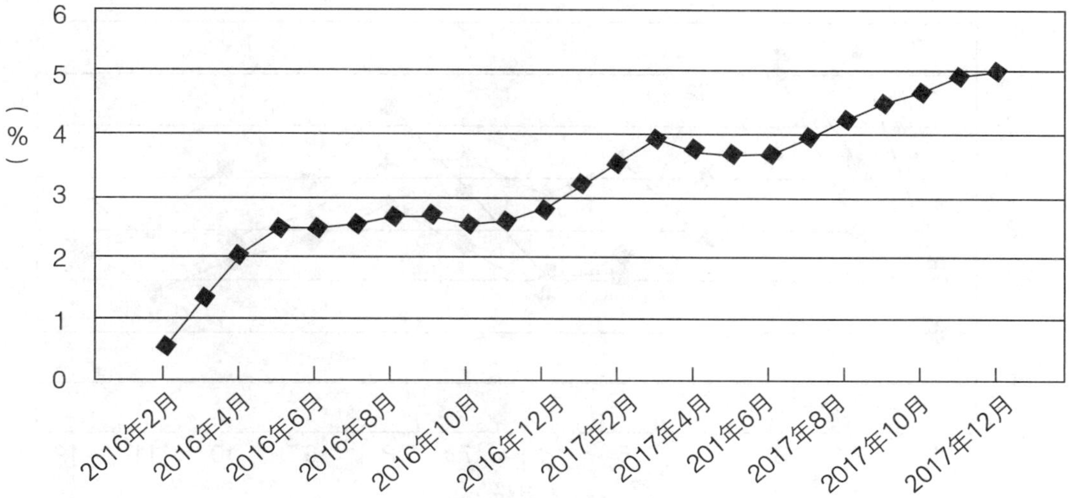


**图 3 2016—2017 年我国钢铁行业销售利润率变化走势**

资料来源：国家统计局，兰格钢铁研究中心。

（四）钢铁去产能任务完成，产能利用率显著提升。

2016 年以来，国务院会同各大部委，多次启动去产能、环保、取缔“地条钢”、经济大督查等一系列监察活动，实现钢铁行业化解过剩产能和取缔“地条钢”的有效推进。2016—2017 年，我国钢铁行业共化解过剩产能达 1.2 亿吨。其中：2016 年压减粗钢产能超过 6500 万吨，2017 年压减粗钢产能 5500 万吨。此外，2017 年集中取缔“地条钢”产能约 1.4 亿吨，从根本上扭转了“劣币驱逐良币”现象，有效改善了市场环境，显著规范了进出口秩序，钢材质量明显提升，行业效益大幅增长。

钢铁行业受益于去产能，市场秩序进一步规范，合规企业生产积极性明显提高。据国家统计局数据显示，2017 年，我国黑色金属冶炼和压延加工业产能利用率为 75.8%，同比提高 4.1 个百分点。

## 二、钢铁物流发展情况

2017 年，我国钢铁物流行业运行良好，钢铁流通市场景气度仍保持稳中向好态势，钢材流通环节冬储特征明显，钢材出口量显著下降，进口铁矿石数量继续增长，钢铁行业物流标准化工作逐步深入。

（一）钢铁流通市场景气度保持良好运行态势。

2017 年，我国钢铁流通市场活跃度和景气度保持良好运行态势。从兰格钢铁云商平台统计发布的钢铁流通业 PMI 来看，2017 年钢铁流通业 PMI 处于临界点之上的月份有 5 个，与 2016 年持平（见图 4）。2017 年钢铁贸易企业盈利尚可，但企业普遍反映由于市场行情震荡频率大导致波段操作难度加大。

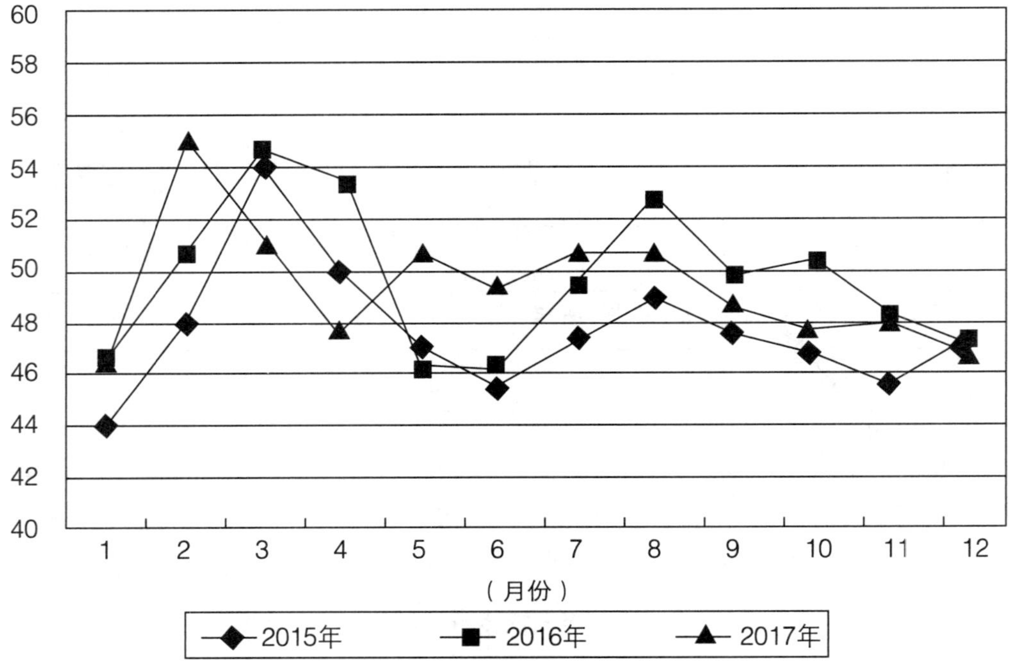


**图 4　2017 年我国钢铁流通业 PMI 变化**

资料来源：兰格钢铁研究中心。

（二）流通环节库存显现新特点——冬储特征明显。

2017 年，我国钢材社会库存变化与往年相比有两个明显不同的特点：一是最高点时库存创新高，冬储特征明显。据兰格钢铁云商平台监测数据显示，2017 年 2 月 24 日，全国 29 个重点城市钢材社会库存为 1407. 8 万吨，同比上升 43. 6%；钢材社会库存创下 2014 年 6 月以来的最高纪录。库存高企主要是在供给侧改革推进、钢价上涨过程中，钢铁贸易企业久违的冬储操作再次提上议程，钢铁流通环节重新开始主动补充库存，或投资囤积或规避风险，致使流通环节“蓄水池”得以再次发挥作用。二是库存下降速度快，年底库存创新低。2017 年，受去产能、取缔“地条钢”以及取暖季限产全面开启的影响，建筑钢材市场供需出现紧平衡，钢材需求转为消化社会库存，致使钢材社会库存出现大幅回落。2017 年 12 月 29 日，全国钢材社会库存量为 679. 8 万吨，同比下降 14. 0%。其中：建筑钢材社会库存 338. 8 万吨，同比下降 23. 5%；板材社会库存 341. 0 万吨，同比下降 2. 0%（见图 5）。钢材社会库存创下兰格钢铁网有钢材社会库存数据跟踪以来的最低水平。

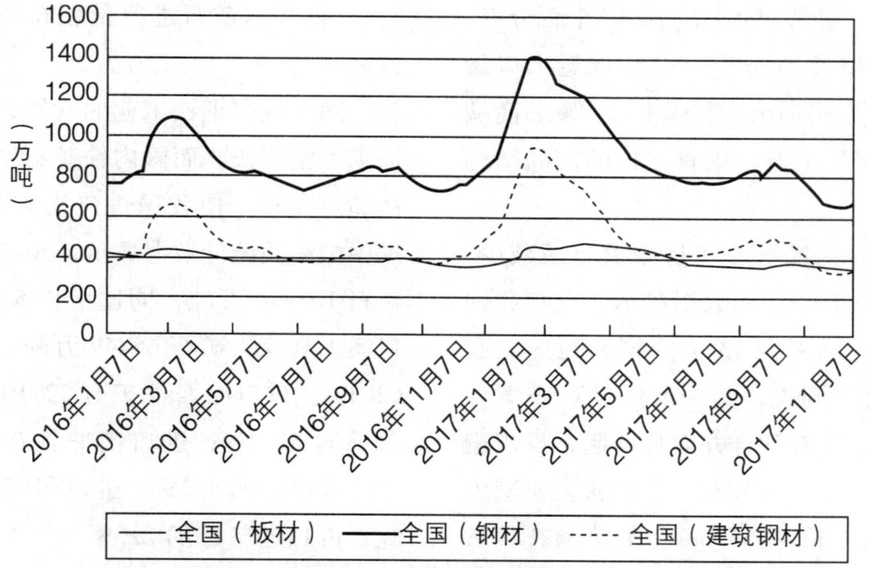


**图5　2016—2017年11月我国钢材社会库存变化走势**

资料来源：兰格钢铁云商平台。

（三）钢材出口量大幅下滑，钢材进口现回升。

2017年，在我国钢材市场价格高位运行，国内外价差缩小甚至出现倒挂，以及钢铁贸易摩擦频发和相关惩罚性关税征收的影响下，我国钢材出口同比明显回落。海关统计数据显示，2017年我国累计出口钢材7541万吨，同比下降30.5%；累计进口钢材1330万吨，同比增长0.6%；同期我国净出口钢材6211万吨，同比下降34.9%（见图6）。出口产品中，

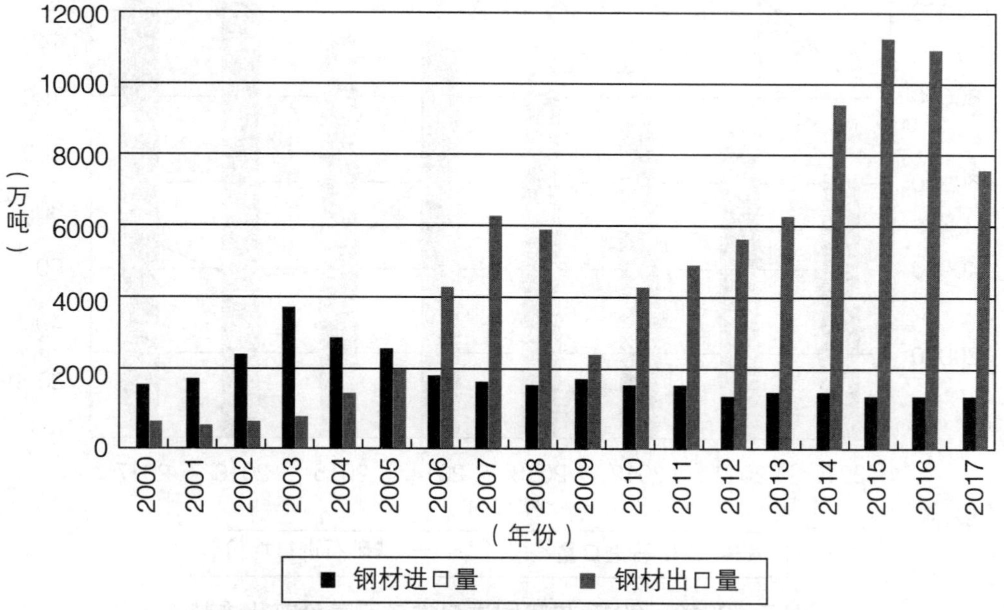


**图6　2000—2017年我国钢材进出口变化情况**

资料来源：海关，兰格钢铁研究中心。

与2016年相比，棒线材占比下降17个百分点，板材占比提高13个百分点；冷轧板卷出口量增长12.52%，不锈钢出口量增长1.9%。高端产品出口占比明显上升，钢材出口的产品结构明显优化。

2017年我国钢铁行业贸易摩擦有所减少。据兰格钢铁研究中心监测数据显示，全年我国钢铁出口产品遭遇来自13个国家和地区发起的20起贸易救济调查，其中反倾销调查案件15起，反倾销、反补贴合并案件4起，反规避调查案件1起；与2016年相比，国家数量减少7个；案件数量下降了55.6%。虽然调查数量有所下降，但近年来频繁的贸易摩擦，导致我国钢铁行业在出口国家需交纳巨额惩罚性关税，使得钢材出口成本大幅上升，钢材出口需求受到抑制。

（四）铁矿石进口量创新高，进口均价低位回升。

随着我国钢铁工业的发展，铁矿石的消费需求大幅增长，而国内铁矿石产量因品位低无法满足需求，使我国进口铁矿石量持续增长。据中国海关统计数据显示，2017年我国进口铁矿石107474万吨，同比增长5.0%。其中：进口澳大利亚铁矿石66849万吨，占总进口量的62.3%；进口巴西铁矿石22910万吨，占总进口量的21.3%；进口南非铁矿石4511万吨，占总进口量的4.2%；进口印度铁矿石2507万吨，占总进口量的2.3%。以上四国累计进口量占比达90.1%。

据兰格钢铁研究中心测算，2017年我国进口铁矿石均价为71.0美元/吨，较2016年上涨14.7美元/吨，涨幅26.1%。2010—2017年我国进口铁矿石量价变化走势如图7所示。

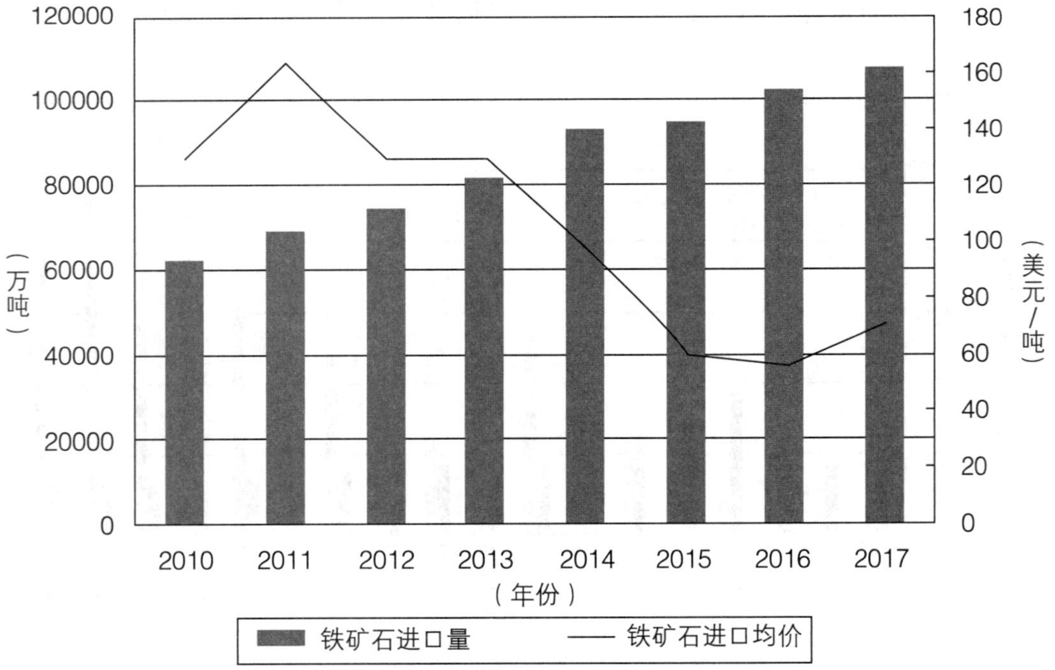


**图7　2010—2017年我国进口铁矿石量价变化走势**

资料来源：兰格钢铁研究中心。

（五）《钢铁物流数字化仓储系统规范》开启制定。

近年来，国内钢铁仓储业标准化程度较低，严重制约了仓储效率和物流服务质量的提高。而身处电商时代，钢铁电商平台迫切需要对数字化仓储系统进行设计和规范，打造符合现代钢铁行业的数字化仓库系统。2017年，成都市积微物联集团股份有限公司（以下简称“积微物联”）受工信部邀请负责牵头编制《钢铁物流数字化仓储系统规范》的全国行业标准。积微物联将从仓储系统的信息技术、质量保证、物流安全、环境保护等方面制订并完善标准，对钢材成品仓储的各项作业行为进行规范和评价，并进一步将行业标准升级为国家标准。标准制定并通过审核后，将由工信部统一颁布执行。

## 三、钢铁物流发展的新亮点

2017年，我国钢铁企业不断优化资产负债结构，通过兼并重组实现资源优化配置和区域布局，通过沿海发展减少物流成本，钢铁电商进入“服务取胜”发展新阶段，钢铁物流不断转型升级。

（一）钢铁企业着力优化负债结构，提高控制风险能力。

2017年，钢铁企业将“去杠杆”作为防范经营风险和债务风险、提高经济运行质量和效益水平的基本条件，进一步加强风险管理，主动降低有息负债，提高了控制风险的能力。据兰格钢铁云商平台监测数据显示，截至2017年12月，黑色金属冶炼及压延加工业整体债务规模合计4.09万亿元，资产负债率为64.09%，较2016年同期下降了2.48个百分点。

部分钢铁企业“去杠杆”取得明显成效。2017年，宝武净有息负债较年初下降251亿元，太钢带息负债较年初下降89亿元，南钢通过各种措施使资产负债率下降23个百分点，华菱资产负债率较年初下降13.8个百分点，新钢资产负债率比最高时下降13个百分点，方大钢铁通过主动降低有息负债，资产负债率下降11个百分点；中信泰富特钢集团资产负债率长期保持在先进水平；三钢通过改善经营状况，使资产负债率降至50%以下，财务费用同比下降25%。2017年，山钢、本钢、包钢、西宁特钢等企业积极开展债转股工作并取得了一定效果。

钢铁行业“去杠杆”的实现将依靠利润回升、债转股的实施，以及僵尸企业出清、兼并重组等多种方式来推进。经过3~5年“去杠杆”，钢铁行业平均资产负债率降至60%以下。

（二）钢铁企业增产和兼并重组，产业集中度进一步提升。

2017年我国钢铁产业集中度进一步回升（见图8）。其中：粗钢产量排名前四的企业合计产量占全国比重为21.9%，较2016年回升0.2个百分点；排名前十的企业合计产量占全国比重为36.9%，较2016年回升1.0个百分点。钢厂增产是2017年钢铁产业集中度回升的主要原因，排名前十的钢铁企业粗钢产量合计增产1999万吨，占全国粗钢产量增量的44.6%。此外，2017年建龙集团成功重组海鑫钢铁、华菱钢铁获得阳钢83.5%股权，这使得作为排名前十的建龙钢铁和华菱钢铁比重上升，也是集中度回升的另一因素。

2017年，我国钢铁行业完成了多起重量级钢铁企业兼并重组，行业格局发生重大调整。包括中信集团战略重组青岛特钢，宝武集团资本市场融合，沙钢、本钢重组东北特钢，北京建龙重工集团重组北满特钢、阿城钢铁，宝武系的四源合基金与重庆战新基金共同出资设立长寿钢铁公司参与重庆钢铁破产重整、中原特钢则被南方工业集团无偿划转给中粮集团等。

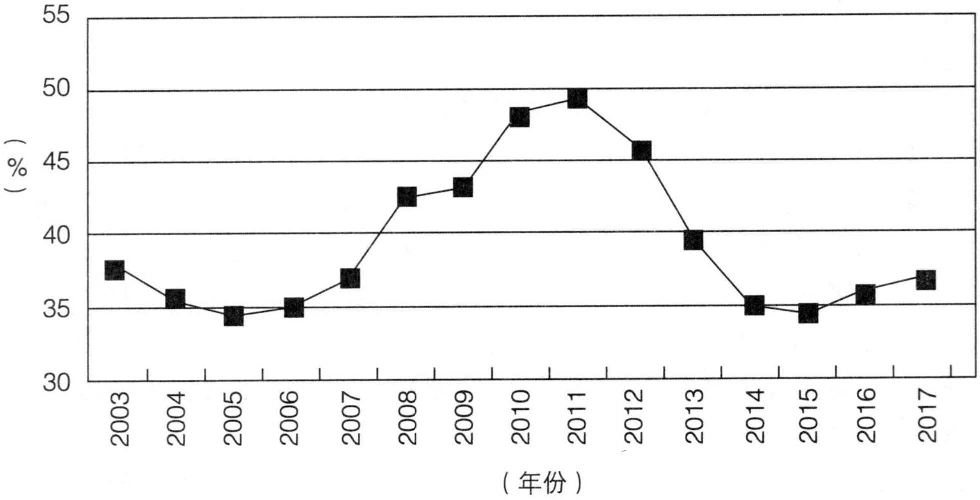


**图 8　2003—2017 年我国钢铁产业集中度变化走势**

资料来源：兰格钢铁研究中心。

（三）钢铁企业继续向沿海区域发展。

近年来，我国不少钢企逐渐向沿海布局，以期减少物流成本，改变钢企内陆多、沿海沿江较少的布局。如宝钢湛江项目、鞍钢营口鲅鱼圈项目、首钢进驻唐山曹妃甸项目等，推动钢铁产业由内陆向沿海布局。2017 年 3 月，河钢集团宣钢公司整体搬迁乐亭沿海的产能转移项目获得河北省发展和改革委员会批复，项目启动后将带动多家钢企向沿海减量转移。

同时，中南地区的广西柳钢也将进行沿海搬迁。广西柳钢发布公告称，按照 2017 年钢铁去产能实施方案中“鼓励引导广西柳钢等具备相关条件的企业，抓紧落实上述要求，适时向沿海地区实施减量搬迁”的要求，推进广西冶金产业二次创业，优化广西钢铁产业布局，结合自身未来发展需求，广西柳钢拟向沿海临港地区实施减量搬迁，打造广西沿海钢铁精品基地。其产能置换初步方案为：拟在临港地区新建生铁产能 1068 万吨、粗钢产能 1470 万吨，将公司现有钢铁产能（炼铁产能为 1075 万吨，粗钢产能为 1480 万吨）分阶段进行异地置换。

钢铁企业通过沿海区域发展，一方面将降低进口铁矿石的物流成本，另一方面也可以减少钢材向国内其他区域运输或出口的物流成本。总的来说，钢铁企业向沿海布局，生产物资不需运回内陆，出口物资无须长距离运输到港口海运，将极大降低物流成本，从而提高企业市场竞争力。

（四）国内钢铁电商进入“服务取胜”发展新阶段。

在大宗商品“产业互联网+”的电商发展中，钢铁行业率先进行了探索和推进，产业规模、交易活跃度以及新业态的成熟度等各方面都比较突出。特别是近两年，钢铁电商产业“龙头方阵”已经形成，顺利走出“跑马圈地、遍地开花”的初级阶段，在尝试了撮合、自营、寄售等一系列不同的交易方式之后，目前主流的业态模式已经进入“平台+产业链服务”的新阶段。

在“流量”稳定的前提下，各大钢铁电商平台重心都放在产业链服务之上，钢铁电商平台之间未来的竞争就是服务能力的竞争。目前，钢铁电商平台在布点的同时，通过结盟、互相持股、互补互助、战略合作等方式做实做强平台的服务功能，提高信息、资源、金融、物流等方面的服务优势，扩大了交易覆盖面，增加了交易流量，不断提高为入驻平台客户提供的服务质量。

（北京兰格电子商务有限公司　王国清　刘陶然　刘长庆）

# 2017 年中国粮食物流

2017 年我国粮食总产量达到 61791 万吨（12358 亿斤），比 2016 年增加 166 万吨（33 亿斤）、增长 0.3%。其中：谷物产量 56455 万吨（11291 亿斤），比 2016 年减少 83 万吨（17 亿斤）、减少 0.1%；夏粮产量 14031.5 万吨，比 2016 年增加 0.8%；早稻产量 3174 万吨，比 2016 年减少 3.2%；秋粮产量 44585.2 万吨，比 2016 年增加 0.4%。2017 年我国在粮食播种面积减少的情况下，粮食实现增产主要得益于粮食单产水平的提高。这充分反映出以确保口粮绝对安全和谷物基本自给为主要内容的国家粮食安全战略在农业供给侧结构性改革推进过程中，发挥了积极作用。2017 年我国粮食总产量位居历史第二高产年水平，我国粮食产量连续五年保持在 60000 万吨以上，标志着我国粮食综合生产能力已经稳定在较高水平，数量上供需大体平衡，粮食市场处于良性平稳状态。但结构性矛盾凸显，特别是小麦优质品种供给不足，大豆产需缺口巨大，2017 年，我国大豆进口量达到 9554 万吨，同比增长 13.9%，创历史最高纪录；全年食用油进口量为 580 万吨，同比提高 4.4%。2009—2017 年我国已经连续 9 年成为谷物净进口国，全年谷物和谷物粉累计进口 2559 万吨，较 2016 年增长 16.4%，谷物进口量是仅次于 2015 年的第二高位。其中：稻米进口 403 万吨，同比增加 13.1%；小麦进口 442 万吨，同比增加 29.5%；玉米进口 283 万吨，同比减少 10.7%。从国际粮食供求形势看，据联合国粮农组织最新预测，2017 年世界谷物总产量达到 26.27 亿吨，创历史最高纪录水平，比 2016 年增加 1680 万吨、增加 0.6%。其中：粗粮产量预计为 13.71 亿吨，比 2016 年增加 1.8%；小麦产量预计为 7.548 亿吨，比 2016 年减少 1%；大米产量预计为 5.008 亿吨，略低于上年创纪录的水平。

2017 年，面对粮食市场形势错综复杂、粮食流通环节薄弱、粮食价格形成机制尚不完善、改革发展任务艰巨繁重等实际情况，中央发出了第 14 个涉农中央 1 号文件，财政预算“三农”支出继续增加，国家有关部门认真贯彻落实党中央、国务院关于保障国家粮食安全的战略部署，坚决贯彻稳中求进工作总基调，以推进粮食供给侧结构性改革为主线，适时采取一系列粮食宏观调控措施，扎实推进粮食流通改革发展，全面提高国家粮食安全保障能力，在促进经济发展、社会稳定、民生改善中发挥了积极作用。

## 一、深入推进粮食收储制度改革，切实保护农民利益

面对我国粮食连年丰收、收储矛盾十分突出的新形势，为保护与调动农民种粮积极性，进一步促进粮食生产稳定发展，保障农民种粮收益，综合考虑粮食生产成本、市场供求、国内外市场价格和产业发展等各方面因素，2017年我国继续在稻谷、小麦主产区实行最低收购价政策，2017年生产的早籼稻（三等，下同）、中晚籼稻和粳稻最低收购价格分别为每50千克130元、136元和150元，2017年生产的小麦（三等）最低收购价每50千克118元。立足东北地区玉米“市场化收购加补贴”新机制，积极引导多元市场主体入市收购，调整优化种植结构，全面激活加工企业，政策性玉米库存比历史最高点下降28%，2013年及以前年份的玉米已基本销售完毕。认真组织政策性收购和市场化收购，全年共收购粮食8500亿斤，完善全国粮食统一竞价交易系统，加快推进粮食库存消化，全年政策性粮食库存消化1690亿斤，是2016年的1.37倍，没有出现大规模农民“卖粮难”“打白条”现象，粮食市场供应保持良好态势。

## 二、全面实施“粮安工程”，提升粮食流通能力现代化水平

2017年，我国针对粮食流通薄弱环节推进重大基础设施建设，粮食仓储设施条件明显改善，粮食物流、质量检测、应急加工、信息化等体系建设稳步推进。全年安排中央预算内投资19.9亿元，支持建设仓容80多亿斤、物流项目26个，仓储设施和物流节点布局进一步优化。制定修订了100项粮油质量标准，促进了质量升级。启动实施了“优质粮食工程”，开展了“中国好粮油”行动，有效适应了新时代粮油消费升级新需求。2017年中央财政安排补助资金50亿元，重点支持16个省份的相关工作；遴选了首批“中国好粮油”产品，中国好粮油信息平台上线运行。山东省“优质粮食工程”落实项目总投资14亿元；“山西小米”“吉林大米”“广西香米”“宁夏大米”等区域品牌影响力和市场占有率持续提高。启动军民融合军粮保障创新示范工程，加快推进军粮供应体系转型升级。

## 三、持续推进粮食产业经济发展，加快建设粮食产业强国

2017年，国家有关部门出台有力举措，各项扶持政策加快落地。支持国有粮食企业依法将划拨用地转变为出让用地；继续实施主产区粮食加工奖补政策和粮食企业税收优惠政策；对507家重点粮油产业化龙头企业优先给予信贷支持；鼓励金融机构为粮食流通企业提供多元化金融服务，为企业“走出去”提供保险服务；成立玉米产业技术创新战略联盟等。浙江省出台大米加工企业执行农业生产用电价格政策，企业用电成本下降1/3；河南省连续五年贴息扶持主食产业化和粮油深加工，全年贴息4500万元；陕西省安排1200万元补助17个主食产业化项目；湖北省、广西壮族自治区、宁夏回族自治区等地组建产业创新联盟；西藏自治区实施青稞品牌战略；新疆生产建设兵团大力发展玉米综合利用深加工。初步测算，2017年全国粮食产业经济产值同比增长10%。

## 四、加强粮食流通管理，进一步凸显监管成效

2017年，经中央编办批准，国家粮食局监督检查司更名为执法督查局，有效强化了监管职责和力量。执法督查局会同有关部门严肃查处涉粮案件，严格督查督办发挥了震慑警示作用。注重放管结合并重，针对“三阳”等一些地方和企业曝出的政策性粮食违法违规问题，迅速开展行动，依法依规进行严肃处理。创新监管执法方式，分两次对10个省份开展跨省交叉执法检查，拓宽了社会监督渠道。12325全国粮食流通监管热线于当年开通试运行。江苏省建设粮食流通监管和移动执法平台；京津冀开展联合执法检查安徽省、广东省对粮食经营违法违规行为实行联合惩戒和“黑名单”制度。完善执法监督体制机制，江苏、安徽、山东、河南四省搭建区域执法协作平台。

## 五、国家粮食安全保障制度建设取得新进展

2017年我国企业粮食系统加快推动立法修规进程，《粮食流通管理条例》和《中央储备粮管理条例》修订稿已报国务院待审。广东省、贵州省、宁夏回族自治区等地先后颁布实施了地方性粮食法规；浙江省将粮食安全保障条例列入2018年省人大立法计划；江苏、安徽等省积极推动粮食安全保障立法工作。按照考核工作组联席会议的部署，顺利完成粮食安全省长责任制“首考”，各地抓好粮食安全工作的责任感增强、主动性提高；制订2017年度考核方案，优化指标、突出重点，强化了导向性和实效性。国家粮食局分别与宁夏回族自治区、山东省政府签订了战略合作协议，共同加强粮食安全保障能力建设。

（中国粮食行业协会　韩兆轩）

# 2017年中国汽车物流

2017年是我国汽车物流业持续转变的一年。这一年汽车物流业深化改革、创新发展，主要表现在三个方面：一是车辆运输车治理工作持续推进，汽车整车物流行业结构性调整，伴随车辆运输车的治理，整车物流市场呈现出高质量发展趋势，合规车辆的比重越来越多，铁路、水路运输比例明显提升，运输结构发生变化，以多式联运为载体的综合运输体系进一步完善；二是汽车物流向汽车产业链上下游不断延伸，向相关专业物流领域及跨界领域横向拓展，汽车后市场物流服务越来越受到重视，海外拓展、业务板块拓展成为汽车物流企业新的发展方向；三是智能化物流服务水平不断加深，伴随着新技术、新装备的应用，依托互联网、大数据、云计算等信息技术，汽车物流服务向智能化、专业化方向转变。

总体来看，2017年我国汽车物流业发展在以下六个方面发生了变化。

## 一、汽车物流市场呈现低增速态势

汽车业作为我国经济发展的支柱型产业之一，近些年一直保持稳定增长态势，但2017年我国汽车市场相对于2016年，呈现出明显增速放缓态势。据中国汽车工业协会统计分析，2017年我国汽车产销分别为2901.54万辆和2887.89万辆，同比增长3.19%和3.04%，增速比上年同期回落11.27个百分点和10.61个百分点。2013—2017年我国汽车年产销量及其增长速度如图1所示。

其中：乘用车产销量分别为2480.67万辆和2471.83万辆，同比增长1.58%和1.40%；商用车产销量分别为420.87万辆和416.06万辆，同比增长13.81%和13.95%。2017年我国乘用车、商用车销售市场销量占比如图2所示。

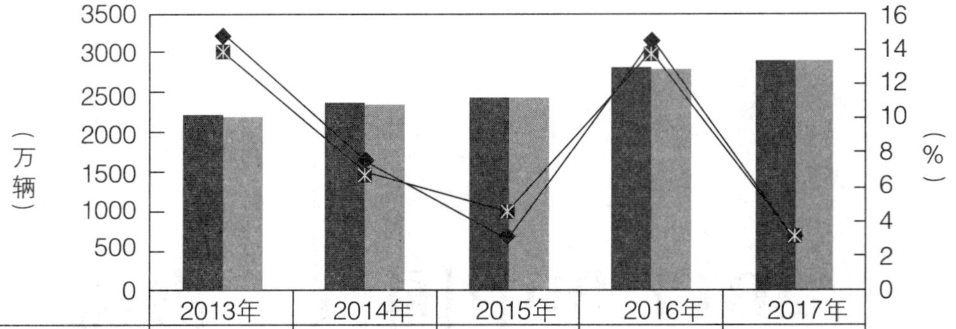


| | 2013年 | 2014年 | 2015年 | 2016年 | 2017年 |
|---|---|---|---|---|---|
| 汽车年产量 | 2211.68 | 2372.29 | 2450.33 | 2811.88 | 2901.54 |
| 汽车年销量 | 2198.41 | 2349.19 | 2459.76 | 2802.80 | 2887.89 |
| 产量同比增长 | 14.76 | 7.30 | 3.25 | 14.46 | 3.19 |
| 销量同比增长 | 13.87 | 6.90 | 4.68 | 13.65 | 3.04 |

汽车年产量　汽车年销量　产量同比增长　销量同比增长

**图 1　2013—2017 年我国汽车年产销量及其增长速度**

资料来源：中国汽车工业协会。

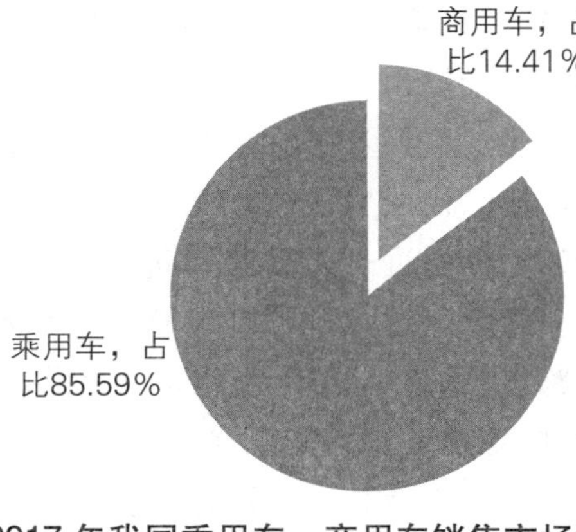


**图 2　2017 年我国乘用车、商用车销售市场销量占比**

资料来源：中国汽车工业协会。

从 2017 年我国汽车市场的数据来看，汽车市场进入了低增速时期，但汽车二手车市场增长速度变快，据中国汽车流通协会统计，2017 年我国国内二手车交易量达 1200 万辆，同比增长近 20%。面对汽车市场结构的调整与变化，供应商物流、零部件入厂物流、整车物流、售后服务备件物流等产业链的上下游环节均会发生变化。

## 二、汽车整车物流业出现结构性变化

2017 年，车辆运输车治理给我国汽车整车物流市场带来了巨大的挑战。公路运输市场受到巨大冲击，超限超载带来的低价竞争市场环境得以改变，公路运输价格回归合理等都对于汽车整车物流行业结构性调整起到了重要的作用。

（一）整车物流行业治理仍在持续。

自2016年9月21日起，交通运输部、公安部、工信部等部门下发了《车辆运输车治理工作方案》（交办运〔2016〕107号），全面开启了车辆运输车治理工作。2017年治理工作持续进行。总体来看，治理成效比较突出：一是行业内杜绝“双排车”，治理工作开启后，“双排车”全面退出市场，2017年均按照车辆运输车过渡期的要求，均采用“单排车”运输。二是按照治理工作进度安排，截至2017年年底，已经完成三批不合规车辆的退出工作，行业内有1.8万辆不合规车辆退出市场。三是符合国标要求的中置轴车辆运输车开始进入整车物流市场，据不完全统计，整车物流行业新增6位半挂车近10000辆，新增中置轴车辆运输车近7000辆，逐步替代不合规车辆。四是整车物流行业铁水运输比例明显提高，铁路和水运能力进一步释放，综合运输体系不断发展。治理工作要到2018年6月结束，现在仍在持续进行，治理工作的开展优化了车辆运输装备、提高了服务水平、净化了市场环境，对于整车物流行业发展具有重要的意义。

（二）汽车物流铁路运输发展迅猛。

中铁特货是全国铁路专业从事汽车物流业务的主体，2017年完成汽车整车运输量460万辆，较2015年增长51%；增加7000辆铁路商品车运输专用车辆，增长幅度达到54%；建设物流基地34个。同时进一步优化运输组织，加快车辆周转，J型车平均周时11.2天，同比压缩2.1天；开行商品汽车运输精品班列线40条，整列运量已占年运量61%，充分发挥了铁路运输的规模优势。2013—2017年我国汽车整车铁路运输量如图3所示。

**图3 2013—2017年我国汽车整车铁路运输量**

资料来源：中铁特货运输有限责任公司。

（三）汽车物流水路运输稳步提升。

汽车整车水路运输仍以滚装运输模式为主，少量采用集装箱运输，2017年，我国滚装运量约为295万辆，相比2016年增长了18%（见图4）。参与我国整车物流水路运输的公司主要为深圳长航、上海安盛、民生轮船、中远海运、中甫航运和华嘉船务等公司，全行业运力合计80艘滚装船，总计97060车位。目前，全国沿海沿江已经成熟开展商品车整车滚装水运业务的港口有：大连港、天津港、烟台港、上海港、广州港、海口港、重庆港、武汉港、芜湖港、南京港，涵盖近 20 个滚装码头，覆盖了全国市场的 80% 以上商品车整车水运业务量。2017 年，芜湖码头、常熟大新华滚装码头、舟山兴海码头、厦门滚装码头等新建滚装码头均已经开始投入使用，可以更多地满足滚装运输市场的差异化需求。集装箱是多式联运的主要载体，整车集装箱运输市场也在不断扩大，通过整车集装箱支架的使用，对乘用车进行装载加固，放入集装箱中进行运输，40 英尺集装箱最大可装运 4 辆汽车，集装箱运输可以有效解决汽车物流多式联运倒装过程中乘用车装载的问题，减少货损，提高运输质量。

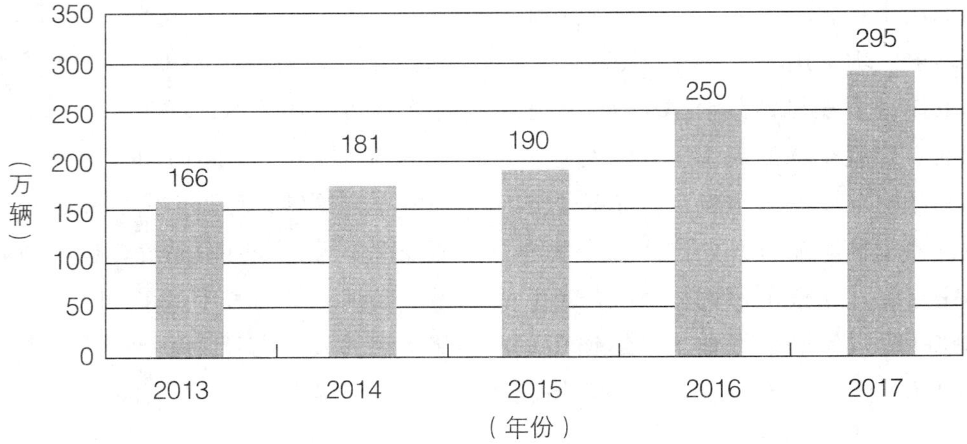


**图 4 2013—2017 年我国汽车整车水路运输量**

（四）公路运输效率仍有待提升。

现在物流业发展的趋势之一就是降本增效，党的十九大也提出了要向质量发展转变。整车物流在违规运营的情况下运输效率并不高，违规运输导致司机不敢在白天行驶，配送效率也随之降低，在 2016 年治理工作开始之后的一段时间，运输效率提升了近一倍，但 2017 年治理工作稳定后又降了下来。通过 2017 年的数据统计来看，整车物流行业排名 10% 的车辆，月行驶里程在 1.6 万公里左右，但全行业平均月行驶里程在 6500 万公里左右，这说明行业内很多车辆的运输效率低，周转率慢，整车运输效率仍有待提升。

## 三、汽车后市场物流越来越受关注

截至 2017 年年底，我国机动车保有量达 3.10 亿辆，其中汽车保有量达 2.17 亿辆，与 2016 年相比，全年增加 2304 万辆、增长 11.85%。汽车占机动车的比率持续提高，近五年占比从 54.93% 提高至 70.17%。2017 年我国私家车保有量继续上升，达到 1.7 亿辆。2013—2017 年我国私家车保有量如图 5 所示。随着我国汽车保有量的迅速增长，人们对于车辆后市场的服务需求越来越旺盛，主要分为整车后市场物流、备件物流两个方面。

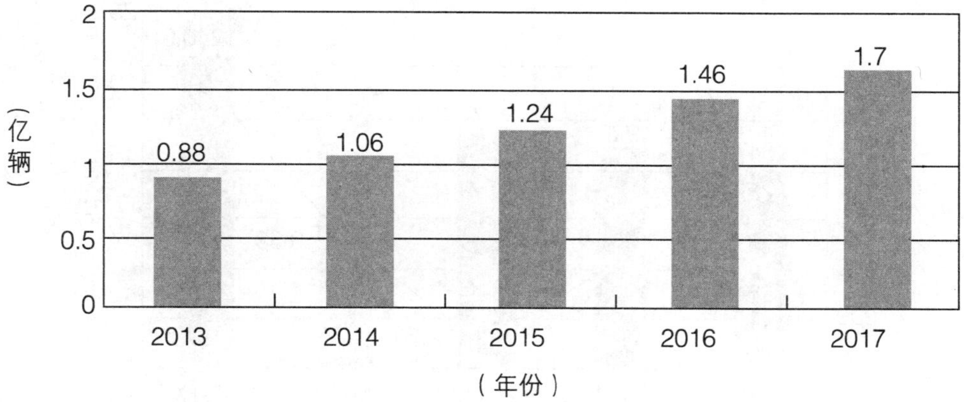


**图5 2013—2017年我国私家车保有量**

资料来源：公安部交管局统计。

（一）整车后市场物流。

在整车后市场物流领域中主要包括在用车物流、二手车物流、报废汽车物流等。在用车物流主要以私家车城市间托运服务为主，解决了私家车主自驾游返程、外地工作用车、异地购车运回等物流需求，在用车物流还包括租赁汽车物流、召回汽车物流、赛事汽车物流等。目前来讲，这种社会化的零散在用车物流服务需求呈现增长的趋势，随着移动互联的发展，多家企业退出个人托运车辆的App，充分满足了个人异地用车需求。

近些年，我国二手车市场也在不断扩大（见图6），伴随着多数城市二手车限迁政策的取消，二手车交易可在全国范围内开始流动起来，庞大的二手车市场将对新车市场造成冲击，同时二手车的物流服务需求大大提升，除了基本运输服务外，异地提车、提档、验车上牌及过户等增值服务也成为物流行业关注的重点。

报废汽车回收环节同样是汽车物流行业的重要市场，按照成熟市场报废汽车占汽车保有量6%~8%的水平计算，我国每年报废汽车量将达到1300万辆左右，巨大的报废汽车量助推报废车回收物流服务要升级跟进。

（二）以售后服务为核心的汽车后市场物流。

在我国以汽车生产为主导的物流业务中，汽车后市场物流的市场最为广阔，具有两方面特点，一是市场容量大，在成熟的汽车产业链中，汽车后市场占比通常能达到50%~60%，随着我国汽车保有量不断增加，汽车备件物流的需求量也随之增加；二是涉及领域广，售后服务包括汽车备件物流服务，要涉及维修保养、美容养护、汽车金融、保险服务等多领域，不仅市场空间非常大，物流服务的发展空间也非常大。对于汽车后市场物流的竞争同样激烈，除了传统依托主机厂的备件物流服务商外，一些电商，例如京东等电商龙头企业也在向汽车后市场领域发力，它们在汽车用品业务基础上，向上游拓展B2B市场，打通汽车后市场品牌商、经销商、维修方、消费者之间的全产业链条，形成B2B2C闭环。伴随着互联网科技的广泛引用，汽车后市场网络销售、网络服务能力在不断增强，汽车后市场物流这块蛋糕将成为大家竞争的重要板块。

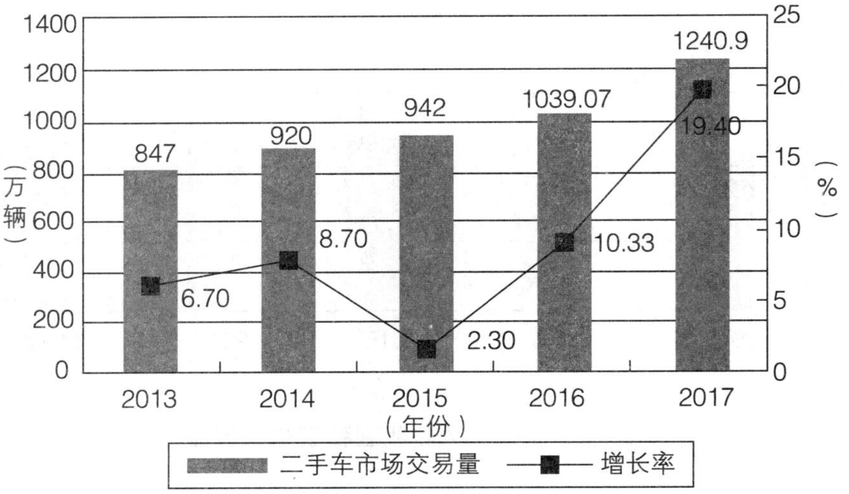


图 6 2013—2017 年我国二手车市场交易量

资料来源：中国汽车流通协会。

## 四、汽车零部件服务智能化水平不断提升

2017 年，我国汽车零部件制造业的主营业务收入为 38800 亿元，同比增长 10. 23%。围绕着国内汽车制造企业配套市场和国际出口市场，目前已形成了西南、华中、珠三角、长三角、京津和东三省六大汽车零部件产业集群，这些产业群使的分工更精细、信息更集中、物流更便利。零部件物流服务主要分为零部件供应商物流和零部件入厂物流两个方面，物流服务逐步从推动式物流服务到拉动式物流服务再到智能物流服务，传统的推动式物流是以制造企业的生产为中心，通过尽可能提高规模化运作效率，降低单件产品成本而获得利润；拉动式物流服务是以消费端的客户需求为中心，通过尽可能提高生产和市场需求的协调一致性，减少供应链上的库存积压，从而降低单件产品成本而获利，行业内一般采用循环取货的经营模式；智能物流服务是以单个客户需求为中心，通过整个供应链智能联动，调配供应链上的各个环节，从而降低单件产品成本而获利，智能化、专业化、协同化的服务是零部件物流新的服务方向。新技术应用是推动零部件物流智能化发展的关键，智能堆垛、自动化立体仓库、自动轨道系统、智能分拣机器人、自动识别技术、AGV（自动导引运输车）叉车等技术与装备在零部件物流领域中的应用是实现智能物流服务的重要基础。

## 五、汽车物流企业业务领域日渐丰富

汽车物流领域的领军企业已经不再局限于国内物流服务，开始积极布局和拓展国际市场开展国际业务，对推动行业发展起到了至关重要的作用；跨界发展也成为汽车物流企业新的发展方向。

（一）海外业务拓展。

2017 年，在国务院总理李克强于比利时正式访问期间，见证了长久物流和泽布鲁日港“一带一路”相关项目签约。根据项目合作协议，长久物流将以“黑龙江—比利时”的中欧专列为基础，在比利时的泽布鲁日港建立“中欧汽车物流中心”，服务于中国和欧洲之间的汽车整车及零部件的运输、仓储、配送等相关业务。长久物流的“4+1”欧洲战略布局（以德国为中心，从中国到东欧、西欧、北欧和南欧的全方位一体的国际铁路服务体系）正在形成。2017年11月，安吉航运的“安吉23”满载2900辆雪佛兰S3从烟台出发，经过22天7500海里（13800公里）的跨太平洋航行抵达墨西哥拉萨罗卡德纳斯港。

（二）跨界物流服务方面。

安吉物流于2017年成立全资子公司安吉快运，切入150千克以上的中大票零担快运市场与B2B仓配一体化市场，在物联网、新零售和智能供应链技术及应用得到迅速普及的背景下，安吉物流凭借在汽车物流服务管理上的经验、人才优势以及遍布全国的仓储及配送资源，向快运产业进军，为汽车物流企业的发展提供了新的发展方向。

## 六、汽车物流标准及行业研究不断深入

（一）深入推进车辆运输车相关标准落地实施。

2016年《汽车、挂车及汽车列车外廓尺寸、轴荷及质量限值》（GB 1589—2016）和《车辆运输车通用技术条件》（GB/T 26774—2016）两项标准，对车辆运输车的外廓尺寸及通用技术做了明确规定，为汽车整车物流行业技术装备的提升起到了至关重要的作用。2017年，中国物流与采购联合汽车物流分会与交通运输部公路科学研究院共同编著了《车辆运输车标准与应用技术》行业工具书，系统解读车辆运输车标准，利于标准落地实施。

（二）汽车物流领域完成四项标准修订工作。

2017年，《乘用车物流质损判定及处理规范》《乘用车运输服务规范》《乘用车水路运输服务规范》《乘用车仓储服务规范》四项行业标准完成修订工作。

（三）积极推进汽车物流标准的制修订。

2017年，《汽车售后服务备件仓储服务规范》（项目编号303-2017-004），《汽车零部件物流KD件包装和集装箱装载作业规范》（项目编号303-2017-005）和《汽车制造零部件物流标签规范》（项目编号303-2017-006）三项行业标准立项成功。

（四）建立行业指导参数发布机制。

中国物流与采购联合会汽车物流分会与G7建立联合发布汽车整车公路运输指导参数机制，每个月月初发布汽车整车物流公路运输月平均里程，此项数据充分体现了车辆运输车行驶效率，可作为汽车整车物流行业重要参考指标。

（中国物流与采购联合会汽车物流分会）

# 2017 年中国书业物流

近几年，书业物流伴随“互联网+”的热潮，借助物联网、人工智能、大数据等新技术持续创新发展，物流信息化水平明显提升，新模式、新业态不断涌现，竞争实力日益增强。2017 年，为贯彻落实国家新闻出版广电总局下发的《关于开展 2017 年全民阅读工作的通知》精神，各级政府部门积极扶持实体书店发展、营造全民阅读氛围，各出版发行集团、民营书企、图书电商也在主动转型升级，着力完善基础阅读设施，探寻生存发展新模式，行业创新发展步伐加快，亮点纷呈。

## 一、兴建现代化物流基地，提升竞争实力

2017 年，各出版发行集团、民营书企、图书电商企业兴建现代化物流基地的热情有增无减。行业企业积极植入“互联网+”基因，构建以大型物流总部为核心、多级配送中心为节点的现代物流体系，打造贯通出版产业链基础，实现商流、物流、信息流、资金流的有效整合，全面优化提升出版发行集团、民营书企、图书电商的供应链反应速度和整合资源的能力。

2017 年 7 月 28 日，内蒙古新华发行集团在呼和浩特开建内蒙古新华文化物流基地。内蒙古新华文化物流基地占地 100 亩，项目建成后将以图书、教材教辅文化产品配送为基础，整合自治区出版社文化产品资源，利用物联网技术对物流的管理模式和作业方式进行变革，提高仓储、配送专业化、标准化服务水平，提升自治区文化产品物流配送效率，降低物流成本。同时吸引区内外有市场、有技术、懂管理的企业共同合作经营，开拓第三方物流配送业务，并以呼和浩特物流基地为中心，以包头、赤峰、鄂尔多斯、通辽物流基地为节点，打造辐射全区、功能完善、自成体系的现代化物流网络，填补了内蒙古自治区文化产品专业物流的空白，促进了自治区文化产业的发展。

2017 年 12 月 26 日，江苏凤凰新华书店集团有限公司领取了江苏省工商行政管理局发出的新营业执照，标志着凤凰集团全面完成江苏新华发行集团治理结构调整。2018 年起，江苏新华发行集团将以全新的法人主体——江苏凤凰新华书店集团有限公司身份参与市场竞争。2017 年江苏新华发行集团实现营业收入 128 亿

元，利润8.6亿元。江苏新华已初步建成了以南京新港物流中心为总部和调度平台，以苏北、苏中、苏南分中心和北京凤凰顺源为支点，依托市县公司物流仓储的跨省物流快速配送网络，未来还将不断加大物流和网点基础建设的投入，形成综合实力。

在新华书店之外，民营品牌连锁书店也纷纷发力现代物流中心建设，主动优化供应链、延展新业态。言几又集团面对企业物流运营中存在的管理难、成本高等问题，在成都市建成了面积达3000平方米的全国物流中心。2017年3月，该物流中心投入运营，实现了对门店销售商品提供高效的后台支持，大幅提升了集团的市场竞争实力。2017年4月，湖南弘道书店1万余平方米的自有物流仓储中心正式启用。西西弗从2008年开始先后自建7个物流配送中心，每个配送中心的物流仓储面积均在1000~1500平方米，配送中心承担了西西弗门店图书、文创产品及咖啡原料的物流配送，有力支撑了西西弗的高速扩张。然而，西西弗并未止步建设，2017年继续加大了物流基础设施的建设。同期，已初具规模的陕西嘉汇汉唐、上海钟书等知名连锁书店也加快了拓展物流基础设施建设的步伐。民营品牌连锁书店的物流基础设施建设进入了一个全新时代。

据前瞻产业研究院发布的《图书零售连锁行业市场前瞻与投资战略规划分析报告》数据显示，2017年我国图书电商渠道码洋规模首次超越实体渠道。与数据相匹配的是在图书电商平台的构建中，物流建设也是2017年的重中之重。图书电商如何构建物流体系，以及大型图书电商如何依托已有优势反哺行业，无一不是近年来图书电商如京东、当当、天猫图书等关注的热点。

## 二、现代书业物流向高效智慧转型

在以互联网、物联网、云计算、大数据等先进信息技术为支撑，人工智能（AI）、智能化机械技术、计算机技术、射频技术、条码技术等为基础的信息化时代，大数据改变了书业物流的传统运营认知，带来了客流和商流。借助大数据，书业物流涌动着向高效智慧转型的激情。进入2017年，建设智慧型物流作业网成为书业物流的发展中的亮点。

2017年，中文天地出版传媒股份有限公司（以下简称“中文传媒”）持续探索转型升级取得不俗成果：“传统核心主业”增幅领跑同行，“科技新兴业态”利润贡献大增。一方面，公司承担的国家新闻出版广电总局出版融合发展（中文传媒）重点实验室和“基于AR/VR呈现方式的知识服务科技重点实验室”均于2017年挂牌运行。出版融合发展实验室承担的《新闻出版领域物联网技术应用行业标准体系表》进入函审阶段，《出版物物联网物流包件编码标准》与《图书单册电子编码标准》的编制工作正有序推进。另一方面，公司全资子公司江西新华发行集团持续推动“新华矩阵”建设，目前已发展成为集图书发行、在线教育、科技物流、新华壹品、院线、文化餐饮、数码、教育培训等多元业态于一体的“中国书业融合发展的领跑者”。公司旗下六大平台——城市文化综合服务平台、出版物发行行业物联网平台、“新华壹品”校园文化综合服务平台、新华云智慧教育平台、O2O新商业模式交易平台和智慧物流配送平台的建设初步成型。在物流产业方面，江西新华充分利用教材教辅发运之外的时间和空闲的仓储资源，培育出了“蓝海物流”新品牌，打造出全国出版业规模最大的物流企业，成功跻身“全国物流先进企业”行列，同时也成为全国出版发行业唯一一家4A级物流企业。2017年，江西新华持续推进企业智慧物流配送体系建设，围绕“互联网+物联网”双网融合，打造智慧物流提升物流产业信息化、智能化、标准化水平。江西新华目前正在全力推进出版领域物联网建设，为书业物流的物流管理、卖场管理升级转型夯实基础，探索“物联网+图书+大数据”的新型智能化出版物流通模式。

安徽新华发行集团2017年持续加快推进合肥智慧物流园、休宁民生物流园、亳州综合物流园三大园区建设，按照整体布局在安徽省建立一个高效的物流运作网络，分别承接长三角的产业转移和“最后一公里”业务，助力“电商安徽”建设；加速安徽省物流优化协调云资源平台建设，逐步构建大数据分析与交互系统、云仓管理系统，以科技进步带动产业升级；对联想出口加工区仓库进行产线的自动化升级与改造，成为国内3C行业首次实现智能一体化作业的仓库；介入物流供应链业务，向产业链上下游延伸，培育新的业务增长点。

辽宁出版集团旗下的辽宁北方出版物配送有限公司，是东北地区出版物发行配送的龙头企业，拥有东北地区规模最大的出版物物流配送中心，运输网络覆盖全国34个省级行政区域，年配送能力40亿码洋，客户包括300余家东三省及内蒙古地区的新华书店，300余家全国的馆配客户。目前，该公司已发展成为覆盖东北、拓展华北、辐射全国的文化物流中盘。该公司借助技术领先的智能仓储系统，物流运营实施智能化、精细化和敏捷化管理，2017年通过引入无人叉车与仓储机器人无缝对接，进一步提升了专业高效的智能仓储配送一体化服务能力。

浙江省新华书店集团从2016年起，在全国率先实施实体书店整体提升改造计划，三年内投入数亿元对集团下属65家市县新华书店的近百家大书城和中心门市进行升级改造。仅2017年年底至2018年年初，就有多家下属新华书店华丽变身。从单店时期的信息化、计算机普及和信息化管理，到集团成立后的信息标准化、应用网络化，再到近年来走向云端、实现开放共享互赢的经营模式，浙江新华始终以云数据为基础整合各方需求，致力于打造书业生态平台。经过多年努力，浙江新华构建的三核体系驱动已成为其在信息化时代生存发展的核心竞争力。三核体系驱动是指先进的ERP信息管理系统、信息标准化建设和现代化物流。浙江新华自主研发了具有独立知识产权的ERP信息管理系统，成为出版行业中较早实现信息化管理的机构之一，并在此后始终位于全国出版发行行业的领先位置。浙江新华还在全行业率先建立标准书目库，目前已拥有340多万条可供书目信息并逐年增加25万条，书目数据客户已涵盖22个省市发行集团，并向出版、图书馆全产业链用户不断延伸。在此基础上，浙江新华积极参与行业信息标准化建设和实践，成为全国新华书店系统内唯一一家CNONIX应用技术服务商。浙江新华开发建设了全国书业首条流水线，实现了仓储作业的电子化和无纸化操作，在下沙物流基地建设中自主开发了国内领先的WMS仓储信息管理系统，14万平方米的现代化物流中心不仅实现了面向全国市场的仓储配送，而且以超过150亿的年通量高居全国书业物流首位。

随着实体书店走向线上平台发展，带来了各店“小包物流”量的持续增加，使擅长大包物流配送的实体书店不得不承受越来越多的打包和配送的压力。此外，伴随实体书店转型的持续深入，主打个性化、品牌化的实体书店越来越多，个性化、多元业务已成为书店业态发展的新常态。同时，传统物流也越发难以满足书店对多元产品配送的多样化需求。有了大数据加持，书业物流在保证快捷高效的服务同时，带来更多个性化服务。

文轩在线提出了物流体系建设要着力为会员提供更优质服务的理念，即利用自身资源优势、地域优势和物流优势，更精准地服务会员，提升会员体验品质，增加客户黏性。他们在成都、天津、无锡的3大物流仓库，按照统一的、严格的操作流程，保证每一本出版物从客户下单到配送至客户手中的全流程是连贯的。

京东物流在全国范围内拥有超过500个大型物流中心，大件网络和中小件网络已实现行政区县100%覆盖，意味着京东可以按照图书企业的需求提供定制化的物流服务。京东拟与出版社达成合作意向，借助京东在全国各地的仓库，出版企业可将产品就近入仓，仓储物流成本更低。在商家上线后，京东还能根据其过往的销售大数据，对商家的库存布局提供最适合市场的解决方案。京东物流还提出了针对个人的书业物流服务项目，或许将为书业物流带来新变。

## 三、打造以第三方物流为核心的大生态系统

2017年，书业物流大力互联网思维和现代物流技术深度融合，积极发展社会化营销和大数据驱动的第三方电子商务物流平台运营服务，跨界整合出版、发行、文创等文化产业，打造书业物流大生态系统，为行业带来新的商业价值和发展空间。

2017年5月，四川新华发行集团与中国南山集团在深圳签署战略合作协议，开启全面战略合作，共同在物流、地产、金融投资、出版发行、文化旅游、传媒、教育、影视等方面搭建相关合作平台，推动相关文化产业发展。新华文轩旗下全资子公司——四川文传物流有限公司与宝湾物流控股有限公司签署了双方共同出资设立“四川文轩宝湾供应链有限公司”的投资协议，将在电子商务、物流服务、供应链金融服务等方面展开合作，以实现资源互补、共同发展、合作双赢。此前的2016年11月，新华文轩与宝湾物流在供应链领域的合作已率先启动，并取得一定成果。在此基础上，四川新华发行集团与中国南山集团此次再度携手，将以基础物流、供应链金融为核心竞争力，双方投入各自优质资源，在供应链综合业务服务、他权融资、物权融资等方面为社会提供全方位的供应链金融服务。通过在文化产业物流业务、电商物流业务、供应链金融业务的合作与运作，以双方的客户资源和渠道资源优势互补形成聚合效应，共谋新发展。预计未来，新华文轩与宝湾物流将聚合辐射全国的运输网络及强大高效的供应链管理能力，不仅有效提升图书及文化商品的配送效率，满足不同地域读者方便、快捷的购买需求，同时也能为新华文轩打造一条全新的供应链服务体系，为双方搭建“物流+互联网+金融+服务”的供应链服务平台，并为大数据服务等潜力业务的开发打下基础，以期形成“1+$N$”的战略格局，提升双方在大文化产业的影响力。未来四川文轩宝湾供应链有限公司将通过与政府、银行、股东公司的深入合作，依托自有物流体系与信息系统，提前识别并规避供应链金融业务中的风险，为生产流通企业（特别是中小型生产流通

企业）提供全供应链业务服务，解决其融资难、融资贵的问题，同时为银行解决货物监管的难题，实现合作“三赢”。

河南新华书店集团站在产业发展的层面，紧抓第三方物流建设，加快推动第三方物流建设和整合运营服务在河南全省的布局实施，2017 年通过发力强化与佳吉快运、宅急送等公司展开战略合作，统筹推进河南南阳、三门峡等地“新华快的”建设，上半年全省收派件量突破 180 万件。

江西新华的第三方物流经过 10 余年的发展，已成为其优势业务板块，年销售收入最高达到 11 亿元。

综上盘点不难看出，我国书业物流正向着预测、库存、仓储、运输、配送全链路智慧物流的方向加快发展，不远的将来，书业物流为消费者提供的服务将是更加人性化的、高品质的、充满科技含量的。

（《中国出版传媒商报》社　穆宏志）

# 2017年中国药品流通

## 一、发展概况

2017年是全面落实“十三五”规划的重要一年，是供给侧结构性改革的关键之年。随着我国医药卫生体制改革的不断深入，国家有关部门相继出台《“十三五”深化医药卫生体制改革规划》《关于进一步改革完善药品生产流通使用政策的若干意见》等政策文件，着力推进医药行业提质增效、转型升级。药品流通行业积极顺应政策导向，配合落实“两票制”等医改政策要求，努力打造智慧供应链体系，完善药品现代流通网络，创新发展DTP（Direct to Patient，直接面向病人）药店等特色专业药房，探索三方信息共享服务模式，推动“三医联动”改革，行业呈现销售增长平稳、结构优化、质量升级的发展态势。

（一）整体规模。

2017年，全国药品流通市场销售规模稳步增长，增速略有回落。统计显示，全国七大类医药商品销售总额20016亿元（含税值），扣除不可比因素同比增长8.4%，增速同比下降2.0个百分点（见图1）。其中药品零售市场销售达4003亿元，扣除不可比因素同比增长9.0%，增速同比下降0.5个百分点。

截至2017年年末，全国共有药品批发企业13146家；药品零售连锁企业5409家，下辖门店229224家，零售单体药店224514家，零售药店门店总数453738家[①]。

（二）企业效益。

2017年，全国药品流通直报企业主营业务收入14620亿元，扣除不可比因素同比增长9.0%，增速同比下降2.6个百分点；利润总额363亿元，扣除不可比因素同比增长10.9%，增速与上年持平；平均毛利率7.2%，同比上升0.2个百分点；平均费用率6.1%，同比上升0.9个百分点；平均利润率1.7%，同比下降0.1个百分点；净利润率1.5%，与上年基本持平。

① 数据来源：原国家食品药品监督管理总局《食品药品监督管理统计年度报告（2017年）》。数据报告期为2016年12月1日—2017年11月30日。

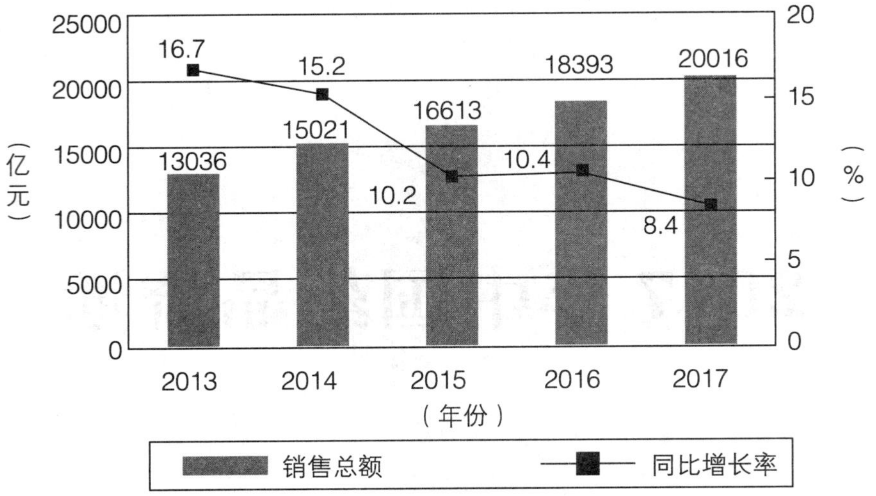


**图 1　2013—2017 年全国药品流通市场销售趋势**

（三）销售品类与渠道。

按销售品类分类，西药类（包括化学药品制剂、化学原料药及其制剂、放射性药品、血清疫苗、血液制品和诊断药品等，但不包括化学试剂等）销售居主导地位，销售额占七大类医药商品销售总额的 73. 2%；其次为中成药类占 15. 0%，医疗器材类占 4. 7%，中药材类占 3. 1%，化学试剂类占 1. 2%，玻璃仪器类占 0. 1%；其他类占 2. 7%（见图 2）。

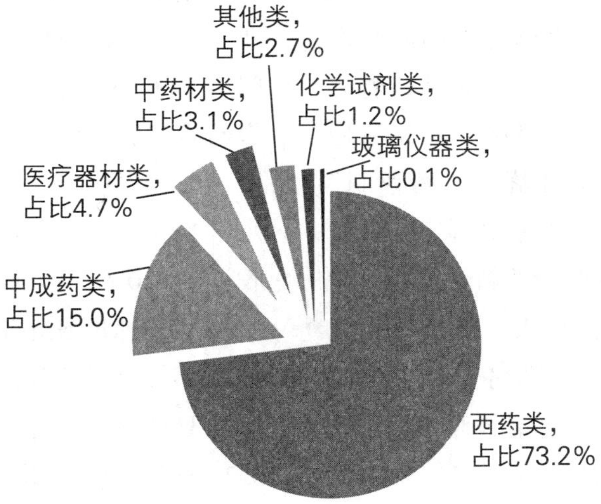


**图 2　2017 年全国药品流通行业销售品结构**

据中国医药商业协会典型样本城市零售药店 2017 年品类销售统计，零售药店销售额中的药品类居主导地位，占零售总额的 81. 8%，其中：西药占 47. 7%（化学药品占 39. 9%、生物制品占 7. 8%），中成药占 27. 1%，中药饮片占 7. 0%；非药品销售占比 18. 2%，其中食品（含保健食品）占 10. 1%，医疗器械（含家庭护理）占 5. 7%，而药妆品、日用品、其他商品这三类占比不足3%（见图3）。按销售渠道分类，2017年对生产企业的销售额为107亿元，占销售总额的0.5%，同比上升0.2个百分点；对批发企业的销售额为7227亿元，占销售总额的36.1%，同比下降4.8个百分点；对终端的销售额为12682亿元，占销售总额的63.4%，同比上升4.6个百分点。其中：对医疗机构的销售额为8766亿元，占终端销售额的69.1%，同比下降1.9个百分点；对零售终端和居民零售的销售额为3916亿元，占终端销售额的30.9%；同比上升1.9个百分点。

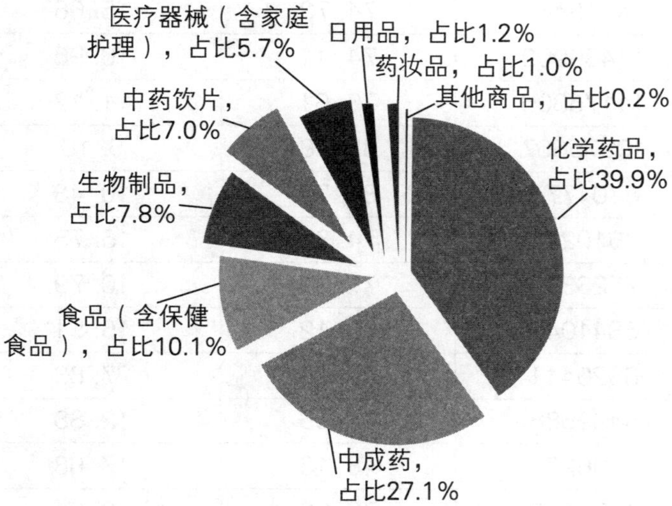


**图3　2017年典型样本城市零售药店销售品类结构**

（四）销售区域分布。

2017年，全国六大区域药品销售额占全国药品销售总额的比重分别为：华东地区37.3%、中南地区24.8%、华北地区16.3%、西南地区12.7%、东北地区4.6%、西北地区4.3%。其中，华东、中南、华北三大区域药品销售额占到全国药品销售总额的78.4%，同比上升1.1个百分点。

三大经济区药品销售额占全国销售总额的比重分别为：京津冀经济区13.9%，长江三角洲经济区22.8%，珠江三角洲经济区9.4%。

2017年药品销售额排序位居前10的省市依次为：广东省、北京市、上海市、江苏省、浙江省、山东省、河南省、安徽省、四川省和云南省（见表1）。上述省市销售额占全国销售总额的65.3%，同比上升1.1个百分点。

2017年部分省、自治区、直辖市西药类销售情况详见表2；2017年部分省、自治区、直辖市中成药类销售情况详见表3；2017年部分省、自治区、直辖市中药材类销售情况详见表4；2017年部分省、自治区、直辖市医疗器材类销售情况详见表5。

**表 1　　2017 年部分省、自治区、直辖市药品销售情况**

| 序号 | 地区 | 销售总额（万元） | 西药类占比（%） | 中成药类占比（%） | 中药材类占比（%） |
|---|---|---|---|---|---|
| | 合计 | 200162539 | 73.17 | 14.97 | 3.05 |
| 1 | 广东省 | 18702598 | 72.24 | 17.88 | 3.04 |
| 2 | 北京市 | 17031004 | 67.27 | 16.87 | 4.39 |
| 3 | 上海市 | 16177115 | 79.83 | 8.16 | 3.66 |
| 4 | 江苏省 | 14882591 | 75.21 | 17.06 | 1.53 |
| 5 | 浙江省 | 14513488 | 74.73 | 15.66 | 3.70 |
| 6 | 山东省 | 11439902 | 74.11 | 16.96 | 0.81 |
| 7 | 河南省 | 11176306 | 73.61 | 11.12 | 1.63 |
| 8 | 安徽省 | 10975667 | 82.48 | 6.16 | 0.42 |
| 9 | 四川省 | 8101777 | 81.72 | 10.43 | 2.48 |
| 10 | 云南省 | 7610200 | 74.88 | 15.75 | 2.01 |
| 11 | 湖北省 | 7523394 | 77.38 | 10.79 | 1.19 |
| 12 | 湖南省 | 6841040 | 70.12 | 15.51 | 5.20 |
| 13 | 重庆市 | 6820411 | 47.71 | 27.83 | 17.22 |
| 14 | 河北省 | 5439688 | 76.06 | 12.88 | 3.11 |
| 15 | 天津市 | 5306277 | 48.13 | 17.68 | 0.65 |
| 16 | 辽宁省 | 4273159 | 76.06 | 20.24 | 1.03 |
| 17 | 陕西省 | 3886379 | 63.77 | 17.56 | 5.49 |
| 18 | 山西省 | 3807451 | 77.25 | 14.36 | 1.47 |
| 19 | 福建省 | 3736565 | 84.35 | 7.72 | 3.00 |
| 20 | 广西壮族自治区 | 3329441 | 76.79 | 15.12 | 2.49 |
| 21 | 江西省 | 2836262 | 68.70 | 22.34 | 2.00 |
| 22 | 黑龙江省 | 2708203 | 67.19 | 25.35 | 1.27 |
| 23 | 贵州省 | 2530016 | 64.44 | 20.86 | 2.89 |
| 24 | 吉林省 | 2285439 | 71.54 | 20.31 | 1.06 |
| 25 | 海南省 | 2039183 | 85.85 | 8.56 | 0.43 |
| 26 | 新疆维吾尔自治区 | 1649973 | 80.40 | 16.44 | 0.11 |
| 27 | 宁夏回族自治区 | 1420326 | 74.28 | 15.41 | 5.30 |

续　表

| 序号 | 地区 | 销售总额（万元） | 西药类占比（%） | 中成药类占比（%） | 中药材类占比（%） |
|---|---|---|---|---|---|
| 28 | 甘肃省 | 1399345 | 62.42 | 20.86 | 10.18 |
| 29 | 内蒙古自治区 | 920349 | 82.65 | 10.41 | 0.82 |
| 30 | 西藏自治区 | 494623 | 100.00 | 0.00 | 0.00 |
| 31 | 青海省 | 304369 | 74.92 | 17.30 | 2.69 |

**表 2　　2017 年部分省、自治区、直辖市西药类销售情况**

| 序号 | 地区 | 西药类销售总额（万元） | 区域销售占比（%） |
|---|---|---|---|
| | 合计 | 146459887 | 100.00 |
| 1 | 广东省 | 13509979 | 9.22 |
| 2 | 上海市 | 12913804 | 8.82 |
| 3 | 北京市 | 11456275 | 7.82 |
| 4 | 江苏省 | 11192619 | 7.64 |
| 5 | 浙江省 | 10845910 | 7.41 |
| 6 | 安徽省 | 9052370 | 6.18 |
| 7 | 山东省 | 8477616 | 5.79 |
| 8 | 河南省 | 8227157 | 5.62 |
| 9 | 四川省 | 6620423 | 4.52 |
| 10 | 湖北省 | 5821487 | 3.97 |
| 11 | 云南省 | 5698518 | 3.89 |
| 12 | 湖南省 | 4797026 | 3.28 |
| 13 | 河北省 | 4137582 | 2.83 |
| 14 | 重庆市 | 3254005 | 2.22 |
| 15 | 辽宁省 | 3250308 | 2.22 |
| 16 | 福建省 | 3151689 | 2.15 |
| 17 | 山西省 | 2941414 | 2.01 |
| 18 | 广西壮族自治区 | 2556624 | 1.75 |

续 表

| 序号 | 地区 | 西药类销售总额（万元） | 区域销售占比（%） |
|---|---|---|---|
| 19 | 天津市 | 2554129 | 1.74 |
| 20 | 陕西省 | 2478383 | 1.69 |
| 21 | 江西省 | 1948548 | 1.33 |
| 22 | 黑龙江省 | 1819685 | 1.24 |
| 23 | 海南省 | 1750734 | 1.20 |
| 24 | 吉林省 | 1634918 | 1.12 |
| 25 | 贵州省 | 1630280 | 1.11 |
| 26 | 新疆维吾尔自治区 | 1326579 | 0.91 |
| 27 | 宁夏回族自治区 | 1055021 | 0.72 |
| 28 | 甘肃省 | 873469 | 0.60 |
| 29 | 内蒙古自治区 | 760685 | 0.52 |
| 30 | 西藏自治区 | 494623 | 0.34 |
| 31 | 青海省 | 228027 | 0.16 |

**表 3　　2017 年部分省、自治区、直辖市中成药类销售情况**

| 序号 | 地区 | 中成药类销售总额（万元） | 区域销售占比（%） |
|---|---|---|---|
|  | 合计 | 29963719 | 100.00 |
| 1 | 广东省 | 3343359 | 11.16 |
| 2 | 北京市 | 2873666 | 9.59 |
| 3 | 江苏省 | 2539070 | 8.47 |
| 4 | 浙江省 | 2272457 | 7.58 |
| 5 | 山东省 | 1938717 | 6.47 |
| 6 | 重庆市 | 1898203 | 6.34 |
| 7 | 上海市 | 1320859 | 4.41 |
| 8 | 河南省 | 1242866 | 4.15 |
| 9 | 云南省 | 1198983 | 4.00 |
| 10 | 湖南省 | 1061064 | 3.54 |
| 11 | 天津市 | 938046 | 3.13 |

续 表

| 序号 | 地区 | 中成药类销售总额（万元） | 区域销售占比（%） |
|---|---|---|---|
| 12 | 辽宁省 | 864832 | 2.89 |
| 13 | 四川省 | 844905 | 2.82 |
| 14 | 湖北省 | 811569 | 2.71 |
| 15 | 河北省 | 700697 | 2.34 |
| 16 | 黑龙江省 | 686591 | 2.29 |
| 17 | 陕西省 | 682578 | 2.28 |
| 18 | 安徽省 | 675785 | 2.26 |
| 19 | 江西省 | 633571 | 2.11 |
| 20 | 山西省 | 546893 | 1.83 |
| 21 | 贵州省 | 527852 | 1.76 |
| 22 | 广西壮族自治区 | 503339 | 1.68 |
| 23 | 吉林省 | 464202 | 1.55 |
| 24 | 甘肃省 | 291905 | 0.97 |
| 25 | 福建省 | 288476 | 0.96 |
| 26 | 新疆维吾尔自治区 | 271256 | 0.91 |
| 27 | 宁夏回族自治区 | 218885 | 0.73 |
| 28 | 海南省 | 174633 | 0.58 |
| 29 | 内蒙古自治区 | 95816 | 0.32 |
| 30 | 青海省 | 52646 | 0.18 |
| 31 | 西藏自治区 | 0 | 0.00 |

**表 4　　2017 年部分省、自治区、直辖市中药材类销售情况**

| 序号 | 地区 | 中药材类销售总额（万元） | 区域销售占比（%） |
|---|---|---|---|
|  | 合计 | 6111627 | 100.00 |
| 1 | 重庆市 | 1174448 | 19.22 |
| 2 | 北京市 | 747014 | 12.22 |
| 3 | 上海市 | 591594 | 9.68 |

续 表

| 序号 | 地区 | 中药材类销售总额（万元） | 区域销售占比（%） |
|---|---|---|---|
| 4 | 广东省 | 568891 | 9.31 |
| 5 | 浙江省 | 536361 | 8.78 |
| 6 | 湖南省 | 355747 | 5.82 |
| 7 | 江苏省 | 227267 | 3.72 |
| 8 | 陕西省 | 213433 | 3.49 |
| 9 | 四川省 | 200739 | 3.28 |
| 10 | 河南省 | 182607 | 2.99 |
| 11 | 河北省 | 169151 | 2.77 |
| 12 | 云南省 | 153316 | 2.51 |
| 13 | 甘肃省 | 142387 | 2.33 |
| 14 | 福建省 | 112003 | 1.83 |
| 15 | 山东省 | 92907 | 1.52 |
| 16 | 湖北省 | 89790 | 1.47 |
| 17 | 广西壮族自治区 | 82821 | 1.36 |
| 18 | 宁夏回族自治区 | 75216 | 1.23 |
| 19 | 贵州省 | 73070 | 1.20 |
| 20 | 江西省 | 56836 | 0.93 |
| 21 | 山西省 | 56094 | 0.92 |
| 22 | 安徽省 | 46254 | 0.76 |
| 23 | 辽宁省 | 44169 | 0.72 |
| 24 | 天津市 | 34538 | 0.57 |
| 25 | 黑龙江省 | 34338 | 0.56 |
| 26 | 吉林省 | 24208 | 0.40 |
| 27 | 海南省 | 8868 | 0.15 |
| 28 | 青海省 | 8195 | 0.13 |
| 29 | 内蒙古自治区 | 7550 | 0.12 |
| 30 | 新疆维吾尔自治区 | 1815 | 0.03 |
| 31 | 西藏自治区 | 0 | 0.00 |

表 5　　2017 年部分省、自治区、直辖市医疗器材类销售情况

| 序号 | 地区 | 中药材类销售总额（万元） | 区域销售占比（%） |
|---|---|---|---|
| | 合计 | 9397070 | 100.00 |
| 1 | 河南省 | 1162377 | 12.37 |
| 2 | 安徽省 | 1063697 | 11.32 |
| 3 | 山东省 | 834630 | 8.88 |
| 4 | 广东省 | 803137 | 8.55 |
| 5 | 北京市 | 639472 | 6.81 |
| 6 | 浙江省 | 551454 | 5.87 |
| 7 | 上海市 | 502659 | 5.35 |
| 8 | 江苏省 | 492055 | 5.24 |
| 9 | 湖北省 | 384242 | 4.09 |
| 10 | 陕西省 | 344728 | 3.67 |
| 11 | 湖南省 | 272809 | 2.90 |
| 12 | 天津市 | 263150 | 2.80 |
| 13 | 四川省 | 260178 | 2.77 |
| 14 | 贵州省 | 248199 | 2.64 |
| 15 | 重庆市 | 215968 | 2.30 |
| 16 | 山西省 | 186765 | 1.99 |
| 17 | 河北省 | 149080 | 1.59 |
| 18 | 吉林省 | 147154 | 1.57 |
| 19 | 黑龙江省 | 144196 | 1.53 |
| 20 | 福建省 | 141346 | 1.50 |
| 21 | 云南省 | 119601 | 1.27 |
| 22 | 广西壮族自治区 | 94283 | 1.00 |
| 23 | 辽宁省 | 71273 | 0.76 |
| 24 | 江西省 | 70069 | 0.75 |
| 25 | 海南省 | 58233 | 0.62 |
| 26 | 宁夏回族自治区 | 52652 | 0.56 |

续 表

| 序号 | 地区 | 中药材类销售总额（万元） | 区域销售占比（%） |
|---|---|---|---|
| 27 | 甘肃省 | 41698 | 0. 44 |
| 28 | 新疆维吾尔自治区 | 41249 | 0. 44 |
| 29 | 内蒙古自治区 | 30288 | 0. 32 |
| 30 | 青海省 | 10426 | 0. 11 |
| 31 | 西藏自治区 | 0 | 0. 00 |

（五）所有制结构。

在全国药品流通直报企业中，国有及国有控股药品流通企业主营业务收入总计 9396 亿元，占直报企业主营业务总收入的 64. 3%；实现利润 213 亿元，占直报企业利润总额的 58. 6%。股份制企业主营业务收入 3747 亿元，占直报企业主营业务总收入的 25. 6%；实现利润 110 亿元，占直报企业利润总额的 30. 3%。此外，外商及港澳台投资企业主营业务收入占直报企业主营业务总收入的 5. 6%，实现利润占直报企业利润总额的 6. 7%；私营企业主营业务收入占直报企业主营业务总收入的 3. 4%，实现利润占直报企业利润总额的 3. 0%。详细情况如图 4 与图 5 所示。

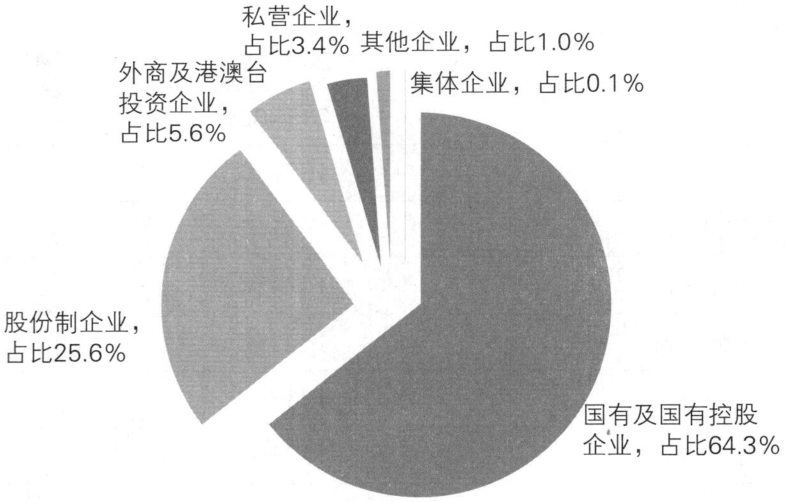


**图 4　2017 年全国药品流通企业主营业务收入所有制结构**

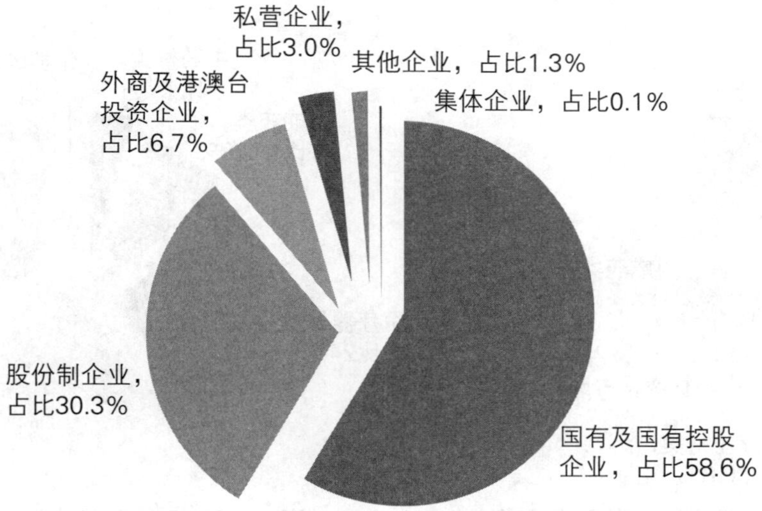


**图5　2017年全国药品流通企业利润总额所有制结构**

据不完全统计，2017年全国医药物流直报企业（417家）配送货值（无税销售额）为11402亿元（具有独立法人资质的物流企业配送货值72.4%）。配送客户数量约308万家，共拥有1115个物流中心，仓库面积约1065万平方米，其中：常温库占比25.7%、阴凉库占比71.6%、冷库占比2.7%；仓库存储标准托盘货位数约435万个，托盘数量约318万个；拥有专业运输车辆17714辆，其中：冷藏车占14.0%、特殊药品专用车占2.4%；基本药物本省配送额占比87.6%、对外省配送额占比12.4%。

（六）医药电商。

据不完全统计，2017年全国医药电商直报企业［其中，仅有B2B（企业对企业）业务的企业55家、仅有B2C（企业对顾客）业务的企业64家、兼有B2B和B2C业务的企业8家］销售总额达736亿元（不含A证），占同期全国医药市场总规模的3.7%。其中：B2B业务销售额693亿元，占医药电商销售总额的94.1%；B2C业务销售额44亿元，占医药电商销售总额的5.9%；B2B业务中移动端占8.2%；B2C业务中移动端占44.4%。订单总数3696万个，其中：B2B订单数1431万个，订单转化率95.0%；B2C订单数2265万个，订单转化率为86.5%。B2B网站活跃用户量近30万个，平均客单价51050元；B2C网站活跃用户量2042万个，平均客单价184元，平均客品数约7个。B2B日出库完成率99.4%，B2C日出库完成率98.9%。B2B电商业务费用率12.6%，B2C电商业务费用率17.4%，均远超行业平均费用率。B2B与B2C销售结构差异较为明显，B2B业务主要集中在西药类，而B2C业务中占比最高的是西药类，其次是其他类（包含保健品类、化妆品及个人护理用品、计划生育及成人用品等）、医疗器材类。2017年全国药品流通直报企业B2B业务销售结构详见图6；2017年全国药品流通直报企业B2C业务销售结构详见图7。

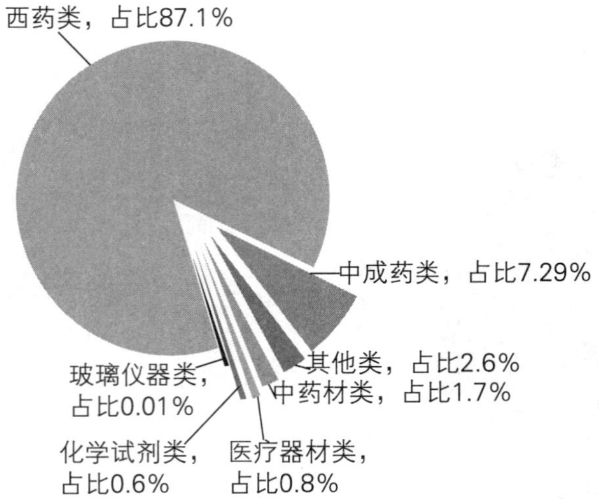


**图6 2017年全国药品流通直报企业B2B业务销售结构**

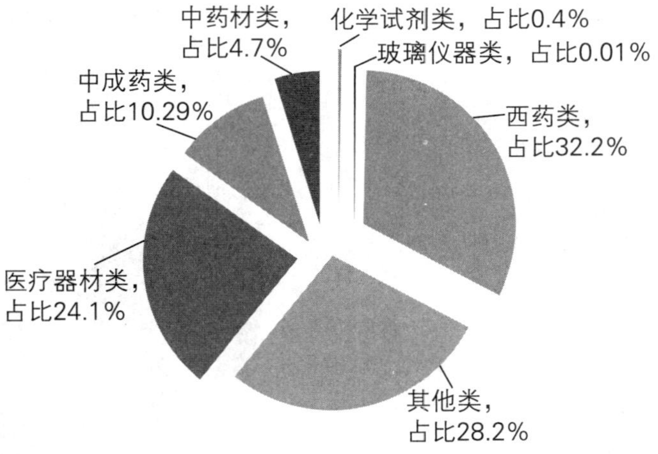


**图7 2017年全国药品流通直报企业B2C业务销售结构**

（七）企业上市。

2017年，全国药品流通行业上市公司新增大参林医药集团股份有限公司1家。24家全国药品流通行业上市公司2017年主营业务收入总和为9397亿元，同比增长10.3%。2017年年终最后一个交易日市值总计5117亿元，平均市值为213亿元。市值200亿元以上的企业增加到10家，分别是国药控股、华润医药、上海医药、华东医药、九州通、中国医药、国药一致、国药股份、大参林和瑞康医药。其中，国药控股、华润医药、上海医药和华东医药市值均超过500亿元。2017年年内，24家药品流通行业上市公司披露的对外投资活动共有183起，涉及金额126.5亿元。

（八）注册执业药师。

截至2017年12月底，全国注册执业药师总数达到408431人，同比增加66322人；执业药师注册率达51.0%，同比下降17个百分点；全国每万人口注册执业药师数为3人，同比增长20.0%[①]。

（九）社会经济贡献。

2017年全国药品流通行业全年销售总额占第三产业增加值的4.7%，同比下降0.1个百分点。其中：药品零售总额占社会消费品零售总额的1.1%，与上年持平；占第三产业增加值的0.9%，同比下降0.1个百分点[②]。

2017年全国药品流通直报企业纳税额（所得税）为79.53亿元，扣除不可比因素同比增长8.2%。全行业从业人数约为563万人。

## 二、运行特点

（一）药品批发企业销售增长有所放缓。

从销售增速看，大型药品批发企业销售增速明显放缓。2017年，排序前100位的药品批发企业主营业务收入（见表6）同比增长8.4%，

① 数据来源：原国家食品药品监督管理总局执业药师资格认证中心。

② 数据来源：国家统计局。

增速下降5.6个百分点。其中：4家全国龙头企业主营业务收入同比增长9.3%，增速下降2.9个百分点；30家区域龙头企业（排名5~34位）主营业务收入同比增长8.3%，增速下降9.8个百分点。

表6　　2017年全国药品批发企业主营业务收入前100位排序

| 序号 | 企业名称 | 主营业务收入（万元） |
|---|---|---|
| 1 | 中国医药集团有限公司 | 32143897 |
| 2 | 华润医药商业集团有限公司 | 12640246 |
| 3 | 上海医药集团股份有限公司 | 12178954 |
| 4 | 九州通医药集团股份有限公司 | 7372645 |
| 5 | 广州医药有限公司 | 3839291 |
| 6 | 中国医药健康产业股份有限公司 | 3010396 |
| 7 | 华东医药股份有限公司 | 2783182 |
| 8 | 南京医药股份有限公司 | 2738438 |
| 9 | 康德乐股份（香港）有限公司 | 2630251 |
| 10 | 重庆医药（集团）股份有限公司 | 2110848 |
| 11 | 瑞康医药股份有限公司 | 2059221 |
| 12 | 安徽华源医药股份有限公司 | 2022620 |
| 13 | 浙江英特集团股份有限公司 | 1886421 |
| 14 | 四川科伦医药贸易有限公司 | 1593472 |
| 15 | 民生药业集团有限公司 | 1520781 |
| 16 | 云南省医药有限公司 | 1449400 |
| 17 | 嘉事堂药业股份有限公司 | 1415696 |
| 18 | 山东海王银河医药有限公司 | 1300106 |
| 19 | 石药集团河北中诚医药有限公司 | 1153210 |
| 20 | 中国北京同仁堂（集团）有限责任公司 | 1123541 |
| 21 | 天津天士力医药营销集团股份有限公司 | 982655 |
| 22 | 广西柳州医药股份有限公司 | 923254 |
| 23 | 鹭燕医药股份有限公司 | 832747 |
| 24 | 哈药集团医药有限公司 | 795570 |
| 25 | 江西南华医药有限公司 | 702880 |
| 26 | 同济堂医药有限公司 | 692486 |
| 27 | 江西汇仁集团医药科研营销有限公司 | 583761 |
| 28 | 陕西医药控股集团派昂医药有限责任公司 | 582774 |
| 29 | 江苏省医药有限公司 | 553343 |
| 30 | 重庆桐君阁股份有限公司 | 550677 |

续 表

| 序号 | 企业名称 | 主营业务收入（万元） |
|---|---|---|
| 31 | 天津中新药业集团股份有限公司医药公司 | 538631 |
| 32 | 回音必集团有限公司 | 530522 |
| 33 | 浙江省医药工业有限公司 | 512130 |
| 34 | 湖北人福医药集团有限公司 | 510793 |
| 35 | 天津医药集团太平医药有限公司 | 501994 |
| 36 | 修正药业集团营销有限公司 | 411590 |
| 37 | 重庆长圣医药有限公司 | 406584 |
| 38 | 创美药业股份有限公司 | 406047 |
| 39 | 广州采芝林药业有限公司 | 391998 |
| 40 | 江苏先声药业有限公司 | 385706 |
| 41 | 辽宁省医药对外贸易有限公司 | 358082 |
| 42 | 云南东骏药业有限公司 | 341842 |
| 43 | 葵花药业集团医药有限公司 | 323233 |
| 44 | 罗欣医药集团有限公司 | 316774 |
| 45 | 江苏康缘医药商业有限公司 | 313369 |
| 46 | 青岛百洋医药股份有限公司 | 308172 |
| 47 | 江苏省润天生化医药有限公司 | 283391 |
| 48 | 贵州康心药业有限公司 | 274261 |
| 49 | 海南鲁海医药有限公司 | 271264 |
| 50 | 齐鲁医疗投资管理有限公司 | 266178 |
| 51 | 浙江震元股份有限公司 | 256401 |
| 52 | 江西五洲医药营销有限公司 | 253901 |
| 53 | 海尔施生物医药股份有限公司 | 250872 |
| 54 | 安徽省医药（集团）股份有限公司 | 245384 |
| 55 | 上海康健进出口有限公司 | 242966 |
| 56 | 河北金仑医药有限公司 | 235359 |
| 57 | 康泽药业股份有限公司 | 234041 |
| 58 | 福建省医药集团有限责任公司 | 232777 |
| 59 | 昆药集团医药商业有限公司 | 232040 |
| 60 | 湖南博瑞药业有限公司 | 226401 |
| 61 | 吉林省天和医药科技有限公司 | 211708 |
| 62 | 安徽乐嘉医药科技有限公司 | 211489 |
| 63 | 浙江恩泽医药有限公司 | 200214 |

续　表

| 序号 | 企业名称 | 主营业务收入（万元） |
|---|---|---|
| 64 | 浙江来益医药有限公司 | 198110 |
| 65 | 礼来贸易有限公司 | 197354 |
| 66 | 山东康诺盛世医药有限公司 | 191861 |
| 67 | 东北制药集团供销有限公司 | 190008 |
| 68 | 浙江瑞海医药有限公司 | 189821 |
| 69 | 湖南达嘉维康医药有限公司 | 186839 |
| 70 | 山西亚宝医药经销有限公司 | 186824 |
| 71 | 上海外高桥医药分销中心有限公司 | 186018 |
| 72 | 泰州医药集团有限公司 | 180289 |
| 73 | 山东康惠医药有限公司 | 180217 |
| 74 | 北京双鹤药业经营有限责任公司 | 179781 |
| 75 | 重庆市万州区医药（集团）有限责任公司 | 176460 |
| 76 | 兰州强生医药有限责任公司 | 171532 |
| 77 | 浙江嘉信医药股份有限公司 | 168790 |
| 78 | 厦门片仔癀宏仁医药有限公司 | 167136 |
| 79 | 云南医药工业销售有限公司 | 164609 |
| 80 | 山西康美徕医药有限公司 | 162787 |
| 81 | 浙江华通医药股份有限公司 | 160318 |
| 82 | 辽宁汇明医药有限公司 | 159950 |
| 83 | 云南同丰医药有限公司 | 157205 |
| 84 | 江苏恩华和润医药有限公司 | 153771 |
| 85 | 河南东森医药有限公司 | 153182 |
| 86 | 山东新华医药贸易有限公司 | 151789 |
| 87 | 广西柳州百草堂药业有限公司 | 151582 |
| 88 | 西安藻露堂药业集团有限责任公司 | 150264 |
| 89 | 沈阳铸盈药业有限公司 | 149860 |
| 90 | 牡丹江博搏医药有限责任公司 | 147522 |
| 91 | 西藏神威药业有限公司 | 145637 |
| 92 | 南京华东医药有限责任公司 | 144268 |
| 93 | 海南天祥药业有限公司 | 143596 |
| 94 | 河南省国药医药集团有限公司 | 142516 |
| 95 | 四川本草堂药业有限公司 | 142115 |
| 96 | 海南康宁药业有限公司 | 139089 |

续 表

| 序号 | 企业名称 | 主营业务收入（万元） |
|---|---|---|
| 97 | 宁波市鄞州医药药材有限公司 | 137430 |
| 98 | 上海海吉雅医药有限公司 | 136830 |
| 99 | 兰州西城药业有限责任公司 | 135870 |
| 100 | 上海亿安医药有限公司 | 135581 |

从市场占有率看，药品批发企业集中度略有下降。2017 年，药品批发企业主营业务收入排序前 100 位的企业规模占同期全国医药市场总规模的 70.7%，同比下降 0.2 个百分点。其中：4 家全国龙头企业主营业务收入占同期全国医药市场总规模的 37.6%，同比上升 0.2 个百分点；30 家区域龙头企业主营业务收入占同期全国医药市场总规模的 24.5%，同比下降 0.1 个百分点；排序最后一位的企业主营业务收入由 2016 年的 12.4 亿元增长到 2017 年的 13.6 亿元。

当前，随着新医改政策的全面推行，药品流通行业竞争压力进一步加大。数据显示，“两票制”政策实施迫使末端分销企业短期内直接向药品生产企业采购，造成大型分销企业对中小分销企业销售下降；医保控费、药占比限制等政策实施推动药品招标价格和用量持续下降，造成分销企业对医疗终端销售下降；加上大型企业销售渠道整合及业态结构调整尚未完成，最终导致其销售增速放缓。在此背景下，大型药品批发企业也在通过兼并重组的外延式增长和积极开发终端市场的内生式增长方式，不断增强自身分销业务能力。

（二）药品零售企业连锁率进一步提高。

2017 年，全国性和区域性药品零售连锁企业市场占有率较上年均有提升，零售市场集中度及零售连锁率不断提高。截至 2017 年 11 月，药品零售连锁率已达到 50.5%，同比提高 1.1 个百分点。2017 年销售额排序前 100 位的药品零售企业门店总数达到 58355 家，占全国零售药店门店总数的 12.9%；销售总额为 1232 亿元（见表 7），占零售市场总额的 30.8%，同比上升 1.7 个百分点。其中：6 家全国龙头企业的销售总额为 510 亿元，占全国零售市场总额的 12.7%，同比上升 0.9 个百分点；30 家区域零售连锁企业（排名 7~36 位）的销售总额 522 亿元，占全国零售市场总额的 13.0%，同比上升 1.5 个百分点；排序最后一位的企业销售额与 2016 年持平。

“十三五”期间，随着医保控费、公立医院药品零差率、药占比限制、医保支付方式改革等新医改政策陆续实施，间接推动了医疗机构处方外配进程；部分区域积极探索医院处方信息、医保结算信息和药店零售信息共享，开展了门诊特病、慢病定点药店医保结算试点，直接推动患者向零售药店流动。在此背景下，以国药控股国大药房有限公司、中国北京同仁堂（集团）有限责任公司及大参林、老百姓、益丰药房、一心堂等上市公司为代表的大型零售连锁企业，积极借助资本力量加速行业兼并重组，扩大自身市场网络。同时，随着政府监管强化和市场竞争加剧，部分单体药店被迫转型，选择被大型企业收购或退出市场，也促进了零售连锁率的提升。

（三）医药电商开启资源整合的平台化发展之路。

2017年，随着“互联网+药品流通”行动计划的深入推进，全国医药电商行业逐步进入转型升级的创新发展阶段。特别是互联网售药A证、B证和C证审批的取消，为“互联网+药品流通”带来重大利好，也给行业带来新的发展机遇。从总体销售规模看，2017年全国医药电商直报企业销售总额为736亿元，扣除不可比因素同比增长22.5%，其中B2C业务同比增长21.4%。部分企业的医药电商业务呈现爆发式增长态势，如九州通的医药电商B2B业务在2017年快速增长，销售额比2016年增长了73.2%。同时，一些有实力的医药电商企业利用大数据、云计算、人工智能等新技术，积极探索社会资源整合，纵深拓展平台化发展模式，为上下游企业提供新型供应链服务，为患者提供专业的药事服务和贴心的购药体验。如华润医药利用互联网打造“润药商城”，利用原有购销网、物流网、资金网、零售网的传统优势，构建集互联网电商、医药专业物流、供应链金融、药品新零售为一体的医药供应链智慧服务平台，实现工商协同、品规协同、医药协同、营销协同、物流协同，对内降低流通成本，对外扩大终端覆盖。上海医药大健康云商股份有限公司围绕电子处方流转，打造“益药”系列品牌，通过电子处方平台对接医院信息系统，药品数据平台将处方转化为订单，支持院内发药、药店自取、送药上门等多种购药方式，同时通过大数据分析为患者提供后续服务，2017年电子处方流转终端实现对接各级医疗机构214家、处理超过200万张电子处方。

（四）医药物流市场竞争明显加剧。

2017年，全国医药物流基础设施规模持续扩大，医药物流仓储面积比2016年增加14.6%，企业自有运输车辆比2016年增加10.5%，这主要是受“两票制”“第三方物流审批取消”等相关政策影响，传统药品批发企业和医药物流企业不断加快物流资源投入和网络布局。顺丰、中邮、京东物流等第三方物流企业也通过收购药品经营企业、与传统医药企业合作建设医药云仓等形式，参与医药物流仓储业务、干线运输及落地配送业务的争夺，医药物流市场竞争日趋激烈。

同时，药品流通企业积极利用医药物流信息技术创新，扩充物流服务范围，加快推动商业模式创新，提升服务质量和水平。如华润医药探索物流智能一体化增值服务，提高与医疗机构合作的黏性；上海医药启动“医院药品耗材智能互联网和物流网的管理模式创新”项目，自主开发信息系统，并使用射频识别技术、自动化设备、定数化管理流程，为医疗机构物流管理提供专业服务；华东医药打造全品种、全网络、全流程的医药供应链，从传统医药物流服务商向综合性健康服务商转型。

**表7　　2017年全国药品零售企业销售额前100位排序**

| 序号 | 企业名称 | 销售总额（万元） |
|---|---|---|
| 1 | 国药控股国大药房有限公司 | 1107951 |
| 2 | 中国北京同仁堂（集团）有限责任公司 | 912020 |

续 表

| | 企业名称 | 销售总额（万元） |
|---|---|---|
| | 四川德仁堂药业连锁有限公司 | 27986 |
| 70 | 福建惠好四海医药连锁有限责任公司 | 27163 |
| 71 | 常州人寿天医药连锁有限公司 | 27043 |
| 72 | 北京医保全新大药房有限责任公司 | 27023 |
| 73 | 浙江华通医药连锁有限公司 | 26507 |
| 74 | 上海童涵春堂药业连锁经营有限公司 | 24903 |
| 75 | 湖南达嘉维康医药产业股份有限公司 | 24563 |
| 76 | 海宁市老百姓大药房有限责任公司 | 23815 |
| 77 | 深圳市南北药行连锁有限公司 | 23796 |
| 78 | 上海医药嘉定大药房连锁有限公司 | 22045 |
| 79 | 苏州雷允上国药连锁总店有限公司 | 20505 |
| 80 | 武汉马应龙大药房连锁有限公司 | 20162 |
| 81 | 上海南汇华泰药店连锁总店 | 19410 |
| 82 | 山东利民大药店连锁股份有限公司 | 19264 |
| 83 | 黑龙江泰华医药连锁销售有限公司 | 19222 |
| 84 | 武汉东明药房连锁有限公司 | 19003 |
| 85 | 江西省萍乡市昌盛大药房连锁有限公司 | 18618 |
| 86 | 绵阳太极大药房连锁有限责任公司 | 17800 |
| 87 | 上海药房连锁有限公司 | 17636 |
| 88 | 河南佐今明大药房健康管理股份有限公司 | 16820 |
| 89 | 济宁新华鲁抗大药房有限公司 | 16666 |
| 90 | 浙江华联医药连锁有限公司 | 16665 |
| 91 | 北京嘉事堂连锁药店有限责任公司 | 16169 |
| 92 | 上海得一大药房有限公司 | 16140 |
| 93 | 杭州华东武林大药房有限公司 | 16013 |
| 94 | 浙江英特怡年药房连锁有限公司 | 16005 |
| 95 | 山西仁和大药房连锁有限公司 | 15923 |
| 96 | 青岛国风大药房连锁有限公司 | 15648 |
| 97 | 西双版纳迪升药业有限责任公司 | 15625 |
| 98 | 上海一德大药房连锁经营有限公司 | 15297 |
| 99 | 上海云湖医药连锁经营有限公司 | 14782 |
| 100 | 嵊州市易心堂大药房有限公司 | 14454 |

（商务部市场秩序司）

续　表

| 序号 | 企业名称 | 销售总额（万元） |
|---|---|---|
| 36 | 安徽丰原大药房连锁有限公司 | 65668 |
| 37 | 四川太极大药房连锁有限公司 | 64399 |
| 38 | 廊坊市百和一笑堂医药零售连锁有限公司 | 62643 |
| 39 | 吉林省益和大药房有限公司 | 58402 |
| 40 | 赤峰人川大药房连锁有限公司 | 56600 |
| 41 | 浙江震元医药连锁有限公司 | 56012 |
| 42 | 怀化怀仁大药房连锁有限公司 | 55498 |
| 43 | 苏州礼安医药连锁总店有限公司 | 54883 |
| 44 | 云南白药大药房有限公司 | 52051 |
| 45 | 广州健民医药连锁总店有限公司 | 50583 |
| 46 | 中山市中智大药房连锁有限公司 | 50487 |
| 47 | 贵州一品药业连锁有限公司 | 46640 |
| 48 | 陕西众信医药超市有限公司 | 46625 |
| 49 | 江苏大众医药连锁有限公司 | 44862 |
| 50 | 山东立健药店连锁有限公司 | 44619 |
| 51 | 康泽药业连锁有限公司 | 44607 |
| 52 | 杭州胡庆余堂国药号有限公司 | 40775 |
| 53 | 仁和药房网（北京）医药科技有限公司 | 40580 |
| 54 | 青岛德信行惠友大药房有限公司 | 40467 |
| 55 | 宁波四明大药房有限责任公司 | 39741 |
| 56 | 上海养和堂药业连锁经营有限公司 | 38323 |
| 57 | 宁波彩虹大药房有限公司 | 36191 |
| 58 | 深圳市麦德信药房管理有限公司 | 36009 |
| 59 | 山西荣华大药房连锁有限公司 | 34966 |
| 60 | 上海余天成药业连锁有限公司 | 34721 |
| 61 | 河北神威大药房连锁有限公司 | 33547 |
| 62 | 浙江天天好大药房连锁有限公司 | 33037 |
| 63 | 连云港康济大药房连锁有限公司 | 32188 |
| 64 | 广西一心医药集团有限责任公司 | 29846 |
| 65 | 四川杏林医药连锁有限责任公司 | 29475 |
| 66 | 杭州华东大药房连锁有限公司 | 29176 |
| 67 | 四川圣杰药业有限公司 | 28196 |
| 68 | 杭州全德堂药房有限公司 | 27987 |

续 表

| 序号 | 企业名称 | 销售总额（万元） |
|---|---|---|
| 69 | 四川德仁堂药业连锁有限公司 | 27986 |
| 70 | 福建惠好四海医药连锁有限责任公司 | 27163 |
| 71 | 常州人寿天医药连锁有限公司 | 27043 |
| 72 | 北京医保全新大药房有限责任公司 | 27023 |
| 73 | 浙江华通医药连锁有限公司 | 26507 |
| 74 | 上海童涵春堂药业连锁经营有限公司 | 24903 |
| 75 | 湖南达嘉维康医药产业股份有限公司 | 24563 |
| 76 | 海宁市老百姓大药房有限责任公司 | 23815 |
| 77 | 深圳市南北药行连锁有限公司 | 23796 |
| 78 | 上海医药嘉定大药房连锁有限公司 | 22045 |
| 79 | 苏州雷允上国药连锁总店有限公司 | 20505 |
| 80 | 武汉马应龙大药房连锁有限公司 | 20162 |
| 81 | 上海南汇华泰药店连锁总店 | 19410 |
| 82 | 山东利民大药店连锁股份有限公司 | 19264 |
| 83 | 黑龙江泰华医药连锁销售有限公司 | 19222 |
| 84 | 武汉东明药房连锁有限公司 | 19003 |
| 85 | 江西省萍乡市昌盛大药房连锁有限公司 | 18618 |
| 86 | 绵阳太极大药房连锁有限责任公司 | 17800 |
| 87 | 上海药房连锁有限公司 | 17636 |
| 88 | 河南佐今明大药房健康管理股份有限公司 | 16820 |
| 89 | 济宁新华鲁抗大药房有限公司 | 16666 |
| 90 | 浙江华联医药连锁有限公司 | 16665 |
| 91 | 北京嘉事堂连锁药店有限责任公司 | 16169 |
| 92 | 上海得一大药房有限公司 | 16140 |
| 93 | 杭州华东武林大药房有限公司 | 16013 |
| 94 | 浙江英特怡年药房连锁有限公司 | 16005 |
| 95 | 山西仁和大药房连锁有限公司 | 15923 |
| 96 | 青岛国风大药房连锁有限公司 | 15648 |
| 97 | 西双版纳迪升药业有限责任公司 | 15625 |
| 98 | 上海一德大药房连锁经营有限公司 | 15297 |
| 99 | 上海云湖医药连锁经营有限公司 | 14782 |
| 100 | 嵊州市易心堂大药房有限公司 | 14454 |

（商务部市场秩序司）